U0778920

TURING
图灵教育
站在巨人的肩上
Standing on the Shoulders of Giants

流程的永恒之道

工作流及BPM技术的理论、规范、模式及最佳实践

辛鹏 荣浩 / 著

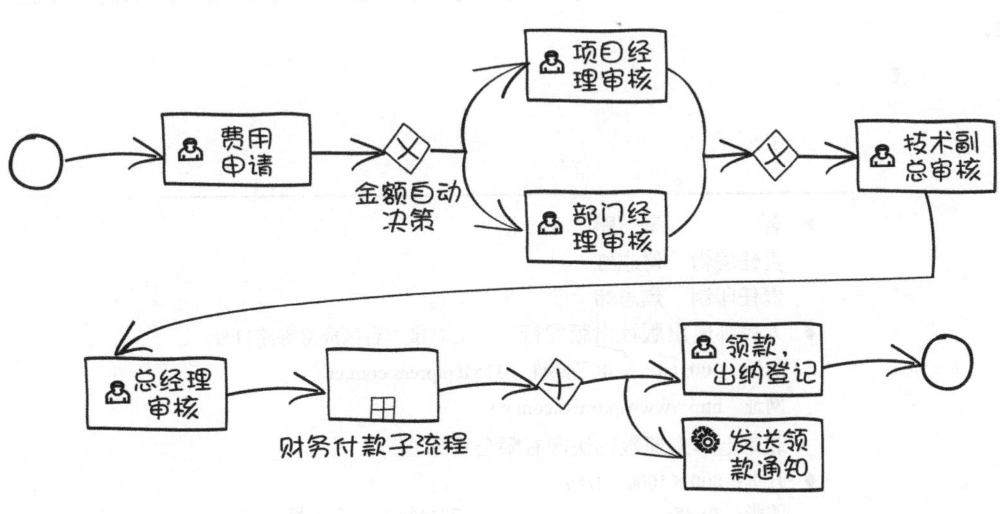

人民邮电出版社
北京

图书在版编目（C I P）数据

流程的永恒之道 : 工作流及BPM技术的理论、规范、模式及最佳实践 / 辛鹏, 荣浩著. -- 北京 : 人民邮电出版社, 2014.6（2022.2 重印）
（图灵原创）
ISBN 978-7-115-33655-2

Ⅰ. ①流… Ⅱ. ①辛… ②荣… Ⅲ. ①企业管理－业务流程 Ⅳ. ①F273

中国版本图书馆CIP数据核字(2013)第273541号

内 容 提 要

本书是一本全面讲解业务流程及其实现的专著，书中阐述了应用流程的三大永恒之道，即工作流技术永恒之道、BPM 技术永恒之道、BPM 治理永恒之道，以流程及流程管理为引子，重点着墨于流程技术。全书共五篇，包括 11 章及附录，结合江南市房管局从 20 世纪 90 年代末期到今天的发展历程，讲述了流程的基本概念、流程的发展进程、流程模式、流程技术的高级应用以及流程技术之未来展望。

本书适用人群广泛，中高级开发人员可以掌握流程的基本概念、发展历程、IT 实现及流程技术的应用；项目经理、研发经理、技术总监可以清楚流程管理平台的基本开发步骤、开发会面临的问题；企业高管可以通晓当今企业流程发展的最新状况，清楚怎样让自己的企业成为流程型的组织，从而实现企业的卓越绩效。

◆ 著　　辛 鹏 荣 浩
　责任编辑　傅志红
　责任印制　焦志炜
◆ 人民邮电出版社出版发行　　北京市丰台区成寿寺路11号
　邮编 100164　电子邮件 315@ptpress.com.cn
　网址 http://www.ptpress.com.cn
　北京七彩京通数码快印有限公司印刷
◆ 开本：800×1000 1/16
　印张：30.25　　2014年 6 月第 1 版
　字数：715千字　　2022年 2 月北京第 15 次印刷

定价：89.80元

读者服务热线：(010)84084456-6009　印装质量热线：(010)81055316

反盗版热线：(010)81055315

广告经营许可证：京东市监广登字 20170147 号

推荐序一

20世纪60年代，工作流技术起源于办公自动化应用。进入新世纪，随着互联网、内容管理、移动终端等广泛应用，拓展为业务过程管理（BPM）及其使能技术，被誉为“碾平世界”力量，是现代中间件体系的重要组成部分。

清华大学软件学院信息系统工程研究所自1995年开发面向产品生命周期管理系统的工作流引擎，2003年开设“工作流技术基础”课程，2013年承办了国际业务过程管理大会（BPM）。

辛鹏作为清华大学软件学院首届MSE研究生，在BPM领域有较深入的研究与实践。本书对BPM的思想、理论、规范、模式及最佳实践进行了全面阐述，尤其是在BPM技术的相关理论与国内行业应用的实践结合方面做了很多精彩的分享，相信读者将获益良多。

当然作为一门应用广泛的技术，工作流是不断发展、不断进步的。我衷心希望本书作者及广大读者积极实践、大胆反思，进一步创新丰富适合中国应用特点的工作流理论、技术与方法。

王建民，清华大学软件学院教授、副院长

于2014年2月17日

推荐序二

中国最全面、最深入和最实用的流程管理技术类图书，没有之一。

当接到老友辛鹏的邀请来为《流程的永恒之道》写序时，我感到了莫大的荣幸。荣幸除了来源于辛鹏这位老朋友的邀请，更来源于我对这本书的期待。自从知道辛鹏和荣浩准备着手写这本书，并且向我介绍了本书的构思和内容时，我就已经肯定这本书将是中国最全面、最深入和最实用的流程管理技术类图书，没有之一。之所以如此肯定，是因为当流程技术历经工作流时代进入业务流程管理时代时，流程的江湖已经成了一锅浆糊。其时，工作流已经经历了多年的发展，标准也从早期WfMC推出的XPDL规范，经历了OASIS维护的BPEL规范，最后发展到了目前由OMG维护的BPMN规范；中国本土特色的OA和各类协作群件林林总总，热战不止；以消息和集成为流程的EAI等中间件和随着SOA兴起后的ESB杀入江湖；以内容管理为核心的流程技术大行其道；随即BPEL协议树起大旗，BPMN呼声正高……BPM概念一出江湖便搅乱了一池春水，各门各派纷纷傍上这位看上去前途无限的新贵，都打起了BPM的旗号，于是江湖便成了浆糊，连从业者自己都未必看得清路数了。

BPM是IT技术发展过程中的一个有趣的阶段，流程管理是业务领域的，流程技术是IT领域的。而BPM则模糊了业务和IT的界限，使得业务和IT在同一个项目中混和了起来。于是各种产品各种技术便在管理和技术之间混沌了。BPM能做什么？客户需要什么样的产品？什么技术平台是先进的？哪个标准才是正统？许多问题困扰着从业者。本书就如同混沌中的灯塔，引导着读者经历纵向的流程发展路径，又横向展开相关技术的关联和实现，把流程管理技术深入透彻地解析出来。一旦明白了流程管理的目标和真谛，领会了各门各派技术之间的区别和联系，才会发现，原来，江湖还是那个江湖。所谓的技术之争和标准之分，如果遵从于流程管理的价值实现、业务敏捷的需求等真正的客户需求，采用恰当的技术去实现它们，那么所谓业务驱动需求，需求驱动技术，技术推动业务，又混然一体了。这就是流程的永恒之道吧。

我认识本书的作者时，他们已经执着地在工作流平台上深耕细作了多年。凭借着对流程管理技术和应用的热情，开办了OPUG（Open Process User Group）开放流程用户组，借此推动流程管理领域在中国的发展。许多知名的中国本土流程管理软件产商都加入其中，IBM的多名资深专家也深度参与了进来。其时，我正在IBM中国研发中心从事BPM相关产品的研发工作，共同的事业和兴趣使我们很快便成为了好友。在我看来，辛鹏和荣浩是很难得的那一类人：充满着对技术的热情，肯于不断思考应用领域的高度，又能脚踏实地地深入实现代码的细节。真所谓，上得厅堂，下得厨房^_^。这种优良的素质在本书中表现无遗，既从管理的高度，又从实现的细节向读者讲述流程管理从价值到落地的方方面面。

而这正是本书难能可贵之处。从管理咨询角度出发的书籍都在讲述管理、分析和优化方法，从书中无法得到落地的细节；从技术角度出发的书籍都在讲述技术的细节，从中无法得到如何做一个真正的BPM项目而使客户受益。而本书不但具有流程管理的高度，也具有技术落地的细节，更有作者亲自实战的成功案例现身说法；从流程的起始一直讲到最前沿的云计算与大数据。所谓最全面、最深入和最实用的流程管理技术类图书名至实归。相信读者一定能从本书中获得的丰厚的收益！

谭云杰

2014年1月9日

谭云杰

《大象——Thinking in UML》一书的作者，BPM及面向对象分析设计方面的专家。经验丰富的IT从业者，曾担任过项目经理、产品经理、系统分析师、架构师等职，有丰富的分析、设计、管理经验，对软件领域有着全面和深刻的理解。精通UML及建模方法，在需求管理、分析方法、软件架构以及面向对象的分析和设计方面有着深刻的理解和独到的认识。精通软件工程和各种软件方法，如RUP、敏捷方法等。精通项目管理，PMP证书获得者。曾就职于IBM从事BPM相关产品的研发工作7年，精通业务流程管理（BPM）产品及其解决方案。目前就任北京有明吉博信息系统有限公司副总裁合伙人，从事EA/BPM/ERP等企业信息化相关工作。

推荐序三

企业非常关注其发展战略，在MBA课程中专门设有战略管理课程，其重要性不言而喻。但是如何保证战略规划能够顺利地落地，融入到企业的日常工作流程中；如何将这些流程固化为IT系统；如何将这些IT系统变为柔性的系统，从而实现个人经验型管理向流程化管理转变，实现企业的长久价值：这些都是每个企业关注的非常核心的问题。本书的作者分别从管理的角度思考业务变化的本质,从BPM工作流的角度思考适应管理的变化实现方式,二者在各自理论发展过程中，不断交融，从而最终实现管理领域的巨大创新。两者的有机融合显示了作者在管理领域，在工作流、BPM领域具有非常深厚的造诣。

在近20年国内国际的项目经历中，我一直在关注管理与信息化相融合的发展趋势，并参与到基于开源工作流的软件项目开发实践中。在工作过程中，目睹了很多企业没有操作性强、固化的作业流程方式，不断产生偶发管理事件，打乱企业的生产节奏，进而导致企业输出不稳态产品。这些企业粗犷的管理方式，即使规模较大，也很难成长为一个受行业尊敬的企业。

业界越来越重视管理与信息系统的有机结合，近年来在该领域展开深入研究的文章也不少，但是对管理与对管理支撑的BPM实现方式都深入理解的人少之又少。我一直非常期待能够有一本通俗易懂、深入浅出的关于管理、工作流、BPM结合类的图书，显然作者填补了在这个领域的空白。本书的很多观点引起我强烈的共鸣。

现代商业市场的竞争，已不是“大鱼吃小鱼”，而是“快鱼吃慢鱼”。对企业管理而言，如何实现敏捷的企业流程，真正实现拥抱变化，实现大象也能起舞的理念，已经成为企业发展的最核心的竞争力之一。根据这样的管理需求，企业应用系统的开发目前越来越向平台化发展，基于工作流技术的BPM平台是整个信息系统的核心内容。本书中包含流程的管理思想的演变，流程的建模方法论，建模文件的解析、流程的开发方式（权限、表单、流程、报表等）、异常处理、流程的执行、流程的监控、流程的治理。其中有很多最佳的实践让人耳目一新，受益匪浅。随后，作者给出了流程的整体案例及未来的发展趋势，很好地加深了读者对本文的综合理解。

最后，感谢作者的精彩分享，从管理角度，流程化的建设已经深入到各个行业中，从技术应用角度，BPM系统的开发应用在管理类系统中不断深入，二者的结合使得敏捷变化的企业管理成为可能。我想不管CXO，还是普通的建模人员、企业应用系统的开发者、独立的BPM平台开发人员都能从中得到很好的启迪。

孙精科

于2014年1月26日

孙精科

江苏省邮电规划设计院有限责任公司信息中心负责人，江苏省五一劳动奖章获得者，南京信息工程大学的特聘教授

前 言
流程的永恒之道

当今世界高速变化，企业和组织周围的一切环境，包括政治环境、社会环境、技术环境、经济环境等，也都在高速地发生着变化。外部环境的变化，必然要求企业和组织内部的业务运营能对此快速响应，其响应速度直接决定了它们的竞争优势。从价值链的角度来看，企业或组织的运营本质上就是其众多业务流程运行的过程。所以归根结底，流程是保证企业或组织竞争优势的所在。正如麻省理工学院斯隆管理学院莱斯特·瑟罗教授所说："在21世纪，持续的竞争优势将更多地出自新流程技术，而不是新产品技术。"既然流程技术这么重要，那么怎么更好地应用流程技术呢？或者说，应用流程技术的永恒之道是什么呢？

"道生一，一生二，二生三，三生万物"，此为老子在其《道德经》中所阐述的"道"，意为万物发展皆有其规律可循，这个规律即为"道"。"道"，可作道理、途径、真理、方向、方法等解释。本书将紧紧围绕应用流程技术之"道"展开，阐述应用流程技术的道理、途径、方向、方法与实践等内容。

本书写作思路

本书的内容涉及了流程、流程管理、流程技术三个方面。没有流程管理相关方法论的发展，就不会有流程技术的诞生。因此在本书中，流程及流程管理作为引子，目的是引出流程技术，重点着墨于流程技术。这一点在第二篇更为明显。BPM是什么？BPM既是管理及运营模式，也是技术。

提到流程技术，人们自然会想到**工作流**（workflow），还会有人想到**业务流程管理**（BPM），如果对流程技术有过深入研究的人，可能还会想到**BPM治理**（BPM Governance）。这些流程技术的发展历程是怎样的？各自的概念、规范、理论、模式、产品实现、应用场景及最佳实践有哪些？

它们之间有着什么样的区别？本书将结合江南市房管局从20世纪90年代末期到今天的发展历程来讲解这些内容。其整个发展历程有两条主线：一个是业务及管理的发展主线，一个是信息化技术的发展主线。本书的内容也将沿着这两条发展历程展开，如下图所示。

(1) 以时间脉络串起两条主线上的三个阶段，每层台阶对应一个阶段，每个阶段对应一个篇章。

(2) “业务及管理的发展主线”（图左侧）上的每个阶段对应的现状及需求是每个篇章的切入点，业务及管理的现状和需求催生了对应的“技术的发展主线”（图右侧）。

(3) 在每个阶段内部，*右侧的技术发展是每个篇章的重点内容*。写作方式上采取以点（技术的永恒之道这个点）带面（永恒之道周围的理论、规范、模式及最佳实践）的方式逐次展开。

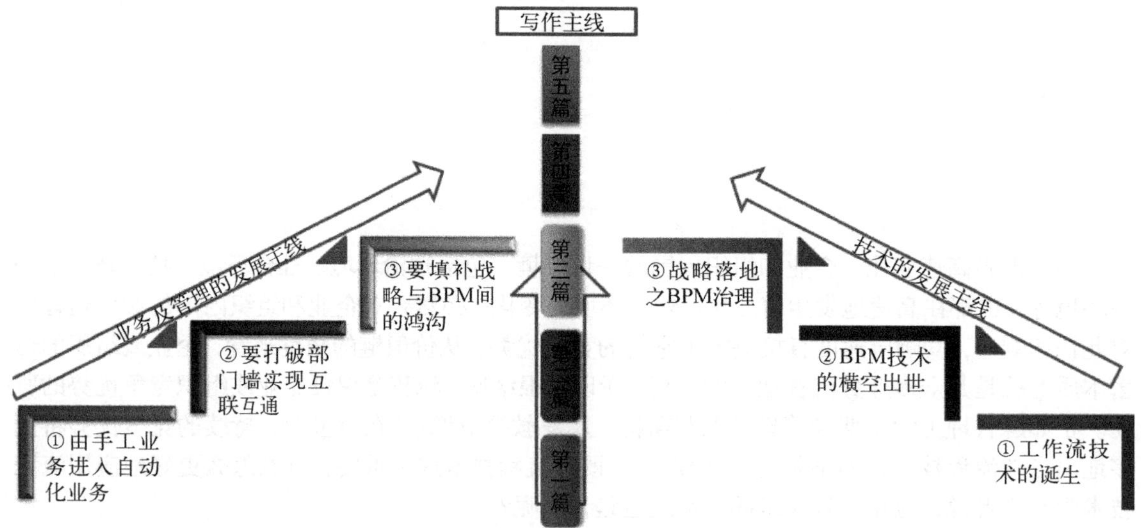

本书的写作路线图

这个写作思路由业务及管理的发展主线与技术的发展主线结合碰撞而来，两条主线像竖着的麻花一样，在三个层次上（即图中的三个阶段）互相缠绕，但是又能独立发展，互相引领，互相促进，两者拧成一股才会创造最大价值。三个阶段之后，我们来探讨流程技术的高级应用（第四篇）和流程技术之未来展望（第五篇）。

本书读者对象

本书面向的读者包括：

(1) 中高级开发人员，通过学习本书可以基本掌握流程的基本概念、分类、历史、发展、IT实现以及应用流程技术的永恒之道；

(2) 项目经理、研发经理、技术总监，通过学习本书可以清楚一个流程管理平台的基本开发步骤、开发会面临的问题；

(3) 企业CIO、CPO、CEO，通过学习本书可以知道当今企业流程发展的最新状况，清楚怎样让自己的企业成为流程型的组织，从而实现企业的卓越绩效。

本书内容

本书分为五篇、11章及附录，其内容简介如下。

第1章：流程入门

这一章是个引子，首先讲述了安妮面包房的发展故事，读者由此会对流程有个直观的认识。接下来从认识流程讲起，依次讲到流程的定义、流程管理思想及方法论的历史、流程技术的历史、流程的分类、流程在企业内的作用及成熟度。最后通过详细讲解流程、流程管理及流程技术三者的关系，厘清重要的概念和术语，并表明本书的写作方式是通过流程管理引出流程技术，重点讲应用流程技术的永恒之道，即怎样更好地用流程技术来满足“流程管理”管理流程的需求。

第一篇：工作流的诞生篇

这一篇包含第2～4章，主要讲述了应用工作流技术的永恒之道——对于工作流技术，工作流模式是核心，是实现流程万变的永恒之道，是让业务变得更有活力的永恒之道。本篇的精华是第3章，从7个方面讲解了工作流模式：原型实例、上下文、问题的本质、解决方案和技术实现、约束及可能存在的问题、技术中的实现、与其他模式的关系。

第2章：初识工作流

这一章分析了20世纪90年代末江南市房管局的业务及技术现状，为解决其面临的企业问题，江南市房管局所引入了工作流技术。这一章还展开讲述了工作流技术，包括工作流的基本概念、发展历史、解决的问题、工作流的结构、与MIS的关系、工作流的规范、WfMC参考模型、XPDL定义模型、工作流外围扩展等内容。

第3章：工作流技术的永恒之道——工作流模式*①

这一章以房改购房审批业务的工作流需求为例，深入讲述了应用工作流技术的永恒之道——工作流模式来解决房改购房系统的流程变化需求。工作流模式包括控制模式、资源模式、数据模式及异常模式。对控制模式和资源模式进行排列组合，可生出无数个流程（解决业务的敏捷多变）。数据模式解决某个控制模式下的数据交互问题。异常模式解决业务应用流程技术时出现的异常问题。资源模式则解决人和组织怎样参与流程的问题。

第4章：工作流的产品实现*

这一章对工作流的开源实现jBPM进行深度解析。通过对jBPM的解析，读者能够全面了解工

① 标注“*”号的章节为本书精华内容，读者可以重点关注。

作流引擎的实现原理及过程，从而具备自己开发工作流引擎的能力。该章也针对各种商业工作流产品给出了选型标准。

第二篇：BPM 的横空出世篇

这一篇包含第5～8章，主要讲述了应用BPM技术的永恒之道——对于BPM及其技术，构建端到端的流程体系，并采用服务化、组件化技术将BPM与SOA联姻是实施BPM项目的永恒之道。在本篇中，首先全面阐述房管局的现状及矛盾，为了解决这些现状及矛盾引入了BPM及其技术。之后全面讲解BPM的概念、生命周期、理论、技术规范、开源及商业的技术实现、实战应用等。

第5章：初识BPM*

这一章首先讲解了BPM的基础入门知识，然后介绍群雄割据时代的江南市房管局在业务管理的现状、新需求及技术应用上的矛盾，为了解决这个矛盾而引入了BPM技术；同时，也对BPM技术的横空出世做了初步介绍。

第6章：BPM的生命周期及永恒之道*

这一章的前5节讲解了BPM整个生命周期内的五个阶段的核心内容及技术，既包括全面的BPM管理的知识，又包括BPM技术的主要内容。在BPMS的执行分析一节，以"预销售主线流程"为例，深入分析了通过BPM套件实现的流程执行过程。在优化阶段，讲述了"预销售主线流程"这个案例的优化过程。第6节主要阐述实施BPM的永恒之道，即BPM与SOA联姻，仍以"预销售主线流程"为例，分三个步骤实现BPM与SOA的联姻。最后给出了一个理想的BPM的美好蓝图。

第7章：BPM参谋长的战术理论及规范——BPMN规范

这一章讲解BPMN的规范。在本章，你们将学习到BPMN这一有可能一统江湖的流程规范大佬有着怎样的历史？它包含哪些内容和能力？

第8章：深入BPM看实现*

这一章是将BPM落地为BPMS，即将BPM的内容直接或间接地映射为IT技术实现。该章还讲述了BPM技术的开源实现Activiti，其中对Activiti的讲解结合了BPMN规范，透彻讲解了一个符合BPMN规范的BPMS产品的实现原理及过程；同时还中立性地介绍了BPMS的商业产品IBM WPS及Oracle BPM。

第三篇：战略落地之 BPM 治理篇

这一篇包含第9章，主要讲述了引入BPM治理是实现战略有效落地、填补战略与BPM之间鸿沟的永恒之道。本篇重点讲述为什么BPM治理可以填补战略与BPM之间的鸿沟，使战略有效落地，以及怎样实施BPM治理，并给出了江南市房管局某BPM项目实施的BPM治理框架。

第9章：BPM治理填补战略与BPM之间的鸿沟

BPM治理是提高BPM项目实施成功率及投资回报率（ROI）的永恒之道。这一章首先抛出了BPM项目上线之后回报率不高的问题，并说明出现这个问题的原因是BPM与战略之间出现了鸿沟，从而引出用BPM治理来填补战略与BPM之间的鸿沟，并依次讲解BPM治理的内容、实施步骤及治理框架。

第四篇：高级应用篇

本篇包括第10章。进入21世纪，江南市房管局为了更好地为社会公众服务，由管理型政府向服务型政府转变，于2008年启动了本局内包括所有业务系统的一个大型BPM项目的实施。在本篇中，大家将跟随作者一起，在本项目中按照相反（即自上而下）的顺序贯彻执行这三个永恒之道。

第10章：江南市房管局的BPM项目实战*

在这一章中，作者将前三个阶段的永恒之道全面贯彻到江南市房管局的BPM项目实战上去，对这个大型BPM项目的整个实施过程，按照自上而下，自战略、战术到执行、监控优化的顺序，逐一进行开展。

- 第一个永恒之道，用BPM治理架起战略与BPM之间的桥梁。
- 第二个永恒之道，构建端到端的流程体系，让BPM与SOA联姻，带领房管局进入大一统的时代。
- 第三个永恒之道，应用工作流模式响应业务流程的灵活变化。以测绘子系统中的实际业务需求为案例，用“复杂工作流模式”来一一实现这些需求，从而使得测绘业务更有活力。这里与第3章中的简单模式遥相呼应，由简单到复杂，再次展现了实现流程万变的永恒之道——“工作流模式”的强大魔力。

第五篇：流程技术之未来展望

本篇包括第11章。在现阶段及未来一定时期内，最火的技术莫过于云计算技术了。随着云计算技术的成熟，越来越多的企业将其工作放置到了互联网上，典型的如Google docs提供的文档、邮件、Excel等各种在线服务。除此之外，还有亚马逊提供的弹性计算云Amazon EC2（Elastic Compute Cloud）及存储服务Amazon S3（Amazon Simple Storage Service）。本篇对私有云中的流程引擎及基于REST的流程API给出了相关设计。

第11章：云中的流程*

在云计算技术发展的影响下，流程也悄然入云——流程即服务（BPMS as a Service），通过提供在线的流程技术服务，将各种在线应用混搭在一起。为了让读者能够了解到流程技术与云计算技术的结合，这一章介绍了流程技术的未来——云中的流程，并实际给出了一个BPM私有云引擎的设计及基于REST的API设计。

附录：工作流模式

本书附录包括了对所有工作流模式的讲解，其中控制模式43种，资源模式43种，数据模式40种以及异常处理模式。这些模式的版权归http://www.workflowpatterns.com/所有。本部分内容可以在图灵社区www.ituring.com.cn免费下载。

写作分工说明

本书由辛鹏统筹安排，确定全书的写作路线，荣浩负责全书的润色修改。各章节的写作分工具体是：辛鹏撰写了除第7章及附录外的其他所有章节的主要内容；荣浩撰写了第1章的安妮的面包房故事和1.2节，第2章的2.2.3节和2.3.2节，第3章的3.5.1节，第4章的4.1节和4.4节，第7章全章，第11章的11.2节，以及附录。

致谢

首先感谢对本书大力支持的图灵公司的武总和傅志红老师，没有他们的大力支持，本书不会在延误了两年之久还能顺利出版。感谢本书的排版刘晓阳老师，他对本书的图片做了大量的绘制工作。同时也致谢现任CSDN及《程序员》总编刘江老师，他对本书的写作提出了很多宝贵意见。

感谢清华大学软件学院教授、副院长、博士生导师王建民老师在美国访问期间为本书作序，我在清华大学读研时，王老师主讲的工作流课程为我打下了坚实的理论基础。

感谢我的朋友谭云杰为本书作序，他的《大象——Thinking in UML》一直是超级畅销书，版权输出到台湾地区。他在BPM方面颇有造诣，曾在IBM Webshpere Process Server中国开发团队做BPM研发相关工作7年。在本书写作的过程中，他给出了很多中肯的意见。

感谢我的朋友孙精科为本书作序，他目前任江苏省邮电规划设计院有限责任公司信息中心负责人，江苏省五一劳动奖章获得者，南京信息工程大学特聘教授。他有近20年的国内及国际项目经验，曾经在海外带项目多年，对管理与信息化的融合方面有非常丰富的实战经验。在他出差北京时，与我进行过多次交流，使我获益匪浅。

感谢为本书写推荐语的各位老师、领导及朋友：他们是荷兰埃因霍温理工大学数学与计算机科学系W. M. P. van der Aalst教授，他是工作流模式的创始人；东华软件股份公司董事长薛向东；华胜天成的首席架构师沈晖；CSDN与《程序员》总编，图灵公司创始人刘江老师。最后感谢在本书的写作过程中对我们进行过帮助的其他朋友，他们是：杨福川，是他促成了我们与图灵公司的合作；还有杨海玲老师，她也曾经给过很多指导。

目 录

第一篇 工作流的诞生篇

第二篇 BPM的横空出世篇

第四篇 高级应用篇

第五篇 流程技术之未来展望

第1章
流程入门

安妮女士自己经营着一家面包房。说经营有点大了，实际上她就是一个人制作面包：混合原料、揉面、醒发、整形和烘烤，然后卖给街坊邻居。她是个精细的人，精心烹制着每一块面包，既好吃又好看，不久就引来了许多的顾客，这下可把她忙坏了。于是，安妮决定雇个帮手杜拉拉小姐。杜拉拉小姐也对制作面包有着浓厚的兴趣，非常希望能够做出世界上最好吃的面包。制作面包最重要的步骤就是醒发和烘烤，而顾客想吃的是"安妮烤制的面包"，因此安妮决定只让杜拉拉负责混合原料、揉面和整形，自己负责醒发和烘烤。这就要求对工作进行协调，好在这只是两个人一起制作面包，简单而随意的交流就能搞定一切。

因为不使用过季面粉，不使用氢化植物油，安妮的生意出人意料地好，她的面包再一次供不应求，这意味着她需要更多的帮手。这一次，安妮招聘了两名有工作经验的面点师傅和一名收银员。他们每个人都十分熟悉面包制作工序，所以尽管人员增加了，依旧协调得很好。

一段时间后，安妮决定不只制作面包，还要制作糕点，于是她又新聘用了4名助手，但这时就出现了协调问题：有一天，杜拉拉不小心使用低筋面粉作为了面包原料，可是那个原料架子上一向放置的都是高筋面粉；还有一天，安妮在烘烤面包时被地上盛有蛋液的桶绊了一跤。安妮意识到，在一间8个人的面包房里，光靠简单的沟通已经无法协调工作了。更糟糕的是，安妮已经没有太多时间在店里协调工作了，她把越来越多的时间用在了产品推销上，比如在超市中销售自己的面点；同时，她也应邀参加了一个电视节目，在那里教观众制作面包。

于是，安妮聘请了一位有过面点制作管理经验的咨询师来帮助她。咨询师建议面包制作与糕点制作要分开，同时各道制作工序要由专人负责：第一个人混合原料、第二个人揉面和醒发、第三个人整形、第四个人烘烤、第五个人包装，这样整个制作工序就有了清晰的流程，每个人负责其中的某个任务，如图1.1所示。

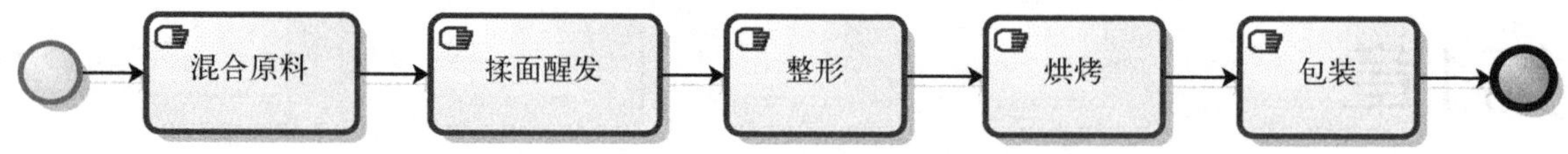

图1.1　面包的制作流程

另外,咨询师还重新规划了制作间,避免了工作期间因人员频繁移动而出现磕绊等混乱局面。为了确保所有工作的顺利协调，保证面包和糕点的质量，他们还制定了一套标准的操作指南。至此，安妮的面包房发生了巨大的变化，成为一家面包公司，并且开始向周围的超市供货。公司规模大了，涉及原料采购、厂房管理、市场营销、产品物流等诸多方面，管理人员急剧增多，于是公司开始制定一系列的管理和辅助流程，例如顾客管理、请假管理、费用报销管理、用品申请管理、人员入职和考核管理等等，出于效率和成本的考虑，安妮还实施了一套办公自动化系统，通过该系统协调各个部门和岗位间的工作，并对管理成本进行核算。

安妮的公司继续扩张，这次她遇到了新的问题：公司规模不大时，她们的面点只供给周围的超市，面点的产量很好预测；而当市场打开，各个超市都开始销售她们的面点后，生产多少就成了一个难题。生产多了，面点过了7天的保质期就滞销，增加了成本；生产少了，则导致缺货；同时每天的产量又会影响到公司从原料厂商的订货。安妮明白，这次她要解决的问题已经从如何在公司内部进行协调变为了如何在公司间进行协调。

如何解决这个问题呢？安妮新建了一套供应链管理系统,这套系统用于跟踪各大超市的面点销售状态。在这些超市里，每个面点通过收银台二维码扫描确定被购买的状态，这种状态通过超市的销售系统及时回送至安妮的供应链系统；接下来，供应链系统根据面点的销售情况产生订单并将订单传输至面点制作车间，同时向物流公司的IT系统发送消息，随后由物流公司将面点送达各大超市，最后发送消息给财务系统。此外，安妮还应用该系统建立了公司的在线销售网站，通过网站向顾客销售定制的个性化面点。安妮明白，该项业务的竞争力在于交付面点的速度，速度越快，面点越新鲜，顾客越满意。顾客在网站产生的订单被该系统接收并处理，转化为订单和发货单。顾客的需求拉动着公司的整个运营流程。

从安妮的故事中，我们不难发现流程在企业运营中所发挥的重要作用：从部门内工作的协调到部门间工作的协调，再到企业间工作的协调；从提高工作效率到降低管理成本；从降低运营成本到提高企业竞争力。

流程既然这么重要，那我们自然要问：什么是流程？与流程相关的管理思想和技术是怎么发展而来的？它在企业、政府和公共组织内部是怎样发挥重要作用的？……下面我们就来讨论这些问题。我们首先阐述流程的定义，接下来回顾流程管理思想和流程技术的发展历史，而后再看看流程的分类研究、流程在企业管理中的作用，以及流程与流程管理及流程技术三者的关系。

1.1　流程的定义

《尚书 · 盘庚上》有云：“若网在纲，有条而不紊。”盘庚是汤的第十世孙，商朝的第二十位君王。他为避免水患，复兴殷商，决定率领臣民迁都于殷。大臣们觉得迁都庞大且繁杂，因而反对迁都，盘庚就用这句话来告诫群臣，意思是：只有把网结在纲上，才会有条有理不紊乱。这里的纲就是结网的主绳，所有其他绳子都围绕着主绳来结，就会形成一张有条而不紊的网。由此，后世人在形容一个人做事有条理时，往往会说“有条不紊，井然有序”。例如我们说，2008年奥运会的开幕式组织得有条不紊。

条——条理；序——顺序。

有条不紊，井然有序，正是流程的真实写照。

从最朴素和最直接的角度看，我们按照条理和顺序做事情的过程，就是流程。而关于流程的详细定义，大师们从不同的角度给出了不同的答案。

流程之父迈克尔·哈默是这样定义的：流程是把一个或多个输入转化为对顾客有价值的输出的活动。

李·克拉耶夫斯基和拉里·里茨曼在其《运营管理——流程与价值链》第7版中是这样定义的：流程是一种或一组活动，这些活动利用一个或多个输入要素，对其进行转换并使其增值，向顾客提供一种或多种产出。

我们的理解是：流程就是一组活动按照一定顺序组成的序列流，其顺序可能是串行的、并行的，或者两者的任意组合模式，例如面包制作流程中的“混合原料”、“揉面醒发”、“整形”、“烘烤”等活动。活动名称一般是对某一具体工作的抽象，例如“烘烤”这个活动。

根据各位大师的定义，结合面包制作流程，我们可以归纳出流程必有的几个要素。

(1) **输入**。这是流程必须有的要素，在面包制作流程中，输入就是制作面包所需的各种原料。

(2) **活动**。指一些具体的工作，例如“混合原料”、“揉面醒发”、“整形”、“烘烤”等。

(3) **活动间的相互作用**。活动之间是相互影响的，而且会有较强的因果关系，例如只有“混合原料”之后才能“揉面醒发”，再后才能“整形”等。

(4) **输出**。有输入，必然有输出，面包制作流程中的输出就是那香喷喷、让人口水直流的面包。

(5) **流程的服务对象**。流程是为某类服务对象（即顾客）服务的，服务对象有显性和隐性之分。在某些流程中，服务对象是显性的，也就是实实在在的人，例如买面包的服务对象；但是在细分的某些流程中，可能存在完全自动的任务，即组成流程的所有活动都为无人参与、自动执行的活动，那么此时流程的服务对象就是隐性的，也就是说我们不能直接看出此流程的服务对象是谁。这样的流程一般都是和其他流程一起作用的，不会孤立存在。你也可以认为引用这个流程的流程就是服务对象。

(6) **价值**。第4条强调了流程必须有输出结果，如果流程的服务对象对流程的结果感到满意，我们就说此流程是有价值的；如果他们不满意，就需要对流程做出调整，直到服务对象满意为止。例如，由于工序清晰有序，杜绝了错误，从而保证了质量；又如，在最短的时间内，顾客能够得到自己想要的面包，顾客满意了，就会多买面包，从而为公司带来可观的利润。

综上所述，流程具备六个要素：输入、活动、活动间的相互作用、输出、流程的服务对象和价值，如图1.2所示。

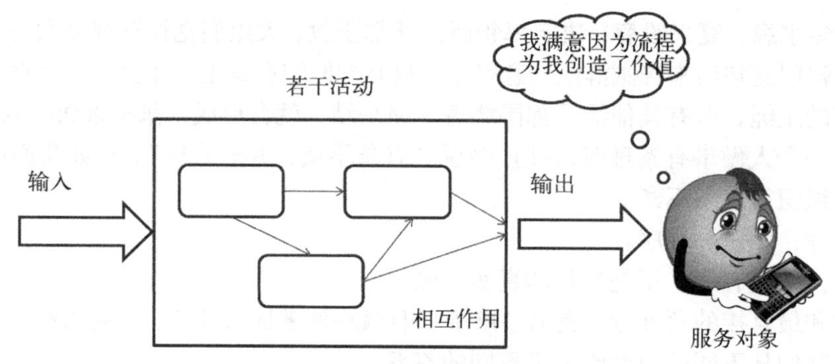

图1.2　流程定义的六要素

通过对流程定义的学习，我们对流程有了清晰的认识。以上是对流程的微观定义，宏观上来说，本书所讲的流程是与管理及信息技术密切相关的一门学问。流程在企业和公共组织中的存在及发展，本质上就是流程管理思想及方法论在企业和公共组织中的发展。因此研究流程首先就要了解其管理思想及相关方法论的发展历史。

1.2　流程管理思想及方法论的历史

流程管理思想是随着管理学的产生发展而来的，到目前为止共经历了五个阶段：20世纪初伴随着科学管理产生的流程管理思想萌芽、20世纪60年代由信息技术驱动的流程自动化、20世纪90年代的业务流程再造、2003年后正式提出的以流程为主导的管理思想，以及BPM管理思想与BPM治理思想的结合。

1.2.1　科学管理与流程管理思想萌芽

19世纪70年代（1870年），美国出现了长期的经济萧条，市场疲软，需求持续下降。面对日益激烈的竞争压力，企业家们开始将注意力从技术转移到了组织管理上，这成为管理运动进入整个工业界的契机。20世纪初是属于泰勒和他的科学管理的，在著名的搬铁块试验里，通过标准化个人的操作流程，泰勒将工人搬运铁块的效率提高了400%。泰勒，开创性地将分析的力量带到工厂，开创性地揭示出标准化操作流程的重要性（去掉多余动作，改善必要动作，消除浪费），以此谋求工作的最高效率。

泰勒的追随者亨利·福特，在其单工序动作研究的基础上，对如何提高整个生产过程的效率做了进一步的研究。他充分考虑大量生产的优点，规定各个工序的标准时间定额，使整个生产过程在时间上协调起来，创建了第一条流水生产线，将T型车送入了每一个美国家庭。而吉尔布雷斯夫妇则使用照相技术发现操作流程中的浪费，发明了流程图。

这一时期，泰勒科学管理和福特流水生产线的流程管理思想，旨在解决企业内较低层次的车间操作流程问题，主要方法包括：标准化生产/操作流程；减少产品类型，以较少数量的流程实施大规模生产；通过零件标准化提高互换性，降低流程管理的复杂度；通过流程的专业化分工，提高工人技能的专业化程度。这一时代的管理标志着现代高效率工业生产的开始，属于流程管理思想的萌芽期。

1.2.2 信息技术驱动的流程自动化

在20世纪60年代（1960年），飞速发展的信息技术开始引入管理领域，一些企业利用信息技术对传统的业务过程进行自动化改造。由此，信息技术驱动的流程自动化推动了流程管理思想的进一步发展。

60年代，最先进行的是企业各级职能单元的工作自动化，将企业各职能部门内原来依靠手工完成的计算、信息传输、工序编排等任务自动化。此时自动化的目的是，通过信息技术高效的数据处理和分析能力提高企业某个局部领域的工作效率，例如当时著名的Sabre系统用数据实时更新技术突破性地实施了对美国航空公司订票流程的自动化改造，原先手工订票的平均时间是90分钟，采用Sabre系统后缩短至几秒钟。Sabre为美国航空公司带来了巨大的竞争优势，迫使其他航空公司不得不建立起自己的预订系统。

70年代，信息技术开始支持跨部门协调的需求，IBM采用多部门共享的公共制造信息系统，辅助其计算机制造的组装流程，大大缩短了制造周期。群件、办公自动化系统、MRP（物料需求计划）诞生，在这些系统里，出现了采用 Petri 网的某种变体进行流程建模的技术，这也是工作流（workflow）技术的开始。

80年代，信息技术向全企业战略级支持能力发展，MRP（制造资源计划）II，MIS（管理信息系统）、CIMS（计算机集成制造系统）诞生。MRP II是MRP的进一步发展，MRP的目标是帮助生产部门在正确的时间按正确的数量得到所需的物料；而MRP II则以生产计划为中心，把与物料管理有关的产、供、销、财各个环节的活动有机地联系起来，形成一个整体进行协调，使它们在生产经营管理中发挥最大的作用。其最终的目标是使生产保持连续均衡，最大限度地降低库存与资金的消耗，减少浪费，提高经济效益。MRP II是ERP的前身。

从60年代到80年代末，信息技术得到广泛应用以实施企业流程的自动化，实施的范围也从最初的手工工作自动化到对部门间工作协调，再到对整个企业的工作协调。尽管这一时期的信息技术仅仅局限在对原有流程进行自动化和模仿性优化，但通过自动化，为流程的定量分析和持续改善提供了可能，由此产生了“价值链”（精益思想）、“为制造而设计”、“并行工程”等流程管理思想。

1.2.3 业务流程再造

20世纪80年代末及90年代，不断扩大的公司规模、快速变化的外部环境，让传统的以职能进行组织的组织模式越来越步伐蹒跚。一个著名的例子是20世纪最伟大的CEO杰克·韦尔奇在其自传里描述的80年代末期的GE：“GE内部拥有太多的管理层级，它已经变成一个正规而又庞大的官僚机构。GE由25000多名经理管理着，平均算来他们每人直接负责7个方面的工作。在这个等级体系中，从生产的工厂到我的办公室之间隔了有12个之多的层级。”企业所面临的问题再次将流程管理思想推送到了管理思想的最前沿。

这一时期，哈默和钱皮适时地提出了BPR（Business Process Reengineering，业务流程再造）思想，业务流程的概念第一次被明确提出：业务流程强调顾客，强调从顾客的需求出发到满足顾客需求的端到端的整个过程。一句话：*为顾客产生价值、为企业带来利润的流程就是业务流程*。企业里的业务流程包括了：产品和服务的设计与开发、产品和服务的市场营销与销售、产品和服务的交付以及客户服务管理，而诸如请假流程、费用报销流程和招聘流程等则都不属于业务流程。在特定的领域，出现了业务流程参考模型，例如供应链的SCOR模型、电信的eTOM模型。

整个20世纪90年代，BPR是管理思想里最前沿的思想，它的核心思想是从根本上反思和重新设计业务流程，以实现在成本、质量、服务和反应速度等关键绩效上的突破性进展。而且在实施过程中，关注点放在了以信息技术为核心对企业流程进行彻底再创造。正是由于BPR的这种激进性，导致了其失败率也高达50%～70%。

大多数BPR实施失败的原因都被归结为难以处理的“人”的因素，同时，BPR所提倡的推倒重来也忽视了对企业既往投资的保护和再利用，如遗留的应用系统。由于BPR过于激进，于是管理者们开始考虑渐进型的改进，于是BPI（Business Process Improvement，业务流程改进）开始超越BPR，得到了越来越多的认可。但是，BPI只是将激进型的BPR变为了温和型的逐步改进，本质上没有变化，它的重点还是强调IT技术的应用，多半以流程计算机化这种短程目标为主，却忽略了BPR的终极目标在于管理，而非计算机技术，也非流程细节。

1.2.4　业务流程为主导的管理思想

2003 年Nicholas G. Carr在哈佛商业评论上撰文指出，现在的时代是“IT doesn’t matter”（IT不再关键）。他指出：随着整个社会信息化程度的不断提高，IT系统已不再是企业的奢侈品，而是维持正常运营的必需品。企业的竞争优势如果不来自于信息技术，那么究竟什么才是企业竞争力的来源？第三代流程管理思想的倡导者Howard Smith和Peter Fingar认为：“IT doesn’t matter, Business Processes do.”（业务流程比IT更为重要），企业竞争优势的根本是其卓越的业务流程体系。这种卓越的业务流程体系体现在业务流程能够适应快速变化的环境，具有高柔性。由此，以业务流程为主导的管理思想BPM（Business Process Management，业务流程管理）正式提出。

BPM的范畴涵盖企业营运的各个方面，如研发、生产、销售、业务、人事、财务等企业经营活动，甚至往上下游延伸到供应商与经销商，以及客户端的客服活动。它的目标是企业应以流程化的思考方向，串连原本各自独立而未协调的经营活动，使串连后的经营活动成为具有增值的企业运营流程，并辅以IT技术手段使其落地运行，从而达成企业流程管理的终极目标。

1.2.5　BPM 管理思想与 BPM 治理思想的结合

21世纪初，随着全球经济一体化的快速发展，多元化经营的跨国企业越来越多。企业内的业务流程越来越多，BPM的实施变得越来越复杂，过程也越来越长。与BPR类似，BPM的实施也出现了失败或者投资回报率（ROI）不高的问题。于是乎怎样提高BPM实施的成功率及ROI成为了摆上企业管理者桌面的新问题。在21世纪10年代末，BPM治理（BPM Governance）的思想被正式提了出来，它的核心思想是“以治理为出发点，按照治理的理念去规划和实施BPM”，它强调企业战略与BPM的结合。BPM必须全面承载企业的战略，企业战略能够实时传递到BPM，BPM的状况实时反馈给企业战略。

至此，我们完整回顾了流程管理思想的发展历史：首先是企业运营所面临的管理问题推动了流程管理思想的萌芽；紧接着，信息技术驱动的流程自动化推动了流程管理思想的进一步发展，产生了“价值链”、“为制造而设计”、“并行工程”等流程管理思想；接下来，企业以职能进行组织的组织模式问题重重，促使了流程管理思想BPR的诞生，而BPR又对信息技术提出以信息技术为实施核心的要求；之后，如何以业务流程为中心组织企业的整个运营，催生了BPM管理思想及技术；对BPM实施的成功率及ROI的高要求，又催生了BPM治理思想及技术。回过头来看，是什么推动了流程管理思想及方法论的发展呢？是企业运营所面临的管理问题不断推动了它们的发展，而管理只有恒久的问题，没有终结的答案。

1.3 流程技术的历史

流程管理思想及方法论的发展，深刻影响着流程技术的发展，而流程技术的发展也反过来促进了流程管理思想的发展，二者相辅相成，互相促进。对应于流程管理思想及方法论的五个发展阶段，流程技术的发展大概经历了三个发展阶段：工作流技术阶段、BPM技术阶段及BPM治理阶段。工作流技术阶段对应于“科学管理及流程管理思想萌芽”及“信息技术驱动的流程自动化”两个管理思想阶段；BPM技术阶段对应于“业务流程再造”及“业务流程为主导的管理思想”；BPM治理阶段对应于“BPM管理思想及BPM治理思想的结合”阶段。这三个阶段的相关技术和规范见图1.3所示。

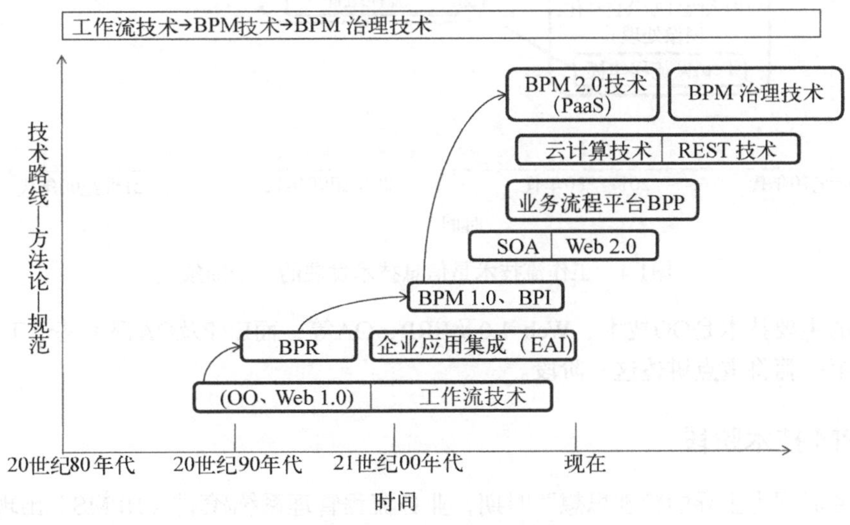

图1.3 流程规范、技术进展路线图

需要说明的是，三个阶段虽然有相应的界限，但是并没有绝对的分界线，它们都有交叉重合的情况。在现今，依然还有单纯的工作流应用。而且也并不是说单纯的工作流应用就落后了，业务流程管理的应用就先进了，应该说在不同阶段的不同场景中，它们都发挥了重要的作用。但是在现今，从企业架构的角度来看，三者结合使用才能取得最佳的应用效果和最高的投资回报率（ROI）。

1.3.1 工作流技术阶段

工作流技术在以“信息技术驱动的流程自动化”管理思想为主导的时代进入了新的热潮，信息技术的发展趋势总是在向抽象化方向努力：首先是应用系统里出现专用的流程组件，紧接着独立的工作流管理系统从应用系统里被抽象出来。1993年，工作流管理联盟（WfMC）成立，接着发布了著名的工作流参考模型及相关接口规范。2002年10月25日，WfMC发布了XPDL 1.0规范（WFMC-TC-1025）、规范流程定义的XML描述形式。2001年，清华大学出版社出版了清华大学范玉顺老师写的《工作流管理技术基础》，工作流由此在国内的信息系统中得到了越来越多的应用，开始进入协同办公领域。和数据库技术类似，工作流技术是信息技术发展的一个抽象，它解决的是流程的自动化问题，如图1.4所示。

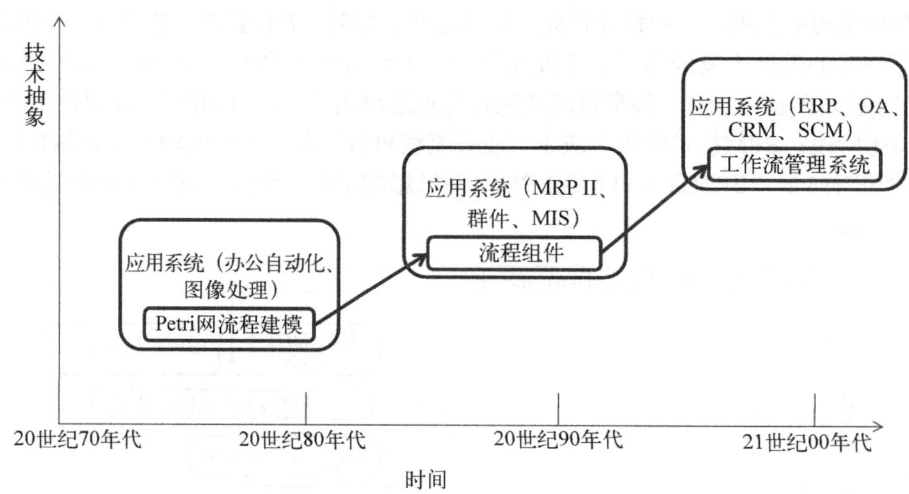

图1.4 工作流技术是信息技术发展的一个抽象

此阶段的主要技术是OO技术、Web 1.0及ERP、OA等，而ERP及OA都是基于工作流技术的应用。本书第一篇将重点讲述这一阶段。

1.3.2 BPM 技术阶段

在“业务流程为主导的管理思想”时期，业务流程管理系统/套件（BPMS）出现了，BPMS所要解决的问题是怎样以业务流程为中心全面串联企业的经营活动。要达到这个目标，首先要求全面梳理和设计企业的所有业务流程，最终通过BPMS进行落地实现。在这个时期，出现了Web服务、SOA和ESB（企业服务总线）等技术，本书第二篇将涵盖这方面的所有内容。

1.3.3　BPM治理阶段

严格来说，这个阶段不能称其为一个阶段的，因为其核心内容离不开BPM，只是为了提高BPM实施的成功率及投资回报率而引入了一些新的管理思想及技术，这些管理思想及技术终极目标还是围绕BPM的，我们会在本书第三篇讲到。

1.4　流程的分类研究

正如提高编程能力最好的方法是学习那些优秀项目的代码一样，提高企业运营水平最好的方法就是参考那些优秀企业的运营方式。流程分类框架存在的目的正是在于给企业提供一个从流程角度运营企业的标杆：企业运营中到底存在着哪些流程？这些流程涵盖着哪些企业活动？流程中的活动应该如何梳理？这些问题是企业进行流程梳理、管理和优化工作的基础。

对于企业流程的分类，最早出现的是安东尼模型。安东尼模型是安东尼等企业管理研究大牛们创立的制造业经营管理流程及其信息系统构架理论，它可以称得上是现代企业管理信息系统的开山鼻祖，展现了现代企业管理系统新理念的雏形。根据安东尼模型，企业流程被分为了战略流程、战术流程和执行流程。

安东尼模型之后，关于企业流程分类最权威的莫过于美国生产力与质量中心（American Productivity and Quality Center，APQC）开发的流程分类框架（Process Classification Framework，PCF）了。APQC通过整理全美各行业的业务，梳理了适用于各行业通用的跨行业流程框架，鼓励企业从水平流程视角来理解企业运营的各项业务和管理，而不是垂直职能视角。APQC把企业流程分为了两大类：运营流程、管理支持流程。

与APQC跨行业的流程分类相比，AMT流程管理资深顾问王玉荣女士在其著作《流程管理》中则从流程面向对象的角度对流程进行了分类。流程被分为了面向企业高层和社会的战略流程、面向市场和顾客产生企业收益的业务流程、面向业务支持部门和管理部门的管理和支持流程。

1.4.1　著名的安东尼模型

安东尼模型于1965年创建，之前经过了安东尼等企业管理研究的大牛们对欧美制造型企业长达15年的大量实践观察和验证，该理论认为制造型企业经营管理的业务活动可分为战略规划、战术决策和业务决策3个层次，如图1.5所示。

- **战略规划层**（SPL，Strategic Planning Layer）：为最高管理层，负责企业整体战略目标的制定，绘制企业战略地图，为战略目标的实现进行一系列的规划和预算制定。关注于宏观的、全局的目标及决策，关注商业规则。本层的工作正是业务流程治理所关注的工作，是本书第三篇将要讲述的内容。

- **战术决策层**（TDL，Tactics Decision Layer）：为中间管理层，为实现企业目标或者战略规划层所制定的战略目标，制定一系列的方法、技术和手段对企业的资源进行管理和支配，包括流程的设计、优化和控制，这个制定一系列方法、技术和手段的过程（或者说流程设计、优化和控制的过程），就是战术运用。本层是业务流程管理（BPM）所关注的内容，是本书第二篇将要讲述的内容。
- **业务处理层**（BTL，Business Treatment Layer）：为具体执行层，执行具体的工作。在企业中，就是负责工作具体实施的员工。在流程中也就是每个"活动"的执行者。本层是工作流管理（WFM）所关注的内容，是本书第一篇将要讲述的内容。

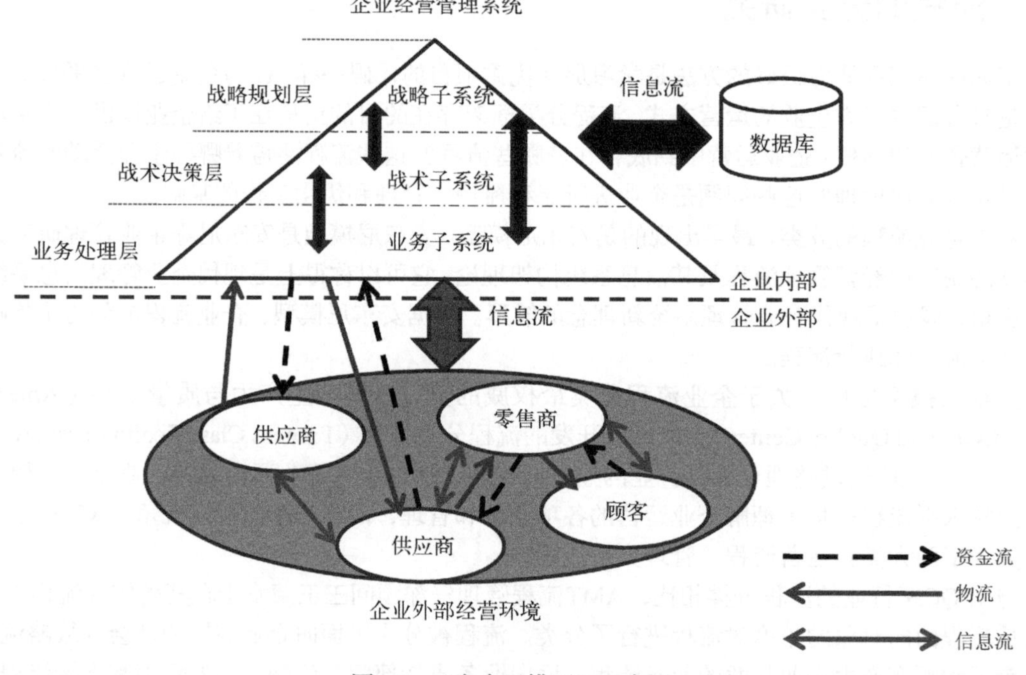

图1.5　"安东尼模型"示意图

根据安东尼模型，企业流程被分为了战略流程、战术流程和业务处理流程三个类别。战略流程规划企业所有的业务活动并明确它们之间的关系、规则和目标；战术流程面向市场和顾客制定策略、计划和需要执行的具体流程；业务处理流程即交由员工执行的业务流程（也可简称为执行流程），涉及具体的事务（采购、制造、出库、收款等等）。

1.4.2　APQC 企业流程分类

APQC于1991年开始研究开发流程分类框架，于1992年发布了该框架的第1.0版，目前最新的版本是2012年7月发布的6.0版本。APQC起初提出的流程分类框架是一个跨行业的流程分类框架，2008年APQC陆续又提出了十个行业的流程分类框架，包括跨行业、电力行业、消费品行业、航空航天和国防行业、汽车行业、传媒行业、医药行业、电信行业、石油行业、石化行业的流程分类框架。

流程分类框架的目的在于：帮助人们从流程的角度理解企业运营、帮助人们梳理、管理和优化企业流程、在不同业务单元和部门间建立起共同的流程语言（统一专业术语）。

跨行业流程分类框架将企业流程分成两大类十二个流程组，如图1.6所示。

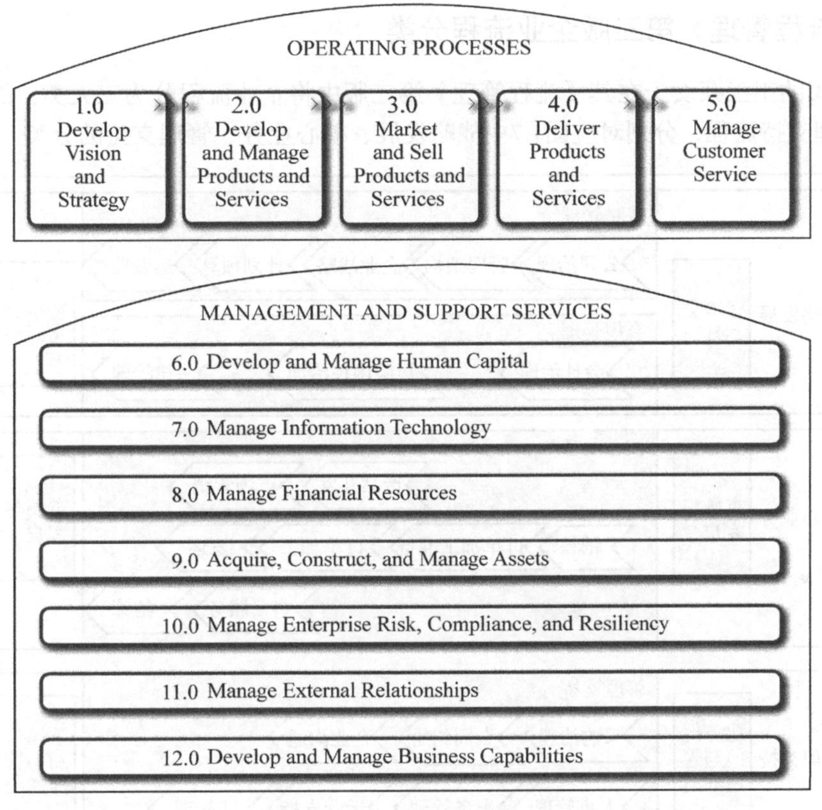

图1.6 APQC企业流程分类

企业流程的第一大类是运营流程，分为五个流程组：

- ❑ 1.0愿景与战略的制定；
- ❑ 2.0产品和服务的设计与开发；
- ❑ 3.0产品和服务的市场营销与销售；
- ❑ 4.0产品和服务的交付；
- ❑ 5.0客户服务管理。

另一大类是管理和支持流程，分为七个流程组：

- ❑ 6.0人力资源开发与管理；
- ❑ 7.0信息技术管理；

- 8.0财务管理；
- 9.0资产的获取、建设与管理 ；
- 10.0企业风险、合规和应变能力管理；
- 11.0外部关系管理；
- 12.0业务能力开发与管理。

1.4.3 《流程管理》第三版企业流程分类

AMT集团的王玉荣女士在其《流程管理》第三版中将企业流程分为三大类：战略流程、业务流程、管理支持流程，分别对应图1.7中战略发展、核心业务、管理支持的分类。

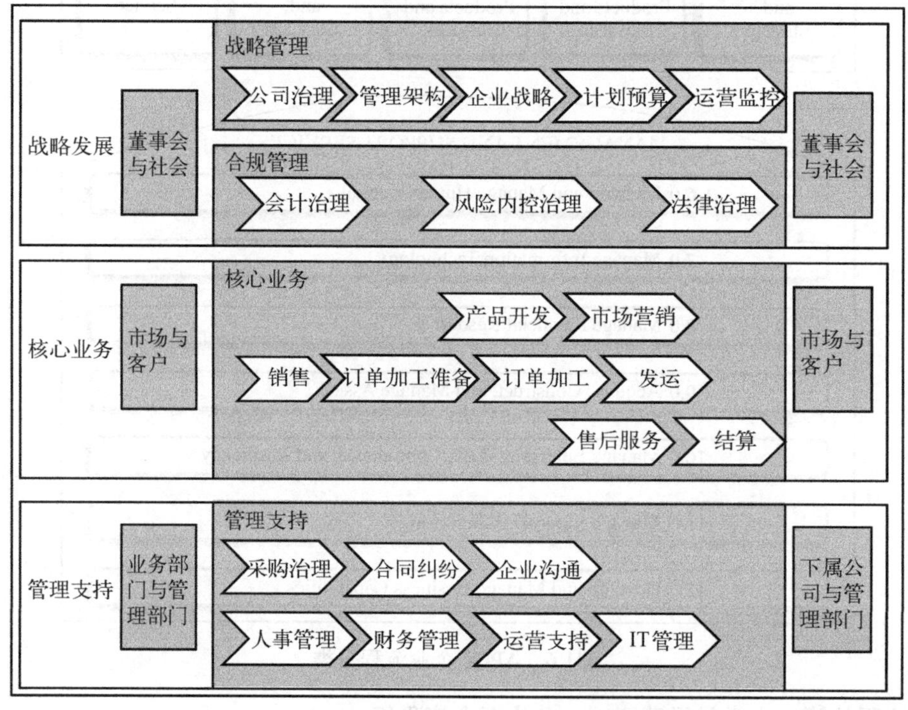

图1.7 《流程管理》第三版企业流程分类图

从图中可以看到，战略流程面向企业高层和社会，侧重于公司级别的计划监控以及与社会的沟通；业务流程面向市场和顾客，产生企业收益；管理支持流程面向业务支持部门和管理部门，包括人事管理、财务管理等流程。这个图更加细化了每一层的分类，并且引进了治理、合规等新的概念。

本节中的三种分类方式实际上都是将流程与企业的实际业务结合在一起进行的，从安东尼模型到APQC企业流程分类框架，到《流程管理》第三版的企业流程分类图，本质上都是把企业的流程分为了三大类：战略层面、核心业务运营层面、管理与支持层面。

1.5 流程在企业内的作用及成熟度

从李·克拉耶夫斯基和拉里·里茨曼合著的《运营管理——流程与价值链》第7版里的流程定义（见1.1节）中我们可以看出，企业运营的过程实际就是执行企业中众多流程的过程，企业中的所有工作都是与流程以及流程构成的价值链有关的。企业所有的经营管理及业务活动都是由各种流程组成，这些流程最终输出的是企业交付给顾客的产品或服务。流程作为企业和公共组织的重要资产，与它们形成了密不可分的关系。

1.5.1 流程支撑企业和组织的战略落地

企业战略是对企业整体性、长期性、基本性问题所做的计谋，其中包括竞争战略、营销战略、发展战略、品牌战略、融资战略、技术开发战略、人才开发战略、资源开发战略等等。如果企业是一艘船，那企业的战略就是船头，业务流程是船身，战略引导企业到达企业目标，而业务流程则承载着企业的部门、岗位、绩效、业务等，推进企业不断前进。在图1.5所示的“安东尼模型”中，战略是金字塔的塔尖，而战术流程与业务处理流程则是让金字塔落地的地基。

1.5.2 流程打通企业和组织的经脉

在信息技术时代，企业内部的计划管理系统、采购管理系统、财务系统、生产管理系统、MIS管理系统、物流管理系统、ERP等系统分布在不同的职能部门，成为支撑企业运营的基础，如图1.8所示。

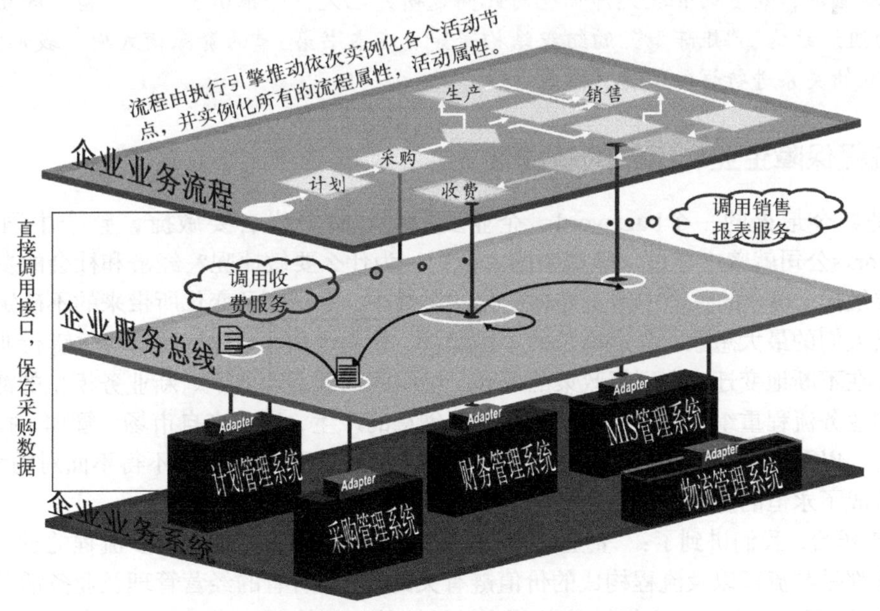

图1.8 流程通过企业服务总线打通企业的经脉

但是由于存在“部门墙”，在企业内部形成了一个个的职能孤岛或信息孤岛。流程通过结合企业服务总线打通了企业的经脉（就像武林高手打通了任督二脉），让流程成为流经企业框架的血液，赋予了它们生命，并更加清晰地定义了它们之间的关系，从而使企业变得鲜活起来。例如，“会计”是一个职能设置，但“会计将发票寄给客户”是一个业务流程，这种为完成某个业务目标而组织起来的流程，可以简单如一次会议的安排，也可以复杂如发布一个新的产品。可以说，流程将成为下一代企业应用关注的核心。Gartner预言，它将是“现代应用开发领域中最重要的课题”。当企业应用重点转移到对流程的管理后，IT将变得更有弹性，软件将更快地响应业务单位的需求，组织将变得敏捷并向实时企业方向迈进！

“部门墙”：一个不得不说的故事

就“部门墙”的问题，我们认为始于亚当·史密斯的劳动分工理论，劳动分工理论在工业化革命时代为人类的进步起到了至关重要的作用，对生产力的提高也起到了决定性的推动作用。但是随着社会和经济的发展，根据劳动分工理论而诞生出来的“科室制”的组织机构，已经越来越不能适应企业管理的要求。科室制强调的是稳定和控制，强调的是局部效率而非全局效率，强调的是垂直型管理，因此也就产生了“竖井式”的部门墙将，企业的各个部门隔离成了一个个竖井。而在现代企业中，变化成为了企业的第一要素，那些能很快适应变化的敏捷性企业成为了佼佼者。企业内部部门之间的横向协调也越来越紧密，企业与企业之间的伙伴关系也越来越紧密，这一切都要求企业的管理者们能够对企业进行及时的调整，打破“部门墙”让整个企业协调一致起来。

在管理领域，众多的管理大师们也对此问题研究已久，并推出了“项目型”的组织结构、“M型”的组织结构、“矩阵型”的组织结构等等。在本书第3章的资源模式中，我们将就组织结构与流程的关系进行详细阐述。

1.5.3　流程保障企业和组织的敏捷性

敏捷是如今最火的一个buzzword，企业要敏捷，IT开发者要敏捷，整个中国都要敏捷（ThoughtWorks公司就曾主办过“敏捷中国大会”）。为什么要敏捷呢？经济和社会的发展要求我们的企业要敏捷。现今的整个中国正处在变化的洪峰中，变化以及变化所带来的不确定性成为这个国家带给人们的最大想象。高速增长的中国经济，使得电信、金融、政府等关键行业的企业级应用需求都在不断地变迁。大到新政策的发布、组织间的兼并与收购、新业务模型的涌现，小到企业内部的业务流程重组、组织结构的调整、新创意的产生，这些来自市场、管理、技术等环境的不断变化，以及组织对变化环境的不断适应就成为当前中国企业应用不得不面对的鲜明现实。因此敏捷就成了永恒的主题。

在1.5节开始，我们讲到了：“企业运营的过程实际就是执行企业中众多流程的过程，企业中的所有工作都是与流程以及流程构成的价值链有关的。企业所有的经营管理及业务活动都是由各种流程组成。”因此，企业要想敏捷就必须建立敏捷的流程体系，通过流程保障企业的敏捷。我们来看一段公司领导层的情景模拟对话。

地点：某某公司，老总办公室

时间：某年某月某日

对话场景：公司老总对着市场总监、营销总监、CIO一顿猛批……

老总：你们这帮笨蛋，你看某某shopping mall，推出某某营销活动都半个多月了，为什么你们还没推出新活动？你们为什么不敏捷？

（旁白：市场总监和营销总监，眼睛齐刷刷地杀向CIO。）

CIO也理直气壮地说：我们的财务系统不敏捷，我们的MIS不敏捷，我们的市场和营销系统不敏捷，我们的整个IT系统都不敏捷！

老总：要怎么才敏捷？

CIO：我要SOA，我要BPM。

这段情景模拟对话要说明的是，企业要想敏捷地响应市场环境的变化，必须依赖于基于信息技术（BPM和SOA）实现的流程。在本书的第四篇江南市房管局的BPM项目实战中，会讲述BPM和SOA的联姻。

1.5.4 流程在企业内的成熟度

在前三节，我们看到了流程对于企业有三个方面的重要作用。既然流程对于企业是如此的重要，那么流程在企业的现状到底是怎样的呢？或者说，流程的应用到底处在什么层次上呢？关于这方面，IBM公司为我们提供了一个成熟度模型，用来评估企业的流程现状或者说成熟度，如图1.9所示。

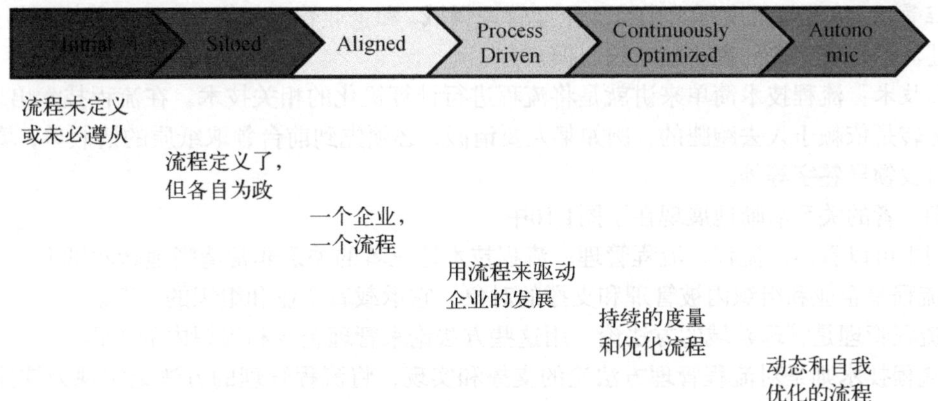

图1.9 IBM公司提出的企业内流程的成熟度模型

可以看到，流程在企业内的成熟度被分为了六个阶段，依次是：

- 初始阶段（Intial），流程可能还没未定义，或者定义了也还未被执行或遵从；

- 筒仓式阶段（Siloed），或称为多重竖井结构，形象地说，就是像竖井一样，各自隔离，流程虽然已经被定义了，但是各自为政，存在着“部门墙”；
- 协调阶段（Aligned），这个阶段相对于筒仓式阶段，企业的各个“竖井”或者“部门墙”已经被打破，整个企业的流程进入了协调一致的阶段；
- 流程驱动阶段（ProcessDriven），企业的整个运作依靠流程来驱动，创造力及新产品都是通过流程创造出来的；
- 持续优化阶段（Continuously Optimized），企业的流程能够做到持续的度量和优化，能够随需调整，随优调整；
- 自主阶段（Autonomic），即流程能够动态地自我优化，实际上这是一个很理想化的阶段，即流程本身已经具备自我优化的能力，可以用流程来优化流程。

根据以上的描述，结合我们国内企业的实际情况来看，大多数的企业仅仅处于第二个阶段的筒仓式阶段，即企业内部已经定义了很多的流程，但基本上还是各自为政。只有少数的企业进入第三个阶段，整个企业有了统一协调一致的流程，顶级流程自上而下逐级分解，各个流程互相关联。而国外的一些企业已经进入了流程驱动和持续优化阶段。

1.6　流程、流程管理及流程技术三者的关系

在本章前5节，我们一起了解了流程的定义，流程管理思想、方法论及流程技术的发展历史，还有流程的分类研究及流程在企业内的作用及成熟度，涉及了流程、流程管理及流程技术三个概念。那么这三者的关系是怎样的呢？在阐述这三者的关系前，我们再来明确一下它们的概念。

流程：流程就是一个实实在在的“办事的过程”，例如安妮的面包房中的面包制作过程，就是一个流程。

流程管理：流程管理实际上来自于企业管理领域，和企业管理一样，它是一种管理的方法论，主要阐述流程管理相关的理论、方法、模式等。

流程技术：流程技术简单来讲就是将流程进行计算机化的相关技术。在流程技术出现之前，流程的运转是依赖于人去跑腿的，例如某人要请假，必须先到前台领取纸质的请假单，填写完毕还要亲自找领导签字等等。

它们三者的关系清晰地展现在了图1.10中。

从图中可以看出，流程、流程管理、流程技术这三者的关系非常清晰地跃然纸上。

- 流程是企业和组织内被管理和支撑的对象，它承载着企业和组织的运营。
- 流程管理是管理领域的方法论，用这些方法论来管理企业和组织内的流程。
- 流程技术则是对流程管理方法论的支撑和实现，将流程管理的方法论实现为软件系统、软件工具。

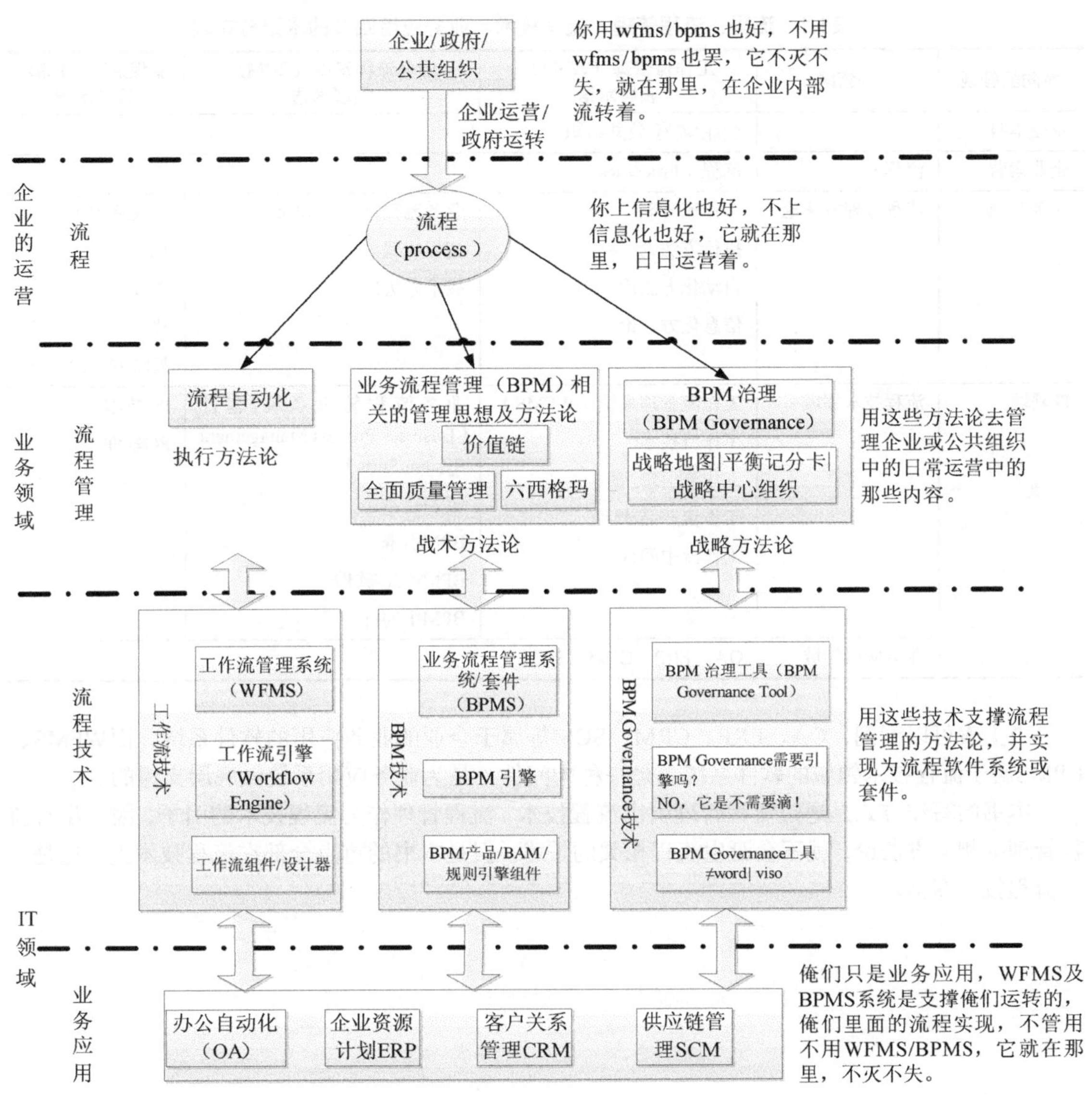

图1.10 流程、流程管理、流程技术三者的关系

图下方提到的业务应用则是基于流程技术的产出物WFMS和BPMS进行搭建的。对于流程、流程管理、流程技术、业务应用，这四者详细的术语分布及界定情况，表1.1给出了相关的分析。

表1.1　流程、流程管理、流程技术、业务应用四者的术语分布表

面向的领域	子领域	工作流管理（WFM）领域术语	业务流程管理（BPM）领域术语	流程治理（PG）领域术语
企业本身		企业/政府/公共组织		
企业运营	流程	流程（Processes）		
业务领域	流程管理方法论	工作流管理 执行方法论 自动化方法论 信息化方法论	业务流程管理（BPM） 流程梳理 战术方法论	流程治理（PG） 规划 咨询 战略 战略方法论
IT领域	流程技术领域	工作流管理系统（WFMS） 工作流技术 工作流引擎 工作流产品/软件 工作流中间件	业务流程管理系统/套件（Business Process Management System/Suits） BPM技术 BPM引擎 BPM产品/软件 BPM中间件	PG技术 PG软件
	业务应用领域	OA、ERP、CRM、SCM		

由上表可以看到，OA、ERP、CRM、SCM等属于企业的业务应用的软件系统，而WFMS、BPMS属于流程技术领域的软件系统，是一种中间件，是为业务应用系统做底层支撑的。

本书的写作方式是通过流程管理引出流程技术，流程管理作为流程技术的引子，因为没有流程管理的相关方法论，就不会诞生流程相关的技术。但是本书的重点全部在流程技术上，这是一本流程技术图书。

第一篇

工作流的诞生篇

从1.2节中，我们知道流程管理思想及方法论在20世纪60~80年代发展到了"信息技术驱动的流程自动化"阶段。在这个阶段，信息技术从无到有飞速发展。从人类第一台计算机①和第一种编程语言的诞生②到信息技术在企业内的普及，其发展虽然只有几十年的历史，但正是这几十年的历史，信息量、信息传播的速度、信息处理的速度以及应用信息的程度都呈几何级数式增长，这促使信息技术成为推动企业和社会发展的关键动力，人类至此正式迈入了信息时代。相比而言，中国的管理及信息化的发展滞后了10年，因此我们基本上是20世纪90年代才开始进入信息时代的。

在本书第一篇中，我们将跟随时空穿梭机回到上世纪90年代，一起来看看当时江南市房管局的业务管理及信息化的发展现状，如下图所示。

---

① 美国爱荷华州立大学的物理系副教授约翰·阿坦那索夫和其研究生助手克利夫·贝瑞（Clifford E. Berry，1918—1963）于1939年10月制造了"ABC"（Atanasoff-Berry-Computer）。这个"ABC"成为世界上第一个计算机。

② 编程语言几乎可以追溯到20世纪40年代数字计算机发明之时。随着商业计算机的推出，最早的汇编语言出现于20世纪50年代末。

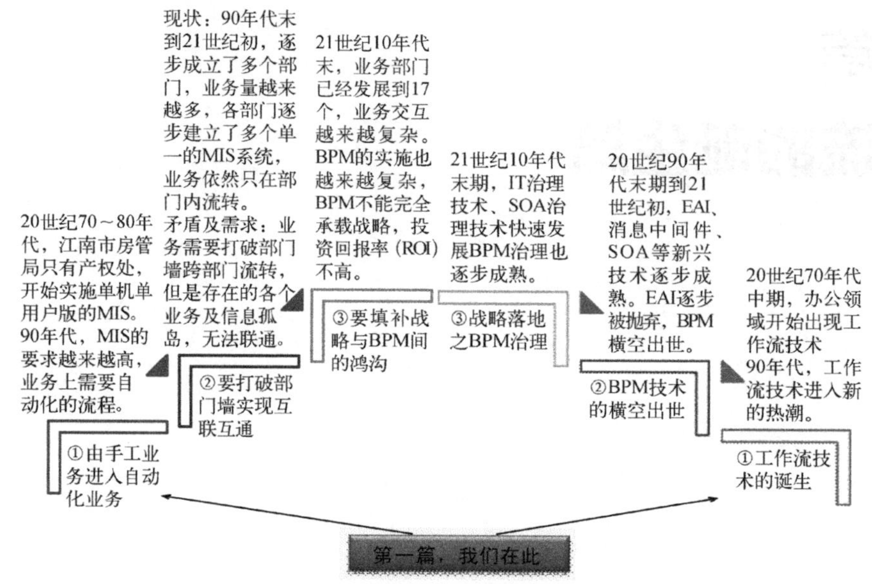

业务及技术的发展路线

从图中可以看出，在20世纪90年代，江南市房管局在业务方面正处在“由手工业务进入自动化业务”的初期，而在信息化技术方面工作流技术刚刚诞生。基于这个背景，第一篇将依次讲述以下内容：工作流技术为什么可以解决江南市房管局的业务需求，工作流技术到底包含哪些内容、其核心应用的永恒之道是什么以及工作流的产品实现。具体章节内容如下。

在第2章，通过介绍江南市房管局在20世纪90年代末期业务管理的发展现状，引出本书写作主线中的第一个主线即业务主线的第一个环节：“由手工业务进入自动化业务”。而与此同时，技术的发展路线，也进入了第一个环节：“工作流技术的诞生”。早期的工作流技术应用，是在应用系统里出现专用的流程组件，紧接着独立的工作流管理系统从应用系统里被抽象出来，这个时候工作流技术才真正地诞生了。在90年代末期这个时期，江南市房管局在管理领域需要由手工业务进入自动化业务以大幅提高管理的效率，而在信息技术领域，工作流技术的诞生则可以帮助业务实现流程自动化，因此两者一拍即合，碰撞出激情的火花，工作流技术开始被引入江南市房管局。

在第3章，工作流技术被引入到了江南市房管局，并且成为一个在信息技术领域战斗力很强的作战小分队。为了完成“流程自动化”这个大的作战目标，江南市房管局需要完成包括房改购房审批等多个流程的自动化。本章以房改购房审批自动化为作战流程的流程实例，详细为大家展示作战小分队怎样通过工作流控制模式组合各个作战任务及作战队员的任务分配策略（资源模式）、作战队员之间的通信策略（数据模式），最后是作战遇到异常情况时的处理策略（异常模式）。工作流模式是工作流技术的核心，是实现流程万变的永恒之道。

第4章阐述的是工作流的产品实现。jBPM是目前应用最广泛的开源工作流产品，我们首先讲解一个草根作战小分队jBPM的具体组成、作战能力及实现作战的原理。最后给出对商业工作流产品进行选型的相关标准。

第2章 初识工作流

上世纪90年代是属于工作流的辉煌时代。在这个时代，人类刚刚由工业时代真正进入信息时代，信息化技术在企业中的应用越来越广泛，发挥的作用也越来越大，企业对它的依赖性也越来越强。在管理方面，企业正在经历着由手工业务到自动化业务的转型；在信息技术方面，工作流、BPR技术成为这个时代的宠儿。工作流技术就是为流程自动化而生的，企业在这个时代已经不满足于简单的用电脑来办公了，而是要求业务的流转办理也要自动化，因此工作流就“趁机而入”了。接下来，我们首先来看在这个时期，江南市房管局业务管理的发展现状。

2.1 手工业务到自动化业务的转型

2.1.1 手工业务进入自动化业务

20世纪90年代末期，对于各个房管局来讲，标志性的事件就是1998年国务院23号文件的发布，拉开了中国住房改革的序幕。自此中国的住房商品化开始呈现爆发式的发展，在这种背景下，基于纸质的手工登记已经完全不能满足大量业务的办理需求了。因此，对于房屋登记，实现由手工纸质办理转向基于计算机的电子化办理变得越来越紧迫。此时，江南市房管局开始考虑实施局内第一个MIS系统，即产权登记系统。早期的MIS系统，仅仅实现了产权证数据的电子化处理，即实现增删改查功能，本质上是一个单机单用户的产权证管理信息系统。与此同时，江南市房管局的产权科只有一个办事人员，一个人负责整个的登记发证过程。

2.1.2 多机多用户的 MIS 系统急需引入工作流技术

时间进入到2000年，江南市房管局的单机单用户的房产登记管理信息系统已经上线运行3年了。在这3年的运行过程中，单机单用户的产权证管理信息系统，解决了产权登记由手工纸质登记转向基于计算机电子化登记的需求。

但是随着业务量的进一步增大，一个人已经不能完成这些工作了，同时局里也对产权证的登记及发放提出了更高要求：

(1) 提高发证的效率，满足业务量的进一步增长；

(2) 提高发证准确率，提高安全性，将受理与审核分开；

(3) 让领导只关注于质量把关，科长只负责审核，引入发证人员，负责发证。

因此，产权科招聘了受理人员及发证人员。这样将产权证的登记发放过程，分解到三个人身上去办理，即受理人员登记、科长审核、发证人员发证。

同时为了满足上述的业务管理的需求，就需要将单机单用户的MIS系统扩展为多机多用户的MIS系统（受理人员、科长、发证人员每人一个计算机并安装MIS系统）。MIS系统可以在每台机器上安装，但是这三个人之间的任务怎么进行交互呢？（即怎样让任务自动地从受理人员流转到科长，从科长自动流转到发证人员那儿？）答案就是通过工作流技术实现！

2.2　工作流技术的诞生

在早期，很多MIS系统内部是通过内置一个工作流组件来解决流程自动化问题的，但是这种全部融合在一起的工作流组件往往是通过编程语言硬编码实现的，不能及时响应流程发生变化的需求。因此将工作流组件从应用系统中抽取出来，形成独立的工作流系统，成为了很多技术厂商的研究方向。标志性的事件是工作流管理联盟WfMC于1995年发布了工作流参考模型，在此之后工作流管理系统（WFMS）作为工作流技术的承载者，开始成为信息化技术中的独立技术产品，也有厂商称之为工作流中间件。

接下来，我们将一起学习工作流这门技术。我们首先学习工作流技术的基础知识，包括工作流的基本概念、工作流解决了谁的问题、工作流里的流程结构以及工作流的分类。

2.2.1　工作流基本概念

工作流是从英文单词workflow直译过来的，最直白的意思就是将日常工作中相对固定的流程计算机化。1993年成立的工作流管理联盟（Workflow Management Coalition，WfMC）所提出的工作流定义是：工作流是一类能够完全或者部分自动执行的经营过程，它根据一系列过程规则、文档、信息或任务能够在不同的执行者之间进行传递与执行。此时，细心的读者如果去对比一下第1章中对流程的定义，就会发现流程与工作流这两个概念的不同之处，工作流的概念中加入了“自动执行”这个约束，从这个层面上来理解，工作流就是计算机支持的流程。但是这个概念还不准确，应该还要对此概念加上一个约束，才能准确地说明什么是工作流。那么应该加上什么约束呢？我们就带着这个问题进入下一节：工作流技术解决了谁的问题。

2.2.2 工作流技术解决了谁的问题

要回答这个问题，我们先来看看开发人员小张用计算机程序实现的一个“追求女朋友流程”：

```
public  void 追女朋友(){
在西子湖畔遇到一美丽MM;
if她独自一人;
    do 向前搭讪;
    if (搭讪成功)
    do 聊天;
    do 索要电话;
    if (索要电话成功)
        foreach(追MM手段: 所有追MM手段)
        do 打电话约MM出来;
        if (成功约出)
            do (送鲜花 or 吃饭 or 喝咖啡……);
            do 各自回家
        if  (追到手)
            break;(哈哈，MM拿着板砖来了，不要拍偶，很多人都这样嘛)
            do 准备结婚;
            do 结婚;
        else
            do 继续软磨硬泡中…… or 放弃，并继续寻找其他目标;
        else if(一直不搭理你)
        do 赶快跑路吧，很有可能人家已经名花有主，或者根本没看上你……;
        do 继续寻找其他单身MM;
        else if(突然出来一个男的拍你后背(妈呀，突发事件，人家有男朋友……))
        do 道歉……;
        do 撒丫子逃跑……;
    else
    do 继续寻找其他单身MM;
}
```

以上就是“追求女朋友流程”的代码实现，可以看到“追求女朋友”流程的功能已经完整实现了。可是如果需求出现变更，例如追求者在索要电话之后，还想再要QQ号，那么开发者小张就只能回过头更改“追女朋友”这个方法了：在“do 索要电话”之后加入 “do 索要QQ”。更改之后，编译为Class，之后测试、打包、部署。半个月之后，那位追求者找到了小张，说想在索要QQ号码之后，再要MSN，于是小张又打开代码，增加了如下代码：

```
do 索要MSN;
do 索要skype账号;
do 索要email;
do 索要UC号码;
```

改完之后，又重复进行编译、测试、打包、部署。这次小张沾沾自喜地想，这下你该不会再找我了吧，我把能想到的联系方式都加上了。可是半个月之后，那位追求者又来了：“小张你再帮我加一个竞争功能吧。我刚与一MM搭讪上，另一帅哥也看上那位MM了，也上来搭讪，你赶紧帮我加入一个竞争MM的功能。”这时，小张的脸有些绿了：“你的需求变更怎么没完没了呀！”

如今的社会就是一个变化的社会，开发者面临的主要问题就是缩短想法和实现之间的交付周期。那么要怎样应对这种变化呢？答案就是“工作流”。没错，“追求女朋友”过程本身就是一个流程，如图2.1所示。

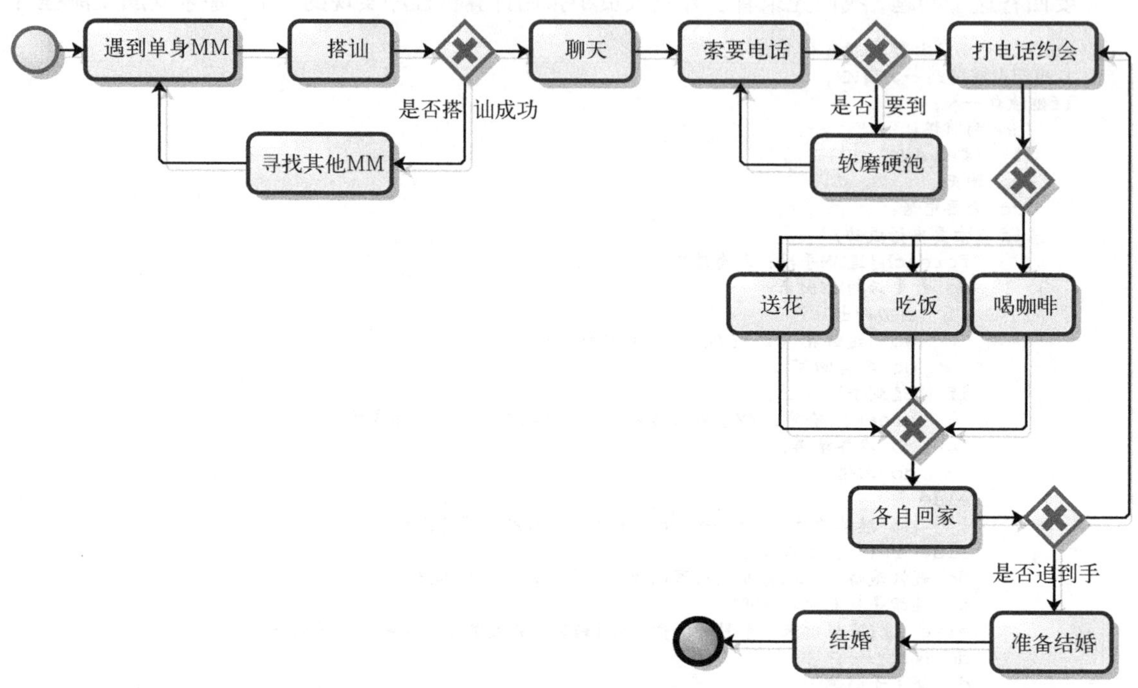

图2.1　追求女朋友流程图

将此流程用计算机来实现，不就是工作流了吗？有些读者可能会发出疑问：难道上面那个方法就是工作流？当然不是，还记得上一节末尾提到的，要在“计算机支持的流程”上再加上一个约束，这个约束就是：“必须支持灵活的变化。”因此，重新给工作流下个准确的定义就是：可以支持灵活变化的、可由计算机实现的流程。那么怎样实现灵活的变化呢？答案就是开发一个工作流引擎，做到灵活的、无代码的流程变更。

回到我们要讨论的问题：工作流解决了谁的问题。从表面上看，工作流解决了小张的问题，因为他不用再被那位追求者追着屁股改代码了，但是本质上，工作流解决了那位追求者的问题，因为工作流为他提供了可以随需要更改的“追求女朋友流程”，可以让他在追求女朋友的流程中，随需应变，应对各种突发事件。例如，他正在西湖边与那位MM搭讪，突然出现另一个帅哥，也殷勤地上来与那位MM搭讪，这时工作流就会马上为他增加一个“竞争MM”的环节。而且，工作流还为他提供了一个可视化的流程图展现，通俗易懂，你若是让这位追求者去看小张的“追求女朋友”的方法，他肯定直接就晕掉了。

所以，工作流技术解决了客户对流程灵活变化的需求，因此工作流技术解决的是最终客户的业务问题。那么工作流里的流程结构是怎样的呢？

2.2.3　工作流里的流程结构

工作流里的流程的基本结构如图2.2所示。

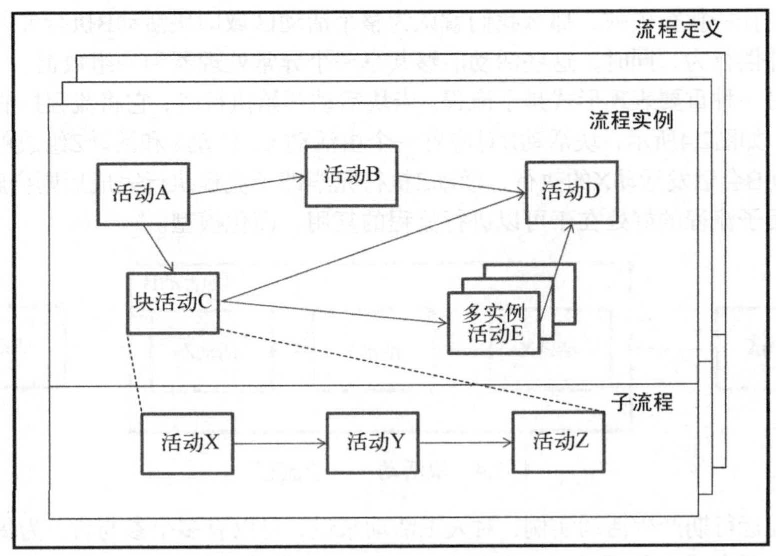

图2.2　工作流里的流程结构

流程结构由以下几个组件组成。

流程定义：流程定义是对流程的建模和描述，其具有足够的细节信息，能够直接被工作流系统所执行。流程定义由一系列的活动组成，这些活动以图形的形式展现并被连接起来。

流程实例：流程定义的执行实例被称为流程实例。一个流程定义可以存在多个同时执行的流程实例。这些流程实例互相独立执行。

活动：一个活动对应着流程里的一个工作环节，有两种不同类型的活动：原子活动和块活动。

- 原子活动包含简单且独立的活动定义。
- 块活动是一系列活动的组合，有两种表现形式：嵌套活动和子流程。

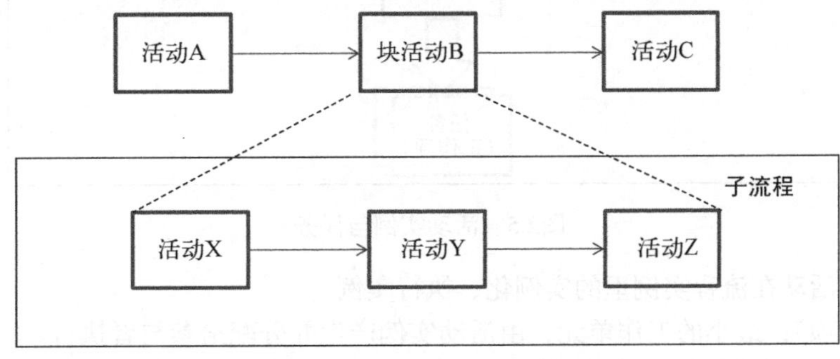

图2.3　块活动——嵌套活动

如图2.3所示，块活动B表现为嵌套活动，其内部嵌套了活动X、活动Y和活动Z。可以看出，块活动此时的作用是对同一流程定义中的活动进行分组。在工作流系统里，对流程活动进行分组的好处在于，可以为特定的一组活动绑定变量、异常处理器和补偿动作。例如在上图中，如果活动X、Y和Z中的任一执行失败，那么我们就认为整个活动区域即块活动B执行失败，此时会统一执行一个业务补偿行为，同时，这些活动能够共享一个异常处理器和一组数据。

块活动的另一种重要表现形式是子流程。当块活动开始执行时，它将流程控制权传递给与之对应的子流程。如图2.4所示，块活动B对应着一个由活动X、活动Y和活动Z组成的子流程，实际执行时，块活动B会触发活动X的执行，活动Z执行完毕即子流程执行完成后则会触发块活动B的执行完成。应用子流程的好处在于可以进行流程的复用，简化模型。

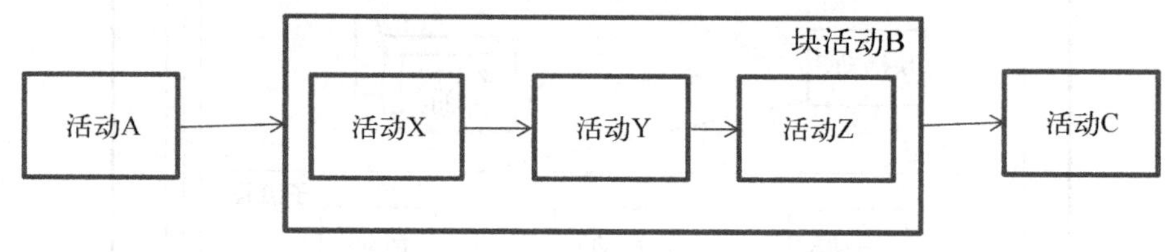

图2.4　块活动——子流程

活动在流程运行期产生活动实例，对人工活动来说，可以有多个参与者，为每一个参与者生成的实例称之为任务或工作项（Task或者叫Workitem），任务或工作项是运行期的概念。对于非人工活动来说，不存在任务（或工作项），例如开始活动、网关活动、结束活动等，这几种活动只有活动实例（如图2.5）。

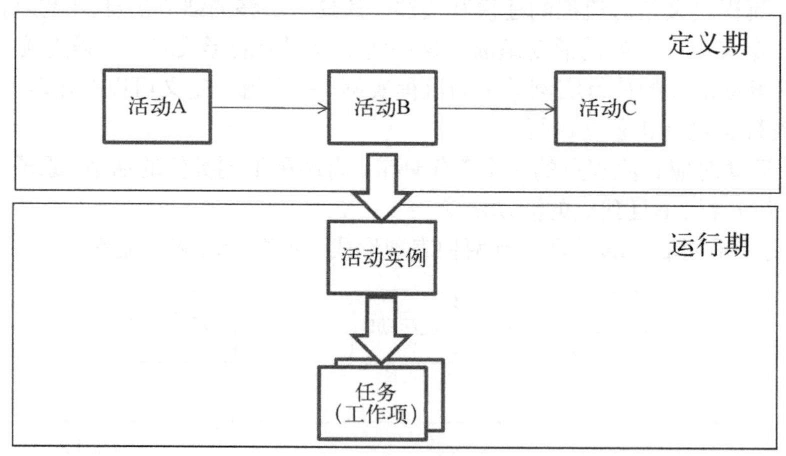

图2.5　活动实例与任务

活动实例：活动在流程实例里的实例化、执行实例。

任务（工作项）：最小的工作单元，由活动实例产生并分配给参与者执行。一个活动实例可能产生一到多个任务实例。

2.3 工作流技术相关规范

在信息化技术领域，流行的技术都有相关的规范，工作流技术也不例外。在这一方面，工作流管理联盟（WfMC）及OMG是两个早期的典型代表。其中WfMC发布的工作流管理系统参考模型为所有早期的工作流厂商的工作流产品制定了产品功能框架，而XPDL之流程定义元模型则是为工作流厂商定义清楚了产品实现的基础。

工作流管理联盟在1993 年成立之后，颁布了一系列工作流管理系统相关标准和技术规范，包括工作流术语表、工作流参考模型、工作流管理系统各部分间协作的五个接口规格、工作流产品的互操作性标准等。其中接口1的早期标准为WPDL（Workflow Process Definition Language），后来变更为XPDL（XML Process Definition Language）。XPDL是工作流领域至今最为重要的一个标准，大多数工作流引擎是依据该标准设计开发的。XPDL的最新版本为2.1版本。最新的Wf-XML 2.0则基于Web服务和SOAP消息定义了多个BPM引擎之间进行流程定义交互的标准。

另一方面，OMG（Object Management Group，对象管理组织）发布了工作流管理工具标准（Workflow Management Facility specification），该标准依据工作流管理联盟的参考模型和结构提出了符合CORBA结构的工作流管理系统面向对象的框架和接口，并于1999 年发布了工作流应用编程接口的IDL 定义和对象结构模型。

说明 第二篇讲述BPM时，我们还会讲到OMG的一个规范，即BPMN规范，由于我们认为它不属于狭义的“工作流”范畴，所以不在此陈述。

2.3.1 WfMC 之工作流管理系统参考模型

工作流管理联盟于1995年首次发布了1.1版本的工作流管理系统参考模型，也称为工作流管理系统的体系结构模型，如图2.6所示。

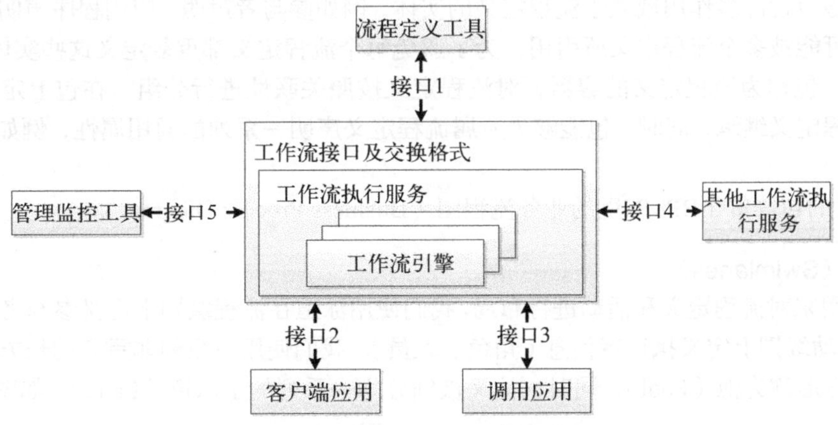

图2.6 WfMC工作流参考模型

如上图所示，工作流参考模型由一个核心引擎和五个接口组成，其中各个接口的具体含义如下。

- 接口1：工作流定义接口，为用户提供一种可视化的，可以对实际业务进行建模的工具，并生成业务过程的可被计算机处理的形式化描述。
- 接口2：工作流客户应用接口，它给用户提供一种手段，以处理过程实例运行过程中需要人工干预的任务。每一个这样的任务就被称为一个工作项（work item）。工作流管理系统为每一个用户维护一个工作项列表，它表示当前需要该用户处理的所有任务。
- 接口3：工作流调用应用接口，指工作流执行服务在过程实例的运行过程中，调用的、用以对应用数据进行处理的程序。在过程定义中包含这种应用程序的详细信息，如类型、地址等。
- 接口4：工作流引擎协作接口，在大型的分布式的工作流管理系统中，工作流需要多个工作流引擎共同完成，甚至需要其他异质的工作流执行服务来辅助完成，此接口为不同的工作流管理系统之间的协作提供了一种标准。
- 接口5：管理接口，其功能是对工作流管理系统中过程实例的状态进行监控与管理，如组织机构管理、实例监控管理、统计分析管理、资源控制等。

上图中间的*工作流引擎*是工作流管理系统的核心，它对使用工作流模型描述的过程进行初始化、调度和监控过程中每个活动的执行、在需要人工介入的场合完成计算机应用软件与操作人员的交互。此外，它还有另一个重要功能，就是完成与应用软件及操作人员的交互。

2.3.2　XPDL 之流程定义元模型

XPDL元模型定义了流程定义里所包含的实体、它们的关系以及属性，其中属性不仅仅为了执行需要，也考虑了统计与监控的需要。

1. 包（Package）

流程模型包含许多作用域大于流程定义的实体，例如参与者声明、应用程序声明和相关数据元素，它们可能被多个流程定义所引用。为了避免每个流程定义都重复定义这些实体，XPDL引入包的概念，包作为流程定义的容器，对流程定义按照关联性进行分组。在包上定义的实体被其包含的流程定义继承，同时，包能够为所属流程定义声明一系列的通用属性，例如版本号、状态等。

XPDL里的包等价于BPMN里的业务流程图（Business Process Diagram）。

2. 泳道（Swimlanes）

泳道被用来对流程定义和活动进行布局。我们使用泳道在流程级别上定义参与者信息（部门、公司），在活动级别上定义执行者信息（角色、人员）。我们使用一系列非重叠的长方形来描述泳道，这些长方形称为池（Pool），同时，池又被细分为一系列的子泳道（Lane）。如图2.7所示。

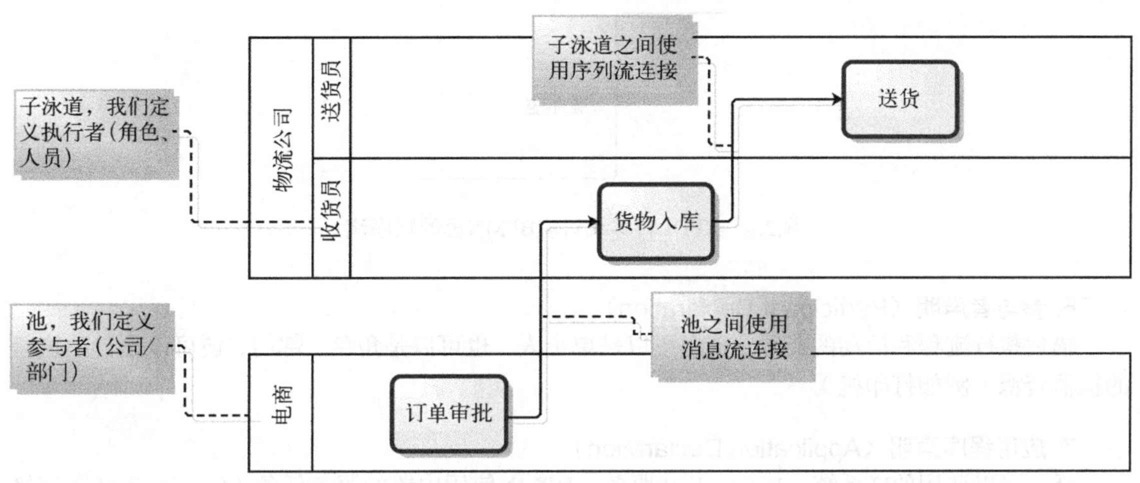

图2.7 泳道

3. 流程定义（Process Definition）

流程定义是对流程的建模和描述，为流程中的其他实体提供上下文信息。其属性包括创建时间、初始化参数、执行优先级、时间约束、仿真信息等。

4. 活动（Activity）

一个流程包含一个或多个活动，活动对应着流程里的一个工作单元。一个典型的活动能被人力资源或计算机所执行。

XPDL的活动粒度比较粗，分为四类，分别对应BPMN里的任务、子流程、网关和事件。如图2.8所示。

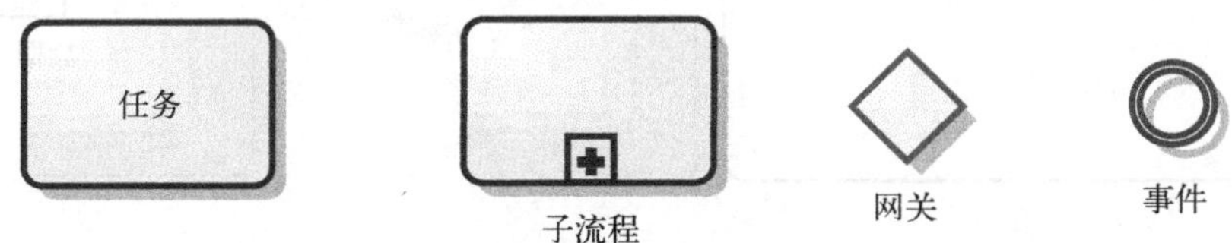

图2.8 XPDL活动与BPMN的映射

5. 转移线（Transition）

活动之间通过转移线连接。转移线包括三个属性：源活动、目标活动和条件。转移线可以是有条件的（设置表达式），也可以是无条件的。

XPDL的转移线对应于BPMN里的顺序流，如图2.9所示。

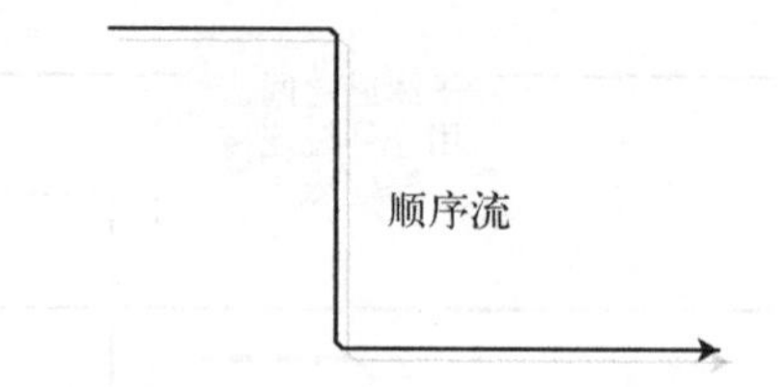

图2.9　XPDL转移线对应BPMN里的顺序流

6. 参与者声明（Participant Declaration）

描述执行流程和活动的资源。资源可以是单个人，也可以是角色、部门，还可以是自动执行的机器资源（例如打印机）。

7. 应用程序声明（Application Declaration）

活动可以调用的IT系统、接口、Web服务。BPMN使用内置的服务任务（Service Task）直接代表对应用程序的调用。

8. 人工产出物（Artifact）

为流程附加额外的建模信息，这些信息不属于基本的流程实体（活动、转移线、消息流），它们通过关联与流程实体联系在一起。在BPMN里，人工交付物包括3种类型（具体信息参见10.3节的BPMN 2.0元素介绍），如图2.10所示。

图2.10　人工产出物

9. 消息流（Message Flow）

消息流用来展示两个参与者/流程之间的消息流向。在BPMN中，用泳道中的池代表两个参与者/流程。消息流不能连接同一个池中的活动，如图2.11所示。

10. 关联（Association）

我们使用关联将信息、人工产出物与流程实体连接起来，为流程模型提供更多的信息，它不影响流程的执行，如图2.12所示。

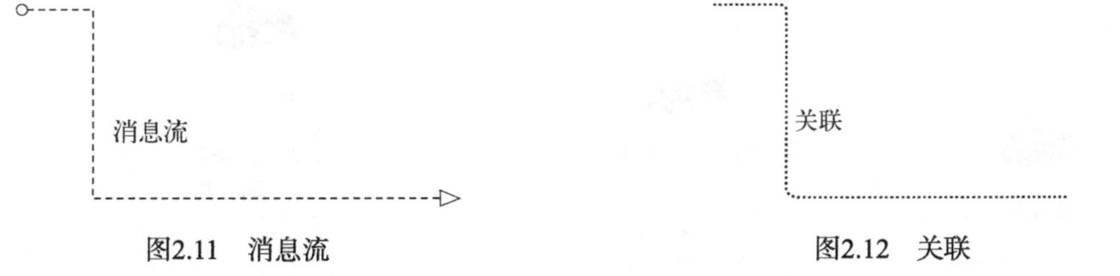

图2.11 消息流　　图2.12 关联

11. 相关数据元素（Relevant data field）

为流程定义执行过程中创建或使用到的数据，这些数据被活动、应用程序和流程中定义的各种表达式（转移线条件计算、网关条件计算）所使用。

12. 数据类型与表达式（Data Types and Expressions）

定义相关数据元素、系统与环境数据、参与者数据的数据类型，这包括了一些标准类型，例如String、int、date等，也包括了自定义的扩展。表达式被用于各种条件计算（转移线、网关）以及给数据元素赋值。

13. 系统与环境数据（System and Environmental Data）

由工作流系统和外部环境所维护的数据，这些数据被流程在执行过程中使用。

14. 资源仓库（Resource Repository）

执行活动的资源可以是人，也可以是角色、部门、程序，还可以是自动执行的机器资源，所以我们使用资源仓库将流程所涉及的资源管理起来。资源仓库包括了对组织机构建模的支持。

15. 厂商/用户自定义扩展（Vendor or User specific Extensions）

工作流系统厂商/用户可以针对自己的业务需求对流程元素和属性进行扩展。

2.4 工作流管理系统之外围扩展

工作流管理系统对流程定义和流程定义的执行进行管理。在上节，我们知道工作流管理联盟给出了工作流管理系统的体系结构，但是在实际的项目或产品化的过程中，只有体系结构中的5个接口和1个引擎是远远不够的。工作流厂商都在工作流参考模型之上进行了外围扩展，如组织结构接口（资源引擎）、表单引擎、时间服务引擎、消息引擎、规则引擎等，因此一个比较完整的工作流管理系统的体系结构应如图2.13所示。

除了工作流参考模型中的5个接口和1个核心引擎之外，外围又加入了组织结构集成工具和表单工具。而在技术实现的后端，还包括时间服务引擎、消息引擎及规则引擎。实现了这些外围功能后，这个系统才能称为一个比较完整的工作流管理系统。首先来看组织结构的集成。

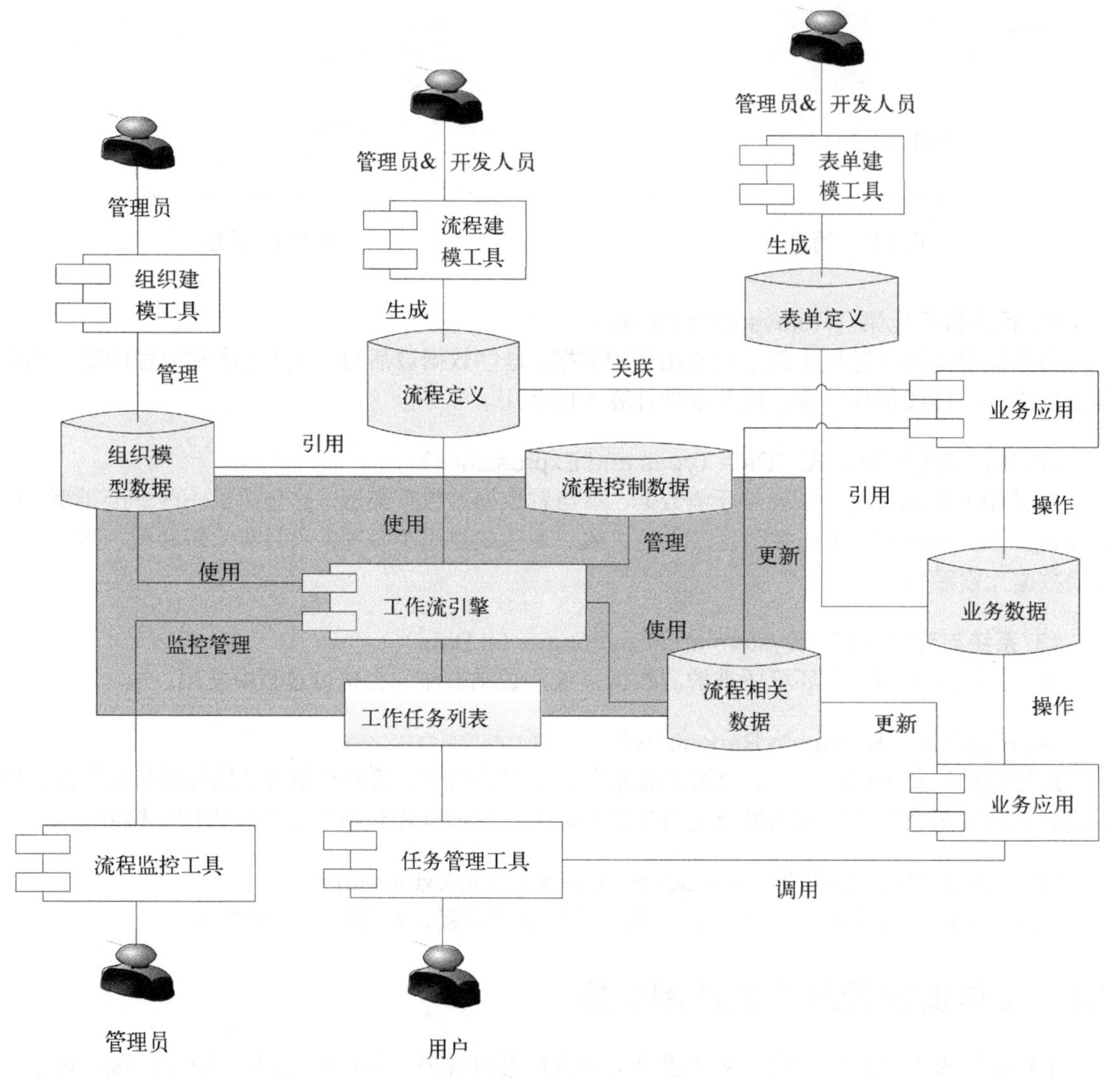

图2.13　工作流管理系统的体系结构图

2.4.1　组织结构的集成

软件是给人用的，工作流管理系统同样如此。对于工作流的应用，我们可以根据人工密集的程度，将工作流应用分为人工任务密集型和自动任务密集型，但是不管是哪种，都离不开人。而在企业信息系统中，对人的管理是通过对组织结构的管理实现的。目前，在企业或组织内部，对组织结构信息进行管理的信息技术实现方式主要有三种：基于关系数据库、基于轻量级目录访问协议（LDAP）和基于活动目录（AD）。当然，企业中的组织结构模型是有很多种的（请参考3.4.2

节），不同的模型其具体实现也不相同。

组织结构与工作流的关系非常紧密，这个关系体现在两个层面：一是定义期工作流引擎读取组织结构中的数据对参与者进行预定义；二是在运行期，调度组织结构的接口进行任务实例的生成。

2.4.2 表单工具

企业的信息化就是业务数据处理自动化与流程自动化相结合。业务数据的处理一般都要对应一个数据处理表单，因此表单工具对于工作流管理系统是很重要的补充。现今，在绝大多数的B/S项目的开发过程中，展现层的工作量是最大的，往往会占到整个开发工作量的70%以上。早期在IT界只有美工这个职业，可是不知什么时候冒出了大量的“UI设计师”，展现层变得越来越重要。表单既然这么重要，接下来我们就一起来回顾一下表单的历史。

1. 企业应用之表单的历史

C/S时代

早期的企业应用开发时期，企业的应用程序并没有像现在这样划分得这么清楚，一个应用程序就是一个整体。20世纪90年代之前，大学里的计算机专业基本上都是从学习Pascal语言、C语言以及Basic语言开始的，这些语言对应着MS-DOS那个时代。1990年，微软发布了Windows 3.0视窗操作系统，标志着计算机应用进入了可视化时代，于是企业应用对可视化表单的需求开始渐增。对应这种渐增的需求，各种各样的可视化语言也出现了，例如Visual Foxpro、Visual Basic、C++ Builder、Delphi、Power Builder等程序开发语言。在可视化编程语言开始盛行的时代，企业的软件应用就是拖曳一堆的界面，然后双击某个按钮或控件事件，直接进去写代码。

在20世纪90年代末和21世纪的头几年里，国内企业的信息化刚刚开始，大多还集中在单一的MIS应用上，例如财务软件、进销存软件、简单的办公自动化软件等等。这些软件的特点就是需要通过大量的表单将数据录入并进行相关的处理（简单的CRUD及报表）。由于企业应用基本上都是基于客户端（Client）/服务器（Server）结构的，因此这个时代称之为C/S时代。

B/S时代

- 简单交互的瘦浏览器时代

就在企业应用还在用PB、VB、Dephi、C++ Builder进行如火如荼开发的时候，互联网已经悄悄地诞生了。

遥遥上古，盘古一斧子劈开了混沌的天地；而互联网之父伯纳斯-李则劈开了互联网的天地。他于1991年8月6日，创建了第一个WWW网站，因此也被称为万维网之父和互联网之父。Tim Berners-Lee编写了一份叫做“HTML标签”的文档，里面包含了大约20个用来标记网页的HTML标签。之后，伯纳斯-李创建了W3C组织，并正式成为HTML的标准组织。HTML被称为“第一代Web语言”，作为Web的开发语言，它对Web应用的发展起了关键性的作用。互联网也被评为20

世纪人类的第4大发明。

随着互联网应用越来越复杂,静态HTML已经不能再满足这种复杂性需求了,只读型的HTML应用也在向数据交互型的HTML应用转移，于是出现了CGI（主流的实现Perl程序）。在CGI之后，微软发明了活动服务器页面ASP，而在1994年Rasmus Lerdorf创建了PHP语言，至今为止，PHP也是最火的Web开发语言，而LAMP（Linux+Apache+MySQL+PHP/Python/Perl）成为了最流行的Web开发、部署和运行组合。作为Java从业者，很多fans可能着急了，怎么还没有说到JSP？没错，JSP是由SUN公司发明的动态网页技术，虽然叫做动态网页技术，但是，JSP却主要应用在了企业应用的前端界面上，尤其是MVC架构出现之后，大量的企业应用开始从C/S架构转向B/S架构。于是乎，基于JSP+JavaBean的B/S应用也越来越多，以至于有很多人误认为Java程序员就是开发JSP和JavaBean。

● 基于模板的Web表现层技术

传统的JSP技术为Web表现层技术提供了灵活、丰富的功能支持。然而，站在工程的角度而言，过于凌乱的JSP也成为系统维护的头号大敌。由于过于灵活，人们在JSP中往往将业务逻辑、数据逻辑、表现逻辑代码混杂一气，导致代码重用性和系统可维护性极低。为了解决这个问题，各种taglib相继出现，MVC技术也出现了，Struts 1.*x*、WebWork、Spring MVC相继成为Web开发的新宠。Struts 1.*x*自此诞生后，逐渐统治了Web开发的展现层领域。但是，Struts 1.*x*只能使用JSP作为界面层的技术，而由于JSP本身的一些固有问题，一些厂商开始发展模板技术，于是XSLT、FreeMarker、Velocity、Tapestry等模板技术也开始被技术人员使用。新的MVC框架WebWork（现在是Struts 2.*x*）和Spring MVC也与这些模板技术有了很好的集成，例如WebWork可以支持JSP和FreeMarker，Spring MVC则支持XSLT、FreeMarker、Velocity三种模板技术。关于Tapestry、JDynamiTe、Fastm、DOMPlus等其他模板技术的介绍，请参见以下两篇文章：

http://blog.csdn.net/buaawhl/archive/2004/07/07/36326.aspx

http://www.javaeye.com/topic/21326

● 以交互为中心的瘦浏览器时代

提到B/S中的交互，或者说友好的B/S交互，很多人马上就会想到AJAX。没错，自从XMLHttp阴错阳差地实现了异步刷新，AJAX平空一声雷，出现在了我们的视野中，也由此诞生了很多JavaScirpt框架，如DWR、Bufflao、jQuery、MooTools、ExtJs、Dojo等。除此之外，后端组件技术生成前端展现层界面也是一种技术发展方向，例如Google GWT、Apache Wicket、JSF是这种技术的三个典型代表。

● RIA时代

随着B/S应用的大量普及，人们对于交互的要求越来越高，AJAX技术虽然提供了B/S应用程序的交互性，但是与当初的C/S程序比起来还是要差很多，于是人们又开始怀念起C/S程序，尤其是C/S界面的好处来。那么有没有一种技术，可以使我们鱼与熊掌兼得呢？ RIA（富互联网应用程序）的概念于是被提出来了，相关的技术则是Flex、Silverlight、JavaFX、OpenLaszlo。其中Adobe

的Flex与微软的Silverlight是前景最为看好的两种RIA技术。

- HTML5时代

近几年，HTML5发展迅猛，其使命是将 Web 带入一个成熟的应用平台，在这个平台上，视频、音频、图象、动画以及Web与人的交互都被标准化了。尤其是HTML Web Forms 2.0对目前Web表单进行了全面的提升，在简约易用的前提下，增加了许多新的标签和属性来满足用户的需求，并减少了开发人员的编程负担。

2. 企业应用之电子表单

电子表单技术也是表单历史发展进程中的一种技术。电子表单既有C/S的实现，也有B/S的实现，而且其与工作流引擎的关系更为紧密，因此我们单立一节进行详细讲解。在电子表单领域，Adobe的Acrobat Form、微软的Infopath、IBM的Lotus Form是目前较为知名的三个商业产品。而在开源领域，则有Chiba、Xberon两个项目，其中Chiba基于Dojo进行界面的定制开发。

电子表单——我们需要正确地认识

在工作流时代（注意不是BPM时代），表单与工作流是两个独立的东西，平时是井水不犯河水的，当需要建立关系时，做一下关联就OK了。可是现在很多的工作流产品都集成了简单的电子表单功能，也就是集成了一个“表单设计器”，可以“可视化地、无代码级地定制表单”，看上去很美好，但真的如此吗？表单的问题，是整个IT界的问题。

在上文，我们讲述了企业应用中表单的发展历史，在整个表单的发展进程中，表单技术可谓层出不穷，而且都相对复杂，这也就说明了，企业应用本身也是非常复杂的。对于企业应用来讲，最重要的就是数据，数据怎么进入信息化系统呢？大多数场景都是通过表单，因此表单一直陪伴在信息化开发的整个过程中。对于以数据填报和采集为主的应用，尤为如此。开发人员不得不忙于大量的表单开发及维护，稍有需求变更（例如要增加一个输入字段），就要手工改动各个层面的代码。针对上面的问题，eForm这个概念应运而生了。有了xForm规范，也就有了Adobe Acrobat Form、InfoPath、Lotus Form这些产品，但是这些产品真的能解决所有企业中的表单问题吗？当然不能。

上文提到eForm诞生的背景，在以数据填报和采集为核心的行业领域，这些应用的特点是关注于数据本身，而不太关注交互性、展现等，这确实可以解决表单的开发问题。但是企业中的大多数业务需要非常复杂的表单，例如ERP、CRM系统，它们需要有非常复杂的交互逻辑和后端处理逻辑，还要界面漂亮（这一点尤其是一些国企和政府单位尤甚，即要求漂亮又要求可定制、无代码），这些表单可不是单单一个电子表单产品就可以解决的。（其实，这已经不是一个“表单”层面的产品了，而是一个完整的企业应用自动化生产平台。此时企业应用是通过工具拖曳生成的，而不是编码出来的。如果某个公司开发出这样的产品，那IT界至少有一半的程序员该失业了，这家公司也会凭借此产品，跃居全球软件业的巨头了。）

电子表单仅仅是解决特定行业的特定问题的，绝不是解决IT界所有企业应用的万能钥匙，更不是什么银弹，我们从来不相信IT界能有什么“银弹”。言归正传，我们这里给大家讲解一下电子表单的设计实现及应用。

● 要明白电子表单的应用场景

电子表单诞生之初是在以数据填报及数据收集为主的应用中，随着电子表单技术的发展，也逐渐开始在一些其他业务场景中使用，例如在OA中，做一些简单的审批单，如图2.14所示。

图2.14　微软电子表单产品Infopath中的出差申请单模板

这个表单还是相对简单的，应用在流程的第一个申请环节，以数据填报为目的。这也是目前电子表单产品在国内的一类重要应用场景。

● 电子表单的功能组成及架构设计

如图2.15所示，电子表单引擎主要由表单定义引擎、表单运行引擎、事件引擎、业务数据存储引擎四大部分组成。

- ❑ 表单定义引擎。提供可视化的设计器和各种HTML控件，同时提供数据模型的定义及数据模型与表单控件的语义转换功能，目前具备语义转换的电子表单产品基本没有，大多数电子表单产品都是采用表单控件直接与数据库字段相绑定的方式。而对于事件注册，一般要求支持JavaScript事件、Java事件、Web服务事件。

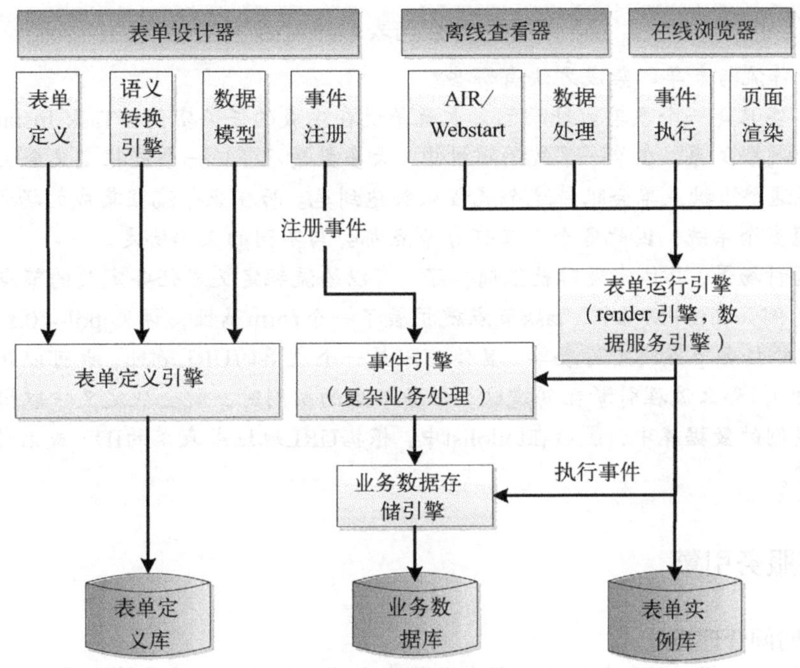

图2.15 电子表单引擎逻辑架构图

- 表单运行引擎。表单运行引擎主要提供页面渲染引擎和数据服务引擎，同时它会调用事件引擎，执行复杂的事件操作（JavaScript事件、Java事件、Web服务事件）。对于电子表单产品一般都提供在线和离线两种模式，离线模式可以基于WebStart技术或AIR技术实现；在线模式则提供Web服务器就行了。
- 事件引擎。事件引擎对于电子表单引擎非常的重要，如果没有完善的事件引擎，则电子表单只能是一个对单表进行简单CRUD操作的初级产品。因为企业的业务复杂性决定了，要实现业务就必须经过一些复杂的逻辑运算处理，这些复杂的逻辑运算处理只能封装在事件中，由电子表单的事件引擎去调用。
- 业务数据存储引擎。表单处理的是业务数据，在复杂的企业应用中，业务数据也同样存在着比较复杂的关系。最典型就是一对多的父子关系，甚至是多对多的关系。对于这些数据实体之间的映射关系需要通过业务数据存储引擎自己实现，就像Hibernate中的一对多关系。有电子表单的最大特性是采用DDL对数据库表结构进行实时修改，因此ORM工具在此处已经无法直接使用。当然，如果把Hibernate中DDL部分的代码拿出来使用也算是一个实现思路。

● 电子表单与工作流引擎的集成

下面这段话是我们在OPUG网站上回复一位网友问题的帖子。这个帖子已经充分说明了工作流引擎与电子表单集成的最简单方式。

关于工作流与表单的对话

网友：工作流与表单的集成方法有哪些？

我们：其实只是一个表单地址而已，也就是说在生成的任务实例（Task Instance）与表单之间建立一个关联关系。在单一系统的审批中，大多数情况下，一个流程定义会关联到一个表单，也就是说这个审批表单会跟着这个流程从头跑到尾。而在业务流程集成的场景中，由于业务流程会跨越多个系统，因此各个人工任务节点都会与不同的表单绑定。

在以上两种场景，具体实现时就很简单了。可以给流程定义或任务定义的节点对象扩展一个form属性（例如在jBPM 4中，task节点就扩展了一个form属性，详见jpdl-4.0.xsd），在流程建模时，可以给任务节点绑定好表单（具体可以是一个表单的URL地址，也可以是一个电子表单的ID或名称），那么流程引擎在创建这个任务节点的实例时，就会从定义中取得表单地址，写入到任务实例的数据库中，最后在todolist中，根据URL地址或表单的ID（或名称）直接打开具体的表单了。

2.4.3 时间服务引擎

1. 工作流时间管理概述

20世纪90年代末期，很多大学的工科专业都会安排一门《工业企业管理学》的课程，其中讲生产管理的章节讲到了网络图、关键路线、网络时间的计算。关键路线这个概念大家都应该比较熟悉了，软件工程师应该更熟悉，因为大多数项目可能都是用Microsoft Project中的甘特图来制定工作计划的，而Project可以直接把甘特图转换为网络图。通过网络图，我们可以很快地找到关键路径并进行时间优化。现在回过头来看我们的工作流流程图，大家是不是有似曾相识的感觉呢。

现在我们来看工作流的时间管理。其实，讲到工作流时间管理，熟悉工作流的人可能就会想到，为某个活动节点（任务节点）设定一个时间期限，到达期限后可以执行一些特定的动作（例如超时处理、发送通知等），还有人会想到对流程实例和活动实例进行统计，产生报表。其实这些都不是工作流时间管理的本质，工作流时间管理的本质在于可以对整个流程的执行效率进行分析，在分析的基础上不断地优化，从而真正地达到优化企业业务流程（实际上就是对网络图进行时间优化），提高企业执行效率的目的。尤其是在国内这种以人为主的工作流应用背景下，时间管理就显得尤为重要了。例如政府的审批流程，现在很多政府都提供了网上的电子审批流程，而每个审批环节都有时间的约束，政府还有督办部门对重点的事项进行督办等等，这些都离不开工作流的时间管理。

2. 工作流时间管理之功能分类

工作流时间管理按照功能划分，主要有以下几个部分。

(1) 工作日、非工作日设定（包括工作时间、节假日的设定等），可参见Project中的相关设定。

(2) 定时设定，包括按具体的时间点、时间间隔和周期性启动流程实例（例如每月月底启动一个计算工资表的流程）。

(3) 时间期限设定及相关处理策略，期限设定包括：流程的期限设定、活动节点（任务节点）的期限设定。处理策略包括：超时策略（可以执行超时预警、报警、超时跳跃，还可以由用户自定义策略）、延时策略（某个工作项提交后并不马上触发下一个任务，而是延时某个时间段后再触发）。

(4) 流程实例或活动实例的挂起、恢复，满足一定条件（用户可自定义业务规则条件）后某个流程实例或活动实例自动挂起一个时间段，时间段到时后自动恢复。

(5) 统计和报表，可以按照时间段（小时、日、月、年等）对某人或某角色、某岗位等的工作情况进行统计分析，可以分析参与实体的工作完成效率，工作负载等，分析某个流程或某个任务节点的执行效率。

(6) 针对上面的统计结果，找出关键路径（如果存在），对流程进行优化。

2.4.4 消息引擎

在人工密集型的工作流应用中，工作流引擎为某个参与者生成一个待办任务后，一般需要发消息主动通知办理人。此时，可能是发送站内消息也可能是发送IM即时消息、邮件和手机短信。消息发送必须以异步方式进行，因此大多数工作流引擎中的消息引擎都基于JMS或MQ等消息中间件实现。其实，消息引擎就是一个消息处理的中心，要实现这个引擎并不复杂，图2.16是基于ActiveMQ、Spring JMS实现的、支持持久异步消息的消息引擎。

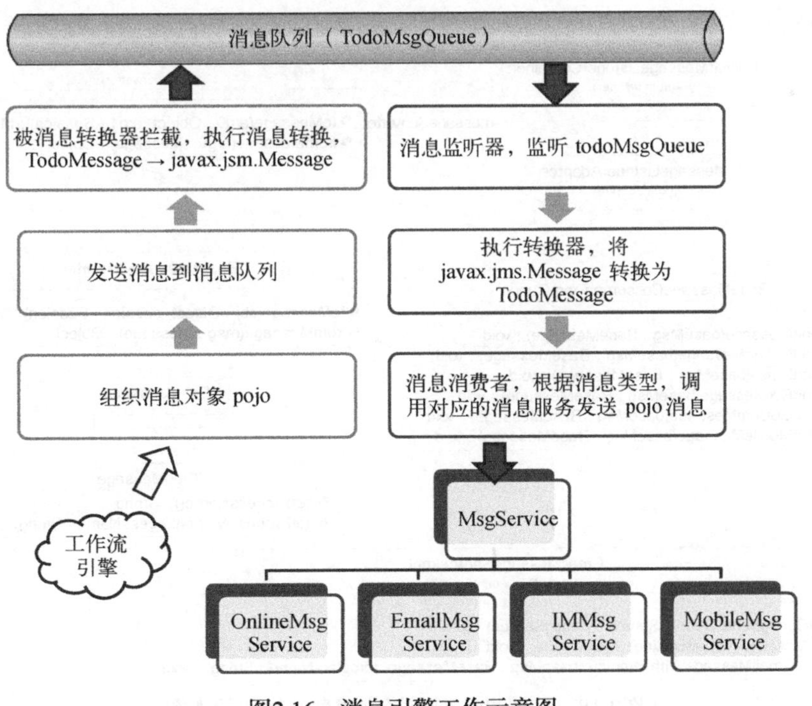

图2.16 消息引擎工作示意图

上图描述了消息引擎的工作原理，图2.17和图2.18则是相关类的设计图。

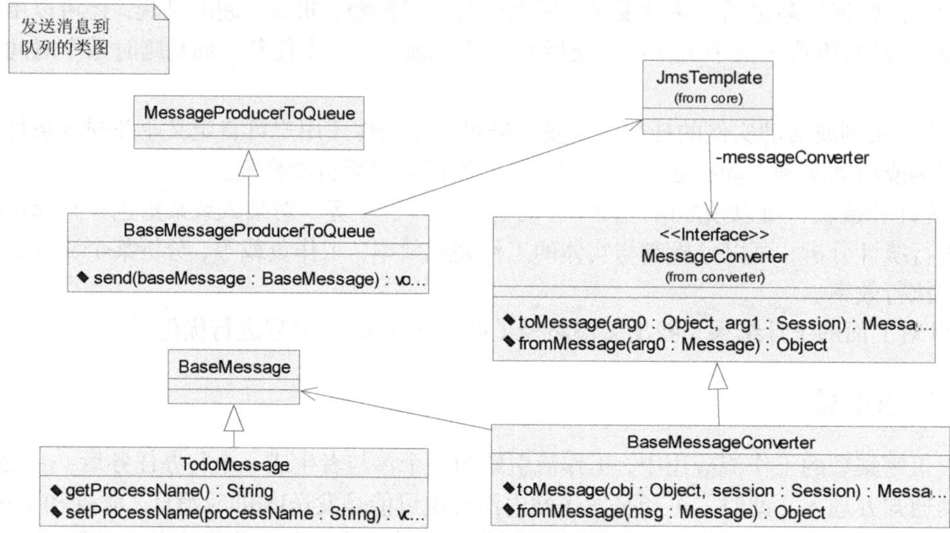

图2.17 发送消息到队列的类图

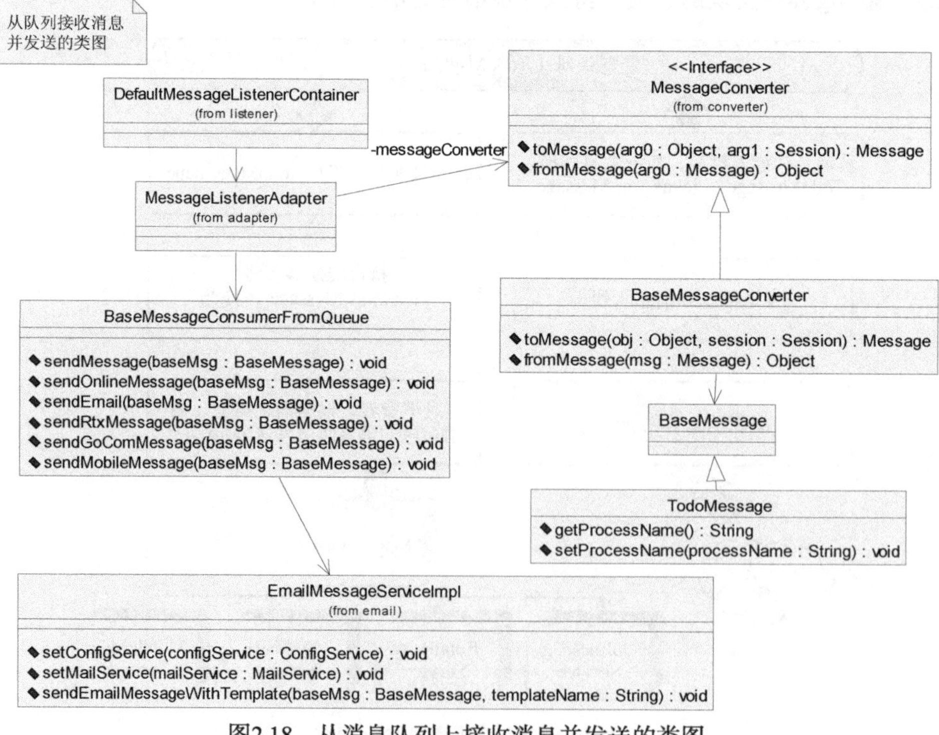

图2.18 从消息队列上接收消息并发送的类图

配置ActiveMQ，消息引擎就能工作起来，配置文件如下：

```
<beans
        xmlns="http://www.springframework.org/schema/beans"
        xmlns:amq="http://activemq.org/config/1.0"
        xmlns:xsi="http://www.w3.org/2001/XMLSchema-instance"
        xsi:schemaLocation="http://www.springframework.org/schema/beans http://www.
springframework.org/schema/beans/spring-beans-2.0.xsd
  http://activemq.org/config/1.0 http://people.apache.org/repository/org.apache.
activemq/xsds/activemq-core-4.1-SNAPSHOT.xsd">
    <!--推荐版本，使用Spring的listenerContainer，消息用数据库持久化保存，服务器重启不会丢失
     -->
    <!--  embedded ActiveMQ Broker -->
    <amq:broker useJmx="false" persistent="true">
        <amq:persistenceAdapter>
            <amq:jdbcPersistenceAdapter id="jdbcAdapter" dataSource="#dataSource"
createTablesOnStartup="true"  useDatabaseLock="false"/>
        </amq:persistenceAdapter>
        <amq:transportConnectors>
            <amq:transportConnector uri="tcp://localhost:0"/>
        </amq:transportConnectors>
    </amq:broker>
    <amq:connectionFactory id="jmsConnectionFactory" brokerURL="vm://localhost"/>
    <bean id="jmsTransactionManager"
class="org.springframework.jms.connection.JmsTransactionManager">
        <property name="connectionFactory" ref="jmsConnectionFactory"/>
    </bean>
    <!--以下为针对BaseMessage的相关配置-->
    <!--消息发送端配置-->
    <bean id="baseMessageProducerToQueue"
          class="com.headfirstprocess.services.message.BaseMessageProducerToQueue">
        <property name="template" ref="baseMessageJmsTemplate"/>
        <property name="destination" ref=" TodoMessageQueue "/>
    </bean>
    <bean id="baseMessageJmsTemplate"
class="org.springframework.jms.core.JmsTemplate">
        <property name="connectionFactory">
            <!--  lets wrap in a pool to avoid creating a connection per send -->
            <bean
class="org.springframework.jms.connection.SingleConnectionFactory">
                <property name="targetConnectionFactory" ref="jmsConnectionFactory"/>
            </bean>
        </property>
        <property name="deliveryPersistent" value="true"/>
        <property name="sessionAcknowledgeMode" value="2"/>
        <property name="messageConverter" ref="baseMessageConverter"/>
    </bean>
    <amq:queue name="TodoMessageQueue" physicalName="
com.headfirstprocess.services.message.TodoMessageQueue"/>
    <!--消息发送端配置结束-->
    <!--消息转换器配置-->
    <bean id="baseMessageConverter" class="
com.headfirstprocess.services.message.BaseMessageConverter"/>
    <!--消息转换器配置结束-->
```

```
    <!--消息接收端配置-->
    <bean id="baseMessageListenerContainer"
class="org.springframework.jms.listener.DefaultMessageListenerContainer">
        <property name="connectionFactory" ref="jmsConnectionFactory"/>
        <property name="destination" ref=" TodoMessageQueue "/>
        <property name="transactionManager" ref="jmsTransactionManager"/>
        <property name="messageListener" ref="baseMessageListener"/>
    </bean>
    <bean id="baseMessageListener" class="org.springframework.jms.listener.adapter.
        MessageListenerAdapter">
        <constructor-arg>
            <bean class=" com.headfirstprocess.services .message.
                BaseMessageConsumerFromQueue">
                <property name="onlineMessageService" ref="onlineMessageService"/>
                <property name="emailMessageService" ref="emailMessageService"/>
                <property name="rtxMessageService" ref="rtxMessageService"/>
                <property name="goComMessageService" ref="goComMessageService"/>
                <property name="mobileMessageService" ref="mobileMessageService"/>
            </bean>
        </constructor-arg>
        <property name="defaultListenerMethod" value="sendMessage"/> <!--监听器所有监
            听的方法名称sendMessage-->
        <property name="messageConverter" ref="baseMessageConverter"/> <!--监听到
            消息后，在其上执行消息转换器-->
    </bean>
    <!--消息接收端配置结束-->
</beans>
```

2.4.5　规则引擎

1. 规则引擎概述

规则？这个词是那么的迷人，到底什么是规则或者业务规则呢？有的读者可能会说，我听说过很多“潜规则”，例如娱乐圈的潜规则，但是不知道什么叫业务规则。潜规则，咱们不讲，毕竟人家是潜在水下的，不可告人的。交通规则，大家总应该听说过吧，不管你是布加迪、劳斯莱斯、宾利，或是奔驰、宝马，还是QQ、奔奔什么的，只要遇到红灯，原则上你都要停下来等待，同样你也不能在行驶过程中跨越单实线或者双实线，更不能逆行。这些就是规则，不针对具体的某个对象，而是约束某一类对象。业务规则是对业务的某些方面进行定义和约束的声明，看起来还是有点抽象，我们就试着更具体化一些。例如你去会员制商场购买东西，如果你是金卡会员，购买所有商品可能都可以打8.5折，银卡会员打9折，这就是商业规则，如果你用进销存之类的软件系统实现它，这就是包含在业务系统中的业务规则。

那么对应于软件系统，这些规则是怎样实现或表现的呢？在早期没有引入规则引擎之前可能就如红绿灯规则一样。

```
if 红灯
    Do stop;
else if 前方有人 or 前方有车
```

```
    Do stop;
else if 绿灯
    Do go;
else if 绿灯 and (前方有人 or 前方有车)
    Do stop; //没办法呀，总有不遵循规则的人;
```

这段程序正确吗？细心的读者可能会发现，当“绿灯”和“前方有人 or 前方有车”都满足时，会同时执行三个分支，但是三个分支的执行结果存在矛盾，此时司机就会直接晕掉了，到底是应该go还是stop呢？经过修改的红绿灯规则程序如下。

```
if 红灯
    Do stop;
else if 前方有人 or 前方有车
    Do stop;
else if 绿灯 and 前方没人 and 前方没车
    Do go;
else if 绿灯 and (前方有人 or 前方有车)
    Do stop; //没办法呀，总有不遵循规则的人;
```

但是这段程序到底应不应该放到规则引擎中去呢？我们认为是不应该的，因为“红灯停，绿灯行”这样的规则基本上是不变的，即便是前方有人和前方有车，这样的情况也是可以穷举的，因此不变的和可以穷举的东西应该以程序的方式进行固化，效率要高得多。所以，并不是所有的业务规则都需要用规则引擎实现的。只有那些经常发生变化的，而且无法穷举或预料的规则才放到规则引擎中去。所以，在很多文章中看到拿红绿灯作为规则引擎来举例子是不恰当的，会误导初学者对规则引擎的滥用，我们来看个商场打折的代码实现：

```
if golden card
    Do price=price * 0.85
if silver card
    Do price=price * 0.9
```

如上述代码所示，这里的折扣可能会经常变化的，而且还会经常添加规则条件，例如再添加一个钻石卡的规则：

```
if diamond card
    Do price=price * 0.8;
```

之后又要添加一个根据积分综合折扣的规则，如下：

```
if diamond card
    if score >= 100000
        Do price=price * 0.8
    if 5000 =< score < 10000
        Do price=price * 0.83
    if score < 5000
        Do price=price * 0.84
```

如上所示，这些规则和积分既不能穷举，而且又经常发生变化，因此这样的业务规则，我们无法固化到程序中，因此在这种场景下就需要引入规则引擎，动态地对这些业务规则进行管理。

到此为止，你应该明白了什么是业务规则，什么情况下用业务规则引擎实现业务规则。但是这和工作流有什么关系呢？没错，我们上面举的例子与工作流没有一丁点儿关系，我们只是想通过这个例子，让大家知道什么是规则，什么时候用规则引擎。

2. 规则引擎与工作流引擎的关系

● 规则引擎计算路由分支

在一个费用申请的流程中，如果申请的费用≤3000元，需要副总审批；如果>3000元，需要总经理审批。那么在这个流程中，需要一个分支路由的节点，如图2.19所示。

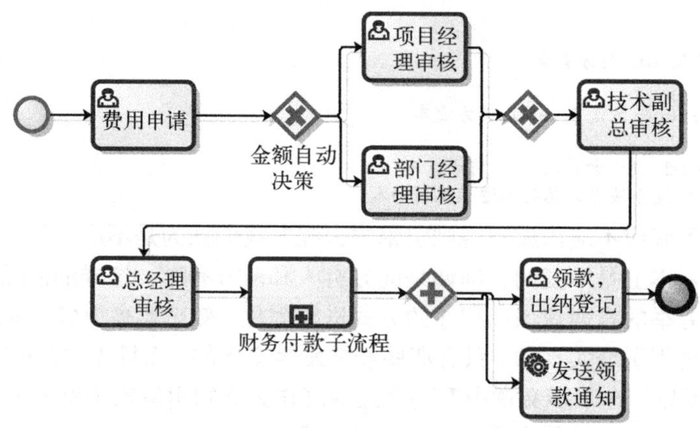

图2.19　出差费用申请流程：两分支

在这个流程的第三个活动“金额自动决策”中，怎样才能实现金额的自动决策呢？有人说，这还不简单，用一个if…else分支判断不就行了。假设这个节点的变量为applyMoney：

```
if (applyMoney<=3000)
    return "项目经理审核"
else
    return "部门经理审核"
```

不过，如果此条件永远不变，当然可以这样写。前文我们提到了，工作流引擎的一个重要特性就是“必须支持灵活的变化”。如果某一个公司的制度改了，赋予了项目经理更大的权限，审批金额上升到5000元，那么上边的条件表达式就要改为：

```
if (applyMoney<=5000)
    return "项目经理审核"
else
    return "部门经理审核"
```

有人说了，这还不简单，把3000、5000这个值用一个变量代替，如下：

```
Double money =StaticConfig.getDouble("money"); //从配置文件中读出
if (applyMoney<=money)
    return "项目经理审核"
else
    return "部门经理审核"
```

呵呵，不错，这证明你是一个知道简单变通的程序员了，有发展前途☺。可是，企业这时的需求又变了：现在需要三个分支，当金额≤3000元时，项目经理审核；金额在3000~5000元之间时，销售经理审核；大于5000元时，部门经理审核，如图2.20所示。

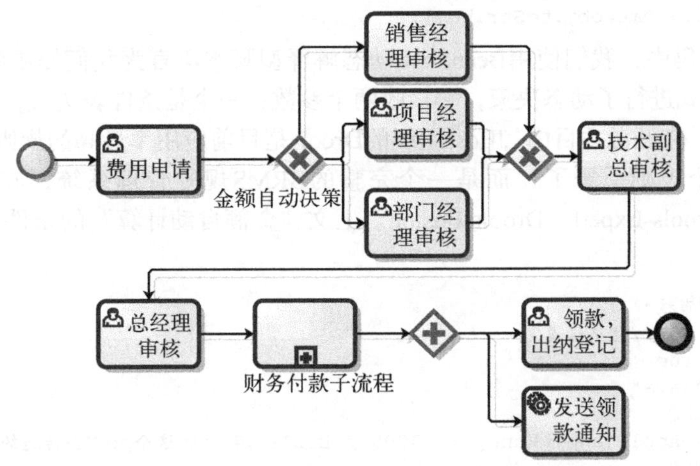

图2.20 出差费用申请流程：三个分支

对于“金额自动决策”这个环节，其分支条件几乎要推翻重写：

```
if (applyMoney<=3000)
    return "项目经理审核"
else if(3000<applyMoney<=5000)
    return "销售经理审核"
else
    return "部门经理审核"
```

呵呵，到此为止，你觉得自己的代码还能适应上边这种灵活的变化吗？客户的需求发生了变更，你就只能老老实实地修改代码了。可是，客户有时间等待你修改代码吗？我们强调的是工作流引擎“必须支持灵活的变化”，那么请读者思考一下，我们怎样在不修改代码的前提下满足这种变化？

此时，细心的读者可能会想到本小节中刚刚讲到的“规则引擎”，没错，就是规则引擎。可是，只有规则引擎才能满足此要求吗？当然不是，如果你使用过Groovy、BeanShell等解释型动态脚本语言，那么此问题也同样迎刃而解，如下：

```
Interpreter  bsh = new Interpreter();
Double applyMoney = //从业务系统中传入;
VariableInfo variableInfo = new VariableInfo("applyMoney",
                VariableInfo.TYPE_DOUBLE,applyMoney);
String exp = "{/*applyMoney*/\n" +
              "if (applyMoney<=3000){\n" +
                "return "项目经理审核";\n" +
              "}else if (3000<applyMoney && applyMoney<=5000){\n" +
                "return "销售经理审核";\n" +
```

```
                "}else {\n" +
                    "return "部门经理审核";\n" +
                "}\n" +
            "}";
Object obj = bsh.eval(exp,variableInfo);
String activityName=obj.toString();
```

在上面这段代码中，我们使用BeanShell动态解释型脚本语言为我们提供的Interpreter的eval功能，对条件表达式进行了动态决策，它接收两个参数：一个是条件表达式，一个是变量对象。

说到规则引擎，在开源项目中，JBoss组织的Drools是目前应用率最高的规则引擎，其实Drools已经不单单是一个规则引擎了，而是一个完整的BRMS规则管理系统，在这个项目中包含Drools-Guvnor、Drools-Expert、Drools-Fusion。上文“金额自动计算”的条件分支，用Drools实现的示例代码如下：

```
rule "项目经理审核"
  salience -100 //优先级设定
    no-loop true
    dialect "java"
     when //LHS
       BizTripApply(applyMoney <= 3000)//BizTripApply这个po需要传递给工作流引擎
     then //RHS
       Context.setActivityName("项目经理审核");
end
rule "销售经理审核"
  salience -100 //优先级设定
    no-loop true
    dialect "java"
     when //LHS
       BizTripApply(applyMoney > 3000 && applyMoney<=5000)//BizTripApply这个po需要传
递给工作流引擎
     then //RHS
       Context.setActivityName("销售经理审核");
end
rule "部门经理审核"
  salience -100 //优先级设定
    no-loop true
    dialect "java"
     when //LHS
       BizTripApply(applyMoney > 5000)//BizTripApply这个po需要传递给工作流引擎
     then //RHS
       Context.setActivityName("部门经理审核");
end
```

- 规则引擎计算参与人

在人工密集型的工作流应用中，对于每个活动节点的参与人，要求支持各种各样的设定方式，包括以下三种（在后续章节讲述参与模式时，会重点讲到）：

- ❑ 指定组织结构中的实体（例如岗位、角色、组、用户）为参与人；
- ❑ 设定活动的参与人为变量，在运行期，由上一个环节的办理人临时决定下一个环节的办理人；

- 通过编码的方式，根据各种各样的条件进行复杂的逻辑运算，从而得出具体的参与人。

在很多工作流引擎中，第三种方式通过引入规则引擎得到了很好的支持，这样就可以满足灵活的规则变化。例如在一个订单审批流程的审批环节，当订单金额小于等于1000元时，需要初级审批者批准即可；当订单金额大于1000元时，需要高级审批者批准。注意此流程与出差申请流程不同的是，在review这个任务节点需要根据订单金额动态地计算办理人，在JBoss Seam框架集成的jBPM示例中，给出了如下这样的一个实现：

```
<task-node name="review">
    <task name="review" description="Review Order">
        <assignment handler="org.jboss.seam.drools.DroolsAssignmentHandler">
          <workingMemoryName>orderApprovalRulesWorkingMemory</workingMemoryName>
            <assertObjects>
                <element>#{actor}</element>
                <element>#{customer}</element>
                <element>#{order}</element>
                <element>#{order.lineItems}</element>
            </assertObjects>
        </assignment>
    </task>
    <transition name="rejected" to="cancelled"/>
    <transition name="approved" to="approved"/>
</task-node>
```

这是订单审批流程中“审批”环节的流程定义，可以看到在这个名为rview的任务节点，其办理人是通过DroolsAssignmentHandler进行指定的，那么其对应的drools的规则配置文件如下：

```
package org.jboss.seam.examples.shop
import org.jbpm.taskmgmt.exe.Assignable
global Assignable assignable
rule "Assign Review For Small Order"
  when
    Order( totalAmount <= 1000 )
  then
    assignable.setPooledActors( new String[] {"reviewers"} );
end
rule "Assign Review For large Order"
  when
    Order( totalAmount > 1000 )
  then
    assignable.setPooledActors( new String[] {"senior reviewers"} );
end
```

- 规则引擎组织一个复杂的流程网

不管是计算流程路由还是计算参与者，都是规则引擎在横向切面上解决工作流引擎中的问题；也就是说，工作流引擎在其横切节点上引入了规则引擎。在这种场景下，规则引擎只是工作流引擎的一个子集。那么有没有一种应用场景，规则引擎通过复杂的规则去编织流程，使得工作流引擎成为规则引擎的子集？当然有。例如在一个大型的应急系统中（自9・11事件后，各个国家都重视起应急系统），需要根据各种各样的突发条件及规则，启动不同的应急流程。在这个场景下，规则引擎是至关重要的，它对流程起到了一个组织的作用，这是网状流程的概念，由规则引擎通过各种规则把相对孤立的流程组织成一张网。注意这里的“组网”与BPM中把很多小的子流程组织成一个“端到端的流程”是完全不同的概念。在BPM中，外边这个大的“端到端的流程”一般都是显式存在的，它内部的子流程一般也都有着相对固定的关系。而通过规则引擎组织起的这个流程网，并没有显式存在，而是根据规则动态组成的一个网。就像本节中讲到的这个应急网络，你是无法事先定义这样一个“端到端的流程”的。

2.5 业务管理与工作流技术的结合

信息技术在早期的发展阶段有自己的发展路线（应用于科学计算），或者说那是科学发展的产物，而不是业务上有需求才促使信息技术诞生的。但是在业务需求与信息技术第一次结合之后，两者的依存度就越来越高了，业务管理领域的发展对信息技术提出了新的要求，而信息技术在业务管理领域的应用也促进了业务管理的发展，两者开始相辅相成，互相促进。

自从单机单用户版的MIS系统引入江南市房管局之后，业务办理从纸质的手工办理过渡到了基于计算机的电子化办理，极大提高了房管局业务办理的效率。进入21世纪初期，住房商品化的发展越来越迅速，因此房管局的业务发展也随之进入了一个小爆发期，业务量越来越大，一个办事人员已经完全无法应付大量的业务办理了，因此引入多个办事人员进行任务的分工协作成为必然趋势。而工作流技术从20世纪90年代诞生到21世纪初期，也逐步成熟，因此利用工作流技术来解决那个时期的业务问题成为了水到渠成的事情。在下一章，我们将详细介绍工作流技术在江南市房管局的具体应用。

第3章
工作流技术的永恒之道——工作流模式

在上一章，我们一起学习了工作流技术的基础知识，清晰了解了江南市房管局的业务管理现状。在2000年初，由于工作流技术的特点及发展现状正好可以解决那个时期江南市房管局的业务问题，因此江南市房管局将工作流技术引入到了局内的信息化系统中。本章我们将以“实现房改购房审批流程的自动化，并可以灵活变化”这个业务需求为例，具体讲解工作流技术的应用过程。在这个过程中，我们将看到工作流技术作为一个作战小分队，是怎样应用工作流模式这个利器，来管理协调控制各个作战任务最终实现上述业务需求的。

3.1 模式是个什么东东？伟大的 Alexander 大师

“道可道，非常道；名可名，非常名。”这是我们老祖宗老子《道德经》中开篇的两句话，意思是：可以用语言描述的道，不是真正的道；可以用名字来命名的道，这个名字也不能形容妥当。其终极思想是，由于人的认识的局限性，我们所说的道，都只是真正道的一部分，无法窥见道的全貌。当然老子后来又在《清静经》中说：“吾不知其名，强名曰‘道’”。也就是说：“这个‘道’字虽然不肖，但我（老子）还是先把这个终极真理叫做‘道’好了。”

“道”，可作道理、途径、真理、方向、方法等解释。按照老子的说法，世界万物都有其本质和终极真理，但是“吾不知其名，强名曰‘道’”。在现代，人们已经把“道”作为事物的本质了。

C. 亚历山大[①]在其著作《建筑的永恒之道》一书中说：“建筑或城市只有踏上了永恒之道，才会生机勃勃。”亚历山大在书中描述了253个建筑模式，并首次提出了“模式语言”一说，算是“模

---

① C. 亚历山大是一位实践经验丰富的建筑师和营造师，加州大学伯克利分校建筑学教授，环境结构中心的负责人，曾获得美国建筑师学会颁发的最高勋章。

式语言说”的开山鼻祖了。他曾领衔撰写了5卷关于建筑设计的丛书[①]，其中前两本《建筑的永恒之道》和《建筑模式语言》最为知名。

很多的技术人员和非技术人员都听过模式，例如管理模式、思维模式、商业模式、建筑模式、设计模式等等，对它有着无限的迷恋。很多行业与领域里也都有模式一说。在软件领域，大名鼎鼎的面向对象的23种设计模式更是无人不知，无人不晓。那么，到底什么是模式呢？

模式（pattern）是解决某一类问题的方法论。把解决某类问题的方法总结归纳到理论高度，就是模式。它是一种指导，是一种解决某类问题的最佳实践。借助于模式，我们可以利用前人的经验和智慧，做出优良的设计方案，达到事半功倍的效果。模式语言则是模式对应于那些使建筑美妙的深刻观察的模式集合，是对如何建造的认识的总和。建筑的永恒之道正在于建筑模式，在于我们对建筑的认知达到一致，即拥有共同的模式语言。

发点小牢骚

按照《建筑的永恒之道》的说法，在古代，农民都是自己造房子，他们自己都有模式的直觉；在工业化时代，人们以为自己不能设计，必须倚靠设计师，而设计师也耽迷于流行的模式而设计出没有活力的东西。所以我们缺少的是模式之道，或者说不知道怎样鉴别什么是有“活力”的模式。如今的软件领域何尝不是如此？我们就见过很多牛逼哄哄、所谓的架构师和设计师，他们讲起模式来一套一套的，但是设计出的软件架构奇烂无比，有的甚至不会将架构转换为框架，实在是比古代的农民差远了。我们认为，做软件的同仁们，如果你想真正地成为一个优秀的架构师或设计师，《建筑的永恒之道》这本书是必读的。它告诉了你什么是道，模式之道。这个道才是灵魂，才是核心。这个道是使之“有活力”，而不是生搬硬套。如果有时间再读读第二本《建筑模式语言》。最后还有个小提醒，优秀的架构师、设计师不是读了几本大师的著作就能成就的，他们也是在“理论—实践—总结—再理论—再实践—再总结”这样的长时间循环中磨练出来的，而且我们认为这个时间至少要7~8年以上。

在《建筑模式语言》一书中，C. 亚历山大将模式分为三个部分：

- 首先是此类问题所在的上下文（Context），即当前模式所面对问题的周围环境和状况，也就是说，模式在什么状况下发生作用；
- 其次是动机（Motivation），即此模式的目的或预期的目标是什么；
- 最后是解决方案（Solution），即为达到预期目标或解决此类问题所采用解决方案的核心。

通过上述描述，我们可以得出结论，模式实质上就是从不断重复出现的事件中发现和抽象出的规律，是解决问题所形成经验的高度归纳总结。只要是一再重复出现的事物，就可能存在某种模式。而当一个领域逐渐成熟时，自然而然就会出现这个领域的模式。借助亚历山大的模式理论，GOF在软件领域提出了23种设计模式。同样，在流程领域也自然而然地出现了“工作流模式”。

本书的名字《流程的永恒之道》套用了亚历山大的经典名言：“流程只有踏上了永恒之道，

① 《建筑的永恒之道》、《建筑模式语言》、《俄勒冈实验》、《城市设计新理论》、《住宅制造》5卷丛书。

才会生机勃勃。"那么流程的永恒之道是什么呢？在本书中，我们将会依次为读者讲解三个永恒之道。本章首先讲述第一个永恒之道，即流程万变的永恒之道——工作流模式。

工作流模式作为流程的灵魂，是时间无关的（timeless），它与人、文化相关，不会随着时间和新技术的发展而落后，因此可以称之为永恒的。道德经又曰："道生一，一生二，二生三，三生万物。"把这句话套用在工作流模式上非常准确，工作流模式可以生一，生二，……，最后生万物，演化出无数个不同模式组成的流程。可以说，没有工作流模式就没有流程，工作流模式是流程万变的永恒之道。接下来，我们就围绕工作流模式展开，看看流程万变的永恒之道——工作流模式是怎样来生一、生万物的。

3.2 工作流模式的发展历程及分类

在上一节，我们了解了模式，根据模式的通用定义，我们在此给出工作流模式的定义：工作流模式是解决流程类问题的方法论，是解决流程问题的最佳实践。工作流领域同样存在着大量的不断重复出现的事件，从这些事件中发现和抽象出规律，并找到解决这些重复问题的解决方案，对这些问题及其解决方案进行归纳总结，就形成了各种各样的工作流模式。

1999年，由荷兰埃因霍温大学的Wil van der Aalst教授[①]与昆士兰大学的Arthur ter Hofstede教授联合创立了Workflow Patterns Initiative，并提出了工作流模式的概念。他们的研究报告于2000年在以色列埃拉特举行的CoopIS大会上正式发布[②]。两位教授一共总结了 21 种工作流模式[③]（其实是指21种控制模式）。2004年，Nick Russell教授加入了Workflow Patterns Initiative，并扩展提出了工作流数据模式和资源模式。2005年扩展出了异常模式，2006年工作流控制模式被扩展到了43种模式[④]。经过这样的发展，工作流模式被分为了控制模式、资源模式、数据模式、异常模式四大类。

接下来，我们以2000年初江南市房管局的"实现房改购房审批流程的自动化，并可以灵活变化"这个业务需求为例，描述工作流模式在具体应用中的实现过程。图3.1给出了房改购房审批流程的组成结构。

从图中可以看出，整个房改购房审批流程由"受理"、"初审"、"公告"、"复审"、"查封核查"、"制证"、"收费"、"发证"等多个环节组成。该流程有明确的作战目标，就是给购房改房的申请人发放"购房证"，其中的每个环节都可以看作是一个作战活动。

这些作战活动的组成是有一定规则的，例如串行、分支、并发等规则，这些规则还有可能经常变化。对于这些规则，在工作流技术中是由"控制模式"来负责的。控制模式负责控制作战活动的组成与流转。

---

① Wil van der Aalst教授不仅是Workflow Patterns Initiative组织的创建者，还与Kees van Hee教授合著了*WorkFlow Management-Models, Methods, and Systems*（2002年，麻省理工学院出版社）一书。其中文版《工作流管理——模型、方法和系统》已由清华大学出版社于2004年出版。

② http://coopis.sjtu.edu.cn:8080/cisg/。

③ http://is.ieis.tue.nl/research/patterns/patterns.htm。

④ 参见本书附录，工作流控制模式。

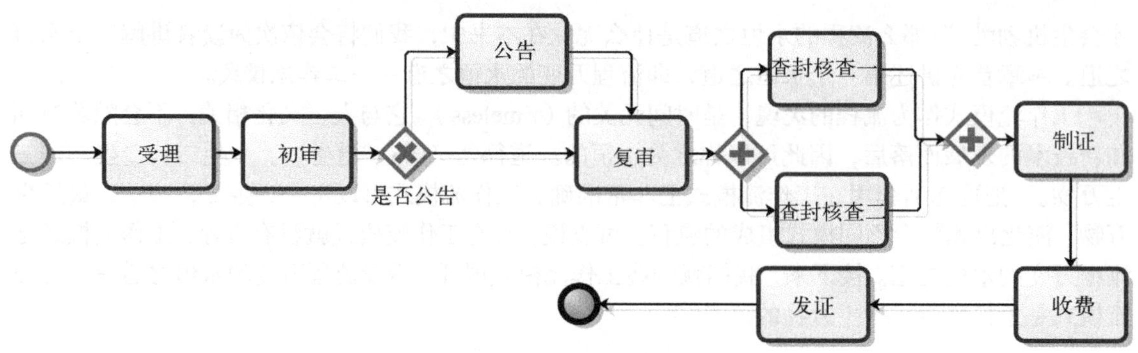

图3.1 房改购房审批流程

3.3 作战活动的组成与流转——控制模式

控制模式是流程的中枢神经，它在作战小分队中负责将多个单独的作战活动组合在一起，并推动活动的自动化流转，形成作战流程。其重要性不言而喻，因此要设计一个好的流程，就必须学会应用各种各样的控制模式。

在探寻每个模式的究竟之前，我们首先定义一个统一的格式，对于控制模式，将按照如下统一的格式进行描述。

原型实例（故事片段）

给出此模式的故事片段，通过鲜活的工作流故事展现此模式的应用场景。

上下文（描述、动机）

给出此模式的具体描述和动机：为什么有此模式，是为了解决什么问题。

问题的本质

此模式的本质是什么？即本质上要做什么事情？

解决方案及技术实现

给出此模式的解决方案及技术实现。

约束及可能存在的问题

此模式可能存在的约束和问题。模式并不是万能的，在软件中没有银弹，同样也没有包治百病的模式，每种模式都有可能存在一些约束及限制条件。应用此模式可能会引发什么问题，怎样解决这些问题。

规范中的实现

给出此模式在相关规范中的实现。目前流程有三大规范XPDL、BPEL、BPMN，我们将按照每个规范的最新版本XPDL 2.1（需要说明的是，本章中的XPDL示例，都是由BizAgi Process

Modeler 2.1.0.1生成的）和BPMN 2.0（所有BPMN 2.0的XML定义，都是由signavio提供的在线流程建模器生成的[①]），来描述当前模式在其中的实现。对于BPEL，我们始终认为它不是一个“流程”语言，其本质上是一个Web服务的编制语言，因此只有部分模式使用BPEL描述。

与其他模式的关系

此模式与其他模式有什么样的关系？是否有配对使用的要求？是否有与其他模式进行组合，解决复杂场景的情形？

3.3.1 房改购房审批流程中的串行模式

图3.2是江南市房管局房改购房立等可取的审批流程。在这个流程中，所有的作战活动都是串行在一起的，完成一个活动才能操作下一个活动，这就是工作流控制模式中的“串行模式”。串行模式极其简单，这里就不按照统一格式进行描述了。

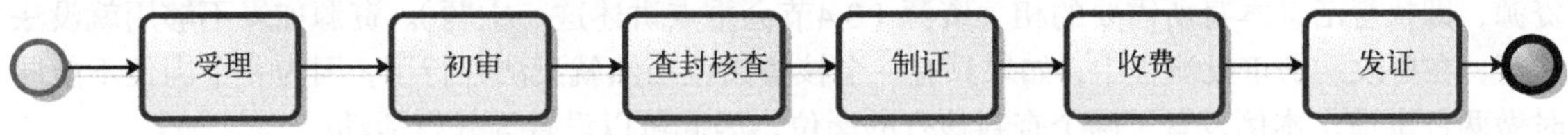

图3.2 房改购房立等可取的审批流程

3.3.2 房改购房审批流程中的“并发分裂”与“并发汇聚”模式

1. 并发分裂模式

原型实例（故事片段）

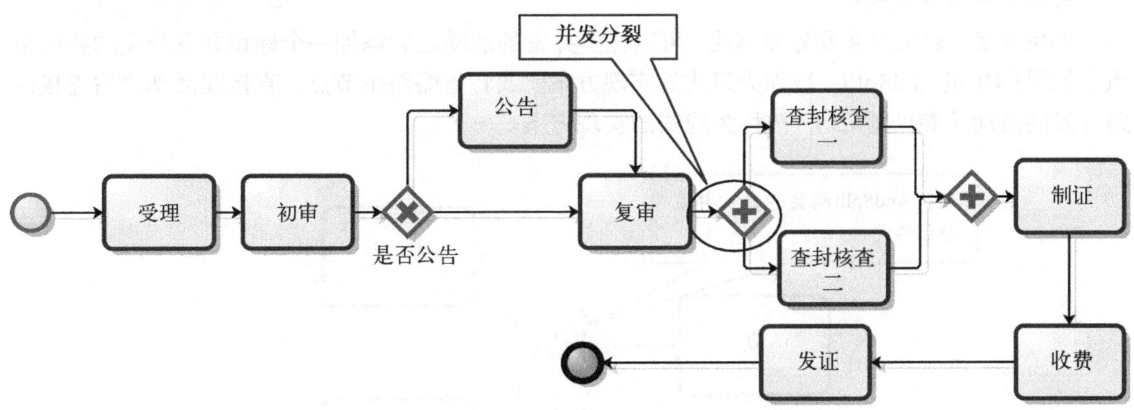

图3.3 房改购房审批流程的“并发分裂”原型实例

① https://editor.signavio.com/p/explorer。

如图3.3所示，复杂的房改购房流程需要两个核查岗位进行核查，因此在“复审”环节之后，并发分裂为了两个活动：“查封核查一”与“查封核查二”。在这个故事片段中，为了提高效率，两个核查环节并行工作，从而将核查的时间缩短了一半。

上下文（描述、动机）

描述。并发分裂，就是在某个活动（本例是“复审”）之后，并发地分裂出多个活动（“查封核查一”、“查封核查二”），这多个活动同时执行。

动机。通过增加流程中并行处理的活动的个数，缩短串行时间，提高整个流程的效率。在1.2.2节中，我们曾经提到过并行工程，并发模式是一种最有效的提高流程效率的模式。

问题的本质

并发分裂模式的动机是尽量增加流程中可以并行处理的活动的个数，从而极大提高流程的效率。那么，怎样才能提高并行活动的数量呢？或者说，并行活动的增加依赖于什么呢？答案就是资源，即执行活动本身所需要的相关资源（3.4节会重点讲述这一主题）。资源如果不够用就没法并行，在房改购房审批流程中，如果只有一个核查岗位当然就无法并行了，因为一个岗位不能同时做两件事情。本例设置了两个查封核查的岗位，因此可以设置为并行活动。

因此，活动能不能并行处理，就要看这个活动本身的相关资源能否并行。再如，在非计算机化的人工流程中，如请假流程，如果请假人拿一张纸质的请假单去找领导签字，那么他只能按照串行顺序去找所有的领导签字，因为物理存在的纸只有一张。而计算机的一个很大作用就是把纸质的数据电子化了，电子化的本质是电子数据本身可以被同步处理，这就是说在同一个电子请假单上，多位领导可以同时签字。因此，原来由于资源的限制而不能并行处理的活动，在计算机化之后可以并行处理了。

解决方案及技术实现

解决方案。要实现并发分裂模式，可以在要并发的活动之后添加一个标识并发分裂的路由节点，如图3.4中的AndSplit，被称为显式的实现方案。或者省略路由节点，直接在活动之后连接两路并发的活动（参见图3.5），被称为隐式的实现方案。

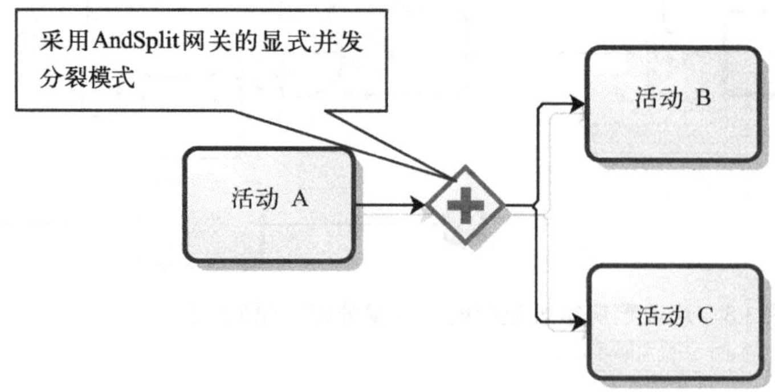

图3.4　并发分裂模式之显式实现方案

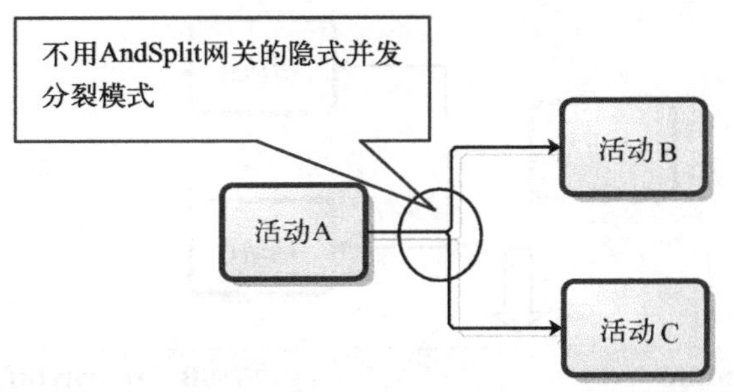

图3.5 并发分裂模式之隐式实现方案

技术实现。在工作流中实现并发分裂模式，技术实现包括两部分：一部分是在流程定义期，一部分是在流程运行期。

(1) 定义期。通过可视化的流程设计器，采用此模式的两种方案中的任意一种，画出流程定义图，并持久化存储到数据库。持久化存储的流程定义，在运行期又逆向解析为多个工作流对象之间的关系，如图3.6和图3.7所示的结构。

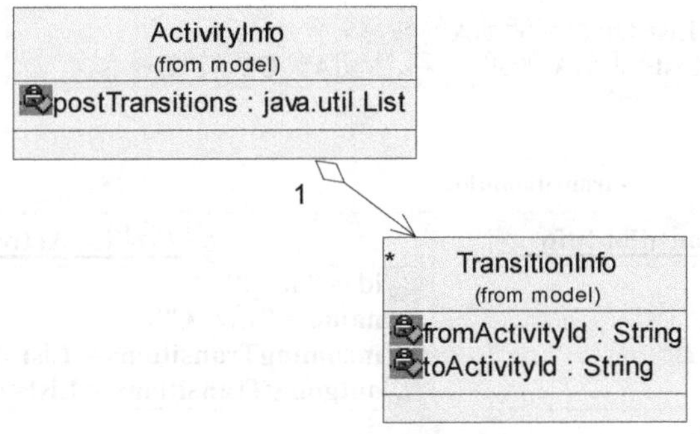

图3.6 活动与转移的类图

(2) 运行期。流程引擎需要读取持久化存储的流程定义（一般为XML格式），并解析为对象及对象集合之间的关系（活动集合Activities、转移集合Transitions），如图3-7所示。

可以看出，这是没有采用AndSplit网关的隐式实现方案。

(1) 将XML的流程定义解析为对象之间的关系，本质上就是ActivityInfo与inComingTransitions、outgoingTransitions的关系。inComingTransitions集合存储进入当前活动的转移线对象，outgoingTransitions集合存储离开当前活动的转移线对象。当某个活动实例（例如“活动A”的实例）完成需要转出时，则首先取得“活动A”这个ActivityInfo对象的outgoingTransitions集合并进行迭代，并对每个transitionInfo对象上的condition表达式（用来判断当前转移要执行的条件）进行求值判断，如果判断结果为true，则执行此转移。

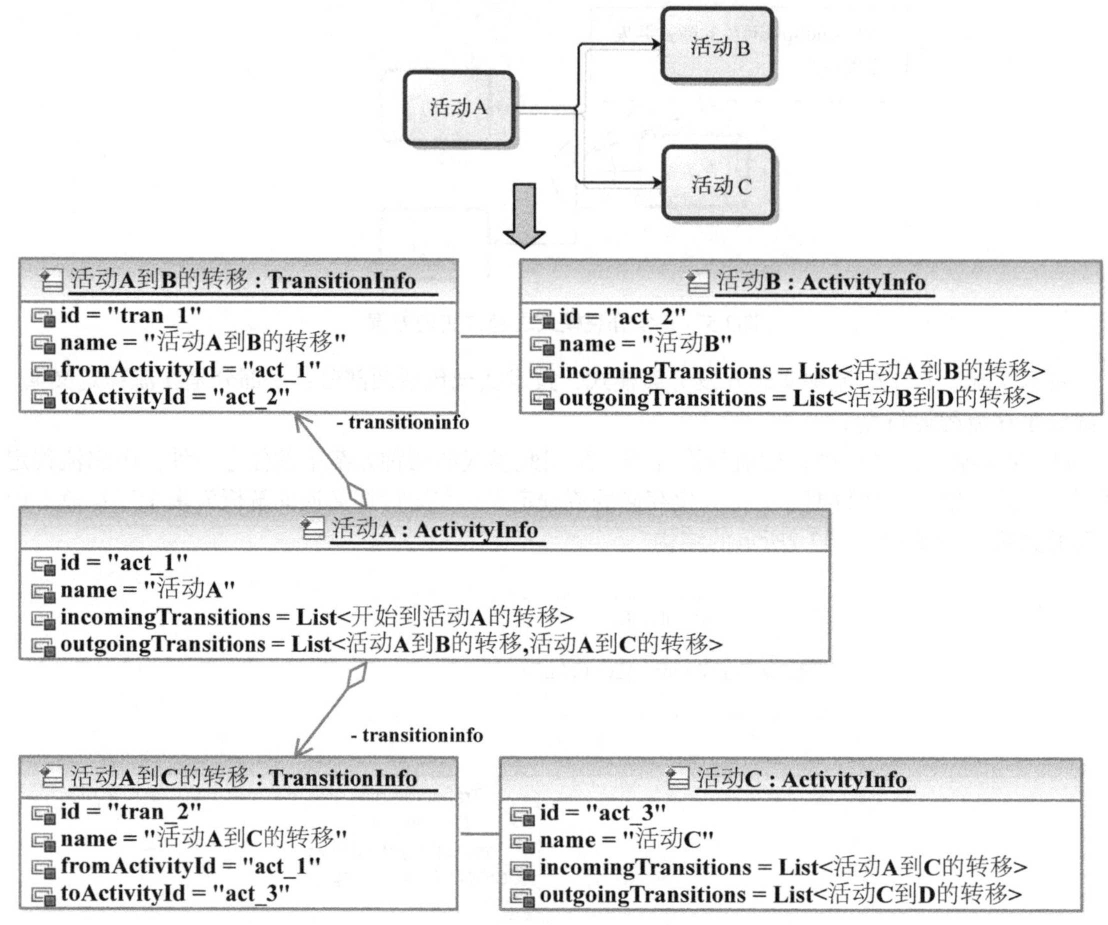

图3.7　并发分裂模式中隐式方案的对象关系图

(2) 对于并发分裂模式，如果其转移线上的条件表达式condition不设置，即永远默认为true，那么在并发分裂模式中，其所有的后继转移线（outgoingTransitions集合）都将被执行，从而实现并发分裂模式。

(3) 每个outgoingTransition对象（TransitionInfo）执行完毕后，则根据TransitionInfo对象的toActivityId属性取得此ID对应的活动对象（ActivityInfo），在本模式中即“活动B”与“活动C”两个对象，在每次迭代中，对ActivityInfo对象进行实例化，并持久存储，即完成了一次迭代。所有迭代执行完毕，即实现了“活动A”并发分裂为“活动B”与“活动C”的运行期功能。

注意　后续所有控制模式的运行期实现，都将遵循outgoingTransitons、incomingTransitions、fromActivityId、toActivityId、condition这样的机制，因此在后续的控制模式中，不再单独讲述这一部分内容了。

对于更细层次的编码实现，目前有基于petri网的Token机制（例如jBPM），也有基于实例的状态机方式。

约束及可能存在的问题

驳回的问题。在本模式的描述、解决方案及实现中，我们可以看到并发分裂模式的AndSplit网关之后分裂出的所有分支都是同时执行的，因此如果驳回到AndSplit网关之前的活动（例如由“活动B”驳回到“活动A”，而“活动C”并不驳回），再次执行到AndSplit网关时，“活动B”重新执行了一次，而“活动C”也会再次被执行，但是“活动C”并没有被驳回，它还需要不需要被再次执行呢？在并发分裂模式中，“活动C”必须再次被执行。但是这可能不是业务所期望的结果（业务上可能会要求“活动C”不要再重复执行了），遗憾的是并发分裂模式解决不了这个问题。目前很多的工作流产品，虽然支持并发分裂模式，但是对于并发分裂的驳回只能做到“活动B”与“活动C”全部重复执行。如果要支持可控制“活动C”是否重复执行，只能引入多选分裂模式与多选汇聚模式两者结合来实现（详见10.3节的多选分裂模式与多选汇聚模式）。

规范中的实现

XPDL 2.1中的实现（此XML内容由BizAgi Process Modeler直接导出，去掉了与控制模式无关的属性）

```
<WorkflowProcess Id="4df39a5e-9a54-490c-aca7-7cf45bf53ef0" Name="Process 1">
  <Activities>
    <Activity Id="a2dca2db-f0ab-4c1d-92c4-2f51d356f51e" Name="活动A">
      <Description />
      <Implementation>
        <Task />
      </Implementation>
</Activity>
<Activity Id="67e100a6-f17c-4fb9-80da-c987d918c747" Name="并发分裂网关">
      <Description />
      <Route GatewayType="AND" />
    </Activity>
    <Activity Id="76f2bf26-f953-40b1-800b-25af4320dbd4" Name="活动B">
      <Description />
      <Implementation>
        <Task />
      </Implementation>
    </Activity>
    <Activity Id="ba088ccb-d74f-409b-8d6c-08c7cf577f70" Name="活动C">
      <Description />
      <Implementation>
        <Task />
      </Implementation>
    </Activity>
  </Activities>
  <Transitions>
    <Transition Id="344afd1f-90d9-4d4a-97a2-9b6d909b8601"
From="a2dca2db-f0ab-4c1d-92c4-2f51d356f51e"
To="67e100a6-f17c-4fb9-80da-c987d918c747" Name="">
      <Condition />
```

```
      </Transition>
      <Transition Id="b0b4d8d6-c86d-4262-afda-c6e03925c1d7" From="67e100a6-f17c-4fb9-
80da-c987d918c747" To="76f2bf26-f953-40b1-800b-25af4320dbd4" Name="">
        <Condition />
      </Transition>
      <Transition Id="ed12d3a8-7ff4-4cd0-a19c-6eb89fbe5a56" From="67e100a6-f17c-4fb9-
80da-c987d918c747" To="ba088ccb-d74f-409b-8d6c-08c7cf577f70" Name="">
        <Condition />
      </Transition>
    </Transitions>
    <ExtendedAttributes />
  </WorkflowProcess>
```

如上所示，XPDL规范采用的显式方案（参见图3.4）来实现并发分裂模式。通过并发分裂网关（<Activity Id="67e100a6-f17c-4fb9-80da-c987d918c747" Name="并发分裂网关">）与转移（Transition Id=" b0b4d8d6-c86d-4262-afda-c6e03925c1d7"、Transition Id=" ed12d3a8-7ff4-4cd0-a19c-6eb89fbe5a56"）直接建立关系，实现并发分裂网关与分裂转移线的关联。再通过转移线上的From与To属性（见粗体部分），分别指向某个活动Id，实现了线与活动的连接。

BPEL中的实现（XML内容由Eclipse BPEL Designer 生成，去掉了与控制模式无关的属性）

在BPEL规范中，通过<flow>活动提供并发分裂模式的实现。把需要并发执行的活动放置在<flow>…</flow>标签之内。

```
<bpel:process name="ParallelPattern"
         targetNamespace="http://sample.bpel.org/bpel/sample"
         suppressJoinFailure="yes"
         xmlns:tns="http://sample.bpel.org/bpel/sample"
         xmlns:bpel="http://docs.oasis-open.org/wsbpel/2.0/process/executable"
         >
    <bpel:sequence name="main">
    <bpel:empty name="Empty"></bpel:empty>
        <bpel:flow name="Flow">
        <bpel:invoke name="Invoke1"></bpel:invoke>
            <bpel:invoke name="Invoke2"></bpel:invoke>
        </bpel:flow>
        <bpel:invoke name="Invoke"></bpel:invoke>
    </bpel:sequence>
</bpel:process>
```

BPMN 2.0中的实现（XML内容由Signavio Process Editor导出，去掉了与控制模式无关的属性）

```
<process id="sid-a0718229-83f5-4ab3-9fea-63676de90575" isExecutable="false">
    <task completionQuantity="1" id="sid-81CDFBD9-1D50-42CF-B67A-674591D44F4D"
isForCompensation="false" name="活动A" startQuantity="1">
       <outgoing>sid-FE93BF67-3DE5-4DF9-BAA7-A7F4BD8C3339</outgoing>
    </task>
    <parallelGateway gatewayDirection="Diverging" id="sid-681399DD-E962-4174-85DA-
43384A9B0DD8" name="并发分裂网关">
       <incoming>sid-FE93BF67-3DE5-4DF9-BAA7-A7F4BD8C3339</incoming>
       <outgoing>sid-91DD542C-DBA5-49E0-9E56-A31DA8E4E432</outgoing>
       <outgoing>sid-9DEA8CF3-6EBE-4EB5-B649-42865D58C35D</outgoing>
    </parallelGateway>
```

```
    <task completionQuantity="1" id="sid-9FCD307D-BDED-404F-988B-100311E9C92A"
isForCompensation="false" name="活动B" startQuantity="1">
        <incoming>sid-91DD542C-DBA5-49E0-9E56-A31DA8E4E432</incoming>
    </task>
    <task completionQuantity="1" id="sid-65D2670A-F5CF-4721-854B-F1499C0F3239"
isForCompensation="false" name="活动C" startQuantity="1">
        <incoming>sid-9DEA8CF3-6EBE-4EB5-B649-42865D58C35D</incoming>
    </task>
    <sequenceFlow id="sid-FE93BF67-3DE5-4DF9-BAA7-A7F4BD8C3339" name=""
sourceRef="sid-81CDFBD9-1D50-42CF-B67A-674591D44F4D"
targetRef="sid-681399DD-E962-4174-85DA-43384A9B0DD8"/>
    <sequenceFlow id="sid-91DD542C-DBA5-49E0-9E56-A31DA8E4E432" name=""
sourceRef="sid-681399DD-E962-4174-85DA-43384A9B0DD8"
targetRef="sid-9FCD307D-BDED-404F-988B-100311E9C92A"/>
    <sequenceFlow id="sid-9DEA8CF3-6EBE-4EB5-B649-42865D58C35D" name=""
sourceRef="sid-681399DD-E962-4174-85DA-43384A9B0DD8"
targetRef="sid-65D2670A-F5CF-4721-854B-F1499C0F3239"/>
 </process>
```

如上所示，BPMN 2.0规范同样采用了显式的实现方案。需要注意的是，在XPDL 2.1规范中，通过在Transition的From与To属性实现了线对活动的连接，而在BPMN 2.0规范中，则是通过sequenceFlow的sourceRef与targetRef属性（见粗体部分）实现线对活动的连接。

与其他模式的关系

(1) 与会签模式的区别。此处需要注意的是，活动B和活动C是两个不同的活动（也就是说两个活动做不同的事情，例如在办公用品采购预算审批的流程中，活动A为总经理审批，审批通过后，活动B为通知采购员领款，活动C为从财务系统中扣款），因此要区别于同一个活动有两个办理人同时办理（即单步会签）的情况。

(2) 与并发汇聚模式（同步模式）的关系。并发分裂之后，一般都会在某个活动上进行汇聚。此时就需要用到“并发汇聚模式”。一般情况下，并发分裂模式与并发汇聚模式都是成对出现。当然这并不是必须的，因为并发分裂也可以不进行汇聚，例如传阅模式（异步多实例模式）。

(3) 与单选分裂（排他选择）模式组合使用，间接实现多选分裂模式（图3.8）。

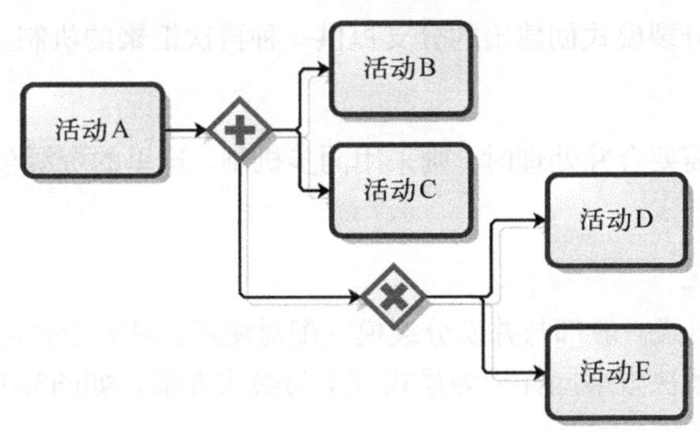

图3.8 并发分裂模式与单选分裂（排他选择）模式的结合使用

从图中可以看出，通过将并发分裂模式与排他选择模式相结合，可以部分地实现M选N分裂模式。图中实现的效果是，A分裂为BCD或BCE。在一定程度上实现了4选3的效果。当然活动B和活动C是必选的，活动D和活动E则是排他选择（即二选一）。所以，这与多选分裂又有一定的区别，在多选分裂模式中，选择结果可以是任意一个分支，并没有任何限制。

2. 并发汇聚模式（同步模式）

原型实例（故事片段）

如图3.9所示，在“查封核查一”和“查封核查二”两个活动之后，房改购房审批流程通过一个“并发汇聚”网关，继续向下流转到“制证”活动上。

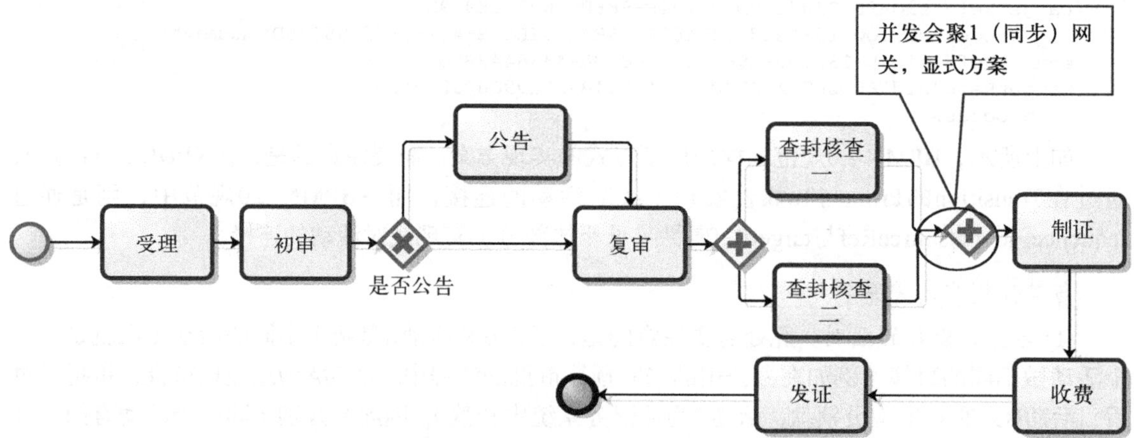

图3.9　房改购房审批流程之“并发汇聚”片段图

上下文（描述、动机）

描述。并发分裂出的多个活动（“查封核查一”和“查封核查二”）全部执行完毕后，后续活动才会被触发。

动机。为通过并发分裂模式创建出的分支提供一种再次汇聚的机制。

问题的本质

当活动涉及的资源需要合并处理时，则采用同步机制。这里的资源包括某些成果的合并（例如，两个核查结果做合并）。

解决方案及技术实现

解决方案。由于此模式一般都与并发分裂模式配对使用。对应于并发分裂模式中的显式方案和隐式方案，此模式的解决方案同样分为显式方案与隐式方案，如图3.10和图3.11所示。

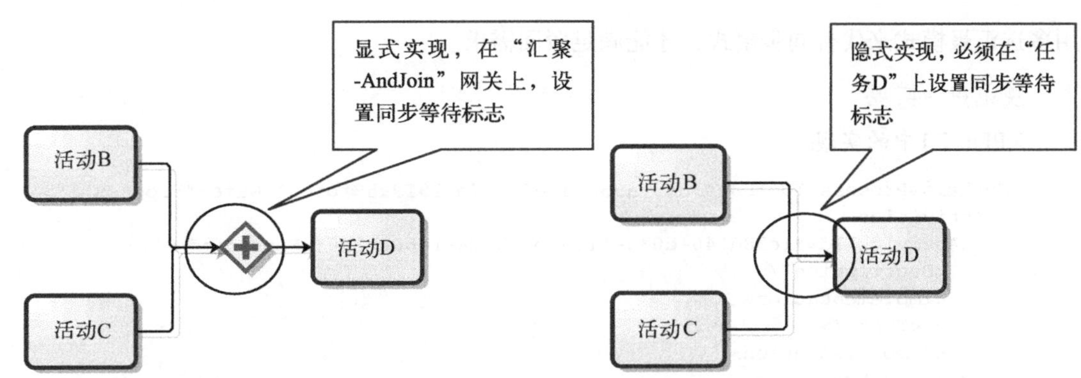

图3.10 同步模式的显式实现方案

图3.11 并发汇聚（同步）模式的隐式实现方案

技术实现。在此模式中，显式方案与隐式方案的实现稍有不同。

(1) 定义期。对于显式方案（如图3.10），直接在设计器中提供AndJoin活动节点即可，不需要另外设置。而对于隐式方案（如图3.11），由于同步模式要求所有参与汇聚的节点必须全部完成才能触发后续分支，因此必须在“任务D”上设置同步等待的标志（或者称之为“与汇聚”标志）。

(2) 运行期。如图3.12所示，对于“活动D”这个对象，其属性incomingTransitions是一个集合，集合中包含id=“tran_3”和id=“tran_4”的两个转移对象，当两个转移对象都执行完毕时，触发活动D的执行，即可实现同步模式。

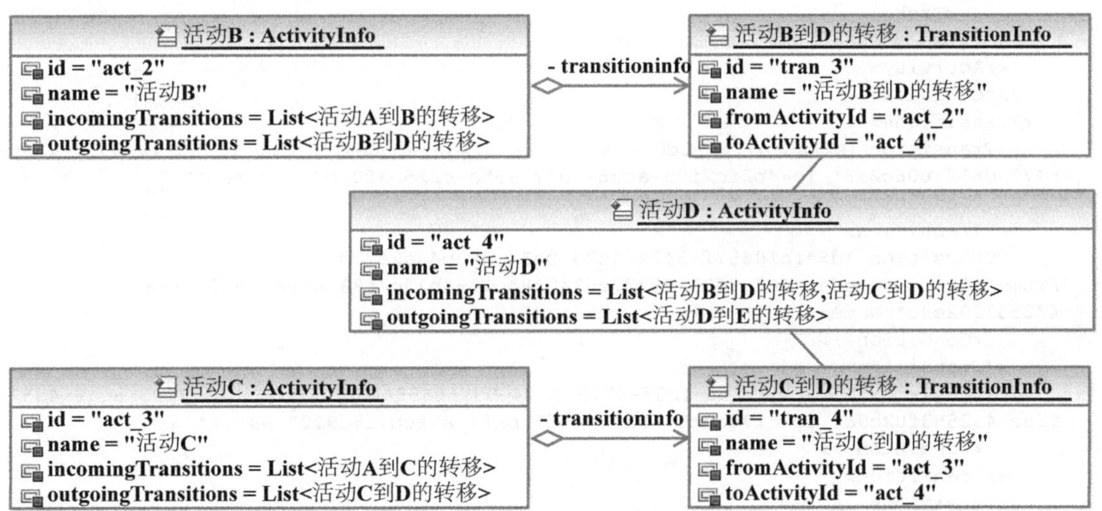

图3.12 并发汇聚（同步）模式的隐式方案对象关系图

约束及可能存在的问题

与并发分裂模式中的驳回相对应，此模式同样存在驳回问题：如果并发需要驳回，则必须采用多选汇聚模式来代替同步模式，才能满足驳回需求。

规范中的实现

XPDL 2.1中的实现

```
<WorkflowProcess Id="b8043656-a95c-40e4-917e-2919a59fbfb3" Name="Process 1">
  <Activities>
    <Activity Id="1c38df40-d035-4155-b473-d81fa606c2a8" Name="活动B">
      <Description />
      <Implementation>
        <Task />
      </Implementation>
    </Activity>
    <Activity Id="d666bc95-edda-446f-9f93-98f27c53a7f8" Name="活动C">
      <Description />
      <Implementation>
        <Task />
      </Implementation>
    </Activity>
    <Activity Id="b2fc7f93-aca6-4d52-965a-432553f02c9c" Name="并发汇聚网关">
      <Description />
      <Route GatewayType="AND" />
    </Activity>
    <Activity Id="194e2c59-9218-49d5-baf4-e9feb715d9f0" Name="活动D">
      <Description />
      <Implementation>
        <Task />
      </Implementation>
    </Activity>
  </Activities>
  <Transitions>
    <Transition Id="a6a47f65-cc0d-4302-870a-5f43556be0e4" From="1c38df40-d035-4155-
b473-d81fa606c2a8" To="b2fc7f93-aca6-4d52-965a-432553f02c9c" Name="">
      <Condition />
    </Transition>
    <Transition Id="fe10657f-542a-4229-be3a-382b4aa2a7ad"
From="d666bc95-edda-446f-9f93-98f27c53a7f8" To="b2fc7f93-aca6-4d52-965a-
432553f02c9c" Name="">
      <Condition />
    </Transition>
    <Transition Id="735397b6-fb5f-4712-a944-59760458403c" From="b2fc7f93-aca6-4d52-
965a-432553f02c9c" To="194e2c59-9218-49d5-baf4-e9feb715d9f0" Name="">
      <Condition />
    </Transition>
  </Transitions>
  <ExtendedAttributes />
</WorkflowProcess>
```

如上所示，在XPDL规范中，采用的是显式同步方案。

BPEL 2.0中的实现（XML内容由Eclipse BPEL Designer 生成，去掉了与控制模式无关的属性）同样采用<flow>...</flow>标签进行实现。

```
<bpel:process name="ParallelPattern"
        targetNamespace="http://sample.bpel.org/bpel/sample"
        suppressJoinFailure="yes"
        xmlns:tns="http://sample.bpel.org/bpel/sample"
        xmlns:bpel="http://docs.oasis-open.org/wsbpel/2.0/process/executable"
        >
    <bpel:sequence name="main">
    <bpel:empty name="Empty"></bpel:empty>
        <bpel:flow name="Flow">
        <bpel:invoke name="Invoke1"></bpel:invoke>
            <bpel:invoke name="Invoke2"></bpel:invoke>
        </bpel:flow>
        <bpel:invoke name="Invoke"></bpel:invoke>
    </bpel:sequence>
</bpel:process>
```

BPMN 2.0中的实现（XML内容由Signavio Process Editor导出，去掉了与控制模式无关的属性）

```
<process id="sid-921359f3-d331-4fa7-aad9-7a6eb6e32d4a" isExecutable="false">
    <task completionQuantity="1" id="sid-4038BF10-88DD-4CD4-B51E-2A56B30D372F"
isForCompensation="false" name="活动B" startQuantity="1">
        <outgoing>sid-C3C65849-94FE-4D2A-B5F9-500BF6F01C6A</outgoing>
    </task>
    <parallelGateway gatewayDirection="Converging"
id="sid-AA7B31AA-C305-4B94-B48B-BA695B497FBD" name="并发汇聚网关">
        <incoming>sid-C3C65849-94FE-4D2A-B5F9-500BF6F01C6A</incoming>
        <incoming>sid-D2F19E17-1F1E-4234-AF1C-D5F85D99AE2D</incoming>
        <outgoing>sid-8275F97F-34DB-4E4F-B73B-72FA44CAE1F5</outgoing>
    </parallelGateway>
    <task completionQuantity="1" id="sid-7E91DCFB-7845-48A6-8263-842B46D0744C"
isForCompensation="false" name="活动C" startQuantity="1">
        <outgoing>sid-D2F19E17-1F1E-4234-AF1C-D5F85D99AE2D</outgoing>
    </task>
    <task completionQuantity="1" id="sid-225CB518-1A4E-46A5-80D1-DAF2143B5233"
isForCompensation="false" name="活动D" startQuantity="1">
        <incoming>sid-8275F97F-34DB-4E4F-B73B-72FA44CAE1F5</incoming>
    </task>
    <sequenceFlow id="sid-C3C65849-94FE-4D2A-B5F9-500BF6F01C6A" name="" sourceRef=
"sid-4038BF10-88DD-4CD4-B51E-2A56B30D372F" targetRef="sid-AA7B31AA-C305-4B94-B48B-
BA695B497FBD"/>
    <sequenceFlow id="sid-D2F19E17-1F1E-4234-AF1C-D5F85D99AE2D" name="" sourceRef=
"sid-7E91DCFB-7845-48A6-8263-842B46D0744C" targetRef="sid-AA7B31AA-C305-4B94-B48B-
BA695B497FBD"/>
    <sequenceFlow id="sid-8275F97F-34DB-4E4F-B73B-72FA44CAE1F5" name="" sourceRef=
"sid-AA7B31AA-C305-4B94-B48B-BA695B497FBD" targetRef="sid-225CB518-1A4E-46A5-80D1-
DAF2143B5233"/>
  </process>
```

如上所示，BPMN规范同样采用的是显式同步模式方案。

与其他模式的关系

一般与并发分裂模式配对使用。

3.3.3 房改购房审批流程中的“单选分裂”与“单选汇聚”模式

1. 单选分裂模式（排他选择模式）

原型实例（故事片段）

如图3.13所示，“初审”环节之后，需要根据业务情况，选择“公告”或“复审”两个活动中的一个活动进行转出。例如，如果房改房的面积大于70平方米就进行“公告”，否则直接提交给“复审”。

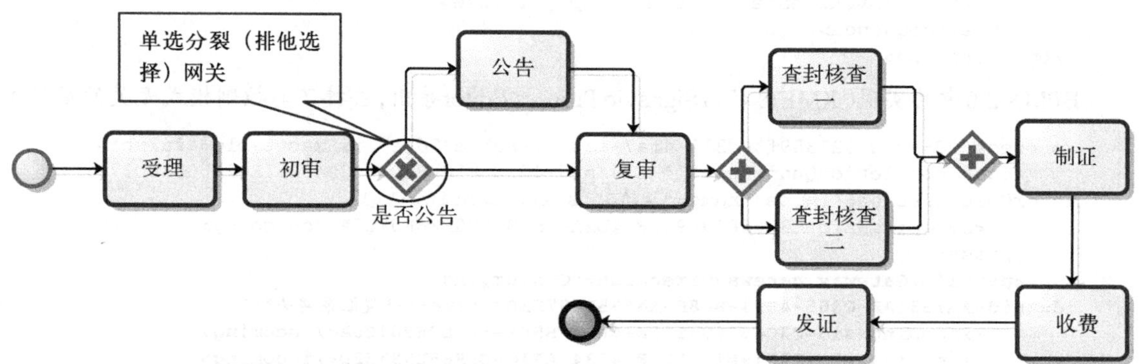

图3.13　房改购房审批流程中的排他选择故事片段

上下文（描述、动机）

描述。当前活动（初审）分裂为两个或多个后续分支，当前活动执行完毕后只能选择触发一个后续分支执行，即多选一。

动机。在现实生活或生产中，很多时候需要做出选择，就像你走到一个岔路口时，必须选择其中一条路走，排他选择模式就是提供了可以进行多选一的机制和功能的模式。还有一个更容易理解的例子，就是我们考试试卷中的单选题，只有一个答案是正确的，而在高级模式中的“多选模式”则对应试卷中的多选题。

问题的本质

排他选择的本质就是在多个可选的选择中，根据每个选择的执行条件输入当前的境况，并进行特定的匹配，当某个选择的执行条件与当前的境况一致时，就执行这个特定的选择。很多事情都有其执行的前提，就像我们出门，如果下雨天则带伞，如果晴天则不带。所以，是否下雨就是排他选择的判断标准。

解决方案及技术实现

解决方案。排他选择同样有两种解决方案：一种是在XORSplit节点上定义条件（如图3.14所示），另一种是在转移线上定义条件（图3.15所示）。

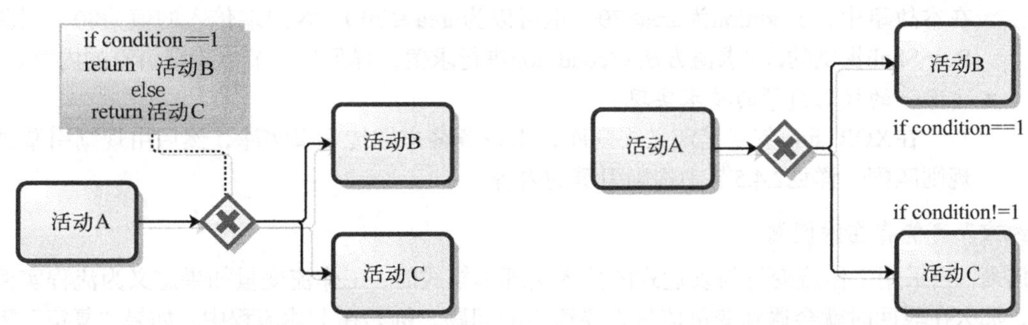

图3.14 排他选择模式方案一　　图3.15 排他选择模式方案二

技术实现

(1) 定义期。在设计器中，为两个不同的方案提供了不同的定义界面。提供可求值的条件表达式（包括表达式中的变量）的输入及持久化存储机制。例如在本模式的故事中，首先定义一个工作流变量int area，然后再定义个求值表达式：area>70。这样在运行期，area的实际值（如房改房面积为80平方米），与area>70这个表达式进行匹配，得出匹配结果为true，所以需要进行“公告”。

(2) 运行期。在本模式的本质中我们讲到，排他选择的本质就是将当前境况与已经定义的条件进行匹配，根据匹配结果进行选择。因此，按照匹配的方式，本模式的实现可以分为人工匹配、基于数据的自动匹配两种场景。方案一和方案二只是在进行条件定义及匹配的位置上有所不同，本质的技术实现并没有不同，因此我们将只给出方案一的技术实现。

❑ 人工匹配的技术实现

顾名思义，人工匹配就是由人（活动A的执行人）在转出任务时，手动地选择“活动B”或“活动C”。因此，必须直接将活动B和活动C同时返回给活动A的办理人，由活动A的办理人选择是执行活动B还是活动C；然后根据活动A的办理人所选择的活动，进行求值表达式的赋值。如果活动A的办理人选择了活动B，则将“XORSplit转到活动B”这个转移线上的condition赋值为1，即set condition=1；否则将condition赋为任意不等于1的值，如set condition=2。

需要说明的是，人工匹配本质上也是基于数据的匹配，因为人工选择之后还是要将选择结果所对应的数据赋值给求值表达式。在BPMN 2.0及XPDL 2.1规范中，排他选择模式的类型就是两种：基于数据的排他选择（Data-based Exclusive）和基于事件的排他选择（Event-based Exclusive）。在BPMN 2.0规范中，排他选择的类型默认为基于数据的。

❑ 基于数据自动匹配的技术实现

在本模式的故事片段中，房改房的面积在每次审批时都是不同的，对于受理人员来讲，他应该只负责填写房改房的面积等数据，至于提交之后是否要公示应该由流程自动判断，而不是由受理人员判断。此时，就需要引擎根据面积进行自动匹配。

■ 方案一的动态脚本语言的技术实现

如果采用方案一，在定义期，在XOR split节点上，编写可进行求值的表达式，并持久保存。在运行期，调用动态脚本语言（BeanShell、Groovy等）对此表达式进行求值，在本故事中，condition为area>70（也可以为area≤70），客户端传入的值为80，则调用BeanShell提供的eval求值方法对condition进行求值，详见2.4.5节中规则引擎的内容。

■ 方案一的规则引擎的技术实现

在XOR split节点上定义规则库，由业务客户端传入事实库，然后由规则引擎进行规则匹配，详见2.4.5节中规则引擎的内容。

约束及可能存在的问题

问题。当采用工作流变量与表达式的技术实现本模式时，工作流变量如果定义为流程实例级别的，那么在驳回时就会遇到变量值是否要清空的问题。例如在上述流程中，如果“复审”不同意，将此审批流程驳回给了“受理”，此时，“受理”活动的受理人就可能要求购房申请人重新修改购房面积（例如改为70平方米），这样工作流引擎在执行到XORSplit活动时继续取得工作流变量area的值。由于在第一次受理时，area已经被赋值为80，因此再次排他选择时，引擎依旧选择了“公共”活动。这与实际的需求就不一致了。

解决方案

(1) 在驳回时或者XORSplit活动执行完毕后，清空工作流变量area的值（例如赋值为–1；如果是Integer类型的，赋值为null）；

(2) 不要采用流程级别的实例变量，而要采用活动级别的变量。这样对于area变量，在活动被实例化时，就会生成一个不同的实例。

规范中的实现

XPDL 2.1中的实现

```
<WorkflowProcess Id="3ef6aa14-5eb0-487d-9255-74ade5596129" Name="Process 1">
  <Activities>
    <Activity Id="e13ce2f2-9038-4015-9e0d-ba35a6de3d4d" Name="活动A">
      <Description />
      <Implementation>
        <Task />
      </Implementation>
    </Activity>
    <Activity Id="07eac136-9d2d-449a-80a6-812f03e08d83" Name="排他选择分裂网关">
      <Description />
      <Route MarkerVisible="true" />
    </Activity>
    <Activity Id="700c6485-e12e-4f1d-8bbf-505893f8934a" Name="活动B">
      <Description />
      <Implementation>
        <Task />
      </Implementation>
    </Activity>
    <Activity Id="240f5cad-7550-4e3a-8d39-2e52a8985d9a" Name="活动C">
      <Description />
      <Implementation>
        <Task />
      </Implementation>
    </Activity>
```

```
  </Activities>
  <Transitions>
    <Transition Id="2a56817b-d40c-4a24-9acd-0111875083d7" From="e13ce2f2-9038-4015-
9e0d-ba35a6de3d4d" To="07eac136-9d2d-449a-80a6-812f03e08d83" Name="">
      <Condition />
    </Transition>
    <Transition Id="21a54465-3563-4f8f-bf87-a81dfb700b45" From="07eac136-9d2d-449a-
80a6-812f03e08d83" To="700c6485-e12e-4f1d-8bbf-505893f8934a" Name="">
      <Condition Type="CONDITION">
        <Expression>condition==1</Expression>
      </Condition>
    </Transition>
    <Transition Id="9822c8a4-b273-4451-b725-7ccd68755ad5" From="07eac136-9d2d-449a-
80a6-812f03e08d83" To="240f5cad-7550-4e3a-8d39-2e52a8985d9a" Name="">
```

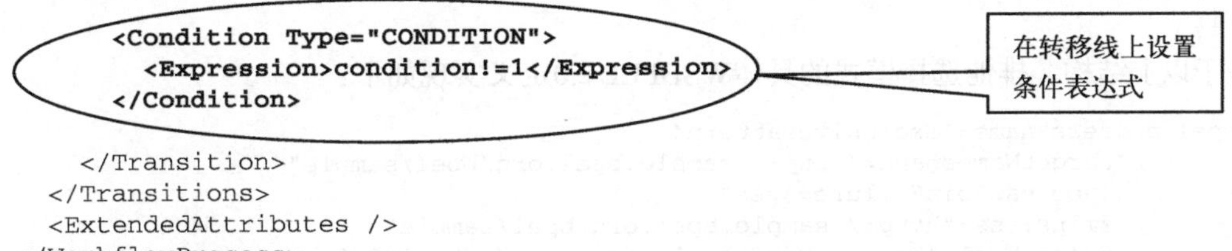


```
    </Transition>
  </Transitions>
  <ExtendedAttributes />
</WorkflowProcess>
```

如上所示，XPDL 2.1规范中，采用的是方案二（参见图3.15）实现的排他选择模式，即在转移线上设置触发条件。

BPEL 2.0中的实现

排他选择模式与简单合并模式一般都是成对出现的，其在BPEL规范中的流程图如图3.16所示。

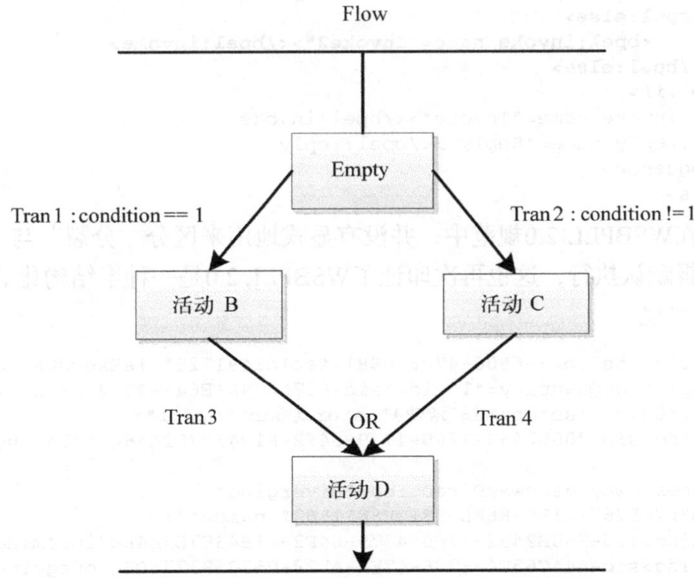

图3.16　BPEL规范中的排他选择模式与简单合并模式流程图

可以看出，在BPEL 2.0规范中，对于排他选择模式，提供基于<if>…<elseif>…<else>的实现，其逻辑结构如下：

```
<if standard-attributes>
   standard-elements
   <condition expressionLanguage="anyURI"?>bool-expr</condition>
   activity
   <elseif>
      <condition expressionLanguage="anyURI"?>bool-expr</condition>
      activity
   </elseif>
   <else>
      activity
   </else>
</if>
```

基于以上结构，排他选择模式的具体WSBPEL 2.0定义实现如下：

```
<bpel:process name="exclusivePattern"
         targetNamespace="http://sample.bpel.org/bpel/sample"
         suppressJoinFailure="yes"
         xmlns:tns="http://sample.bpel.org/bpel/sample"
         xmlns:bpel="http://docs.oasis-open.org/wsbpel/2.0/process/executable"
         >
    <bpel:sequence name="main">
        <bpel:receive name="receiveInput" partnerLink="client" portType=
"tns:switch" operation="initiate" variable="input" createInstance="yes"/>
        <bpel:empty name="Empty"></bpel:empty>
        <bpel:if name="days">
            <bpel:condition expressionLanguage="urn:oasis:names:tc:wsbpel:
2.0:sublang:xpath1.0"><![CDATA[days<=3]]></bpel:condition>
            <bpel:invoke name="Invoke1"></bpel:invoke>
            <bpel:else>
                <bpel:invoke name="Invoke2"></bpel:invoke>
            </bpel:else>
        </bpel:if>
        <bpel:invoke name="Invoke"></bpel:invoke>
        <bpel:reply name="Reply"></bpel:reply>
    </bpel:sequence>
</bpel:process>
```

我们注意到，在WSBPEL 2.0规范中，并没有显式地用来区分“分裂”与“汇聚”的网关，而是按照程序的逻辑默认执行，这也再次印证了WSBPEL 2.0是一种半结构化的语言。

BPMN 2.0中的实现

```
<process id="sid-35e21b29-6800-47c6-b881-fee1c14917f5" isExecutable="false">
    <task completionQuantity="1" id="sid-E5764C9A-E643-4752-AF7A-711A1C8A4542"
isForCompensation="false" name="活动A" startQuantity="1">
       <outgoing>sid-700B2452-17F0-4779-84F2-F1B43E7D2A46</outgoing>
    </task>
    <exclusiveGateway gatewayDirection="Diverging"
id="sid-CAB5BFB7-5767-41B0-86EB-9812E8881562" name="">
       <incoming>sid-700B2452-17F0-4779-84F2-F1B43E7D2A46</incoming>
       <outgoing>sid-44AC65E4-E786-47EA-A528-057C593776DB</outgoing>
       <outgoing>sid-42231692-6651-4919-B8CD-62851B8F8E96</outgoing>
    </exclusiveGateway>
```

```
    <task completionQuantity="1" id="sid-1607CBCF-0DA9-45D8-9AE2-EE15C1A35218"
isForCompensation="false" name="活动B" startQuantity="1">
        <incoming>sid-44AC65E4-E786-47EA-A528-057C593776DB</incoming>
    </task>
    <task completionQuantity="1" id="sid-D34AEF8E-3FC3-4361-B8BD-3B1F7114C744"
isForCompensation="false" name="活动C" startQuantity="1">
        <incoming>sid-42231692-6651-4919-B8CD-62851B8F8E96</incoming>
    </task>
    <sequenceFlow id="sid-700B2452-17F0-4779-84F2-F1B43E7D2A46" name=""
sourceRef="sid-E5764C9A-E643-4752-AF7A-711A1C8A4542"
targetRef="sid-CAB5BFB7-5767-41B0-86EB-9812E8881562"/>
    <sequenceFlow id="sid-44AC65E4-E786-47EA-A528-057C593776DB" name=""
sourceRef="sid-CAB5BFB7-5767-41B0-86EB-9812E8881562"
targetRef="sid-1607CBCF-0DA9-45D8-9AE2-EE15C1A35218">
```

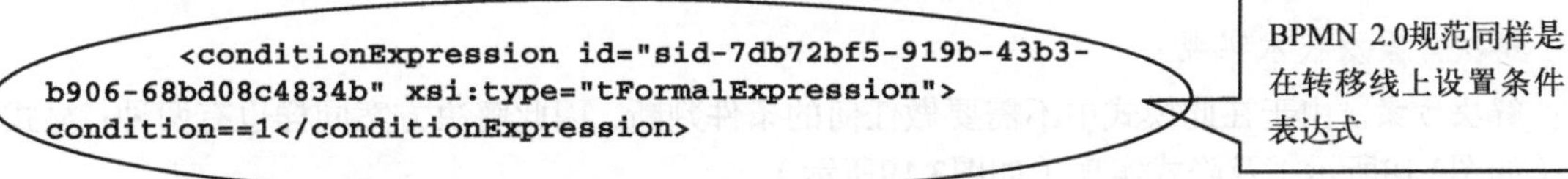

BPMN 2.0规范同样是在转移线上设置条件表达式


```
        <conditionExpression id="sid-7db72bf5-919b-43b3-
b906-68bd08c4834b" xsi:type="tFormalExpression">
condition==1</conditionExpression>
    </sequenceFlow>
    <sequenceFlow id="sid-42231692-6651-4919-B8CD-62851B8F8E96" name=""
sourceRef="sid-CAB5BFB7-5767-41B0-86EB-9812E8881562"
targetRef="sid-D34AEF8E-3FC3-4361-B8BD-3B1F7114C744">
        <conditionExpression id="sid-0f77ef62-7500-4a56-9666-8fc7972f41bd" xsi:type=
"tFormalExpression">condition!=1</conditionExpression>
    </sequenceFlow>
  </process>
```

如上所示，在BPMN 2.0规范中采用的也是方案二（参见图3.15）实现排他选择模式。

与其他模式的关系

(1) 与简单合并模式配对使用。

(2) 与基于事件的排他选择模式的区别：基于事件的排他选择模式是通过外部事件直接触发对路由选择的计算，而本模式是由人为触发对路由选择的计算的。

2. 单选汇聚模式（简单合并模式）

原型实例（故事片段）

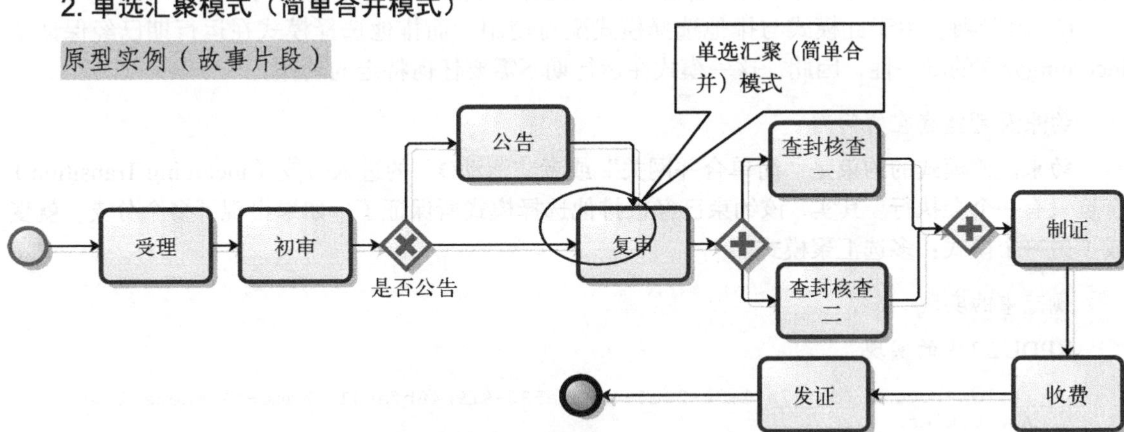

图3.17 房改购房审批流程中的简单合并故事片段

图3.17绘出了某个申请人的房改购房审批流程，在“初审”之后有可能需要经过“公告”再进入“复审”，也有可能直接进入“复审”。

上下文（描述、动机）

描述。在定义期，排他选择模式分裂出的两个或多个分支合并为一个后续分支。在实例期，对于同一个流程实例，只会有一个分支到达简单合并网关。这一点是通过排他选择模式的保证的。

动机。为排他选择模式提供一种简单的合并模式。

问题的本质

单选汇聚（简单合并）模式的本质，就是一次只允许一个分支通过。

解决方案及技术实现

解决方案。由于在此模式中不需要做任何的条件判断，因此解决方案同样也有两种：显式实现（如图3.18所示）及隐式实现（如图3.19所示）。

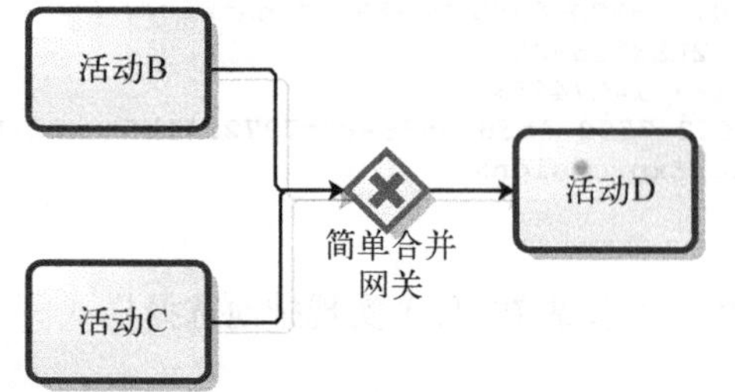

图3.18　简单合并模式的显式实现方案

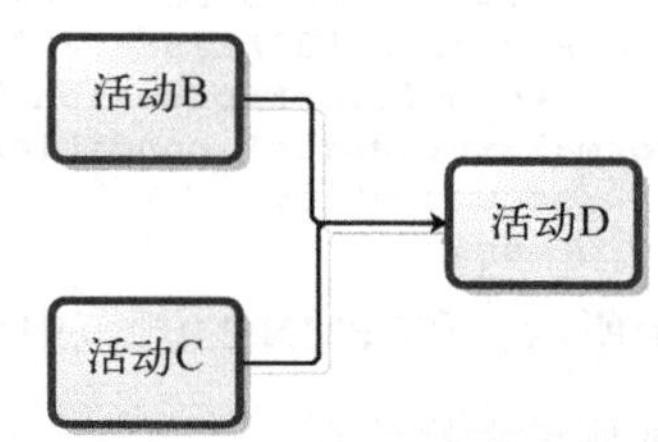

图3.19　简单合并模式的隐式实现方案

技术实现

(1) **定义期。**对于显式方案，直接在流程设计器中提供“简单合并网关”。对于隐式方案，则需要在“活动D”上设置简单合并标志（或称之为“或汇聚”标志），并持久存储。

(2) **运行期。**由于此模式与排他选择模式配对使用，而排他选择模式在运行期已经保证了incoming分支的唯一性，因此，这一模式在运行期不需要任何特定的动作。

约束及可能存在的问题

约束。该模式的约束是“简单合并网关”或者“活动D”的进入分支（incoming Transition）有且只有一个会执行。其实，该约束已经被排他选择模式所保证了。如果出现了多个分支，就变成了另一个模式：多选汇聚模式。

规范中的实现

XPDL 2.1中的实现

```
<WorkflowProcess Id="87a71a3c-2ce6-4309-a596-9f9b48bfa641" Name="Process 1">
  <Activities>
    <Activity Id="a2f55f3d-b539-456c-a5da-1211ae3aebd3" Name="活动C">
      <Description />
```

```
      <Implementation>
        <Task />
      </Implementation>
    </Activity>
    <Activity Id="84633c75-7fdc-4069-ac64-351d1ddd2984" Name="活动B">
      <Description />
      <Implementation>
        <Task />
      </Implementation>
    </Activity>
    <Activity Id="9e2abbc2-c366-49c1-925b-a0f13270c88f" Name="简单合并网关">
      <Description />
      <Route MarkerVisible="true" />
    </Activity>
    <Activity Id="0a7d70c3-d92a-4271-87c1-fd7061783bd6" Name="活动D">
      <Description />
      <Implementation>
        <Task />
      </Implementation>
    </Activity>
  </Activities>
  <Transitions>
    <Transition Id="13fe4bcb-f081-4243-87d5-16becc28d918" From="84633c75-7fdc-4069-
ac64-351d1ddd2984" To="9e2abbc2-c366-49c1-925b-a0f13270c88f">
      <Condition />
    </Transition>
    <Transition Id="5b212da5-0b0b-493b-a472-9b3d018c6d20" From="a2f55f3d-b539-456c-
a5da-1211ae3aebd3" To="9e2abbc2-c366-49c1-925b-a0f13270c88f">
      <Condition />
    </Transition>
    <Transition Id="f867061f-54ca-4499-9ca9-9125e322592c" From="9e2abbc2-c366-49c1-
925b-a0f13270c88f" To="0a7d70c3-d92a-4271-87c1-fd7061783bd6">
      <Condition Type="CONDITION">
        <Expression />
      </Condition>
    </Transition>
  </Transitions>
  <ExtendedAttributes />
</WorkflowProcess>
```

在XPDL 2.1规范中，采用的是显式方案来实现简单合并模式。

BPEL 2.0中的实现

在单选分裂模式中，我们讲到，WSBPEL 2.0规范中不存在显式的“分裂”与“汇聚”网关，并且它是采用了程序语言的结构化实现方式（即直接用<if>…<else if>…<else>来实现分支的执行），因此，也就无须采用一个“简单合并网关”来实现汇聚功能了。

BPMN 2.0中实现

```
<process id="sid-16c272d4-2a98-48db-ae7b-4b6f54be6492" isExecutable="false">
  <task completionQuantity="1" id="sid-A0DF4916-F0C0-4FF4-A767-E4F512E833D7"
isForCompensation="false" name="活动B" startQuantity="1">
    <outgoing>sid-21F6C678-AA5F-4543-A5E2-5EDF2AADCC78</outgoing>
  </task>
  <exclusiveGateway gatewayDirection="Converging" id="sid-805F67E0-247F-4E96-
AFDA-5264C21C585C" name="简单合并网关">
```

```
        <incoming>sid-2B37A9A9-2BC8-4515-A941-4D7AE0A869FE</incoming>
        <incoming>sid-21F6C678-AA5F-4543-A5E2-5EDF2AADCC78</incoming>
        <outgoing>sid-9E996A9E-D5B8-4D0C-8D33-EF03971EC7B4</outgoing>
    </exclusiveGateway>
    <task completionQuantity="1" id="sid-D800469F-638A-4255-A762-1D44E279901E"
isForCompensation="false" name="活动C" startQuantity="1">
        <outgoing>sid-2B37A9A9-2BC8-4515-A941-4D7AE0A869FE</outgoing>
    </task>
    <task completionQuantity="1" id="sid-ED4A68C8-4FC0-405D-A114-EDE9A3D6BC1D"
isForCompensation="false" name="活动D" startQuantity="1">
        <incoming>sid-9E996A9E-D5B8-4D0C-8D33-EF03971EC7B4</incoming>
    </task>
    <sequenceFlow id="sid-9E996A9E-D5B8-4D0C-8D33-EF03971EC7B4" name=""
sourceRef="sid-805F67E0-247F-4E96-AFDA-5264C21C585C" targetRef="sid-ED4A68C8-4FC0-
405D-A114-EDE9A3D6BC1D"/>
    <sequenceFlow id="sid-2B37A9A9-2BC8-4515-A941-4D7AE0A869FE" name="" sourceRef=
"sid-D800469F-638A-4255-A762-1D44E279901E" targetRef="sid-805F67E0-247F-4E96-AFDA-
5264C21C585C"/>
    <sequenceFlow id="sid-21F6C678-AA5F-4543-A5E2-5EDF2AADCC78" name="" sourceRef="
sid-A0DF4916-F0C0-4FF4-A767-E4F512E833D7" targetRef="sid-805F67E0-247F-4E96-AFDA-
5264C21C585C"/>
 </process>
```

在BPMN 2.0规范中，同样也是采用显式方案来实现简单合并模式。需要注意的是，在BPMN 2.0规范中，排他网关与简单合并网关均采用< exclusiveGateway >，只是通过gatewayDirection属性来区分是排他选择（gatewayDirection="diverging"）还是简单合并（gatewayDirection="converging"）。

与其他模式的关系

与排他选择模式配对使用。

3.3.4 Workflow Pattern上的其他控制模式

Workflow Pattern官方网站（http://www.workflowpatterns.com/）上将控制模式分为了8个类别43种模式，这8个类别是：基本控制模式、高级分支同步模式、多实例模式、状态模式、取消和强制完成模式、迭代模式、结束模式以及触发模式。在日常的应用中，本章中讲到的5种模式是最常用的控制模式，第10章我们将继续以房产测绘流程为例讲述其他高级模式的应用。本书的附录中包括了所有工作流模式。

3.4 单作战任务的资源协调——资源模式

在3.3节，我们学习了控制模式基本应用技巧，通过串行、分支、并行这些基本的作战技巧，可以灵活地将各个作战活动组织在一起并推动它们的流转。但是，控制模式只是负责这些活动的组成与流转，而在企业中，大多数活动都是由企业的员工、领导完成的。那么对于每个活动，应该怎么调配员工或领导去参与呢？这正是资源模式的工作。在本节，我们将继续以"房改购房审批流程"为例，讲解资源模式的具体工作过程及应用技巧。在讲述资源模式之前，我们首先要理解人和组织结构。

3.4.1　人是这个世界的主宰，人是软件的使用者

人是这个世界的主宰者，而软件是给人用的。有人可能会说，这不是废话嘛，软件当然是给人用的了。虽然说起来，人人都知道软件是给人用的，但是真正做软件时，却没有多少人真正记得这个重要的事情。你可以回想一下，在自己过去的职业生涯中，你真的想过软件是给人用的这个问题吗？真的按照这个思想去设计和开发软件了吗？我们见过很多的技术人员，做出来的软件异常难用，说句不好听的，真不是给人用的，是给神仙用的。我们交付的不是软件，永远都是用户满意度。

回归正题，本节讲述资源模式，资源模式负责对单个作战任务的资源进行协调。为什么这样说呢，因为流程中的活动要执行，必须依赖于资源，这里的资源最重要的就是人。因此在工作流中，资源模式就是关于人的模式，而人又是存在于组织结构中的，因此我们首先来看组织结构的历史发展。

3.4.2　组织结构模型分类讲解

对于企业，组织结构是其运转或运营的基础，企业的生产运营都是以组织结构为基础或中心进行的，因此组织结构对于企业运营的重要性不言而喻，甚至可以说，组织结构的模型直接影响着企业的效率。企业的管理、业务需求都离不开组织结构中的人，流程运转更是离不开人，因此讲述工作流技术中的资源模式前，必须先清楚企业的组织结构。

组织模型的建立，是现代企业的基础。从劳动分工理论诞生以来，组织结构模型的发展经历了三个主要的阶段：古典组织理论时代、行为科学组织理论时代和现代组织理论时代（如图3.20所示）。经过这三个时代组织理论的发展，组织结构模型产生了以下主要成果模型：职能型、事业部型、项目型、矩阵型、超事业部型、多维立体型、群体生态型、流程型等。

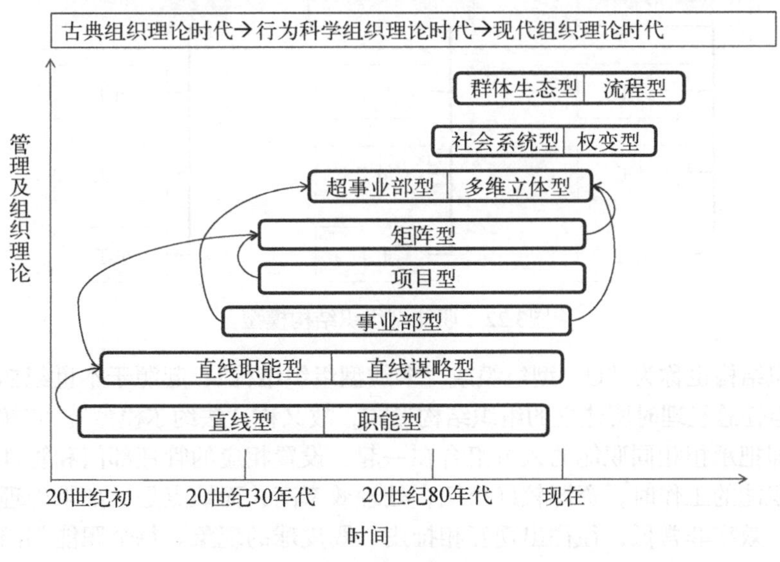

图3.20　组织理论的发展过程图

接下来，我们将主要介绍与工作流关系紧密的组织结构模型。

- 古典组织理论时代的组织结构模型

古典组织理论是在19世纪末20世纪初形成的，代表人物主要有泰勒（Taylor）、韦伯（Max Weber）和法约尔（H. Fayol）。

(1) 直线–职能型组织结构：又可以分为直线型（参见图3.21）和职能型（参见图3.22）。

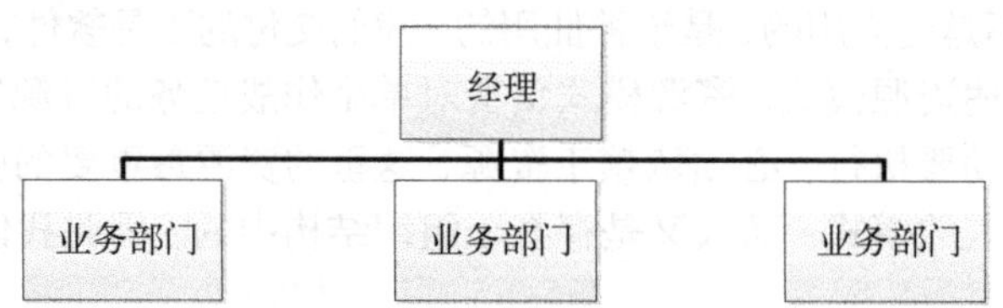

图3.21 直线型组织结构模型

直线型结构的特点是：机构简单，信息传递快，决策迅速，节省费用，效率高，但要求领导要熟悉各种业务。因此，它只适用于规模较小、生产技术比较单一的企业。

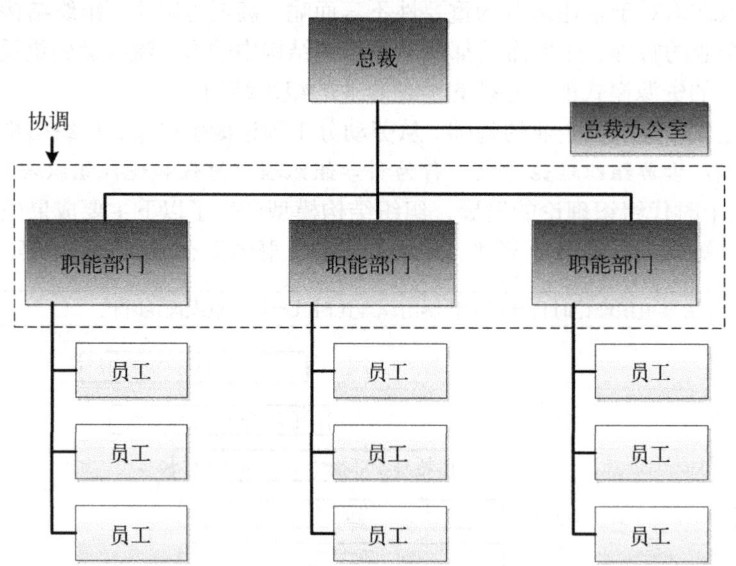

图3.22 职能型组织结构模型

职能型组织结构也称为“U”型组织或“多线型组织结构”，起源于本世纪初法约尔在其经营的煤矿公司担任总经理时所建立的组织结构形式，故又称“法约尔模型”。它按照“职能”进行部门分工，即把承担相同职能的人员组合在一起，设置相应的管理部门和管理职务。其特点是，处理同一职能的工作时，资源较好组织，处理效率高；而缺点是，如果处理需要多个部门协调的工作时，效率非常低，往往出现互相扯皮，踢皮球的现象。每个职能部门只关注自己部门内的利益。

目前，中国的政府部门、事业型单位基本上都是“职能型的组织结构”。很多的工作流厂商声称，用上工作流就可以杜绝部门墙，大大提高业务流程的效率，其实这是扯淡，不从根上解决组织结构的问题，是不可能真正提高业务流程的效率的，或者说，提高非常有限。这也是近年来“流程型组织”被提出来的根本原因。

(2) 事业部型（参见图3.23）

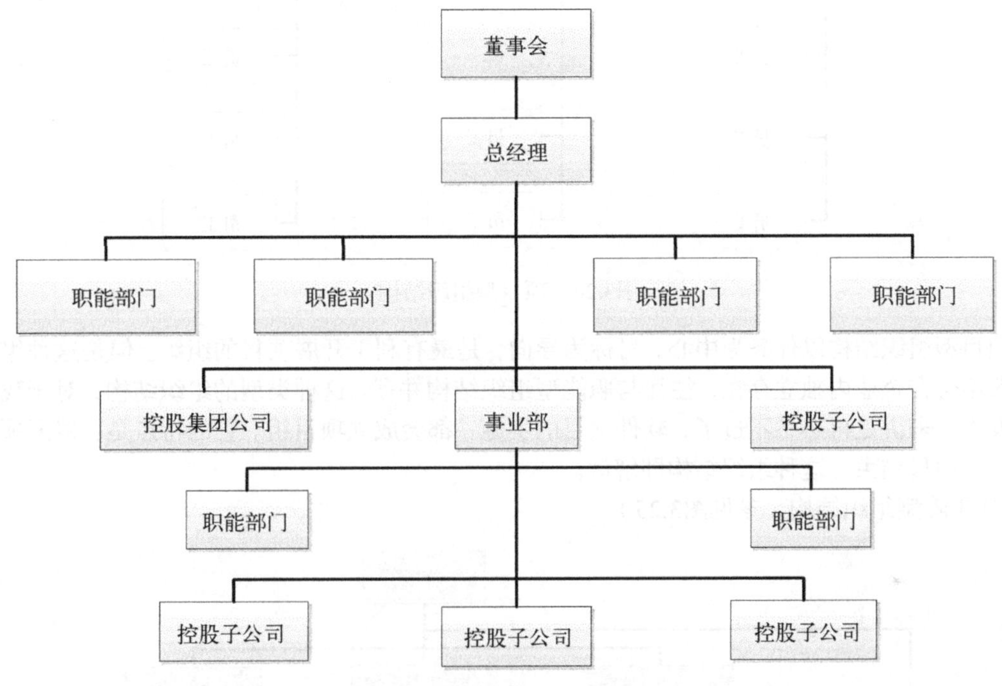

图3.23 事业部型组织结构

事业部型组织结构又称为M型组织结构，它最早由美国通用汽车公司总裁斯隆于1924年提出，故有“斯隆模型”之称，也叫“联邦分权化”，是一种高度（层）集权下的分权管理体制。它的优点是：总公司领导可以摆脱日常事务，集中精力考虑全局问题；事业部实行独立核算，更能发挥经营管理的积极性，更利于组织专业化生产和实现企业的内部协作；各事业部之间有比较，有竞争，有利于企业的发展；事业部内部的供、产、销之间容易协调，不像在直线职能制下需要高层管理部门过问；事业部经理要从事业部整体来考虑问题，有利于培养和训练管理人才。

事业部的缺点是：公司与事业部的职能机构重叠，构成管理人员浪费；事业部实行独立核算，各事业部只考虑自身的利益，影响事业部之间的协作，一些业务联系与沟通往往也被经济关系所替代，甚至连总部的职能机构为事业部提供决策咨询服务时，也要事业部支付咨询服务费。

- 行为科学组织理论时代的组织结构模型

(1) 项目型组织结构（参见图3.24）

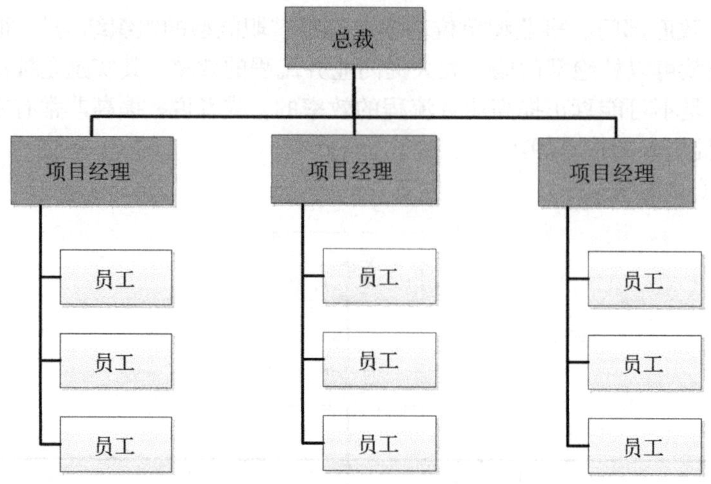

图3.24 项目型组织结构

项目型组织结构以任务为中心，目标为导向，是最有利于开展项目的组织。但是这种组织结构一般不会在企业内独立存在，往往与职能型组织结构并存。这种类型的组织结构，对于我们软件开发人员来讲是再熟悉不过了，软件项目的实施，都会成立项目组。它的特点是：根据项目临时成立，项目结束，这种组织结构即解散。

(2) 矩阵型组织结构（参见图3.25）

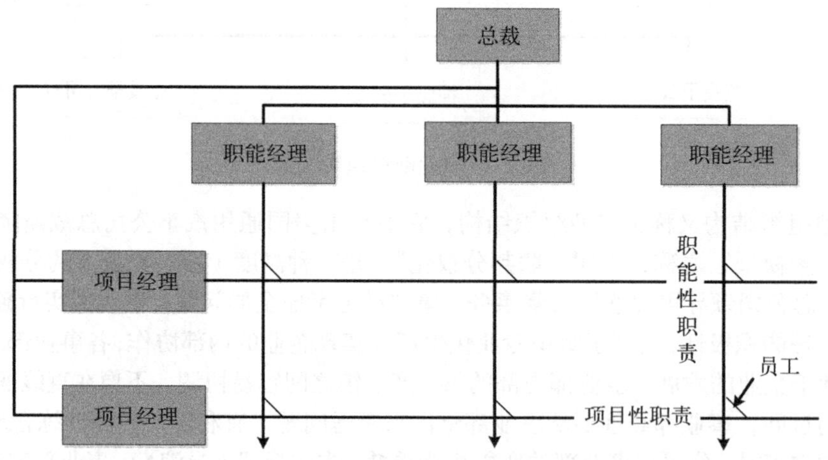

图3.25 矩阵型组织结构

矩阵型组织结构实际上就是职能型组织结构与项目型组织结构的混合体，因此它具备了两者的优点，又克服了两者的缺点。目前的中小型软件公司几乎全部都是矩阵型组织结构。

(3) 超事业部型组织结构（参见图3.26）

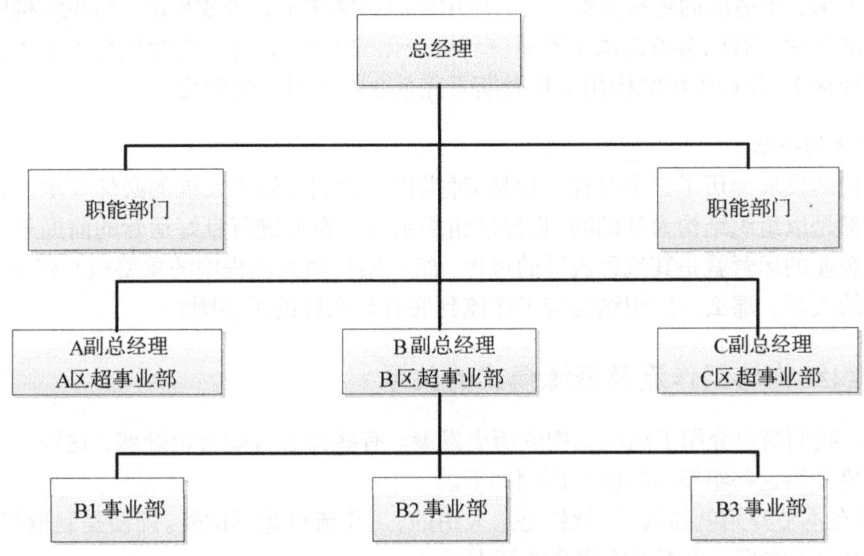

图3.26 超事业部型组织结构

超事业部制又叫做“执行部制”，是在事业部组织结构的基础上，在组织最高管理层和各个事业部之间增加了一级管理机构，负责管辖和协调所属各个事业部的活动，使领导方式在分权的基础上又适当的集中。

(4) 多维立体型组织结构

多维立体型组织结构是由美国道–科宁化学工业公司（Dow Corning）于1967年首先建立的。它是矩阵型和事业部制机构形式的综合发展，又称为多维组织。在矩阵制结构（即二维平面）基础上构建产品利润中心、地区利润中心和专业成本中心的三维立体结构，若再加时间维可构成四维立体结构。

这种组织结构是事业部制与矩阵制组织结构的有机组合，多用于多种产品，跨地区经营的组织。其优点是：对于众多产品生产机构，按专业、按产品、按地区划分，管理结构清晰，便于组织和管理；缺点是：机构庞大，管理成本增加，信息沟通困难。

- 现代组织理论时代的组织结构模型

(1) 流程型组织结构

罗伯特 · A. 加德纳在其《流程组织》一书中对流程型组织做了如下的定义：按照端到端的方式而不是作业方式来组织管理商业流程；在流程级别上进行衡量和管理，而不是衡量部门效率；站在顾客目标的立场上来考虑问题，而不是基于组织的部门目标——这就是流程组织。

(2) 群体生态型组织结构

群体生态型组织结构源于生物学的自然选择理论，侧重于研究某一类群体组织中组织形式的多样性及其适应环境的过程，是一种宏观视角。根据达尔文的“适者生存”法则，只有适应环境的才能生存下来，不适应的将被淘汰。那么应用到组织结构上，也就是说，组织结构中的各个组织随着环境的变化，有的会被淘汰（不适应环境变化的组织），有的则会生存下来（能够不断地适应环境的变化）。此种组织结构用于长时期研究企业的组织结构变化。

- 组织结构小结

组织结构的发展经历了三个时代，包括8种类型，它们是管理发展的必然要求。企业及公共组织的运营都是以组织结构为基础的，良好的组织结构是企业进行良好运营的前提条件。在前文，我们也提到企业的运营就是其流程流转的过程，组织结构做为流程中的重要核心资源，与流程有着密不可分的关系。那么，组织结构与工作流到底有什么样的关系呢？

3.4.3 组织结构与工作流及资源模式的关系

在上节，我们简单介绍了组织结构的历史发展。有些读者可能会很疑惑，这样一本关于流程的书为什么要介绍这些组织结构呢？原因如下。

(1) 我们在本节开始就强调过，软件是给人用的，工作流也毫不例外。即便是制造行业的MES、PCS等系统中的工作流，也不可能完全离开人。

(2) 在第1章讲述流程在企业管理中的作用时，我们强调了流程支撑企业和组织的战略落地、流程打通企业和组织的经脉、流程保障企业和组织的敏捷性。从企业的战略来说，企业战略决定了企业的组织结构模型，而组织结构模型是支持企业战略的基础。因此要想做好BPM、工作流，必须让企业战略与组织结构和流程这三者高度一致。根据企业战略和企业流程来设置组织结构模型，也正是“流程型组织”结构的核心理念。

(3) 从流程打通企业和组织的经脉上来讲，很多工作流厂商号称BPMS可以打破部门墙，解决信息孤岛，可以……几乎是无所不能。但是，如果只是让BPMS或工作流系统去完全适应企业或组织的现有组织结构模型，而不去对组织结构模型进行调整，那么以上这些所谓的“可以”就真的是忽悠和扯淡了。

(4) 只有充分了解了各种组织结构模型的特点，才能真正地“做好流程”。因为BPM的那个“M”就是“管”。目前，国内大多数的工作流或BPM项目，都还只是停留在“执行”层面上，也就是说仅仅是解决流程的自动化而已，离着真正的“管理”或“治理”还有很长很长的路要走。

所以，组织结构是工作流的基础，或者说是人工任务型工作流的基础。反过来说，组织结构中的人是工作流的服务对象，即工作流是为组织结构中的人服务的。具体在技术层面，工作流与组织结构之间的接口关系如图3.27所示。

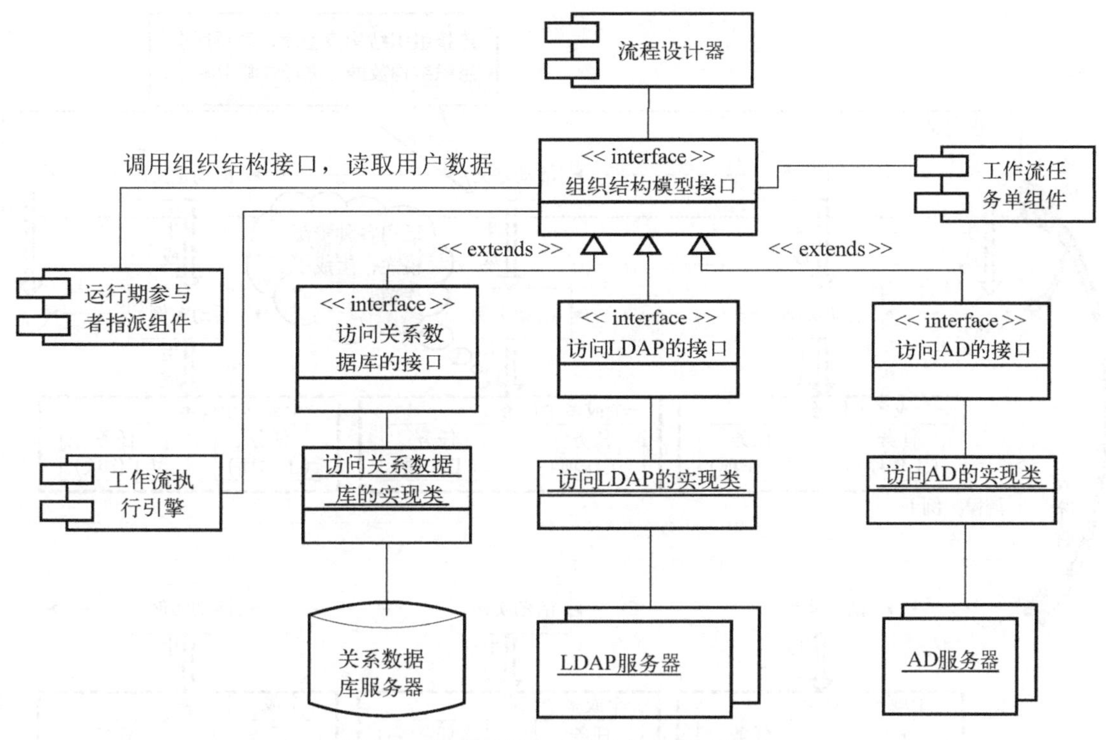

图3.27 组织结构与工作流间的接口关系

可以看到，流程设计器和工作流任务组件都需要与组织结构模型接口进行交互，以取得相关的数据。在定义期，为某个活动分配资源时，需要调用组织结构接口取得资源。在运行期，为活动生成任务实例时，也需要调用组织结构接口取得资源，并为资源分配待办任务。对于任务的分配，同样也有很多的模式，这些模式就是工作流的资源模式。

3.4.4 资源模式在房改购房审批流程中的应用

在工作流模式的发展历程中，我们提到，在2004年Nick Russell教授加入Workflow Patterns之后，扩展出了工作流数据模式和资源模式。Nick Russell教授将资源模式分为了创建模式、推模式、拉模式、折回模式、自动开始模式、可见性模式和多资源模式共7个类别。资源模式的本质，就是按照各种不同的策略给工作流活动分配资源（包括职位、角色、组、人等），这些各种各样的分配策略就是资源模式。从另一个角度来说，资源模式的目的就是将组织实体这样的资源分配给工作流活动去用，工作流活动按照各种模式为这些已经分配好的组织实体生成任务项。那么组织实体这样的资源怎么分配给工作流活动呢？

资源模式的实现过程是，首先给某个工作流活动指派特定的资源集合，接下来，对这些资源集合按照不同的分配策略进行最终的任务分配。因此资源模式的基本实现过程，如图3.28所示。

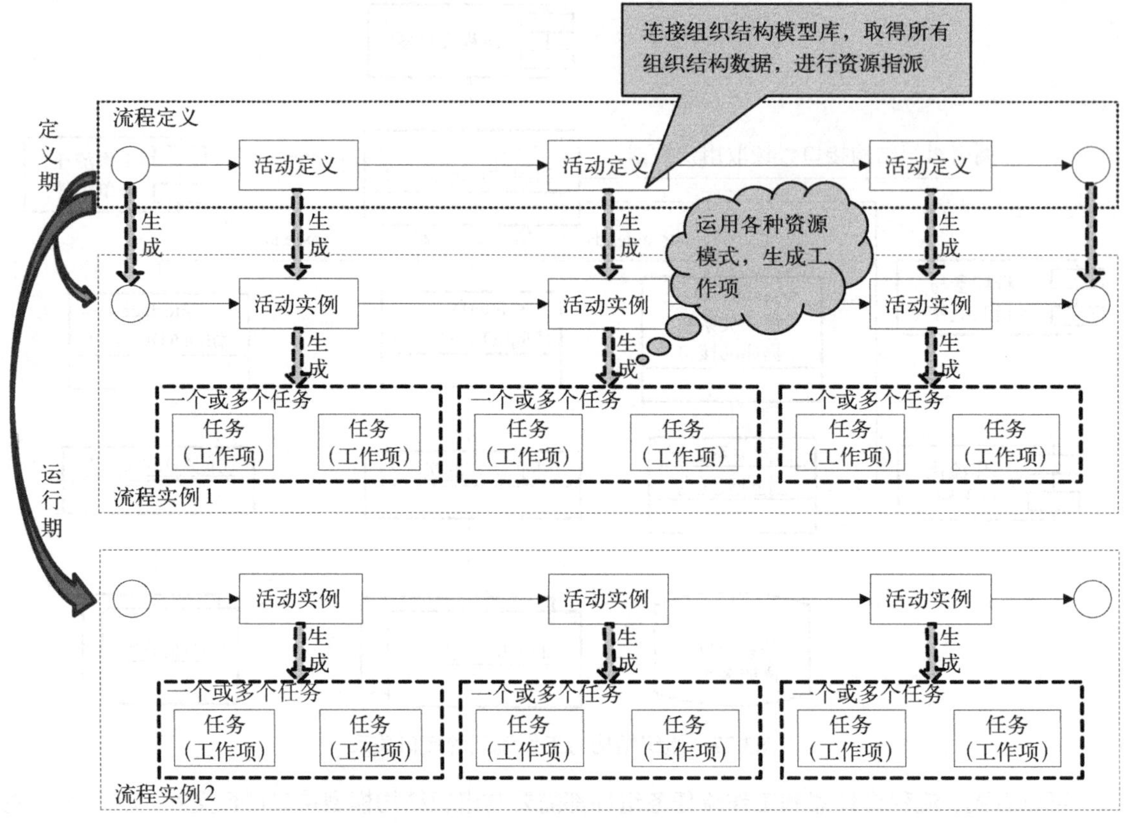

图3.28　流程定义、流程实例、活动实例、任务（工作项）的关系

在上图中出现了活动（Activity）和任务（Task或者叫Workitem）两个不同的概念，活动是定义期的概念，在第1章的流程定义中，我们知道一个流程是有多个相互作用的活动组成的。而一个人工活动可以有多个参与者，为每一个参与者生成的实例称之为任务或工作项，因此任务或工作项是运行期的概念。任务或工作项是由活动实例触发调用任务生成器生成的，一个活动实例可以对应多个任务或工作项。对于非人工活动来讲，是不存在任务（或工作项）的概念的，例如开始活动、网关活动、结束活动等，这几种活动只有活动实例（InstActivity）。

根据上图中活动与组织结构的关系可以看出，在定义期，流程建模工具需要连接到组织模型数据库，取得组织结构数据，进行资源的指派。在实例期（运行期），由“活动实例”调用“资源模式引擎”，运用各种资源模式生成任务实例。资源指派主要针对企业的组织结构而言，不论哪种资源模式，要实现资源指派，首先需要连接企业的组织结构库，从组织结构库中取得可用的资源集合后进行分配或指派。

基本的实现过程清楚之后，我们具体来看房改购房审批流程中的资源分配，再次回顾一下房改购房审批流程的流程图，读者可再次回顾图3.1。

可以看到，“受理”、“初审”、“复审”、“制证”等环节都需要指定一个具体的资源或者组织实体，让其负责办理。例如“受理”环节，需要指定一个“受理人”负责房改购房申请的受理，而“初审”环节需要“科长”来审核。在早期工作流技术中，为这些活动指定资源一般都是在流程定义期直接进行的，因此称之为定义期指派模式。接下来我们同样按照模式的统一描述格式讲解定义期指派模式在房改购房审批流程中的应用。

3

1. 定义期指派模式

顾名思义，定义期（建模期）指派即在对流程定义进行建模的期间，直接为流程中的活动指派参与者资源集合。

原型实例（故事片段）

见图3.1，在“受理”环节，为其制定具体的参与人，也就是说哪些岗位或人能受理房改购房审批业务。

上下文（描述、动机）

描述：在定义期，为流程中的活动指派组织机构模型中的一个或多个组织实体作为参与者，统称为定义期指派。

动机：不同的资源分类（即组织实体集合的分类）动机都不同，因此具体的动机在各个组织实体的场景中描述。

解决方案及技术实现

在已经连接到企业的组织结构库的前提下，从组织机构模型库中选择一个或多个组织实体作为某个活动的参与者，如图3.29所示。

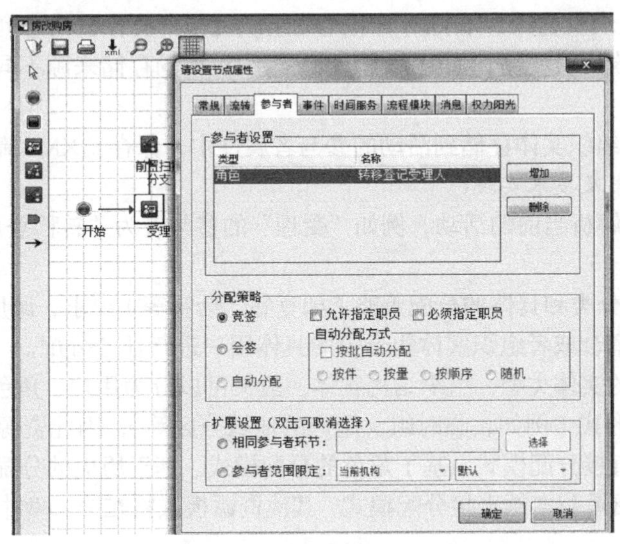

图3.29　设置环节参与者

点击上图中的“增加”按钮，就会出现图3.30。

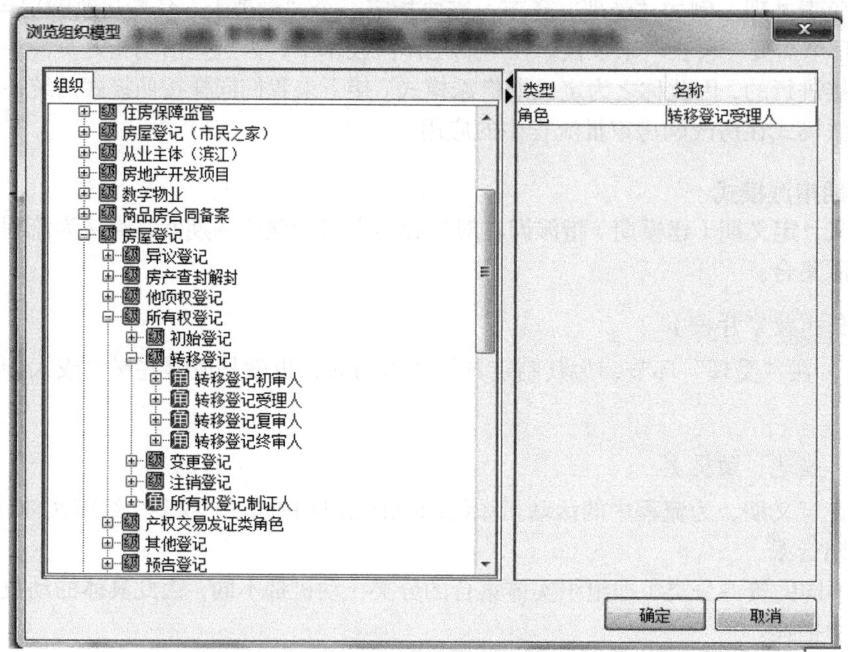

图3.30 从组织机构中选择参与者

图3.29和图3.30是资源指派的定义期实现界面，具体的实现过程如下。

定义期解决方案及技术实现

(1) 需要连接到组织机构库，取得所有可用的组织机构资源，以树形列表的方式，展现到界面上供流程定义的建模人员使用。如图3.27所示，组织机构的存储来源不同，需要采用不同的技术实现。

(2) 将选定的特定组织实体存储到活动的参与者属性中，保存到XML流程定义。

运行期的解决方案及技术实现

(1) 从流程定义中解析当前的活动，例如“受理”的参与者为“转移登记受理人”，并取得其在组织机构中的id;

(2) 根据组织实体分类和具体的分配策略（如竞签、会签等）要求，调用组织机构提供的API接口，取得组织实体集合或者组织实体集合中的具体用户进行任务分配。

按照组织结构中的实体类型，组织结构实体一般又可以分为用户、角色、职位、职务、部门以及其他用户集合的形式（例如，临时组、用户的地域分区等），因此资源模式也根据这些组织实体的划分，分为了直接分配模式、基于角色的分配模式、基于历史的分配模式、基于职务的分配模式等。这里只介绍最基本的直接分配模式，其他资源模式将在第10章中的房产测绘流程中详细介绍。

2. 参与者来自用户（直接分配模式）

上下文（描述、动机）

描述。为某个活动直接分配具体的用户参与者，称之为“直接分配模式”，例如“房改购房”流程中“受理”活动的参与人是某个具体办事人员张三。

动机。直接将某人作为某个活动的参与者，解决了在运行期需要动态分配资源甚至分配不到资源的问题，既快速，又高效。

解决方案及技术实现

此模式的解决方案及技术实现与定义期指派的通用解决方案及技术实现相同，不需要做特殊处理。

约束及可能存在的问题

此模式的优点是：快速、高效，可以直接为活动分配特定的参与者，避免了在运行期需要计算的问题，因此不会产生计算不到结果的场景（例如在某个角色中找不到任何用户）。缺点是：(1) 如果某个特定用户调职，根据业务情况不能再作为某个活动的参与者，此时就必须重新修改流程定义并发布新的版本；(2) 如果某个特定用户离职，在进行工作移交时，其已经办理完的任务需要做特殊的处理，才能让接替者查到离职人已经办理过的任务。

基于以上问题，目前一般不采用这一模式，而多采用基于角色或其他组织实体的分配模式。

规范中的实现

XPDL 2.1

```
<Participant Id="ebe3dd21-95bf-43c6-8e37-0f0fb8dda0bb" Name="张三">
  <ParticipantType Type="RESOURCE" />
  <Description />
</Participant>
<Activity Id="2bdc356c-773f-4ef5-b057-65b6a101b670" Name="受理">
  <Description />
  <Implementation>
    <Task />
  </Implementation>
  <Performers>
    <Performer>ebe3dd21-95bf-43c6-8e37-0f0fb8dda0bb</Performer>
  </Performers>
  <Documentation />
  <ExtendedAttributes />
</Activity>
```

BPMN 2.1

```
<userTask completionQuantity="1" id="sid-6D52284A-FC85-472F-99D2-F29201561964"
implementation="humanTaskWebService"
 isForCompensation="false" name="受理" startQuantity="1">
   <incoming>sid-D8B89BB8-1CEF-425D-B606-346169CC7F0C</incoming>
   <performer id="sid-0c4972b0-860f-4daa-a526-400c3dd669a9" resourceRef="">
      <resourceAssignmentExpression id="sid-7531ab62-f29b-4352-bc0f-ec04936f29c0">
```

```
            <formalExpression id="sid-be62dc99-027c-4559-aea3-75fbbbd08fed"/>
        </resourceAssignmentExpression>
    </performer>
</userTask>
```

BPEL4People和HumanTask：

需要说明的是，BPEL规范是一个服务编制规范，主要适用于自动任务。为了支持人工任务，OASIS又发布了BPEL4People与HumanTask规范。因此在资源模式中，规范的实现指的是BPEL4People和HumanTask规范。

与其他模式的关系

当为某个活动分配多个直接用户时，此模式可以与“顺序模式”、“会签模式”、“竞争模式”（这些模式在10.3.2节讲述）组合使用。

3.5 作战任务或作战队员之间的通信——数据模式

在前两节里，我们分别讨论了工作流的控制模式和资源模式，控制模式是中枢神经，负责控制作战任务的组成与流转；资源模式负责为单作战任务调配资源；而数据模式负责在作战任务之间进行通信，其掌握各种通信技巧，在业务与流程之间、流程与流程之间、流程与活动之间、活动与活动之间、任务与任务之间进行数据通信。

3.5.1 工作流数据的分类

在WfMC的工作流模型里，工作流数据分为了三类，如图3.31示。

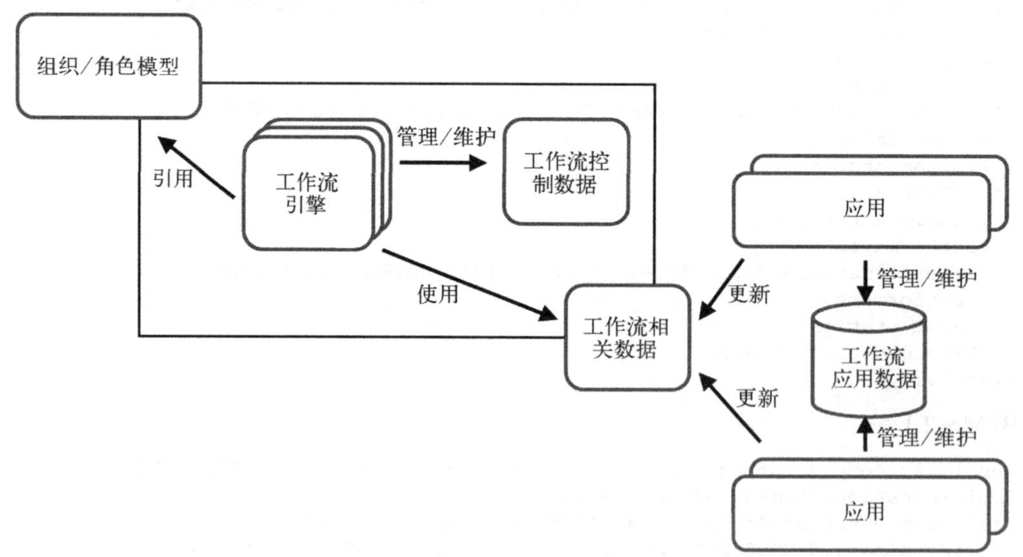

图3.31 WfMC参考模型中的工作流数据分类

- 工作流控制数据：工作流系统管理的内部控制数据，这些数据包括了与流程实例和活动实例相关的执行数据和状态数据，例如流程实例的状态和执行时间、活动实例的执行者、活动执行时间和状态、紧急程度等。
- 工作流相关数据：工作流系统使用工作流相关数据确定流程实例的流转条件，并选择下一个将执行的活动，这些数据由业务应用系统访问并修改。例如报销流程中的“报销金额”，这个数据会决定该流程的审批路径；再如为活动设置的超时时间，这个数据会触发活动的取消。实质上，这些数据就是工作流系统需要依赖于进行流程流转的业务应用数据。
- 工作流应用数据：业务应用系统管理的业务数据，有些业务应用数据需要传递给工作流引擎，作为人工UI的列表显示使用。在EAI的应用中，有些业务应用数据还会由工作流引擎携带，在各个业务系统之间进行数据传递。

3

工作流相关数据又可以细分为以下三类数据，如图3.32示。

- 连接业务应用系统的关联数据：工作流系统与业务应用系统进行关联的数据，例如特定于Web系统，工作流系统会在每个流程/活动实例里保持导航至对应业务表单的URL。
- 传递作用的业务应用数据：当流程跨越多个业务模块或系统时，需要在模块或系统间传递数据，此时会利用工作流系统进行传递，需要在工作流系统里暂时存储或转换这些业务数据。在面向服务的软件架构中（SOA），最经常采用的是基于BPEL规范进行服务的编制，业务应用数据被封装为SDO在不同Web服务（业务应用系统）间传递。
- 影响路由的业务应用数据：同WFMC对工作流相关数据的定义。

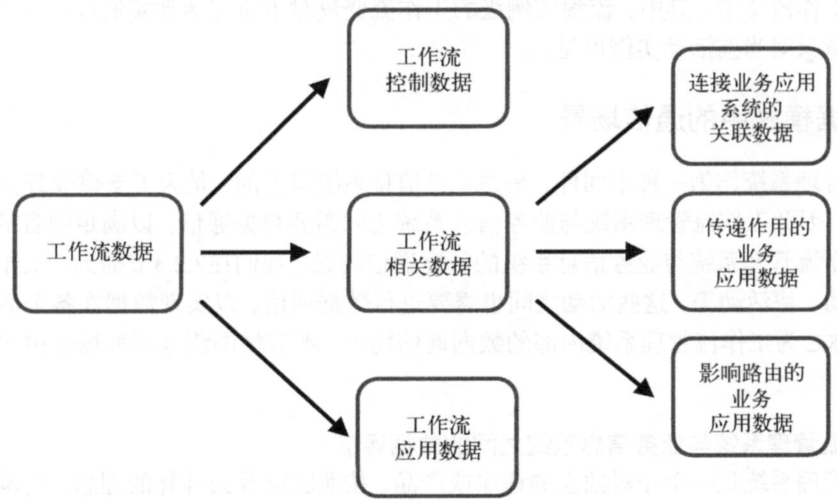

图3.32　工作流相关数据的扩展分类

3.5.2　工作流中的数据对象

研究数据模式，首先要清楚工作流中都有哪些数据对象，如图3.33示。

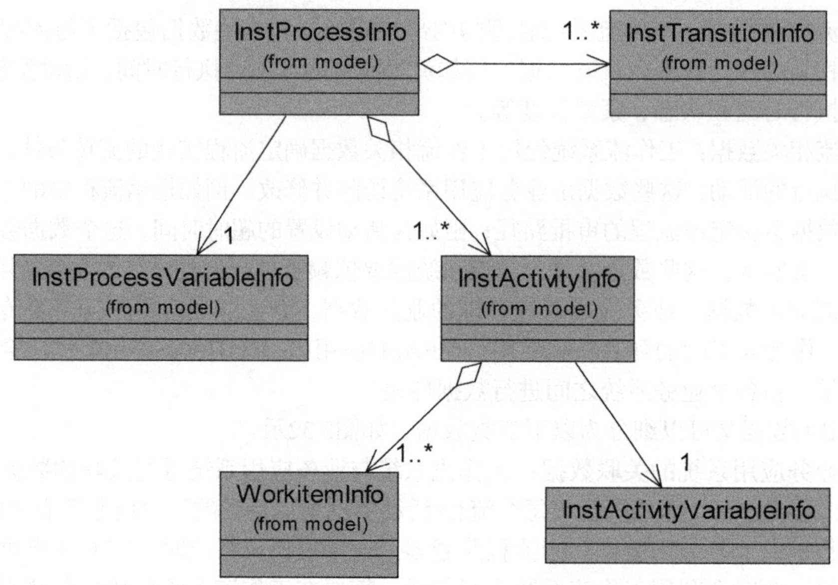

图3.33　工作流实例对象关系图

图中给出了工作流实例的主要对象，当然在复杂的工作流系统中，还存在其他的对象。InstProcessVariableInfo对象对应于流程实例级的工作流变量，InstActivityVariableInfo对应于活动实例级别的工作流变量。其中，流程实例级的工作流变量对于所有活动实例都是可见的，而活动实例级的变量只对当前活动实例可见。

3.5.3　数据模式中的通信场景

工作流管理系统作为一种中间件，是为业务信息系统服务的，是为了支撑业务信息系统中的流程自动化，因此工作流管理系统与业务信息系统之间需要数据通信，以满足两者的交互，此场景称之为工作流管理系统与业务信息系统的数据通信场景。我们在2.2.3节提到，工作流里的活动包括原子活动、块活动等，这些活动之间也需要进行数据通信，以实现数据在各个活动之间的流转，此场景称之为工作流管理系统内部的数据通信场景。本节将围绕这两种场景讲述数据模式的应用。

1. 工作流管理系统与业务信息系统之间的数据通信

工作量管理系统是一个相对独立的程序或产品，按照SOA及云计算的理念，它也可以是一个服务。不管是作为独立的程序或产品，还是作为服务，要使得业务系统可以使用工作流，就需要将工作流与业务系统进行集成。集成方式在有以下三种：

(1) 嵌入式集成（参见图3.34）。

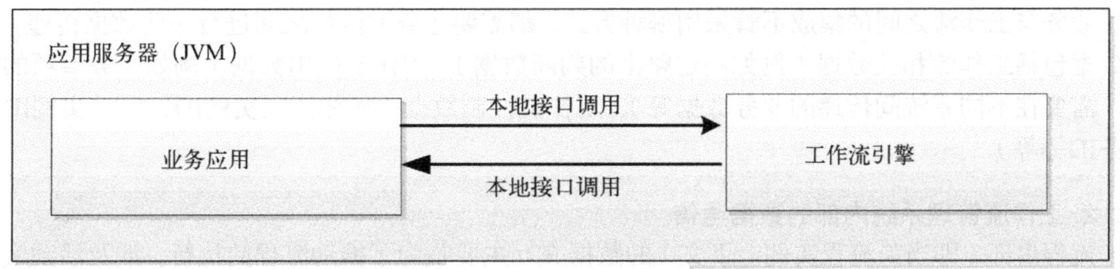

图3.34 业务与工作流的嵌入式集成

(2) 独立部署+远程调用式集成（参见图3.35）。

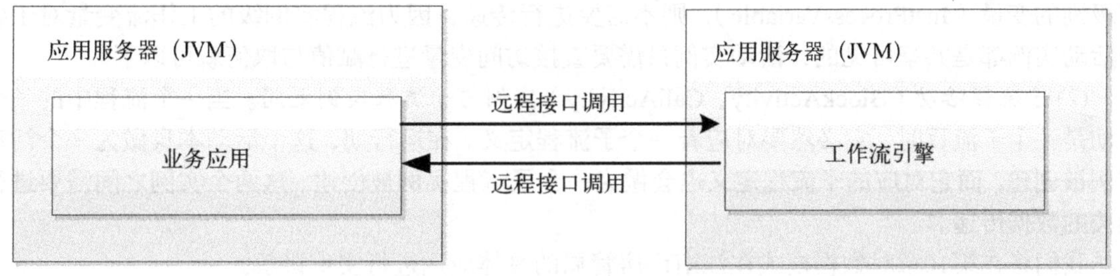

图3.35 业务与工作流独立部署

(3) 平台即服务（PaaS）式集成（参见图3.36）。

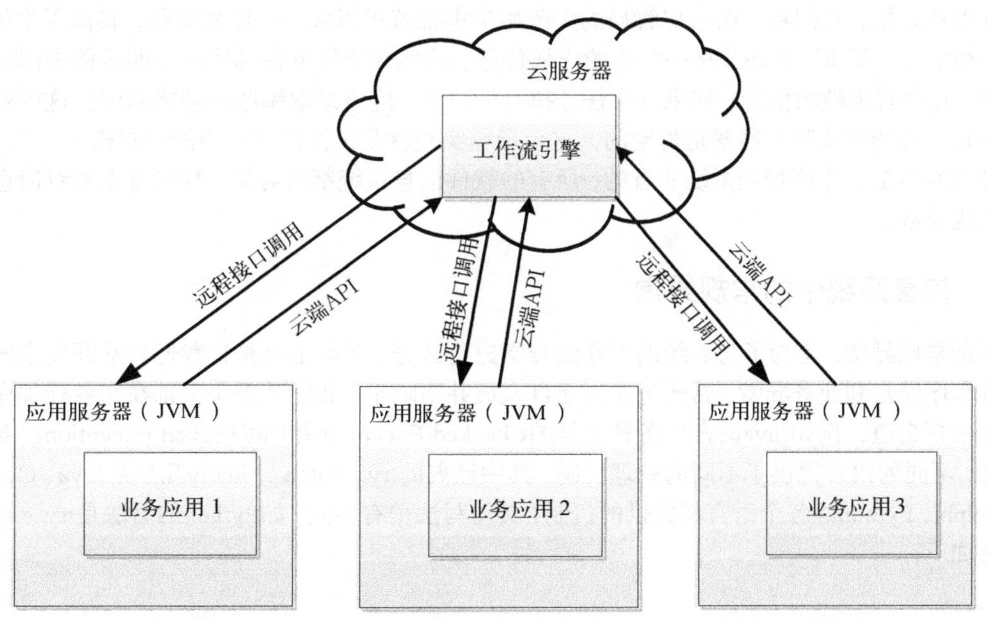

图3.36 业务应用调用云端工作流服务

3

业务与工作流之间的集成不管采用哪种方式，都需要业务和流程之间进行一些数据传递，这些数据包括工作流相关数据（例如决定路由的判断数据）、工作流应用数据（例如业务事项的标题、需要在不同系统间传递的业务数据等）、工作流控制数据（例如流程实例ID、活动实例ID、任务ID等等）。

2. 工作流管理系统内部的数据通信

流程内部（即当前流程实例上下文）的数据交互主要是为了推动流程的执行，涉及活动实例与活动实例之间、子流程活动实例与子流程实例之间。

(1) *活动实例之间*。活动实例之间的数据传递要依赖于数据本身的范围，如果数据采用活动实例级别的工作流变量（InstActivityVariable），则需要在活动实例之间进行传递。如果是流程实例级别的变量（InstProcessVariable），则不需要进行传递，因为流程实例级的工作流变量对于各个活动实例都是共享可见的，活动实例只需要直接访问变量进行赋值与取值就可以了。

(2) *子流程活动（BlockActivity、CallActivity）实例与子流程实例之间*。当一个流程中的某个活动是一个子流程时，它必然要对应着一个子流程定义。在运行期，这个活动本身做为一个活动实例被创建，而它对应的子流程定义也会做为一个子流程实例被创建。这两个实例之间需要进行相关的数据传递。

我们将在第10章对数据模式在江南市房管局的具体应用进行实例讲解。

3.6　作战任务失败时的处理——异常模式

在本章开始，我们将江南市房管局的房改购房审批流程当做一个作战流程，其流程中的“受理”、“初审”、“复审”等环节是一个个的作战任务，这些作战任务在具体执行的过程中即有成功的情景，也会有失败的情景。如果某个任务执行失败了，应该采取哪些处理措施呢？这些处理措施是不是有最佳实践呢？答案是肯定的，这个最佳实践就是工作流技术中的异常模式。

异常并不是工作流管理系统才有的，所有的软件信息系统都有异常，我们首先来看信息系统中的常规异常。

3.6.1　信息系统中的常规异常

所谓常规异常，是为了与后续的工作流异常进行区分，实际上就是指我们日常开发中所遇到的各种程序异常和业务异常。常规异常对于IT人员并不陌生，我们几乎每天都在与各种程序语言中的异常打交道，例如Java语言中各种各样的Checked Exception和UnChecked Exception。对于常规异常，不同的语言提供了不同的处理机制，其中经典的try…catch…finally几乎是Java、C、C++、C#、Delphi、Python等各个语言都提供的机制（具体写法稍有不同，如Python的写法是try..except），其语法如下：

```
try {
    do 进行相关的业务处理;
} catch(Exception e){
```

```
        if (可以做处理)
        do 做相关的处理;
        else
        do 打印异常栈;
        do 输出到日志;
        do 向上抛出;
    } finally{
        do 做必要的清理工作;
    }
```

一个稳定健壮的应用系统是离不开良好的异常处理设计与实现的。程序语言只是提供了最基本的异常处理机制，在实际的开发中，往往需要设计者给出更易用、更友好的、统一的异常框架设计。关于Java平台异常框架的设计，可以参见笔者的博客：Java平台统一异常框架的设计与实现[①]。

3

1. 常规异常中的短事务

提到异常，我们马上就会联想到事务。我们在此先抛出一个问题：

异常与事务到底是什么样的关系？

请大家思考几分钟……想清楚了吗？来看看这里的答案是否与你的一致。

异常是程序开发语言中不可避免的问题，可以说是与生俱来的。那么事务呢？有异常就一定有事务吗？答案当然是否定的。原因要从事务的定义来说起。

事务是一种机制，把包含在一起的多个有状态的操作作为一个统一的工作单元（这个统一的工作单元有时也称为一个原子，这就是事务原子性的由来）进行处理，这个工作单元要么全部成功，要么全部失败。

我们一起来分析这个定义，找出其中的几个关键词：多个、有状态操作、全部成功或全部失败。

- **“多个”**：这是第一个前提条件，也就是说事务中包含的操作必须是多个，如果只有一个就不是事务了。
- **“有状态操作”**：这是什么概念呢？也就是被操作的对象是有状态的，并且状态在操作的过程中发生了变化。例如对于数据库，写操作、更新操作、删除操作都是有状态操作，而读操作是无状态操作。当然这里不一定非得是数据库操作，对消息中间件的操作、对文件系统的操作（向文件系统中写文件）等都是有状态操作。

以上两个关键词是事务的前提，而且是缺一不可，必须在全部满足的情况下才会有事务问题。

- **“全部成功或全部失败”**：这是事务的目标或结果。也就是说，对于事务中的多个操作，必须要全部成功或全部失败。

现在，我们回过头来看刚才那个问题：“异常与事务到底是什么样的关系？”完整的答案就是：异常是程序开发语言中不可避免的问题，可以说是与生俱来的，因为软件系统总有不符合约束的业务或技术问题出现，所以异常必然终身伴随着软件；而有异常的地方却并不一定百分百用到事务，因为一个对立的操作或者多个无状态的操作是不需要事务的，但是如果要保证多个有状

① http://snowfox2008.javaeye.com//blogs/305271。

态操作的原子性，异常和事务就是两个互相影响的兄弟。

有些细心的读者可能还注意到了本节标题中的“短事务”，不明白这又是什么。应该说，短事务这个概念是为了与“长事务”进行区别的，本节讲述的事务就是短事务，所以事务的定义就是短事务的定义，二者是等同的。

2. 短事务的分类及实现

按照事务所操作资源的范围，短事务可以分为：本地事务和全局事务，而本地事务和全局事务又可分为：非数据库事务和数据库事务。短事务必须满足ACID四个属性，即原子性、一致性、隔离性、持久性。讲述这四个属性的文章已经非常多了，这里就不再赘述。

- 本地事务

按照JTA规范的定义，本地事务是指由某个资源管理器内部开始和协调的事务[①]；也就是，只能有一个资源管理器、一个资源适配器。本地事务只能应用于一个数据源，例如一个数据库或一个消息队列，更严格地说，就是一个数据库链接或JMS 提供者。本地事务中的数据库事务（即JDBC事务）是依赖于JDBC驱动提供的数据库连接来实现的。因此，即便是一个数据库、一个数据源（DataSource），但是如果通过多个数据库连接进行操作，也是无法应用本地事务的。此时，必须使用分布式数据源（XA DataSource），并且使用JTA事务进行处理。

(1) 本地事务中的扮演者

Java的本地事务中有两种典型的场景：一种是对单一数据库的访问（参见图3.37），另一种是对单一JMS队列的访问（参见图3.38）。

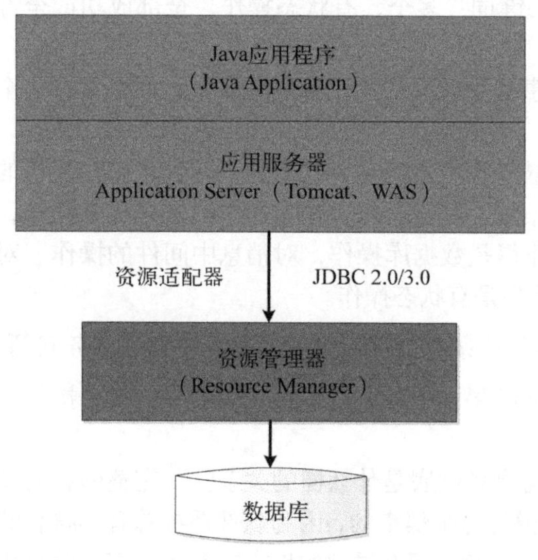

图3.37　本地事务（JDBC事务）实现场景图

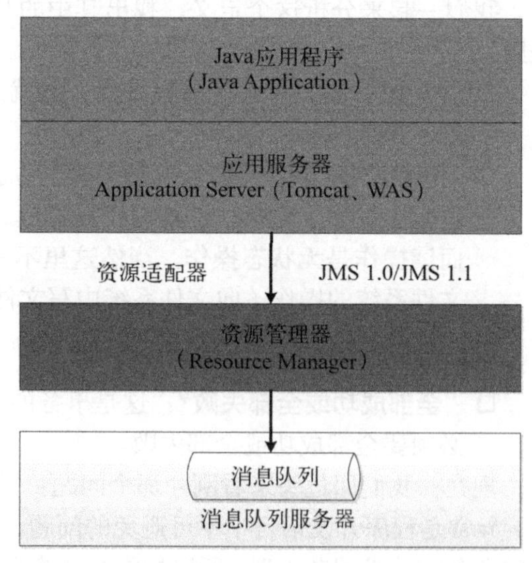

图3.38　本地事务（JMS事务）实现场景图

① Java Transaction API（JTA）Specification 1.1. . http://www.oracle.com/technetwork/java/javaee/tech/index-jsp-139863.html。

从这两幅图可知，本地事务的扮演者包括应用程序、应用服务器、资源管理器（提供资源适配器）。那么，本地事务为什么没有事务管理器的概念呢？没错，本地事务是不需要事务管理器的，事务管理功能由资源管理器及其提供的资源适配器共同实现了，因而其处理速度相对于全局事务更快。实际上，在本地事务的JDBC事务中，应用程序通过调用JDBC驱动提供的数据库连接（Connection）接口，实现对数据库资源管理器的事务交互。

(2) 本地事务中的数据库事务（JDBC事务）

当事务中操作的资源是数据库时，就会用到数据库事务。需要再次强调的是，很多技术人员以为事务指的就是数据库事务，这是不对的。由于目前的绝大多数企业应用系统都是基于关系数据库的，而教科书或者其他一些资料，一讲到事务就会拿JDBC说事，因而才会让人产生认识上的偏差。

那么数据库事务是怎么回事呢？我们来看一段异常处理的代码，如果涉及数据库操作时应该怎样处理呢？答案就是引入数据库事务。

```
try {
    conn.setAutoCommit(false);  //设置不会自动提交，同时起到开启事务的功能
    do 进行相关的数据库操作（例如向A表中插入一条记录，同时更新B表的一个字段）；
    conn.commit();  //提交事务
} catch(Exception e){
    conn.rollback();  //回滚事务
} finally{
    do 做必要的清理工作，如关闭数据库连接conn.close();
}
```

首先，commit()永远放在try的最后一行，这样只要之前发生异常，会马上转入执行catch代码，此时事务还根本没有提交呢。所以，数据库事务就是要保证在所有的执行都成功的情况下才提交事务。兄弟姐妹们一定要记住，短事务是执行没成功之前的一种处理机制。其次，数据库事务是通过数据库资源适配器（JDBC Driver）中的数据库连接对象（Connection）提供的相关事务接口来实现的，因此对于本地事务中的JDBC事务，事务的功能是基于资源管理器（即数据库）实现的，资源适配器为应用程序与数据库架起了一个桥梁。那么，资源管理器的事务实现机制又是怎样的呢？

对于数据库的事务机制，不同的数据库都有不同的实现机制。例如，SQL Server把事务分为了三种类型，分别是：隐式事务、显式事务、自动提交事务，自动提交是默认的。Oracle结构有逻辑和物理之分：逻辑上的结构是表空间，而物理上的结构是数据文件，因此其事务实现也分为逻辑实现和物理实现，其中在逻辑上是由Undo Tablespace来实现的。Undo Tablespace包含Undo Segements（段），而Undo Segements包含Undo Data，Undo Data是支持事务的逻辑单元。

我们在此只是抛砖引玉，想更深入地了解数据库产品本身的事务机制，可以查阅相关的文档。

(3) 本地事务中的非数据库事务

非数据库事务是指资源管理器不是数据库的事务类型，例如图3.38所示的JMS事务就是典型的非数据库事务。除此之外，文件操作、NOSQL应用等都属于非数据库事务。我们来看JMS事务的具体实现：

```
//创建事务性会话，第一个参数为true，则开启事务
queue_session = queue_con.createQueueSession(true,Session.AUTO_ACKNOWLEDGE);
try {
    do 创建或连接多个目的地
    do 创建多个消息并向每个目的地发送或者从多个队列中消费消息
    queue_session.commit(); //提交JMS事务，只有提交之后，所有消息才会真正到达目的地。如果是消费消息，所有消息都会从队列中清除掉。
} catch(Exception e){
    queue_session.rollback();  //回滚JMS事务，只要有一个目的地不能达到，就回滚；如果是消费消息，已经从队列中清除掉的消息则重新恢复回来。
} finally{
    do 做必要的清理工作，如关闭会话连接session.close();
}
```

如上所示，在一个JMS客户端可以使用本地事务来组合消息的发送和接收。JMS会话接口提供了commit和rollback方法。事务提交意味着生产的所有消息被发送，消费的所有消息被确认；事务回滚意味着生产的所有消息被销毁，消费的所有消息被恢复并重新提交，除非它们已经过期。对于其他的文件处理及NOSQL应用，读者可以参考相关文档，以熟悉各种事务的处理方法。

- 分布式事务（全局事务）

讲述分布式事务（也叫全局事务）之前，我们再提个问题：

分布式事务中的“分布式”到底是指什么的分布？

好，合上本书，思考几分钟……，然后给出你自己的答案。

你的答案是什么？如果你认为是指数据库的分布或者说多个数据库连接的分布，那么很遗憾，只能说你是一个懵懂初开的初级程序员。你还别不服气，我们先来看定义，然后再来分析。这里想抱怨一句，国内的很多技术人员对技术不求甚解，甚至是懒得要命。又不是没有资料，没有文档，就像JTA规范，直接到Sun的官方网站上通读一遍，就对分布式事务全都明白了。有人说，我看不懂英文，那我们只能说，如果你连这种规范性的英文文档都看不懂，那么你根本就不适合做一个IT技术人员。废话到此为止，我们来看JTA规范中对于分布式事务的相关描述。

(1) 分布式事务中的五个扮演者及其关系

在企业Java中间件领域，分布式事务服务涉及五个扮演者：事务管理器、应用服务器、资源管理器、应用程序和通信资源管理器。每个扮演者通过实现不同的事务API和功能来参与到分布式事务中。这些扮演者分别位于不同的分布式系统的不同节点之上，那么这几个东东到底是干什么的呢？

- 应用程序。这个不用我们描述了，因为IT技术人员无时无刻不在编写应用程序。应用程序既可以通过应用服务器提供的事务管理功能（称为容器管理的事务CMT，或者声明性事务）来支持事务，也可以通过事务管理器提供的接口来支持事务（在Java中称为BEAN管理的事务，即BMT，也称之为编程性事务或非声明式事务）。
- 应用服务器。这个概念对Java从业者更是熟悉了，Tomcat、Weblogic Server、Websphere Application Server等都常伴左右。它提供基础结构来支撑应用程序的运行时环境，包括事务状态管理。

- 事务管理器。它按照要求提供如下的服务和管理功能：支持事务边界、事务资源管理、同步和事务上下文传播。
- 资源管理器。资源管理器通过资源适配器来为应用程序提供对资源的访问，它通过实现一个事务资源接口来参与到分布式事务中。这个事务资源接口被事务管理器用来与事务关系、事务完成情况及事务恢复工作进行通信。在这里，资源管理器及资源适配器的一个例子就是关系数据库及连接关系数据库的JDBC驱动。除此之外，还有消息队列服务器（Message Queue Server）及JMS providers、对象数据库及连接对象数据库的ODMG驱动、SAP的R/3系统及连接它的 JRFC库。
- 通信资源管理器。它为入站和出站的请求提供支持事务上下文的传播和对事务服务的访问功能，详细的介绍可参见JTS规范。

这五个扮演者之间的关系，如图3.39所示。

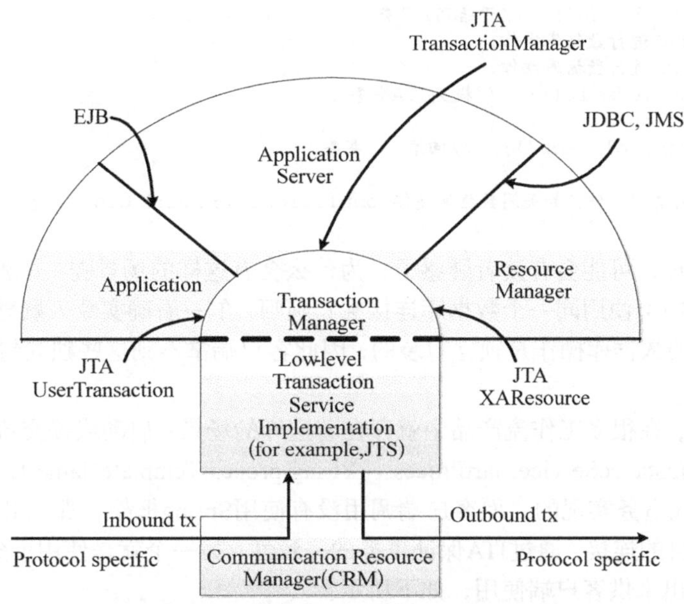

图3.39　分布式事务中五个扮演者的协作关系图[①]

至此，你应该清楚分布式事务到底是指什么分布了。由于分布式事务是由五位扮演者来互相协作实现的，因此它们都有可能是分布的。一些教科书或者资料中提到分布式事务就讲数据库分布，简直就是误人子弟。

在本地事务中，我们讲述了数据库事务和非数据库事务的实现。那么在分布式事务中，这两种类型的事务又是怎样实现的呢？

① Java Transaction API（JTA）Specification 1.1.. http://www.oracle.com/technetwork/java/javaee/tech/index-jsp-139863.html。

(2) 分布式事务中的数据事务

如果分布式事务中的资源管理器是数据库，则这就是作者所“深恶痛绝”的讲法中的分布式事务场景。在此种场景下，又可以细分为如下四个场景。

场景一：在一个事务中调用了多个数据库连接

在这种场景下，即便是只有一个数据库，若使用了多个数据库连接来连接这同一个数据库，也必须启用JTA事务。这在“本地事务中的数据库事务”一节也有实证，因为本地事务是通过一个Connection对象的接口实现的。因此，多个Connection对象就必须启用JTA事务，具体实现如下：

```
javax.sql.DataSource xads1 = (javax.sql.DataSource)context.lookup("java:
/XAOracleDS");  //取得数据源，必须有支持XA的数据库、驱动程序
Connection conn1 = xads1.getConnection();
Connection conn2 = xads2.getConnection();
UserTransaction transaction = sessionContext.getUserTransaction();//获得JTA事务
try {
    transaction.begin(); //开始JTA事务
    do 通过conn1进行数据库操作;
    do 通过conn2进行数据库操作;
    transaction.commit();  //提交JTA事务
} catch(Exception e){
    transaction.rollback();  //回滚JTA事务
} finally{
    do 做必要的清理工作，如关闭数据库连接conn1.close();conn2.close();
}
```

看到以上的实现，可能会有读者疑惑了，为什么会有这样的场景呢？既然是同一个数据库，为什么在一个事务中不使用同一个数据库连接呢？呵呵，乍一看确实令人疑惑。但是在很多产品的封装框架中，它的数据库操作是独立封装的，因此客户端拿不到这些独立封装产品的数据库连接。

本书讲述流程，在很多工作流产品中就存在着这样的场景：启动或提交流程时，工作流引擎暴露了接口processInstanceService.startProcess（String processTemplateName）。假设工作流引擎是基于Spring的声明式事务实现的，而客户端调用没有使用Spring框架，那么此时就有两种实现机制：一个是使用各自的连接，通过JTA保证事务的一致性；另一个就是使用事务模版的回调机制，把数据库连接暴露出来供客户端使用，如下所示：

```
TransactionTemplate transactionTemplate = new TransactionTemplate();
transactionTemplate.execute(new TransactionCallback() {
        public Object doInTransaction(Connection conn, HttpServletRequest req) {
            //1、客户端做数据库操作的sql
            PreparedStatement ps = null;
            String sql;
            try {
                //此处利用从工作流引擎中取得数据库连接Connection进行数据库操作，是为了当业务系
统是非spring的系统时，保证业务系统与工作流引擎的操作在一个事务中
                    ps = conn.prepareStatement(sql);
                    ps.executeUpdate();
                } catch (Exception e) {
                    throw new RuntimeException(e);
```

```
            } finally {
                try {
                    if (ps != null)
                        ps.close();
                } catch (Exception e) {
                    e.printStackTrace();
                }
            }
    }, request);
```

场景二：在一个事务中调用了多个数据库服务器

此场景其实与场景一的实现完全一致，只是此处的数据库服务器是多个了，通过数据源绑定不同的数据库服务器地址即可实现。事务处理的方式则与场景一完全一致。

场景三：在一个事务中，通过多个应用服务器调用了同一个数据库

此场景涉及了应用服务器的分布，因此首先要考虑的是应用的分布式调用问题。对此，有很多分布式技术及协议可以支持，从最早的由OMG提出的COBRA技术，到微软的DCOM、Sun提出的Java系列的RMI、EJB，再到Web Service技术，这些都是我们耳熟能详的技术。除此之外，还有很多其他轻量级的分布式技术，如Spring提供的HttpInvoker、Hession、RMI等，它们也就有相应的分布式事务的处理技术。下面是最常用的三种分布式事务的处理技术。

- **EJB中的CMT及BMT事务**

EJB 2.0首先提出了基于容器管理的事务（Container-Managed Transaction，CMT）和基于Bean管理的事务（Bean-Managed Transaction，BMT，也有称之为编程式事务）的概念。很多技术人员可能都知道Spring中的声明式事务，其实CMT才是第一个声明式事务。关于EJB怎样通过CMT或BMT实现分布式事务，感兴趣的读者请自行查阅相关资料。

- **JTA事务**

JTA是事务管理器和分布式事务处理系统所涉及的其他组件之间的一个接口规范。通过使用接口，不必使用事务管理器的特有API就可以单独地划分事务。JTA事务有两个必要条件：(1)必须采用XADataSource与XAPool，且数据库的驱动要支持；(2)必须采用容器或第三方程序提供的JTA事务功能，像WebSphere、Weblogic等容器都实现了对JTA事务的支持，但是Tomcat、Resin等轻量级的Web容器没有实现对JTA事务的支持，因此必须引入第三方的JTA事务管理器。目前比较常用的有JOTM及Atomikos，这两个开源项目都提供了JTA事务管理器的功能。

- **Web service中的WS-AT事务**

WS-AT（WS-Atomic Transaction）定义了Web服务原子事务的协调类型，主要使用两阶段提交做为协调协议，参与事务的Web服务的执行结果要么全部成功要么由于一个失败其他执行被全部取消。这样的事务一般持续时间比较短，经常发生在一个企业内部。WS-AT事务可以保证短时间的分布式活动获得一致的结果，从而具有All or Nothing的特性。目前IBM WAS 6.0（WebSphere Application Server 6.0）已经支持WS-AT事务（Web Services Atomic Transaction for WebSphere Application Server，WS-AT for WAS）。

有状态 OR 无状态？

Web Service是实现SOA架构的具体技术之一。SOA强调松耦合，而松耦合主张两次调用之间没有直接的关系，即各干各的，自己完成自己的处理，与其调用者或被调用者之间没有互相依赖的绑定关系。但是，分布式事务却要求各方要在进行持久性提交时保持一致的事务，要么都成功，要么都失败，这就要求各方处于一个紧耦合的事务关系中。这与SOA所主张的松耦合不是矛盾吗？如果你也遇到了这样的困惑，那么此时应该想一想，你选择了正确的集成技术吗？如果多个系统之间有如此紧密的事务耦合关系，那么这些应用系统应该采用分布式部署吗？可能有很多人说，我们用Web Service是因为这些应用系统已经是既成事实的遗留系统，不得不采用。即便是如此，我们也建议尽量采用无状态操作，以降低耦合性。

场景四：在一个事务中，通过多个应用服务器调用了多个数据库

此场景与场景三的关系，类似于场景二与场景一的关系，因此处理方式与场景三相同。

(3) 分布式事务中的非数据库事务

在上节讲到，事务中的多个有状态操作对应的资源不一定是数据库，还有可能是JMS、文件系统、互联网上的NoSQL应用等。对于这类事务的处理往往需要技术人员编写应用程序去实现这些事务，因此也可以称之为应用程序事务。应用程序事务依赖于对应的资源管理器所提供的事务机制。对于数据库操作和JMS操作，可以使用JTA事务来实现两种操作的原子性。但是对于文件系统、NoSQL应用等，这些资源管理器一般是不提供事务机制的，这时就必须自己编程实现补偿操作。具体实现如下。

```
UserTransaction transaction = sessionContext.getUserTransaction();//获得JTA事务，也有
    可能通过JNDI去查找事务(ctx.lookup("jndi地址"))。
try {
    transaction.begin(); //开始JTA事务
    do 向数据库表A中insert一条记录;
    do 通过jms向某个队列上发送一条消息;
    do 向硬盘上写一个XML文件，a.xml;
    do update数据库表C中的某个字段;
    transaction.commit(); //提交JTA事务
} catch(Exception e){
    transaction.rollback();//JTA事务回滚
    do delete a.xml //由于文件系统的资源管理器不提供事务机制，因此上边的回滚并不能将写文件的操
        作回滚，因此必须手动删除a.xml.
} finally{
    do 做必要的清理工作;
}
```

对于文件系统，必须自己编程实现删除a.xml文件，其实这个已经属于补偿的范畴了，在后续章节还会再讲到。

3.6.2　工作流异常概述及分类

1. 工作流异常的概念

那么，什么是工作流异常呢？美国麻省理工学院的Mark Klein和Chrysanthos Dellarocas给出的定义是：工作流异常是指对理想的协同处理过程（利用已有的资源，以一种最佳的方式来达到任务的要求）产生的任何偏移，包括活动执行时遇到的错误、代理人之间的通信错误、对任务和资源的变化缺少支持等①。虽然这是Mark Klein两人在1999年的论文中给出的定义，但是应该说，我们认为这个定义到现在还是很准确的。也就是说，工作流在协同处理的过程中，出现的任何偏离了正常轨道或期望的行为都是工作流异常行为。例如，工作流的正常期望是流程的各个活动能够顺利执行结束，为顾客输出他想要的价值，如果不能得到这个结果，则属于工作流异常。在第1章中，我们知道流程是由诺干个活动组成的，每个活动都有其期望的行为与价值，如果某个活动在执行的过程中没有达到我们所期望的行为或价值（例如我们期望某个活动能够正常执行完毕转移到其后续活动，但是中间如果发生了驳回，没有继续向下执行），这同样也是工作流异常。

3

2. 工作流异常的分类

工作流异常的分类方式有很多钟，不同的分类标准必然会产生不同的分类，工作流异常同样如此。目前，工作流异常的分类主要有以下几种。

- 按照异常的预测程度：可预测异常和不可预测异常
  - 可预测异常：可以预见的并且已经定义好异常处理器的工作流异常，通常对出现的异常情况有充分的了解，并明确定义了异常处理过程；
  - 不可预测异常：在模型定义阶段无法预知的异常情况，通常需要在异常发生时通过人工参与处理该类异常。
- 按照触发源：外部异常和工作流内部异常
  - 外部异常：由参与工作流执行的系统外部因素所引起的异常，如操作系统、网络、数据库、应用软件和硬件设备等故障所产生的异常；
  - 内部异常：由工作流管理系统自身引发的异常，如不能为活动指定执行者、不能获取活动执行所需的资源、活动错过截止期等。

对于按照触发源划分，美国乔治亚大学的Zongwei Luo与Amit Sheth等人又进行了更为细致的划分，产生了以下工作流异常分类：应用异常、工作流异常、基础结构异常，如图3.40所示。

- 应用异常：指由任务的执行者或外部应用程序激发的异常。对于人工活动，工作流引擎会为其生成任务，任务执行者通过这个任务项参与到业务系统中，进行业务操作。此时，任务执行者如果由于误操作（例如输入了错误的参数）或者故意执行非正常期望的操作（例如进行驳回），从而导致工作流不能正常执行，称之为应用异常。工作流引擎还会在执行的过程中自动调用业务系统提供的接口或服务（有可能位于ESB中），如果业务系统

① KLEIN M, DELLAROCAS C. A knowledge-based approach to handling exceptions in workflow systems [J].Computer Supported Collaborative Work(CSCW), 2000,9(3/4):399-412。

提供的接口或服务发生异常（例如不可调用），同样会引起工作流不能正常执行，此时也称之为应用异常。实际上，应用异常可以定义为由工作流的应用者本身所引起的异常。

- 工作流异常：指由工作流系统本身直接激发的异常，又分为系统异常和用户定义异常。前者包括时间异常（工作流实例违反时间限制，如任务运行时间超过给定期限）、资源异常（资源不可用，例如生成任务时找不到建模期定义的任务执行者）、数据异常（工作流相关数据违反其约束条件）。后者实际上就是指上文提到的可预测异常，也就是说，由工作流的设计者在建模期对于可预测的工作流系统本身的多个异常进行定义，并且为每个异常定义一个异常处理器，在异常发生时做相应的处理。
- 基础结构异常：指由应用服务器、数据库、网络、操作系统、硬件设备等基础设施所引起的异常。

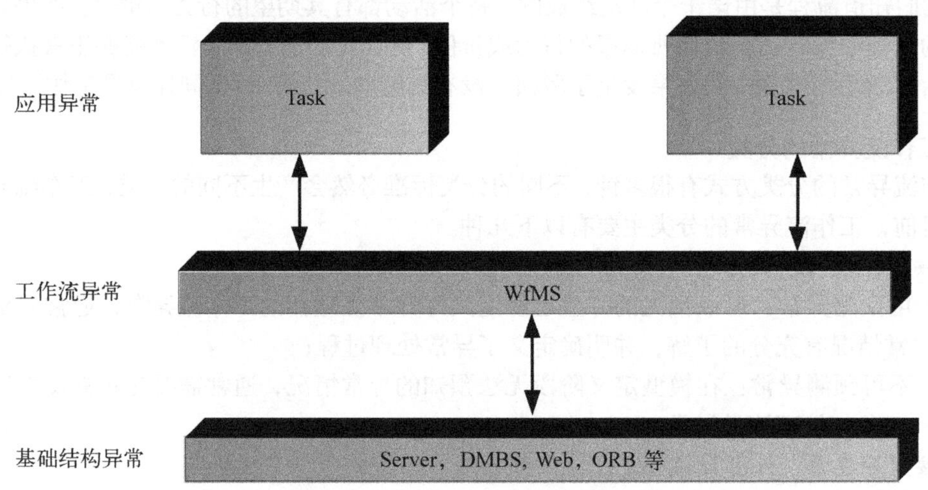

图3.40　三层异常模型[①]

从技术人员的角度来看，上面这个三层异常模型应该是最容易理解与应用的。从工作流产品设计和实现的角度，我们也认为是最清晰的。当然除了上述两个主要的分类方式以外，还有一些其他的分类方式，如Workflow Patterns官方将工作流异常按照可探测的异常事件分为了五组：工作项失败（Work Item Failure）、期限超时（Deadline Expire）、资源不可用（Resource Unavailability）、外部触发（External Trigger）、违反约束（Constraint Violation），如图3.41所示。

- 工作项执行失败：工作项所代表的工作不能继续执行或无法按照期望完成。导致工作项执行失败的原因有很多种，与该工作项相关的硬件故障、软件故障或网络故障都会导致任务参与者无法正常执行该工作项，同时任务参与者可能会自己终止该工作项的执行或者直接宣布无法完成。

① Zongwei Luo, Amit Sheth, Krys Kochut, et al. Exception Handling in Workflow Systems. Applied Intelligence, 2000, 13(2): 125-147。

- 超时：工作项未在指定的时间范围内完成或未在指定的时间点开始执行。
- 资源不可用：没有可用的资源执行或完成工作项。有两种情况：一是分配工作项时系统找不到满足执行该工作条件的资源（人手不够，资源被占用）；二是工作项执行过程中，先前指定的资源不能继续或无法执行该工作项（生病、离职、调动）。
- 外部触发：外部触发通常表现为事件，组织外部的事件影响正在执行中的工作项。例如用户突然取消订单会导致订单处理流程中所有工作项的中止，并伴随着业务回滚（收回发货）。
- 违反约束：工作流约束包括了很多方面，流程流转的约束（流程死锁，不能继续执行，进入死循环）、数据的约束、资源的约束（超出当前组织资源所能达到的能力）以及业务约束。工作流系统运行过程中需要保证流程执行的合理性和一致性，需要对流程执行状态进行持续的监控。

3

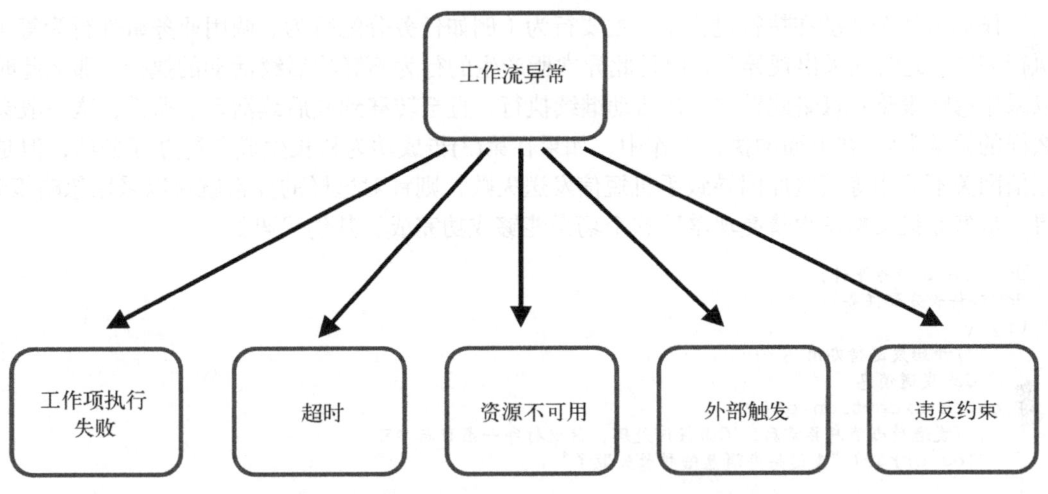

图3.41 Workflow Pattern官方的工作流异常分类

3.6.3 工作流异常的处理

我们怎样处理工作流异常呢？有没有一些最佳的处理策略或方法呢？在处理工作流异常时有五个基本策略和三个具体方法。

1. 房改购房审批流程中异常处理的五个基本策略

首先需要明确的是，工作流的异常都发生在执行过程中，因此所有的异常处理策略都是在执行的过程中同步进行的。我们再以江南市房管局的房改购房审批流程为例讲述其执行过程中处理异常的五个基本策略（参见图3.1）。我们先假设一个执行场景：填写并提交购房申请受理单。

首先，房改购房受理窗口的小张填写某个申请人的购房申请受理单并保存，这是一个独立的原子事务。在这个事务成功后，提交受理单，这是第二个原子事务。（当然，原子事务的个数依赖于具体的实现。如果在受理单界面上放置两个按钮“保存”和“提交”，那么就是有两个原子事务；如果只放置一个按钮“保存并提交”则是有一个原子事务。本场景假设有两个按钮。）在第二个原子事务中，工作流引擎将依次执行以下的动作：

(1) 将“受理”活动的状态置为“完成状态”；

(2) 创建“受理”—“初审”活动的转移实例，并将转移实例的状态置为“完成状态”；

(3) 创建“初审”活动的实例，并为科长生成待办任务项，同时用手机短信给科长发送一个待办消息（消息的发送形式还可以是站内消息、邮件，以及MSN、QQ、Gtalk等即时消息），告诉其有待办任务需要其审核。

针对上述执行场景，我们来讲述工作流的异常处理策略。处理工作流异常主要遵循以下五个基本策略：忽略（Ignore）、放弃（Abort）、替换（Alternate）、补偿（Compensate）、重试（Retry）。

- 忽略策略

工作流的某个活动在执行过程中，主要行为（例如任务分配行为、调用业务事件行为等）已经执行完毕。此时如果出现异常，但是此异常所产生的行为不影响后续活动的执行，那么此时就可以采用忽略策略：忽略此异常，让活动继续执行，直至转移到其后续活动。那么，这一般会是什么样的异常呢？ 在上面的执行动作中，如果在第(3)步成功为科长生成了待办任务项，但是由于短信网关不可用等某些原因导致手机短信发送失败，则针对这样的异常就可以采用忽略策略，使得“填写并提交购房申请受理单”这个场景能够成功完成。其伪代码如下：

```
do invoke业务事件;
do 给科长分配任务;
try {
    //开始发送待办消息……
    do 发送消息
} catch(Exception e){
    //发送待办消息异常后，不做任何处理，仅仅打印一条日志即可
    log.error(“发送待办消息给科长失败了”);
}
```

为什么这可以采用忽略策略呢？因为发送待办消息只是一个辅助功能，即便发送失败，科长还是可以通过待办列表（todolist）取得待办任务，且此异常对于执行场景中的其他任何行为都不产生影响。需要强调的是，是否采用忽略策略完全取决于业务，如果某个异常对业务没有任何破坏性的影响，就可以采用“忽略”这个基本的处理策略。

- 放弃策略

若在某个活动的执行过程中，出现的异常使得整个活动不能继续执行下去，此时就只有采取放弃策略。实际上，这一策略的本质就是回滚。对于工作流的某个原子活动的某次状态转移来讲，所有的行为（活动本身的执行、此活动节点绑定的事件或服务的执行、任务的分配等）都处于一个原子事务中，因此失败即回滚。

同样来看上述执行场景，如果这三步中的任何一步主要动作执行失败，则都应该采取放弃策略，即放弃本次提交，等待进行再次提交。由于整个“提交”是一个原子事务，因此执行场景中

的三个步骤都可以回滚到未执行前的初始状态。

- 替换策略

在工作流执行过程中，若某个活动执行时出现异常使其不能继续，但存在另外一个可选的活动或另外一条执行路径使得流程可以继续，此时就可以采用替换策略。

在房改购房审批流程中，假设"是否公告"活动在调用规则引擎进行自动决策时，由于规则引擎不可用或者决策表达式错误导致决策失败，那么此时就可以应用替换策略。在此处有两个替换策略：一个是将两个分支全部返回提交界面，让受理人手动进行选择；另一个是返回一个默认的活动（例如返回"公告"，即决策失败时默认进行公告）。

- 补偿策略

补偿是发生在两个原子事务甚至多个原子事务之间；或者说，发生在事务提交之后。在业务操作已经跨越了多个原子事务之后，如果在最后一个事务处发生失败，需要消除对以前的一个或多个业务操作所产生的影响，则必须执行补偿策略。我们将在3.6.4节详细阐述工作流补偿。

- 重试策略

在工作流活动执行的过程中，对于出现异常的活动重新尝试执行，直到活动执行成功，或者达到最大重试次数，这种策略称之为"重试策略"。重试策略一般应用在异步执行的场景中，因为不知道什么时候重试成功，所以不能一直同步等待。例如在上述执行场景的第(3)步中发送消息时，消息可以通过JMS发送到消息中间件（例如ActiveMQ）的队列上，再异步发送到手机网关上。如果向手机发送消息失败，则采用消息中间件的持久化机制将消息存储到数据库，之后不断尝试连接短信网关，直到消息发送成功。

2. 工作流异常处理的三个基本方法

了解了工作流异常处理的五个最基本的策略，那具体怎么应用呢？或者说应用这些策略的方法有哪些呢？目前在工作流异常领域主要有三个基本方法，即失败补偿法、ECA规则法、基于知识库法。

- 失败补偿法

这种方法的基本思想就是每一个活动对应一个补偿活动，这个补偿活动在语义上就是消除（undo）对已执行的活动所产生的影响。当一个活动执行失败时，就启动执行补偿活动（通常是前面活动的逆执行），直到找到一个分支点，使整个过程能继续向前执行。

- ECA规则法

事件描述了潜在异常情况的出现，条件用来表示当事件发生时不同的处理前提，动作是指对异常事件应做出的反应。ECA规则要求对每一具体的异常类别建立相应的规则（也称为触发器），根据发生的异常事件，在满足一定的条件的前提下去调用相应的动作（活动、子过程、人工干预等）。

- 基于知识库法

Mark Klein和C. Dellarocas提出的方法是：先对异常进行分类，定义每一类别的特征，建立起知识库；每个异常有一个“异常探测”处理模板来捕获异常，通过自顶向下的启发式搜索找到异常的原因，再采用相应的过程去处理。这种方法与ECA规则类似，不过这种方法为人机交互处理异常（选择合适的处理方法）提供了更多的信息。

在工作流异常的五个基本处理策略中，忽略、放弃、替换和重试这四个策略相对简单，最复杂的是补偿策略。在接下来的两节中，我们将重点讲述补偿策略。

3.6.4 长事务与补偿

在3.6.1节讲述常规异常时，我们重点讲述了短事务，在工作流中既存在短事务又存在长事务。当工作流的执行出现异常时，处理短事务的基本策略就是回滚；而对于长事务，则必须采用补偿策略来解决。首先来看看长事务。

1. 长事务

即长时间执行的事务。呵呵，是不是太抽象了？再看看更详细的解释。

短事务与长事务

一次人工参与内的所有操作都会在一个短事务中。跨越两次或两次以上的人工参与的事务，就称之为长事务。因为有了人工参与，那么第二次人工参与的时间是未知的（有可能是几分钟，几个小时，几天甚至是几周，几个月），因此第一次人工参与的事务不可能不提交一直在那等待。短事务在提交后，数据（包括工作流自身的数据和业务自身的数据）就会进行持久化保存。短事务能够进行回滚的原理是，只有所有的执行都成功了，才会进行事务提交，只要有失败的情况，就不提交事务，因此数据也就根本没有进行持久化，所以回滚的是短事务而不是数据。第二次人工参与只能再开启另一个短事务，此时，如果本次人工参与失败了，或者参与者想把流程驳回到上一个参与者那里，那么在第一个参与者所操作的数据已经进行持久化保存的情况下，想让数据恢复到本次操作前的状态，满足ACID属性的原子事务也就无能为力了。在当前场景中的这两个事务合并在一起就是一个长事务了。因此长事务其实就是由多个短事务组成的。

明白了短事务与长事务的区别，自然也就清楚了，为什么短事务可以直接回滚，而长事务不能用回滚，只能用补偿。

2. 补偿

顾名思义，补偿就是在出现异常的情况下，对发生过的事情进行补救或偿还。用技术语言描述就是：对一个服务的调用，在后续的失败之后，对前续的那个服务调用产生的影响进行消除。工作流补偿就是在工作流执行的过程中，在某些特定的场景下（例如工作流执行失败了或者工作流进行了驳回），对失败或驳回等非正常执行动作所做的补偿。补偿的目的就是使事情（具体来说就是工作流和业务的数据状态）能够回到当前动作发生前的状态。

为什么不用回滚呢，数据库的事务在发生失败时，是可以自动回滚的，干嘛还费劲巴拉的搞什么补偿呢？其实在上节长事务与短事务的区别中已经有答案了，我们再具体从回滚与补偿这两个处理策略的发生的时间和触发方式两个角度总结一下。

回滚与补偿的区别：

- 发生时间。回滚是事务提交前，补偿是事务提交后；
- 触发方式。回滚往往是系统级的自动发生的异常，而补偿往往是人为触发的异常（例如驳回或者取消购房申请）；

3. 补偿的具体实现

补偿一般都是基于事件驱动的，即在异常（此处异常是广义上的，如流程驳回也可以称之为异常）发生时，通过异常事件去触发执行驳回事件。驳回事件由业务系统提供，以数据库的CRUD（Create、Read、Update和Delete）操作为例，插入的补偿操作是删除、更新的补偿操作是另一次更新。一句话，“原有业务操作的逆操作即定义为补偿操作”，例如原业务操作是加法操作，减法操作就可作为补偿操作。对于实例层面的补偿实现，将在本书第10章进行讲解。

3.6.5 大规范中的补偿

在2.3节中，我们提到工作流的相关规范有XPDL规范，除此之外，还有BPEL规范及BPMN规范（这两种规范将分别在第6章和第7章中讲解）。本节我们将阐述补偿在这三大规范中的具体操作。

1. XPDL中的补偿

XPDL 2.1规范定义了补偿活动和补偿事件，以此来实现业务流程的补偿。补偿事件可以是开始事件、中间事件或结束事件。如果在补偿事件中指定了特定的活动，则只对这一个活动进行补偿；如果没有指定，则补偿会在当前流程实例的所有活动上进行，包括它的父流程和子流程。XPDL 2.1规范并没有详细给出各种补偿行为的实现及触发机制。

2. BPEL中的补偿

BPEL规范通过补偿处理器（Compensation handler）、补偿活动（Compensate activity）和错误处理器（Fault handler）三个概念，一起实现业务流程中的补偿功能。

- 补偿处理器

在BPEL规范中，长事务被封装在作用域内，而作用域是可嵌套的。作用域实际上就是一些分组的结构化活动，它为这组活动定义一个公共的执行上下文。在作用域及其父作用域之间，通过WS-Transaction规范中的一致性协议（agreement protocol）来确定作用域所代表的长期运行的事务的结果。通过作用域机制，将发生异常时需要被一起撤销的活动定义在成一组活动集，活动集是一些工作单元和一些事务。封装了补偿逻辑的处理器被称为补偿处理器，补偿处理器可以定义在作用域内，也可定义在一个Invoke活动上，如下。

在作用域内定义补偿处理器：

```
<scope>
    <compensationHandler>
        <invoke partnerLink="Seller" portType="SP:Purchasing"
                operation="CancelPurchase"
                inputVariable="getResponse"
                outputVariable="getConfirmation">
            <correlations>
                <correlation set="PurchaseOrder" pattern="out"/>
            </correlations>
        </invoke>
    </compensationHandler>
    <invoke partnerLink="Seller" portType="SP:Purchasing"
            operation="SyncPurchase"
            inputVariable="sendPO"
            outputVariable="getResponse">
        <correlations>
            <correlation set="PurchaseOrder" initiate="yes"
                    pattern="out"/>
        </correlations>
    </invoke>
</scope>
```

在invoke活动上定义补偿处理器：

```
<invoke partnerLink="Seller" portType="SP:Purchasing"
                            operation="SyncPurchase"
                            inputVariable="sendPO"
                            outputVariable="getResponse">
    <compensationHandler>
        <invoke partnerLink="Seller" portType="SP:Purchasing"
                                    operation="CancelPurchase"
                                    inputVariable="getResponse"
                                    outputVariable="getConfirmation">
    </compensationHandler>
</invoke>
```

在前文对于短事务的讲述中，我们已经知道，在短事务中，多个原子操作要么全部完成，要么全部回滚。长事务也遵循同样的约束，即作用域中进行的活动要么全部完成，要么全部被补偿。

- 补偿活动

一个补偿活动会触发一个或多个补偿处理器。通常有两种使用补偿活动的方法：一种是不指定任何作用域或调用活动；另一种是指定特定的作用域或调用活动。补偿活动只能在父作用域的faultHandlers和compensationHandler活动中调用。

- 错误处理器

有两种使用错误处理器的方式：一种是使用默认的错误处理器，另一种是自定义错误处理器。

- ❑ 默认错误处理器。它可以捕获所有类型的错误，也可以只捕获特定错误名称、特定错误变量的错误，此时如果没有找到匹配的错误定义，则启用默认错误处理器。默认错误处理器会以与当初执行时相反的顺序来补偿所有封装在当前作用域内的已经成功完成的活动，并重新向下级抛出错误。

- 自定义错误处理器。它可以包含任意的活动。需要注意的是，当我们建模一个自定义错误处理器时，被封装起来的活动的补偿是不能被自动触发的。

3. BPMN中的补偿

BPMN 2.0规范中也定义了补偿处理器、补偿活动、补偿事件、补偿事件子流程几个概念来实现业务流程补偿。

3

- BPMN 2.0规范中的补偿实现

- 补偿处理器。补偿处理器可以是一个补偿事件子流程，也可以是一个关联的补偿活动。一个补偿处理器是一些活动的集合，这些活动不会连接到BPMN模型中的其他部分。在补偿处理器中，补偿是被一个抛出的补偿事件所触发的。补偿的关键在于怎么恢复到以前的状态，因此这就需要记录长事务中的各个短事务提交前对应的数据。值得一提的是，BPMN 2.0规范中提到了“快照数据”（snapshot data）的概念，就是为了能记录各个短事务提交前对应的数据快照。
- 补偿事件。补偿处理器是由捕获的补偿事件启动的，这个补偿事件同时也是一个边界事件，或者可能是一个补偿事件子流程。
- 补偿活动。通过边界事件连接的补偿处理器，只能对原始活动执行“黑箱式”的补偿。这种补偿被建模为一种特定的补偿活动。
- 补偿事件子流程：一个补偿事件子流程包含在一个流程或子流程的内部，能够访问其父流程的数据以及父流程完成时刻的快照数据。

- BPMN 2.0规范中补偿的触发

补偿是由抛出的补偿事件来触发的，当然也可以被中间事件或者结束事件来触发。通常补偿事件会指定需要补偿的活动。如果在全局的上下文中没有指定特定的活动，则流程中的所有活动都将被补偿。补偿默认设置为同步触发，如果不想同步触发，则将抛出补偿事件的waitForCompletion属性设置为false即可。

3.7 本章小结

本章首先讲述了模式的起源、发展历程及分类，然后以房改购房的审批流程为例，分析了控制模式的应用。之后分析了资源模式、数据模式、异常模式，并进行相关的应用讲解。模式是流程的灵魂与精髓，只有深入掌握了模式，才能真正设计与实现一个好的流程。很多流程建模是严重依赖于流程的模式实现的，因此如果没有深刻地掌握模式，就妄称是什么流程咨询专家，是很可笑的，你只能是一个“砖家”，设计或建模出来的流程只能被束之高阁，成为一堆无用的废纸或电子文档。只有掌握了模式，才能掌握流程的精髓。

第4章

工作流的产品实现

在本章，我们一起来看工作流产品的实现。至此，我们已经深入学习了对工作流的概念、模式和应用。是不是了解了这些，我们就能够自己动手开发一个完整的工作流产品了呢？当然是不够的。那么，怎样才能够具备这种能力呢？答案就是，要研究一些优秀的开源产品。通过深入学习和分析这些优秀的开源产品，逐步加强自己的开发能力。本章包含四部分内容：首先以开源的jBPM为例，通过深度解析其分层架构、流程定义模型、过程调度、运行期环境和对外服务这五个方面，使我们全面了解完整的工作流产品的实现，也为自己动手开发打下良好的基础；接着以jBPM 4为例，讲解怎样应用jBPM 4来解决中国特色的流程需求；在此之后，我们给出工作流的选型标准，供大家在对商业的工作流产品进行选型时作为参考之用；最后谈谈我们对国内工作流公司发展的思考。

4.1 开源实现之 jBPM

流行的开源工作流产品包括了jBPM、Activiti、Enhydra Shark、OSWorkflow、Intalio、uEngine以及国内的Fire Workflow，在这众多开源产品中，无论是从功能，还是社区和成熟度进行比较，jBPM无疑都是其中的翘楚。因此，我们的关注点就将集中在jBPM上。jBPM到目前已经发展到第5个版本了，其中jBPM 3和jBPM 4是最成熟和使用最广泛的版本，jBPM 5.4已于2012年11月27日正式发布了。我们首先概述一下jBPM的发展历程，接下来会对jBPM 4的技术实现进行深度的解析。

4.1.1 jBPM 综述

对jBPM来说，在版本4向版本5过渡的时候发生了一个令人意想不到的事件，就是jBPM的创建者Tom Baeyens离开了JBoss。Tom Baeyens离开的具体原因尚不清楚，但他的离开产生了两个结果：一是jBPM的下一个版本jBPM 5完全放弃了jBPM 4的基础代码，基于Drools Flow重头来过；二是Tom Baeyens加入Alfresco后很快推出了新的基于jBPM 4的开源工作流系统Activiti。由此不难推测Tom Baeyens离开的部分原因：JBoss内部对jBPM未来版本的架构实现产生了严重的意见分歧。更加巧合的是，2012年12月1日Activiti 5刚发布，jBPM 5就在12月2日发布了第一个候选发布版本，jBPM与Activiti之间的微妙关系可见一般。

在本节里，我们将一起回顾jBPM从jBPM 3到jBPM 5以及Activiti 5的发展历程，我们可以清晰地看见jBPM（包括Activiti）设计所遵循的一致原则：强调流程服务的可嵌入性和可扩展性。同时，从各个版本之间的变化也能看见产品设计思路的变化：更加强调面向业务人员，增加BPMS特性。

嵌入式还是独立部署？

不管是jBPM还是Activiti，都强调了流程服务的可嵌入性。Tom Baeyens在其个人博客里称作为独立部署的BPMS已死，原因有两个：一是独立部署的BPMS需要很高的安装使用成本，需要独立部署，需要用户支出大量的培训成本和维护成本；二是独立部署的BPMS与外部系统的交互方式是分布式，这使得很多问题变得复杂，例如分布式事务。Tom Baeyens代表了相当一部分人，特别是开发人员的观点。

Tom Baeyens没有完全理解BPMS。什么是BPMS？BPMS最重要的目标就是需要打破各个应用系统（CRM、ECM、ERP、SCM）之间的界线，将分散在这些系统中的流程集中管理，这是BPMS的实质。一如流程再造，打破各个部门之间的壁垒，减少浪费，建立流程驱动性的组织。

BPMS所要解决的问题要求其必然是独立部署的。Tom Baeyens错误认识的根本原因在于其只从开发人员的角度思考了BPMS，他如此定义BPMS：BPMS旨在简化对组织核心流程进行支撑的软件创建；也就是BPMS面向的是软件开发人员，旨在简化他们的开发，降低他们使用流程的门槛。

而BPMS真正所要解决的问题是面向企业管理的，是怎样以业务流程为中心全面串联企业的经营活动。集成，是BPMS的核心特性。

jBPM 4、jBPM 5和Activiti 5都增加了其BPMS特性。什么特性能够称为BPMS特性呢？我们看看BPMS所要解决的问题，为解决这些问题所增加的特性就是BPMS特性。

问题一：我们如何设计流程？如何在组织中高效地对设计出的流程进行沟通，取得共识？

- 提供跨越组织的流程标准标记符号与术语（BPMN已经成为标准）。
- 流程及相关文档的可视化（流程/内容存储仓库）。
- 提供在组织结构内进行不同层次之间的流程导航（流程存储仓库支持组织模型）。
- 流程定义在各个层次/部门间的一致性，避免业务人员的流程建模转换到IT系统时受到损耗（流程引擎支持基于图的建模，支持扩展）。

问题二：我们如何更好地执行流程？

- 业务活动的实时监控，预警与控制（BAM）。
- 流程执行的仿真。
- 流程执行的统计分析与反馈（报表）。

问题三：我们如何更好地管理流程？

- 打破各个应用系统之间的界线，统一管理所有流程（EAI与ESB的集成，与主流ERP、企业管理软件和财务软件进行集成的专有支持）。
- 对业务人员友好的建模工具。

问题四：我们如何在执行流程过程中遵循业内最佳实践和规则？

- 面向流程的知识管理。
- 规则引擎。

1. 完整的工作流实现jBPM 3

jBPM 3的最新版本是3.2.7，包括了以下组件：基于Eclipse的流程设计器、用于监控流程实例（流程实例）和处理任务的Web控制台，以及jPDL核心库，如图4.1所示。

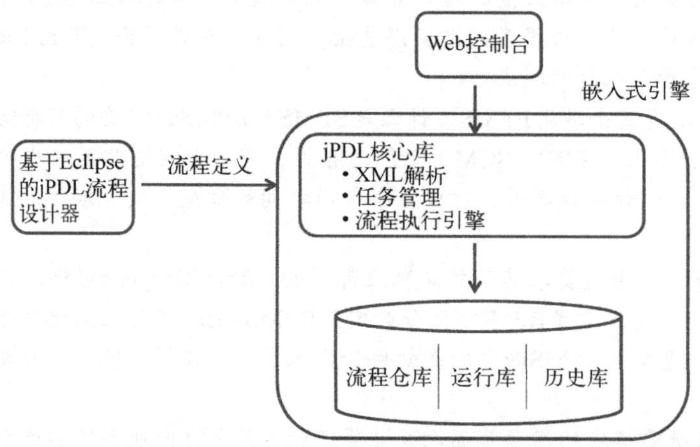

图4.1　jBPM 3组件（图片来源jBPM网站，版权归jBPM组织所有）

- 基于Eclipse的流程设计器

提供给开发人员绘制jPDL流程图，因为该设计器基于Eclipse，所以生成的流程文件可以与开发代码一起组织管理，非常容易进行单元测试。实现了工作流管理系统参考模型里的接口1。

- Web控制台

主要有两个功能：一是作为工作流客户端应用接口，给用户提供一种手段，以处理流程实例运行过程中需要人工处理的任务；二是对流程实例的状态进行监控与管理。实现了工作流管理系统参考模型里的接口2和接口5。

● jPDL核心库

jPDL核心库是一个单独的JAR包，可以嵌入到目标应用中执行，它包括

- 流程仓库：解析jPDL流程定义文件并存储读取；
- 流程引擎：对流程定义进行初始化和调度执行，节点的运行期行为与jPDL里定义的节点类型一一绑定；
- 任务管理：生成活动节点所对应的工作项，管理工作项的生命周期（初始化、分配执行者、执行、挂起、结束、终止）；
- 事件管理：发布流程实例和活动的开始、结束事件，通过监听者模式调用相应的事件处理器；
- 异步执行机制：通过线程实现了Job Executor，进行异步工作的处理，这些工作包括了时间处理、异步动作。
- 身份组件模型：实现了一套简单的身份组件模型，包括了组、用户和权限。

通过调用自定义Java代码实现了对外部应用的调用，从而实现工作流参考模型中的接口3。

jBPM 3是一个轻量级的嵌入式工作流系统，它在Java社区的成功得益于两个方面：一是嵌入式，这降低了使用工作流的门槛；二是对开发人员友好，这表现在易读的jPDL、流程的可测试性（Eclipse插件）以及节点行为的可扩展性，我们可以非常容易地在流程运行中加入自己定制的行为（通过事件处理器和Action）。jBPM 3面向开发人员，它解决的问题是流程的自动化，它的影响力集中在Java开发社区，是一个完整的工作流系统实现。

2. 向BPMS努力的jBPM 4

与jBPM 3相比，jBPM 4最大的变化是引入了流程虚拟机（PVM），同时增加了BPMS的特性。jBPM 4不再满足于工作流系统的定位，开始向BPMS努力。

● 为什么引入流程虚拟机

尽管jBPM 3在Java社区取得了很大的成功，但是有一件事始终被人们诟病，那就是它不支持流程语言规范，从最开始的XPDL、BPEL到后来的BPMN，它采用了自定义的jPDL。在jBPM 3中，节点的运行期行为与jPDL里定义的节点类型是一一绑定的，这造成了流程引擎与特定流程语言的绑定，要支持其他的流程语言变得困难。于是在jBPM 4中，jBPM提出了流程虚拟机的概念，即流程引擎与流程语言解耦，通过一套通用的流程模型并配以可定制的节点运行期行为实现了对多流程语言的支持。

流程虚拟机带来的好处是多方面的。第一也是最重要的是jBPM 4支持了BPMN。

第二是实现了基于流程组件的流程引擎，流程图（语言）与实现解耦，我们使用通用编程语言实现节点运行期行为，称之为流程组件，通过将流程图与流程组件挂接，避免了图的损耗。在这一点上，Tom Baeyens对BPMN到BPEL的转换提出了一针见血的批评：BPMN和jPDL以及XPDL都是基于图的，而BPEL是基于块的，这造成了在将业务人员使用BPMN所建立的流程模型向BPEL执行模型进行转换时，出现许多的不匹配，最初的流程模型会扭曲变形。而扭曲的后果就是业务人员与开发人员之间的协作困难，这影响了流程从业务到技术的实现。

第三个好处是我们可以定义领域特定语言（DSL），在特定的应用里，采用DSL约定并隐藏了大部分的技术细节可能做到业务人员对执行流程的直接修改，例如企业文档管理里的审批流程。

- BPMS特性的加入

这表现在三个方面：第一是支持了BPMN，BPMN已经成为业务人员的流程建模标准；第二是引入了Signavio作为面向业务人员的Web建模器；第三是在已有的Web管理控制台加入了对流程实例和任务的统计功能。jBPM 4的组件如图4.2所示。

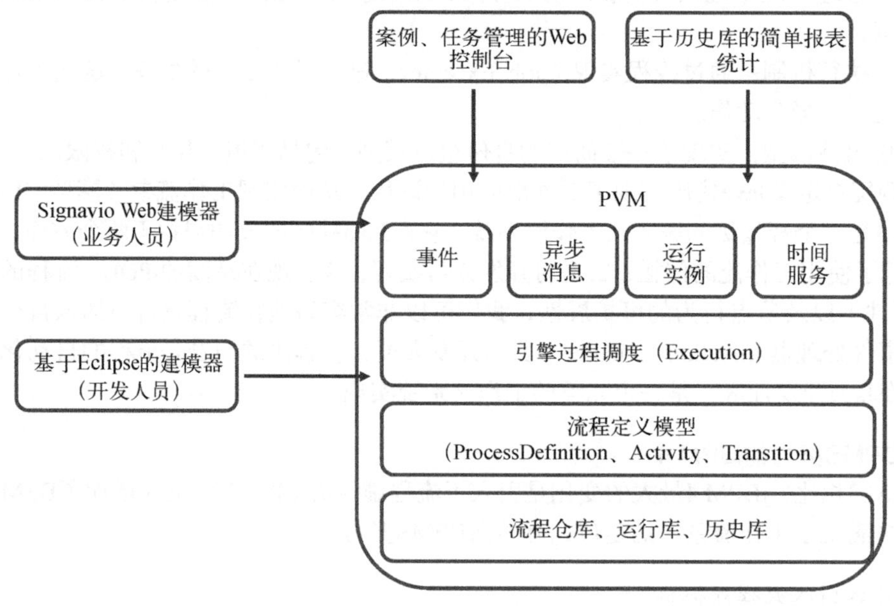

图4.2 jBPM 4组件

和jBPM 3一样，jBPM 4依然是轻量级的、可嵌入的工作流系统。相比jBPM 3，它将业务人员作为最终用户之一，增加了部分BPMS特性，同时PVM的引入使得它的可扩展性得到了极大的增强，我们甚至可以定义自己的DSL。

在BPMS特性里，我们提到了应该避免业务人员的流程建模转换到IT系统时受到损耗，最理想的情况是业务人员与开发人员共用一个流程模型，业务人员能够直接对流程进行调整（在特定应用中，通过DSL是可以做到的）；其次是通过BPMS将业务人员的模型与实际执行的技术模型关联起来（很多商业产品已经做到了这一点，在Activiti 5中我们也会看到这一点），业务人员、开发人员以及运营团队之间能够做到很好的协调；最差是业务人员与开发人员各自为政，独立维护各自的流程模型，并且模型之间存在极大的不匹配，此时流程的敏捷变化基本上是奢望。

- 鸠占鹊巢的Drools Flow与jBPM 5

jBPM 5基本上完全抛弃了jBPM 4的代码，所有代码全部来自原先的Drools Flow。Drools Flow

最初被用来解决规则执行顺序的问题。其实从Drools Flow开始支持BPMN时起，我们已经预感到它与jBPM的竞争关系。

jBPM 5依旧定位为轻量级的可嵌入的工作流系统。在jBPM 5的特性里，有两条引人关注：一是引入了Guvnor作为流程仓库，这解决了流程的可视化问题，流程定义作为资源被管理，我们可以对流程定义进行可视化管理以及全文检索（Guvnor使用Jackrabbit作为了其存储实现，但我们的经验表明Jackrabbit在大数据量情况下性能存在严重问题）；第二是规则引擎（Drools Expert）、事件处理引擎（Drools Fusion）与流程引擎的合三为一，这是jBPM 5最让人期待的地方。jBPM 5的组件如图4.3所示。

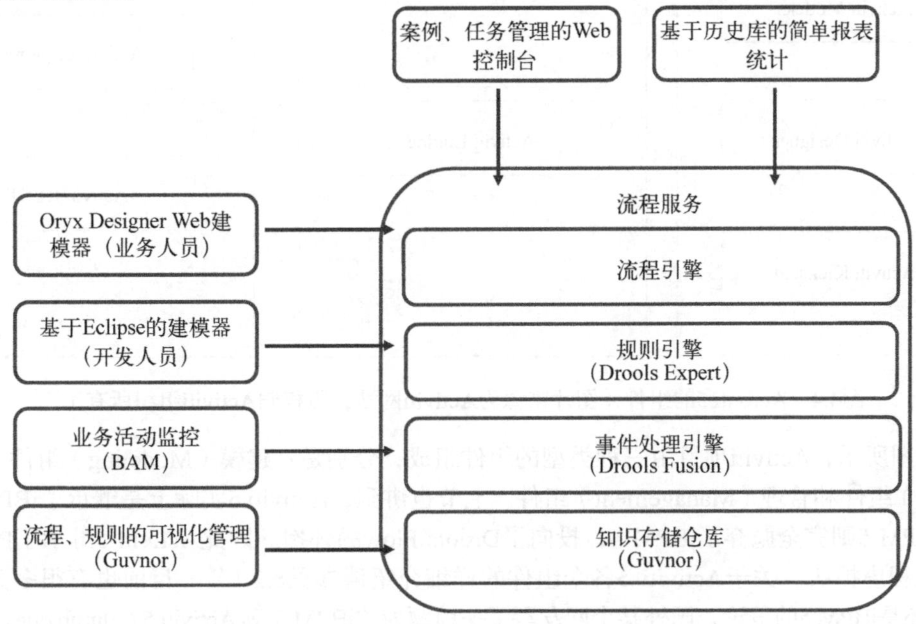

图4.3 jBPM 5组件

规则引擎在流程中的应用已经非常广泛了，而事件处理引擎是BAM（关于BAM请参阅6.4节）的基础，在大多数BAM的技术实现方案中都基于支持复杂事件处理（CEP，Complex Event Processing）和事件流处理（ESP，Event Stream Processing）的引擎来实现BAM的功能。

与jBPM 4相比，jBPM 5对PVM的放弃也带来了几个不小的问题：第一是对开发人员来说只支持BPMN，不再支持jPDL（当然提供了迁移工具）；第二是流程执行的可扩展性回到了jBPM 3的年代，仅仅支持自定义动作（相当于jBPM 3里的Action）；第三，Web建模器由Signavio替换为了Oryx Designer。

总而言之，jBPM 5通过引入流程仓库和BAM继续向BPMS迈进（目前的进展是与流程仓库的集成还未完成，BAM仅仅基于日志进行分析），同时由于不再支持PVM和jPDL，带来了流程扩展性的降低和社区开发人员的未来流失。

3. Activiti 5的反击

Activiti 5是Tom Baeyens加入Alfresco后推出的新的基于jBPM 4的开源工作流系统。Activiti的开发团队比jBPM强大了许多，目前有18位核心开发者。关于Activiti 5，我们将在8.2节中详细介绍。与jBPM相比，Activiti 项目具有更多的BPMS特性，更像一个成熟的BPMS产品。我们这里仅简单介绍Activiti 5的组件，如图4.4所示。

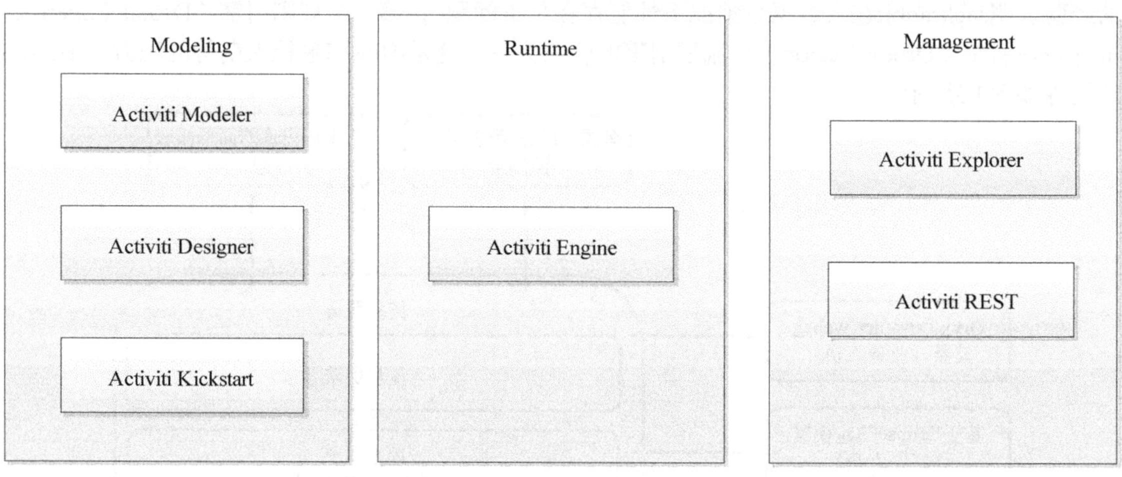

图4.4 Activiti 5的组件（图片来源为Activiti网站，版权归Activiti组织所有）

如上图所示，Activiti项目由三种类型的组件组成，分别是：建模（Modeling）组件、运行时（Runtime）组件和管理（Management）组件。上节也讲到，Activiti 5实际上是继承了jBPM 4的衣钵，而jBPM 5则完全抛弃了jBPM 4，投向了Drools Flow的怀抱。因此Activiti 5继承了PVM，继续支持流程虚拟机。关于Activiti 5各个组件的详细介绍请参见8.2.1节。目前也有很多关于选择Activiti 5还是jBPM 5的争论，国外某个网友写了一篇题为“jBPM 5 vs Activiti 5？ dumb question？”[①]的文章，感兴趣的读者可前往阅读。

4. 总结

jBPM 3是一个完整的工作流系统实现，面向开发人员，目的在于简化对组织核心流程进行支撑的软件创建，不支持标准。

jBPM 4引入PVM，使其拥有更强大的扩展性，同时增加BPMS特性，这些特性包括了对BPMN的支持，并加入了面向业务人员的Web建模器和简单统计分析功能。

jBPM 5基于原先的Drools Flow，支持BPMN，通过与Drools的合并支持BAM，通过内容仓库增加对流程可视化的支持。由于放弃了jBPM 4的PVM，引擎的可扩展性受到损害，并且不再支持jPDL。目前还不成熟，不建议使用。

① http://www.plugtree.com/jbpm5-vs-activiti5-dumb-question/。

Activiti 5基于jBPM 4，与Alfresco的集成增加了其流程可视化与管理能力，同时通过创新的Activiti Cycle协作组件支持流程相关人员之间的协调，最后，它加强了集成能力。

4.1.2 深度解析 jBPM 4

jBPM 4的最新版本是4.4，其最核心的组件是流程虚拟机（PVM）。PVM是一种可嵌入的、支持多流程语言的原生独立技术，在jBPM 4中，它是一个用来构建和执行流程图的简单Java类库，是各种工作流、业务流程管理和编制流程语言的基础。流程语言是一套活动类型的集合，一个活动实现运行期行为并且对应一个活动类型。因此在PVM上建立一个流程语言就和创建一套活动实现一样简单。需要注意的是，PVM并不等于一个完整的工作流系统。简单地说，PVM包括了流程执行的运行期环境、流程定义模型、流程模型执行过程调度机制以及对外暴露的相关服务接口，其中在流程执行过程调度中则相应涉及事件、异步消息、时间服务和流程运行实例的持久化等。对于工作流系统而言，除此之外，还包括了流程建模工具、流程执行监视和控制工具、报表工具等。PVM是jBPM 4的执行内核。

在本节里，我们将分为5部分对jBPM 4的PVM进行介绍，这5部分分别是PVM的分层架构、流程定义模型、引擎执行调度、运行期环境以及如何扩展使PVM支持多流程语言。

1. PVM的分层架构

PVM从下至上分为了四层，分别是运行期环境、流程定义模型、引擎过程调度和对外提供的服务，如图4.5所示。

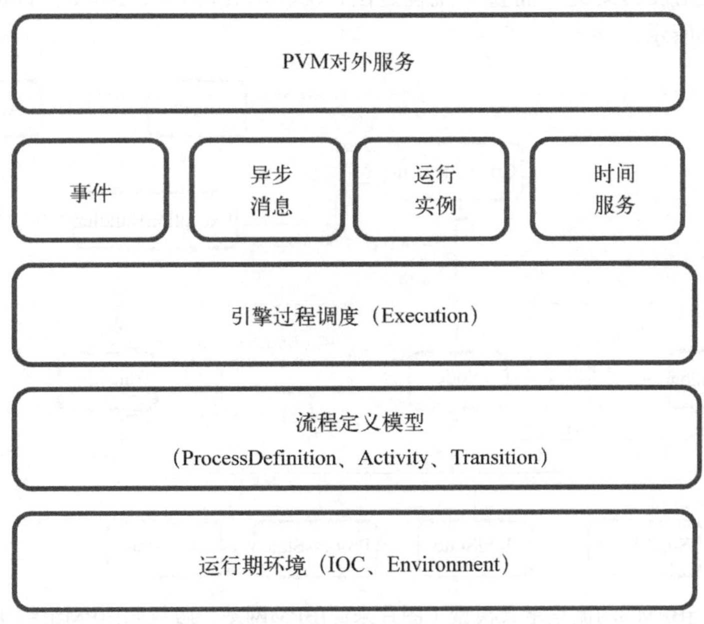

图4.5 PVM的分层架构

- 运行期环境。万物生长靠太阳，但同时也离不开空气和水，这些共同构成了生物生存的环境。应用程序也是如此，离不开对组件的查找和调用，离不开数据库和事务。在PVM提供的运行期环境里，最重要的两部分分别是IOC容器和Environment的线程绑定机制。IOC容器负责初始化和保存相关组件，Environment类的实例则负责引用IOC容器，并通过线程绑定为引擎执行提供方便和一致的使用IOC容器的方式。
- 流程定义模型。对流程图进行描述的建模。jBPM 4里最重要的是三个领域模型类：ProcessDefinition、Activity和Transition，分别对应着流程定义、活动定义和转移线定义。与jBPM 3相比，Activity取代了原先的Node。
- 引擎过程调度。这实际就是通常所说的工作流引擎了，也是整个PVM的核心。它负责对流程定义模型进行解释并执行，在jBPM 3中采用的是Token机制在各个节点和转移线间记录状态并移动，jBPM 4与之类似，不过它的核心类改为Execution，由Execution记录当前流程执行的位置并触发流转。在引擎过程调度的过程中涉及事件处理、异步消息、时间服务以及运行实例的持久化。
- 对外服务。这里的服务指的是提供给应用程序所调用的接口。jBPM 4通常嵌入到应用程序里提供流程服务，这些服务包括了部署流程定义、启动/触发流程实例和历史运行数据查询。

2. PVM的流程定义模型

与jBPM 3相比，jBPM 4的流程定义模型发生了很大的变化。在jBPM 3中，GraphElement是流程图中所有流程元素的父类，而整个流程是由ProcessDefinition、Node、Transition三个主要模型类构成，如图4.6所示。

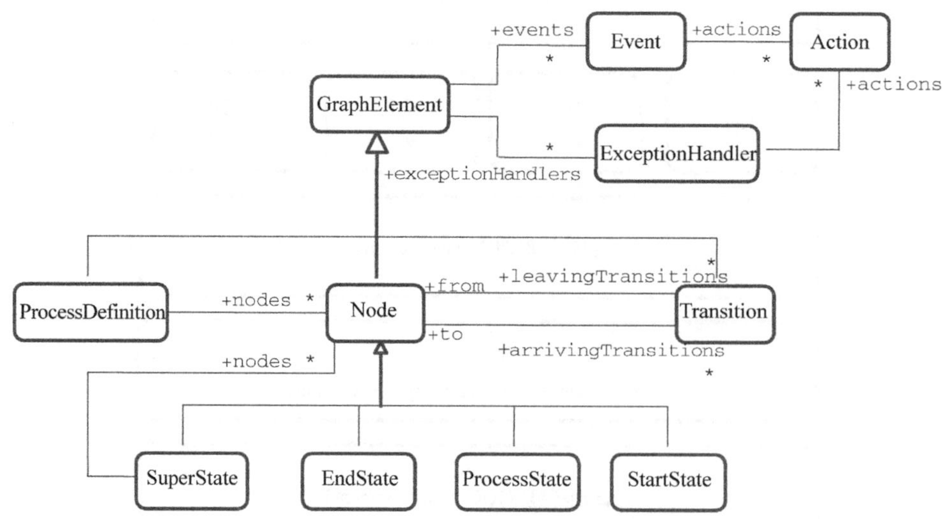

图4.6 jBPM 3的流程定义模型（图片来源jBPM网站，版权归jBPM组织所有）

Node的子类则包括了jPDL所支持的所有节点类型，如图4.7所示。

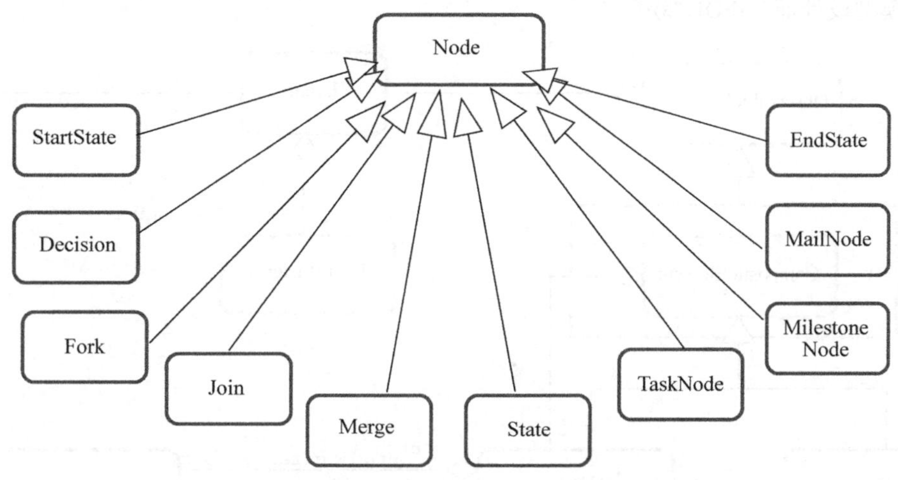

图4.7 jBPM 3中不同类型的节点

而在jBPM 4中，位于最上层的是ObservableElement，其提供给流程元素以附加Event（事件）的能力。在ObservableElementImpl（ObservableElement的实现类）里，它持有一个events的集合属性。对于流程元素来说，典型的事件有：流程启动/结束，节点启动/结束和转移线执行（take）。

Event又做了些什么呢？EventImpl（Event的实现类）透过EventListenerReference实例的集合持有EventListener实例。这样在引擎执行过程调度时，就能非常容易地通过流程元素本身获取事件监听器，并在相应的时候执行它们。

和传统的观察者模式一致，EventListener接口有且只有一个方法：

```
void notify(EventListenerExecution execution) throws Exception;
```

紧接着ObservableElement的是CompositeElement，其扩展了ObservableElement接口。它包括了以下3个方法：

```
List<? extends Activity> getActivities();
boolean hasActivity(String activityName);
Activity getActivity(String activityName);
```

很明显，它持有了Activity的集合，对于ProcessDefinition来说，这是一件很自然地事情：流程定义包含多个节点定义。而Activity则实现了嵌套，能够支持结构块。ProcessDefinition和Activity分别继承自CompositeElement，Activity和Transition建立起双向关联，这三者是工作流领域模型里的标准建模，如图4.8所示。

与jBPM 3的Node不同，Activity并没有一系列与活动类型对应的子类。以jPDL为例，StartActivity、StateActivity、EndActivity等各节点实现的是ActivityBehaviour和ExternalActivityBehaviour接口，即这些节点实现的是运行期行为，并不是新的流程定义模型，而Activity则通过持有ActivityBehaviour实现各种类型节点的运行期行为，如图4.9所示。即PVM通过固定流程定义模型，暴露活动运行期行为接口而实现了对多流程语言的支持。如图4.10所示，PVM支持了BPMN。jBPM 3则由于其的流程定义模型设计而与jPDL绑定。

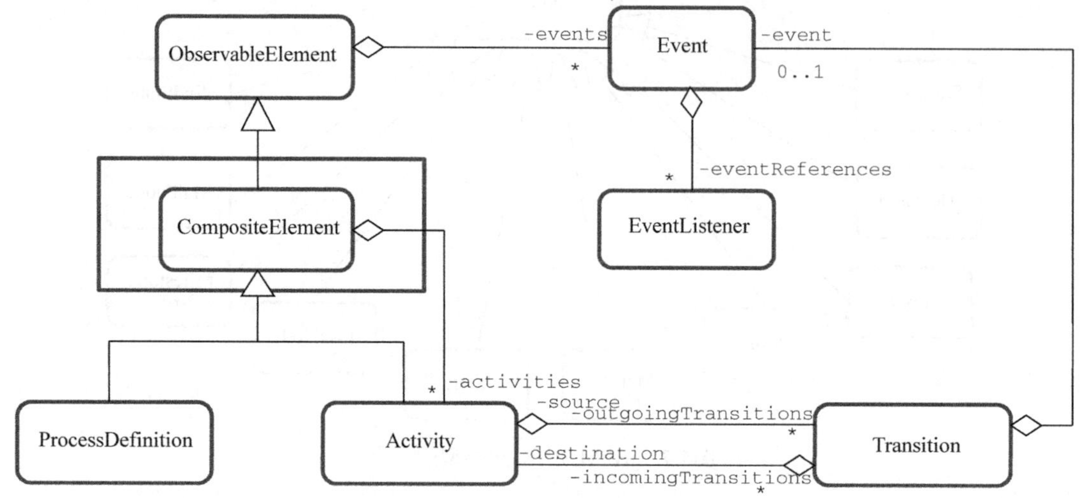

图4.8　jBPM 4的流程定义模型

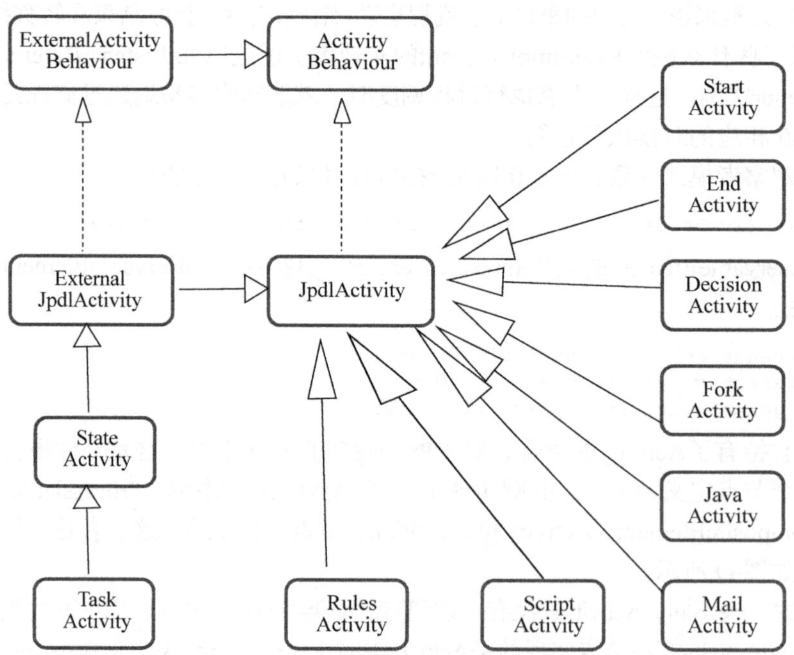

图4.9　jPBM 4的jPDL运行期模型

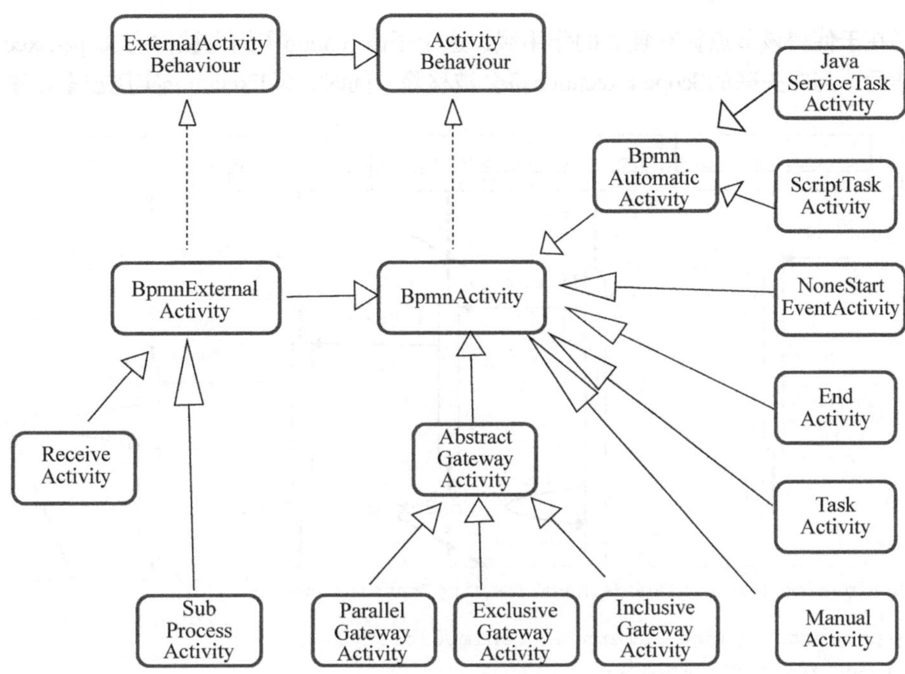

图4.10 jPBM 4的BPMN运行期模型

3. PVM的过程调度

jBPM 3的核心调度算法是基于Token机制的，如图4.11所示，在运行期使用Token在Node实例之间流转，依靠Token的触发来推进流程，这个Token源自于Pertri-net，感兴趣的读者可以参阅Pertri-net中的Token及Place。

jBPM 4则采用Execution实例来记录当前流程执行的位置，并通过移动Execution实例来推动流程的流转。Execution实例通过activity和transition属性来记录当前位置。

```
/** 缓存当前活动的位置 */
private ActivityImpl activity;
/** transition 默认不持久化*/
protected TransitionImpl transition;
```

Execution对象是可以嵌套的，即会存在一种父子关系构成树状结构，任何时间只有叶子Execution实例处于活动状态。最上层的Execution实例称为根Execution，jBPM 4里，根Execution即为流程实例（在jBPM 3里，记录流程执行位置的Token和流程实例ProcessInstance是独立分开的）。

在两种情况下，Execution实例产生子Execution实例。一种情况是流程定义里存在并发路径，此时Execution实例会根据并发的路径个数产生相应的子Execution实例，子Execution实例执行完毕并汇聚后则触发它们的父Execution实例继续流转。另外一种情况是节点定义存在自己的变量定义和时间服务定义，则执行该节点时会为该节点产生一个独立的子Execution实例，产生该Execution

实例的目的在于使得该节点拥有独立的作用域，这个子Execution实例也被称为Scope Execution。节点执行完毕后，与之关联的Scope Execution将会被移除，同时，父Execution实例被重新激活流转。

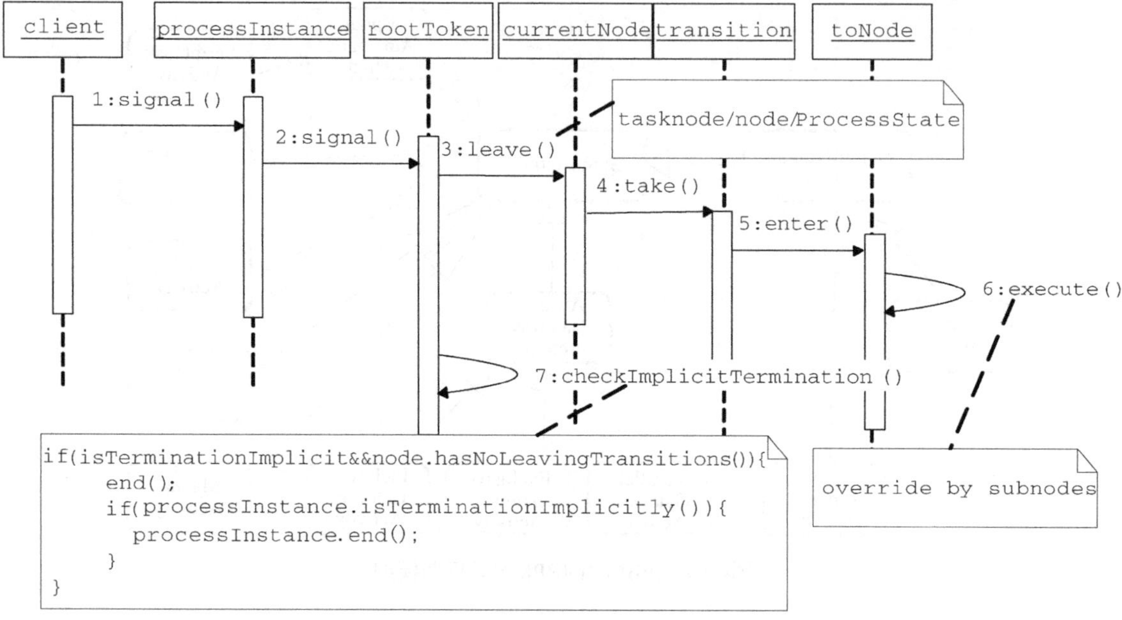

图4.11　jBPM 3基于Token的过程调度

- **Execution的移动**

Execution实例的移动操作被封装在原子操作AtomicOperation里，如图4.12所示。Execution实例通过执行AtomicOperation来推动其的转移。

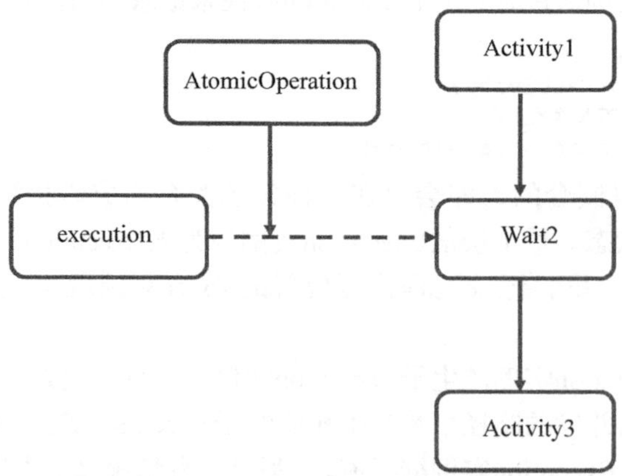

图4.12　Execution通过原子操作进行移动

移动Execution实例的AtomicOperation有七种，如图4.13所示。

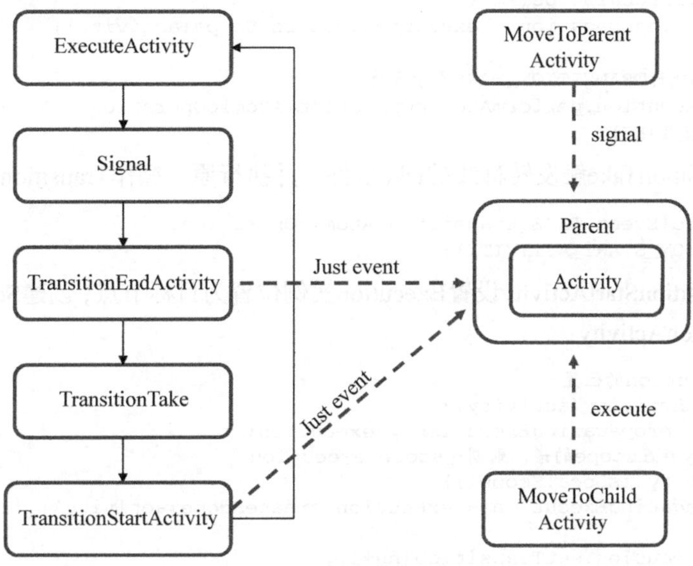

图4.13 七种原子操作

原子操作ExecutionActivity执行节点的运行期行为。节点的运行期行为委派给ActivityBehaviour实现。jBPM 4存在两个对节点行为进行扩展的接口，分别是ActivityBehaviour和ExternalActivityBehaviour 。ActivityBehaviour的execute方法在节点被执行时调用；ExternalActivityBehaviour继承自ActivityBehaviour，多出一个signal方法，在节点处于等待状态被触发流转时调用。ExecutionActivity的执行代码为：

```
ActivityBehaviour activityBehaviour = activity.getBehaviour();
activityBehaviour.execute(execution);
```

原子操作Signal执行节点定义的运行期signal方法。Signal的执行代码为：

```
ExternalActivityBehaviour externalActivityBehaviour = (ExternalActivityBehaviour)
activity.getBehaviour();
externalActivityBehaviour.signal(execution,signalName, parameters);
```

signal方法调用Execution实例的take方法，将Execution实例移动至给定的转移线上。下面的代码是jPDL里StateActivity类的signal方法：

```
execution.take(transition);
Execution的take方法设置Execution实例位置，并执行原子操作TransitionEndActivity:
//设置当前execution的位置
setTransition((TransitionImpl) transition);
//触发事件，执行TRANSITION_END_ACTIVITY原子操作
fire(Event.END,getActivity(),AtomicOperation.
TRANSITION_END_ACTIVITY);
```

原子操作TransitionEndActivity销毁移出节点的Scope Execution，执行原子操作TransitionTake：

```
//如果activity存在scope execution的话，则销毁，返回父execution
if (activity.isLocalScope()) {
      propagatingExecution = execution.destroyScope(activity);
}
//父execution执行TRANSITION_TAKE原子操作
propagatingExecution.performAtomicOperation(AtomicOperation.
   TRANSITION_TAKE);
```

原子操作TransitionTake触发转移线的take事件，并执行原子操作TransitionStartActivity：

```
execution.fire(Event.TAKE,transition,AtomicOperation.
     TRANSITION_START_ACTIVITY);
```

原子操作TransitionStartActivity设置Execution实例位置为目标节点，创建Scope Execution并执行原子操作ExecutionActivity：

```
//设置当前execution的位置
execution.setActivity(activity);
ExecutionImpl propagatingExecution = execution;
//如果activity存在scope的话，则创建scope execution
    if (activity.isLocalScope()) {
        propagatingExecution = execution.createScope(activity);
}
propagatingExecution.setTransition(null);
//scope execution执行EXECUTE_ACTIVITY原子操作
propagatingExecution.performAtomicOperation(AtomicOperation.
    EXECUTE_ACTIVITY);
```

上述5种原子操作构成了一个完整的Execution实例节点间移动过程，分别是执行节点、触发流转、结束源节点、执行转移线和开始目标节点。如果节点是自动节点（没有等待状态），则触发流转（signal）这一步操作不会执行。

存在结构块的情况下，原子操作TransitionEndActivity会依次触发父节点的结束事件，前提是下一个目标节点未被父节点所包含，如果包含，则属于结构块内的节点移动；原子操作TransitionStartActivity会依次触发父节点的开始事件，前提同样是上一个源节点未被该父节点所包含，不属于结构块内的节点移动。

原子操作MoveToParentActivity使用在节点执行或signal时没有指定传播方式，同时又找不到移出的转移线时，会去执行父节点的signal操作。原子操作MoveToChildActivity使用在节点含有子节点时，将Execution实例转移至子节点执行。这两种原子操作共同构成了进入和结束结构块时Execution实例的移动行为，如图4.14所示。

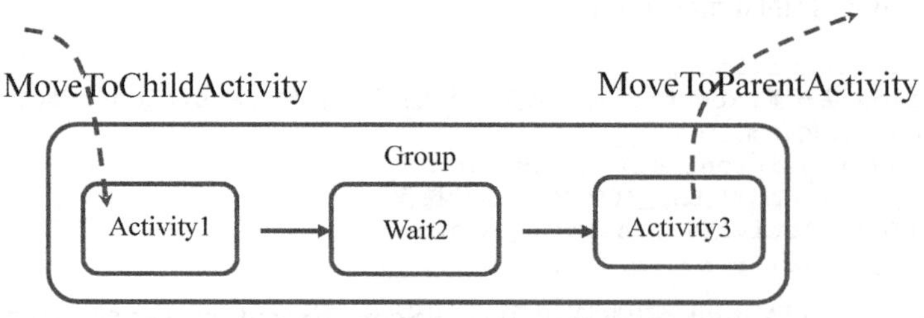

图4.14　Execution进入和跳出块活动

● 事件的触发和执行

jBPM 3基于Event-Action机制来实现事件与动作的触发，jBPM 4则采用了观察者模式来触发事件。所有用户自己定义的动作，全部要实现EventListener接口，这些动作作为监听者（就是事件Event的观察者Observer）注册到相应的流程元素对象上（ProcessElement），而事件Event则作为被观察的对象（实际上就是Observerable）。

流程元素的典型事件有：流程启动/结束、节点启动/结束和转移线执行（take）。其中流程启动/结束事件在ExecutionImpl（Execution的实现类）的start和end方法里被分别触发，只有根Execution（即流程实例）才会触发这两个事件。节点启动/结束和转移线执行事件的触发被分布在上一小节提到的原子操作里。触发通过调用ExecutionImpl的fire方法实现：

```
public void fire(String eventName, ObservableElement eventSource) {
    fire(eventName, (ObservableElementImpl) eventSource, null);
  }

  public void fire(String eventName, ObservableElementImpl observableElement,
AtomicOperation eventCompletedOperation) {
    EventImpl event = findEvent(observableElement, eventName);
    if (event!=null) {
      setEvent(event);
      setEventSource(observableElement);
      setEventListenerIndex(0);
      setEventCompletedOperation(eventCompletedOperation);
      //执行EXECUTE_EVENT_LISTENER原子操作
      performAtomicOperation(AtomicOperation.EXECUTE_EVENT_LISTENER);
}
//如果没有事件定义，则直接执行最终的原子操作
else {
      if (eventCompletedOperation!=null) {
        performAtomicOperationSync(eventCompletedOperation);
      }
    }
  }
```

由代码可以看到，在执行我们期望的原子操作前，加入了对事件的触发；如果没有事件定义，则直接会执行我们所期望的操作。事件的实际执行通过ExecuteEventListener这个原子操作完成，一个事件可以附加多个事件监听器。如图4.15所示。

ExecuteEventListener通过eventListenerIndex对事件监听器进行计数并循环调用自己，直至找不到可执行的事件监听器，最后执行我们所期望的原子操作。

● 异步消息与时间服务

jBPM 4支持两种情况下的异步执行：一种是节点的异步执行，一种是事件的异步执行。异步执行意味着Execution实例会处于一种异步等待状态（Execution.STATE_ASYNC），直到节点或事件被异步执行完毕后，Execution实例才会正常流转。与其他一些工作流的实现不同，在那些实现里，异步执行会独立于流程流转之外，异步执行与否和结果不会对流程流转产生影响。

同步执行适用于大多数的应用场景，但是对于一些耗时的操作，异步执行显然是更好的选择，

这样客户端的调用代码能够及时的返回。

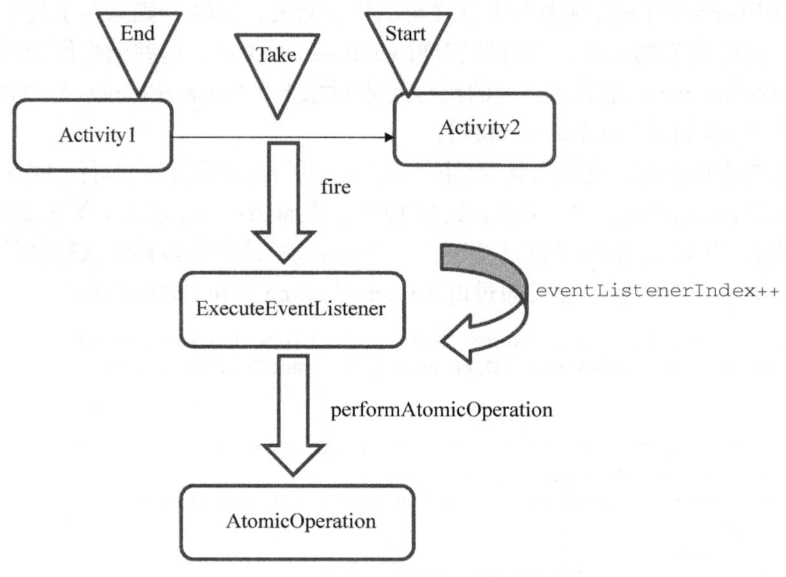

图4.15　通知事件监听器进行事件处理

jBPM 4里，异步执行通过发送异步消息实现，如图4.16所示。

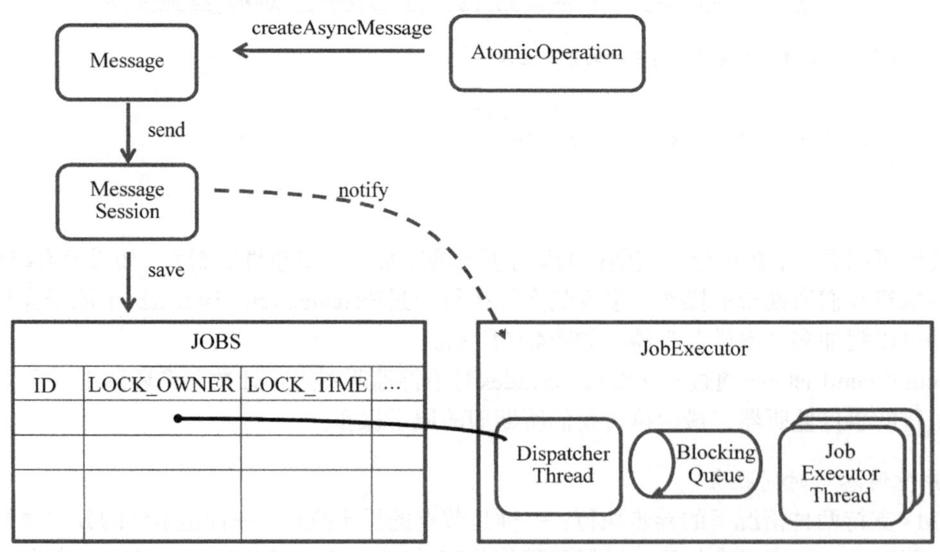

图4.16　jBPM 4的异步执行（图片来源jBPM网站，版权归jBPM组织所有）

在执行原子操作时，Execution会首先判断该原子操作是否被定义为异步执行，如果是，则会发送相应的异步消息。

```
public synchronized void performAtomicOperation(AtomicOperation operation) {
   if (operation.isAsync(this)) {
     sendContinuationMessage(operation);
   } else {
     performAtomicOperationSync(operation);
   }
 }
```

原子操作是否是异步实际上由当前执行的节点定义和事件/事件监听器定义所决定，即定义流程的时候确定。

异步消息目前有两种：ExecuteActivityMessage和ExecuteEventListenerMessage，它们被持久化在JOBS表里，MessageImpl是JobImpl的子类。

jBPM 4通过JobExecutor来管理Job的执行。一般情况下，在Web应用里会使用一个单独的Servlet启动JobExecutor。JobExecutor管理一个分派线程dispatcherThread、一个工作队列blockingQueue和一个工作执行线程池jobExecutorThreadPool。分派线程负责定时扫描JOBS表读取新的工作记录，然后将其放置到工作队列里；工作队列负责存储和排队要执行的工作；工作执行线程池则根据配置启动多个执行线程jobExecutionThead，执行线程负责从工作队列里取出工作并执行之。

jBPM 4里的工作执行机制与jBPM 3里相同，都是通过启动独立的线程来扫描工作表并执行。唯一的区别在于：jBPM 3里只有执行线程的概念，它的执行线程既要扫描表又要执行工作；而jBPM 4里则将其职责分为了两部分，分别是分派线程和执行线程，这在某种程度上也减少了读取工作表记录的冲突。

jBPM 4的时间服务执行机制与异步消息相同，TimerImpl继承自JobImpl。

- 运行实例的持久化

jBPM 3中的数据库设计一直是我们诟病的地方，尤其是其实例数据库没有设计历史库的概念并按照办结状态将运行结束的实例数据归入历史库，在这种情况下，它的实例数据库就会随着时间而无限膨胀，阻碍了其真实应用。

jBPM 4对其进行了改进，将数据库划分为了运行库和历史库。正在运行中的流程相关实例被保存到运行库里；流程一旦运行完毕，则相应的实例被保存到历史库中，运行库里的实例被删除。

历史库并不是对运行库的简单克隆。历史库只保存流程实例HistoryProcessInstance和活动实例HistoryActivityInstance；运行库则保存整个Execution的树状层次结构、变量实例和工作实例，注意在运行库中没有活动实例的概念。同时，历史库中的流程实例与运行库中的流程实例并不是同一个对象。

流程实例会在开始和结束的时候触发历史事件HistoryEvent，由ProcessInstanceStart事件在启动流程时往历史库里插入历史流程实例信息，由ProcessInstanceEnd事件给先前插入的历史流程实例填充相关的结束信息，如实例结束时间、结束状态和结束活动名称。同时，流程实例的end方法会将自己从运行库里删除，与之一起删除的还有变量实例。非流程实例的Execution实例在结束时都会直接从运行库里删除，并不会保存到历史库，如图4.17所示。

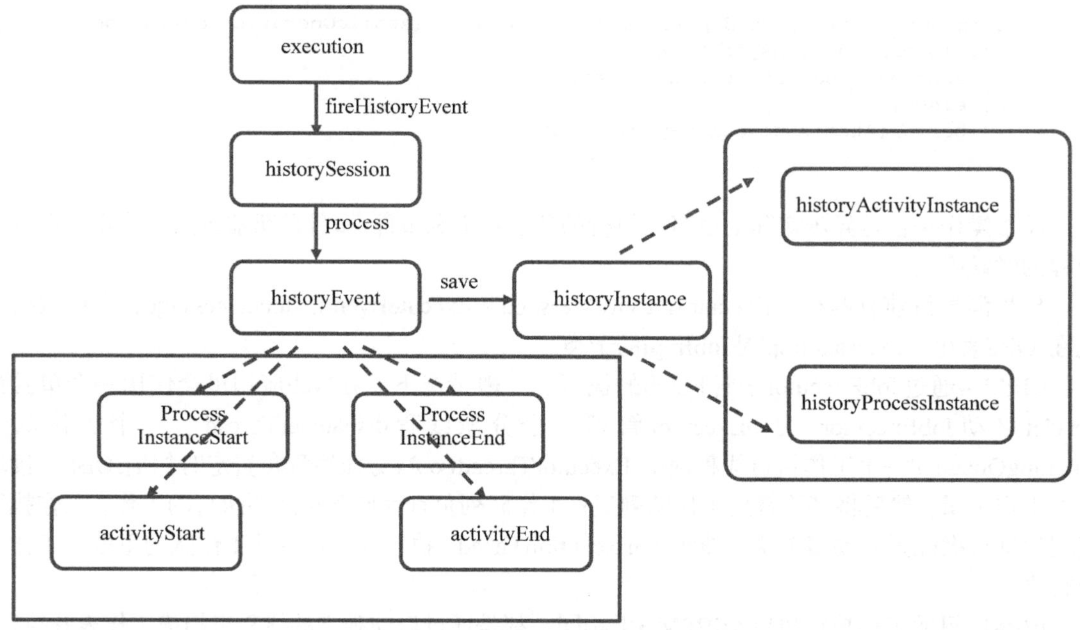

图4.17　处理历史事件保存历史记录

节点历史事件交由节点运行期行为自行触发。在jPDL的实现里，对等待活动StateActivity、决策活动DecisionActivity和自动活动AutomaticActivity进行了历史实例保存；开始/结束活动、并发活动ForkActivity和汇聚活动JoinActivity则被忽略。

划分运行库与历史库的最大好处在于,通过减少运行库中的数据提高了PVM对运行中流程实例的处理能力；同时，通过简化历史实例模型的复杂度，使得查询历史数据更加容易。但是对于国内应用的部分场景也带来了问题，例如用户想重新执行已完成流程的部分活动，由于流程运行的相关数据例如变量）已经被删除，因而很难重复执行。同时，历史库会随着时间的推移不断膨胀，如何将历史库数据按年月进行归档分开存储，也是需要考虑的问题。

4. PVM的运行期环境

所谓的运行期环境无外乎3个方面：一是提供所必需的服务；二是提供一种查找这些服务的统一方式；三是管理事务、数据库连接等各类事情。

对于PVM来说，提供必需的服务包括了两个方面：一方面是对外部的应用程序提供必需的接口，例如部署流程定义、启动/触发流程实例和历史运行数据查询；另一方面则是对引擎调度过程中提供必需的服务，例如大量的数据库Session。而管理这些服务的最佳方式则是使用IOC容器，通过容器来创建和管理这些服务的实例。

查找服务的最好方式莫过于将自己也置于IOC容器的管理之下，然后被依赖注入。在无法做到这一点的情况下，facade模式是个非常不错的选择，jBPM 4通过ProcessEngine接口提供对外服务的总入口。对于引擎过程调度中需要调用服务，jBPM 4引入了Environment，并将其与线程绑定，这样，无论是在天空、海洋还是草地都可以任意获取所需的组件，也不用担心参数传递得一塌糊涂。

只要存在数据库操作，那么就一定存在事务管理。在Spring出现之后，使用拦截器横切事务/数据库连接管理已成为事实上的标准。jBPM 4在命令模式的基础上实现了自己的事务拦截器。

- PVM运行期环境之IOC容器

jBPM 4实现了自己的IOC容器来管理组件和组件间的依赖，如图4.18所示。和Spring里的BeanFactory对应，jBPM 4里的接口是Context，具体实现则是WireContext。先来看看Context接口的核心方法：

```
Object get(String key);
<T> T get(Class<T> type);
```

很明显，这里提供了两种从容器里获取组件的方法：一种通过name，另一种通过type。

对于IOC容器来说，一般情况下都会提供一种加载组件配置文件的方式，比如从XML文件进行加载、从资源文件进行加载。jBPM 4透过WireParser具备了从XML加载的能力。

此外，WireContext通过一个map缓存初始化后的组件。

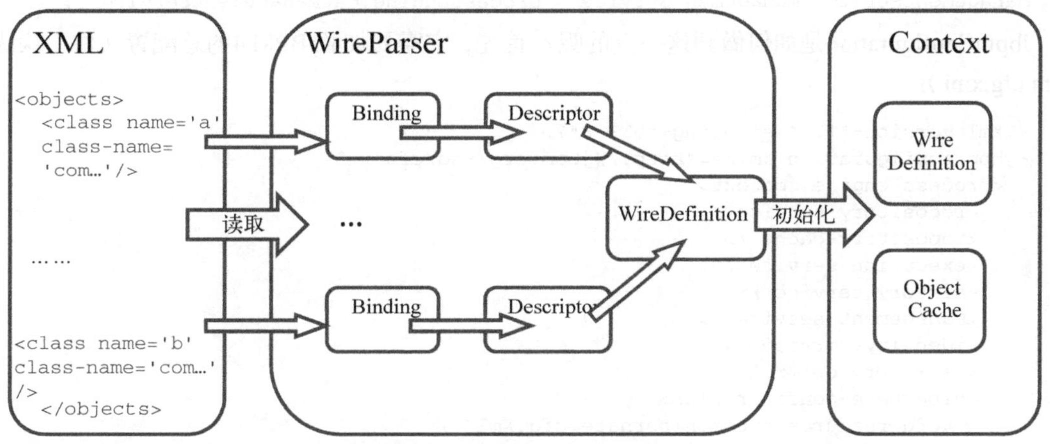

图4.18 jBPM 4的IOC容器

IOC容器的实现有五个关键类和接口，分别是：WireParser、Binding、Descriptor、WireDefinition和WireContext。

- WireParser读取XML文件，同时加载一系列的Binding（默认从jbpm.wire.bindings.xml文件读取加载）。
- Binding负责根据XML里元素的Tag将XML元素转换为对应的Descriptor。
- Descriptor负责初始化对象，这些对象被添加到WireDefinition。
- WireDefinition被WireParser返回给WireContext。WireContext创建对象时访问WireDefinition里的Descriptor，同时将初始化对象的任务委托给Descriptor。

❑ WireContext即IOC容器。

jBPM 4有四种初始化对象的策略，分别是：延迟创建和初始化、延迟创建和立刻初始化、立刻创建和延迟初始化、立刻创建和立刻初始化。立刻创建是指在WireContext创建完毕后对象就已经创建了。延迟创建是指调用WireContext的get方法获取该对象时才创建该对象。初始化是指完成对象属性的注入。

● PVM运行期环境之查找服务

在介绍PVM的查找服务机制之前，我们先来看看JbpmConfiguration。JbpmConfiguration是jBPM 4里最重要的类，它启动PVM并作为整个PVM服务的入口，它是全局唯一的。

```
//创建流程引擎，启动PVM
    ProcessEngine processEngine = new Configuration().buildProcessEngine();
```

获取ProcessEngine之后，就可以获得PVM各种对外的服务：

```
RepositoryService repositoryService = processEngine.getRepositoryService();
ExecutionService executionService = processEngine.getExecutionService();
TaskService taskService = processEngine.getTaskService();
HistoryService historyService = processEngine.getHistoryService();
ManagementService managementService = processEngine.getManagementService();
```

JbpmConfiguration是如何做到这一点的呢？首先，它需要加载jBPM 4的总配置文件（默认是jbpm.cfg.xml）：

```
<?Xml version="1.0" encoding="UTF-8"?>
<jbpm-configuration Xmlns="http://jbpm.org/xsd/cfg">
  <process-engine-context>
    <repository-service />
    <repository-cache />
    <execution-service />
    <history-service />
    <management-service />
    <identity-service />
    <task-service />
    <hibernate-configuration>
      <cfg resource="jbpm.hibernate.cfg.Xml" />
    </hibernate-configuration>
    <hibernate-session-factory />

  </process-engine-context>
  <transaction-context>
    <repository-session />
    <pvm-db-session />
    <job-db-session />
    <task-db-session />
    <message-session />
    <timer-session />
    <history-session />
  </transaction-context>
</jbpm-configuration>
```

配置文件分为了两部分：process-engine-context和transaction-context，分别对应着两个不同的WireContext（即IOC容器的配置）：Engine IOC（ProcessEngineContext）和Transaction IOC（TransactionConext），前者管理jBPM 4里全局唯一的服务类实例；后者管理那些非线程安全的服务类实例，例如数据库session。

接下来，JbpmConfiguration创建Engine IOC，同时创建Transaction IOC的WireDefinition。上面通过processEngine获取的对外服务实际上就是从Engine IOC获取的。

引擎内部过程调度所需的各种服务则是从Environment中获取。获取Environment之前需要先调用JbpmConfiguration的openEnvironment方法，JbpmConfiguration在该方法里创建一个新的Environment实例，然后将Engine IOC填充入Environment，同时根据Transaction IOC的wireDefinition初始化Transaction IOC，并将其也填充入Environment。这样通过Environment就可以获得所有引擎调度所需要的服务，包括全局的和非线程安全的服务实例。即Environment透过两个IOC容器提供了查找各种服务的能力。

Environment的主要方法和IOC容器提供的方法一模一样：

```
public abstract Object get(String name);
public abstract <T> T get(Class<T> type);
```

openEnvironment方法将Environment实例与线程绑定，这样无论在任何地方都可以方便的透过Environment.getCurrent()获取当前的Environment实例。于是，在很多领域类里，利用Environment实例实现充血模型就是很顺理成章的一件事了。整个运行期环境创建如图4.19所示。

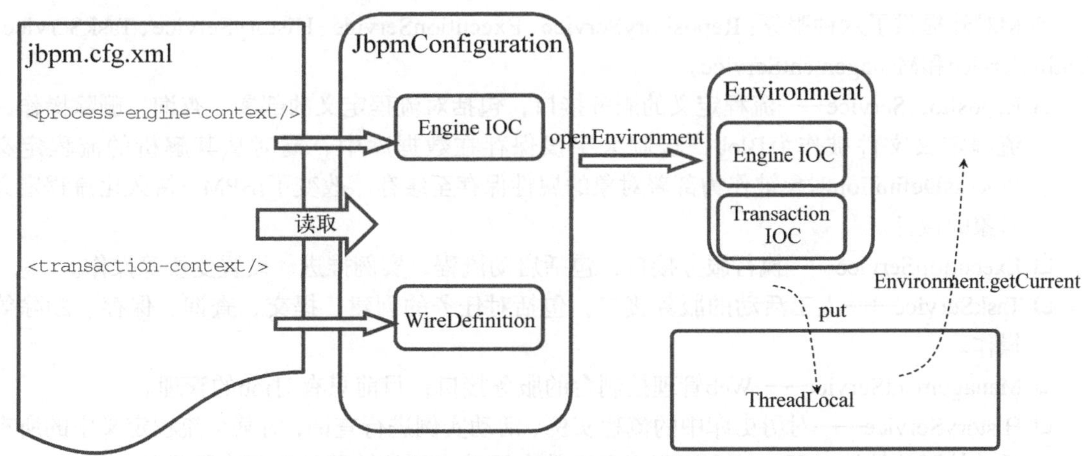

图4.19 jBPM 4的运行期环境创建

从情感上讲，我们很难接受自己打开和关闭Environment实例。jBPM 4体贴地提供了环境拦截器，这样当通过ExecutionService对运行期流程实例进行管理时，Environment实例会自动地打开和关闭，如图4.20所示。

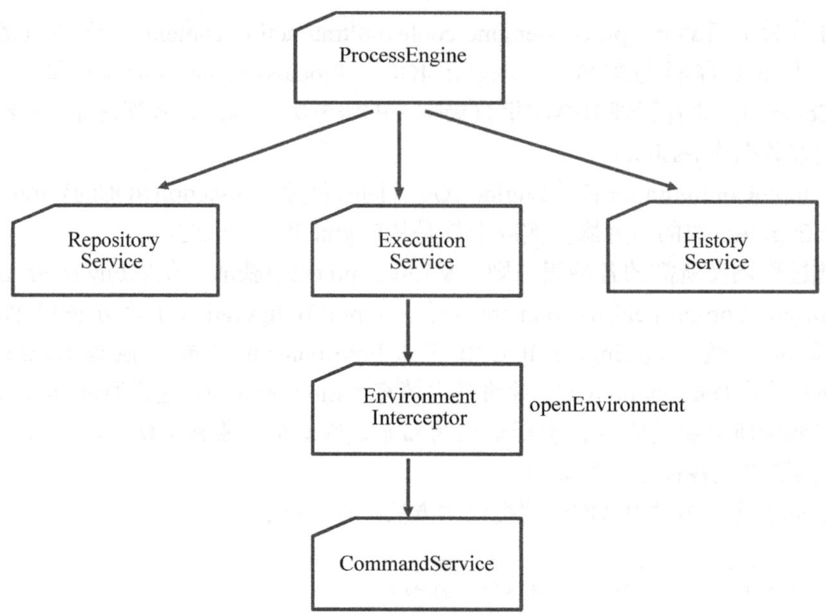

图4.20　拦截器自动管理Environment实例

- PVM的对外服务

PVM对外提供了六种服务：RepositoryService、ExecutionService、HistoryService、TaskService、IdentityService和ManagementService。

- ❑ RepositoryService——流程定义的服务接口，包括对流程定义的部署、查询、删除操作，流程定义文件被作为Blob二进制大字段保存在数据库中，同时从其解析的流程定义ProcessDefinition对象被作为部署对象的属性保存至缓存。改变了jBPM 3持久化流程定义对象的设计。
- ❑ ExecutionService——执行服务接口，包括启动流程、实例推进、设置变量等操作。
- ❑ TaskService——人工活动的服务接口，包括对任务的创建、提交、查询、保存、删除等操作。
- ❑ ManagementService——Web管理控制台的服务接口，目前只有对job的管理。
- ❑ HistoryService——对历史库中的流程实例、活动实例进行查询，对某个流程定义中的所有活动的平均持续时间、某个流程定义中某个活动实例的转移的执行次数进行查询。
- ❑ IdentityService——用户、组、成员关系的相关操作方法，管理组织/人员信息。

5. 扩展jBPM使之支持多流程语言

PVM的核心是跨语言的，这意味着它可以支持多种流程语言，那么它是如何做到的呢？我们先来看看jBPM 4里jPDL的扩展，如图4.21所示。

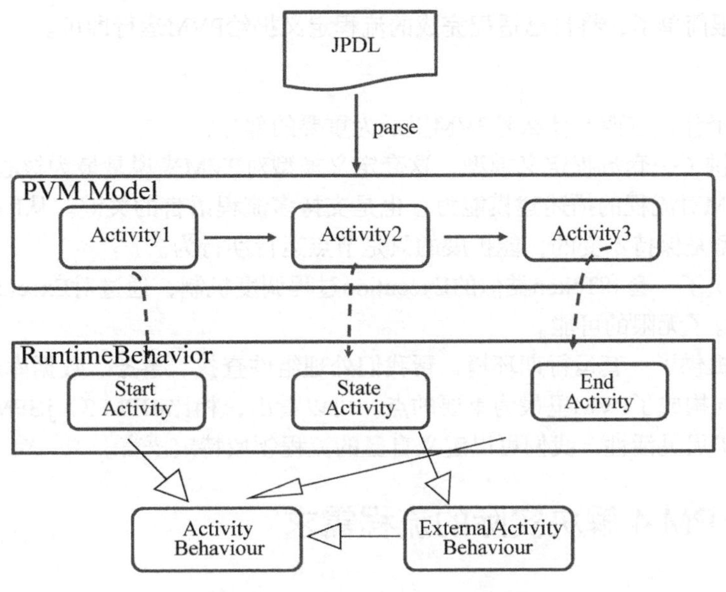

图4.21　jBPM 4对jPDL的支持

jPDL的扩展非常简单，实现了两点：一是实现了自己的XML Parser，XML Parser的主要职责即将符合jPDL规范的XML解析为PVM里所定义的流程模型；二是实现了StartActivity、StateActivity、EndActivity等各种节点，这些节点分别实现ActivityBehaviour和ExternalActivity-Behaviour接口，即这些节点实现的是运行期行为，并不是新的流程定义模型，最后这些运行期行为被附加到PVM的流程定义模型Activity里，形成jPDL具体的节点。

那么如何扩展PVM使之支持多流程语言呢？两点：一是实现自己的XML Parser，实现XML到PVM流程定义模型的适配；二是通过实现ActivityBehaviour和ExternalActivityBehaviour接口，扩展Activity的运行期行为，构成自己新的节点。如图4.22所示。

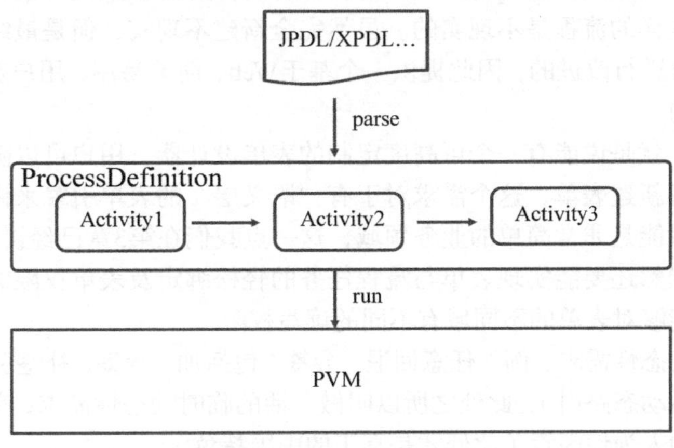

图4.22　自定义流程语言

最后一步就很简单了，将自己适配完成的流程定义扔给PVM运行即可。

6. 总结

PVM究竟是个什么东西？什么是PVM里最为重要的部分？

PVM首先提供了一套流程定义模型，这套定义模型对PVM来说是最为核心的部分，因为模型直接决定了PVM对流程的描述建模能力，也是支持多流程语言的关键。从PVM的扩展机制可以看到，这套模型是保持不变的，能扩展的只是节点运行期行为。

PVM接着提供了一套和Token类似的Execution过程调度机制，通过对Execution的完全操控，节点运行期行为有了无限的可能。

最后，PVM提供了一套运行期环境，帮我们处理组件查找、事务、数据库连接等问题。

这三部分共同构成了PVM里最为重要的点。可以看出，相比jBPM 3，jBPM 4里的PVM为我们提供了更大的扩展灵活性，我们可以定义自己的流程领域特定语言。

4.2　应用 jBPM 4 解决实际的流程需求

4.2.1　人工任务密集型流程的典型特点

国内目前在工作流领域主要的应用是人工工作流，也就是以人工任务密集型的工作流为主。当然随着中国企业和公共组织的信息化发展越来越快，IT系统的积累和建设经验也越来越丰富，因此以自动任务密集型为主的应用正在逐渐增多。我们主要讲述的还是人工任务密集型工作流的特色、需求、场景及实现。这种类型的流程应用主要集中在电子政务、行政审批、企业协同办公、电信和电力之工单，以及企业的采购、合同、销售等以下领域。

从功能需求上来说，这些人工任务密集型流程的典型特点主要有以下几个方面。

- 用户友好的流程定义工具，就是说由最终用户自己对流程进行定义。其实这是一个伪命题，因为此处讲的流程是可以交由计算机执行的，与业务系统有紧密的关系，完全让最终用户设计这样的流程是不现实的。虽然完全新建不现实，但是最终用户是可以对已经建立好的流程进行改进的，因此提供一个基于Web、简单易用、用户友好的流程设计器是非常有必要的。
- 表单自定义，就是说能有一个可高度定制的表单设计器，用户可以随时根据业务需求进行调整，或者新建表单，这个需求对于有“语义层”的表单引擎来讲是可以实现的（但是应用场景只能是非常简单的业务领域，这一点我们在第3章已经讲过了）。除了表单自定义以外，当然还要能实现表单与流程任务的轻松绑定及表单权限的设定，使得不同环节的处理人能够对表单的不同域有不同的读写权限。
- 灵活的临时动态性需求，例如任意回退、会签（包括加、减签，补签）、撤销（又叫回退）、自由流（又叫动态路由）。此处之所以叫做灵活的临时动态性需求，就是因为这些需求，存在着很强的人为性因素（此处才是真正的中国特色）。

4.2.2　应用 jBPM 4 解决典型的流程需求

1. 用户友好的流程定义工具

关于流程自定义，jBPM 4本身提供了基于Eclipse的流程建模器，而jBPM 5之后也推出了一个基于Web的流程设计器（如图4.24所示）。其中基于Eclipse的流程设计器，其适用对象技术工程师，而基于Web的流程设计器则面向业务人员，可以使得业务人员基于B/S模式进行业务建模。

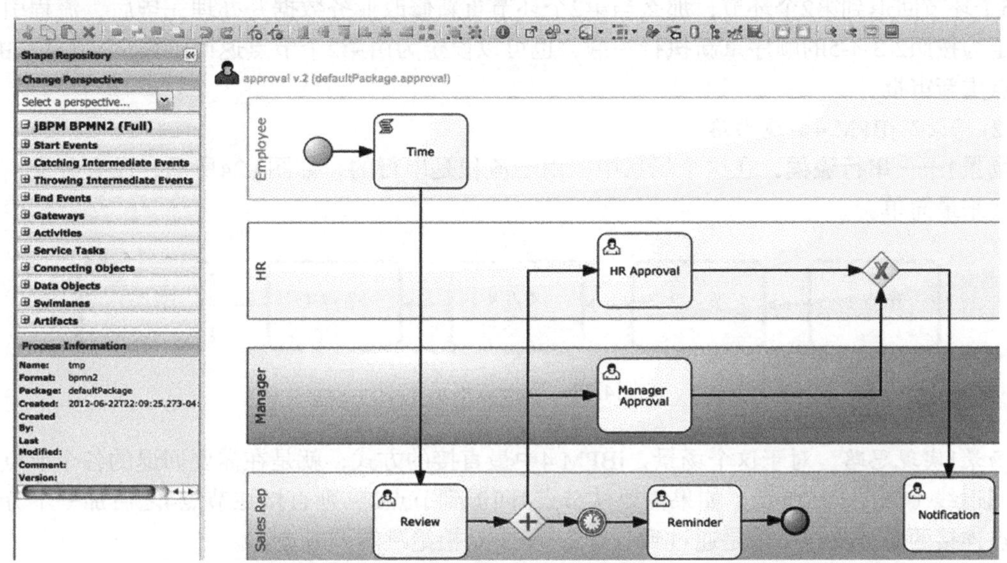

图4.23　jBPM 5提供的基于Web的流程设计器

2. 表单自定义

表单自定义的需求在国内和国外都存在。在jBPM的官方论坛里，Tom Baeyens和其他人讨论过电子表单的问题，Tom Baeyens认为可以用XForm作为Task form的一个实现，并给出了Orbeon和Chiba的链接，同时也提到了他们会继续调查Freemarker和Velocity这两个模板引擎，并且说这件事情仍需要继续讨论，所以jBPM团队目前并没有表单自定义方面的计划。jBPM 4的子项目GWT-console目前默认的表单实现采用了Freemarker方案，但是Freemarker仅仅是一个模板引擎框架，与真正的电子表单产品（例如infopath，一个完整的电子表单产品，包括表单设计器、表单引擎、数据存储、事件引擎等）还相差甚远。电子表单适应于业务单一的数据填报领域，对于复杂的行业核心业务系统，它绝对是无能为力的，可惜的是，到目前为止，还有很多客户不明白这个道理，在前仆后继的要求电子表单，要求无代码。呵呵，如果无代码了，我辈程序员不都失业了嘛。☺

3. 灵活的临时动态性需求

本节主要分析国内工作流中最常见的回退（驳回）、会签、撤销（收回）、自由流这四方面的需求，首先描述需求、然后分析场景并给出基于jBPM 4的实现思路。

- 回退

(1) 需求描述

回退作为审批流来讲是最常见的需求。对于审批流来说，每一个审批环节都可能有审批通过和审批不通过两种情况，审批不通过时一般是回退到上一个环节，但是在某些情况下，有可能跨环节回退，例如第5个审批环节没有通过，直接回退到第2或第1个环节。到底回退到哪个环节，用户是可以根据业务需求自定义的，在回退环节完成之后，用户也可以自定义下一步的方向。如由第5个环节回退到第2个环节，那么当第2个环节重新修改业务数据并办理完毕后，流程引擎可以设定为按照2-3-4-5的顺序重新执行一遍，也可以设定为由第2个节点返回给第5个节点，由第5个节点重新审批。

(2) 场景及jBPM 4实现思路

场景1——串行流程。在这个场景中，由于流程是串行的，如图4.24所示，没有分支，因此处理起来最简单。

图4.24　串行流程示意图

场景1实现思路。对于这个场景，jBPM 4中最直接的方式，就是在需要回退的各个节点之间建立回退线（如图4.25所示，如果需要从节点4回退到节点2，则直接在节点4之后加一个分支决策节点连接两个分支：一个是通过到节点5，一个是拒绝跳转到节点2）。

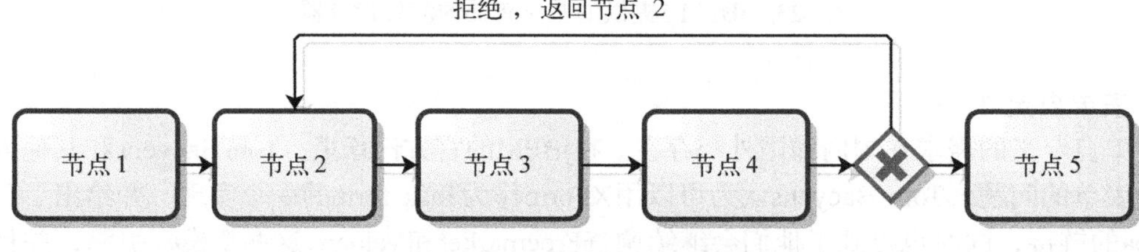

图4.25　串行流程的回退实现

对于节点2，jBPM 4中的参与模式分为四种：task-assignee（assignee user、assignee expression）、task candidates（candidate-groups、candidate-users）、task assignment handler和task swimlanes。

- task-assignee任务的办理人的值可以直接指向一个特指用户的id或者一个关联到业务中某个特指用户的表达式（例如order.owner）。此时，如果assignee赋予了一个特指用户的id，回退时不用做任何处理；如果assignee赋予了一个业务表达式，则回退时需要保证业务表达式的运算逻辑能够正确执行。
- task candidates任务的办理人为几个特定组的集合或者用户的集合，在这个场景下，实际上就是我们俗称的“竞办”。这样的任务被称为groupTask，必须被某一个组或者用户拾取才能进行办理，因此如果回退到这样的节点时，需要把任务回退给当时的拾取人。而拾取人需要到HistoryTask和HistoryDetailImpl两个实体对应的历史库中取得。

- task assignment handler任务的办理人通过用户自己编写的代码来实现，此时回退到这样的节点时也不需要做特殊处理，只要保证自己的代码（AssignmentHandler）在执行回退逻辑时能够正确执行即可。
- task swimlanes任务的办理人为“泳道”，回退到这样的节点时，任务的办理人可以自动取得，同样不需要做任何处理。

以上四种情况，在回退之后的处理，又分为两种情况：一种是按照原来的路径重新执行，即节点2—节点3—节点4；另一种是节点2办理完毕后直接返回给节点4。第一种情况不需要做处理；而对于第二种情况，由于在节点2和节点4之间不存在转移，因此jBPM 4没有提供原生的支持。针对这种情况，我们的解决思路是：通过动态创建跳转来实现（具体实现与图4.26所示的方法类似，实际上，回退也可以用动态创建跳转来实现，这样就不用画回退线了。

4

场景2——M选N分支流程。对于这个场景，N的取值范围为M > N ≥ 1，假设回退前流程的执行路径为节点1—节点2—节点4—节点5（见图4.26），此时回退有如下两种情况。

- 由节点5回退到节点1，而在节点1修改业务数据后，直接返回给节点5的处理人进行办理或审批；
- 由节点5回退到节点1，而在节点1修改业务数据后，按照节点1—节点2—节点4—节点5的路径再执行一遍。

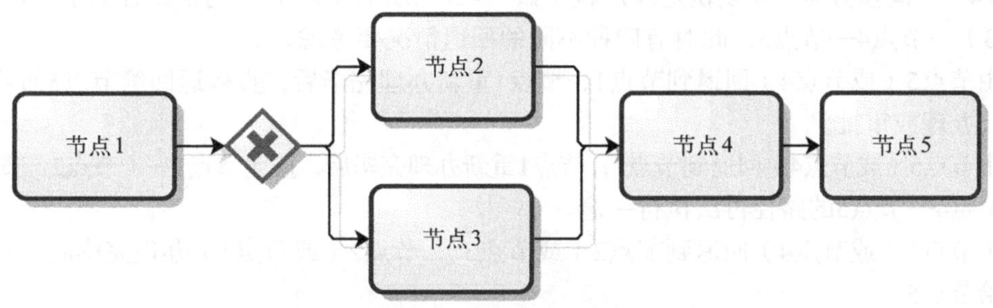

图4.26 分支流程示意图

场景2实现思路。场景2与场景1不同的是，在回退之后继续审批时需要考虑分支节点的决策条件，在自动决策时要保证决策逻辑正确执行，在人工决策时需要记录原来的执行路径（保证重走1-2-4-5）。

场景3——同步分裂、与汇聚流程（如图4.27所示）。回退前执行的路径为节点1—（节点2、节点3）—节点4—节点5，此时有四种不同的回退情况要考虑。

- 由节点5（或节点4）回退到节点1，节点1重新办理完毕后，直接返回给节点5的处理人进行办理或审批。
- 由节点5（或节点4）回退到节点1，节点1重新办理完毕后，按节点1—（节点2、节点3）—节点4—节点5的路径再次执行一遍。

- 由节点5（或节点4）回退到节点2（或节点3），节点2（或节点3）办理完毕后，直接返回给节点5。
- 由节点5（或节点4）回退到节点2（或节点3），节点2（或节点3）办理完毕后，按照节点2—节点4—节点5的执行路径再次执行一遍。

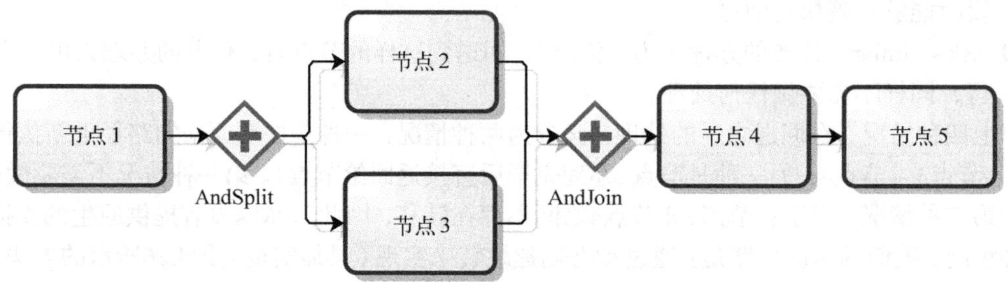

图4.27　同步分裂、汇聚流程示意图

场景3实现思路。此场景当流程由节点6回退到节点3，节点3办理完毕后，重走路径节点3—节点5—节点6时，在“与节点”的与运算逻辑就会无法执行，因为另一个与分支节点4并没有新的实例产生，流程就会僵死此处。在jBPM 4中，可以通过修改JoinActivity.java这个类中的protected boolean isComplete(List<ExecutionImpl> joinedExecutions, Activity activity)这个方法，在方法中加入对此场景的处理代码即可。

场景4——同步分裂、多实例汇聚流程（如图4.28所示）。回退前执行的路径为节点1—（节点2、节点3）—节点4—节点5，此时有四种不同的回退情况要考虑。

- 由节点5（或节点4）回退到节点1，节点1重新办理完毕后，直接返回给节点5的处理人进行办理或审批。
- 由节点5（或节点4）回退到节点1，节点1重新办理完毕后，按照节点1—（节点2、节点3）—节点4—节点5的路径再次执行一遍。
- 由节点5（或节点4）回退到节点2（或节点3），节点2（或节点3）办理完毕后，直接返回给节点5。
- 由节点5（或节点4）回退到节点2（或节点3），节点2（或节点3）办理完毕后，按照节点2—节点4—节点5的执行路径再次执行。

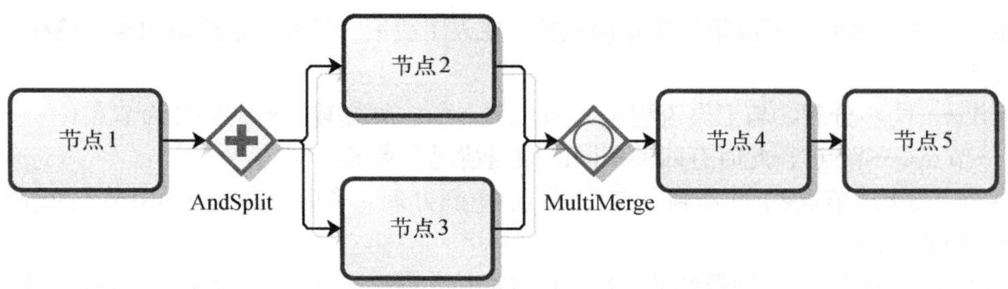

图4.28　同步分裂、多实例汇聚流程示意图

场景4实现思路。场景4与场景3相比，因为是多实例汇聚，因此在实现上不需要做任何处理了，但是需要注意的是：在第2种情况下，多次回退会产生多个执行路径。

场景5——子流程。这就是流程嵌套的场景，在父流程中通过子流程节点启动了子流程实例，此时回退时就更复杂了，因为涉及了不同的流程实例，以及父子流程之间的数据传递。

场景5实现思路。原则上是不支持子流程回退的，因为涉及不同流程实例之间的回退，这个场景在jBPM 4中实现起来异常复杂，而且实际的业务场景也极少，因此不建议做这个实现。

(3) 小结

综合来讲，回退本身在理论上存在各种各样的情况，再加上业务的回退（或者说业务逻辑补偿，如果需要就必须在流程的每个环节备份业务快照，在回退时调用这个快照进行补偿），可以说，回退是整个流程体系中最复杂的情况了。但是在真实的业务场景中，有些情况可能是根本不会出现或者说很少出现的（毕竟理论不等于现实），因此技术人员一定要摒弃一个习惯，就是不要完全从理论和技术的角度考虑问题，一定要看用户是否有这样的需求，即便有了特定的需求，首先要考虑的也是能不能通过变通的方式处理，或者说服用户放弃这个不合理的需求，实在没办法才考虑技术的实现。

4

- 会签

(1) 需求描述

会签对政府或企业来讲是必有的功能，尤其是在审批流中。简单来说，会签可以分为单步会签（只有一个审批环节）和多步会签（每一个子审批流有多个审批环节）。

- 单步会签：很简单，就是在流程的某个环节需要由多个办理人（多个不同部门的领导）共同办理，或者签署意见。这个场景在企业或政府的内部都很常见。
- 多步会签（也叫并联审批）：就是一个单步的审批环节变为了在部门内部一个比较复杂的审批流程，这个审批流程有多个审批环节。
- 加签：在流程定义期已经定义好会签范围（例如某个岗位或部门），但是在运行期，会签发起人发现对于某个流程实例需要新增会签人或会签单位，且新增的会签对象不在原来设定好的范围内。此时由会签发起人直接进行加签操作。
- 减签：同上，只是操作相反。
- 补签：会签发起人已经将会签任务发送给相关人，而后其中的某个接受任务的人发现这个任务还需要另外的人会签，此时这个人就可以直接发起补签任务，而不必回退到会签发起人那里。

会签百分比：即会签审批通过率，例如会签发起人将任务发送给5个人办理，只要有80%的会签百分比即可算审批通过（也就是说只要有4个人审批通过就OK了）。

(2) 场景及jBPM 4实现思路

场景1——单步会签。单步会签的场景很简单，这里不再描述了。

场景1实现思路。对TaskService进行扩展开发，实现动态任务实例的创建，可参照TaskActivity类中的方法进行扩展，扩展之后再调用addTaskParticipatingUser()或 addTaskParticipatingGroup()

方法，实现动态增加任务办理人，此时即实现了单步会签功能。

场景2——多步会签场景一。审批环节相同。在企业内部的各个部门之间（例如办公室、采购部、财务部）进行并联审批，每个部门中都需要多个审批环节，而这些部门的审批环节完全相同，只是每个审批环节的办理人不同而已（例如在财务部需要财务专员、财务经理、财务总监等审批；在办公室需要办公室科员、办公室副主任、办公室主任审批），因此可以公用一个子流程定义。

场景2实现思路。最常见的方案是通过启动一个子流程定义的多个子流程实例来实现多步会签。这时，即便是对会签的部门数是未知的，需要动态决定，也可以轻松实现，只需要在运行期根据会签部门数动态地创建同等数量的子流程实例就可以了。 但是由于jBPM 4中的流程推进是依赖于ExecutionImpl执行的，每一个流程实例ProcessInstance持有的ExecutionImpl实例只有一个与之关联的subProcessInstance，因此对于一个子流程节点SubProcessActivity来说就只能有一个子流程实例与之关联了，此时要想通过启动一个子流程定义的多个子流程实例来实现多步会签，实现方法与在jBPM 3中实现多子流程实例类似，就是结合Event-Listener机制并使用Variable，创建多个子流程实例。

场景3——多步会签场景二。审批环节不同。与场景一相比，就是会签部门的审批环节不同了，也就是说在企业内部的每个部门都有自己的审批流程，其他与场景一是完全一致的。

场景3实现思路。此场景可以和场景一的实现相同，唯一不同的是由一个子流程定义的多个实例，变为了不同子流程定义的不同实例。

场景4——多步会签场景三。分布式审批。举个例子，我们去政府的行政大厅办理新公司注册，就需要在那儿启动新公司的注册流程。在申请人提交所有资料后，可能需要工商局、公安局、地税、国税等多个委办局进行内部的并联审批，在每个委办局内部都需要走一个复杂的审批流程，各委办局的流程审批完毕后，流程再回到行政大厅那个父流程中。此场景与场景2相比，其实就是企业内部的各个部门变为了不同的委办局或子公司，此时的流程是分布式部署在各个委办局或子公司的。

场景4实现思路。由父流程执行到某个会签节点时，通过 JMS消息向各个会签部门（注意，公安局、工商局、税务局等会签部门一般都是分布的）发送业务数据，而父流程在此等待会签结果。各个会签部门都有自己的监听器，在监听到会签请求时，在内部发起自己的审批流，内部审批完毕再发送业务数据给父流程，父流程接收到审批结果的业务数据后，流程继续向下执行。

在jBPM 4中实现起来就很简单了，因为jBPM 4提供了JMS的消息、Event-Listener机制，且其本身也完全是基于观察者模式进行设计的，此时通过在会签节点上绑定特定的监听器，在监听器中向特定的目标发送JMS消息（参见MailListener的实现）。

(3) 小结

单步会签的应用场景较多，在jBPM 4中也提供了直接的支持。

多步会签场景一实际上在真实的企业中并不多见，因为大多数需要会签的业务都只需要部门中的一个关键领导审批就可以了，也就是单步会签的场景。当然如果这种情景在某个特定的企业中很多，为了流程管理员使用方便，那么对jBPM 4的代码做一定的修改也是可以的。

对于多步会签场景三，由于各个部门（公安局、工商局、税务局）都是分布的，采用的工作流产品也是不同的，即便是同一个公司的产品也是分布式部署的，因此在这个场景中，不需要用Subprocess或SubProcessActivity这些概念，因为此时的并联审批本质上只是两个相同等级的流程之间的通信。

- 撤销

(1) 需求描述

任务在发送给下一个办理人之后，发现任务发送错误了，此时在下一个办理人还没有办理之前可以撤回当前任务，重新选择其他人进行办理。

(2) 场景及jBPM 4实现思路

场景。撤销场景与回退场景很类似，虽然场景很多，但各个场景的处理情况是一样的，因此在此只给出最简单的场景，如图4.29所示。

图4.29 串行流程示意图

节点2的处理人（假设是张三）办理完毕之后提交任务至节点3（假设李四办理），这时李四就会收到一个待办任务，在他还没有办理之前，张三突然发现有一个业务数据填写错误，或者粘贴的附件错了，这时张三需要撤销发送给李四的任务（也叫收回），重新更正数据或修改粘贴的附件后再发送给李四审批。还有一种情况，假设节点3的办理人有2个人（李四和王五），那么张三需要在运行期根据业务特性手动地选择任务是提交给李四还是王五，但是由于张三的误操作，把本来应该发给王五的办理任务错发送给了李四，此时在李四办理之前，张三也可以撤销发送给李四的任务，然后重新发送给王五。

场景实现思路。在jBPM 4中实现撤销的场景很多，各个场景的处理都是一样的，即在撤销时，首先删除需要撤销的任务实例及其与该任务实例相关的所有工作流实例。jBPM 4提供了级联删除任务实例的相关方法，如下：

```
TaskServiceImpl.java
public void deleteTaskCascade(String taskId) {
   commandService.execute(new DeleteTaskCmd(taskId, true));
}
```

其次修改当前任务实例的状态，即将张三已经办理完毕的节点2对应的TaskInstance的状态更改为待办状态（Task.STATE_OPEN）:

```
task.setState(ask.STATE_OPEN);
taskService.saveTask(task);
```

(3) 小结

撤销的需求在审批流中是最常见的业务需求，毕竟人都有犯错的时候，而且一般的软件都有Undo功能。但是对于jBPM 4中的fork-join、sub-process，都需要删除撤销任务的相关实例。

● 自由流（动态路由）

(1) 需求描述

针对特定的业务实例，在原本没有转移关系的环节之间进行特定的跳转，例如在一个串行的流程中（1-2-3-4-5），节点2与节点5之间不存在任何转移，但是针对某个运行期的特定业务实例，要求审批环节直接从节点2跳转到节点5（略过了节点3和节点4）。

(2) 场景及jBPM 4实现思路

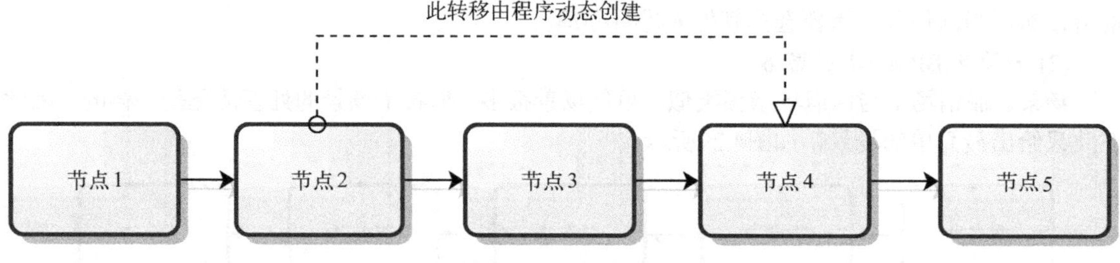

图4.30　动态路由实现示意图

如图4.30所示，在节点2 和节点4之间由程序动态地创建一个转移（transition），并设定为优先级最高，那么在执行takeTransition()方法时，按照优先级优先执行动态的转移，然后对外暴露一个jumpTransition（String destinationActivityName）方法给客户端。在jBPM 4中，可按照如下步骤实现：

- 参照CompleteTaskCmd.java扩展开发用于跳转的cmd：JumpTaskCmd（jBPM 4中的动作都是基于Command模式的）；
- 参照TransitionStartActivity.java的原子操作，定制开发用于跳转的原子操作JumpTransition-StartActivity。

(3) 小结

jBPM 4中的执行动作都是基于Command模式来实现的，因此我们在扩展开发自己的跳转动作时，就可以做到对jBPM 4本身的代码不做侵入修改而实现。

4. 总结

jBPM 4做为目前应用最广泛的开源工作流产品，有着很好的架构及扩展性，但是由于国外的流程应用与国内的应用存在着一些不同，因此要想让jBPM 4更好地满足国内的流程应用的需求，就需要进行定制开发，这其中最重要的是解决问题的思路。

4.3　工作产品的选型标准

国内主要的工作流厂商有东华软件（收购了国内知名的、最早的工作流厂商东方易维）、西安协同、普元、炎黄盈动、有生博大、华创动力、携创、天翎、中创、浪潮以及华苓等，除此之外，还有很多公司也在做工作流产品。由于工作流厂商太多，也避免有失偏颇，我们不具体介绍这些产品，而是给出下述的商业工作流产品选型的标准。

相信大多数工作流厂商都接到过客户要求出具工作流产品对比的文档（呵呵，我们接到过N次这样的要求了），对此，我们很不以为然。首先，某个工作流厂商本身就是利益相关者，所以出具的文档肯定有失偏颇，会说自己的好，别人的差☺；其次，要想做出客观的对比，就必须有实际、深入的使用经验，试问，有哪家工作流厂商会有别家产品的使用经验呢（即便是为了研发而专门研究竞争对手的产品，其实研究的也只是皮毛）？最后，即便这是一个中立的集成商，但是集成商也会有自己工作流产品的长期合作伙伴，不会使用多个厂商的工作流产品。从这一点可以看出，国内的客户是极度不成熟的。说白了，是客户根本不知道自己需要什么，这就是国内信息化的悲哀！我们认为，你可以不知道怎样优化，但是你不能连自己需要什么都不知道！因此选型标准才是本质，这个选型标准包含了工作流产品应该包括哪些功能点以及各个功能点的作用。有了这个标准，就让各个工作流厂商来点对点应答，对评估标准中的各个功能点根据重要程度设置不同的权重分，计算出所有功能点的总得分，结合报价、服务等其他因素，最终确定选型产品。

4.3.1 确定自己的业务应用分类

要确定选型标准，首先得清楚自己的业务应用的特点，并明确属于哪一类业务应用，对应哪一类的工作流产品，是属于单个业务的应用，还是全局所有业务都要应用（这就是BPMS的选型了）。关于APQC企业流程等具体的分类，可以参考1.4节。

明确上述内容后，就可以根据工作流参考模型的功能来确定主要的功能。国内大部分工作流厂商的工作流产品都是基于WfMC的工作流参考模型实现的，大多数都实现了参考模型的接口1、接口2、接口3和接口5（接口说明参见 2.3.1节）。

4.3.2 基于工作流参考模型的选型标准

(1) 接口1，流程设计器。

它包括两种类型的设计器：一种是基于Web的设计器，实现技术包括了Swing（运行为Applet）、Flex、纯JavaScript等（我们认为，完全基于HTML5来实现设计器，是较远未来的最好方向）；一种是基于Eclipse插件的本地应用实现。除了普元公司之外，大部分工作流产品都选择实现其中的一种设计器。Web设计器的好处在于对最终用户友好；基于Eclipse的设计器的好处在于对开发人员友好，能够比较容易地进行单元测试和流程测试，缺点则是基本上隔绝了最终用户对工作流的使用，将工作流死死限制在开发者层次上。因此对于流程设计器的实现，最好提供这两种类型的设计器。

(2) 接口2，工作项客户端接口。

通过API暴露调用和交互接口，完成工作项的列表展现、拾取、退回和提交。这是目前所有工作流厂商都提供的，关键在于是否有丰富的接口，例如基于Java的本地接口，基于Java的远程接口（HttpInvoker、EJB等），基于REST的接口，Web Service接口等。除此之外，是否提供可定制的客户端界面（如使用jQuery封装的GRID样式的三办列表等）也是做为此接口的一个重要标准。

(3) 接口3，外部应用调用接口。

它有两大类标准：一个是接口2中提到的那些技术接口；另一个是专门针对主流行业产品的专有接口（例如主流ERP、企业管理软件和财务软件等），这些应该做为企业服务总线（ESB）中的适配器予以提供。目前，国内的产品基本上没有这类接口，这和国内工作流产品的应用场景有关，即工作流多作为支持单个应用的嵌入式支撑来使用。

(4) 接口5，管理控制台。

它包括两部分：一部分是对运行中的流程实例进行监控和干预，包括了流程实例的中止、挂起与恢复，任务的中止、跳过、挂起与恢复，参与者的重新指定和催办，工作流变量的修改查看等；另一部分是对流程实例的统计与分析，包括了针对流程实例、任务的时间统计，针对参与者的任务效率统计等。

除了以上四个接口以外，工作流的参考模型中还有一个核心，就是流转引擎。

(5) 核心流转引擎。

这方面的标准可以参考第3章中的控制模式、资源模式、数据模式、异常模式加以比较。客户根据自己的实际业务场景，罗列出对这些模式（例如串行、分支、并行、多选、会签、驳回、触发、子流程、循环、各种资源模式、数据模式、异常模式等）的要求，作为重要的选型标准。对于工作流流转来讲，模式可是说是其核心，对模式的支持程度直接决定了业务使用工作流的好坏程度。

4.3.3 工作流外围扩展的选型标准

除去工作流参考模型之外，还要考察工作流的外围扩展，包括资源引擎、表单引擎、时间服务引擎、消息引擎和规则引擎（详见2.4节）。

(1) 组织结构的集成（组织结构接口）。

这里主要关注组织结构的集成与接口，应该说，对于工作流，尤其是人工任务密集型工作流，组织结构的集成是一个重要的评估点。不同的工作流厂商，对此实现的思路不尽相同。有的厂商给出标准接口，针对不同的客户编写不同的实现类；有的厂商基于视图来实现。东华软件公司的工作流产品是基于标准的SQL语句，放置到配置文件中实现与客户的组织结构集成，从这一点上来说，确实做到了无代码实现组织结构的快速集成。

除了组织结构存储于关系数据库之外，很多情况下，很多企业的多个信息化系统是把组织结构数据存储于LDAP或AD中，因此对LDAP及AD的支持是另一个重要的评估点。

(2) 表单工具。

在处理以数据填报及数据收集为主的应用中（数据不需要过多的逻辑处理，没有复杂的关系关联），电子表单能够显著地增加生产力，但是更现实的情况是企业应用大都具有复杂的业务逻辑，在这一方面，电子表单不是银弹（参见2.4.2节）。

表单的集成主要有表单设计器、是否有语义层、是否支持多表、是否支持表单角色及权限、是否可以无代码与流程环节进行绑定、是否支持事件注册等评估点。国内的工作流产品大多都有电子表单的实现，有的是自己开发的，有的则是集成第三方成熟的电子表单产品（例如国内的开普互联、书生早期的电子表单产品）。

(3) 时间服务引擎。

对于流程的效率，时间是个重要的指标，时间就是金钱嘛。因此，基于时间对流程的执行效率进行统计，得到了越来越多的重视。在此方面，必须实现工作日的设置、节假日的设置、上班时间的设置，例外设置等功能。使用过微软的project项目管理工具的人，对此应该不陌生。

(4) 消息引擎。

主要的评估点包括是否支持异步消息，是否支持开源（例如ActiviteMQ）及商业的消息中间件（IBM MQ、东方通TonglinkQ等），是否支持多种消息发送方式（如站内消息、即时消息（企业内部即时消息，如IBM SameTime、腾讯RTX、协同GoCom，互联网即时消息，如MSN、QQ、GTalk等）、邮件、手机短信等），是否可灵活配置哪个流程或环节可发送消息及发送消息的模式等。

(5) 规则引擎。

电信行业、银行、保险等行业等复杂的行业业务应用，一般都需要规则引擎。这些行业的应用需要工作流引擎提供规则引擎或者与规则引擎的集成接口。jBPM 5是基于Drools Flow发展而来，而Drools Flow对Drools规则引擎有很好的集成，因此jBPM 5对于规则引擎的集成很好。国内的很多工作流产品在这一点上支持得不怎么好，很多只是在自己的内部基于简单的脚本语言（例如Groovy、beanshell、XPATH等）实现自己的规则评估与运算。而国外的工作流产品，例如IBM的WPS等都提供了规则引擎组件，同时也提供了与其商业产品ILog的集成。

4.3.4 其他方面的标准

(1) 流程规范的选型标准。

除了以上这些选型标准外，还有支持规范，即流程定义的存储规范，如XPDL、BPEL、BPMN这三个规范。说实话，我们其实对此非常不感冒，客户追求这个东西更是没有任何的意义。规范名义上是第三方的中立组织负责的，但实际上看看WfMC、OASIS、OMG三大组织中的成员，还是IBM、Oracle、SAP等大厂商，所以规范只是大厂商的博弈载体而已。技术规范层出不穷，而且所有规范都是后知后觉后行的。JSR168、Portlet规范声称满足规范就可以互相迁移、互相兼容，真的如此吗？你在Webshpere Portal中开发一个Portlet，放到Oracle的BEA Portal中试试？你把Websphere Process Server中的BPEL流程导出来，看看能不能导入到Oracle的BPM中去？退一万步来讲，即便是真的能兼容，你想想有多大概率会做这样的事情？本书讲述过这三个规范，或者你把规范全部打印出来，一页一页看看，就明白所谓的完全百分百符合XPDL规范、完全百分百符合BPMN规范的说法是多么可笑。

(2) 流程仿真。

在这个评估面，国内的很多产品都支持有限，因为仿真不单单是流程本身的仿真运行，最重要的是对业务环境的仿真，这一点是非常困难的。因此很多工作流厂商只是实现了工作流本身的仿真，可以对流程进行简单的仿真测试（也就是测试流程本身的流程模式、简单的资源模式等）。然而，对于流程与业务的交互、流程执行复杂的业务事件等，单纯的流程仿真是远远不够的。

(3) 流程测试。

首先要明白，测试与仿真是两个完全不同的概念。虽然简单的仿真也可以实现对流程的测试，但是仿真的目的不单单是测试，而是为了提前预知整个业务与工作流集成运行的状况。流程测试则是简单地关注流程是否能够完全跑通，国内有几个厂商的工作流产品与IDE工具（例如Eclipse）进行了集成，支持基于Eclipse进行单元测试与调试。

4.4 对国内工作流厂商发展的思考

尽管在企业应用中的工作流应用越来越多，但对国内的工作流厂商们来说，这并没有给他们带来期望中的快速增长。这并不奇怪，因为国内工作流产品基本上全部面向开发者和系统集成商，解决的是编程问题，旨在简化支撑流程的软件创建，这个定位决定了当越来越多的系统集成商开始自己研发工作流和越来越多的开发者采用开源工作流时，原有的工作流厂商发现生存日益艰难。

4.4.1 工作流与平台

几乎所有的工作流厂商都提供平台。为什么会提供平台？因为大家的定位旨在简化支撑流程的软件创建，既然是简化编程，那么更进一步提供平台就显得水到渠成了。

平台分为两种：一种是快速开发平台，一种是业务平台（或者提供相关的业务套件）。

- 快速开发平台主要包括了电子表单、一套开发框架，还有为宣传所需要的ESB和SOA设施（这些都是浮云）。
- 业务平台则包括了文件管理、在线编辑、即时通讯、电子印章、门户、内容管理、人力资源、客户服务、行政管理等套件/模块。

与单纯的快速开发平台相比，业务平台显然站在了一个更高的层次上。在软件开发中，最大的浪费往往并不在于技术本身，而是在于对业务的不熟悉，在于核心领域模型的频繁修改。对用户而言，根据需要选择合适业务平台和相关服务才能够产生最大的价值。例如部分工作流厂商最初从电子政务起家，如果是电子政务/协同办公项目，采购他们的业务平台无疑是最合适的。

为什么有的厂商提供快速开发平台，而有的厂商提供业务平台？这取决于两个方面:一是厂商切入工作流市场的年限，年限越长，越能积累丰富的项目经验，这些经验很容易转化成业务套件；二是厂商的客户定位，不难发现，提供快速开发平台厂商的客户都是系统集成商，自己并不承接相关项目。反观这些快速开发平台，很难发现有特别突出的技术优势，大部分都是对Struts、Spring、Hibernate、Ibatis简单封装后的CRUD框架，加上代码自动生成和Eclipse插件支持，没有太多闪光点。

快速开发平台现在基本没有价值了，提供行业应用的业务套件/模块才会产生竞争力。

4.4.2 客户

观察台湾地区的工作流应用和大陆地区的工作流应用，我们能够明显地发现：台湾地区的应用大部分集中在制造业、制药（私企），而大陆地区的应用则集中于政府、电力和金融行业（国企)。为什么会出现这种情况，为什么工作流的应用只集中在国企和政府，答案不得而知。这种情况也决定了关系而非技术是国内工作流厂商的核心竞争力。

抛开工作流应用，工作流厂商的客户包括了以下两种。

- 系统集成商。这包括了两部分需求：一部分是系统集成商采购工作流产品或平台自己进行开发，一部分是系统集成商直接将项目外包给工作流厂商。这条路限制很多，越走越窄，但对于小的工作流厂商来说没有选择（没有资质和足够的资金）。
- 政府和企业。也就是自己直接接项目，这基本上是目前最好的一条道路，有些原有的工作流厂商早就转向（或部分转向）项目型公司。

4.4.3 工作流厂商的分类

根据上面的讨论，我们不难将工作流厂商分为如下三类。

- 只提供工作流产品。这类厂商产品单一，尽管产品质量能够得到保证，但是发展最为困难。技术在这里不是第一竞争力。
- 提供工作流产品和快速开发平台。这类厂商在工作流的基础上提供开发框架进一步简化编程，相比第一类厂商会更有竞争力，但是其发展受到系统集成商的限制。
- 提供工作流产品和业务套件/平台，同时自己接项目。这是目前生存状态比较好的厂商，多是老牌厂商或是有充足的资金。业务套件/平台能够给用户提供最大的价值。在任何时候，直接面对最终用户就是王道。

4.4.4 机遇与挑战

工作流厂商面临的挑战来自于如下三个方面。

- 系统集成商由购买转向自主开发。这是工作流厂商发展受阻最重要的原因，工作流应用越来越普及，没有集成商愿意将这个重要的中间件依赖于他人。大多数集成商选择的方式是直接购入现有工作流厂商的源代码，也有基于开源工作流进行开发的，但是不多。
- 开源工作流的竞争。对于中小软件公司来说，如果遇到有流程的需求，他们的第一反应是采用开源工作流，而事实是开源工作流做得并不差，除去对国情的支持较弱外，开源甚至比一些商业产品还要好，尤其在对标准和模式的支持上。
- 不能面向最终用户。这是最根本的问题。工作流解决问题域的限制让最终用户根本感觉不到工作流产品价值的存在，而又没有一家工作流厂商能够做到像英特尔公司那样，组装电脑时指明要一颗奔腾的心，于是发展严重受限于系统集成商。

那么，工作流厂商的机会在哪里？最重要的就是，将产品面向最终用户。

- 提供行业应用业务套件。能够做到对某类应用的快速实施，很多功能能够做到开箱即用。这样的好处是显而易见的，一是对集成商和中小软件公司来说，能够最大程度地节约成本，二是能够直接面对企业进行快速的项目实施。是时候抛弃单纯的快速开发平台了。

- ❑ 转向BPMS。在工作流的基础上开发BPMS，这需要两方面的努力：一是业务方面需要与业务流程咨询公司进行合作；二是产品需要增加BPMS特性，这些特性包括了对BPMN的支持、实现流程及相关文档可视化的内容存储仓库、提供在组织结构内进行不同层次之间的流程可视化导航、更好的业务活动实时监控预警与控制以及对流程执行的统计分析与反馈。转向BPMS的目的也很简单：产品面向最终用户，不再隐藏在某个应用内部。但是如何在市场上推广产品，这又是个问题，几乎所有的工作流厂商都宣称自己的工作流产品是BPMS。
- ❑ 提供云中的流程服务，降低中小企业的流程应用成本。这个是未来的趋势，但是从目前工作流应用集中在政府和国企的情况来看，并不乐观。
- ❑ 自己做项目。大公司靠财务，小公司靠销售。有很多原有的工作流厂商转变成了项目性公司，在有工作流实施经验的情况下，开发成本相比其他一些公司更有竞争力。

4.4.5 总结

国内工作流产品全部面向开发者，解决的是编程问题，旨在简化支撑流程的软件创建。国内工作流厂商分为三类，分别是工作流、工作流+开发平台、工作流+业务平台/套件。工作流厂商面临困境的主要原因在于产品不能面向最终用户，这样当越来越多的系统集成商开始自己开发工作流以及越来越多的开发者采用开源工作流时，生存日益艰难。工作流厂商的机会与困境相对，就是将产品面向最终用户，这包括了自己实施项目、转向BPMS以及提供云中的流程服务。

4.5 本章小结

在本章里，我们首先基于开源的jBPM深入分析了工作流的实现，然后给出了应用jBPM 4解决中国特色的流程需求的分析与实现。在4.3节，从四个方面（业务应用分类、工作流参考模型、工作流外网扩展、其他标准）分别给出了商业工作流产品的选型标准，以供读者在以后的应用中参考。最后，我们对国内工作流厂商如何发展给出了我们自己的思考。到本章为止，项目的第一个阶段（即第一篇）工作流相关的备战培训就结束了。工作流曾经代表了一个辉煌的时代，虽然它基本上已经属于过去式了，但这个时代是基础，是这个时代给予了工作流以生命，并让其辉煌。

第二篇

BPM的横空出世篇

时光如梭，转眼我们来到了21世纪初。在这个时期，江南市房管局从只有两三个处室的小局，发展到由市场处、物业处、拆迁办、房改办、住房保障办、产权处、档案馆、测管处等十几个处室组成的大局。同时信息化技术本身经过近10年的发展，也发生了较大的变化。工作流技术作为信息化技术的一个分支，也发展到了BPM技术阶段。本时期业务及技术的现状图如下图所示。

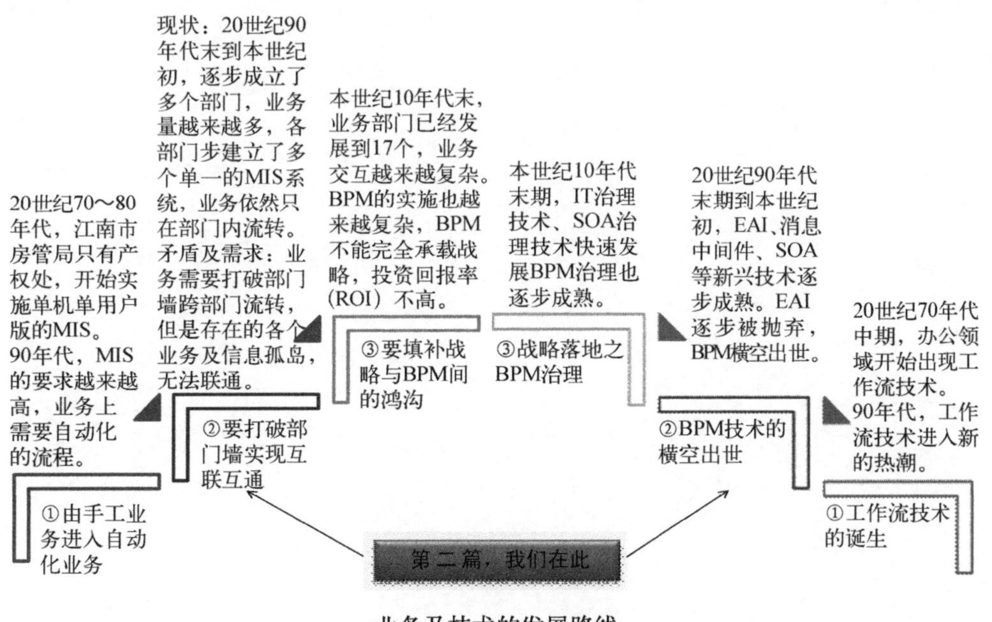

业务及技术的发展路线

从图中可以看出，左上到左下的箭头路径为江南市房管局的业务及信息化发展路线，右上到右下的箭头路径为流程技术的发展路线。红色框范围内，正是21世纪00年代初那个时期，本书第二篇的四个章节所讲述的内容就是这个时期内大行其道的BPM技术。

第5章讲述江南市房管局在这个时期内的业务及信息化发展的现状，并由这个现状引出横空出世的BPM技术。之后对BPM技术的基础知识、工作流技术与BPM技术的异同等进行详细的介绍。最后引出业务管理及BPM技术的结合。

第6章首先讲述BPM的生命周期内的五个重要阶段（包括设计、建模、执行、监控和优化）内的基础知识、规范、模型、原理及具体应用等重要内容，并结合江南市房管局的具体业务讲述相关技术的应用。BPM的生命周期之后，讲述对BPM技术应用的永恒之道，即怎样应用BPM技术，将江南市房管局带入大一统的时代。最后给出了一个BPM技术的美好蓝图以飨读者。

第7章主要讲述BPM技术的战术体系及规范。对BPMN这一有可能一统江湖的规范进行全面讲解，包括其历史及核心组成内容。

第8章对BPM技术的对应实现即业务流程管理系统BPMS进行讲解。首先介绍BPMS产品的市场前景、产品分类等内容；然后对BPMS的开源实现Activiti的组件及整个实现原理进行详细分析；最后对BPMS的商业产品做概括性的介绍。

第5章 初识BPM

信息化技术是从20世纪后半叶发展起来的新生事物。对于任何事物，其发展都遵循着从无到有，从小到大，从简单到复杂，从低级到高级这样一个亘古不变的规律。流程技术的发展及应用也不例外。进入21世纪，江南市房管局的业务及信息化技术的应用都发生了根本性的变化，这些变化把我们一起推进了BPM时代。我们首先来看业务上的发展及变化。

5.1 要打破部门墙实现互联互通

2003年国务院第18号文件，正式地将房地产定位为国民经济的支柱产业；2005年及2006年为了对房地产市场进行宏观调控，分别发布了国八条及国六条；2007年，新的《物权法》正式实施，对公民的私有财产有了真正意义上的保护法规。同年，住建部发布了《房地产市场信息系统技术规范》，这是第一个针对住建行业的国家级行业标准。在这种背景下，全国房地产市场的发展就像坐着火箭一样直窜云霄。房地产市场的火爆，也直接导致了房管局的快速壮大。

5.1.1 群雄割据导致了多个业务及数据孤岛的产生

在房地产市场火爆发展的背景下，江南市房管局迅速壮大并组建了新的处室，包括市场处、房改办、物业处、拆迁办、档案馆、测管处、住保办等。业务部门的成立是为了对房地产市场进行管理，同时为开发商、中介等房地产从业者提供服务。这自然就需要实现管理及服务的信息化系统。

在工作流时代，工作流技术与MIS技术的结合解决了规模较小企业和组织的业务流程自动化与灵活性的需求。在企业及组织摊大饼式的发展中，工作流+MIS这种模式作为经典，在企业内的多个部门开始被不停地复制。江南市房管局的各个处室也同样采用了这种经典的信息化系统模式进行复制。

这些信息化系统是在不同的阶段由不同的公司，采用不同的技术实现的，系统本身只专注于自己部门内的业务办理。部门与部门之间、信息化系统与信息化系统之间都互相隔离。当然这也符合我们在3.4.2节中讲到的职能型组织结构的特点，即处理同一职能的工作时，资源较好组织，处理效率高。而缺点是，如果处理需要多个部门协调的工作时，效率非常低，往往出现互相扯皮，踢皮球的现象，每个职能部门只关注自己部门内的利益。组织结构本身就是各自为政的，而新建设的信息化系统虽然提高了部门内业务办理的效率，却加剧了部门间的隔阂，人为地竖起了部门墙，导致数据及业务孤岛的产生，形成了各个“信息系统”群雄割据的场景。这样的场景，在各行各业中都或多或少地存在。

5.1.2　业务及管理上的新需求——打破“部门墙”实现互联互通

有孤岛会有什么问题呢？为什么要消除孤岛呢？我们来分析一个非常具体的例子，这个例子就是到今天为止一直让开发商很爽、买房者很受伤、专家很纠结的商品房预售制度。我们先看其历史。

(1) 1953年，霍英东提出期房预售方式。

(2) 1978年，大陆最初住房预定制度形成。

(3) 1982年国务院批准在四个城市进行半商品化售房试点，拉开了住房市场化的帷幕，但这种试点销售仍以预先按计划订购为主。

(4) 1992年房改全面启动，1993年“安居工程”开始启动，就此面向个人的住房商品化市场全面开放。1994年建设部第40号令《城市商品房预售管理办法》出台。

(5) 1995年开始实施的《中国房地产管理法》，将商品房预售制度以立法的形式确定。

(6) 2001年建设部第95号令《城市商品房预售管理办法》明确相应细则，是商品房预售制度成为市场经营核心管理制度之一。

(7) 2004年建设部第131号令再次修改了《城市商品房预售管理办法》。

由于商品房预售制度，导致了早期的房地产开发商可以空手套白狼，也造就了中国境内N多的房地产暴发户，直至发展为富豪阶层。言归正传，商品房要预售，而这个预售是必须经过政府批准的，这就回归到房管局的职责上了，即需要商品房预售许可证的发放流程，此流程如图5.1所示。

可以看出，整个流程的主办部门是由市场处负责的，但是在“房号登记”环节之后，需要根据预售项目的性质，分别到物业处、拆迁办、住保办三个部门做核查。由于每个部门内都有自己独立的信息化系统，即物业处有物业用房管理系统，拆迁办有拆迁管理系统，住保办有住房保障管理系统，三个信息化系统又是在不同时期由不同的厂商采用不同的技术实现的，所以，此时市场处的商品房预售管理系统无法与另外这三个系统通信。信息化系统之间不能连通，导致开发商必须到每个部门独立办理各个业务，拿到这些部门的纸质核查结果单后才能到市场处去办理预售许可证。

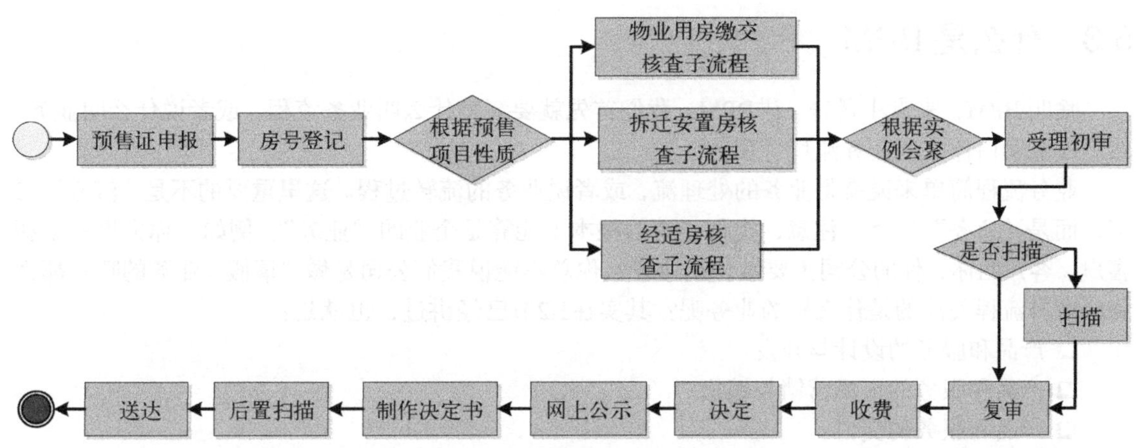

图5.1 商品房预售许可证审批发放流程

在这个流程中，开发商要跑四个部门。为解决这个问题，行政部门也在思考怎样能为社会公众及纳税人提供更好的服务，让他们少跑腿，更快速地为他们提供审批，减少等待时间等，这些目标就逐步作为信息化建设的目标提上了日程。很多行政部门在这个阶段建设了一站式服务大厅；同时在局内，打破各个部门间的“部门墙”实现互联互通，这就变为了真正要实现的目标。

5.2 BPM技术横空出世

管理及业务需要打破部门墙，实现互联互通。在这种要求下，信息化技术本身也出现了一些相应的技术来响应这种需求。在这些技术中，应用较多的就是企业应用集成（EAI）技术。EAI技术实际上就是为了实现信息系统的连通而出现的，它的实现方式是在各个信息系统之间创建接口，从而进行数据交互。由于各个系统采用不同的技术，导致如果有N个系统，那么每个系统就需要实现N-1个接口。直至后来出现了SOA、ESB这些架构思想及技术体系，集成才开始变得简单了。

但是企业的目标不仅仅是简单地实现信息系统间的互联互通，而是需要从整体管理及业务的角度，实现全方位的互联互通，仅仅基于SOA、ESB实现信息系统的点对点数据通信是不能满足要求的。

业务规模及企业规模的逐渐扩大，刺激着企业管理本身的发展，使得大型企业甚至是跨国集团这样的超大型企业要运用新的管理理念及方法论进行管理。企业的运营过程就是企业内部流程运行的过程，因此新的管理理念及方法论必然应围绕着流程。在这种背景下，首先出现了端到端的流程概念，强调通过端到端的流程来管理整个企业。很多的管理大师及企业管理者都意识到企业的根本性竞争优势必须从全局、卓越的业务流程体系中获得，BPM技术由此横空出世。

在BPM技术中，结合SOA能够全面实现企业业务流程及信息系统的互联互通，成为业务流程管理最有效的解决方案，在第6章及第10章中，我们都将围绕这一主题进行讲解。接下来我们先普及一下BPM的基础知识。

5.3 什么是 BPM

啥叫 BPM，来点小科普。讲BPM，我们首先就要清楚什么叫业务流程，或者说什么叫业务，然后才能明白什么叫业务流程管理。

业务流程简单来说就是业务的处理流，或者说业务的流转过程。这里重要的不是“流程”二字，而是“业务”二字。注意，类似于请假根本不能算是企业的“业务”。例如，你去见一个新客户，客户问你，你的公司主要做什么业务？你总不能说我们公司是做“请假”业务的吧？那么到底业务流程关注的是什么样的业务呢？其实在1.2节已经讲过，也就是：

- 产品和服务的设计与开发
- 产品和服务的市场营销与销售
- 产品和服务的交付
- 客户服务管理

这些业务总要有对应的部门去处理，例如产品研发部负责新产品的设计及研发，市场部负责新产品的推广和宣传，销售部负责新产品的销售，售后部负责产品售后的相关服务，客户部负责客户的管理等等，这些部门可以说就是企业的核心部门，是为企业创造价值带来利润的部门。这些部门的工作都是有前后的逻辑关系的，或者说是互相作用的，那么把这些部门的工作按照前后的逻辑关系和互相作用原理，串在一起就形成了一个流，这个流就是企业的核心业务流程，也是企业的价值链，如图5.2所示。

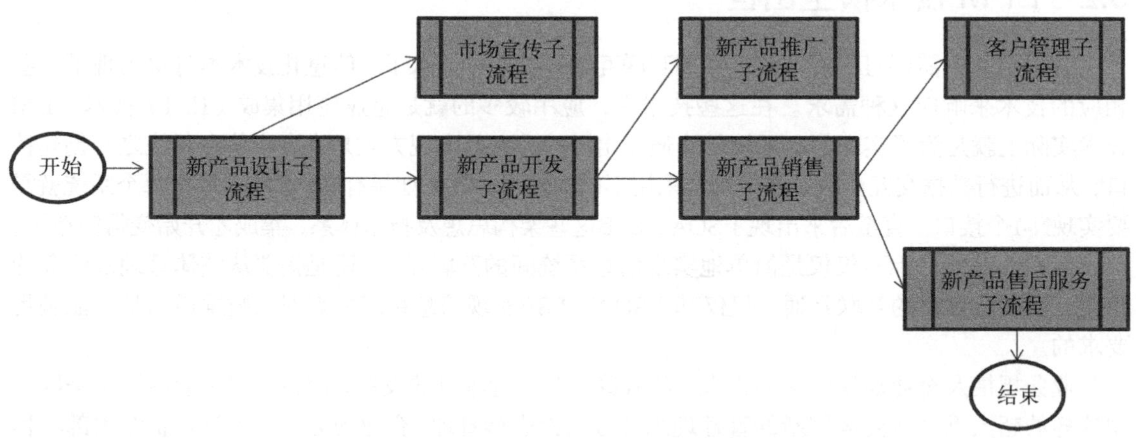

图5.2 某公司新产品上市业务流程

可以看出，这个流程就是企业的业务流程，也就是BPM要管理的对象。

在1.1节讲述流程定义时，我们讲到了流程的六要素，其中最重要的就是“顾客”和“价值”，也就是说，对顾客产生价值的流程就是我们这里所关注的“业务流程”。

那么，业务流程管理（BPM）是什么概念呢？Wikipedia（2008年8月）是这么说的：

> 业务流程管理是一种可以有效地协调组织的需求与客户的需求的一种方法。它是一个通过争取革新、灵活性和与技术的集成，而致力于促进企业的效率和效益的全面管理的方法。作为组织争取达到他们目标的努力，BPM尝试着不断地持续改进流程——流程定义、度量和改进流程——一个“流程优化”的过程。

业务流程管理是一种以规范化地构造端到端的卓越业务流程为中心，以持续地提高组织业务绩效为目的的系统化管理方法。这里强调的是“管理方法”，所以BPM重点还是在M上，即Management。

业务流程管理尝试着不断地持续改进流程，它因此可以描述为一个“优化流程的过程。”在1.5.4节中，我们讲述了流程的最高境界：Autonomic，动态和自我优化的流程，即流程本身已经具备自我优化的能力，或者说可以用流程来优化流程。

IDS公司将BPM定义为：企业根据自身的战略重点，有选择地对支撑其战略实现的关键业务流程进行系统化的、持续改进的管理过程。

综上所示，BPM最终归结为一个“过程”，它是“优化流程的过程”，是“对……进行系统化的、持续改进的管理过程”。这个过程要做什么事情呢？或者说，这个过程关注的重点是什么？是“业务流程”，即企业的核心的业务流程，这些业务流程是支持企业战略实现的关键业务流程。

5.3.1 什么叫端到端

对于BPM，出现频率最高的可能就是“端到端”（End-to-End）这个词了，可是又有多少人能彻底说清楚“端到端”是什么意思呢？有人说了，顾名思义，端到端就是从一端到另一端嘛。恭喜你，答对了。但是知道这一点还远远不够，你必须要清楚，“一端”是指哪儿，“另一端”又是指哪儿。

第一个“端”是指企业外部的输入点，注意这里有两个关键词缺一不可，一个是“企业外部”，另一个是“输入点”。什么是企业外部呢，例如电子商务中，一个A顾客（或A企业）向B企业下订单，那么A顾客（或A企业）就是B企业的外部。

第二个“端”是指企业对外部的输出点，同样有两个关键词：“企业外部”和“输出”。在上个例子中，A顾客（或A企业）拿到的自己订单中的产品（或服务）就是B企业的输出点。

当然这里的企业外部的输入点或输出点，从广义上根据不同的行业，可能还有政府及各种其他机构、市场等企业的所有利益相关者。

5.3.2 端到端流程的几个特性

(1) 企业外部的输入进入流程后，往往涉及多个部门的协同工作才会产生输出。

(2) 这里的协同工作往往涉及多个系统（这里的系统多数是异构的、隔离部署的，也有少量存在同构的、集中部署的场景。注意，这里的异构、隔离部署并不是端到端流程的要求，只是企业信息化一个遗留的附加特征，端到端流程只是来适应它罢了）。

(3) 这些系统往往需要相对较多的数据交换。

(4) 端到端流程中的某些节点往往需要分解为子流程。

5.4 工作流技术与 BPM 技术的是是非非

我们在1.2节介绍了流程管理思想及方法论、流程技术的历史，流程技术是从工作流技术发展到BPM技术的。所以在我们能够头脑清楚地继续学习BPM技术之前，有必要对这两个管理思想及技术进行清晰的比较。

对于很多人来说，工作流与BPM的是是非非就像雾里看花，总也看不清楚。关于这二者的争论也实在是五花八门。到底什么是工作流？什么是BPM？这两者又有什么样的关系与区别？就此话题还有很多版本。例如，OA与工作流/BPM有什么区别？ERP与工作流/BPM有什么区别？等等。喜欢发问、喜欢比较是一个好习惯，但是发问之前不进行任何思考，那就不是好习惯了。任何两个事物的比较，都应处于同一领域，不同领域的事物是没有可比性的。因此，需要对事物属于哪个领域有精准的界定。关于这一点，我们已经在1.6节讲述流程、流程管理及流程技术三者的关系时，对流程的相关术语在不同领域的分布及界定进行了分析和讨论。接下来，我们来具体比较工作流与BPM的区别。

按照精准的术语及领域界定，我们要比较的不应该是工作流与BPM，因为BPM是属于业务领域的管理方法论。那么工作流呢？按照WFMC的定义，是指的企业中可以自动执行的流程（详见2.2节）。一个说的是方法论，一个是自动执行的流程的统称。所以，更应比较的是工作流技术与BPM技术，或者说比较BPM管理思想与工作流管理思想（存在这样的思想吗？实际上不存在）。也可以比较WFMS与BPMS，这两者都是软件系统。下面就从几个方面来进行比较。

1. 从管理思想或者说方法论的角度进行比较

严格来说，在工作流时代是没有工作流管理思想这一说法的，仅有的是流程自动化的要求，还无法上升到管理思想或者方法论这个高度。

BPM则有了完整的思想及方法论体系，从企业运营管理中的价值链，到具体的端到端的流程体系，都形成了完整的思想及方法论体系。

2. 从战术及执行角度进行比较

BPM主要从战术角度考虑全局的业务流程体系；而工作流仅仅是执行层面的，只专注于具体的某个部门或系统内的流程的自动化实现。

本书主讲流程技术，因此不打算过多阐述管理思想及方法论方面的比较。我们从流程技术的角度对工作流技术及BPM技术进行比较。

不同点

- 从流程的涉众（或者说要解决的问题域）来看：工作流技术关注于企业某一个部门内的流程，而BPM技术关注整个企业甚至是企业与企业之间的业务流，也就是说BPM技术关注的是端到端的流程。

- 从关注的系统来看：工作流技术服务的对象一般是企业内的某个单一系统，而BPM技术服务的对象是企业内的多个系统，甚至是企业与企业之间的系统。
- 从在企业内的实施来看：工作流技术主要面对的是企业内可以自动执行的流程，而BPM技术面对的不仅仅是可以自动执行的流程，还包括很多不可以执行的流程。
- 从产品包含的功能范围来看：WFMS一般关注的是流程建模、执行、监控和局部的优化；而BPMS除了流程建模、执行和监控以外，更关注流程的规划和全局的流程优化。WFMS一般是不会上升到流程规划这个层次的，因为它只是一个局部的范围实施。BPMS强调在全局的体系下，对所有的系统、所有的部门、所有的流程进行统一规划，设计、建模、执行、监控和优化。BPMS更强调的是total solution，即整体的解决方案。
- 从面向的使用者来看：工作流技术主要面向技术人员或者说企业信息中心的维护人员。而BPM技术更强调的是面向企业的管理人员、业务人员和分析人员，当然也包括技术人员和维护人员。
- 从目标来看：工作流技术的目标主要是解决某一个系统内的流程自动执行的问题；而BPM技术的目标是对全局的所有流程进行管理，包括梳理、规划、设计、监控、评估、优化，以取得全局整体利益的最大化。这就是说，BPM技术面向的是全局的增值。
- 从对企业组织结构的要求来看：工作流技术对企业的组织结构几乎没有什么要求，是什么，就用什么；而BPM技术对企业的组织结构有更高要求，因为BPM技术关注的是企业内各个部门之间的协调与沟通，强调打破“部门墙”。在BPM技术实施到某个层次时，就要求企业的组织结构做相应的调整，甚至变化为“流程型组织”（见3.4.2节）。
- 从纯IT技术的角度来比较：WFMS基本上都是采用内嵌式的，与某个单一的系统完全集成在一起。而BPMS基本上都是独立作为服务器来部署的，因为它需要为企业内的多个业务系统提供流程服务，而且它主要以集成现有的IT系统为主，以粗粒度的服务编制为主要的实施方法。

除了不同点以外，两者还有相同点。

相同点

- 两者都遵循主要的工作流控制模式、数据模式、异常模式等，因此两者的引擎技术是相同的，可以共用。当然，这里的控制模式、数据模式、异常模式都是在相对较粗粒度上应用，而资源模式主要面对的是任务的分配，这一点主要依靠于WFMS来实现。
- 两者都提供流程设计器，都需要关联资源。

根据以上比较，我们可以对BPM管理思想及技术总结如下：BPM管理思想及BPM技术面向多系统、多部门；面向管理人员、分析人员；强调协调一致，强调端到端，强调全局效率、整体敏捷。BPMS是BPM方法论的IT实现。BPM必须关注于全局的、整体的、协调一致的沟通与交互，这些正是战术层面的事情。我们可以称BPM是参谋长，负责制定全局的协同战术、交互战术、组织战术、全局的资源调度战术等。

需要特别强调的是，工作流技术与BPM技术并不是截然分开的，也不是互相对立的，而应该是相辅相成的。BPM技术在上、工作流技术在BPM技术之下，从这个角度上来说，BPM技术与工作流技术是包含的关系。就像军队里的参谋处与作战分队，大型的战役参谋处与作战分队必须一起上，非常小型的战斗（已经不够战役的标准了）工作流技术自己上就够用了。

全球经济一体化导致如今的企业规模越来越大，企业中的信息系统越来越多，各个企业间也需要紧密协作，因此企业的信息化实施已从早期的小型战斗逐渐升级为了大型战役。属于工作流的辉煌时代已经过去了，BPM的时代已经到来，而且如火如荼。

5.5　本章小结

业务的发展要求企业打破部门墙实现互联互通，而BPM技术正好从业务流程的高度实现企业信息的集成，所以业务管理的需求与BPM技术一拍即合。那么，二者怎样结合？应用BPM技术的永恒之道又是什么呢？在下一章，我们将对BPM生命周期五个阶段内的方法、规范、模式、原理及具体应用等内容进行剖析，之后结合江南市房管局的具体应用需求详解应用BPM技术的永恒之道。

第6章

BPM的生命周期及永恒之道

上一章我们介绍了江南市房管局的业务管理现状，由此引出了BPM技术。在本章，我们将深入BPM的生命周期中，看看在不同的阶段怎么应用BPM管理思想、方法论及技术，并结合流程六要素来分析要做什么，最后结合BAM阐述为什么这样做，或者说这样做要达到什么样的目标。 6

战术的生命周期包括战术设计、战术制定、战术执行、战术评估及战术调整。BPM是参谋长，负责战术层面的工作，对应于以上5个阶段，BPM的整个生命周期也有五个阶段：设计、建模、执行、监控和优化，如图6.1所示。

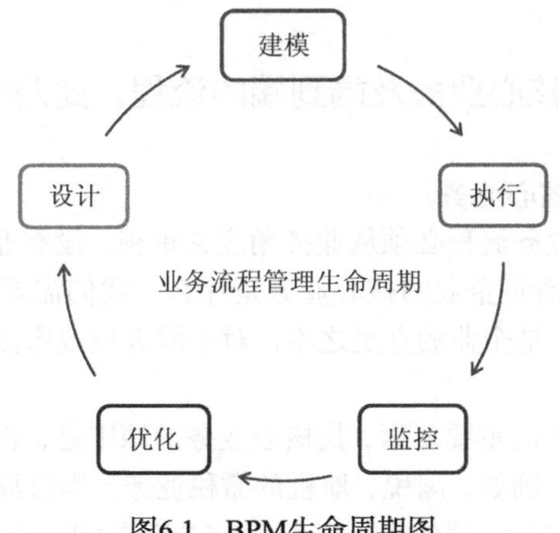

图6.1 BPM生命周期图

这五个阶段就覆盖了BPM的整个生命周期，每个阶段内的工作内容都不同。接下来，我们一起探究BPM这位参谋长在每个阶段内都需要做什么工作，这些工作的指导原则及规范都是什么，怎样做才能获得最好的战术效果。

6.1　设计四步曲

流程设计包括对已存在流程进行鉴定和对新流程进行设计，涉及的内容包括流程的流转、业务规则、资源协同（参与者，表单、知识、绩效等）和流程资产存储，好的流程设计可以减少流程生命周期中出现问题的数量。提到设计就必须提BPR，BPR中强调的是R（Reengineering，即再造）。这个理念是Hammer教授提出来的，但是BPR最终失败了，原因就在于再造成了完全彻底的重新设计。这里所说的设计强调的是对流程进行“规范”设计，即需要重新设计的就进行重新设计，不需要重新设计的就进行“持续改进”。这也是BPR失败之后，人们又提出了BPI的原因，BPI在大多数企业中被接受并最终获得了成功。

讲到这里，也许有人就会有疑问了，怎么进行设计或持续改进？我们的回答是进行有效的流程梳理。

我们在流程领域摸爬滚打了近十年，深刻体会到，要进行流程设计就必须熟悉业务，否则设计出来的流程必然是一个失败的流程，或者一个根本不能产生任何增值的流程。熟悉业务非常重要，不幸的是，目前国内很多所谓的BPM咨询公司、流程咨询公司，没有多少人是真正熟悉业务的。抗日战争、国共战争中的那些参谋长，哪一个不是从大大小小的战斗中摸爬滚打出来的？国内的这些所谓的首席咨询师、高级咨询顾问，又有多少是在行业的信息化项目实战中摸爬滚打出来的呢？在熟悉业务的基础上对全局的业务流程进行整体梳理与谋划，是“设计”阶段的第一重要原则，而“整体谋划”原则也是战术设计的第一重要原则[①]。对于流程设计，我们总结出四步曲。

流程的六要素是输入、输出、活动、活动间的相互作用、流程的服务对象及价值。输入和输出是流程的因和果，顾客是流程的服务对象，价值是整个流程的隐性输出。设计四步曲必须围绕着流程六要素进行。

6.1.1　第一步曲：找出核心业务及端到端的流程，此乃被设计的对象

1. 以服务对象为中心找核心业务

本章开始我们讲到了，业务流程必须从业务角度去审视，没有业务也就没有流程。所以，做BPM设计的第一前提就是，清楚企业的核心业务是什么？我们需要把那些端到端的业务管理起来，它们是企业的核心价值，是企业的立足之本。对于服务型政府而言，为纳税人提供服务和办事，就是政府的核心业务。

服务对象是流程六要素中的重要要素，找核心业务的原则是，企业中那些为企业服务对象创造价值的业务就是核心业务。例如，国税、地税的缴税业务，房管局为房地产从业者及社会公众提供的各种房屋证件的办理业务。我们也可以参考1.4.2节的APQC流程分类图找出企业的核心业

---

①《论战术设计》，马志松，国防大学出版社。

务领域。

2. 通过输入和输出找端到端的流程

怎样梳理出端到端的流程呢？首先要分析企业的价值链和战略地图，然后对企业价值链和战略地图进行分解，并结合端到端的流程定义及特点，对分解后的流程进行分析，这样才能找出端到端的流程。

以第5章的商品房预销售许可审批流程为例，在房号总登记环节需要发起物业用房缴交核查流程、拆迁安置房核查流程和经济适用房核查流程，这里就存在一个端到端的流程协同，如图6.2所示。

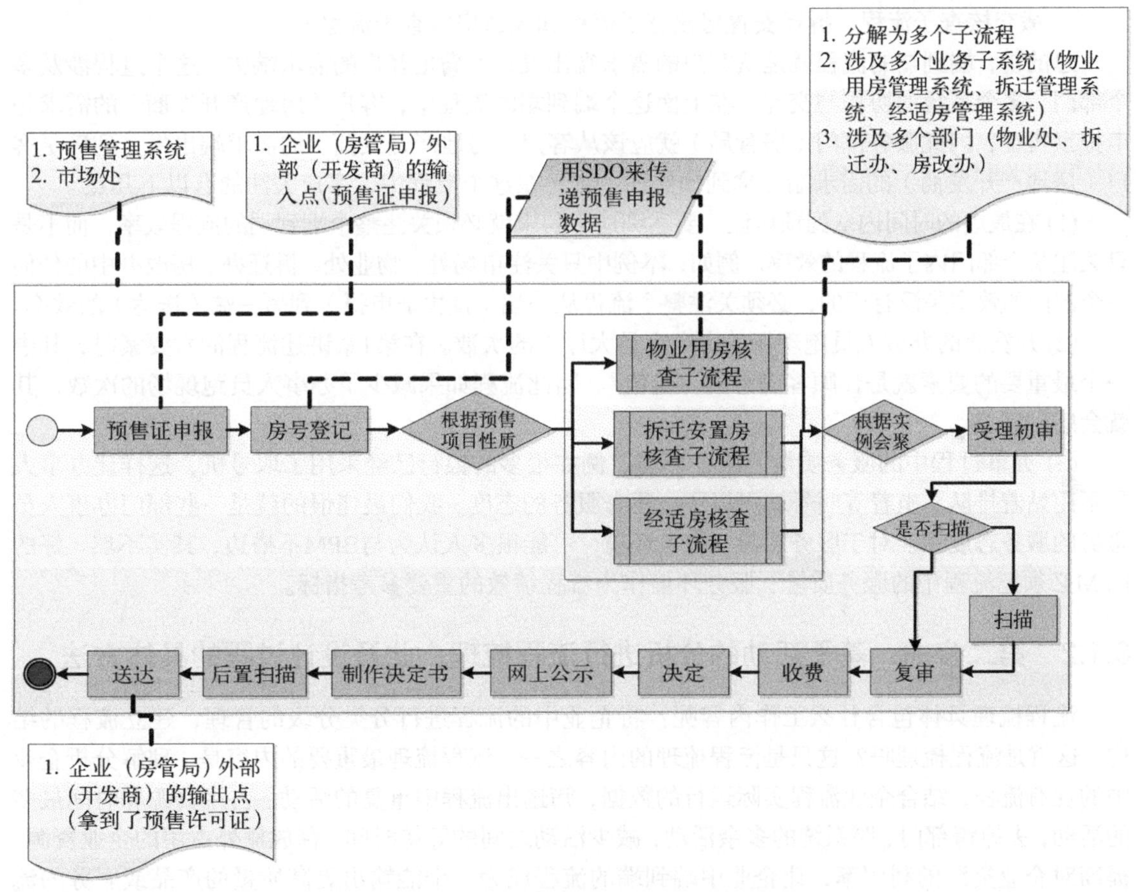

图6.2 端到端的预售证审批业务流程

这是一个完全符合端到端定义和特性的业务流程，我们通过此业务流程来分析其与端到端流程的定义及特性的匹配度。

定义的匹配度

- 一端（The End）：企业（房管局）外部（房地产开发商）的输入点——预售证申报。
- 另一端（to-End）：企业（房管局）对外部（房地产开发商）的输出点——送达（预售证）。

特性的匹配度

- 涉及多个部门的协同工作：市场处、物业处、拆迁办和房改办。
- 涉及多个系统：预售管理系统、物业用房管理系统、拆迁管理系统和经适房管理系统。
- 需要较多的数据交换：预售申报的业务数据封装为SDO，通过BPM引擎传递给物业用房管理、拆迁管理和经适房管理三个子系统。
- 端到端流程中的某些节点往往需要分解为子流程：房号总登记环节被分解为了物业用房缴交核查子流程、拆迁安置房核查子流程和经适房核查子流程。

总的讲，端到端的流程就是从客户的需求端出发，到满足客户的需求端去，这个过程涉及多个部门、多个系统的协作与交互。在上面这个端到端的流程中，客户（房地产开发商）的需求是申报预售证，因此服务部门（房管局）就应该从客户（房地产开发商）的需求端出发，到满足客户（房地产开发商）的需求端（拿到预售证）去。在这个流程中，客户关注的有以下几点。

(1) 在最短的时间内拿到预售证。要达到这个要求就必须关注整个端到端的流程效率，而不是只关注某个部门内子流程的效率。例如，本例中只关注市场处、物业处、拆迁办、房改办中的任何一个部门的效率是没有用的，必须关注整个流程从一端（预售证申报）到另一端（送达）的效率。

(2) 开发商的办事人员跑现场（房产交易大厅）的次数。在第1章讲述流程的六要素时，其中一个最重要的要素就是让顾客满意的"价值"。因此流程如果减少了办事人员跑现场的次数，其就会感到满意。

(3) 办事过程中的服务质量、服务环境。例如很多的银行已经采用了取号机，这样让办事人员不用站着排队，坐着等叫号就可以了。还有服务的态度，我们最痛恨的就是一些部门办事人员恶劣的服务态度了。对于服务质量、服务环境，可能很多人认为与BPM不搭边，其实不然。好的BPM必须把流程中的服务质量、服务环境作为流程绩效的重要参考指标。

6.1.2　第二步曲：基于活动的分析进行流程梳理，此乃设计过程的具体方法

流程梳理具体包含什么工作内容呢？将企业中的流程进行分类分级的管理，建立流程的结构，这就是流程梳理吗？这只是流程梳理的内容之一。流程梳理最重要的内容是，理解分析企业中的现有流程，结合企业流程实际运行的数据，筛选出流程中重复的活动、占用资源和时间最多的活动，去掉跨部门、跨系统的多余活动，减少活动之间的等待时间，释放额外占用的企业资源，提高对企业资源的利用率，让企业中端到端的流程成为一个能输出更高质量的产品或服务的流程，同时提高企业的效率，降低企业的成本。

6.1.3　第三步曲：基于对活动的规范化，优化活动之间的作用逻辑

所有端到端流程的目标都是要获得更多的价值，价值是通过多个活动相互作用而获得的。要

设计活动之间的作用，首先要对活动本身进行分析和规范化。如果流程中的所有活动杂乱而不遵循任何规范，那么流程是无法进行优化的。我们首先来看活动本身的规范化。

1. 活动本身的规范化

一个活动代表着某个完整的流程上下文中一个细分的业务环节，此业务环节可以逐级分解为多个更细的业务环节，直到不能分解为止。这个业务环节上对应的与流程相关的所有属性（包括这个活动本身的属性以及与此活动相关的业务属性）封装为一个完整的活动。具体如下：

- 活动的基本属性（名称）；
- 活动的参与者属性（人工活动）；
- 活动的时间属性；
- 活动的业务属性，包括表单、规则、事件、权限、KPI绩效指标等，行业不同还会有很多其他特定的业务属性。

通过上面的分析，我们可以看到，活动本身的规范化内容很多，这些内容直接影响流程的分类、简化及重用，例如活动的时间属性，在人工活动中，的大多数场景下需要对每个活动定义一个办理期限，那么对于同岗位、同业务操作的同一个活动，都应该遵循相同的办理期限，而不应该有各种各样的理由来对期限进行延期。同样的，对于活动的业务属性（表单、规则、事件、权限、KPI等）也要制定相应的规范，以达到整个业务流程规范化的目的。

2. 活动之间的作用

活动之间的作用就是活动与活动之间的转移逻辑及交互逻辑。3.3节的控制模式就是活动之间的转移逻辑，或者叫路由逻辑。通过结合企业的流程实际运行数据，统计流程中重复的活动、活动占用的资源和时间、活动所耗费的成本等，来分析对活动本身的业务属性的分析（结合企业的流程实际运行的数据，统计流程中重复的活动、活动占用的资源和时间，活动所耗费的成本等），我们就可以对活动之间的各种控制模式进行调整。例如，将两个串行连接的活动，改为并行连接，即串行模式到并发分裂模式的变化转变（见3.3.1节和3.3.2节），这就是流程优化中最常采用的和、最有效的策略。

6.1.4 第四步曲：整体谋划，此乃战术设计的精髓

经过上述三步，所有的核心业务流程都已经清晰地梳理出来了，且进行了规范化。接下来，就是“战术设计”的真正精髓了，即整体谋划。整体谋划的目的就是从全局确定流程的价值（这也是流程六要素中的最后一个要素），这是实施BPM与实施工作流的一个非常重要的区别。BPM关注的是端到端的流程，关注全局的整体流程；而工作流关注的是局部的流程，对局部流程是不可能做整体谋划的。例如我们只做一个采购流程，那么在这个层面上不可能看出它对企业所产生的价值，更谈不上整体谋划。那么怎样做整体谋划呢？整体谋划的第一步就是要找出实施的对象，即企业的核心业务和端到端流程。

有了整体谋划的对象之后，就要结合平衡计分卡（BSC）和战略地图，从财务、顾客、企业

内部流程、学习和成长评估四个构面来对所有的端到端流程进行评估，确定这些端到端流程之间的关系、个体价值及相互作用后的整体价值，以达到最佳的平衡点。再根据整体价值的要求，来设计这些端到端的流程。

对某一个端到端的流程，考虑输入和输出。从一个固定的输入，经过最短的时间，利用最少的资源，得到最好最快的输出，这就是一个端到端流程设计的基本原则。拿预售许可审批流程这个端到端流程来说，需要结合考虑多个部门（物业处、拆迁办、住保办等）、多个流程（预售许可审批主流程、物业用房核查子流程、拆迁安置房核查子流程、经适房核查子流程）之间的相互影响及作用进行整体谋划，以取得整个端到端流程的卓越绩效。如果只考虑某一个流程，如只对物业用房核查子流程进行优化，则不能确保整个端到端的流程能取得卓越绩效，局部优化并不能带来全局优化，甚至还会造成部门之间的踢皮球。这正是工作流实施过程中最常见的问题。独立的基于工作流来实施一个物业用房管理系统正是工作流实施的典型场景，在这样的场景中，屁股决定脑袋，怎么会做整体谋划呢？况且这也不是工作流的责任，因为那已经超出了项目范围，超出了其职责所在。所以，现在的企业、政府或公共组织，要想取得卓越绩效，就必须按照BPM的实施路线，在全局的范围内实施整体规划。

6.2　建模

建模这个词对于我们来讲并不陌生了，诸多领域中都要建模。我们来看一个抽象的建模过程，如图6.3所示。

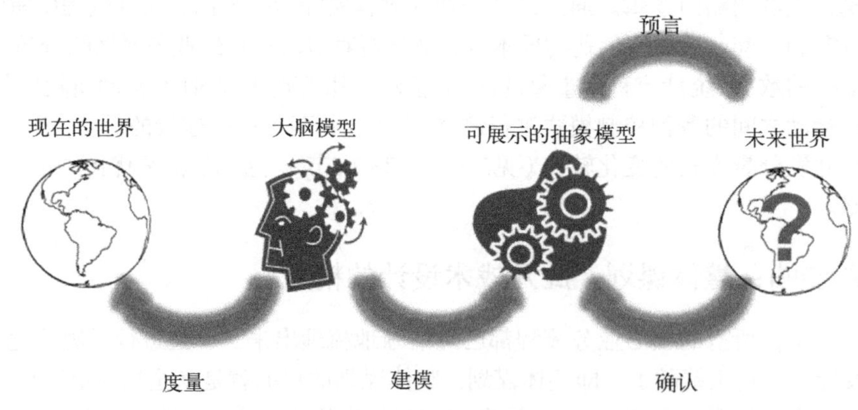

图6.3　建模过程

这是一个建模的过程。首先人的大脑度量我们现在的世界，形成不可展示的大脑模型，然后大脑会将这个大脑模型按照某种建模语言（例如BPMN）建立可展示的抽象模型（BPMN流程模型），通过可展示的抽象模型就可以预言未来世界，未来世界会反过来确认可展示的抽象模型是否正确，然后修正可展示的抽象模型。

呵呵，说到建模，其实在战术设计中早已有之，我们来看看大名鼎鼎的三国赤壁之战中的老祖宗所用的战术路线图，如图6.4所示。

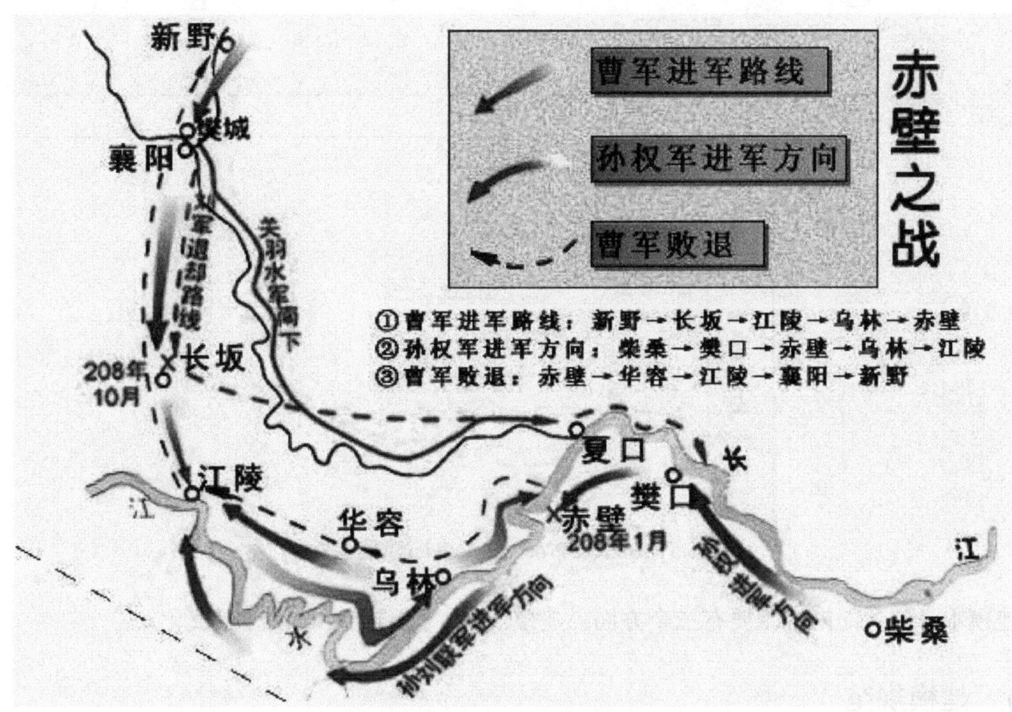

图6.4　赤壁之战战术路线图

对于作战参谋，制定作战方案和战术路线图是标准的战术制定内容。作战方案结合战术路线图，还有沙盘演练（类似于BPM中的仿真），这些都是战术制定的重要工作内容。如上图所示，作战路线既有主战线（类似于BPM中端到端的主流程），也有分支战线（类似于工作流中的分支流程）。接下来我们回到BPM建模。

BPM建模就是将设计好的流程进行模型化，注意这里强调的是“模型化”。企业的核心业务流程有的是可以执行的，有的是不可以执行的。那么什么叫流程建模呢？我们的理解就是，利用某种工具提供的一些图形化符号（包括具有各种语义的节点、连接线等）可视化地表达流程（例如用visio提供的各种图形符号构造一个流程图），并持久化形成抽象通用的模型的过程。提到图形化符号，熟悉流程建模的人马上就会想到BPMN，它提供了一个标准化的流程建模符号的规范。这个规范目前已经成为流程建模领域的事实上的公共规范，也是遵从率最高的规范。目前业内支持BPMN规范的流程建模工具非常多，免费的工具有Intalio BPP提供的工具，BizAgi提供的Process Modeler（最新版本是2.3.0.5，如图6.5所示），这两家公司都是BPMN 2.0规范的重要参与者。

6

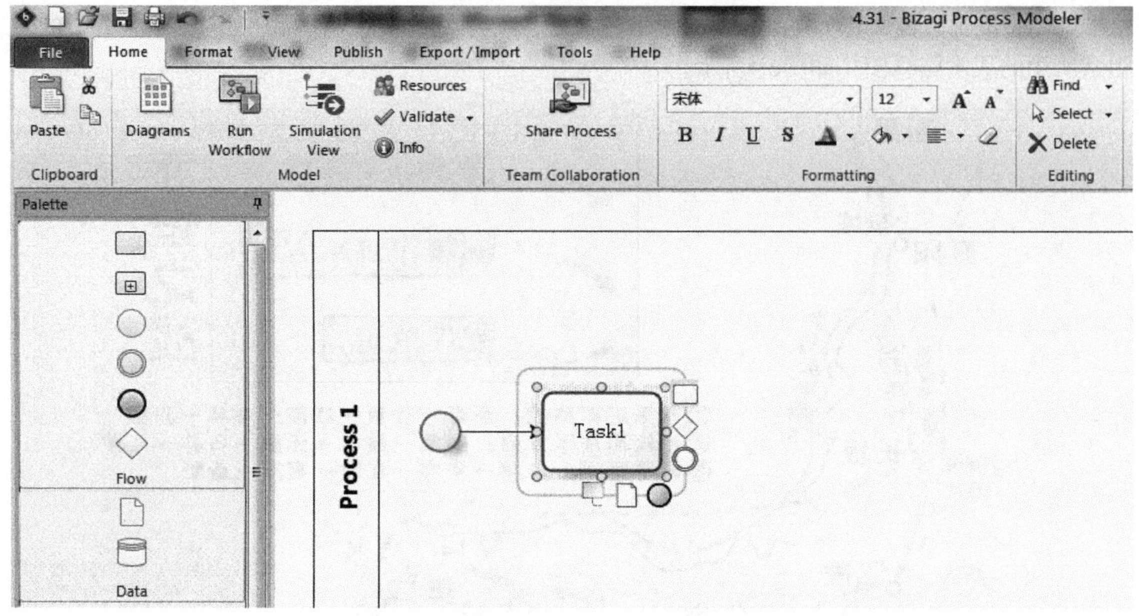

图6.5 BizAgi Process Modeler建模示例

建模本身包含的内容主要有三个方面：建模规范、模型交换与模型持久化。

6.2.1 建模规范

目前业内存在着几个不同的建模规范，有BPMN、XPDL、BPEL等，但是从严格意义上来讲，只有BPMN算是真正的流程建模规范。

1. BPMN是什么？

那么什么是BPMN呢？在2008年的一次BPMN 2.0的虚拟圆桌访谈中，来自于Oracle的BPM产品管理主管Manoj Das、IBM的软件标准工作组的项目主管Dave Ings、以及SAP的标准管理和战略工作组的标准架构师Ivana Trickovic，三位专家就BPMN 2.0进行了一番讨论①。

> Dave Ings：BPMN是领先的业务流程建模符号标准，它定义了一种类似于流程图的可视化符号，业务分析师可以利用它来设计新的业务流程或者记录现有业务流程。这个标准提供了一种通用语言，业务人员、业务分析师和IT架构师能够使用它来一起开发、部署和监视业务流程。
>
> Manoj Das：BPMN，或者说是业务流程建模符号，是一个图形化的建模标准，业务分析师和业务用户借助它可创建跨多个活动、系统、参与者和交易的流程模型，只要

① http://www.infoq.com/cn/articles/bpmn-2。

添加必要的实现细节，这些模型就可以直接在IT领域执行。BPMN给业务使用者提供了类似流程图的体验，这是一种他们熟悉的隐喻。但是与流程图不同，BPMN加入了大量的约束和语义，以便使模型成为一个有效的执行起点。此外，跟BPMN紧密联系起来的是它的泳道特性，这使得可以按参与者和角色对活动进行直观的建模，非常形象地表示出了不同参与者之间的协作。

Ivana Trickovic：BPMN是一种业务流程的图形化建模符号，范围从工作流到自动化业务流程。BPMN上的新成就（即大家熟知的BPMN 2.0）还包括了一个针对协作流程的符号（即编排[choreographies]），使用它可以就业务伙伴之间一系列所需交互定义业务契约。

三位专家给出了BPMN的定义，我们认为可以用一句话概括为：BPMN是一个建模标准，它有一堆图形化的符号，有一堆对流程建模的约束和语义。

2. BPMN是谁家的孩子，成长情况如何？

BPMN最初是由业务流程管理倡议组织（BPMI, Business Process Management Initiative）开发，该组织已于2005年与对象管理组织（OMG，Object Management Group）合并，从那时起，BPMN由OMG维护，BPMN当前正式版本为2.0（2011年1月发布）。OMG看似是BPMN的老子，但它只管生，生了之后的性格特点就交给各个行业组织去设计了。于是IBM、Oracle、SAP三个巨头老大提交了BPMN 2.0方案，而Adaptive等提交了BPMN-S方案，然后让他们互相竞争。接下来我们看看BPMN各个版本的规范发布情况。

BPMN 1.0：由业务流程管理倡议组织（BPMI，Business Process Management Initiative）开发，于2004年5月正式发布。BPMN 1.0定义了业务流程图，其基于流程图技术，同时对创建业务流程操作的图形化模型进行了裁减。业务流程的模型就是图形化对象的网图，包括活动（也可以说工作）和定义操作顺序的流控制。

BPMN 1.1：其规范于2008年1月17日发布。

BPMN 1.2：其规范于2009年1月3日发布。

BPMN 2.0：其规范于2011年1月发布。

相比BPMN 1.2，BPMN 2.0主要在以下几个方面进行了扩展：

- 为所有的BPMN元素规范化执行语义；
- 为流程模型的扩展和图形化扩展定义一种扩展机制；
- 为流程建模定义一个行业标准交换格式（包括元模型和图形展示）；
- 细化事件组成及关联；
- 扩展人工交互的定义；
- 定义一个编排模型。

3. BPMN 2.0，这个孩子想领袖群雄

BPMN 2.0的哥哥BPMN 1.0虽然很强壮，很单纯，但是干得事情太少（这社会单纯的孩子才

6

受人喜欢，这也是它被众多厂商和众多IT人员喜欢的原因)，流程建模之后要进行的交换、存储、执行等事情BPMN 1.*x*都做不了(可是，这些事情真的是BPMN应该做的吗？BPMN的角色定位到底应该是怎样的？它细分的受众群体是谁？请读者先行思考一下)。于是乎，OMG就给他生了一个弟弟BPMN 2.0，试图让这个弟弟干更多的事情(交换、存储、执行)，但是干得多就会变得很复杂，变复杂了还会有很多人喜欢吗？

6.2.2　模型交换

BPMN 1.*x*被人诟病的两大顽疾是：(真的是顽疾？)

- BPMN是一个图形符号，不支持元模型，不支持存储和交换。

由于BPMN 1.*x*的规范仅仅定义了标准的图形建模符号，对类似于UML对应的XMI的元模型这样的标准没有定义，因此无法做到内容交换。没有元模型，存储当然更无从做起了。UML至少还可以导出一个XMI进行交换，但是如果想把用不同BPMN工具建模后的流程进行交换，从规范上来讲是完全不支持的。

- BPMN是一个设计语言，不支持执行。

BPMN提供了建模的图形符号，由于没有提供标准的元模型和执行语义，因此是不可执行的。如果要让BPMN建模后的流程可以执行起来，就需要厂商自己做功课了。

正是由于BPMN 1.*x*有着以上两个问题，因此在BPMN 2.0规范以前，一些厂商都是寻找了自己的解决方案，包括采用XPDL、BPEL、BPDM等作为交换和执行格式，这就需要在BPMN和XPDL、BPEL、BPDM之间执行转换。

1. BPMN→XPDL的模型转换

XPDL作为WfMC提出的流程定义语言规范，本身就是一个元模型，可以存储并且具备执行语义，因此理论上来讲，将BPMN转换为XPDL就可以解决存储、交换和执行的问题。WfMC于2008年4月23日发布的XPDL 2.1规范，主要变化就是加入了BPMN 1.1到XPDL 2.1转换的内容，WfMC官方自己称XPDL 2.*x*版本是BPMN的序列化格式。

XPDL 2.1提供了一种文件格式，可以支持BPMN流程定义标注的各个方面，既包括对于图表的图形化描述，也包括在运行期使用的可执行属性。这样，利用XPDL就可以将不同BPMN产品所画出的流程定义进行交换，达到了互操作的目的。

如今有80多家公司的产品使用XPDL来交换流程定义，也有一些厂商在自己提供的BPMN工具中使用了XPDL作为交换和存储格式，例如BizAgi公司的Process Modeler工具就是采用BPMN规范进行建模，并提供BPMN到XPDL的转换。其他厂商还有Global 360、Fujitsu、ITP Commerce等，其中Global 360是Gartner发布的2009 BPMS suite魔力象限中处于领导者象限的厂商，而Fujitsu则是处于挑战者象限中的厂商。2009年夏天，WfMC又发起了一个XPDL 2.2/BPMN 2.0的项目，以响应OMG将要批准的BPMN 2.0规范(BPMN 2.0规范本身加入了元模型的内容，解决了存储、执行的问题。是不是有点WfMC给OMG拍马屁却拍到了马蹄子上的味道呢☺，对WfMC真是失望)。

XPDL是面向图的，BPMN也是面向图的，因此BPMN到XPDL的转换有着天然的优势。很多人说起XPDL与BPEL的区别，就认为BPEL是执行语言，其实XPDL何尝不是呢？它们最本质的区别在于，XPDL是完全面向图的，而BPEL是面向块（block）的（严格来说是一个块和图的混合体）。虽然XPDL在面向图上有着天然的优势，可是随着SOA和BPM的盛行，另一流程语言BPEL逐渐有盖过其锋芒的趋势，很多的厂商也转向了BPEL，提供了BPMN到BPEL的转换。

面向图？面向块？

首先要明白为什么需要面向图（graph-oriented）？从本质上来说，因为现实世界里的流程就是面向图的，是非结构化而且往往是高度并行的。在现实世界中，流程逻辑可以导向任何地方，它不受限，想流向哪里就流向哪里，想怎么流就怎么流。而且在编程语言中，也曾经存在过非结构化要素，例如被称为有害的goto语句、jump语句等。对于业务分析师而言，他们喜欢做的是按照真实世界的映射直接给出直观的流程图。上面我们提到了，XPDL就是面向图的，因此对于图6.6的流程就可以用XPDL很好地展现，读者可以试着去做这个功课。

面向块（block-oriented）的概念很容易理解，我们被灌输了太多结构化的东西，从数据结构，到C、Java等编程语言。现在主流的计算机程序语言都是结构化语言，也就是面向块，而早期的BASIC、Fortran等语言则属于非结构化的语言。BPEL语言早期是由微软的XLANG和IBM的WSFL发展而来，XLANG是以过程代数为基础的，属于标准的结构化语言，而WSFL则是面向图的，因此BPEL是一个结构化（块）和非结构化（控制链和事件）的混合体。

6

清楚了面向图及面向块的区别，我们来看一个新员工入职报到的流程，如图6.6所示。

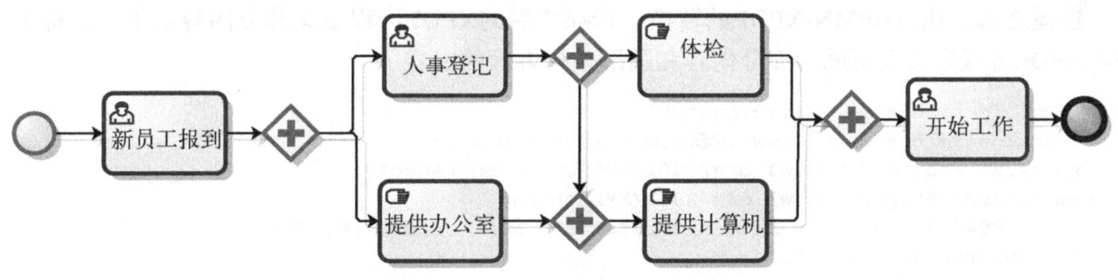

图6.6 一个面向图的流程结构

这是一个完全面向图的流程结构（注意箭头的方向），我们将这个流程用支持BPMN的设计器（这里使用了BizAgi Process Modeler）进行建模，如图6.7所示（为了显示转移线上的名称，我们对节点的位置及布局做了相关调整）。

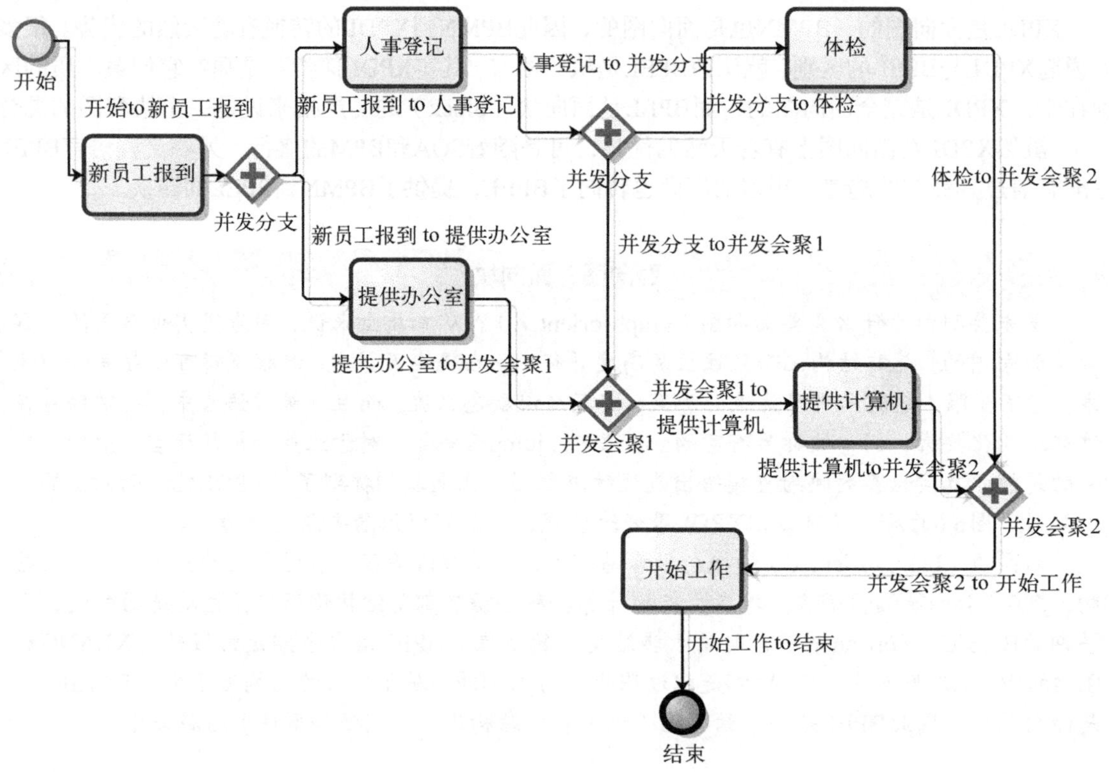

图6.7　员工入职的BPMN流程图

建模之后，执行BPMN-XPDL的转换，转换之后的XPDL流程定义部分内容如下（去掉了对理解XPDL流程定义无帮助的部分内容和图形坐标方面的内容）：

```
<?xml version="1.0" encoding="utf-8"?>
<Package xmlns="http://www.wfmc.org/2008/XPDL2.1"
xmlns:xsi="http://www.w3.org/2001/XMLSchema-instance"
xmlns:xsd="http://www.w3.org/2001/XMLSchema"
Id="8f894777-10a2-4d99-bad8-c906f88bc4f7" Name="新员工入职流程"
OnlyOneProcess="false">
  <PackageHeader>
    <XPDLVersion>2.1</XPDLVersion>
    <Vendor>BizAgi Process Modeler.</Vendor>
    <Created>2010-08-06T09:47:00.2082705+08:00</Created>
    <Description>新员工入职流程</Description>
    <Documentation />
  </PackageHeader>
  <WorkflowProcesses>
    <WorkflowProcess Id="c408e4b3-ac6f-4911-96a6-1cfb011e3a3d" Name="Process 1">
      <Activities>
        <Activity Id="d7fc73d7-1313-4331-9051-88eedbbcda3b" Name="开始">
          <Description />
```

```
    <Event>
      <StartEvent Trigger="None" />
    </Event>
    <Documentation />
    <ExtendedAttributes />
    <IsForCompensationSpecified>false</IsForCompensationSpecified>
  </Activity>
  <Activity Id="31ab35ed-a9e0-425e-ae83-97a8bd011e35" Name="新员工报到">
    <Description />
    <Implementation>
      <Task />
    </Implementation>
    <Performers />
    <IsForCompensationSpecified>false</IsForCompensationSpecified>
  </Activity>
  <Activity Id="29861ab6-9ade-42aa-beea-beb9c4aa7cb8" Name="人事登记">
    <Description />
    <Implementation>
      <Task />
    </Implementation>
    <Performers />
    <Documentation />
    <ExtendedAttributes />
    <IsForCompensationSpecified>false</IsForCompensationSpecified>
  </Activity>
  <Activity Id="79ed811d-997c-4e9d-a75b-5057d88f0548" Name="并发分支">
    <Description />
    <Route />
    <Documentation />
    <ExtendedAttributes />
    <IsForCompensationSpecified>false</IsForCompensationSpecified>
  </Activity>
  <Activity Id="9c61d006-fa73-4147-9007-829cf02ebd13" Name="并发会聚1">
    <Description />
    <Route />
    <Documentation />
    <ExtendedAttributes />
    <IsForCompensationSpecified>false</IsForCompensationSpecified>
  </Activity>
  <Activity Id="a801abb0-59db-4065-81af-b48d10861de2" Name="提供办公室">
    <Description />
    <Implementation>
      <Task />
    </Implementation>
    <Performers />
    <Documentation />
    <ExtendedAttributes />
    <IsForCompensationSpecified>false</IsForCompensationSpecified>
  </Activity>
  <Activity Id="a5128977-5b7e-464d-abcf-14673e5b97b4" Name="提供计算机">
    <Description />
    <Implementation>
      <Task />
    </Implementation>
```

6

```
          <Performers />
          <Documentation />
          <ExtendedAttributes />
          <IsForCompensationSpecified>false</IsForCompensationSpecified>
        </Activity>
        <Activity Id="737db1c2-1b2b-46ec-8a6a-c9e7844a537e" Name="体检">
          <Description />
          <Implementation>
            <Task />
          </Implementation>
          <Performers />
          <Documentation />
          <ExtendedAttributes />
          <IsForCompensationSpecified>false</IsForCompensationSpecified>
        </Activity>
        <Activity Id="0689b495-36fd-4158-8832-0dd80658af0a" Name="开始工作">
          <Description />
          <Implementation>
            <Task />
          </Implementation>
          <Performers />
          <Documentation />
          <ExtendedAttributes />
          <IsForCompensationSpecified>false</IsForCompensationSpecified>
        </Activity>
        <Activity Id="89d22afe-cac6-4e05-b263-184cbf259180" Name="并发会聚2">
          <Description />
          <Route />
          <Documentation />
          <ExtendedAttributes />
          <IsForCompensationSpecified>false</IsForCompensationSpecified>
        </Activity>
        <Activity Id="255cdc24-ba52-46fc-9642-78135c13252d" Name="结束">
          <Description />
          <Event>
            <EndEvent />
          </Event>
          <Documentation />
          <ExtendedAttributes />
          <IsForCompensationSpecified>false</IsForCompensationSpecified>
        </Activity>
      </Activities>
      <Transitions>
        <Transition Id="7e913234-18e0-43fc-a780-c116354d7e9c" From="d7fc73d7-1313-
4331-9051-88eedbbcda3b" To="31ab35ed-a9e0-425e-ae83-97a8bd011e35" Name="开始 to 新员
    工报到">
          <Condition />
          <Description />
          <ExtendedAttributes />
         </Transition>
        <Transition Id="fc06d993-4138-44e2-8228-ae7484813e90" From="31ab35ed-a9e0-
425e-ae83-97a8bd011e35" To="29861ab6-9ade-42aa-beea-beb9c4aa7cb8" Name="员工报到 to 人
    事登记">
          <Condition />
```

```
        <Description />
        <ExtendedAttributes />
      </Transition>
      <Transition Id="d7ac4bf9-d27c-4e4d-bc7f-7fdff501a378" From="29861ab6-9ade-
42aa-beea-beb9c4aa7cb8" To="79ed811d-997c-4e9d-a75b-5057d88f0548" Name="人事登记 to 并
    发分支">
        <Condition />
        <Description />
        <ExtendedAttributes />
      </Transition>
      <Transition Id="bdd4c4d5-1628-47fd-b401-17d9523668b3" From="31ab35ed-a9e0-
425e-ae83-97a8bd011e35" To="a801abb0-59db-4065-81af-b48d10861de2" Name="新员工报到 to
    提供办公室">
        <Condition />
        <Description />
        <ExtendedAttributes />
      </Transition>
      <Transition Id="b8a8f82a-f96e-4fbd-aeca-af9fac77da5c" From="79ed811d-997c-
4e9d-a75b-5057d88f0548" To="9c61d006-fa73-4147-9007-829cf02ebd13" Name="并发分支 to 并
    发会聚1">
        <Condition Type="CONDITION">
          <Expression />
        </Condition>
        <Description />
        <ExtendedAttributes />
      </Transition>
      <Transition Id="e359526f-3f7b-484d-a898-3f1ad5cf39cb" From="a801abb0-59db-
4065-81af-b48d10861de2" To="9c61d006-fa73-4147-9007-829cf02ebd13" Name="提供办公室 to
    并发会聚1">
        <Condition />
        <Description />
        <ExtendedAttributes />
      </Transition>
      <Transition Id="29f83e83-c536-4d37-aca1-aca3a846a2ea" From="9c61d006-fa73-
4147-9007-829cf02ebd13" To="a5128977-5b7e-464d-abcf-14673e5b97b4" Name="并发会聚1 to
    提供计算机">
        <Condition Type="CONDITION">
          <Expression />
        </Condition>
        <Description />
        <ExtendedAttributes />
      </Transition>
      <Transition Id="76fd3de4-6d90-469a-b3a4-2f75809c44c4" From="79ed811d-997c-
4e9d-a75b-5057d88f0548" To="737db1c2-1b2b-46ec-8a6a-c9e7844a537e" Name="并发分支 to 体检">
        <Condition Type="CONDITION">
          <Expression />
        </Condition>
        <Description />
        <ExtendedAttributes />
      </Transition>
      <Transition Id="d77be985-0809-4cfb-b245-4c8df22083d4" From="737db1c2-1b2b-
46ec-8a6a-c9e7844a537e" To="89d22afe-cac6-4e05-b263-184cbf259180" Name="体检 to 并发
    会聚2">
        <Condition />
```


6

```
            <Description />
            <ExtendedAttributes />
          </Transition>
          <Transition Id="3eda6fa1-8729-4320-ab17-79e4ce26a0b3" From="a5128977-5b7e-
    464d-abcf-14673e5b97b4" To="89d22afe-cac6-4e05-b263-184cbf259180" Name="提供计算机 to
        并发会聚2">
            <Condition />
            <Description />
            <ExtendedAttributes />
          </Transition>
          <Transition Id="49c0d2db-a17b-48b4-9a11-58cde82eedd5" From="89d22afe-cac6-
    4e05-b263-184cbf259180" To="0689b495-36fd-4158-8832-0dd80658af0a" Name="并发会聚2 to
        开始工作">
            <Condition Type="CONDITION">
              <Expression />
            </Condition>
            <Description />
            <ExtendedAttributes />
          </Transition>
          <Transition Id="eb93ad0e-2fe3-4f4c-8b27-e2c97b4673b8" From="0689b495-36fd-
    4158-8832-0dd80658af0a" To="255cdc24-ba52-46fc-9642-78135c13252d" Name="开始工作 to 结束">
            <Condition />
            <Description />
            <ExtendedAttributes />
        </Transition>
        </Transitions>
        <ExtendedAttributes />
      </WorkflowProcess>
    </WorkflowProcesses>
    <ExtendedAttributes />
</Package>
```

通过以上的流程定义可以发现，一个基于图的、完全符合现实世界的具有并行业务特点的流程，可以完整地使用XPDL定义出来。而一个XPDL流程的基本组成可以抽象为由两大部分组成，即活动节点集合（Activities）与转移集合（Transitions），如下所示：

```
<WorkflowProcesses>
<WorkflowProcess>
<Activities>
    <Activity>
    </Activity> //一个活动节点对应的活动对象
         ...
     </Activities>
<Transitions>
    <Transition>
    </Transition>//一个转移线对对应的转移对象
    ...
</Transitions>
</WorkflowProcess>
</WorkflowProcesses>
```

读者现在看起来是不是很简单了呢？没错，XPDL的整体结构就是这样简单，很多技术或者规范只要抓住其整体与本质，就都会变得简单起来。有读者可能会疑惑，XPDL真的就这样简单吗？我有很多业务属性需要与流程关联时怎么办？这个问题问得很好，细心的读者可以往前翻几页，再去仔细看看那个详细的XPDL流程定义，你会发现在<Activity/>和<Transition/>节点之中，都有一个<ExtendedAttributes/>子节点，XPDL的扩展属性就是通过它来实现的，例如你想在每个活动节点上绑定一个表单的地址。善于思考的读者可能就会问另一个问题：从这个XML的结构上来看，为什么XPDL就是面向图的呢？答案就是，<Transition/>通过描述现实世界的两个活动之间的连接弧，准确地定义了面向有向图的转移（见Transition对象的From…To）。

2. BPMN→BPEL的模型转换

不熟悉BPEL执行规范的读者可以先跳到6.3.1节了解相关知识。

同样是图6.7所示的流程，我们再将其转换为BPEL流程，这里通过Intalio提供的BPMN-BPEL转换功能进行转换，转换之后的BPEL流程定义如下：

```
<?xml version="1.0" encoding="UTF-8"?>
<bpel:process
xmlns:bpel="http://docs.oasis-open.org/wsbpel/2.0/process/executable"
xmlns:wsdl="http://schemas.xmlsoap.org/wsdl/"
xmlns:xs="http://www.w3.org/2001/XMLSchema"
xmlns:vprop="http://docs.oasis-open.org/wsbpel/2.0/varprop"
xmlns:pnlk="http://docs.oasis-open.org/wsbpel/2.0/plnktype"
xmlns:xsi="http://www.w3.org/2001/XMLSchema-instance"
xmlns:this="http://example.com/Unstructured/Employer"
xmlns:Employee="http://example.com/Unstructured/Employee"
xmlns:diag="http://example.com/Unstructured"
xmlns:xml="http://www.w3.org/XML/1998/namespace"
xmlns:bpmn="http://www.intalio.com/bpms"
xmlns:atomic="http://ode.apache.org/atomicScope"
queryLanguage="urn:oasis:names:tc:wsbpel:2.0:sublang:xpath2.0"
expressionLanguage="urn:oasis:names:tc:wsbpel:2.0:sublang:xpath2.0"
bpmn:label="Employer" bpmn:id="_TGthsJkdEd29aqy0ek4Sxw" name="Employer"
targetNamespace="http://example.com/Unstructured/Employer">
<bpel:import namespace="http://example.com/Unstructured"
location="Unstructured.wsdl"
importType="http://schemas.xmlsoap.org/wsdl/" />
<bpel:import namespace="http://example.com/Unstructured/Employer"
location="Unstructured-Employer.wsdl"
importType="http://schemas.xmlsoap.org/wsdl/" />
<bpel:partnerLinks>
<bpel:partnerLink name="employeeAndEmployerPlkVar"
partnerLinkType="diag:EmployeeAndEmployer"
myRole="Employer_for_Employee" />
</bpel:partnerLinks>
<bpel:variables>
<bpel:variable name="thisEmployee_ArrivalRequestMsg"
messageType="this:Employee_ArrivalRequest" />
</bpel:variables>
<bpel:sequence>
    <bpel:receive partnerLink="employeeAndEmployerPlkVar"
    portType="this:ForEmployee" operation="新员工报到"
```

```
        variable="thisEmployee_ArrivalRequestMsg" createInstance="yes"
        bpmn:label="新员工报到" bpmn:id="_THp84JkdEd29aqy0ek4Sxw">
        </bpel:receive>
        <bpel:flow bpmn:label=" GatewayParallel "
        bpmn:id="_DHLtcJkeEd29aqy0ek4Sxw">
            <bpel:sequence>
            <bpel:empty bpmn:label="人事登记"
            bpmn:id="_hCvXsJkdEd29aqy0ek4Sxw" />
            <bpel:flow bpmn:label="GatewayParallel"
            bpmn:id="_H2UWEJkeEd29aqy0ek4Sxw">
            <bpel:sequence>
                <bpel:empty bpmn:label="体检"
                bpmn:id="_ivks8JkdEd29aqy0ek4Sxw" />
                </bpel:sequence>
                <bpel:sequence>
                <bpel:empty bpmn:label="提供计算机"
                bpmn:id="_lXApQJkdEd29aqy0ek4Sxw" />
                </bpel:sequence>
            </bpel:flow>
            </bpel:sequence>
        <bpel:sequence>
            <bpel:empty bpmn:label="提供办公室"
            bpmn:id="_iHEigJkdEd29aqy0ek4Sxw" />
            <bpel:empty bpmn:label="提供计算机"
            bpmn:id="_lXApQJkdEd29aqy0ek4Sxw" />
        </bpel:sequence>
        </bpel:flow>
        <bpel:empty bpmn:label="开始工作"
        bpmn:id="_nh6akJkdEd29aqy0ek4Sxw" />
    </bpel:sequence>
    </bpel:process>
```

细心的读者发现问题了吗？虽然BPEL是一个面向块和图的混合体，但是其结构本质上是由<bpel:sequence>和<bpel:flow>互相嵌套组成的块结构。BPEL使用这种嵌套的块结构而不是有向连接弧来描述转移，因此在转换之后的BPEL流程中出现了两个"提供计算机"的节点。在"人事登记"和"提供办公室"两个序列（<bpel:sequence>）中，"提供计算机"节点被复制了。到此为止，读者是不是已经彻底明白了，面向图和面向块的真正区别呢。

那么，BPEL为什么不像XPDL那样基于图来定义规范呢？因为BPEL从其诞生之初，从来就不是为了解决业务流程问题的，它是为了解决服务的编制[Orchestration，这里需要说明的是，国内大多数的人都把BPEL说成是服务的编排（Choreography）语言，其实这是大错特错了，服务的编排语言是WS-CDL]。后来为了应付人工流，就又推出了BPEL4PEOPLE和Human Task两个规范，实际上搞得有点不伦不类了。

关于BPMN与XPDL、BPEL的转换，有很多专家发表过相关的文章。Pierre Vigneras在其发布在infoq的文章"BPEL为何不是BPM的圣杯"中对BPMN与BPEL的关系做了一个很有趣的阐述，根据他的例子及描述，BPMN是很难转化为BPEL的，即便可以，也只是一个"尽量可读"的BPEL，其理由如下。

- BPMN是基于图的，“BPMN是一种天生就具有非结构化特性的流程图符号”，也就是说BPMN是非结构化。
- “BPEL是一个结构化（块）和非结构化（控制链和事件）的混合体。”
- 开发者会很自然地使用顺序的结构化单元（块）编写他们的程序。
- BPM用户会很自然地使用非结构化、并行的单元（图形）设计他们的流程。
- 非结构化、并行的工作流比结构化、并行的工作流更具有表达力。
- “使用诸如BPMN这样的自然工作流符号来表示用BPEL作为其最终格式的业务流程执行，无异于没事找事。”
- “BPEL不是一门结构化语言，但它是基于结构化语言的（基于块）。在某些方面，BPEL更接近于Java这样的标准语言，而不是一个自然的工作流符号，比如BPMN（基于图）。”
- “因此，我们很疑惑：既然已经存在一种可以直接映射到BPMN各单元的基于图的标准，即XPDL v2.0，为什么还要将BPMN转换成BPEL？使用这种映射，XPDL v2.0很自然就成了一种BPMN的持久化文件格式。此外，它还指定了之前只能用在BPEL中的可用行为，如Web服务调用和补偿。”

连Pierre Vignéras都很疑惑，既然有了xpdl2.*x*为什么还要将BPMN转换为BPEL。其实也不用疑惑，这是大厂商的政治及商务问题，不是技术问题。因为厂商要大力推行SOA，那么BPEL是Web Service的一个编制语言，而SOA和BPM这两个东东的关系又是那么的紧密，于是为了打支持国际规范BPMN的这个金字招牌，就不得以而为之了。

6

3. BPMN→BPDM的模型转换

我们在6.2.1节提到，BPMN 2.0相对于BPMN 1.0做了几个方面的扩展，其中之一就是定义了一个行业标准交换（文件）格式。由于BPMN 1.*x*是一个图形符号，不支持元模型，不支持存储和交换，不支持执行，于是OMG针对BPMN 2.0发起了BPDM规范。BPDM规范在2003年以RFP草案的形式被提出，于2007年7月形成初稿，2008年7月被OMG最终采用。不过，这最终只成为了一个过渡性的规范，在随后2011年1月发布的BPMN 2.0规范中，已经完全包括了元模型、存储模型、执行语义等内容，因此BPMN也就无需转换为BPDM了。

提示 上面的三种转换目前都已成为了昨日黄花，因为按照最新的BPMN 2.0规范，所有的转换都不需要了，BPMN 2.0规范本身既定义了存储语义，又定义了执行语义。BPMN 2.0规范已经逐渐成为了领袖群雄的霸主，我们将在第7章专门介绍BPMN 2.0规范。

6.2.3 模型持久化

对于流程的主体定义，目前业内的BPM和工作流产品全部采用非结构化存储的方式。为什么必须要采用非结构化存储呢？这个问题前面已经讨论了。反应现实世界的流程是基于图的、非结构化的，因此无法将整个基于图的流程定义完全分解为结构化的数据存储到关系数据库中。但是在很多的业务场景中，又需要基于流程定义和流程实例做一些统计分析，因此为了满足这样的需求，很多流程产品就将部分固定的流程属性采用结构化存储的方式进行持久化。

6.3 执行

再好的战术如果不能得到有效的执行，也没有用。怎样很好地执行战术呢？在作战前，由参谋长、作战参谋将符合一定规范的战术方案、战术路线、战斗任务等传达给作战分队（这些作战方案、战术路线、战斗任务都是符合规范的建模模型），由作战分队贯彻执行。实际上，BPMS中端到端的主流程决定了战术路线的执行顺序，而作战任务则由每个工作流作战小分队来具体执行。所以，BPM技术与工作流技术是相辅相成的，在运行时存在两种场景。

- 场景1：使用BPMS来集成企业内的多个遗留业务系统。在这种场景中，遗留的业务系统内会有独立的WFMS系统来支撑某个业务系统的流程运转。而BPMS中端到端的流程负责系统之间的交互，某个端到端的流程中的活动则多对应于一个工作流子流程。
- 场景2：企业内的所有业务系统是重新规划并新建。在这种场景中，每个业务子系统内部也会有独立的WFMS系统，但是此处的WFMS和BPMS使用同一个执行引擎来实现。

接下来，我们首先来看看执行都有哪些规范，然后对执行的过程进行完整的描述。

6.3.1 执行规范

1. BPM规范列表

BPM的相关规范有很多，有建模规范、执行规范，我们将这些规范归纳如表6.1所示。

表6.1 workflow/BPM 相关规范、标准

规范名称	所属组织	类 型
Business Process Execution Language (BPEL)	**OASIS**	**执行语言**
Business Process Model and Notation (BPMN)	**OMG**	**业务流程模型和标记语言、执行语言**
Business Process Modeling Language (BPML)	BPMI	执行语言
Business Process Query Language (BPQL)	BPMI	管理和监控接口
Business Process Semantic Model (BPSM)	BPMI	作为OMG的MDA的流程元模型
Business Process Extension Layer (BPXL)	BPMI	BPEL的事务、人工流、业务规则扩展语言
UML Activity Diagrams	OMG	标记语言
Workflow Reference Model	**WfMC**	**工作流参考模型**
XML Process Definition Language (XPDL)	**WfMC**	**建模语言/执行语言**
Workflow API (WAPI)	WfMC	管理监控，人工交互，系统交互
Workflow XML (WfXML)	WfMC	类似于编排语言

（续）

规范名称	所属组织	类 型
Business Process Definition Metamodel (BPDM)	OMG	执行语言/标记建模语言的元模型
Business Process Runtime Interface (BPRI)	OMG	管理和监控，人工交互，系统交互
Web Services Choreography Interface (WSCI)	World Wide Web Consortium (W3C)	编排语言
Web Services Choreography Description Language (WS-CDL)	**W3C**	**编排语言**
Web Services Conversation Language (WSCL)	W3C	编排语言
XLANG	Microsoft	执行语言
Web Services Flow Language (WSFL)	IBM	执行语言
Business Process Schema Specification (BPSS)	OASIS	编排协作语言
ebXML	OASIS	编排协作语言

从上表可以看到关于BPM/工作流的标准和规范是何其地多，这些标准和规范有的是重合的，有的是互补的，技术人员需要学会以审视的目光去了解和研究这些规范。任何人都不可能完全掌握这些规范，何况很多规范已经逐步边缘化或者很少有厂商支持了。上表加粗的5个规范是读者应该认真研究和学习的。XPDL和BPEL是两个比较成熟的执行规范，XPDL规范在2.3.2节作为工作流规范介绍过，下一章将专门介绍BPMN 2.0规范，这里的重点是BPEL规范。

6

说明 WS-CDL规范是一个很好的规范，可是自2004年以来都未曾更新和变化，支持的厂商只有Oracle和Adobe等寥寥几个，而且虽然号称支持，但没有实际的产品。目前仅可选择的是Pi4技术基金支持者HatTrick Software公司的工具。www.infoq.cn上曾经有条新闻，提到国内一个叫王洪兵的团队也开发了一个WS-CDL工具，但是在Google里搜不到。

2. WSBPEL的由来

WSBPEL的全称是Web Services Business Process Execution Language，中文译为“Web服务业务流程执行语言”。2002年8月9日，Microsoft、BEA、IBM、SAP & Siebel联合提交发布了BPEL规范；2003年4月，BPEL规范提交给OASIS（Organization for the Advancement of Structured Information Standards，结构化信息标准促进组织），更名为WSBPEL（Web Services Business Process Execution Language）规范；2007年4月发布WSBPEL 2.0，Sun公司和甲骨文公司也相继加入了OASIS组织。此规范描述如何处理输入的消息，它不是一个关于业务流程规格化定义的规范。简单地说，可以将它看作XML形式的编程语言，具有将WSDL-Services组合成控制流的能力。

WSBPEL的前身是由微软的XLANG[①]和IBM的WSFL发展而来的。WSFL是IBM于2001年5月发布的一个关于Web服务流语言的规范，它用有向图模型来定义和执行商业流程，定义了一个公

① http://msdn.microsoft.com/en-us/library/aa577463%28BTS.70%29.aspx。

共接口允许业务流程把自己包装为 Web 服务。WSFL 实际上是一个对精确图表进行建模的工具，它使用人和机器都能理解的 XML 语法，因此能够跨越技术和业务的边界来对业务流程进行建模。XLANG是以过程代数为基础的工作流程描述语言，在结构化构造方面具有优势。不过由于WSBPEL的初衷就是定义一个服务编制的规范（或者说是服务执行的规范），而且当前主流的可执行程序语言都是结构化的，因此WSBPEL也就使用了嵌套的块结构来描述服务的执行顺序（纯粹是偶自己的臆测☺，具体原因不得而知）。

3. WSBPEL的主要内容

WSBPEL规范与其他流程定义规范一样，采用XML SCHEMA进行定义，读者可以到WSBPEL官方网站下载完整的BPEL 2.0规范及详细的SCHEMA定义①。仔细分析WSBPEL流程定义，可以将其归并为如下三大类：流程资源、流程活动、流程处理器，如图6.8所示。

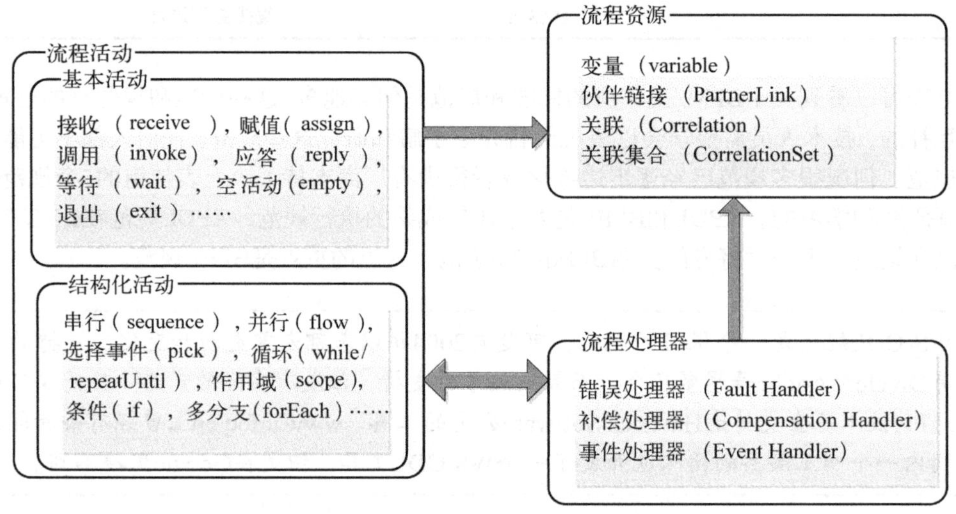

图6.8　WSBPEL规范组成结构图

- *流程活动*

WS-BPEL的所有活动组成了整个流程逻辑。WS-BPEL将所有活动分为两类：基本活动和结构化活动。基本活动是用来定义流程行为的基本元素，如事件的接收/响应、变量的赋值、服务的调用等。结构化活动用来定义流程的控制流逻辑，因此它可以包含其他基本活动或者嵌套其他的结构化活动（也就是我们在上一节所讲到的嵌套的块结构）。

- *流程资源*

活动要执行就必然需要资源，例如变量、伙伴链接、关联等。在3.5节工作流数据模式中，

① http://docs.oasis-open.org/wsbpel/2.0/OS/wsbpel-v2.0-OS.html#_Toc164738547。

我们知道工作流的流转是离不开数据的，因此WS-BPEL中同样也定义了变量，它的主要作用是充当业务系统与流程交互的中介桥梁，如流程调用业务服务时需要的输入输出参数、流程服务的接收消息、由活动节点从A业务系统的服务中接收数据然后传递给下一个活动节点，下一活动节点再通过B业务系统的服务，将数据传递给B业务系统。

WS-BPEL的一个重要的应用场景就是描述跨企业的业务交互，在此应用场景中，各个企业的业务流程通过Web服务接口进行交互。WS-BPEL通过<partnerLinks>标签来定义端到端的对话伙伴关系，包含业务流程对外提供的接口，以及因调用其他伙伴服务所需引用的接口。

关联集合其实就是一组变量的集合，WS-BPEL使用它来确定服务返回的消息如何路由到正确的流程实例。它可以使用在<receive>、<reply>、<onMessage>、<onEvent>、<invoke>这些消息活动上。

- 流程处理器

流程处理器包括错误处理器、补偿处理器和事件处理器。这些处理器一般都定义在活动上，用来在活动发生错误、需要补偿或者发生特定的事件时执行相应的逻辑操作。它们的共同点是其内部都包含活动，活动就是相应的处理逻辑。流程处理器同样也需要变量、伙伴链接等流程资源的支持。

通过以上的讲解，结合WS-BPEL的Schema定义，我们给出WS-BPEL的业务流程定义的主要元素如下：

```
<process >
    <import>…</import>
    <partnerLinks>
    <partnerLink />
    </partnerLinks>
    <variables>
    <variable />
    </variables>
    <correlationSets>
    <correlationSet/>
    </correlationSets>
    <faultHandlers>…</faultHandlers>
    <eventHandlers>…</eventHandlers>
    <sequence>
    <flow>…</flow>
    </sequence>
    <receive>…</receive>
    <invoke>…</invoke>
    <reply>…</reply>
</process>
```

此处是各种基本活动与结构化活动的嵌套

关于BPEL规范的详细讲解我们就不再赘述，感兴趣的读者可以直接从BPEL 2.0规范看起，先了解其目的、解决的问题、适用的场景，然后再有针对性的研究怎样使用，直至深入到BPEL规范的细节。

4. WSBPEL与SOA、BPM的关系

可能有的读者看到这个标题会比较奇怪：WS-BPEL与SOA有关系吗？它不是业务流程的执行规范吗？在此，我们再次强调一下，这样想是错的！WS-BPEL是一个Web服务的业务流程执行语言，虽然只是加上了“Web服务”的修饰，但是其含义发生了很大的变化；也就是说，它的目标主要是Web服务，是一个Web服务的编制语言。

讲WS-BPEL与SOA的关系，就首先要明白什么是SOA。SOA的概念在业内已经逐渐达成共识：SOA是一种架构哲学和方法论，它要求我们用服务的思想去思考和审视我们的现实世界、业务和IT。就像当时的面向对象一样，如果你不面向服务，你就是土鳖，你就out了。SOA诞生之初就像是一块高高飘在天上的美丽云彩，可是它终究只有变成雨滴落到地上才会滋润大地。于是乎，大家就要开始讲SOA落地，那么SOA怎样才能落地呢？一些大厂商跳出来说，你需要ESB、你需要BPM。于是乎，就可以看到现在铺天盖地的ESB产品、BPM产品。

SOA也好，ESB也罢，都是围绕服务的。服务，多么美妙的一个词，看着就让人激动，让人热血沸腾。可是只有服务，我们怎么用呢？这就需要我们来分析服务的特点：

(1) 服务有粗有细，比较规范的说法是叫原子服务、组合服务；

(2) 服务要互相调用。

有粗有细就需要组合，细粒度的服务组合成粗粒度的服务。服务互相调用，就需要有前后的逻辑关系，于是乎，WS-BPEL来也。Web服务业务流程执行语言，这个名字实际上怎么看怎么别扭，总有点挂羊头卖狗肉的嫌疑（总想沾点业务流程的光，不过也没办法，谁叫业务流程这么火呢☺）。叫Web服务编制语言，岂不是更合适吗？因此WS-BPEL与SOA的关系一句话就可以概括了：WS-BPEL是用来对SOA中的服务进行编制的。

讲到了这，可能有的读者着急了，BPEL与SOA不是铁三角的关系吗？嗯，别急，铁三角来了，就如图6.9所示。

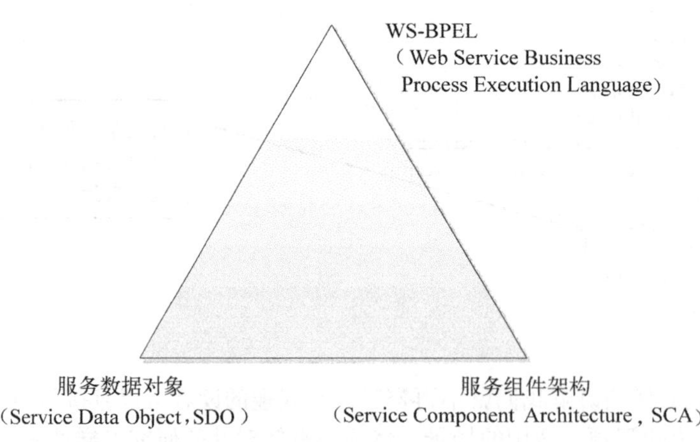

图6.9 SOA技术铁三角

这个铁三角由SDO（Service Data Object）、SCA（Service Component Architecture）和WS-BPEL组成。SDO是服务数据对象，它是基于XML的一种数据结构，用于将业务数据封装为业务对象。由于它是一种与后端数据源和实现无关的数据模型，因此通常用于在系统的各组件或服务之间进行数据传递。传递后的数据通过DAS（Data Access Service）与数据源打交道。SCA是服务组件架构规范，它的目的是解决服务的封装和调用问题。它对服务调用的底层实现进行屏蔽，使得开发者不用关心服务是Java语言实现的，还是C语言实现的，从而使得服务的调用都按照一致的方式进行。WS-BPEL在SCA和SDO的基础上，对SCA按照一定的逻辑顺序进行组装，形成更粗粒度的服务（SDO充当SCA服务组件的输入输出参数），这个过程就是服务的编制（Orchestration）。由于企业复杂的业务需求，并不是组装一两个服务就能够满足的，所以在很多情况下需要多个服务（其实这里的服务可以看作一个自动的活动），按照一定的顺序灵活组装。WS-BPEL的出现就自然解决了这个问题。

我们接着给出SOA架构下的BPM、BPEL、WORKFLOW、SCA、SDO的关系图，如图6.10所示。

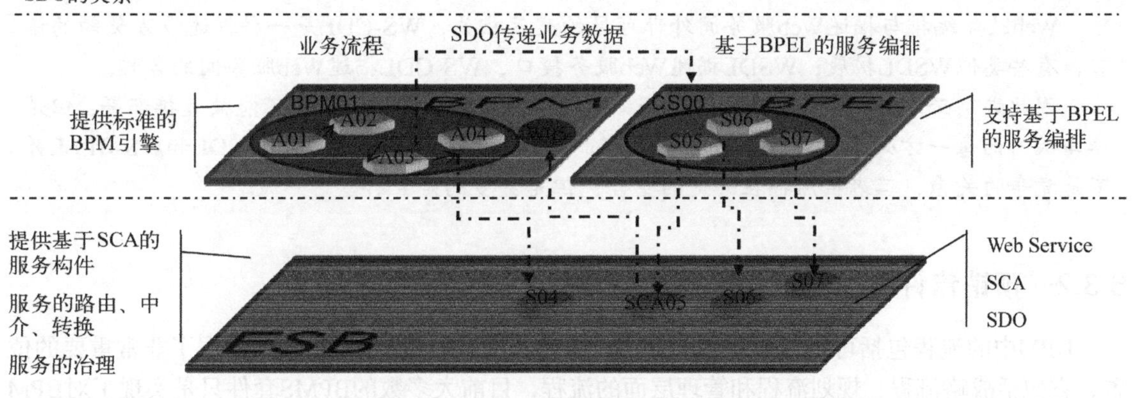

图6.10 SOA架构下的BPM、WS-BPEL、SCA、SDO的关系

BPM可以分解为多个活动（Activity，A01、A02、A03、A04），某个活动有可能就是一个工作流流程（W05），而活动（A03）可能需要调用一个组合的服务（CS00，这个组合服务由BPEL将S05、S06、S06三个原子服务组合而成），S05是企业服务总线中的一个SCA组件（SCA05），S06、S07则是企业服务总线中的Web Service原子服务。活动A03在调用组合服务CS00的过程中，传递由SDO封装的业务数据。

编制与编排的区别

上文中提到了服务的编制（Orchestration），但是国内很多的从业者，甚至是一些专家都称为服务的编排（Choreography），很多人搞不清楚服务的编制与编排的区别。

WS-BPEL将SOA中的服务按照一定的顺序灵活组装在一起的过程就是编制，编制后的WS-BPEL流通常代表了某个特定业务中的服务的执行流。编排则是描述Web服务和参与者之间的点对点关系的过程。与编制不同的是，编排并没有对应的执行引擎，它只是描述关系。编制代表的是一个可执行流程，它必须通过执行引擎来执行；而编排实质上是代表一种描述，即如何在相互协同的参与者之间分布控制，而不需要使用任何单个引擎来完成某项工作。

编制的语言是WS-BPEL，那么编排呢？编排同样也有对应的语言，就是WS-CDL（Web Service Choreography Description Language）和ebXML，其中WS-CDL是W3C的推荐标准。John Reynolds在其博客中这样描述编制和编排的区别①：

编制 == 可执行过程

Web服务编制与执行特定的业务过程相关。WS-BPEL是一种用来定义可以在一个编制引擎中执行的过程语言。

编排 == 多方合作

Web服务编排与描述Web服务间外部可见的交互相关，WS-CDL是一种描述多方契约的语言，有些类似WSDL扩展；WSDL描述Web服务接口，WS-CDL描述Web服务间的合作。

因此编制必须对应一个执行引擎，而编排由于涉及多方合作，所以不能被直接部署，但是参与编排的每一方必须对应一个可执行过程。从这个角度上来理解，WS-CDL和WS-BPEL并不是竞争的关系，二者虽然存在一定的重合，但是更多的是互补。

6.3.2 预销售许可主线流程的执行分析

BPM中的流程包括可执行流程和不可执行流程，不可执行流程在企业中占据了非常重要的位置，它包括战略流程、规划流程和管理层面的流程，目前大多数的BPMS套件只是实现了对BPM中的可执行流程的支持，而未支持不可执行流程。有的厂商通过称为BPA（Business Process Analysis）的产品来支持BPM中的不可执行流程，相关内容可参考8.3.1.1节关于ARIS及Control-ES产品的介绍。这里先看可执行流程，讲解执行过程之前，我们先来分析流程的组成。从建模期的流程定义上讲，流程组成就是由多个活动节点（在BPMS中，此活动节点一般都可以继续向下分解为子流程）按照一定的模式组成的一个转移序列，具体的组成分析如下。

1. 可执行流程组成分析

BPM的流程组成如图6.11所示。

① http://weblogs.java.net/blog/johnreynolds/archive/2006/01/service_orchest.html。

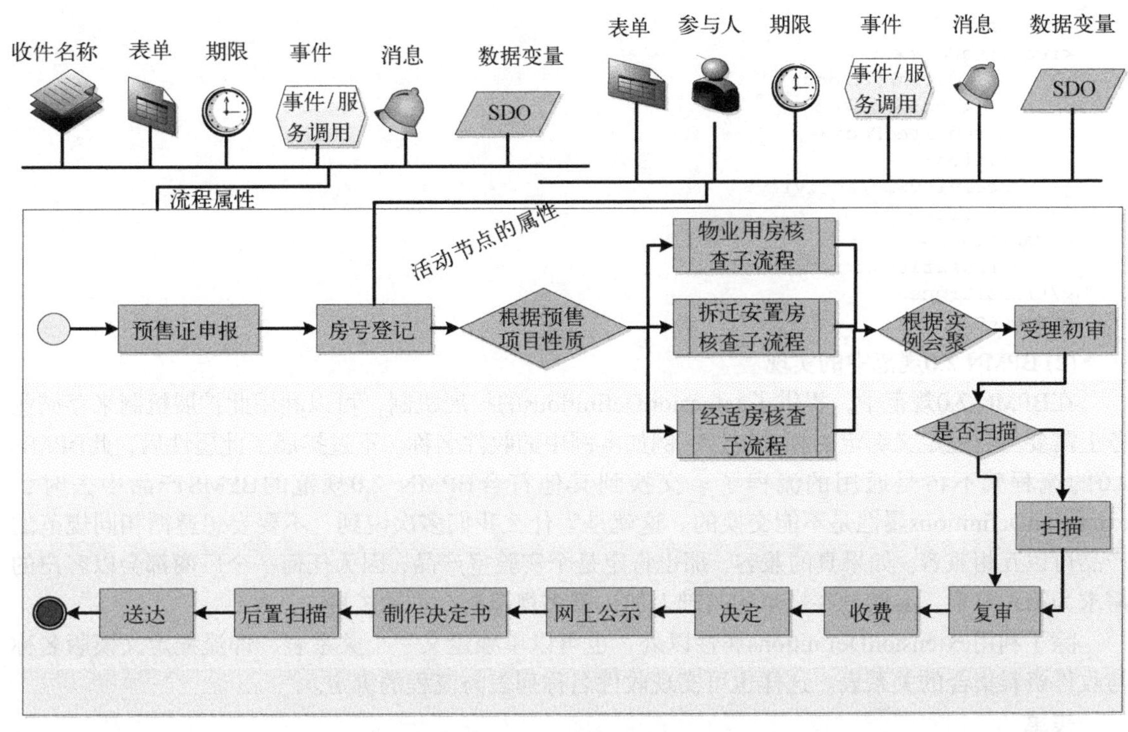

图6.11 端到端的预售证许可审批业务流程示意图

图中虚线框内的是流程的图形化组成，可以看到，这是一个端到端的预售证许可审批业务流程。要运行这个流程，需要在流程属性（整个流程上）和环节属性上（每个环节上）挂接一些资源，并配置一些属性。这些属性有业务方面的，也有技术方面的。

● 流程属性

收件名称列表。

此属性描述的是办理预售证许可证需要收取哪些证件。就像你去银行办理信用卡一样，需要提供身份证、收入证明、房产、车的证明等。不同的业务流程需要的证明材料不同，因此，此属性作为流程属性进行配置。有人可能说，这个属性是业务属性呀，怎么能当作流程属性呢。没错，收件名称列表确实是业务属性，对于完全封闭的、通用的BPM产品来讲，肯定不会把它作为流程属性来开发BPM产品；但是对于行业流程产品，从技术角度来考虑，作为流程属性来处理才是正道，因为这样能更方便使用。

此属性本质上属于业务属性，虽然被行业流程产品封装为流程属性了，但是在使用时还是由业务人员进行定义。

❑ 流程定义的组成实现

(1) 自定义流程定义规范

可以给Process专门定义一个属性集合，来存储收件资料名称。如下：

```
<process>
<requiredDocs>
        <doc>名称</doc>
        <doc>名称</doc>
     </requiredDocs>
<activities>
    <activity>…</activity>
</activities>
<trasitions>
    <transition>…</transition>
</transitions>
</process>
```

(2) BPMN 2.0规范中的实现

在BPMN 2.0规范中，提供了extensionDefinitions的扩展机制，可以利用此扩展机制来存储业务上需要与流程定义绑定的相关属性，例如本例中的收件名称。不过扩展了此属性后，此BPMN 2.0的流程就不再是通用的流程了。交换到其他符合BPMN 2.0规范的BPMS产品中去时，extensionDefinitions属性是不能交换的。这就是为什么我们多次说到，不要妄想遵循相同规范的产品可以互相兼容。如果真的兼容，那也肯定是个实验室产品，因为任何一个厂商都会以客户的需求为第一要素，必然会在规范的基础上加入很多规范所允许的扩展。

除了利用extensionDefinitions属性以外，也可以单独定义一个关系表，即流程定义模版名称与收件资料集合的关系表。这样也可实现收件名称列表与流程的绑定。

表单

表单作为业务与流程的一个主要结合点，是流程的一个必有属性。尤其是在MIS信息系统中，业务人员的主要工作是通过表单做相关的工作（录入数据、扫描附件、编辑处理、填写审批意见、打印、统计、查询等）。整个业务的办理，归纳起来就是不同岗位的人员，在不同的业务环节，通过不同的业务表单进行不同的操作。这个业务的运转过程是通过流程来带动的，因此每一个业务流程必须与其对应的业务表单建立绑定关系。例如本例中，预售证审批流程必须与预售证申报的业务表单进行绑定。这里需要注意的是，如果在流程上绑定表单，那么对应的业务场景只能是，整个业务在不同环节进行流转的过程中使用相同的表单。这种场景一般在单一系统的工作流应用中较多（例如电信、移动的工单派送、OA中的请假单等）。

此属性属于技术属性，但是如果做得足够简单易用，可以由业务人员定义（例如，提供可选择的单列表，表单名称具备足够的业务含义，就可以由业务人员通过选择进行绑定）。

- 流程定义的组成实现

(1) 自己定义流程定义语言

```
<process>
<form  id= "url=" />
</process>
```

(2) BPMN 2.0规范中的实现

在BPMN 2.0规范中，表单属性是与UserTask类型的活动绑定的，在UserTask活动上，定义了一个rendering属性，用来绑定此活动所对应的渲染表单。

期限

对于BPM来讲，既有人工任务，也有自动任务（不要以为人工任务就是工作流才会有的场景，BPM中的人工任务也不少，只是BPM中的人工任务是在不同的业务系统进行操作）。对于有人工参与的流程或任务，在很多的业务场景中需要设定其执行期限（在政府的办理流程中，称之为行政许可期限和非行政许可期限）。如果某个业务流程实例的执行期限超过了15天，就属于超时流程。

此属性属于业务属性，可以由业务人员进行定义。

- 流程定义的组成实现

(1) 自定义流程定义规范

```
<process>
<duration>…</duration>
</process>
```

(2) BPMN 2.0规范中的实现

BPMN 2.0规范中有一个timer事件，但是不要搞混了，timer事件是属于定时事件，即在某个时间点触发事件的动作。对于时间的属性，并没有给出显式的说明，但是对于Activity活动，BPMN 2.0规范定义了<extensionElements>属性，通过此属性，可以定义任务期限。

事件

流程产品作为中间件，独立运行是没有任何意义的，它必须为业务系统提供支撑和服务，因此流程与业务的交互是实现流程支撑业务的关键。这种交互通过事件的机制进行。那么事件的定义是什么？可能很多人对事件（Event）和动作（Action）比较模糊。事件就是通过某个触发点（触发条件、时间点）执行特定的动作。在BPM的产品或实现中，这个动作往往是SOA中的某个服务（例如ESB上的注册服务）。

此属性是技术属性，因此梦想由业务人员去定义是完全不可能的。虽然一些SOA的厂商鼓吹SOA就是搭积木（服务就是底层的积木）。天哪！这世界什么时候变得这样简单了。

- 流程定义的组成实现

(1) 自定义流程定义规范

```
<process>
<events>
    <event  refAction=" />
</events>
</process>
```

(2) BPMN 2.0中的实现

在BPMN 2.0规范中，定义了大量的事件，详见第7章及第9章。

消息

用于给人工任务的参与者发送通知（可以是在线消息、邮件、IM即时消息、手机短信等）。当然，此功能可以完全通过事件机制实现，或者在程序中内置也可。如果有灵活的配置需求，则单独进行定义。

此属性属于介于业务属性与技术属性之间。通过灵活配置，可以做到让业务人员来定义。

6

❑ 流程定义的组成实现

(1) 自定义流程定义规范

```
<process>
<messages >
    <message  type="  name="/>
</messages>
</process>
```

(2) BPMN 2.0中的实现

在BPMN 2.0规范中，定义了消息调解事件（Message Intermediate Event）可以支持发送消息或等待消息触发，详见第9章的内容。

数据变量

在讲述事件时，我们提到流程与业务的交互是实现流程支撑业务的关键。流程与业务的交互通过事件实现。事件是实现方式，真正交互的是什么呢？是数据。也就是说，一些业务数据需要与流程执行引擎进行交互（关于交互的数据分类，详见3.5节关于工作流数据模式的内容）。因此这个数据交互就必须通过数据变量作为桥梁来实现。在BPM的业务流程产品或实现中，如果BPM用于企业异构系统的应用集成，此场景中交互的数据较多，因此这个数据变量一般会通过SDO封装数据来实现。

此属性是技术属性，必须由技术人员来定义。

❑ 流程定义的组成实现

(1) 自定义流程定义规范

```
<process>
<variants>
    <variant  name="  tye=" value=" />
</variants>
</process>
```

(2) BPMN 2.0中的实现

在BPMN 2.0规范中，采用Data Object相关对象来实现对数据变量的支持，详见7.3.2节数据元素与数据关联的内容。

● 活动属性

表单

在BPM的应用场景中，由于多是跨系统的业务流程，因此有可能是组成流程的每一个活动环节都对应不同系统的处理，因此，此时只能在每个活动上绑定不同的业务表单。此时，如果集成的业务系统有C/S的业务系统，需要单独对它开发可在BPM中使用的B/S表单。

活动定义的组成实现同流程。

参与人

此属性定义活动与人的交互。通过此属性，流程以推送待办任务的方式推动不同的人去参与业务。实现此属性需要流程与组织结构模型进行挂接（例如，与企业的LDAP组织结构库挂接）。挂接之后，此属性可以与组织结构模型中的任意实体进行绑定（如组、岗位、角色、人等）。除了简单绑定组织模型中的实体以外，可能还会有更复杂的参与者及参与模式的定义（详见，本书3.4.4节及10.3.3节关于资源模式的内容）。

此属性是属于业务属性，与组织结构中的实体（例如角色、岗位等）简单绑定时，可以由业务人员来定义。但是涉及比较复杂的参与者计算或参与模式时，则必须由技术人员定义。

❑ 流程定义的组成实现

(1) 自定义流程定义规范

```
<process>
<activities>
<activity/>
    <participants>
        <participant  name="  type="  id=">
    </participants>
</activity>
</activities>
</process>
```

(2) BPMN 2.0规范中的实现

在BPMN 2.0规范中，对于参与者，是按照流程的私有与公开特性定义泳道（池及道）来区分（见7.3.1节）；对于流程编制，在后端定义了ResourceRole、Performer等对象来支持参与者；对于流程会话，则定义了Participants等对象来实现参与者定义。

期限

在流程属性中，需要定义整个流程的期限。流程是由活动组成的，因此对于单个的活动，同样需要设置其办理期限。即便是一个自动节点，也是有执行时间的。活动期限往往用于统计其对应的办理岗位的绩效。另外可用于待办任务的红绿灯机制。

6

❑ 活动定义组成实现

(1)自定义流程定义规范

```
<activity>
<duration>...</duration>
</activity>
```

(2) BPMN 2.0规范中的实现

在BPMN 2.0规范中，对于活动的时间属性并没有给出显式的说明，但是对于Activity活动，BPMN 2.0规范定义了<property>、<dataInputAssociation>、<dataOutputAssocation>等属性，它们都可做为任务期限的存储容器。

事件

与流程上的属性相同，只不过是在活动节点上进行触发。其活动定义的组成实现同流程。

消息

与流程上属性相同，只不过是在活动节点上触发。其活动定义的组成实现同流程。

数据变量

与流程上属性相同，只是其作用域为活动节点，只对当前活动可见。而流程上的数据变量对整个流程（所有的活动节点）都可见。其活动定义的组成实现同流程。

我们通过以上对可执行流程的组成分析发现，一个建模期的、由业务分析师通过BPMN流程设计器建模后的业务流程要成为可支撑业务的可执行流程，还需要定义很多的业务属性和技术属性。只有这些业务属性和技术属性全部定义完毕，业务流程才真正成为可执行的流程。

提示　在上文中，已经给出了BPMN 2.0规范中的实现，那么在BPEL及XPDL规范中是怎样实现的呢？在BPEL和XPDL中，有些属性规范本身已经定义，有些属性则没有定义，不过都提供了扩展机制，例如XPDL的<extendsAttribute>和bpelextensions。利用这些扩展机制，可以实现对本例中所有属性的支持。

---

2. 可执行流程的执行过程

上文分析了可执行流程的组成，由此可以给出流程执行的定义：流程的执行也就是对可执行流程的流程定义进行实例化的过程。业内曾有这样的说法：对于工作流，执行=任务分配；对于BPM，执行=服务调用。应该说，这样的说法在一定的程度上反映了工作流与BPM的主要特点及区别。在大多数BPM项目中，存在着一定数量的Task分配，因此我们对BPM执行的定义如下：

BPM执行=任务分配（参与人、消息、表单、收件、期限）+业务流转（活动转移）+路由决策+服务调用（执行事件）

- 任务分配（参与人、表单、收件、期限）

流程是指挥家，是导演，是参谋长。它运筹帷幄，运用各种战略、战术、规则，有序地指挥企业中的人，按照不同的控制模式、资源模式、数据模式进行业务的驱动。在BPM的项目中，任务分配是不可缺少的部分，只是其数量相对于WFM项目要少一些，其整个过程如下。

(1) 流程第一个环节的参与人（本例中是房地产开发商的预售证申报人员）登录预售申报系统，并请求第一个申报数据的表单，预售申报系统从预售审批流程的第一个环节（预售证申报）的活动定义中读取绑定的业务表单（预售申报录入单和收件列表表单）并展示给预售申报人员。

(2) 预售申报人员在录入单上填写相关的申报数据，并保存。

(3) 预售申报人员切换到收件列表表单，进行收件扫描件的上传。

(4) 保存业务数据，办结并转出此任务。

- 业务流转（活动转移）

房地产开发商的申报人员提交申报请求后，流程执行引擎需要按照流程定义，将活动驱动到第二个环节“房号登记”，那么这个驱动是怎么实现的呢？目前主流的实现技术有以下三种。

- 基于有限状态机（FSM）的状态转移

这是国内大多数流程执行引擎所采用的机制。有限状态机（FSM）又称为有限状态自动机或简称状态机，是表示有限个状态以及这些状态之间的转移和动作等行为的数学模型。

状态存储过去的信息，就是说它反映从系统开始到现在时刻的输入变化。转移指示状态变更，且转移本身是通过用必须满足转移发生的条件来描述的。动作是在给定时刻要进行的活动的描述。有多种如下类型的动作。

- 进入动作：在进入状态时进行
- 退出动作：在退出状态时进行
- 输入动作：依赖于当前状态和输入条件进行
- 转移动作：在进行特定转移时进行

有限状态机是一种算法思想，简单而言，它由一组状态、一个初始状态、输入和根据输入及现有状态转换为下一个状态的转换函数组成。GoF的23种设计模式里的State模式是一种面向对象的状态机思想，可以适应非常复杂的状态管理。

现在，有限状态机在硬件领域被用于电路设计，而在软件领域被普遍用于搜索引擎的分词、编译器实现、游戏开发和流程执行引擎的实现。它在游戏开发中，通常用来实现NPC控制；而在流程执行引擎实现中，通常用来实现对于流程实例、活动实例、转移实例、工作项实例的状态迁移。有限状态机有多种实现方式，在流程执行引擎中一般采用面向对象的方式，如图6.12所示。

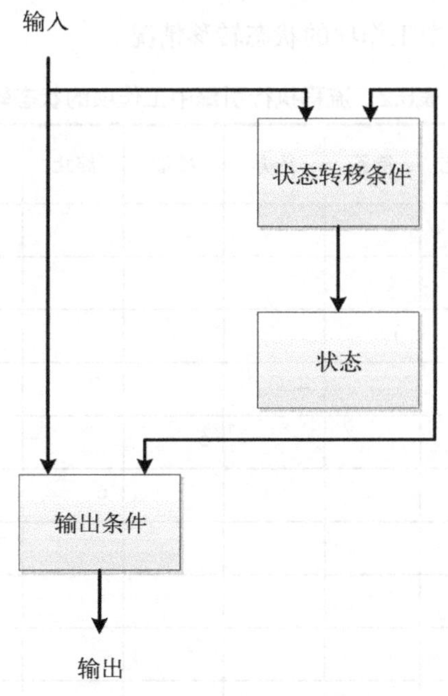

图6.12 有限状态机逻辑图

可以看出，有限状态机的下一个状态和输出是输入和当前状态的函数，也就是说，输入和条件触发当前状态变迁为下一个状态，而下一个状态的实现会产生输出结果，如图6.13所示。

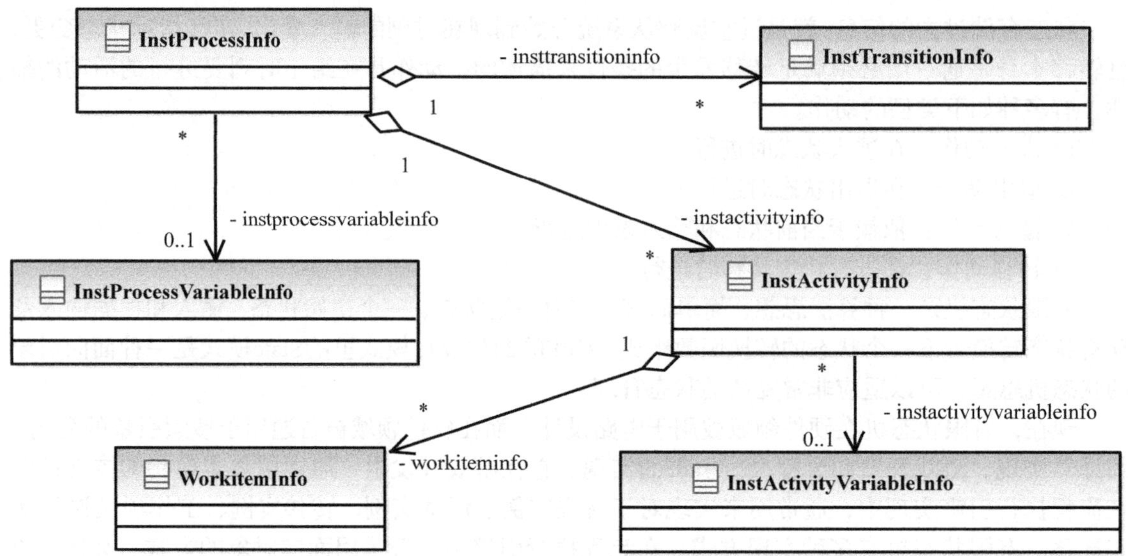

图6.13　流程执行引擎部分实例对象关系图

表6.2给出了流程执行引擎中工作项的状态转移情况。

表6.2　流程执行引擎中工作项的状态转移

状态 / 条件	准备	初始化	待签	待办	拾取	终止	异常	挂起	委托	结束
定义加载为实例	1									
初始化		2								
分配任务			3							
签收				4						
竞签					5					
终止						6				
程序异常							7			
挂起								8		
有委托记录									9	
提交任务										10

流程执行引擎中工作项状态转移图如图6.14所示。

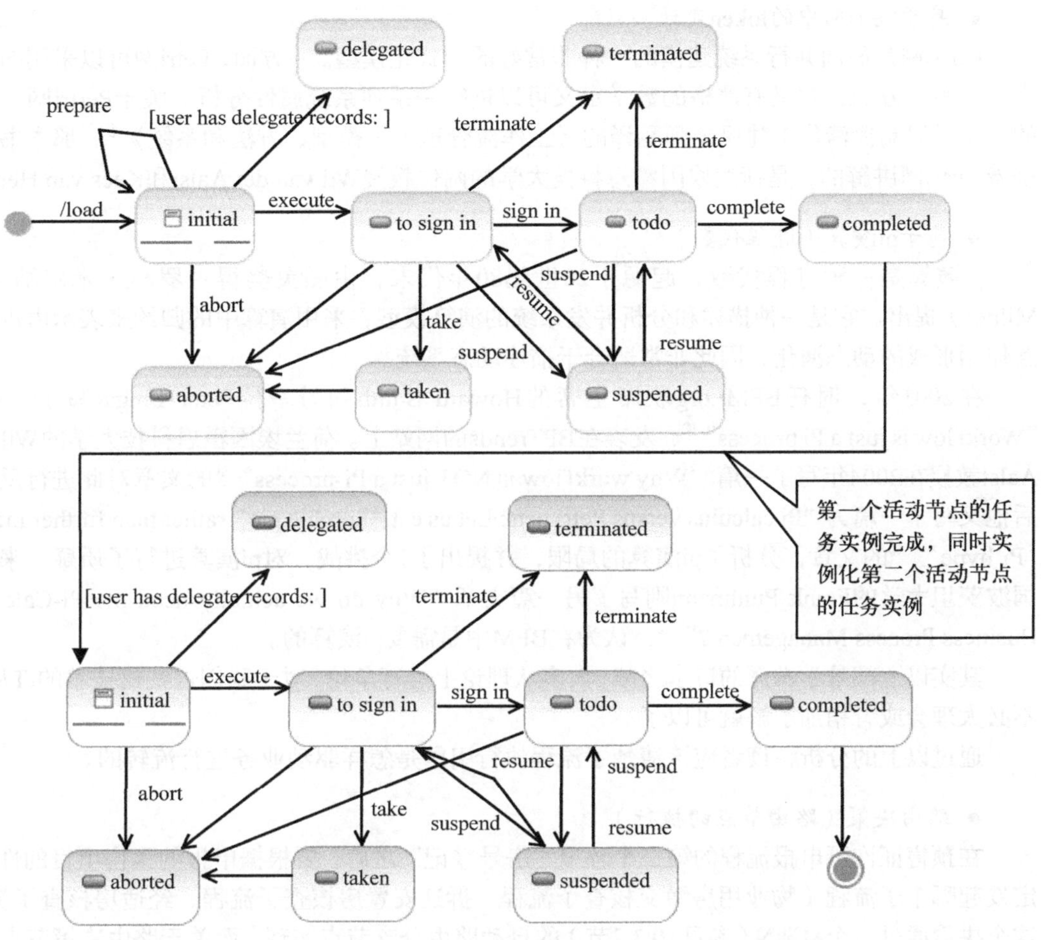

图6.14 工作项状态转移图

表6.2以状态转移表的形式描述了流程执行引擎中单个工作项（任务实例）的有限的多个状态、这些状态之间的转移、转移条件及触发转移的事件（执行动作）。图6.14以状态转移图的形式描述了在流程执行引擎内部一个具有2个节点的串行流程的工作项（任务实例）的状态转移情况：

> 加载并初始化第一个活动节点的任务实例（“预售申报”）形成待签→签收第一个任务实例形成待办→结束第一个任务实例→初始化第二个任务实例（“房号登记”）形成待签→签收第二个任务实例形成待办→结束第二个任务实例→继续向下驱动，直至整个流程结束。

在这个过程中，状态转移都是通过外部动作触发的，例如签收动作（sign in）会触发待签状态（to sign in）到待办状态（to do）的变迁。

● 基于Petri网中的token变迁

Pertri网是面向并行系统建模的一种非常好的形式化模型。一方面，Petri网可以采用图形进行表示；另一方面，它又有严格的数学定义可以进行一系列系统属性分析。关于Pertri网，感兴趣的读者可以阅读清华王建民老师翻译的《工作流管理——模型、方法和系统》①。那本书就是围绕着Pertri网讲解的，是荷兰埃因霍恩科技大学的两位教授Wil van der Aalst和Kees van Hee所著。

● 基于pi演算（进程代数）

pi演算是一种进程代数，起源于20世纪80年代末，由图灵奖得主罗宾·米尔纳（Robin Milner）提出。它是一种描述和分析并发系统的演算模型，采用演算中的归约来表示由进程间相互作用形成的动态演化，因此非常适合于描述动态系统。

在2003年，时任BPMI.org联席主席的Howard Smith和另一位Peter Fingar写了一篇文章“Workflow is just a Pi process”②，发表在BPTrends的网站上。荷兰埃因霍恩科技大学的Wil van der Aalst教授在2004年写了一篇“Why workflow is NOT just a Pi-process”③的文章对此进行反驳，之后他又写了一篇为“Pi calculus versus Petri nets: Let us eat ‘humble pie’ rather than further inflate the ‘Pi hype’”④的文章，分析了pi演算的局限，并提出了7个挑战，对pi演算进行了质疑。来自于德国波茨坦大学的Frank Puhlmann则写了另一篇文章“Why do we actually need the Pi-Calculus for Business Process Management?”⑤，认为在BPM中是需要pi演算的。

其实以上都是学术派的口水之战，大多从理论上进行争论，对于我们这些搞技术的IT从业者，不必太理会或者稍加了解就可以了。

通过以上的分析，读者应该清楚了流程执行引擎是怎样驱动业务进行流转的。

● 路由决策（路由节点的执行）

在预售证许可申报流程的第二个环节“房号登记”之后，要根据申报的预售项目的性质，决定发起哪个子流程（物业用房缴交核查子流程、拆迁安置房核查子流程、经适房核查子流程），这个决策通过一个M选N（参见10.3.2节）的自动路由分支节点实现。而关于路由决策节点的技术实现，我们已经在第2章的规则引擎一节中讲过。

● 服务调用（执行事件）

业务流转到三个核查子流程的某一个时，例如“物业用房缴交核查子流程”，此时如果物业用房管理子系统是独立部署的异构系统，则在当前环节需要通过事件机制，调用物业用房管理子系统提供的数据接收服务，将申报数据（PreSaleApplyDataSDO）传递给它。这个数据接收服务可能会注册在企业服务总线上。因此通过ESB提供的服务接口，由流程执行引擎进行这个服务调用。

---

①《工作流管理——模型、方法和系统》，清华大学出版社，王建民等译。

② http://www.fairdene.com/picalculus/workflow-is-just-a-pi-process.pdf。

③ http://bptrends.com/publicationfiles/02-04%20ART%20WhyworkflowisNOTjustaPi%20-%20Aalst1.pdf。

④ http://is.tm.tue.nl/research/patterns/download/pi-hype.pdf。

⑤ http://blog.edu.cn/bpt.hpi.uni-potsdam.de/twiki/pub/Public/FrankPuhlmann/BIS2006-PIC.pdf。

通过以上四个步骤的分析，读者应该对流程执行引擎的执行过程有了较清晰的认识，下面我们给出完整的执行过程示意图，如图6.15所示。

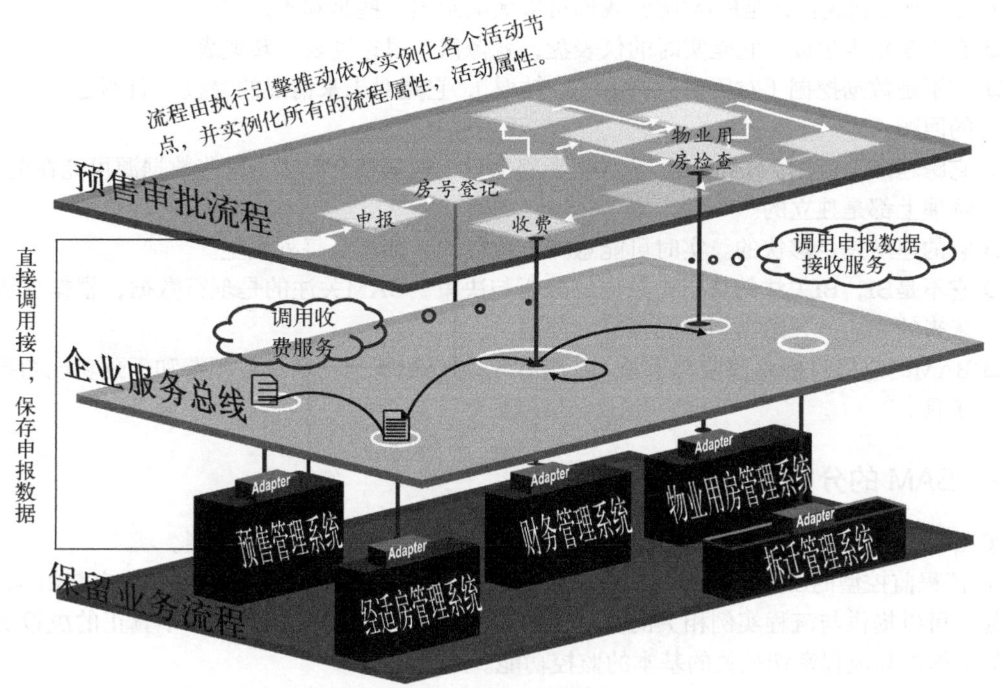

图6.15 预售许可证审批流程执行过程示意图

6.4 监控

流程监控是指对流程相关实例的执行过程进行监控，例如监控流程的目前状态（包括停留在什么环节、办理人是谁、处理意见是什么、业务的输入输出数据等）。流程监控只对流程本身的相关实例数据进行监控，通过列表、报表、曲线图、饼图、柱状图等形式对流程实例数据进行分析。

除了流程监控以外，还有一个专门的技术，即业务活动监控（Business Activity Monitoring，BAM）。BAM从业务活动的角度出发，对业务与流程全面监控，并且通过实时仪表盘进行展示。它可以定义各种事件，对监控的结果进行响应，以执行后续动作。BAM必须在EAI基础之上进行构架，因为BAM关注的是企业的全部业务应用。对于BPM生命周期的监控阶段，基于BAM的全面监控将是未来的重点发展方向，因此本节重点讲述BAM的相关内容。

6.4.1 BAM 的定义

业务活动监控（BAM）这个术语是在2002年由Gartner提出的，是基于企业应用集成的一种用于监控企业运营状况的软件技术。它提供对业务绩效指标的实时访问，以改进业务运作的速度

6

和效率。熟悉BAM的人可能会想到仪表盘dashboard，认为BAM其实没什么，就是用仪表盘展现各种运行的参数和数据而已，其实这只是BAM的表象。当然，Gartner并没有给BAM下一个很精确的定义，那么到底什么是BAM呢？我们可以大概给出一些是和不是。

- 它不是报表生成，它是实时的仪表盘，就像汽车里速度表、转速表。
- 它不是数据挖掘（对历史数据清洗、钻取），它是对未来情况的警报，而不是对历史数据的回顾。
- 它跨越多个应用。BAM从多个数据源将事件、数据整合起来，这些数据源可能在逻辑上、物理上都是独立的。
- 它的速度是足够快的。实时可能意味着数秒钟，甚至是每秒发生。
- 它不是BI，BI关注的是历史数据的分析与决策，BAM关注的是现行数据，根据现势分析未来的趋向，并给出相关的预警、预报。
- BAM的终极目标是预警与干预。甚至有人说BAM就是一个具备预警和干预功能的系统或工具。

6.4.2 BAM 的分类

按照BAM的应用场景和层次深度，可以把BAM分为以下三个基本类型。

(1) 流程监控型的BAM。严格意义上讲，这种类型的BAM不是真正的BAM，它与BPMS结合在一起，可以提供与流程实例相关的实时监控功能。这种BAM通常提供不了真正的决策支持功能，只能提供与流程密切相关的基本的监控功能。

(2) 被动型BAM。这是目前应用最多的一种BAM。这种BAM通常与EAI（企业应用集成）一起使用，它可以以事件的方式监控各个应用系统的业务运行状况，并且以对业务用户直观友好的方式来显示这些状况，例如实时变化的曲线图、饼图、各种指标的仪表盘等。业务用户通过对这些状况的判断，可以做出相应的变更（这种变更不能通过BAM界面直接实现，必须由业务用户自己去通过其他应用入口去实现）。

(3) 主动型BAM。这种BAM非常复杂，但也更有用。利用它，可以实现被动型BAM所不能实现的功能，例如利用预先编程实现自动操作。举个例子，在商品房网上合同签订系统中，利用BAM监控商品房的价格，当某个商品房的价格超出一定的上限时，自动给监管领导发出告警通知，甚至是自动启动超高价格的审批流程。

6.4.3 BAM 关注的四个方面

WebMethods公司提出了BAM关注的四个方面：量、速度、错误、特殊条件。我们结合自己的经验，对这四个方面的阐述如下。

- **量**

BAM关注企业信息系统中的各种数值，如上文提到的商品房价格，除此之外还有很多，举例如下：

- ❑ 流程事件的数量
- ❑ 成本
- ❑ 利润
- ❑ 延时流程的数量
- ❑ 某个业务申请被驳回的数量
- ❑ 绿色通道业务流程的数量
- ❑ 异常中止流程的数量

对这些量设定相关的临界值，只要达到临界值，就主动预警或执行相关的干预。

● 速度

BAM关注于速度，即企业内部业务运营与时间相关的一面。尤其是与时间关系比较紧密的业务事件及流程事件，是BAM的关注重点，举例如下：

- ❑ 单个活动的执行时间
- ❑ 每小时销售的货物数量
- ❑ 每小时处理的业务笔数

通过监控这些速度，可以了解业务及流程的效率峰值及谷值，找出相关瓶颈，以便及时做出相关干预。

● 错误

BAM可以追踪错误，能够识别哪里出现了问题，并预告或解决。以统计的方式计算和衡量错误，可以得出错误发生的频率和相关的趋势，以便及时的干预，防止错误的再次发生。

● 特殊条件

特殊条件是指从用户的角度到业务实例执行的相关事件。特殊条件是开发基于KPI的测量方法的关键。

6.4.4 BAM 的技术实现

前文给出了BAM的定义、分类及关注的四个方面。那么技术上怎样实现BAM的功能呢？要分析技术实现，就必须要清楚BAM的如下功能及执行过程。

- ❑ 捕获：BAM捕获各种事件（通过消息监听器、适配器、代理等）。这些事件来自应用、系统软件、外部交易伙伴。消息是BAM的核心，它们反应底层业务流程的状况。
- ❑ 过滤：BAM过滤掉没有直接后果的事件，在很多情况下由事件流处理（ESP，Event Stream Processing）/复杂事件处理（CEP，Complex Event Processing）引擎来完成。
- ❑ 分析：BAM根据分析模型和规则将相关事件联系起来。
- ❑ 警告：BAM向用户提出警告，以便用户在必要时进行控制。

如上所示，BAM的执行过程包含四个步骤，前三步都是对事件进行相关的处理（捕获事件、过滤事件、分析并关联事件），因此在大多数BAM的技术实现方案中，都基于支持复杂事件处理和事件流处理的引擎来实现BAM的功能。

Esper 是基于Java技术的开源ESP/CEP引擎，可以监测事件流，并在特定事件发生时触发某些行动。Esper 引擎是为了满足对事件进行分析并做出反应等应用需求而产生的。因此我们在这里给出一个基于Esper的BAM实现，如图6.16所示。

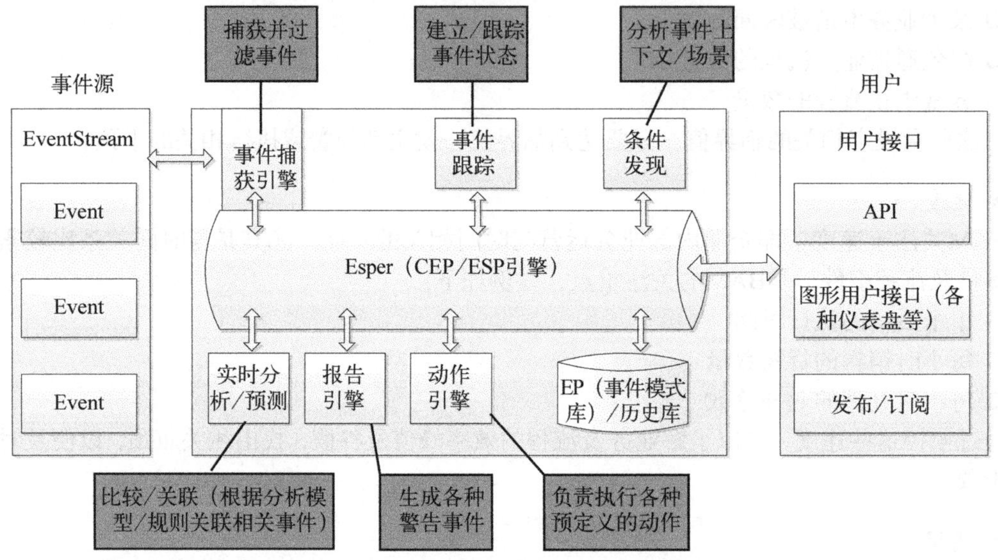

图6.16　基于Esper的BAM技术实现逻辑架构图

从图中可以看出，一个BAM 系统主要应该由以下6个部分构成：

- 事件捕获引擎，部署到企业服务总线中，对通过总线的所有事件进行过滤、收集；
- 事件跟踪，负责建立并跟踪事件的状态；
- 条件发现，负责分析事件的上下文及场景，提供与异常相关的实时和历史信息；
- 实时分析/预测，调用规则引擎来分析事件的性质，并根据分析模型及规则关联相关的事件；
- 报告引擎，将信息发送到信息门户上的仪表盘；
- 动作引擎，如果需要执行预定的动作，则调用BPM进行相关操作。

6.4.5　BAM 在企业信息系统中的位置

BAM的有效性取决于底层的基础构架来支持BAM活动，如图6.17所示。EAI（企业应用集成）通过企业服务总线（ESB）将所有的应用系统集成起来，系统之间的交互都要通过企业服务总线进行，因此将BAM中的事件捕获引擎部署在ESB中，就可以捕获所有的交互信息和事件。被捕获的事件经过BAM的一系列处理之后，可以给出警告（通过仪表盘进行显示）。对于需要自动处理的事件，BAM 可以实时地调用BPM进行相应的操作。

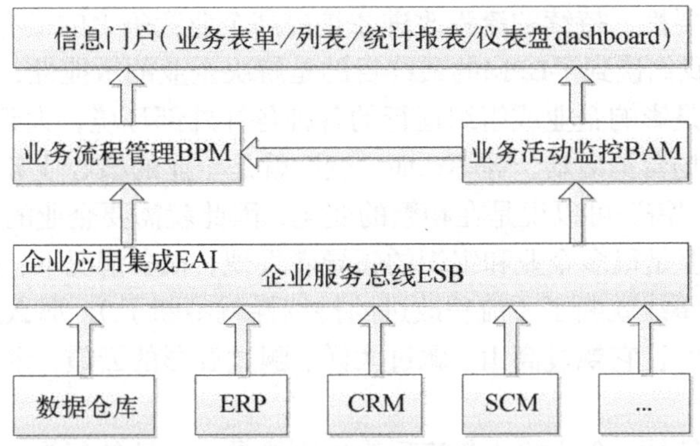

图6.17 BAM在企业信息系统中的位置

6.4.6 BAM与BI

BAM是商业智能（BI）和业务流程管理（BPM）的一个会合点，下面这段引自*Intelligent Enterprise*杂志中一篇新文章：

"BAM是关于流程自动化和工作流管理的呢？还是关于商业智能和绩效管理的呢？你可以说BAM是业务流程管理中后面的一层，或者是任何公司绩效管理系统中的一个关键组件。实际上，两者都是。它可以帮助优化业务流程，并最终提高你对操作性（operational）和策略性（strategic）绩效的理解。"①

BI和BAM有诸多共同之处。BI关注的是历史数据，通过对历史数据进行复杂的分析，得出一些新的趋势或者消费者的喜好及行为特征，以支持决策者做出新的决策。BI所关注的是战略问题。BAM同样支持决策者，但通常更面向操作和战术问题。

BI和BAM既有不同也有相同之处，这两种技术正在逐步融合。例如，BI系统已经开始提供更多的实时可见性，而BAM系统也开始提供更多的基于历史数据的分析功能。二者的融合会为最终用户带来了一些其他好处，例如可以对比历史数据与实时数据。在房地产市场领域，我们经常听到"同比"，即本月房价（BAM关注的）与去年本月房价（去年的历史数据，BI关注的）相比增长或减少了多少。这就是BAM和BI融合带给用户的好处。

6.5 优化

6.5.1 BPI及预销售主线流程的改进分析

业务流程改进（Business Process Improvement，BPI）已经不是一个新名词了，它是在BPR之后提出来的，强调的是持续地改进，而不是彻底、颠覆性地对流程进行重新再造。很多企业已经

① Stewart McKie，"The Big BAM"，*IntelligentEnterprise Magazine*, July, 2003。

认识到了业务流程的重要性，持续的流程改进才是提高企业竞争力的最有效手段。

在前面的章节中，我们谈到了BPM的最终目的是解决企业的敏捷性，也就是让企业能够随需应变！这里的“需”就是影响企业或组织运行的各种各样外部环境，大到商业环境、政策环境，小到竞争对手的某次市场营销活动，等等；而“变”就是企业的核心业务流程。在当今全球经济一体化的环境下，这个“需”可以说是在频繁的变化，因此就需要企业的核心业务流程能随之进行持续的变化或改进。但是很多企业和组织的领导者发现，很多情况下，持续改进就像高高飘扬的风筝，一不小心，风筝线就断了（流程改进的持续性就中断了），那么怎样才能让这支美丽的风筝一直高高地飘扬呢？让它飘过高山、飘过大洋、飘过五彩的云霞，牵引着我们的组织和企业走向美丽的辉煌。

上文我们强调了持续性，企业的业务流程改进不能是一次性的行为，持续改进的机制比完美的流程更重要（况且根本就不可能有完美的流程）。如果你所在的企业想要一次性地对所有的业务流程进行全面的改进或重组，那么项目结束后，流程在短时间内是能够为企业创造价值或者增值的。但是随着外部环境的变化，上次刚刚全面改进的流程又不能满足新的需求了，此时又要对核心业务流程进行一次大规模的改进。这样的状况，经常会造成资源的极大浪费、员工的抵触心理和管理层对流程优化信心的降低，这也是BPR失败的原因。业务流程优化是一个周而复始、持续前进的良性闭环，企业要依靠自己的能力和机制来保证这个良性闭环的持续运作。

接下来我们首先从业务流程改进的目标设定、主要原则、和具体方法三个方面讲述应该怎样进行业务流程的改进，之后结合ESIA法，对房管行业商品房预售许可证取得流程进行实际的流程实例分析。

1. 业务流程改进的目标设定

企业在进行业务流程优化的时候，关键在于是否能够真正明确企业进行业务流程优化的目的，确定优化的目标。目标的设定最好满足 SMART（Specific，具体的；Measurable，可衡量的；Attainable，可以达到的；Relevant ，相关的；Time-based，以时间为基础的）的要求。要做到这一点，就是要从企业的现状出发，了解企业当前存在的差距，确认企业提升竞争能力的关键成功因素，从而建立业务流程优化的目标。

BSI作为全球最著名的国际标准编写机构和管理体系认证机构，建议在准确把握企业的需求、确定业务流程优化的目标后，企业还需要从自身资源能力出发，对企业本身的组织能力进行分析，从而建立业务流程优化的计划与实施步骤。在这个阶段，是否需要对企业的组织架构进行优化，是管理者需要做出的一个关键选择。管理者要在明确的目标基础上，选择并权衡业务流程优化的具体方案。业务流程优化经常是分阶段实施的，由易到难，先对容易取得成功的业务流程进行优化。

2. 业务流程改进的主要原则

在流程优化与重组中，会面对种种不同的流程，有没有一些共性的思想原则可以遵循呢？归纳起来，主要有如下9个原则。

(1) 组织结构应该以产出（这个产出可能是产品或服务）为中心，而不是以任务为中心。

(2) 让那些需要得到流程产出的人自己执行流程。

(3) 将信息处理工作纳入产生这些信息的实际工作中去。

(4) 将各地分散的资源视为一体。

(5) 将并行工作联系起来，而不是仅仅联系它们的产出。

(6) 使决策点位于工作执行的地方，在业务流程中建立控制程序。

(7) 流程多样化。

(8) 单点接触顾客。

(9) 从信息来源地一次性地获取信息。

3. 业务流程改进的具体方法

目前流行的流程优化主要有以下几种方法。

(1) 标杆瞄准法

标杆瞄准法/基准化分析法（benchmarking，BMK），又称竞标赶超、战略竞标，是将本企业各项活动与从事该项活动最佳者进行比较，从而提出行动方法，以弥补自身的不足。

(2) DMAIC模型

DMAIC是六西格玛管理中最重要、最经典的管理模型，是实施六西格玛的一套操作方法，主要侧重改善已有流程的质量。所有六西格玛管理涉及的专业统计工具与方法，都贯穿在每一个六西格玛质量改进项目的环节中。

(3) ESIA分析法①

所有企业的最终目的都应该是让顾客获得更大的价值，让股东利益最大化。流程改进的根本目的就是为了达到这两个目标。反映到流程改进上，就是尽一切可能减少流程中非增值活动（没有必要存在，或者重复存在浪费资源的活动），调整流程中的核心增值活动。其基本原则就是ESIA。

(4) ECRS分析法

ECRS分析法，即取消（eliminate）、合并（combine）、重排（rearrange）、简化（simplify）。

(5) SDCA循环

SDCA循环就是标准化维持，即“标准、执行、检查、总结（调整）”模式，包括所有和改进过程相关的流程的更新（标准化），并使其平衡运行，然后检查过程，以确保其精确性，最后作出合理分析和调整使得过程能够满足愿望和要求。关于SDCA循环更详细的资料见参考文献②。

(6) PDCA

PDCA（Plan-Do-Check-Act的简称）是个迭代的四步过程，一般用于商业过程改进。PDCA方法在六西格玛中对应的就是DMAIC模型，关于PDCA的详细资料，请见参考文献③。

4. 应用ESIA对预销售主线流程进行改进

在上文业务流程改进的六种方法中，ESIA是被优先使用的方法，为什么要优先使用ESIA呢？

---

① http://wiki.mbalib.com/wiki/ESIA分析法。

② http://wiki.mbalib.com/wiki/SDCA循环。

③ http://www.hudong.com/wiki/PDCA循环。

6

我们在6.1节中说过，流程梳理的最重要的内容是，理解分析企业中的现有流程，结合企业流程实际运行的数据，筛选出流程中重复的活动、占用资源和时间最多的活动，将跨部门、跨系统的多余活动去掉，减少活动之间的等待时间，释放额外占用的企业资源等，提高对企业资源的利用率。ESIA法就是减少流程中非增值活动以及调整流程的核心增值活动的实用原则，因此在BPI中，ESIA法也就成为了首选的方法。

所谓ESIA即指消除（Eliminate）、简化（Simply）、整合（Integrate）和自动化（Automate）四个步骤，如表6.3所示。

表6.3　ESIA方法功能表

清　除	简　化	整　合	自 动 化
重复的活动	流程	流程	数据采集
多余的等待时间	沟通	组织	数据传递
不必要的沟通协调	人工操作	顾客	可自动化的核查
缺陷与失误			可自动化的校验
不必要的人工操作			可由程序代替的人工操作

清除。指对企业或组织内现有流程中的非增值活动予以清除。（有人可能会问，什么是增值活动，什么是非增值活动呢？哈默博士说，客户愿意付费的就是增值的。而我们的理解则是可以为顾客创造价值，或者减少企业成本的活动都是增值活动。过量产出、活动间的等待、不必要的运输、反复加工、过量库存、缺陷与失误、重复活动、反复检验等浪费企业的资源和成本，不会给顾客带来价值的活动则是非增值活动。）在这些非增值活动中，有一些是不得已而存在的，而另一些则是多余的，我们应该清理多余的非增值活动。如何消除或最小化这些活动，同时又不给流程带来负面影响，是本环节的主要问题。

简化。在尽可能清除了非必要的非增值环节后，对剩下的活动需进一步简化。如简化业务或部门之间的交互与沟通；通过数据的自动关联、继承，简化录入操作等。

整合。对分解的流程进行整合，使流程顺畅连贯，以更好地满足顾客需求。可从流程、组织、顾客三个方面考虑。

- 流程整合是对经过简化的活动进行跨职能部门边界的一体化改造，使整个流程形成一个协调和高效的有机整体。
- 组织整合是按流程活动进行逻辑上的延伸，即组建跨层级、跨职能部门的流程作业团队，从职能型组织机构向流程型组织机构转变。美国的罗伯特·加德纳在其*The Process-Focused Organization*一书中强调了，应该成立面向流程的组织架构。目前企业或政府的组织架构，一部分是基于亚当·斯密的劳动分工理论而设立的职能型组织，还有一部分是项目型组织，随着经济的发展出现了集团型的公司，因此管理学领域又出现了M型组织架构即基于事业部的组织架构。职能型组织的典型问题是存在“部门墙”，因此要想让流程更高效，向流程型组织发展是一个必然的方向。

- 顾客整合是指建立统一的顾客资源管理系统（如CRM系统），以实现对顾客提供最佳产品或服务，创造竞争优势。

自动化：业务活动的自动化。在对流程任务的清除、简化和整合的基础上应用自动化，如把一部分人工录入的数据，改为通过程序自动采集（例如电子标签扫描技术）；原来必须由人工传递的数据，改为由程序自动化传递；可由程序实现的数据核查、校验等。

以上是ESIA方法的具体分析，接下来，我们就应用这个方法对本章多次讲到的房管行业的预售证许可审批业务流程的原始版本进行改进，原始流程如图6.18所示。

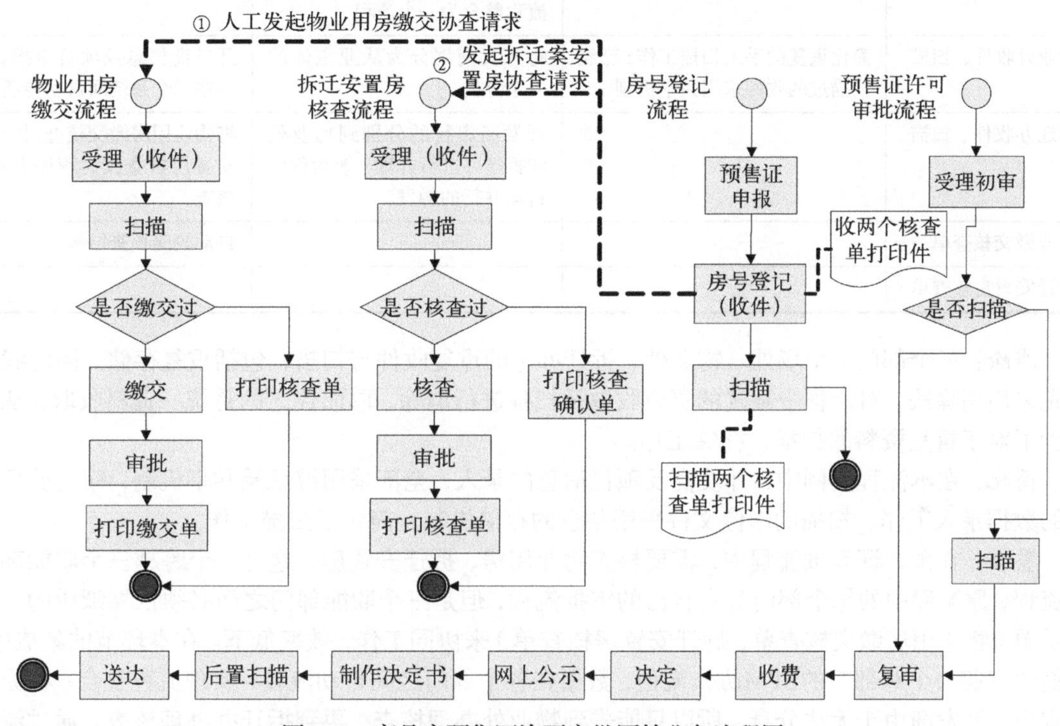

图6.18 商品房预售证许可审批原始业务流程图

开发商在外网进行预售证申报的过程如下。

① 开发商预售证办理人员到房管局房产交易大厅，进行缴件（在房号登记流程的“房号登记（收件）”环节，收取开发商的营业执照、土地使用证等进行收件）。收件之后要人工发起“物业用房缴交协查请求”和“拆迁安置房协查请求”；

② 开发商预售办理人员到物业处窗口和拆迁办两个窗口重复交件（营业执照、土地使用证），并等待审批拿到两个核查单；

③ 开发商回到“房号登记”窗口交两个核查单；

④ 房号登记流程的“扫描岗”对收件进行扫描（包括两个核查单）；

⑤ 房号登记流程完毕，转入到预售许可审批流程；

⑥ 预售审批流程结束，开发拿到预售证。

从以上分析可以看到，整个流程中存在着很多重复的活动和可以自动化的人工活动，具体采用表6.4的ESIA法分析如下。

表6.4　ESIA分析

清　除	简　化	整　合	自 动 化
市场处收件、扫描	开发商及预售项目信息的录入	将预售审批流程、物业用房缴交核查流程、拆迁安置房核查流程整合为一个流程	自动采集外网申报数据
物业处收件、扫描	简化重复的手工扫描工作，已经扫描过的收件采用共享机制	将开发商划分为从业主体的一个分类	开发商信息及项目申报数据在三个系统间自动传递
拆迁办收件、扫描		开发商串行的分别到物业处和拆迁办进行办理，改为程序自动并行的触发。	将物业用房缴交核查、拆迁安置房核查改为程序自动核查
物业缴交核查单			自动校验核查结果
拆迁安置房核查单			

消除：三个部门（市场处、物业处、拆迁办）的重复收件与扫描，包括重复存储。因此我们首先采用消除法，对流程中重复的资料收取及扫描进行消除，取而代之的是统一资料收取，从而减少了对于重复资料的扫描、存储工作。

简化：在本流程实例中，开发商及项目信息的录入，全部采用继承及共享机制，简化受理人员的数据录入工作。扫描的影像文件采用共享的存储机制，简化了扫描工作。

整合：在预售证审批流程中，需要核查物业用房、拆迁安置房，这是一个跨越三个职能部门的流程，原流程中的每个部门都有自己的审批流程，但是三个职能部门之间必须依靠纸质的工作联系单（物业用房缴交核查单、拆迁安置房核查单）来协同工作，效率低下。在本环节的集成中，我们建立起一个跨部门的BPM协作流程，数据在各个部门之间自动流转，实现流程整合。在原始流程中，开发商由于无法分身，所以只能先到物业处办理核查，再到拆迁办办理核查。通过流程整合后，改为程序自动触发，因此将原来串行的流程可以改为并行处理，很大程度上提高了流程的效率。需要说明的是，在流程改进中，串行改并行是最有效的一种改进方式，只要能够并行，就尽可能的并行处理。

组织整合应该说是流程整合的必然结果，在企业内部，对于有魄力的领导尚可执行。但是在政府部门几乎是不可能的，因此本流程实例不考虑。

在本流程实例中，流程的顾客是开发商，属于房产行业的一个从业主体。面向顾客的整合，是将房管部门的顾客统称为从业主体，然后再细分为开发商、中介、评估机构、测绘公司、拆迁单位等。对这些从业主体实现统一管理。

自动化：在本流程实例中，首先外网申报的数据在内网可以自动采集；在流程整合中实现了三个流程的合并，因此开发商数据和项目数据需要在三个系统间自动传递；提取两个核查服务为自动任务，物业用房核查结果由程序自动读取，而不在依赖于物业处的纸质物业用房核查确认单。最后是对于核查结果的校验，有人工改为程序自动校验。

总体来说，业务流程优化是一个系统化、体系化的工作，而不是简单地找一个流程看看改改就可以完成的工作。这就需要企业从高层管理者到普通操作人员的全员参与。对于一个企业来说，业务流程优化是为了实现自身业务发展目标的一个手段和方法，所以目标是否明确决定了其过程结果的好坏。在正确地做事前，先要保证做正确的事。

通过以上的ESIA分析法，改进后的流程图如图6.19所示。

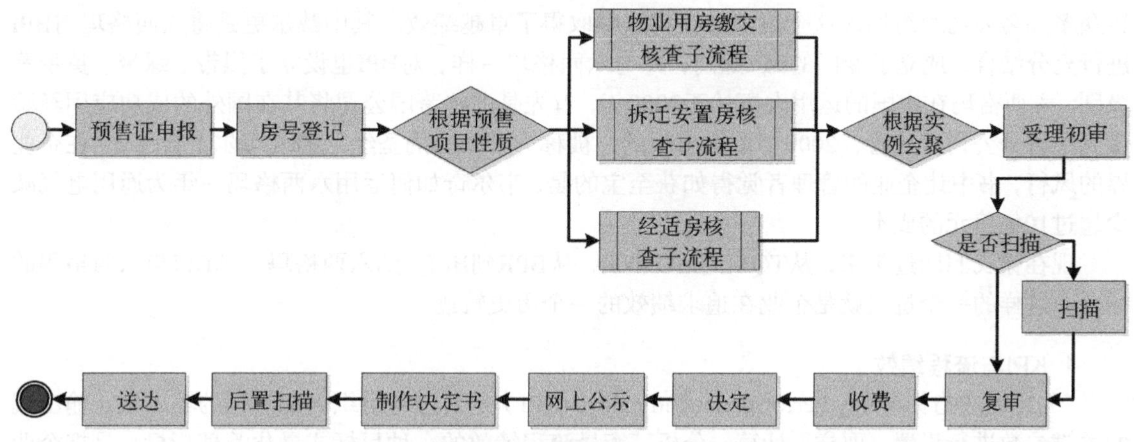

图6.19 经过ESIA法改进后的预售证许可审批流程

6.5.2 流程与绩效

绩效是一个永恒的话题，不管是什么样的企业，甚至是政府几乎都有绩效考核，相信本书的读者，你也是经常被考核的。作为老板总是希望自己的员工能干更多的活，而自己花更少的钱☺，员工为自己挣更多的钱。于是就用众多的考核名目来考核员工，工作态度不好，工作成果质量不高，工作没有按时完成等等，都会影响你的绩效。有人会问，这与流程有什么关系呀？这个问题好。我们刚刚讲过，老板为什么要考核，表面上说就是两个目的，一个是省钱，一个是挣更多的钱。通过改进流程的效率即可节省内部的成本，又可让外部用户获得更好的产品和服务。企业运营的过程实际就是执行企业中众多流程的过程，企业中的所有工作都是与流程以及流程构成的价值链有关的。企业所有的经营管理及业务活动都由各种流程组成。因此，企业要提高绩效，本质上就是要提高流程的绩效。

上个世纪80年代中期，全面质量管理体系（TQM）处于盛行中，大量的学者和专业人员告诉企业家们，说TQM将如何改变企业的命运。之后ISO9000（软件行业的是9001）也应运而生，于是乎众多的企业趋之若鹜，好像企业不过ISO9000认证就很烂。结果呢，大家也看到了，最后ISO9000在中国成了一道变了味道的“坏菜”，一颗大白菜的价格就可以拿到一个ISO9000的认证。

90年代初期，BPR开始盛行（哈默博士于1990年提出BPR的概念），但是由于过于激进，最后也是以失败而告终。其实哈林顿博士在他1991年出版的*Business Process Improvement*一书中也首次提出BPI业务流程改进的思想，但是由于哈默博士作为流程之父的影响力，所以BPR首先盛行，在其失败之后人们才开始关注于BPI。

在90年代末期与本世纪初期，六西格玛的浪潮开始席卷全球企业，从1986年摩托罗拉公司的比尔·史密斯最早提出，到之后通用公司的实践，接着是戴尔、惠普、西门子、索尼、东芝等世界众多知名公司纷纷加入这个浪潮并在实践中取得了卓越绩效。其中戴尔更是将六西格玛与BPI进行充分结合，成立了专门的BPI部门，并与六西格玛一样，对BPI也设立了黑带、绿带、黄带等级别。六西格玛在中国的运用大概始于2000年，首先是那些跨国公司将其在国外的成功应用经验带到中国分公司。接着，2000年首次出版的，被称为“CEO的圣经”的《韦尔奇自传》[①]在企业界的风行，书中让企业的管理者觉得如获至宝的是，韦尔奇如何运用六西格玛一年为通用电气减少超过10亿美元的成本。

现在让我们回过头来，从TQM到ISO9000，从BPR到BPI，到六西格玛，到BPI与六西格玛的结合，这样的一个过程就是企业在追求绩效的一个历史轨迹。

1. KPI与流程绩效

“关键绩效指标（Key Performance Indicator，KPI）是通过对组织内部流程的输入端、输出端的关键参数进行设置、取样、计算、分析，衡量流程绩效的一种目标式量化管理指标，是把企业的战略目标分解为可操作的工作目标的工具，是企业绩效管理的基础。”[②] KPI的定义中，虽然强调了它关注的对象是组织内部流程的输入端、输出端的关键参数，但是在早期的绩效管理实践中都是在组织内部自上而下对战略目标进行层层分解产生，最终将KPI分解到部门和个人。这种绩效指标的设定和考核方法，在执行的过程中，很多的企业管理者发现并没有从本质上提升企业的绩效，这是为什么呢？还是因为只见树木不见森林，而且针对于部门和个人的考核，使得部门之间推诿和扯皮的事情屡有发生，而在需要资源整合与协同时，各个部门都只关注于自己部门的利益。

在这种背景下，近几年有人开始提出了基于流程的KPI的设计方法，说明企业和咨询领域的管理专家们已经认识到，组织的绩效不能只从业务单元和岗位来进行孤立的分析，一个企业关键绩效指标表现的好坏，往往是流程相关的部门和所有相关的活动共同作用的结果。在1.1节讲到的流程六要素中，顾客和价值是最重要的要素。因此流程绩效就是以顾客为中心，强调端到端的流程的绩效，只有端到端的流程的绩效是好的，那么企业才会有好的绩效。从传统上来讲，企业的工作人员的绩效评估工作是建立在功能层的绩效目标基础之上的。在基于流程的KPI设计中，职位、个人的绩效目标和工作标准必须支持端到端的流程需要。

---

① 《杰克·韦尔奇自传》（*Jack: Straight from the Gut*），2000，时代华纳贸易出版公司。

② http://wiki.mbalib.com/wiki/KPI。

基于以上的描述，我们现在将基于流程的绩效管理与基于传统的绩效管理的方法进行总结比较如下。

(1) 基于流程的绩效管理关注的是端到端的流程绩效的表现，通过分析整体流程的绩效指标，发现整个端到端流程中的问题；而传统的绩效管理关注的是孤立的、分散的部门、岗位或个人的绩效，通过这些孤立绩效的提高来提高组织的绩效。

(2) 基于流程的绩效管理的手段，是通过对整体的流程运行进行监控，重点监控流程运行的过程及输出结果，及时发现各种业务问题并改进；而传统绩效管理的手段，是通过逐级分解企业的KPI，设定部门或岗位、个人的KPI并对此进行考核。

(3) 基于流程的绩效管理更加体现以顾客为中心，以端到端的流程的运行周期为考核周期，以流程的输出（例如整体流程是否输出了更好的产品或服务，缩短了流程输出的时间，节省了企业的资源）为评价标准；而传统的绩效管理在基本上是以固定的周期，按月或按季度进行考核。

2. 平衡计分卡与BPI

在第一部分我们回顾了企业追求绩效的历史，那么绩效考核有着怎样的历史轨迹呢？从20世纪初期至90年代，财务指标在企业的业绩评价中一直占据着主导地位。但是企业的管理者逐渐认识到单一的财务指标已经无法涵盖绩效的全部特点。于是在这个背景之下，从1990年开始，哈佛商学院教授罗伯特·S. 卡普兰和复兴全球战略集团总裁大卫·P. 诺顿，在总结十几家绩效管理处于领先地位公司经验的基础上，向全世界开始推广平衡计分卡（Balanced ScoreCard）的方法。秦杨勇先生在其著作《平衡记分卡与流程管理》中提到：“平衡计分卡从财务、顾客、内部运营、学习和发展四个互为关联的维度来平衡定位和考核企业各个层次的绩效水平。”①关于平衡计分卡与BPI的关系②也可以参考该书。

6

6.6 实施 BPM 的永恒之道——BPM 与 SOA 联姻

至此，我们对BPM生命周期内各个阶段的主要工作内容、方法、规范、模式、原理及应用都进行了系统的学习，那么在实施BPM的过程中，它的永恒之道又是什么呢。这个永恒之道就是将BPM管理与SOA技术进行联姻。我们将通过本节所讲述的联姻过程，最终把江南市房管局带入大一统的时代。在讲述实施BPM的永恒之道前，我们还是先来回顾一下1.5.4节讲过的流程的成熟度模型，如图6.20所示。

实施BPM的终极目标是达到成熟度模型的最高级，即动态和自我优化的流程。但是我们认为，这个目标至少在目前的阶段内是很难达到的。因而达到第5级成熟度，即持续的度量和优化流程成为我们可追求的目标。在5.1节，我们知道在21世纪第一个十年的后半期，江南市房管局还基本处于第二级成熟度“筒仓式”（Siloed）阶段（多个MIS+工作流独立并存的阶段），即流程已经

---

①《平衡计分卡与流程管理》，p7-8，秦杨勇著，中国经济出版社。

②《平衡计分卡与流程管理》，p10-11，秦杨勇著，中国经济出版社。

定义，但是各自为政。此时应用BPM技术的首要目标是，打破局内的各个“竖井”或者“部门墙”，使江南市房管局的流程进入第三级成熟度“协调一致”（Aligned）阶段。要达到这个目标，我们进行了以下三个步骤的工作。

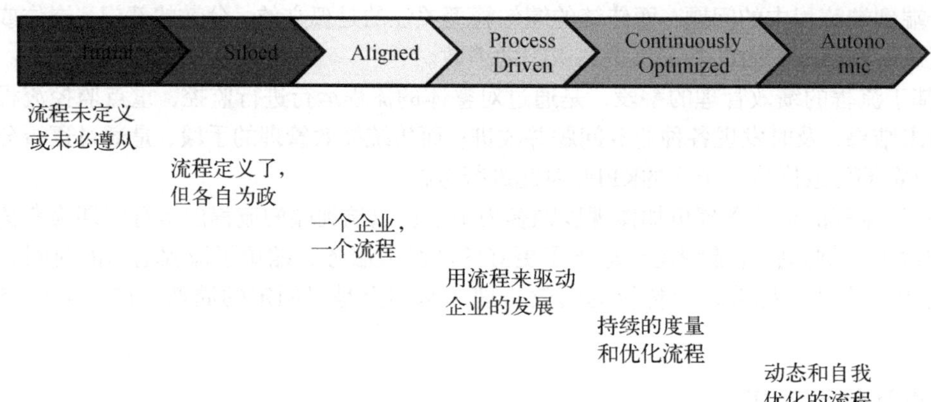

图6.20　IBM公司提出的企业内流程的成熟度模型

6.6.1　通过流程梳理找出端到端流程中的各个交互点

流程梳理的概念、工作内容及方法我们在6.1节设计四步曲的第一步曲已经详细讲过。对于端到端的流程，其重要的交互点主要存在与部门之间，也就是找出跨部门之间的交互。按照6.1.1节提到的方法，梳理出端到端的流程之后，对各个端到端的流程进行分析。继续以第5章中的“预售许可证的审批发放”流程为例（见图5.1），在这个流程中跨部门的交互存在于以下四个点：

- 市场处与物业处的物业用房核查的交互
- 市场处与拆迁办的拆迁安置用房核查的交互
- 市场处与住保办的经适房核查交互
- 市场处与财务处的收费交互

我们知道从19世纪90年代末期到21世纪初期，江南市房管局的各个部门陆陆续续建设了自己的信息化系统，包括产权管理系统、拆迁管理系统、物业管理系统、经适房管理系统、档案管理系统、财务系统等。部门之间业务的交互实际上就是部门间各个信息化系统之间的交互。因此以上四个交互点，也就变成了预售管理系统与物业用房管理系统、拆迁管理系统、经适房管理系统及财务系统之间的交互。

6.6.2　基于以服务为导向的架构（SOA）将交互点实现为服务

由于预售管理系统是需要建设的新系统，而物业用房管理系统、拆迁管理系统、经适房管理系统、财务系统等都是在不同的时期由不同的厂商采用不同的技术建设的。江南市房管局的实际情况是，物业用房管理系统采用Dephi技术建设的，拆迁管理系统采用.NET技术建设的，经适房管理系统采用Java技术建设的，财务管理系统采用VC语言开发。在5.2节，我们知道早期对于这些技术体系的互联互通，是基于在各个系统之间开发交互接口的EAI技术实现的。但是由于其复杂性，导致被后来的基于SOA的ESB技术体系代替了。

SOA强调以服务为导向的架构体系，强调系统之间通过服务这种语言进行交互。因此，此步骤的关键点是抽取候选服务并基于SOA实现这些候选服务。对于服务的抽取及实现，IBM给我们提供了组件业务模型（CBM）及面向服务的建模与架构（SOMA）两个规范及方法体系，本书第10章中将具体介绍其应用。对候选服务进行抽取及实现之后，我们将这些服务注册到企业服务总线（ESB）中，以供BPM调用。

6.6.3 用BPM中的端到端的流程作为业务线连接系统中的服务

在梳理出跨部门的交互点并将这种交互点实现为服务之后，接下来就是用BPM中的端到端的流程作为业务线将这些服务进行串接，形象一点就是用线串点。端到端流程中的活动对应具体的子流程或者原子活动，其在流转的过程中通过企业服务总线中提供的服务，将跨部门的业务系统连接起来。我们继续以商品房的预售许可审批流程为例，来分析具体的连通过程，图6.21给出了连通架构。

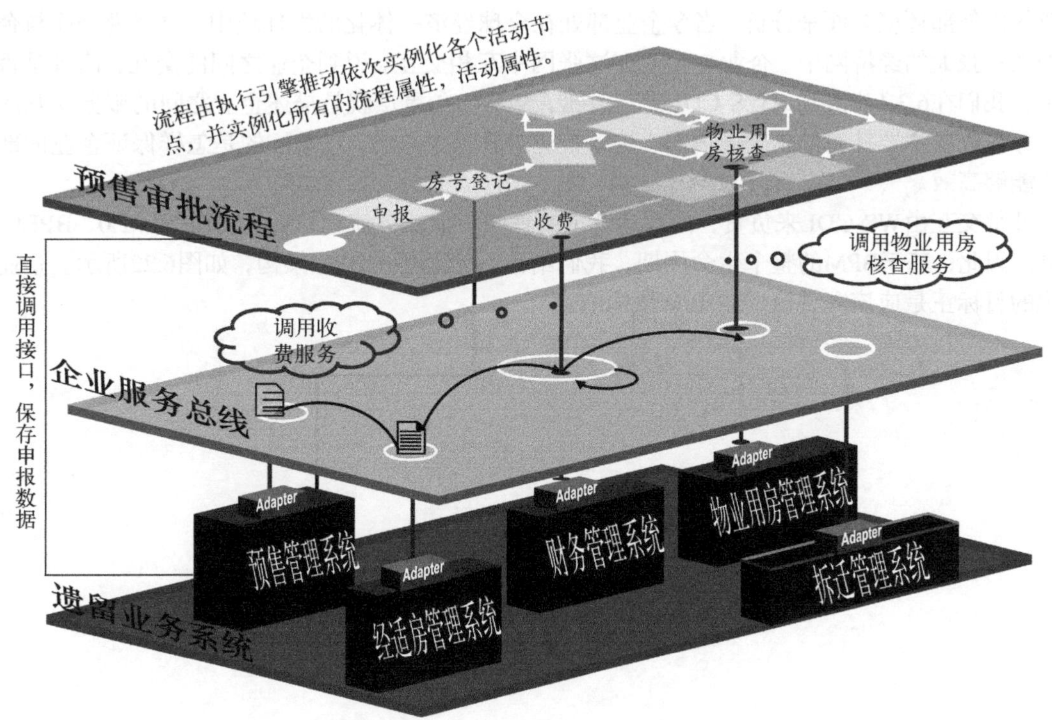

图6.21 基于BPM及SOA连通架构

预售审批流程在“房号登记”环节之后的 “物业用房核查”、“拆迁安置房核查”、“经适房核查”三个环节，分别调用企业服务总线（ESB）中的“物业用房核查服务”、“拆迁安置房核查服务”、“经适房核查服务”。三个服务返回的核查结果都满足要求之后，流程继续向下流转到达“收费”环节，收费环节调用企业服务总线中的“收费”服务，收取相关费用，成功收取费用之后，最后是发证。在这个图中，预售管理系统、经适房管理系统、财务系统、拆迁管理系统、物业用房管理系统都是通过适配器将本系统内部可以对外提供的接口以服务的形式注册到企业服务总线上。

再次回到流程定义的六要素。对于业务流程来讲，为顾客输出价值是六要素中的最重要的要素。如果业务流程不能为顾客输出价值，那么这个流程就失去了其意义。所以说，实施BPM的终极目标就是输出价值。至此，我们通过将BPM与SOA联姻，实现了房管局端到端流程的真正的互联互通，包括业务、信息系统及人三个方面的互联互通，最终全面提高了端到端流程的价值输出。

所以，实施BPM的永恒之道正在于将BPM管理与SOA技术进行联姻。

6.7　BPM 的美好蓝图

在前几节我们学习BPM全生命周期的各个阶段，但是到目前为止，从规范和产品上，都没有一个完全理想的BPM架构。那么理想的BPM架构应该是怎样的呢？要分析这个问题，首先要从企业的内外部环境全面来分析。当今企业都处在全球经济一体化的大环境中，也就说企业与企业都处在一张大的经济网中，企业与企业在这张网中互相交互。说到企业之间的交互，读者是否记起了，我们在6.3.1节讲到的WS-CDL呢？没错，WS-CDL重点就是描述企业之间的服务交互的。而业务流程层主要针对的是企业内部，是以企业自我为中心的，它关注的是怎样保证企业内部的运营能够高效。

外部交互由WS-CDL来负责，内部运营（或者叫企业业务流程执行）由BPMN 2.0、BPEL 2.1负责。因此，基于BPM的整个生命周期，我们给出一个理想的BPM架构，如图6.22所示。企业信息化的目标正是应该向着这样的BPM架构前进。

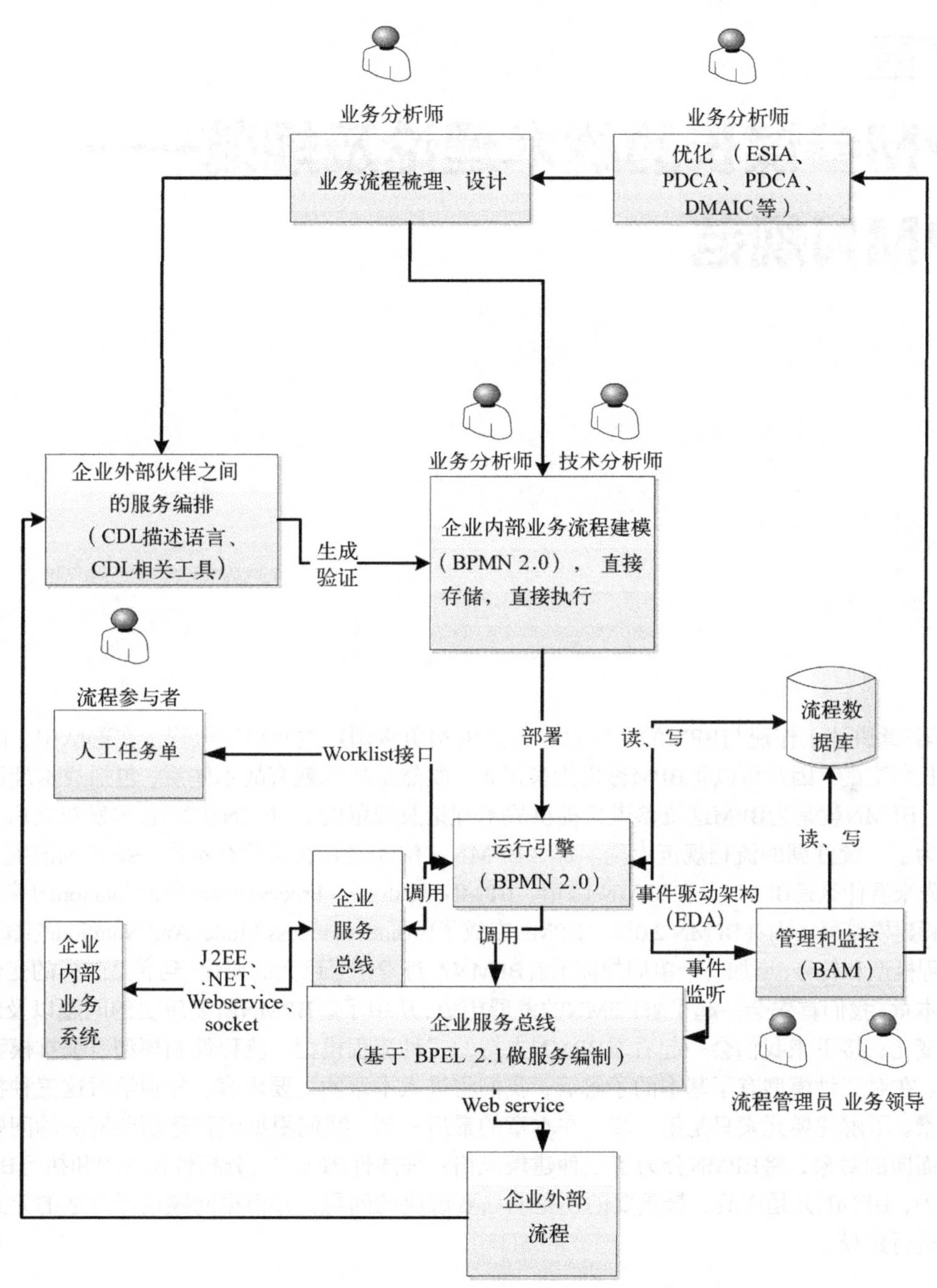

图6.22 理想的BPM架构

第7章 BPM参谋长的战术理论及规范——BPMN规范

在第5章讲述工作流与BPM的区别时，讲到BPM负责制定战术级别流程。在部队中，战术是由参谋长负责的，因此可以将BPM称之为参谋长。既然是战术就有战术体系，包括战术理论和战术规范。BPMN就是为BPM这位参谋长提供战术理论及规范的。BPMN在2.0版本发布之后，已经逐步成为了一统江湖的流程规范大佬。那么BPMN这位大佬是凭借什么本事一统江湖的呢?

首先来看什么是BPMN。在BPMN 1.*x*里，BPMN是Business Process Modeling Notation的缩写，即业务流程建模符号；而在BPMN 2.0里，BPMN变成了Business Process Model And Notation的缩写，即业务流程模型和符号,增加一个单词却标示着BPMN本身发生了巨大的变化。到底是怎样的变化呢?

在本章,我们首先会一起了解BPMN的发展历史,从中了解BPMN所要解决的问题以及BPMN内容的变化；接下来我们会一起看看BPMN支持的三种流程模型：流程编制模型、编排模型和协作模型。在对三种模型有了基本的了解后，我们将进入本章的主要内容，分别学习这三种模型的建模元素。了解建模元素只是第一步，在本章的最后一节，我们根据流程建模要解决的问题以及模型所面向的对象，将BPMN分为了三种建模风格：描述性BPMN、分析性BPMN和执行BPMN。我们认为，BPMN只是工具，最重要的还是明白要解决的问题，并根据问题选择合适的元素和建模风格进行建模。

7.1 BPMN 的历史

BPMN的发展历史如图7.1所示。

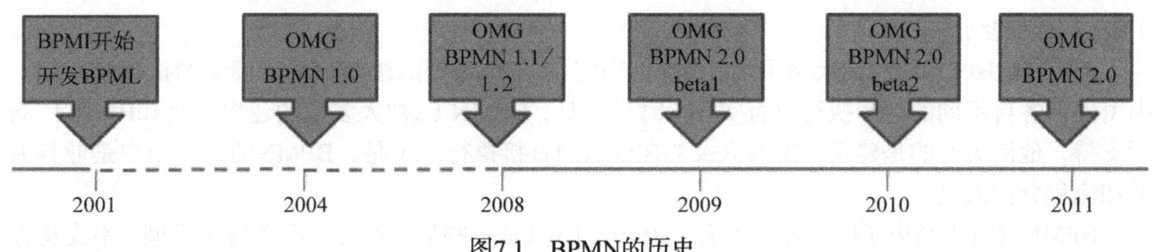

图7.1 BPMN的历史

BPMN最早是由业务流程管理倡议组织（BPMI，Business Process Management Initiative）开发的，这个组织的领导者是Intalio公司。提到BPMI组织，不得不提 BPML（Business Process Modeling Language）业务流程建模语言。在敏锐地认识到Web将成为未来分布式系统架构的平台后，BPMI组织创建了BPML，这是一种全新的流程执行语言，该语言不与任何供应商绑定，而BPMN则作为BPML的可视化表现符号被创建。BPMI组织的会员在高峰期达到了200多家公司，除了IBM和微软，几乎所有的主要软件供应商都加入了该组织。

BPMN则反映出BPMI组织的另一个具有前瞻性的观点，即业务人员（多是非技术人员）对IT执行流程的可视化和管理将成为未来BPM系统的关键。通过授权，业务人员能够管理自己的流程。在BPMN出现之前，市面上已经存在流程建模图的标准，例如UML的活动图（UML由对象管理组织OMG维护管理，我们很快将再次看到这一组织），但这些标准被认为过于技术化，而BPMN在被设计之初就强调要对业务人员友好。BPMN 1.0在2004年5月由BPMI组织正式发布，其全称是Business Process Modeling Notation，即仅仅作为业务流程建模的一系列符号标准。

BPMN和BPML的遭遇截然不同。在BPMI组织的会员中，BPMN受到了大多数流程建模工具厂商的欢迎，他们认为统一的建模标准能够使他们围绕核心建模工具提供其他更多的价值，而BPML则遭到了很多工作流厂商的痛恨，因为统一的流程执行语言标准将使得他们重新竞争，而私有的流程执行语言已经将市场分割，他们想维持现状。因此，矛盾从一开始就存在了，BPMI组织原计划是建立一套业务人员能够自管理的流程系统标准，BPMN关注业务流程的描述和分析，它建立的模型是面向业务人员的，是不可以直接执行的，而BPML则由BPMN自动生成可执行的流程语言，交由IT系统执行，但是现在，BPML被工作流厂商们认为是对他们的一种威胁。

事实上，厂商们对BPML是多虑了。IBM和微软很快开始了反击，他们在2002年8月推出了BPEL-WS规范，一个与BPML有稍许不同的语言，基于新的WSDL标准。BPML与BPEL-WS之争也被看作是Betamax与VHS的录像带格式之争，Betamax品质优秀，但VHS得到数量众多的制造商支持，Betamax战败，于是BPML被消灭。

2005年，BPMI组织被OMG组织合并，BPML停止维护，2006年OMG组织正式通过BPMN 1.0规范，2008年2月发布BPMN 1.1。

记忆里，有那么多的规范、标准，从开始炒作得沸沸扬扬，到最后逐渐淡出，不过几年光景。BPMN却在2008年人品大爆发，得到了极大的普及。具有讽刺意味的是，BPMN的流行完全归功于那些当初反对BPML的工作流厂商们，现在他们都改名叫BPMS厂商了。原因很简单，业务人员对IT执行流程的可视化和管理已经成为BPMS系统的关键，BPMI组织猜到了故事的结局，却忘

7

了猜猜自己的结局。

BPMN被BPMS厂商们大量采用，他们使用它来进行流程的建模，至于模型的执行和存储，则由他们各自不同的流程执行语言实现。时至今日，BPMN 1.*x*被大多数的建模工具和BPMS厂商所支持，他们关心的是建模，没有人关心BPMN的直接执行。也是，BPMN的主要用户是业务人员和流程分析人员。

BPMN的故事结束了吗？显然没有，BPMN 1.*x*只是一些建模符号，不支持元模型，不支持存储和交换，也不支持执行。那么围绕着BPMN 1.*x*的存储、交换和执行，必然会产生新的竞争，这次的主角换成了XPDL、BPEL和BPDM。

XPDL作为WfMC提出的流程定义语言规范，本身就是一个元模型，可以存储，并且具备执行语义，因此理论上来讲，将BPMN转换为XPDL就可以解决存储、交换和执行的问题。XPDL 2.0于2005年10月发布，在规范里，WfMC直接将XPDL的目标定义为BPMN的XML序列化格式。2008年4月23日发布的XPDL 2.1规范，直接支持BPMN 1.1到XPDL 2.1的转换。XPDL是面向图的，BPMN也是面向图的，因此BPMN到XPDL的转换有着天然的优势。如今有80多个不同公司的产品使用XPDL来交换流程定义，同时也有一些厂商在自己提供的BPMN工具中使用了XPDL作为交换和存储格式。

但XPDL的流行是大厂商们所不愿看到的，他们的规范自然还是BPEL，我辛辛苦苦PK掉BPML，你XPDL抢位来了，我情何以堪，情何以堪啊。BPEL-WS规范在2003年4月提交给了OASIS（Organization for the Advancement of Structured Information Standards，结构化信息标准促进组织）并更名为WSBPEL（Web Services Business Process Execution Language）规范， 2007年4月发布WSBPEL 2.0版本，除了Microsoft、BEA、IBM、SAP和Siebel，Sun和甲骨文公司也相继加入了OASIS组织。除去政治因素，BPEL的流行还在于Web正成为分布式系统架构的平台以及SOA的雄起，SOA强调服务的分解和解耦，而BPEL则对这些Web服务进行编制，两者密不可分。但BPMN到BPEL的转换存在着先天上的缺陷，原因是BPMN是基于图的，而BPEL是基于块的，BPEL是一个结构化（块）和非结构化（控制链和事件）的混合体。这个缺陷导致有些BPMN建模的流程无法映射到BPEL，两者的双向工程更是存在问题。这个缺陷成为人们反复诟病的对象。许多支持BPEL的产品为了解决这一问题，不得不在用户建模时做出种种限制，让用户绘制不出无法转换的模型。

BPDM（业务流程定义元模型，Business Process Definition Metamodel）则是OMG组织自己提出来解决BPMN存储和交换问题的规范。于2007年7月形成初稿，2008年7月被OMG最终采用。BPDM是一个标准的概念定义，用来表达业务流程模型。元模型定义了用来交换的概念——关系和场景，可以使得不同的建模工具所建模出来的流程模型进行交换。BPDM超越了BPMN和BPEL所定义的业务流程建模的要素，它定义了编排模型和流程编制模型。

三者的竞争关系似乎还将继续，但BPMN 2.0出现了。BPMN 2.0 beta1版于2009年8月发布，BPMN 2.0 beta2版于2010年5月发布，BPMN 2.0正式版于2011年1月3日发布。BPMN 2.0正式更名为Business Process Model And Notation（业务流程模型和符号），相比BPMN 1.*x*，最重要的变化在于其定义了流程的元模型和执行语义，即它自己解决了存储、交换和执行的问题，BPMN由单纯的业务建模重新回归了它的本源，即作为一个对业务人员友好的标准流程执行语言的图形化前端。BPMN 2.0一出手，竞争就结束了，XPDL、BPEL和BPDM各自准备回家“钓鱼”。看起来胜利者似乎是BPMN，但看看BPMN 2.0的领导者，就会发现最后的胜利者还是IBM、Oracle和SAP这些大厂商们，他们提交的草案明确要赋予BPMN 2.0以执行语义，这迫使BPDM团队撤回了他们的提议，并将此提议与BPMN团队想法合并，这就是BPMN 2.0最后内容的由来。

BPMN的目标是期望通过一套统一的建模、执行模型填补业务人员与开发人员之间的那道鸿沟。但问题是，它真的能够如期望般地做到这一点吗？对业务人员友好的模型对开发人员同样友好吗？反过来，对开发人员友好的模型对业务人员同样友好吗？尽管他们使用的都是同一套符号。我们在7.6节BPMN建模风格里将讨论到这一问题。同一个流程模型能够使用多种建模方式，哪种方式才是最有效的，这就要从模型的用户是谁（客户、业务人员、分析人员还是开发人员）来界定是否有效了。此外，工具毕竟只是工具，促进业务人员与开发人员之间的沟通，除了工具，还有公司文化、组织结构等其他因素，这才是最重要的因素。

不管怎样，BPMN 2.0是BPMN历史上最重要的一个版本，它将业务人员和开发人员统一在同一套符号模型下，继续向正确的方向迈进了一大步。在下一节里，我们将一起看看BPMN所支持的三种基本类型的流程模型。

7.2 BPMN 的流程模型

我们使用业务流程建模来交流信息，正如上一节所述，根据模型的不同用户，建模有着不同的风格。BPMN被设计用来涵盖各种风格的流程模型（以满足不同角色人员交流的需要）和创建端到端的业务流程，它支持如下三种基本类型的流程模型。

- 流程编制（Process Orchestration），包含：
  - 私有不可执行业务流程（内部）；
  - 私有可执行业务流程（内部）；
  - 公开流程。
- 编排（Choreography）。
- 协作（Collaborations），包含流程编制与/或编排。
  - 具有会话视图（Conversation）。

7.2.1 流程编制

1. 私有业务流程（内部）

私有业务流程是指某一组织的内部工作流程，我们通常称之为工作流，在Web服务领域，我们也称之为服务的编制（Orchestration）。私有业务流程存在两种类型：可执行的和不可执行的。可执行的私有业务流程以被计算机执行为建模目的，由相应的BPMS系统自动执行流程，它包含了足够的执行细节，包括执行规则、条件表达式等计算机解释执行所需要的技术信息，该模型最直接的用户是开发人员。不可执行的私有业务流程则以文档化为建模的目的，它缺少执行细节，但是包括足够的交流信息，该模型的用户包括了业务人员与分析人员。

举个例子，我们来看看在公安局户籍科为孩子办理户口的流程，如图7.2所示。

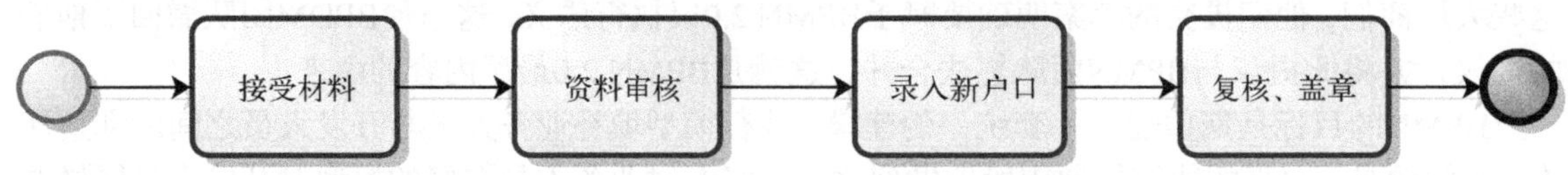

图7.2　公安局户籍科上户口的流程

住户来到户籍科，递上足够的资料，然后就开始等待。这里共有四个工作人员，第一位负责接收资料，查看资料是否完备；资料无遗漏，她就将所有的资料交给第二位工作人员进行审核，查看计算机上的户口信息是否正确；资料无误，再将资料传递到第三位工作人员，他负责在计算机上为孩子录入新的户口，最后打印出一张户口页；第四位工作人员是警衔最高的警员，负责盖章，然后将孩子的户口页交给在窗口外等待的住户。

根据上面对私有业务流程的定义，我们可以很容易判断出这个流程是个不可执行的私有业务流程。该流程是户籍科的内部工作流程，作为该流程服务对象，住户根本不用关心户籍科内部是如何对申请进行处理的，所以它是私有业务流程。该流程是由规章或制度所规定的，由工作人员来驱动，并非通过计算机协调，所以这是个不可执行的私有业务流程。

因为私有业务流程是内部流程，所以它只能存在于一个池（pool，池代表一个参与者）里，如图7.3所示，我们可以将私有业务流程建模在一个池里，但这样做通常没有太大的意义，更常见的是选择将池忽略。

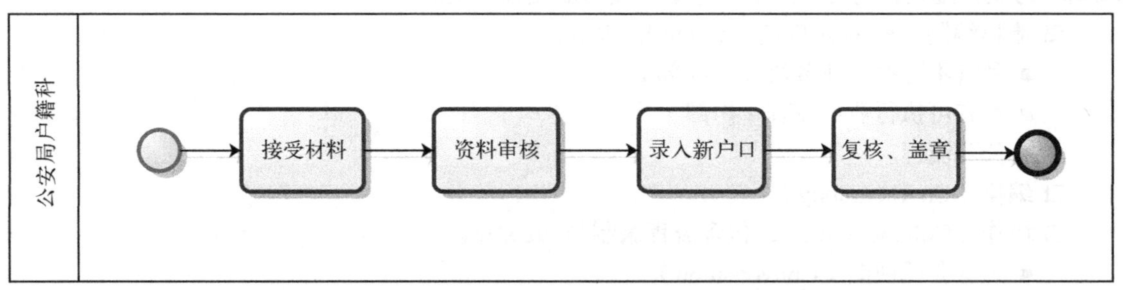

图7.3　公安局户籍科私有业务流程使用池的建模形式

2. 公开流程

公开流程表现为一个私有业务流程与其他流程或参与者之间的交互。

还是办理户口的例子，作为户口申请人的住户初到公安局户籍科都会有些忐忑，不知道该做些什么，但当看到大厅里如图7.4所示的流程时立刻就明白了，只需要将资料交给办事人员，然后等待取新的户口页即可。

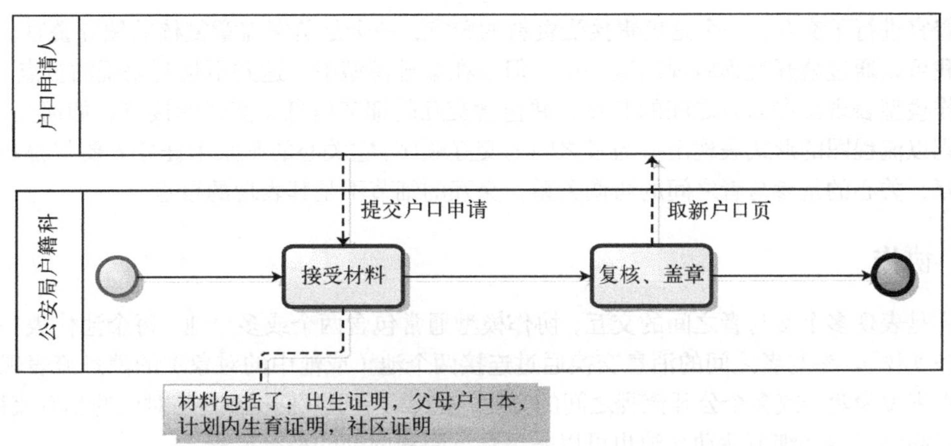

图7.4 公安局户籍科办理户口的公开流程

仔细看看图7.4的公开流程与图7.3的私有流程有哪些不同。第一，图7.4中出现了多个参与者，参与者间通过消息流连接（图中虚线箭头）；第二，户籍科的办理流程被缩减到只剩两个与外部参与者交互的活动，两个原有的内部活动被忽略了。这两点不同即是公开流程的特点：表现与外部参与者、流程间的交互，忽略内部活动。联想到我们实际的编程，总结成一句话就是：隐藏内部实现细节，仅仅展现对外接口，表现流程的外部行为。

7.2.2 编排

编排模型描绘两个或多个业务实体间的交互，它取消了池的概念，改由编排活动直接表现多个参与者之间的消息交互，为下节的协作模型提供了一种基于流程图的视图。户口办理的编排图如图7.5所示，其中每个活动的上下方形区域是活动的参与者信息，上面的为活动的发起者，下面的为活动的响应者，我们会在接下来的7.4节里详细讨论这一活动类型。

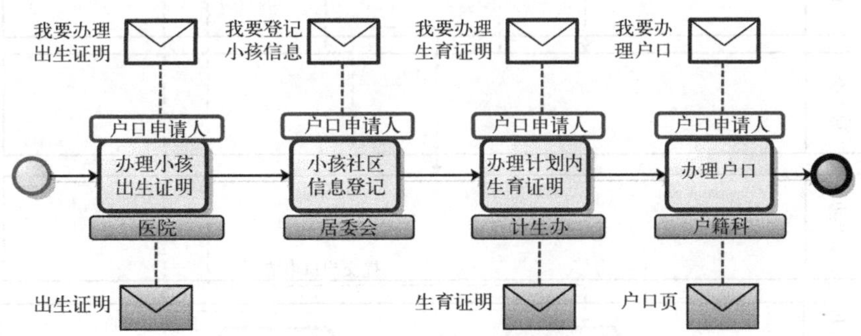

图7.5 户口办理编排模型

与协作模型相比，编排模型省略了更多的细节，例如与各个参与者具体的交互过程，它关心谁和谁产生了交互，但不关心如何交互、分几步交互。例如办理户口这个活动，实际上住户分别和两个警官进行了交互，一个是负责接受资料的警官，一个是负责盖章复核的领导警官。在协作图中，我可以通过公开流程展现出这一点，但是在编排模型中，这并不是要表现的重点。

协作模型表现出参与者之间的交互，并包含交互的细节信息（交互的接口、如何交互）；编排模型则以流程图的形式表现出参与者之间的交互顺序，它关心的是某个任务需要与哪些参与者发生交互，关心的是参与者之间的协调关系，交互的细节不是其表现的重点。

7.2.3　协作

同样是表现多个参与者之间的交互，协作模型通常包含两个或多个池，每个池代表一个参与者（业务实体）。参与者之间的消息交换通过连接两个池（或池中的对象）的消息流表现。协作模型可以表现为两个或多个公开流程之间的交互，在7.2.1节里我们提到，与对应的私有流程相比，公开流程隐藏了内部细节活动。池也可以是黑盒，隐藏内部的私有流程。

那么这里有一个问题，公开流程与协作模型有什么区别？区别在于表现的范围，公开流程只是表现一个私有流程与外部的交互，而协作能表现多个流程/参与者之间的交互。

还是看户口办理的例子，我们看到的是公安局户籍科办理户口的私有流程和公开流程，似乎办理户口是一件很简单的事情，但这仅仅只是繁琐户口办理流程中的一步而已。在此之前，住户先要去医院办理孩子的出生证明，再去居委会登记孩子信息，而后去计生办办理符合计划生育政策的证明，最后才来到户籍科。图7.6是整个户口办理的协作图，我们简化了一下，除申请人和户籍科之外的池都是黑盒了。

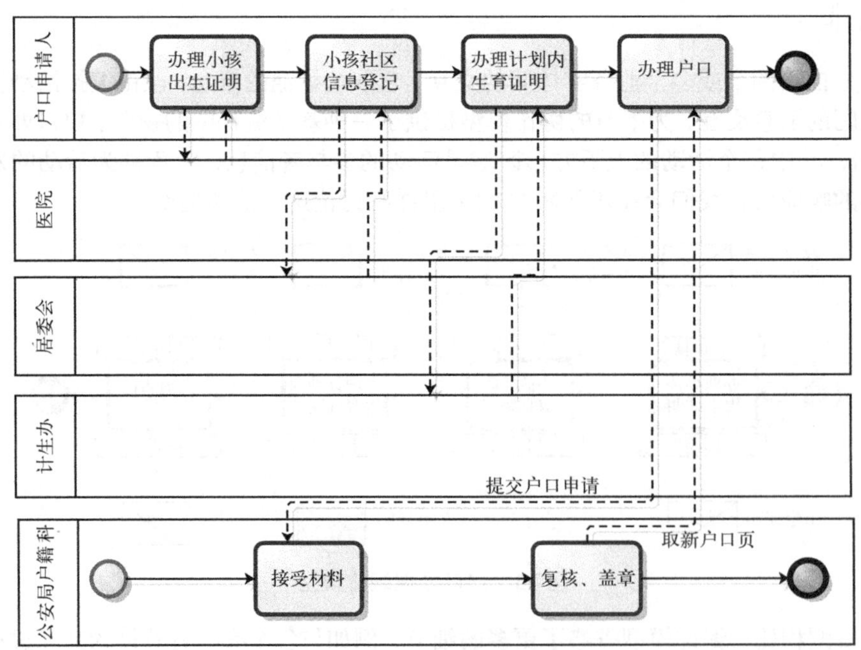

图7.6　户口办理协作模型

7.2.4 协作的会话视图

会话视图为协作模型提供了另一种非正式的表现形式，与编排模型一样，它的目标同样在于表现参与者之间的关系，它将一系列相关的信息交互定义为一次会话。户口办理的会话视图如图7.7所示，图中只存在池与会话（Communication）元素，会话元素由图中的六边形代表，代表两个或多个参与者之间一系列相关的信息交互，我们可以看到，办理户口需要申请人与四个组织发生四次会话。

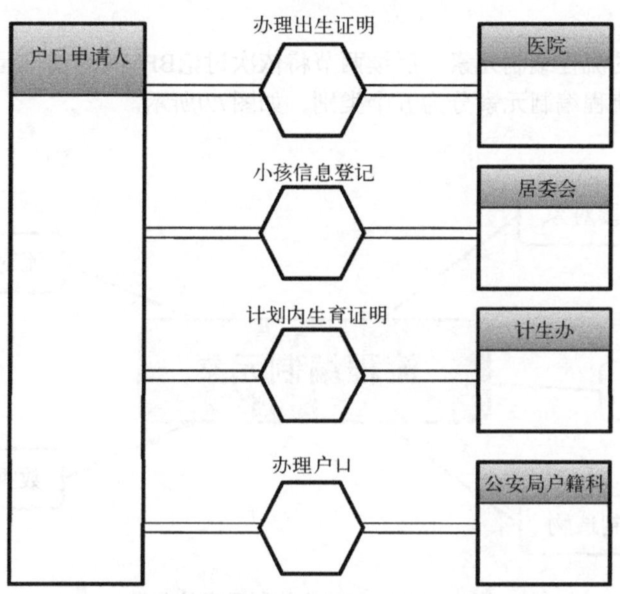

图7.7 户口办理会话图（协作模型使用了Yaoqiang BPMN Editor：http://sourceforge.net/projects/bpmn/）

会话视图的作用之一是能够有效减少模型中消息流的数量，便于我们理解，如图7.8所示。

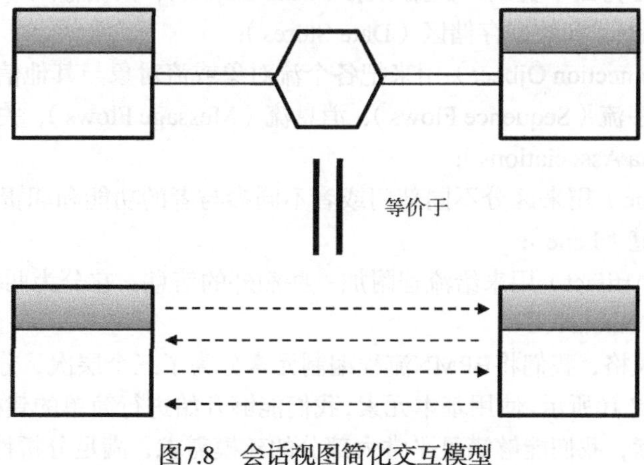

图7.8 会话视图简化交互模型

7.3　BPMN 的流程编制元素

在上一节里，我们知道BPMN有三种流程模型，分别是流程编制、编排与协作。对应于每种模型，它们使用的建模元素存在着差别。我们将BPMN元素分为了三部分，分别是流程编制元素、编排元素和会话元素，其中流程编制模型使用流程编制元素，编排模型使用部分流程编制元素和编排元素，协作模型同时包含流程编制模型和编排模型，而且它也具有会话视图，所以能够使用所有三种BPMN元素。

本节讨论BPMN的流程编制元素，后续两节将依次讨论BPMN的编排元素和会话元素。

我们将BPMN的流程编制元素分为五个类别，如图7.9所示。

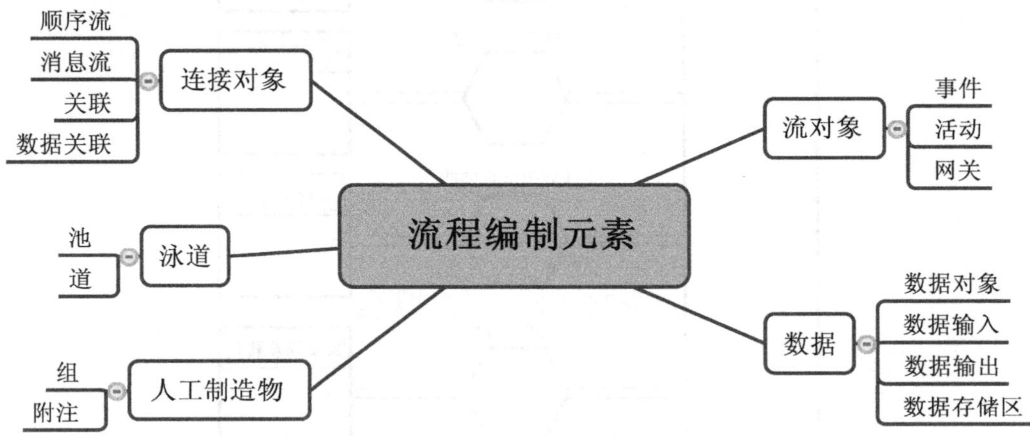

图7.9　BPMN流程编制元素的分类

- 流对象（Flow Object）是定义业务流程的主要图形元素，进一步可细分为三个类别：事件（Events）、活动（Activities）和网关（Gateways）；
- 数据（Data）分为四个类别：数据对象（Data Object）、数据输入（Data Inputs）、数据输出（Data Outputs）和数据存储区（Data Stores）；
- 连接对象（Connection Ojbect）用来把各个流对象或流对象与其他信息连接起来，它分为四种类别：顺序流（Sequence Flows）、消息流（Message Flows）、关联（Associations）和数据关联（Data Associations）；
- 泳道（Swimlane）用来区分不同部门或者不同参与者的功能和职责，它分为两种类别：池（Pool）和道（Lane）；
- 人工制造物（Artifact）用来给流程附加一些额外的信息，它分为两种类别：组（Group）和附注（Text Annotation）。

根据不同的建模风格，我们将BPMN流程编制元素分为了三个层次，分别是基本元素、核心元素和扩展元素，如图7.10所示。使用基本元素，我们能够开始进行简单的建模，满足描述性BPMN的需要；使用核心元素，我们能够满足平常大部分的建模需求，满足分析性BPMN的需要；使用扩展元素，我们能够满足执行BPMN的需要，精确描述流程执行的技术细节。下面各节将依次对这三个层次的元素进行讨论。

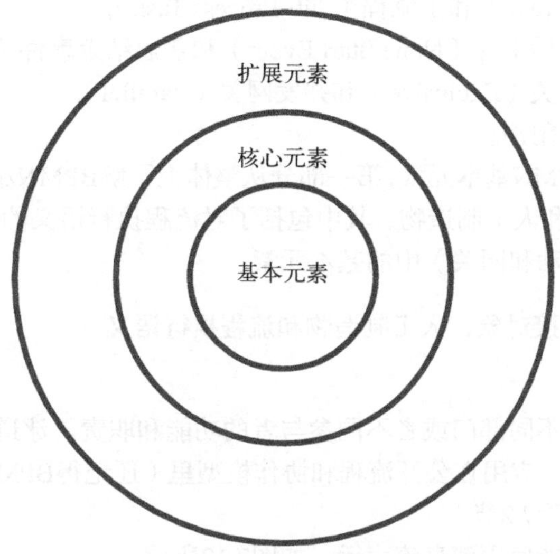

图7.10 BPMN流程编制元素的三个层次

7.3.1 基本元素

什么是BPMN流程编制基本元素？我们为什么要从BPMN流程编制元素中界定出一个基本元素的子集？BPMN基本元素是我们认为可以进行实际建模的BPMN流程编制元素的最小子集，使用BPMN基本元素可以创建非常简单的流程编制和协作模型。这些元素非常容易学习，对于没有技术背景的业务人员也很容易理解，适合草图和非正式的沟通。BPMN基本元素关注流程的描述层面。

BPMN基本元素如图7.11所示。

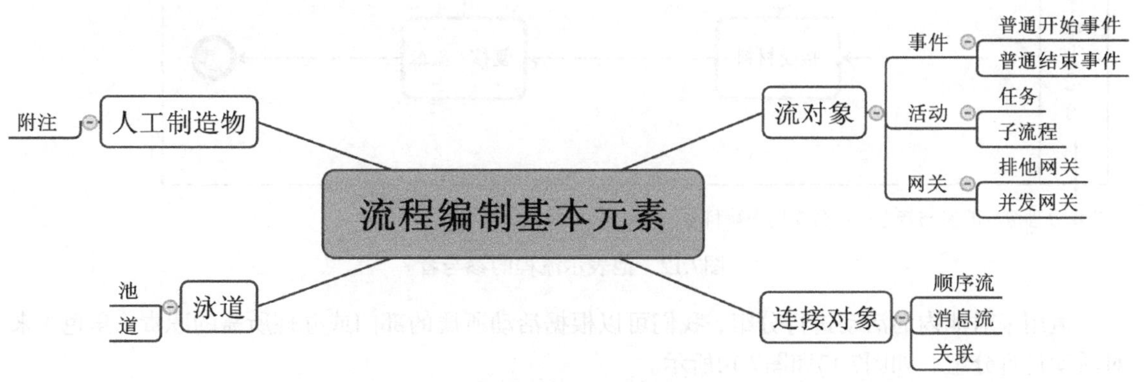

图7.11 BPMN流程编制基本元素

- 泳道：池和道；
- 三种连接对象：序列流、消息流和关联；
- 两种活动：任务（Task）和子流程（Sub-Process Task）；
- 两种事件：普通开始事件（None Start Event）和普通结束事件（None End Event）；
- 两种网关：排他网关（Exclusive）和并发网关（Parallel）；
- 一种人工制造物：附注。

我们分两部分介绍BPMN基本元素，第一部分从整体上了解BPMN流程编制元素的几大分类：泳道、流对象、连接对象和人工制造物，其中包括了对流程执行语义的说明；第二部分具体了解流对象的分类（事件、活动和网关）中的基本元素。

1. 泳道、流对象、连接对象、人工制造物和流程执行语义

- *泳道*

我们使用泳道来区分不同部门或者不同参与者的功能和职责。泳道包含两种类别：池和道，池用来表示流程的参与者，应用在公开流程和协作模型里（还记得BPMN的三种流程模型吗？如果没有印象了，再回头看看7.2节）。

池与池之间的交互只能使用消息流表示，如图7.12所示。

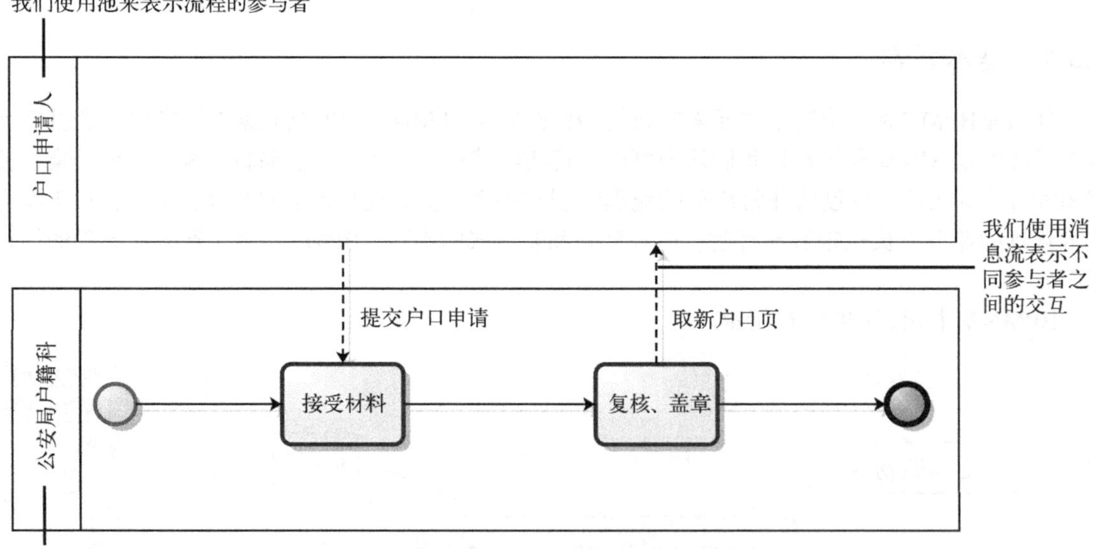

图7.12　池表示流程的参与者

道用来对池内的活动进行分组，我们可以根据活动所属的部门或办理所需的职责（角色）来对活动进行分组，如图7.13和图7.14所示。

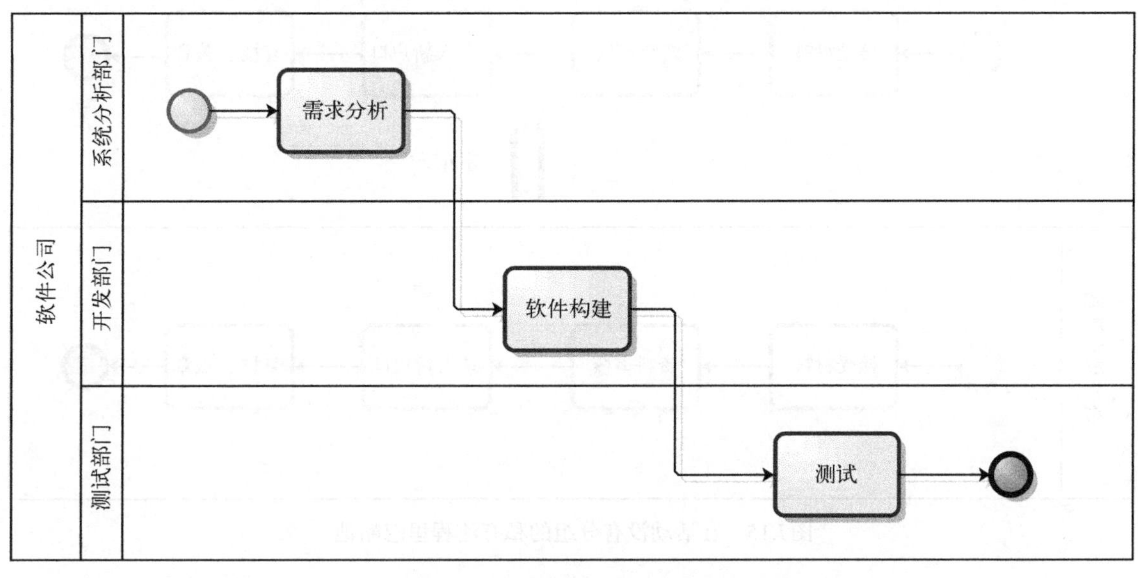

图7.13 使用道表示不同的部门

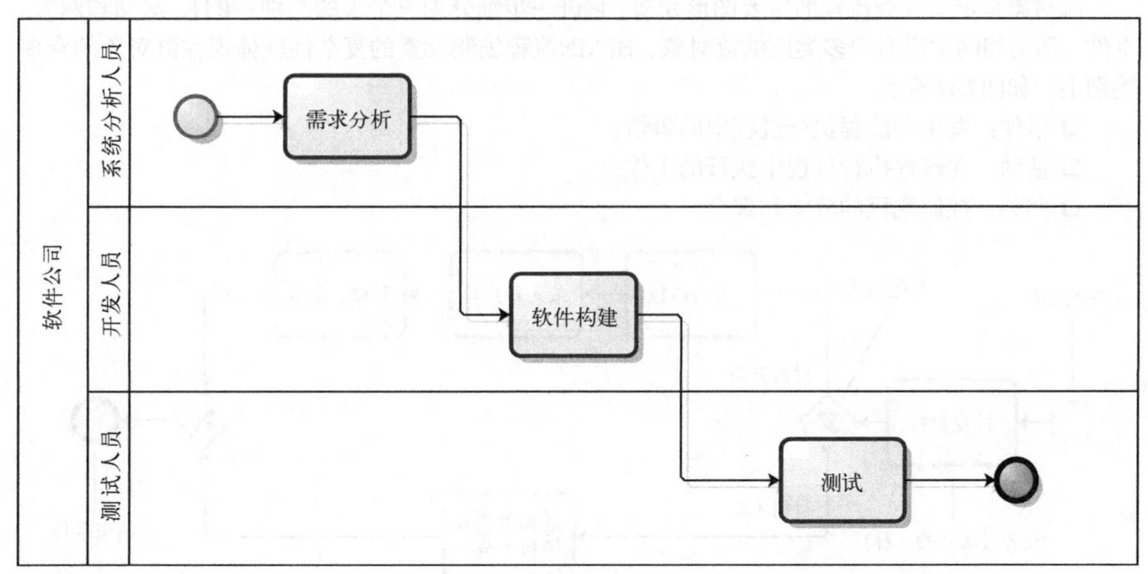

图7.14 使用道表示不同的角色

如果流程是私有流程并且活动不需要分组，那么通常会省略池，如图7.15所示。

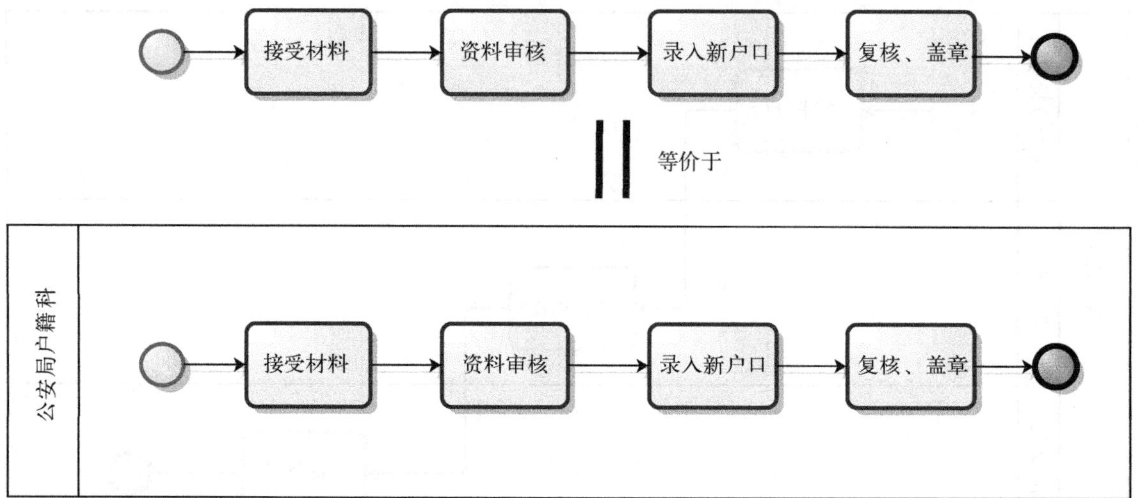

图7.15　在活动没有分组的私有流程里忽略池

- **流对象**

流对象是定义业务流程的主要图形元素，它进一步细分为三个大的类别：事件、活动和网关。事件、活动和网关里有很多类别的流对象，BPMN流程编制元素的复杂性就体现在流对象的众多类别上，如图7.16所示。

- ❑ 事件：发生在流程执行过程中的事情；
- ❑ 活动：在流程执行过程中执行的工作；
- ❑ 网关：控制流程的分支和聚合。

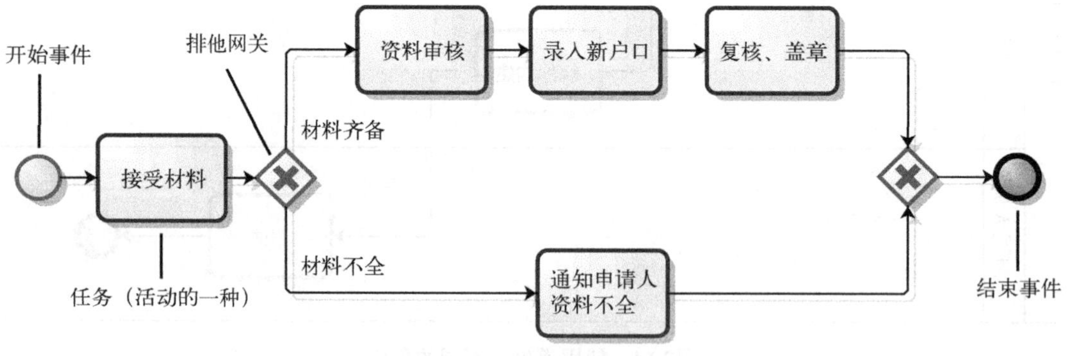

图7.16　流程中的流对象

- **连接对象**

连接对象用来把各个流对象或流对象与其他信息连接起来，它分为四种类别：顺序流、消息流、关联和数据关联，如图7.17和图7.18所示。

- ❑ 顺序流：表示流对象的前后执行顺序；
- ❑ 消息流：表示公开流程或协作模型里参与者之间的消息、交互；
- ❑ 关联：为流程中的元素关联信息或数据；
- ❑ 数据关联：表示数据在流程、活动和数据对象之间的传递。

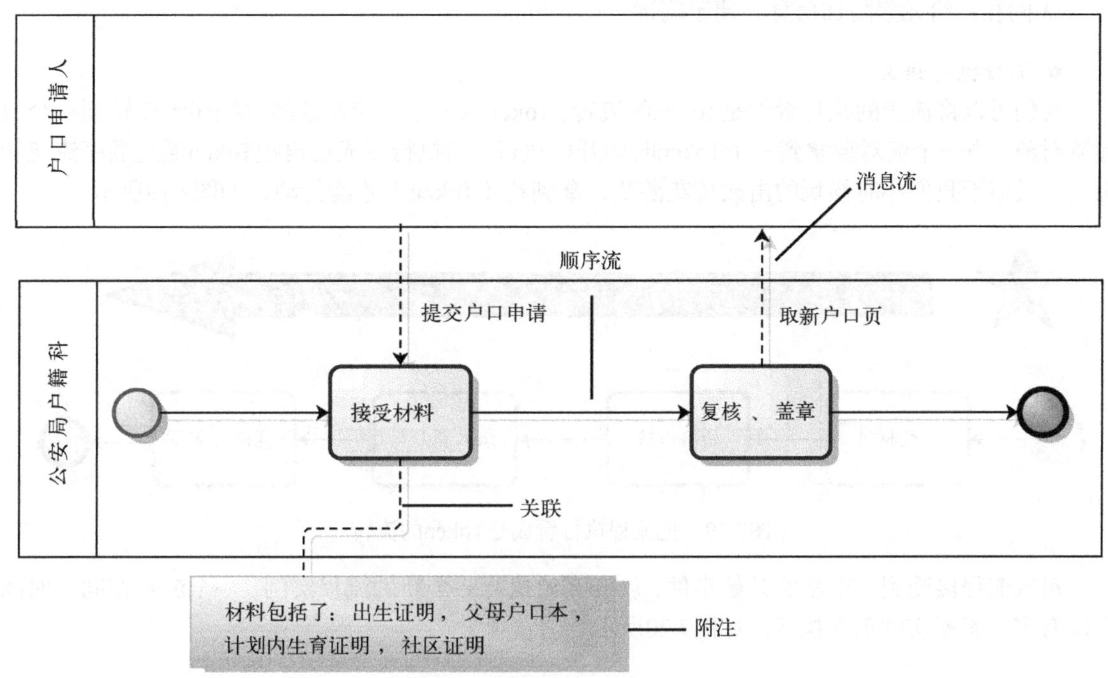

图7.17 流程中的连接对象

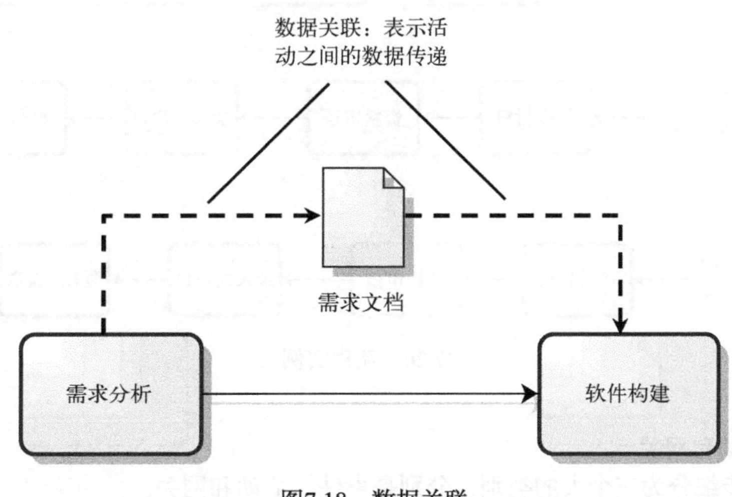

图7.18 数据关联

● 人工制造物

人工制造物用来给流程附加一些额外的信息，不影响流程的流转，它分为两种类别：组和附注。

- 组：对元素进行分类；
- 附注：给元素附加信息，便于阅读。

● 流程执行语义

我们可以将流程的执行看作是Token的流转，Token从一个源流对象经过顺序流流转到一个目标流对象，当一个流对象拿到一个Token时即开始执行，当执行完成后再把Token通过顺序流流转出去。类似于我们小时候玩的击鼓传花游戏，拿到花（Token）才能行动，如图7.19所示。

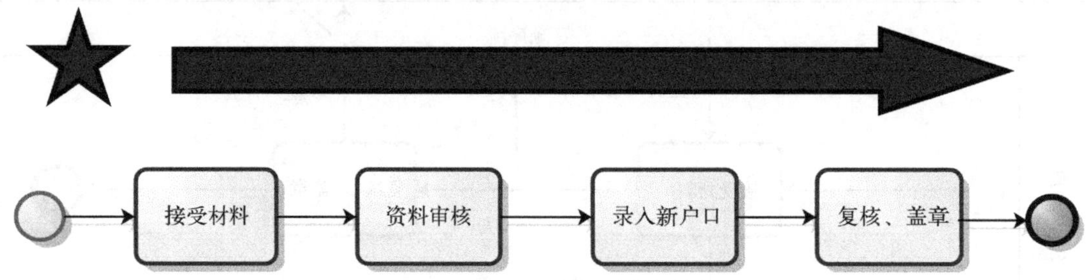

图7.19　把流程执行看成是Token的流转

每次流程接受到一个新的开始事件，就会开始执行一个新的流程实例。一个流程在同一时间可以有多个流程实例正在执行，如图7.20所示。

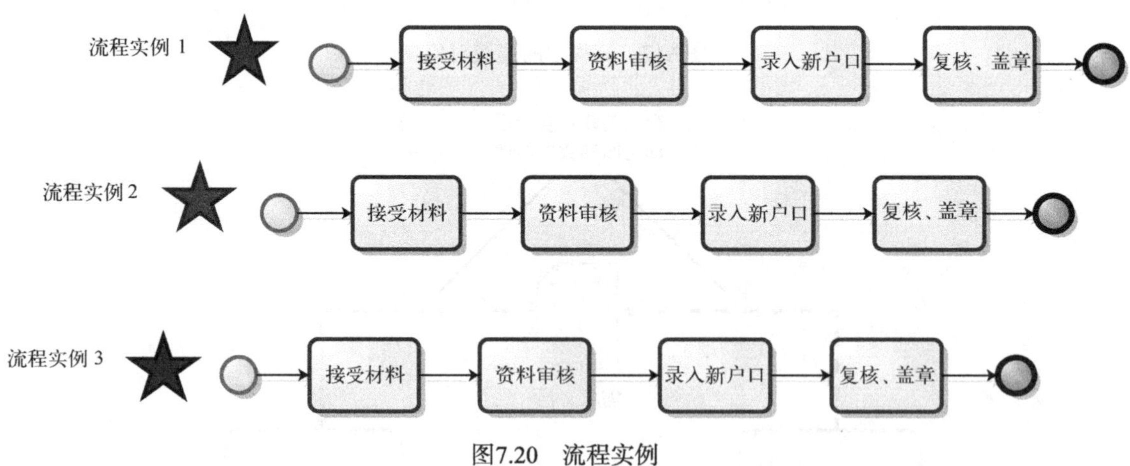

图7.20　流程实例

2. 事件、活动和网关

流对象进一步细分为三个大的类别，分别是事件、活动和网关。

- 事件

我们将发生在流程执行过程中的事情称为事件，有以下三种类型，如图7.21所示。

❑ 开始事件：触发流程的执行；

❑ 中间事件：在开始事件和结束事件之间发生的事件，会影响流程的流转，但不会启动或直接终止流程的执行；

❑ 结束事件：表明流程执行结束。

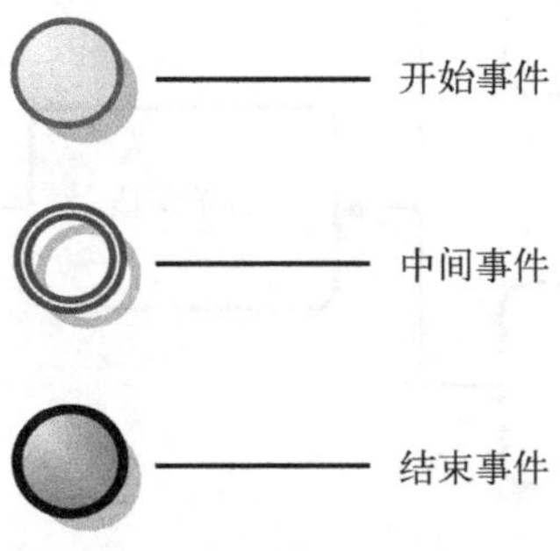

图7.21 事件的三种类型

一个事件通常会有产生该事件的原因（触发器）和该事件所产生的影响（结果），例如一个消息的到来触发了一个事件并导致流程的启动。这个事件的触发器就是消息，它被称为消息开始事件；流程在结束时发送了一个消息，这个结束事件的结果是发送了消息，它被称为消息结束事件。我们使用不同的标识来区分事件的不同触发器和结果，也使用事件不同的触发器和结果来分类事件。

在基本元素里，我们只关注两种类型的事件：普通开始事件和普通结束事件。普通开始事件没有指定事件的触发器，它只是产生Token，触发流程的执行；普通结束事件没有指定事件的结果，它只是消费掉Token，结束流程的执行，如图7.22所示。根据事件不同的触发器和结果进行分类，共有10种开始事件和9种结束事件，在后续小节中我们会逐一讨论到。

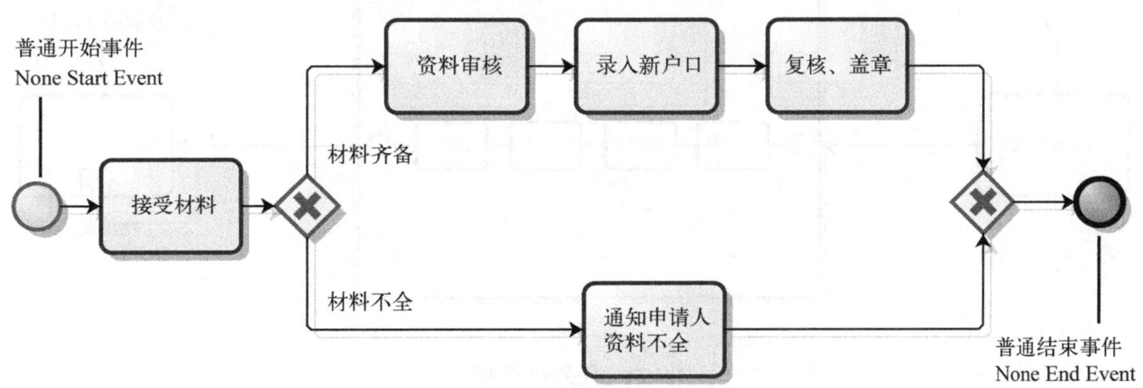

图7.22 普通开始事件和普通结束事件

7

举例来说，我们接受一个邮件消息并开始在线下订单的任务，这个开始事件的触发器是消息，所以称为消息开始事件，如图7.23所示。

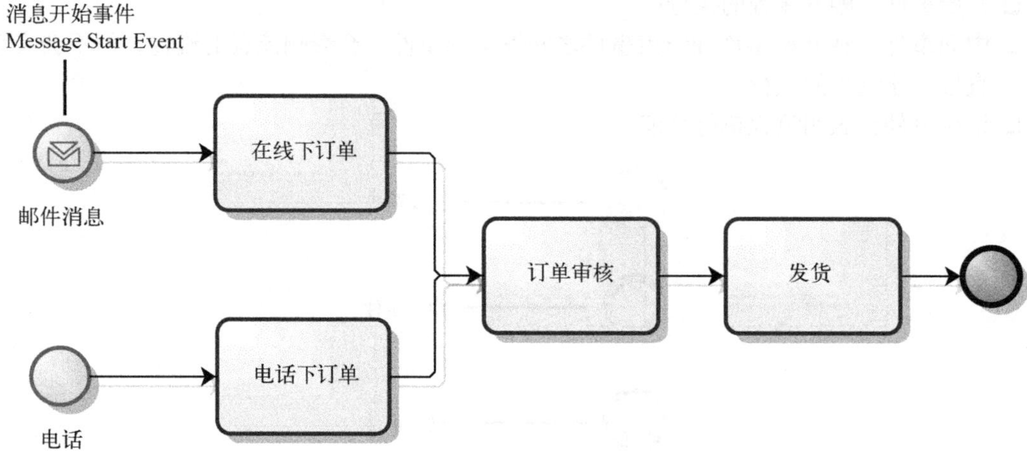

图7.23　消息开始事件

- ***活动***

我们将流程执行过程中的工作称为活动，分为两类：任务（即原子活动，为了与BPMN的术语保持一致，本章使用任务代替原子活动）和子流程（块活动）。任务是流程模型中最小工作单元，不能继续分解，子流程则能继续分解为一系列的子活动。在流程模型里，子流程既可以展开也可以收起，如图7.24所示。

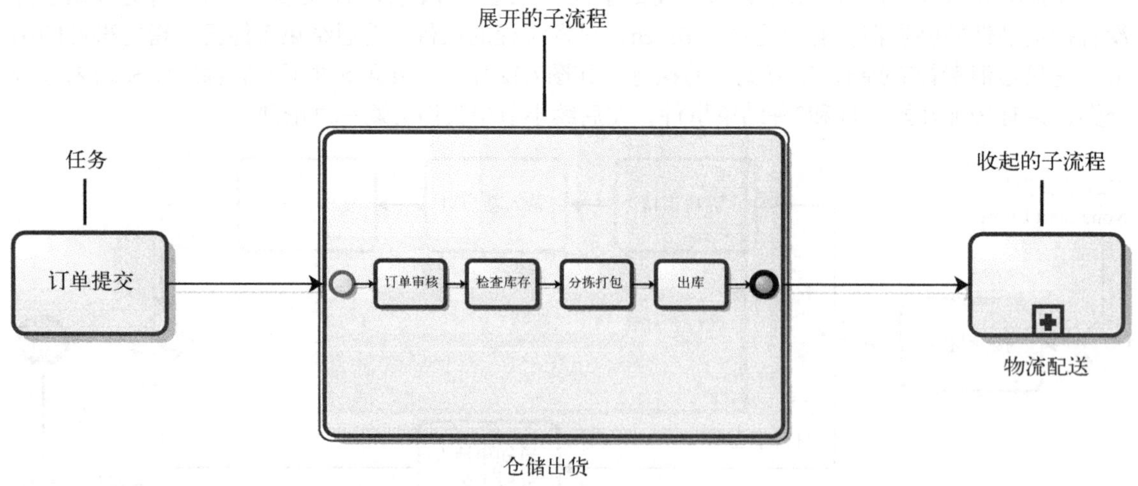

图7.24　任务和子流程

一个活动可能会有零到多个输入顺序流，也会有零到多个输出顺序流。需要记住的是，只要任何一个输入顺序流传入Token，活动都会立即执行，而执行完毕后如果有多个输出顺序流，它则会产生多个Token，每个输出顺序流传递一个（相当于并发）。

● 网关

网关控制流程的分支和聚合。有七种网关，各种类型网关的分裂和聚合行为由下面三种因素控制：

- 输入顺序流和输出顺序流上设定的条件；
- 输出顺序流上的事件；
- 网关自身上设定的条件。

在基本元素里，我们关注两种类型的网关：排他网关和并发网关。

排他网关在分裂时，只会选择一个输出顺序流传递Token；在聚合时，任何一个输入顺序流传入Token，网关都会向后传递，不对Token进行同步。我们使用在网关标示内部加上x表示这是一个排他网关。默认情况下，我们忽略x，如图7.25所示。

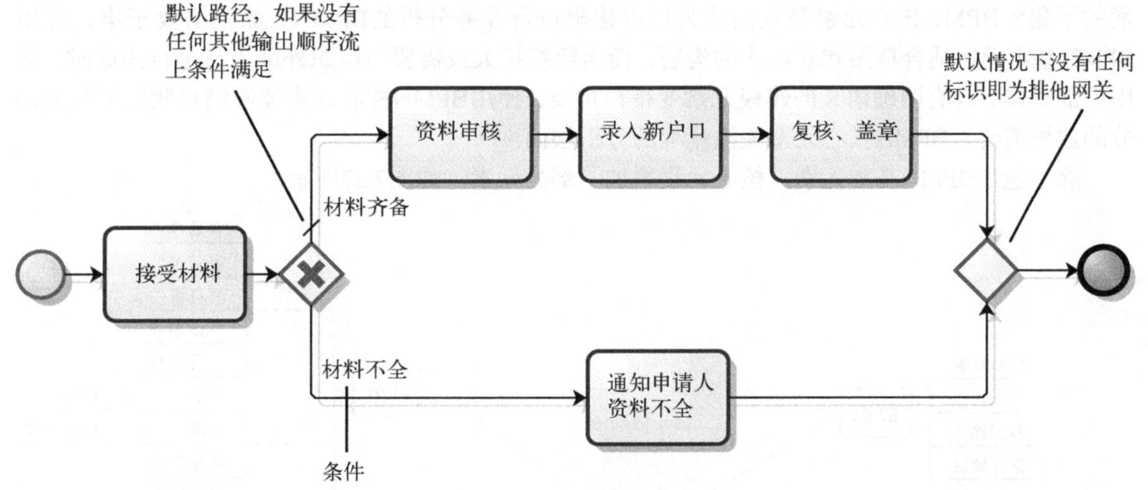

图7.25 排他网关

并发网关在分裂时，会产生多个Token，每个输出顺序流传递一个（并发），并发网关在聚合时，会对所有输入顺序流的Token进行同步，只在所有输入顺序流的Token都到达后才会向后传递Token。我们使用在网关标示内部加上+表示这是一个并发网关，如图7.26所示。

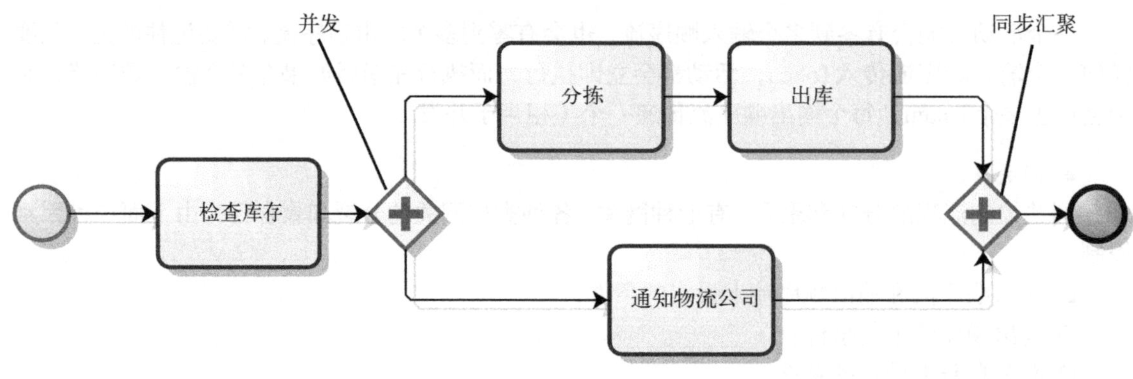

图7.26　并发网关

7.3.2　核心元素

什么是BPMN流程编制核心元素？我们为什么要从BPMN流程编制元素中界定出一个核心元素的子集？BPMN核心元素是我们认为可以建模进行业务分析的BPMN元素的必要子集，使用BPMN基本元素适合草图和非正式的沟通，而当组织扩大或需要与组织外部人员进行沟通时，使用更加具体、具有明确语义的建模元素变得很重要，使用BPMN核心元素能够满足我们平常大部分的建模需要。BPMN核心元素关注流程的分析层面。

除了包含BPMN基本元素，核心元素增加了部分元素，如图7.27所示。

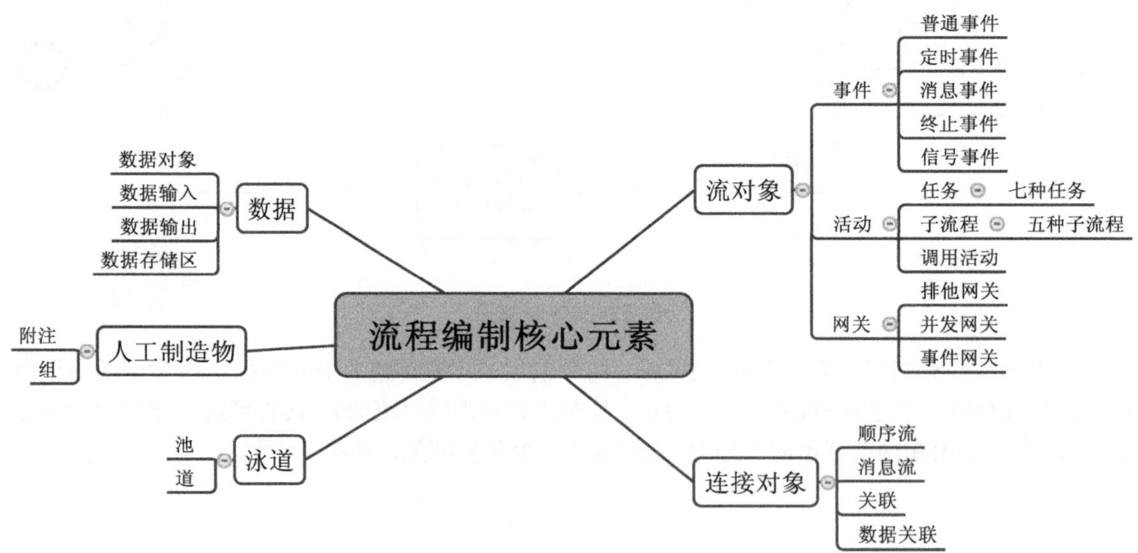

图7.27　BPMN流程编制核心元素

- 更多的事件类型：定时（Time）、消息（Message）、终止（Terminate）和信号（Signal）；

- ❑ 更具体的活动类型：7类任务、5种子流程，以及调用活动（Call Activity）；
- ❑ 事件网关（Event-based Gateway）；
- ❑ 数据元素：数据对象（Data Object）、输入数据（Data Input）、输出数据（Data Output）和数据存储区（Data Store）；
- ❑ 数据关联。

1. 活动

在基本元素里，我们知道活动是流程执行过程中的工作，分为两类：任务（原子活动）和子流程（块活动）。任务是流程模型中的最小工作单元，不能继续分解，子流程则能继续分解为一系列的子活动。在核心元素里，我们将讨论任务和子流程更具体的类型以及一种新的活动类型-调用活动，这样我们在建模时，模型会有更加具体的语义。

- 任务

根据任务的执行语义，我们将任务分为8种类型，如图7.28所示。

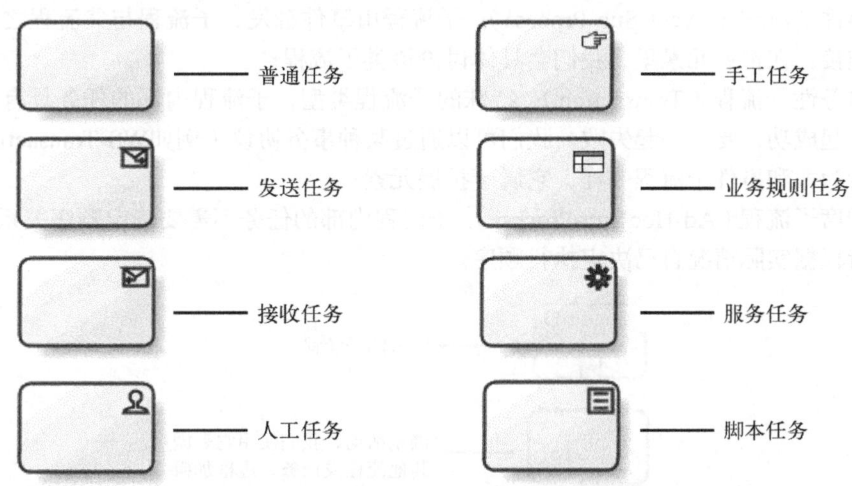

图7.28 任务的8种类型

- ❑ 普通任务（None Task）：默认的任务类型，未指定任务的执行语义；
- ❑ 发送任务（Send Task）：给外部参与者发送消息，消息发送完毕则任务执行完毕；
- ❑ 接受任务（Receive Task）：等待并接受从外部参与者发送过来的消息，消息接受完毕则任务执行完毕；
- ❑ 人工任务（User Task）：在应用程序协助下完成的人工任务，例如一个从任务列表中拾取并执行的任务，比如办理户口中向计算机输入户口信息的任务；
- ❑ 手工任务（Manual Task）：没有任何流程引擎和应用程序协助的纯手工任务，例如对我提交户口资料的审核任务；

- ❑ 业务规则任务（Business Rule Task）：该任务调用一个业务规则引擎进行数据的计算并获得计算结果；
- ❑ 服务任务（Service Task）：调用某种类型的服务，这种服务可以是Web服务，也可以是自动化的应用程序；
- ❑ 脚本任务（Script Task）：定义一段执行脚本，由流程引擎执行。

● 子流程

有5种类型的子流程，如图7.29所示。

- ❑ 嵌入的子流程（Embedded Sub-Process）：子流程定义在父流程里，可以展开显示它所包含的模型细节，也可以收起隐藏细节（可参见图7.25），通常情况下，我们直接称之为子流程（Sub-Process）；
- ❑ 重用的子流程（Reusable Sub-Process）：我们在另一个业务流程图定义了一个流程，然后在当前流程里调用这个流程，这个流程被复用，称之为重用的子流程，在父流程里，我们通过调用活动（Call Activity）调用其他流程；
- ❑ 事件子流程（Event Sub-Process）：子流程由事件触发，子流程与父流程之间没有顺序流连接，在扩展元素里，我们会具体讨论该类子流程；
- ❑ 事务性子流程（Transaction）：特殊的子流程类型，子流程内部的任务具有事务性，要么一起成功，要么一起失败。我们可以通过某种事务协议（例如WS-Transaction）控制它的行为，和事件子流程一样，它属于扩展元素；
- ❑ 即席子流程（Ad-Hoc Sub-Process）：子流程内部的任务不需要确定顺序关系，由任务执行者根据实际情况自己决定执行顺序。

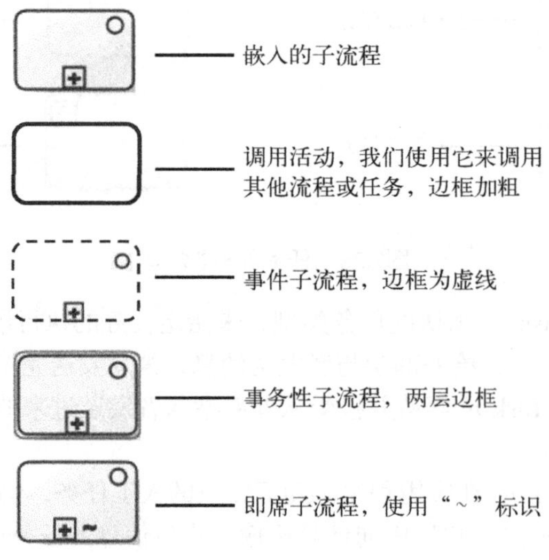

图7.29　子流程的5种类型

我们看一个即席子流程的例子。我们去医院检查身体时需要做各种常规检查，除了抽血一定要在早饭之前进行，其他项目则没有限制。那么可能的顺序有：其他常规检查→抽血→吃早饭（抽血处排队严重）、抽血→吃早饭→其他常规检查，以及抽血→其他常规检查→吃早饭，如图7.30所示。

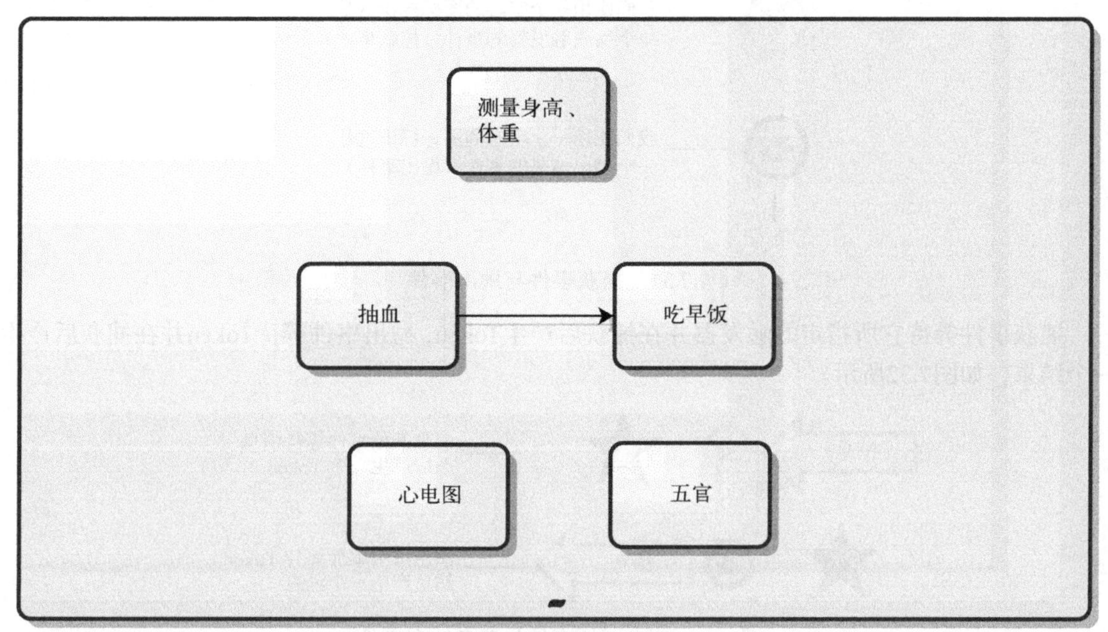

图7.30　即席子流程

借助即席子流程，我们执行任务更灵活。在很多情况下，任务之间并没有过度的依赖关系，因此可以根据流程实例的实际情况，例如可用资源，重新灵活排定执行这些任务的顺序，避免等待和阻塞。即席子流程实现了工作流控制模式里的交叉并行路由（WCP_17）模式，该模式的具体描述请参考本书附录的工作流模式部分。

- **调用活动**

我们使用调用活动（Call Activity）在当前流程中调用其他流程或全局任务（Global Task），被调用的流程在当前流程中被称为重用的子流程。那么什么叫全局任务呢？能被其他流程通过调用活动调用的任务就称为全局任务。

2. 事件

在基本元素中，我们知道，一个事件通常会有产生该事件的原因（触发器）和该事件所产生的影响（结果）。本节将更加具体地讨论事件的两种行为：捕获触发器和抛出结果，如图7.31所示。

事件可以由触发器来指出产生该事件的原因，我们使用一个嵌入事件图形内部的图标来标识不同的触发器。存在不同种类的触发器，事件可以捕获触发器。

7

事件可以由结果来指出该事件所产生的影响，和触发器一样，我们使用一个嵌入事件图形内部的图标来标识不同的结果，事件可以抛出结果。

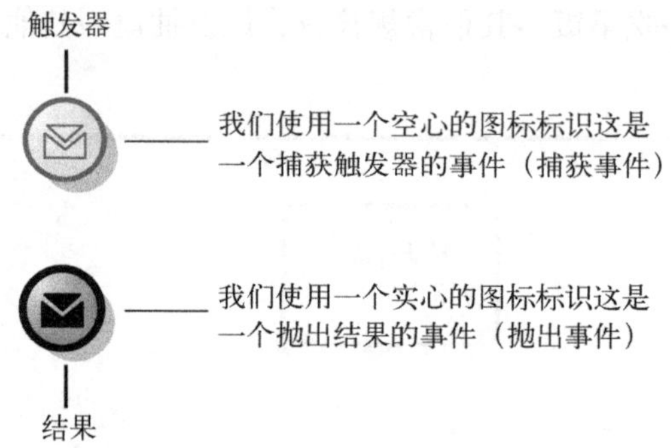

图7.31　捕获事件与抛出事件

捕获事件等待它所指定的触发器并在捕获后产生Token，抛出事件等待Token并在捕获后产生一个结果，如图7.32所示。

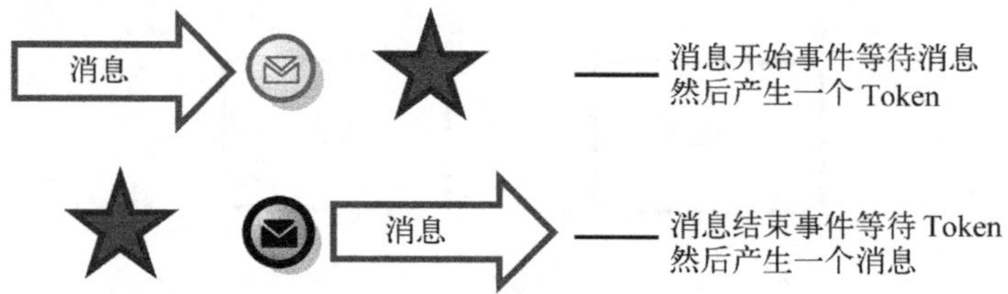

图7.32　消息开始事件与消息结束事件

- 核心开始事件

开始事件启动一个流程的新流程实例，它只有输出顺序流，没有输入顺序流。当它被触发后，会产生一个Token并顺着它的输出顺序流传出。有多种触发器可以触发开始事件，例如设定一个预定时间（定时触发器）、收到一个特定消息（消息触发器）、收到一个特定信号（信号触发器）等。注意，开始事件只能捕获触发器不能抛出结果。

有如下3种核心开始事件（如图7.33）。

图7.33　核心开始事件

- 定时开始事件（Timer Start Event）：当满足时间条件时产生Token；
- 消息开始事件（Message Start Event）：当接收到特定的消息后产生Token；
- 信号开始事件（Signal Start Event）：当接收到特定的信号后产生Token。

当满足设定的时间条件时，定时开始事件被触发。有多种设定时间条件的方式：指定一个特定的时间点，例如明天早上9点；指定一个时间间隔，例如两周后；指定一个周期性的时间，例如每天晚上12点开始运行所有的自动化测试，如图7.34所示。

图7.34 定时开始事件

消息开始事件和信号开始事件都是接收到特定的数据（消息/信号）后产生Token，它们的区别在于消息是一对一的，数据的发送和接收是点对点的形式；而信号是一对多的，数据的发送是广播的形式。

消息开始事件从流程外部参与者接收消息，并启动一个流程实例，如图7.35所示。

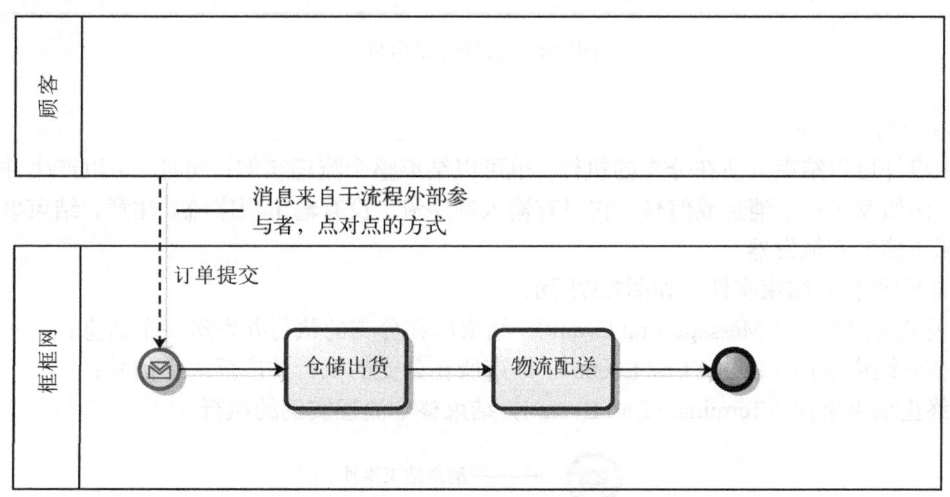

图7.35 消息开始事件

信号开始事件从流程外部参与者或外部流程订阅信号，接收并启动一个流程实例，如图7.36所示。

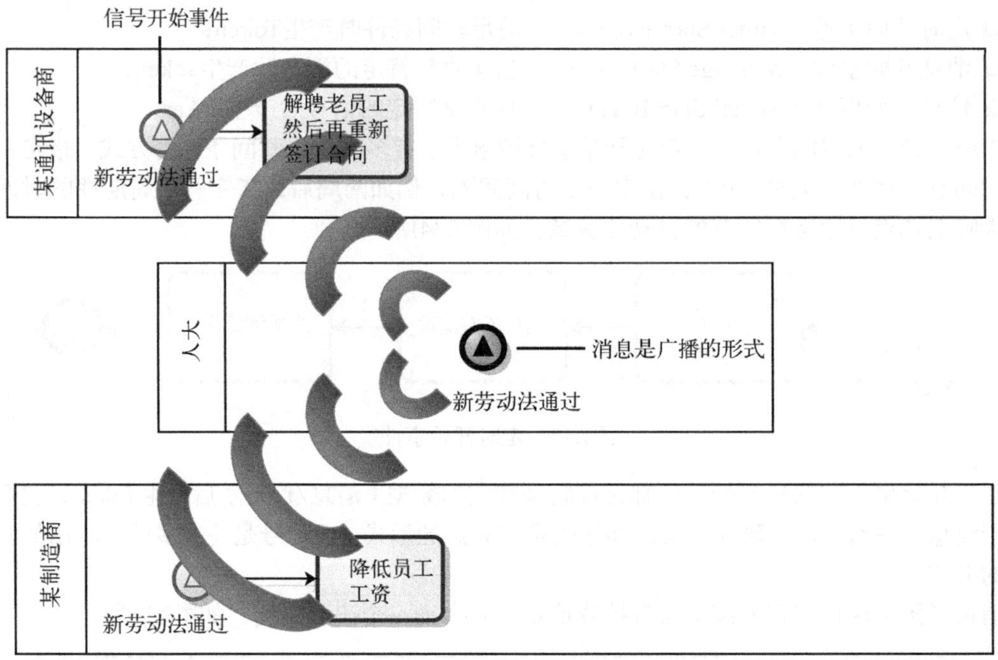

图7.36　信号开始事件

● 核心结束事件

结束事件可以结束其所在分支的执行，也可以结束整个流程实例；同时，可以产生并抛出一个结果，例如发送一个消息或信号。它只有输入顺序流，没有输出顺序流。注意，结束事件只能抛出结果不能捕获触发器。

有如下3种核心结束事件，如图7.37所示。

- ❑ 消息结束事件（Message End Event）：结束所在分支的执行并发送一个消息；
- ❑ 信号结束事件（Signal End Event）：结束所在分支的执行并广播一个信号；
- ❑ 终止结束事件（Terminate End Event）：结束整个流程实例的执行。

图7.37　核心结束事件

消息结束事件接受一个Token，结束所在分支的执行，给指定的外部流程或参与者发送一个消息，如图7.38所示。

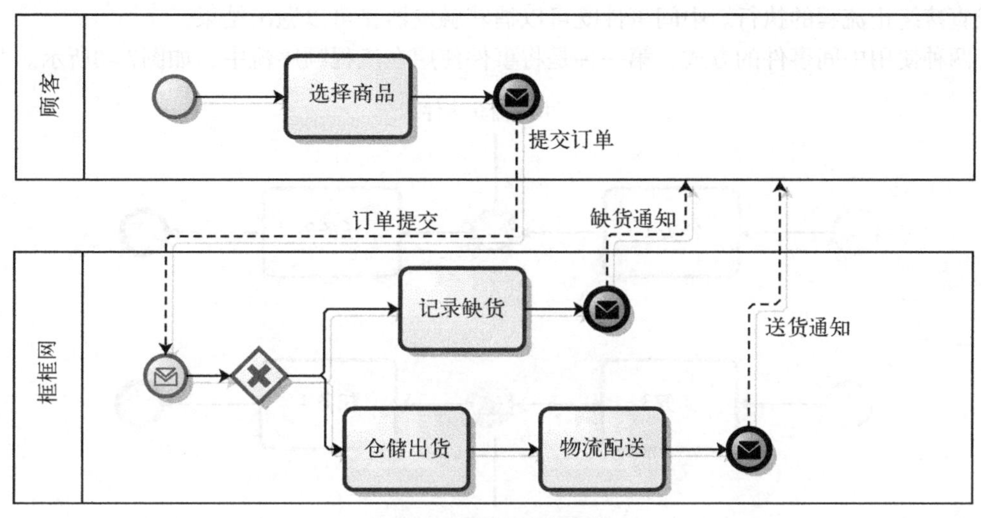

图7.38　消息结束事件

信号结束事件接收一个Token，结束所在分支的执行，广播一个消息，所有对该信号感兴趣的流程和参与者都可以订阅并采取各自的行动，参见图7.37的示例。

终止结束事件结束整个流程实例的执行。当流程实例到达某个状态即意味着流程实例执行结束了，流程实例中如果存在正在执行的任务，这些任务被取消，这个状态由终止结束事件代表，如图7.39所示。终止结束事件实现了工作流控制模式里的显式结束（WCP_43）模式，该模式的具体描述请参考本书附录的工作流模式部分。

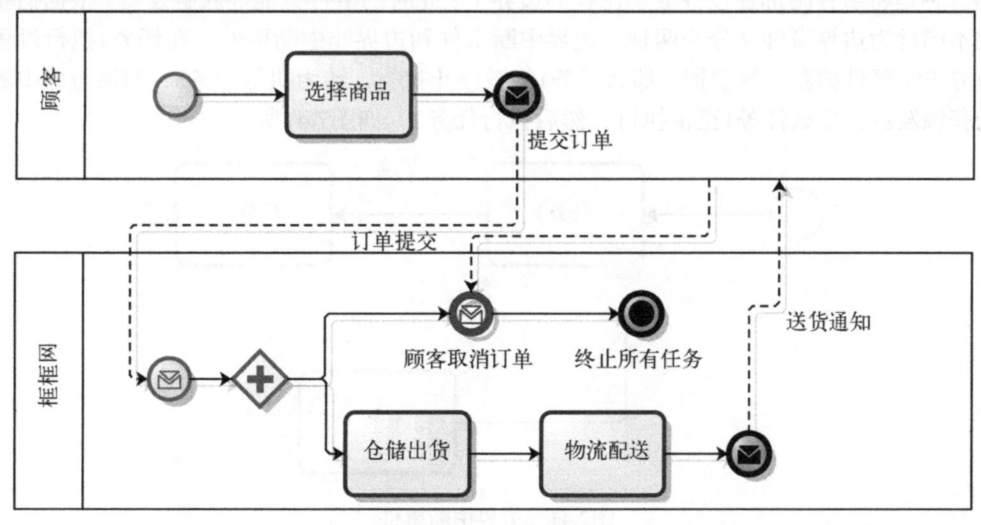

图7.39　终止结束事件

● 核心中间事件

在开始事件和结束事件之间发生的事件称为中间事件，中间事件会影响流程的流转，但不会启动或直接终止流程的执行。中间事件既可以捕获触发器又可以抛出结果。

有两种使用中间事件的方式，第一种是将事件使用在流程顺序流中，如图7.40所示。

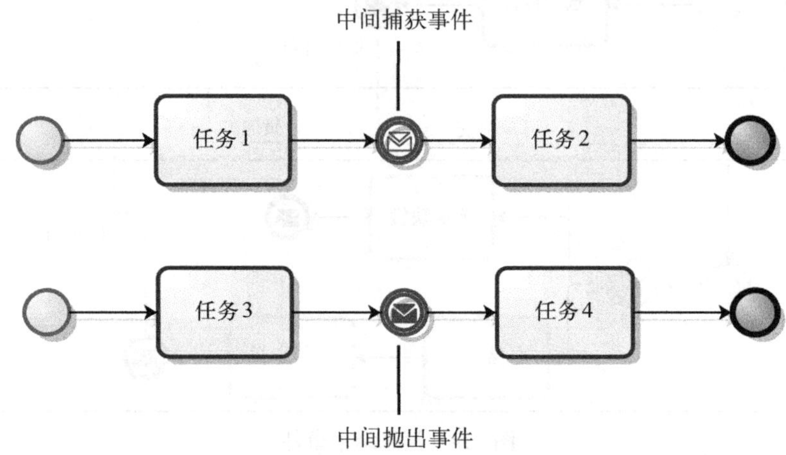

图7.40　使用在流程顺序流中的中间事件

当事件使用在流程顺序流中时，事件既可以捕获触发器又可以抛出结果。当事件捕获触发器时，它首先等待一个Token，当Token到达后再等待一个触发器，当触发器被捕获后执行完毕，向后传递Token；当事件抛出结果时，它首先等待一个Token，当Token到达后抛出一个结果，然后执行完毕，如果存在输出顺序流的话就向后传递Token。

第二种是将事件附加在任务或子流程的边界上，此时的事件只能捕获触发器。根据捕获触发器后的不同行为边界事件又分为两种：边界中断事件和边界非中断事件。在任务1执行过程中，如果边界中断事件捕获了触发器，那么任务1将被停止执行，转为执行任务3；如果边界中断事件没有捕获触发器，那么任务1正常执行，然后执行任务2，如图7.41所示。

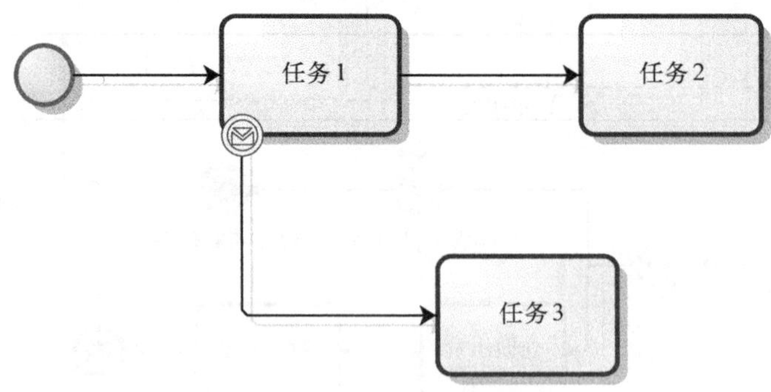

图7.41　边界中断事件

在任务1执行过程中，如果边界非中断事件捕获了触发器，那么任务1不会被停止执行，只是我们同时开始执行任务3，任务1完成后正常触发任务2；如果边界非中断事件没有捕获触发器，那么任务1正常执行，然后执行任务2，任务3不会触发。我们使用虚线来标识这是一个非中断事件，如图7.42所示。

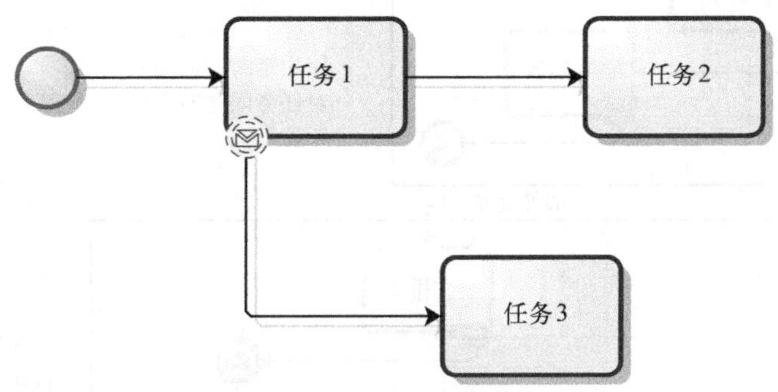

图7.42　边界非中断事件

有如下4种核心中间事件，如图7.43所示。

- 普通中间事件（None Intermediate Event）：只支持使用在流程顺序流中，什么都不做，立刻触发；
- 定时中间事件（Timer Intermediate Event）：支持使用在流程顺序流中捕获触发器，支持附加在任务/子流程边界上中断和非中断任务/子流程执行，满足时间条件时触发；
- 消息中间事件（Message Intermediate Event）：支持使用在流程顺序流中捕获触发器和抛出结果，支持附加在任务/子流程边界上中断和非中断任务/子流程执行，发送消息或等待消息触发；
- 信号中间事件（Signal Intermediate Event）：支持使用在流程顺序流中捕获触发器和抛出结果，支持附加在任务/子流程边界上中断和非中断任务/子流程执行，广播信号或等待信号触发。

名称	中间事件				语义
	捕获	抛出	边界中断	边界非中断	
普通（None）					什么都不做立刻触发
定时（Timer）					等待满足时间条件
消息（Message）					发送/等待消息
信号（Signal）					发送/等待信号

图7.43　核心中间事件

普通中间事件收到Token后立刻触发，什么都不做，继续向后传递Token。我们使用普通中间事件来标识流程实例执行到一个特定的状态点或里程碑。

我们使用定时中间事件有两种用途：为任务限定期限以及为有时间要求的任务进行时间延迟，如图7.44所示。

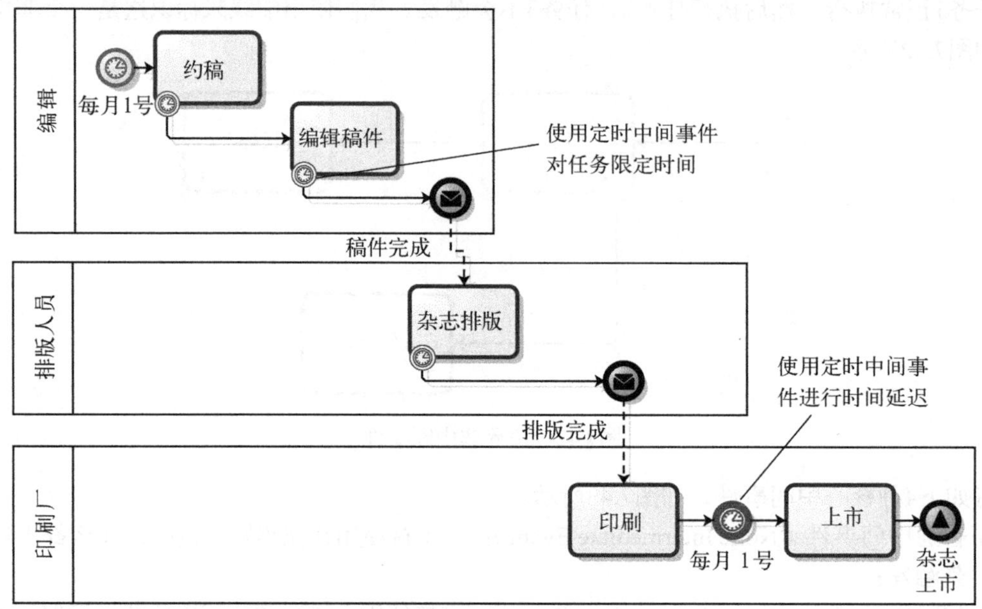

图7.44　定时中间事件

我们使用消息和信号中间事件对任务执行过程中的消息/信号进行处理，也使用它们向外发送消息/信号，如图7.45和图7.46所示。

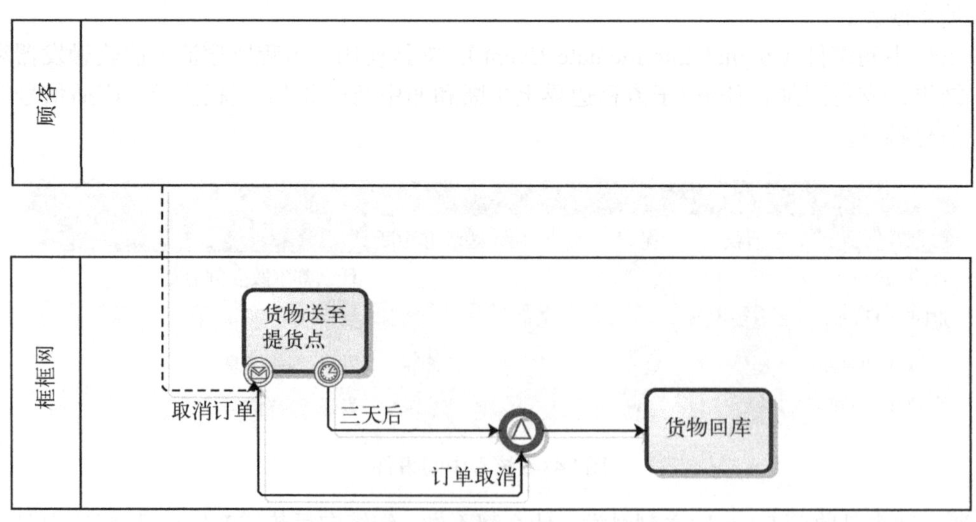

图7.45　消息/信号中间事件

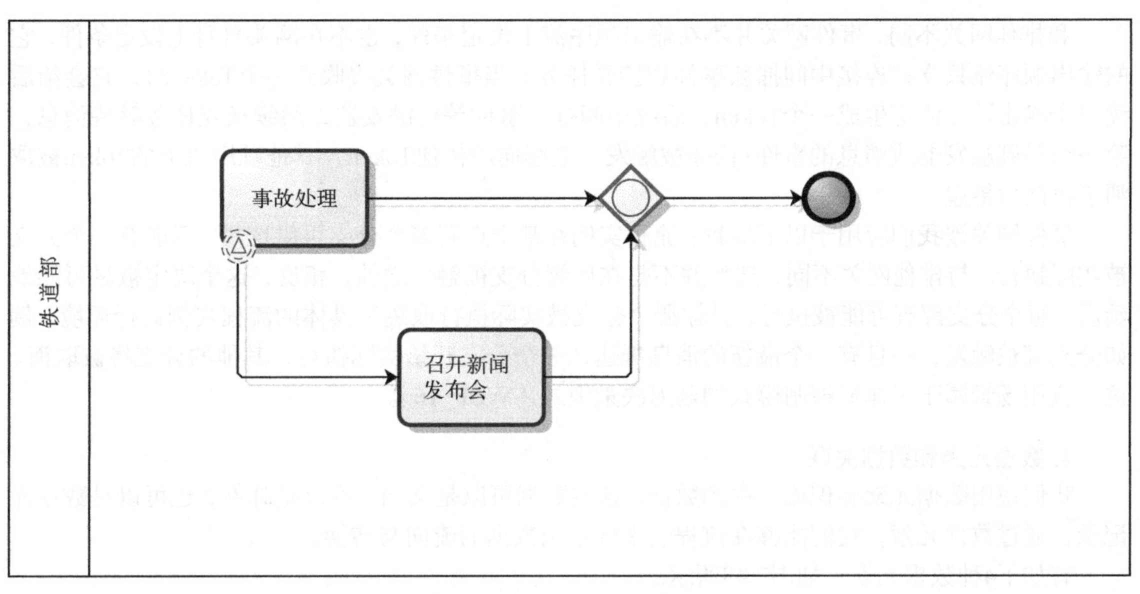

图7.46 信号边界非中断事件

3. 网关

网关控制流程的分支，在核心元素里，我们只关注一种网关：事件网关（Event-based Gateway），如图7.47所示。

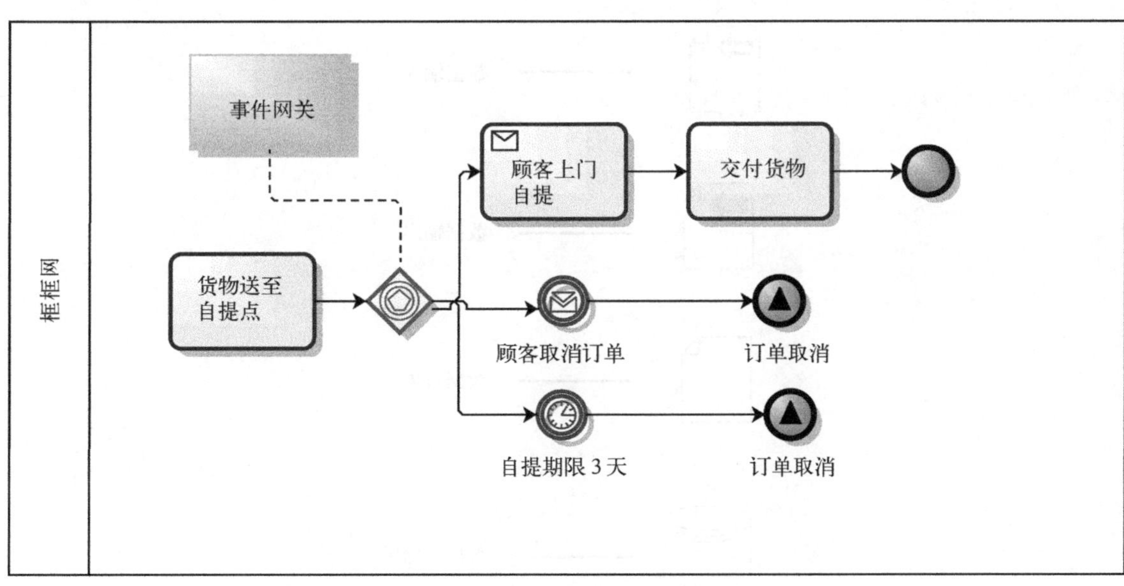

图7.47 事件网关

和排他网关不同，事件网关并不在输出顺序流上设定条件，也不在网关自身上设定条件，它的输出顺序流只支持连接中间捕获事件和接受任务。当事件网关接收到一个Token时，它会给后续每个输出顺序流都生成一个Token，后续中间捕获事件等待触发器，后续接收任务等待消息，第一个等到触发器或消息的事件/任务被触发，继续向后传递Token，其他顺序流上的Token被取消不再向后传递。

事件网关被我们应用于以下场景：流程实例在某个点有多个分支可供选择，只能有一个分支被实际执行。与排他网关不同，选择并不是在后续分支被触发之前，相反，这个决定被尽可能地延后，每个分支都有可能被执行，具体哪个分支被实际执行取决于具体的流程实例运行环境。例如分支都被触发，一旦有一个最新的消息抵达，一个分支开始实际执行，其他的分支将被取消。这一应用场景属于工作流控制模式的延迟决策模式（WCP_16）。

4. 数据元素和数据关联

我们使用数据元素标识流程中的数据，这些数据可以是文档，可以是邮件，也可以是数据库记录，通过数据元素，我们能够在流程图中标示出数据的流向与转换。

有如下4种数据元素，如图7.48所示。

- 数据对象（Data Object）：代表随着流程流转的信息，例如业务文档、邮件、业务数据；
- 数据输入（Data Input）：代表整个流程的外部数据输入；
- 数据输出（Data Output）：代表整个流程的执行结果；
- 数据存储区（Data Store）：代表流程可以访问和写入的共享数据，例如数据库，共享数据的持久化管理并不由当前流程实例负责。

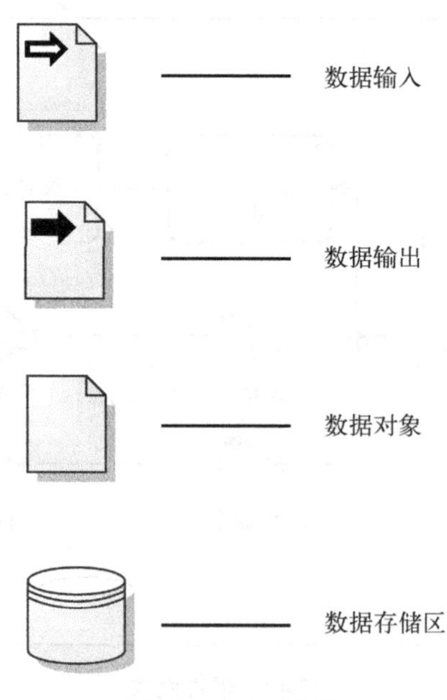

图7.48　数据元素

如图7.49所示，流程中产生的数据被写入jira的数据库中，流程任务间传递迭代开发的故事，不同阶段数据有不同的状态。

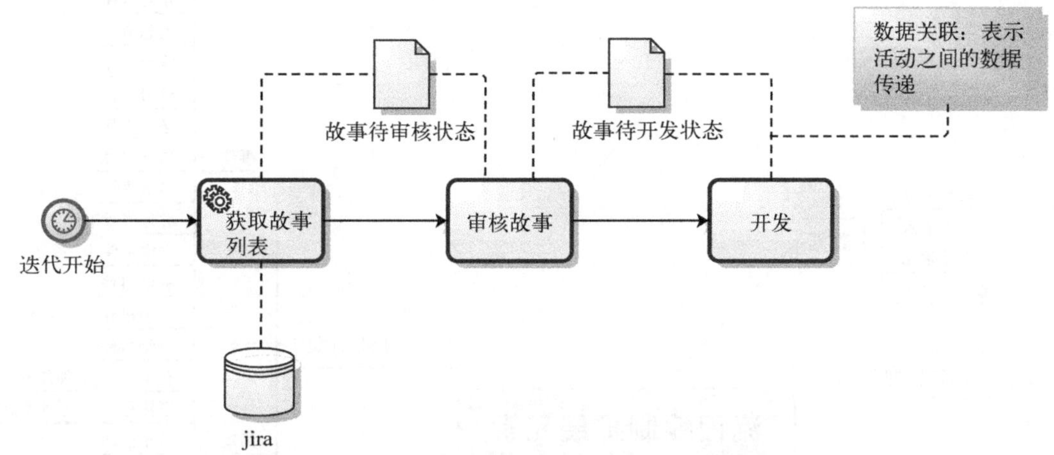

图7.49 使用数据元素标识出流程中的信息传递和信息状态

5. 组

我们使用组对流程中的元素进行分类，这个分类不会影响组内的顺序流。分类的目的在于更好地组织文档，方便进行流程分析，如图7.50所示。

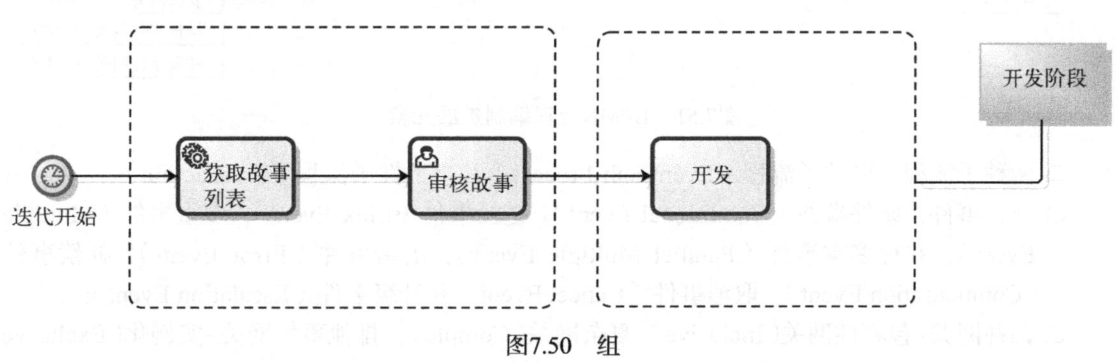

图7.50 组

7.3.3 扩展元素

什么是BPMN流程编制扩展元素？我们为什么要从BPMN流程编制元素中界定出一个扩展元素的子集？BPMN扩展元素是指我们平时使用频率不高的BPMN元素，这些元素更多的面向开发人员而不是业务人员，它们强调流程执行的细节，例如对事件子流程和事务性子流程的定义，以及对更多具有具体执行语义事件类型的定义。BPMN扩展元素使BPMN变得复杂，它关注流程的执行层面。对于BPMN扩展元素，我们认为大概知道其表达的语义即可，需要时再查规范。

BPMN扩展元素包括了如下这些元素，如图7.51所示。

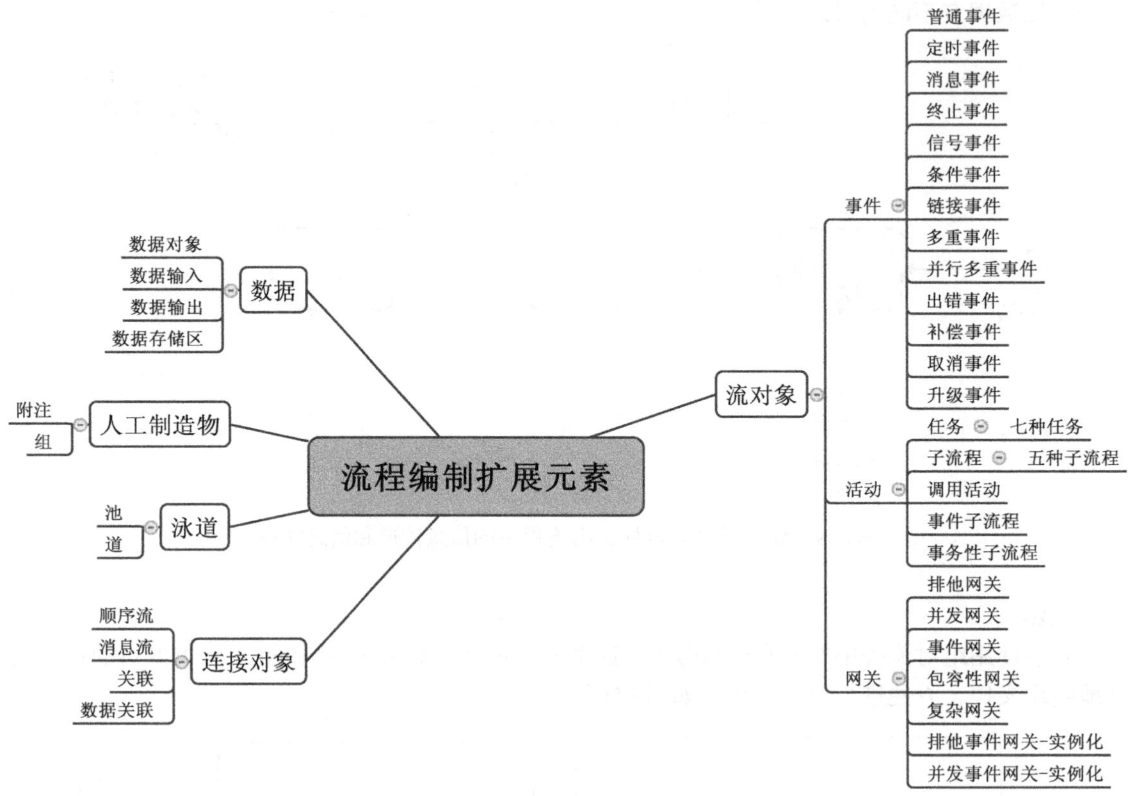

图7.51 BPMN流程编制扩展元素

- 两种子流程：事件子流程（Event Sub-Process）和事务性子流程（Transaction）；
- 八种事件：条件事件（Conditional Event）、链接事件（Link Event）、多重事件（Multiple Event）、并行多重事件（Parallel Multiple Event）、出错事件（Error Event）、补偿事件（Compensation Event）、取消事件（Cancel Event）和升级事件（Escalation Event）；
- 四种网关：包容性网关(Inclusive)、复杂网关(Complex)、排他事件网关–实例化(Exclusive Event-based Gateway-instantiate）和并发事件网关–实例化（Parallel Event-based Gateway-instantiate）。

BPMN扩展元素全部是流对象元素，在下面的小节中，我们将按照活动、事件和网关的顺序展开，同时在活动里会首先讨论活动的内部循环和多实例行为。

1. 活动

- *内部循环和多实例行为*

在实际生活中，我们经常需要重复执行某项任务，直至满足一定的条件为止。例如，作为作者，我们需要不断地修改稿子直到编辑认可为止；作为顾客，我们与装修公司约定装修不达到要求就不付款。

这里存在两种类型的循环：一种是类似于程序语言里的while，先判断是否满足循环的条件，如果满足才执行，然后再判断循环；一种是类似于程序语言里的do while，先执行，然后再判断是否满足循环的条件，如果满足就再循环。活动的内部循环行为实现了工作流控制模式里的结构化循环模式（WCP_21），如图7.52所示。

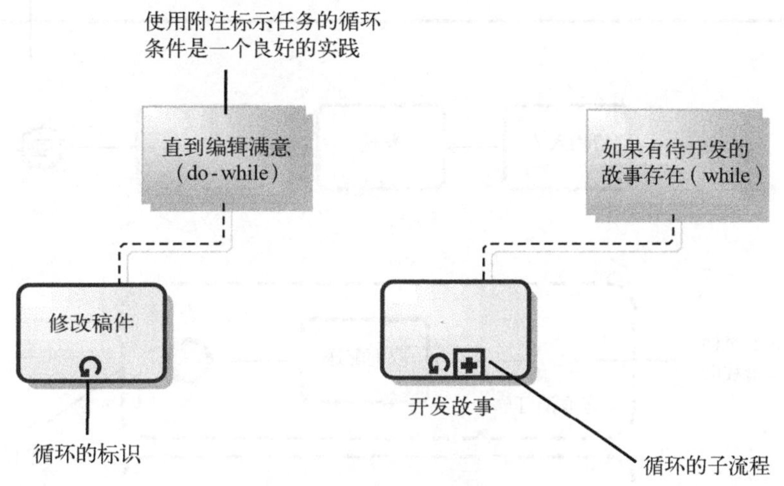

图7.52 活动的循环行为

与活动的内部循环产生一个活动实例并重复执行相比，活动的多实例行为会产生多个活动实例，这些活动实例可以并行执行，也可以顺序执行。更加复杂的情况请参考工作流控制模式里的多实例模式，如图7.53所示。

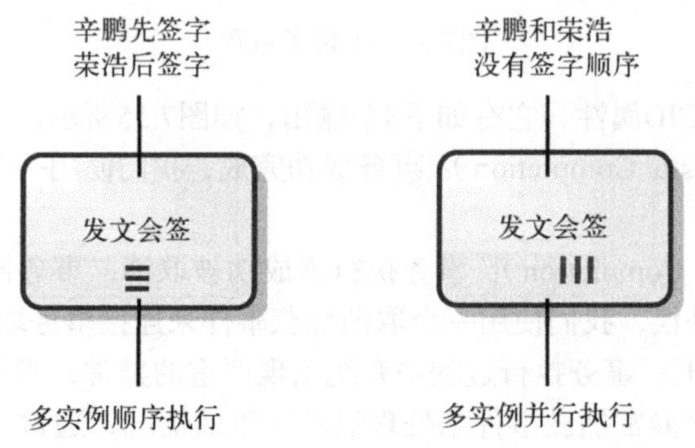

图7.53 活动的多实例行为

- 子流程

扩展元素里的子流程有两种：事件子流程和事务性子流程。

事件子流程被嵌入到子流程里使用，处理子流程执行过程中发生的事件，我们使用虚线框标识事件子流程，它需要由一个事件触发器触发，根据不同的行为，事件子流程又分为中断和非中断两种：中断事件子流程中断父流程的执行，非中断事件子流程与父流程一同执行。我们使用两种不同的开始事件类型来区分这两种事件子流程的行为：中断事件子流程的开始事件（实线圆圈）与非中断事件子流程的开始事件（单虚线圆圈），如图7.54所示。

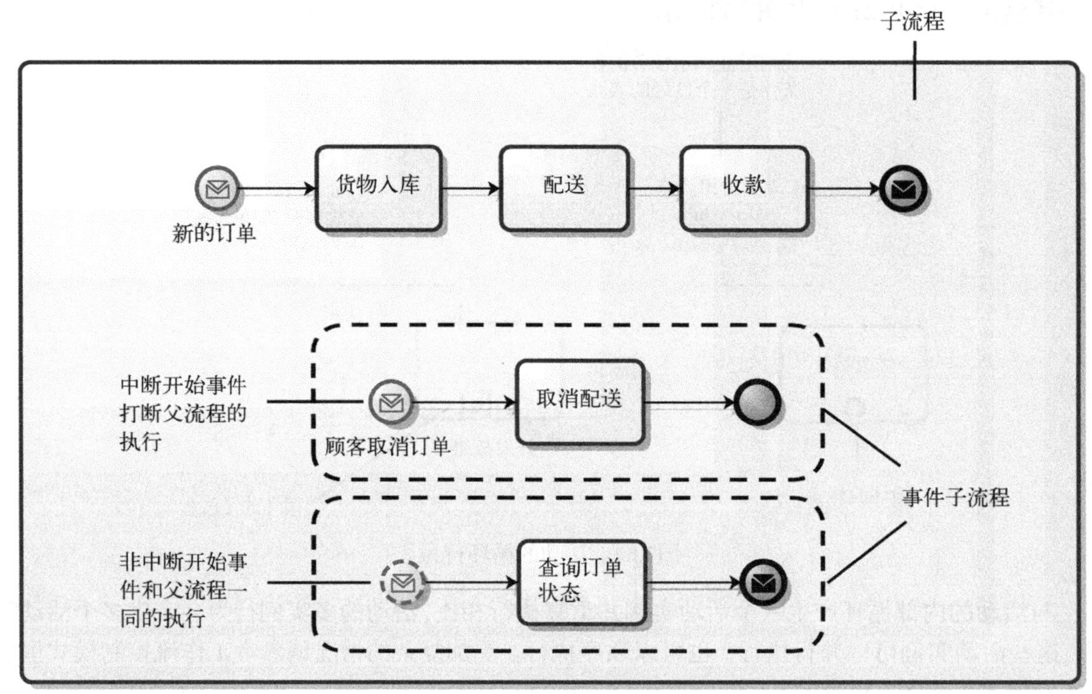

图7.54　事件子流程

事务性子流程具有ACID属性，它有如下3个输出，如图7.55所示。

- 成功完成（Successful Completion）：事务成功完成，我们使用一个顺序流连接成功后的后续活动；
- 失败完成（Failed Completion）：事务执行不成功被取消，事务回滚，所有定义为有补偿活动的活动都被补偿，我们使用一个取消捕获事件来连接事务取消后的后续活动；
- 严重异常（Hazard）：事务执行过程中系统出现严重的异常，事务无法回滚，活动无法补偿，我们使用一个异常捕获事件来处理这种严重的情况，通常会继续抛出异常或者通知上一级流程进行处理。

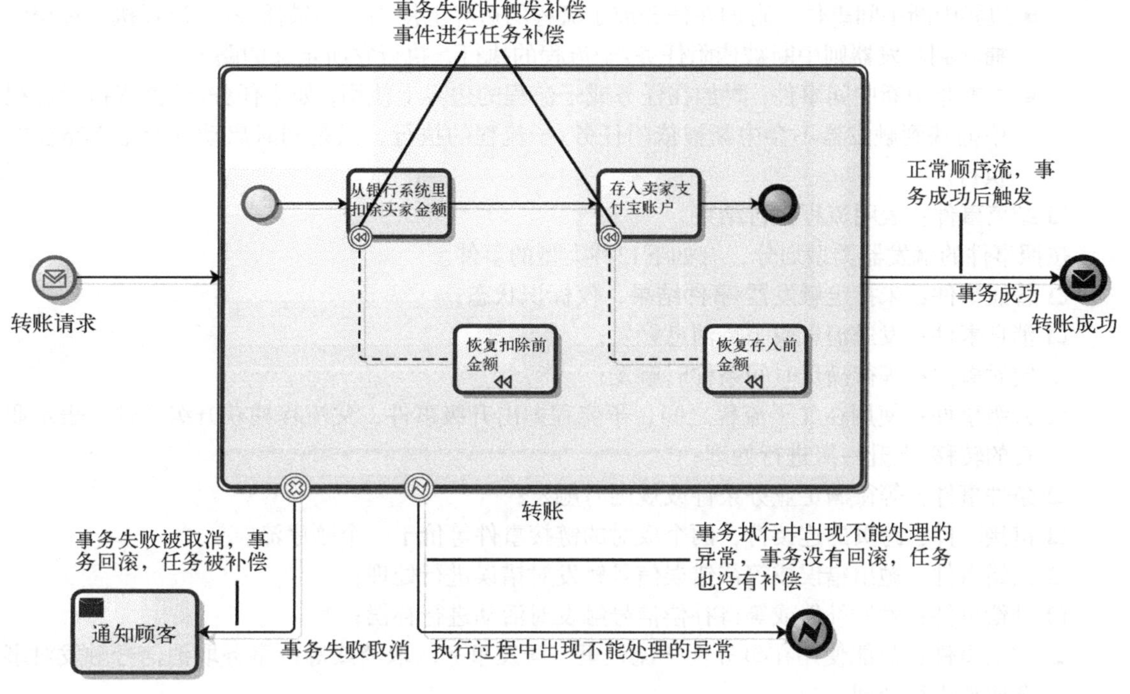

图7.55 事务性子流程

2. 事件

现在，我们终于有机会来看看所有的事件类型了。我们有两个维度来划分事件的种类：一种是按照开始事件、中间事件与结束事件；一种是按照事件的触发器类型。如图7.56所示。

按照开始事件、中间事件与结束事件划分，有8种类型的事件。

- 开始事件：触发流程的执行。
  - 顶层开始事件：作为流程的第一个元素，触发流程的执行；
  - 事件子流程的中断开始事件：使用在事件子流程里，触发事件子流程的执行，事件子流程的执行会中断父流程的执行；
  - 事件子流程的非中断开始事件：使用在事件子流程里，触发事件子流程的执行，事件子流程的执行不会中断父流程的执行，与父流程一起执行。
- 中间事件：在开始事件和结束事件之间发生的事件，会影响流程的流转，但不会启动或直接终止流程的执行。
  - 捕获中间事件：等待一个Token，当Token到达后再等待一个触发器，当触发器被捕获后，执行完毕，向后传递Token；
  - 抛出中间事件：等待一个Token，当Token到达后抛出一个结果，执行完毕，如果存在输出顺序流的话就向后传递Token；

7

- 边界中断中间事件：附加在任务或子流程的边界上使用，如果任务/子流程执行过程中捕获到触发器则中断被依附任务/子流程的执行，执行它所定义的路径；
- 边界非中断中间事件：附加在任务或子流程的边界上使用，如果任务/子流程执行过程中捕获到触发器不会中断被依附任务/子流程的执行，只是同时启动它所定义路径的执行。

- 结束事件：表明流程执行结束。

按照事件的触发器类型划分，有如下13种类型的事件。

- 普通事件：未指定触发器/事件结果，仅标识状态；
- 消息事件：发送消息或等待消息触发；
- 定时事件：等待满足时间条件时触发；
- 升级事件：使用在父子流程之间，子流程抛出升级事件，父流程捕获升级事件，表示职责的转移/上升一级进行处理；
- 条件事件：等待满足业务条件或规则时触发；
- 链接事件：跨页的连接符，两个成对的链接事件等价于一个顺序流；
- 出错事件：抛出错误或等待错误信号触发对错误进行处理；
- 补偿事件：触发补偿或等待补偿信号触发对活动进行补偿；
- 取消事件：只能使用在事务性子流程里，触发事务的取消或等待事务取消信号触发对事务取消进行处理；
- 信号事件：广播信号或等待信号触发；
- 多重事件：指定多个触发器，只要有一个触发器被捕获就能触发，抛出时则抛出所有的触发器；
- 并行多重事件：指定多个触发器，必须等待所有触发器都被捕获时才能触发；
- 终止事件：结束整个流程实例的执行。

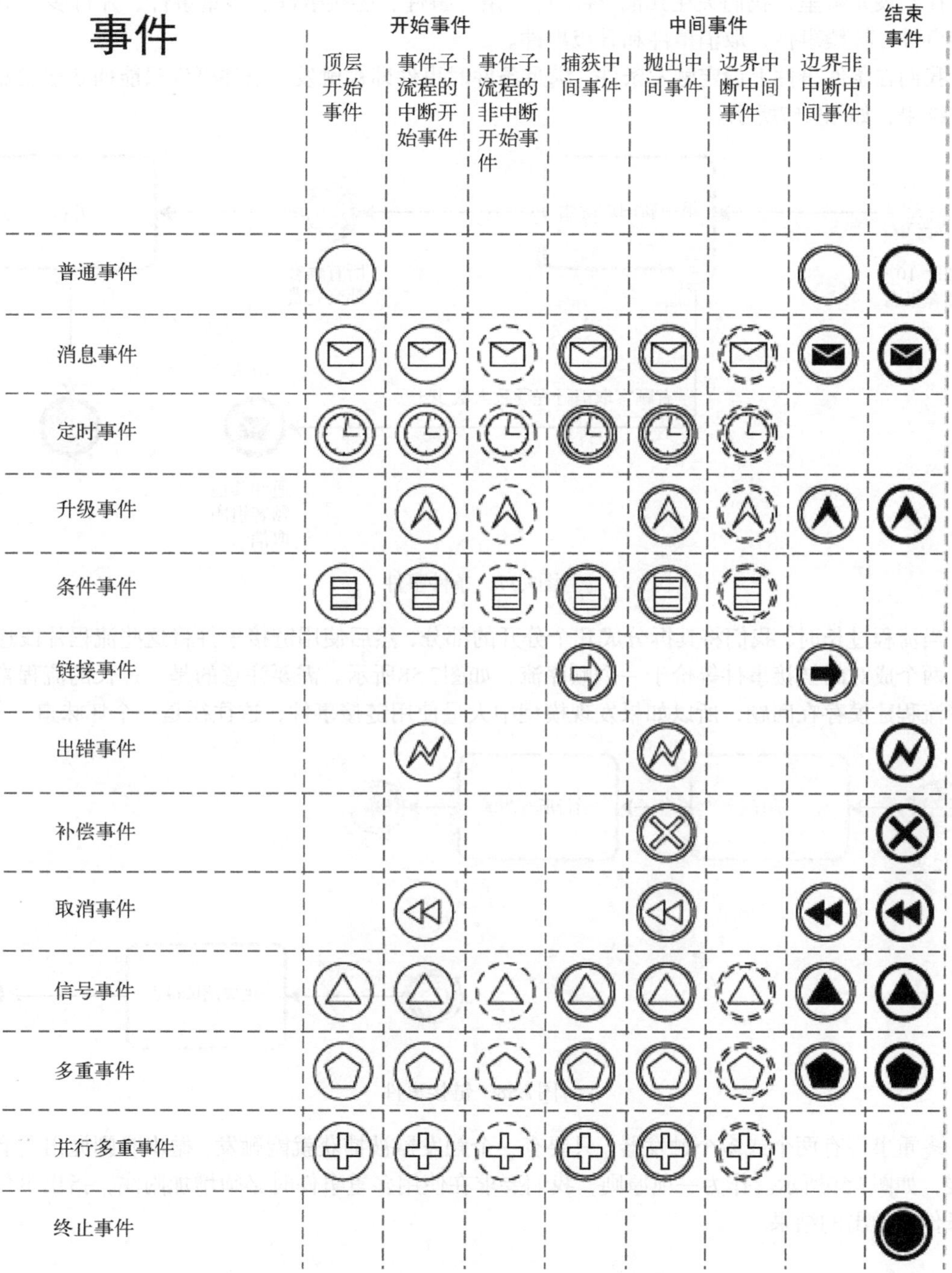

事件

	开始事件			中间事件				结束事件
	顶层开始事件	事件子流程的中断开始事件	事件子流程的非中断开始事件	捕获中间事件	抛出中间事件	边界中断中间事件	边界非中断中间事件	
普通事件								
消息事件								
定时事件								
升级事件								
条件事件								
链接事件								
出错事件								
补偿事件								
取消事件								
信号事件								
多重事件								
并行多重事件								
终止事件								

图7.56 完整的事件分类（图片来源：http://bpmb.de/poster）

在扩展元素里，我们关注其他8种事件：条件事件、链接事件、多重事件、并行多重事件、出错事件、补偿事件、取消事件和升级事件。

我们在条件事件上设定触发条件，满足条件时事件即被触发，条件事件只能捕获触发器，不抛出结果，如图7.57所示。

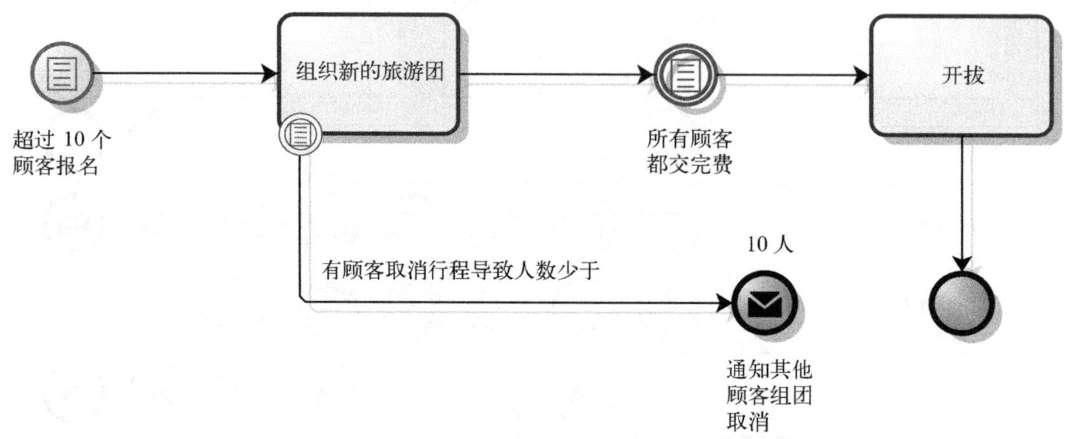

图7.57　条件事件

当流程过长时，我们将其拆分成几个分开的部分，然后使用链接事件将这些流程片段连接起来，两个成对的链接事件等价于一个顺序流，如图7.58所示。需要注意的是，过长的流程常常意味着流程建模存在问题，所以如果发现模型中大量使用链接事件，这往往是一个坏味道。

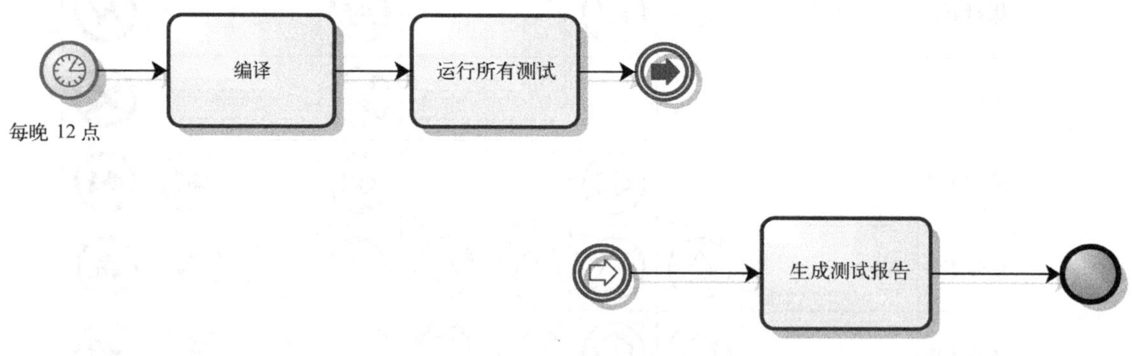

图7.58　链接事件

多重事件有两个或多个触发器，只要有一个触发器被捕获就能触发，抛出时则抛出所有的触发器，如图7.59所示。作为一项原则，我们要求在使用多重事件时必须增加附注，指出事件的触发条件或抛出的结果。

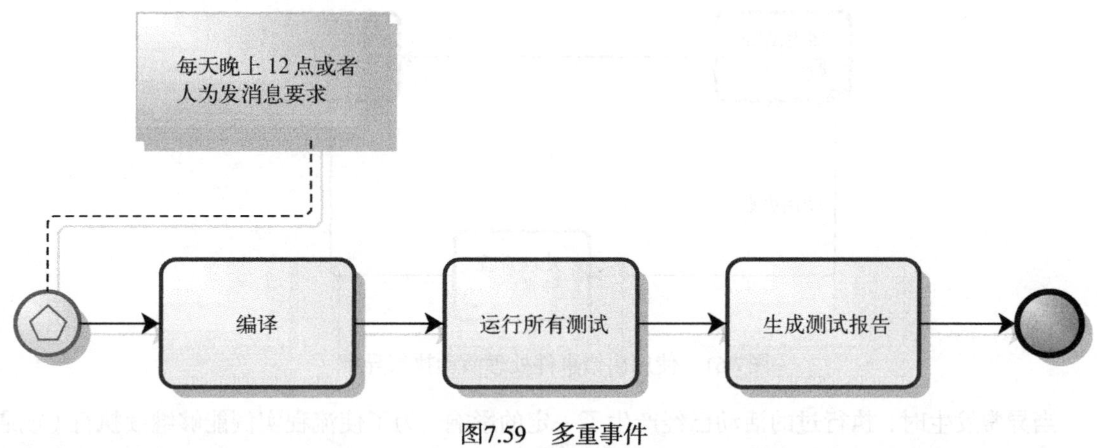

图7.59 多重事件

并行多重事件有两个或多个触发器，与多重事件的区别是必须等待所有触发器都被捕获时才能触发。并行多重事件只能捕获触发器，不抛出结果。

我们使用出错事件将子流程不能处理的异常抛出，在父流程捕获该异常并进行处理，如图7.60所示。

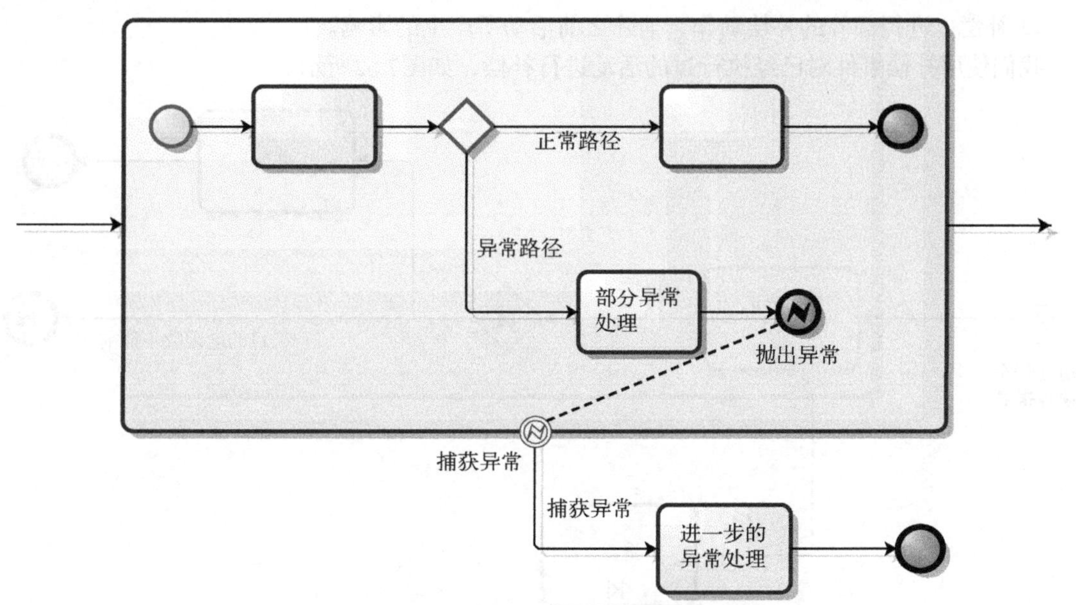

图7.60 子流程抛出异常父流程捕获处理

我们使用出错事件对活动执行中出现的异常进行处理，如图7.61所示。

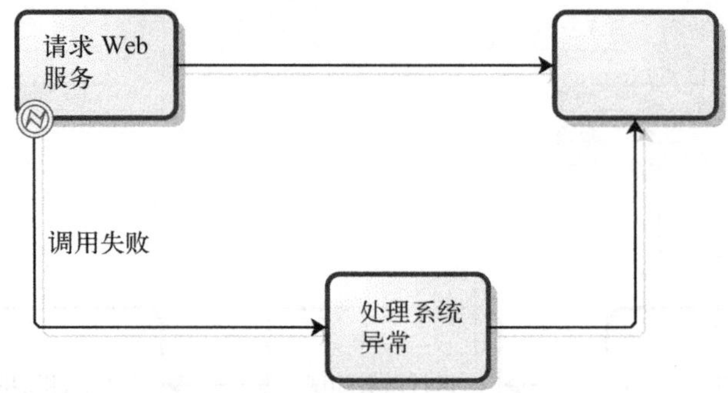

图7.61　使用出错事件处理活动执行异常

当异常发生时，执行过的活动已经产生了一定的影响，为了使流程实例能够继续执行（或通过其他路径继续执行）或正常停止，必须消除已执行活动所产生的影响，这是通过恢复动作完成的，该动作对应于流程中可补偿的工作。

可能的恢复动作包括以下三种：

- 什么都不做；
- 回滚，流程实例状态重置至异常发生前的一个回滚点；
- 补偿，进行额外的补偿动作，消除之前活动所产生的影响。

我们使用补偿事件对已经执行过的活动进行补偿，如图7.62所示。

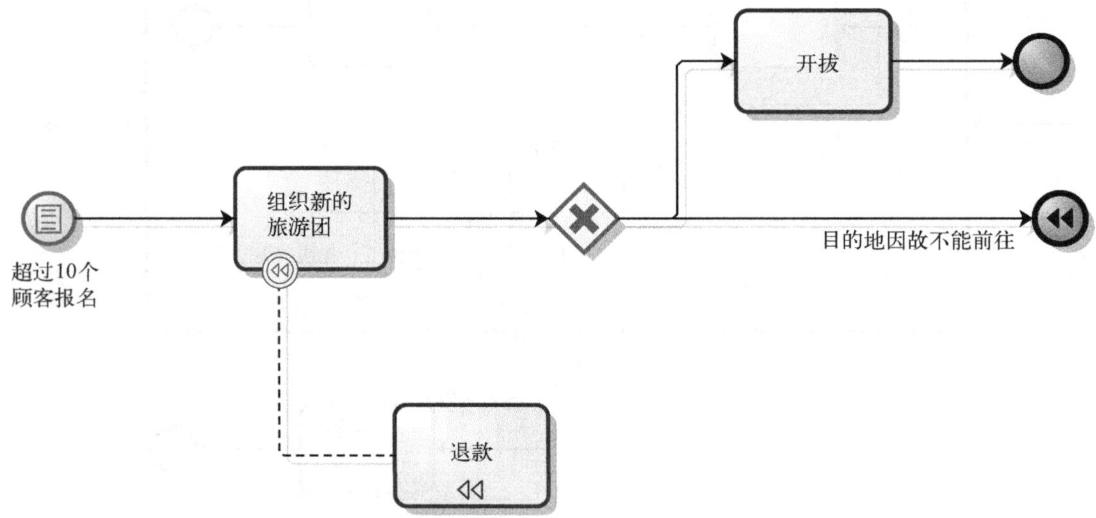

图7.62　使用补偿事件消除之前活动所产生的影响

我们也在事务性子流程里使用补偿事件，当事务取消时触发这些事件。具体例子请参考图7.55所示的事务性子流程。

取消事件只能使用在事务性子流程里，我们可以在事务性子流程里抛出该事件触发事务的取消。具体例子同样请参考上小节里图7.55所示的事务性子流程。

我们使用升级事件在子流程遇到不能处理的情况时抛出，将职责转移到父流程里进行处理。我们可以看到使用出错事件能够达到同样的效果，定义升级事件只是与出错事件做语义的区分。

3. 网关

扩展元素包括四种网关：包容性网关（Inclusive）、复杂网关（Complex）、排他事件网关–实例化（Exclusive Event-based Gateway-instantiate）和并行事件网关–实例化（Parallel Event-based Gateway-instantiate），如图7.63所示。

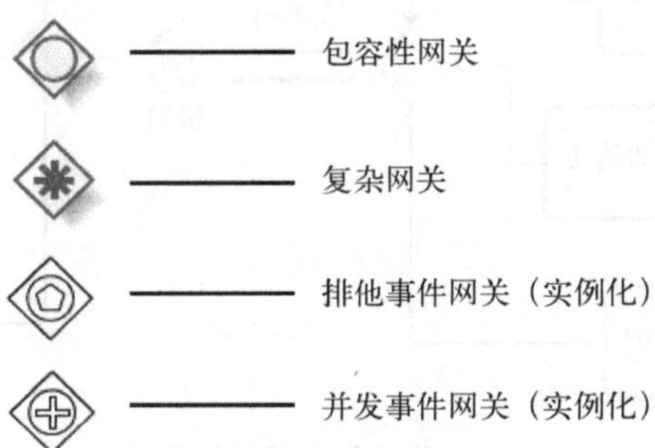

图7.63　扩展网关

包容性网关在分裂时，会根据输出流上设定的条件选择一个到多个输出顺序流传递Token；在聚合时，会等待所有实际执行的输入顺序流都传入Token后再向后传递，对Token进行同步，如图7.64所示。包容性网关的分裂行为实现了工作流控制模式的多选择模式（WCP_6）；聚合行为实现了工作流控制模式的结构化同步合并模式（WCP_7）。实际应用中，我们将包容性网关配对使用。

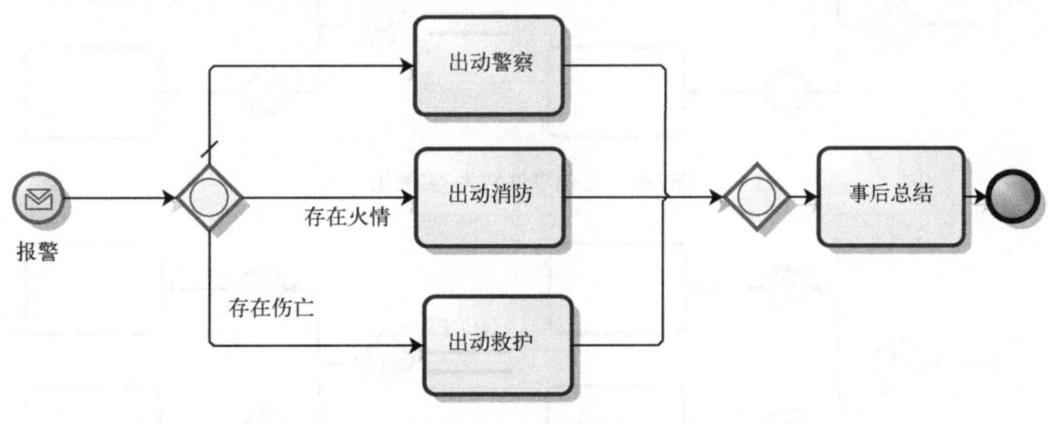

图7.64　包容性网关

复杂网关处理其他网关无法处理的复杂分裂与聚合情况，如图7.65所示。更多的分裂与聚合情况请参考工作流控制模式的高级分支、同步模式。实际应用中，我们使用复杂网关来合并多个其他类型网关，简化流程模型。与包容性网关不同，复杂网关具有状态，我们在网关上设置分裂和聚合条件，此时的一个好实践是使用附注标示出网关条件，便于他人理解。

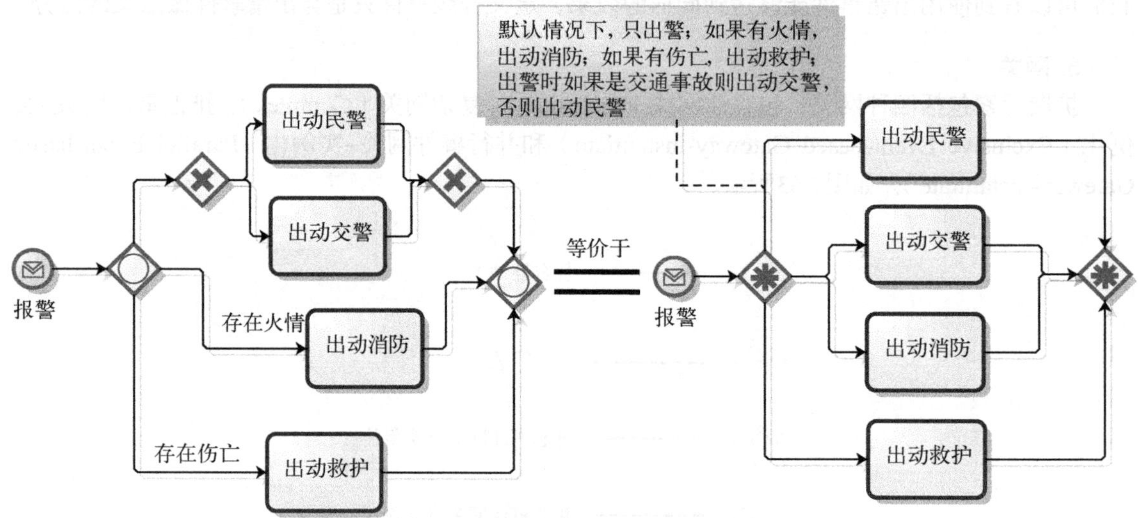

图7.65　使用复杂网关简化模型

排他事件网关–实例化和并发事件网关–实例化是特殊的网关类型，它们能够实例化流程，启动一个新的流程实例，如图7.66和图7.67所示。

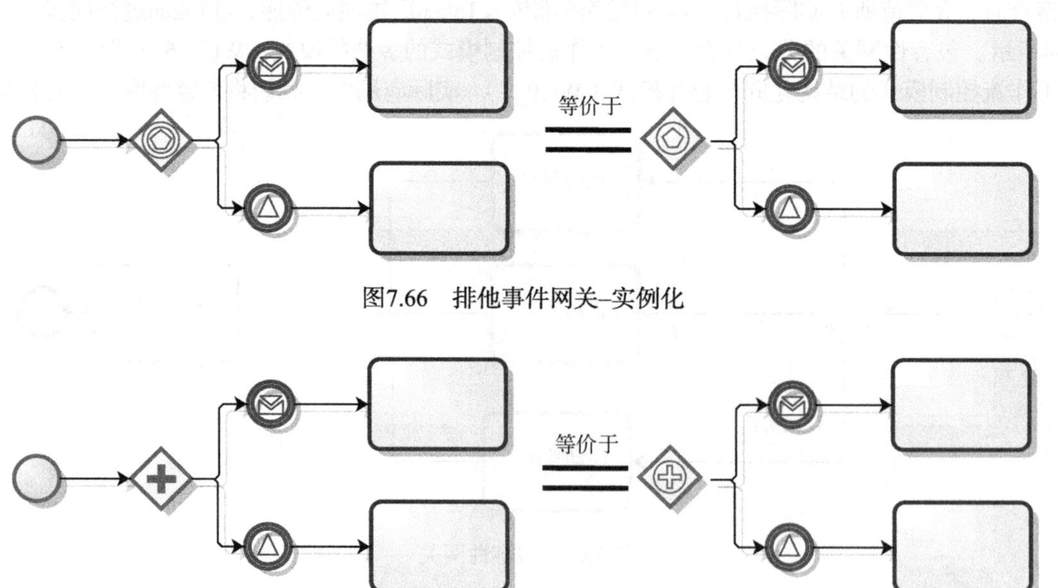

图7.66　排他事件网关–实例化

图7.67　并发事件网关–实例化

7.4 BPMN 的编排元素

在上一节里，我们讨论了BPMN的流程编制元素，这里将讨论BPMN的编排元素。BPMN编排元素使用在编排模型和协作模型里。回顾一下，什么是BPMN的编排模型？BPMN编排模型表现多个参与者之间的协作，它取消了池的概念，改由编排活动直接表现多个参与者之间的消息交互，为协作模型提供了一种基于流程图的视图。

编排模型使用部分流程编制元素和编排元素。与流程编制模型相比，因为取消了池，由编排活动直接表现多个参与者之间的消息交互，所以流程编制消息相关元素在编排模型里被全部取消了，例如消息流、消息开始事件、消息结束事件、信号结束事件等，新增了编排活动，由其直接表现参与者之间的消息交互，如图7.68所示。

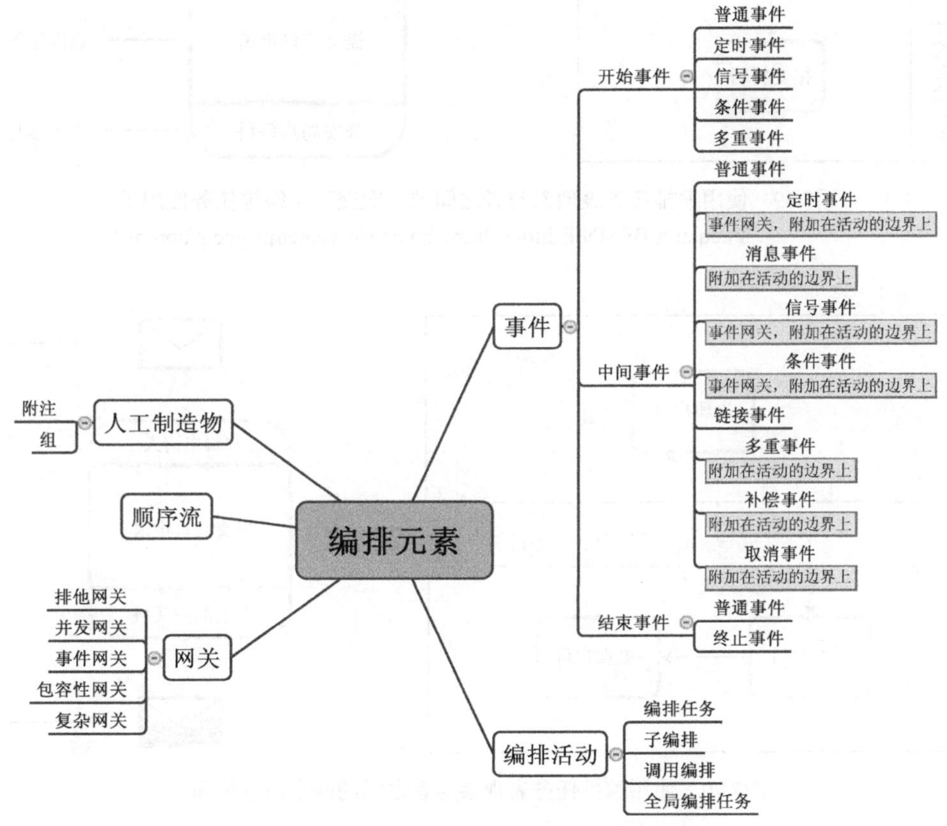

图7.68 BPMN编排模型使用部分流程编制元素和编排元素

BPMN编排元素即编排活动元素。和流程编制元素里的活动元素一样，编排活动分为四种：编排任务（Choreography Task）、子编排（Sub-Choreography）、调用编排（Call Choreography）和全局编排任务（Global Choreography Task）。

7.4.1　编排任务

编排任务是编排模型里的原子活动，我们使用它来表现两个参与者之间的一次交互，一次交互可以有一个消息传递，也可以有两个消息传递，如图7.69和图7.70所示。

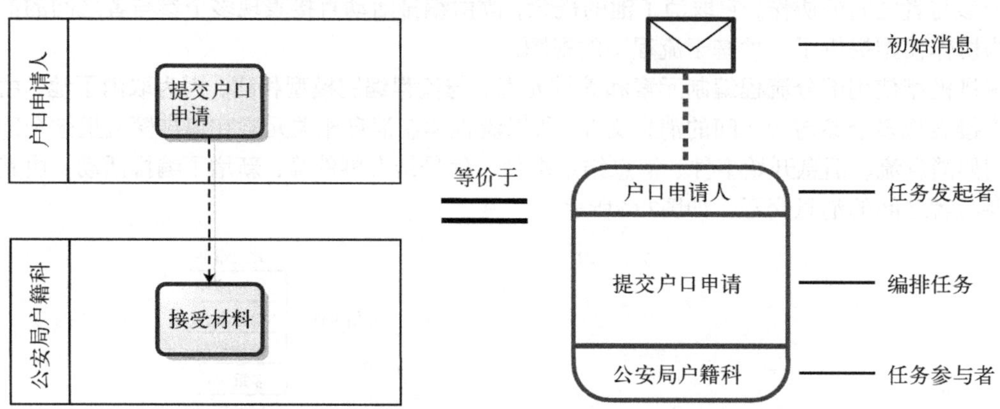

图7.69　使用编排任务表现参与者之间的一次交互（编排任务使用了Yaoqiang BPMN Editor：http://sourceforge.net/projects/bpmn/）

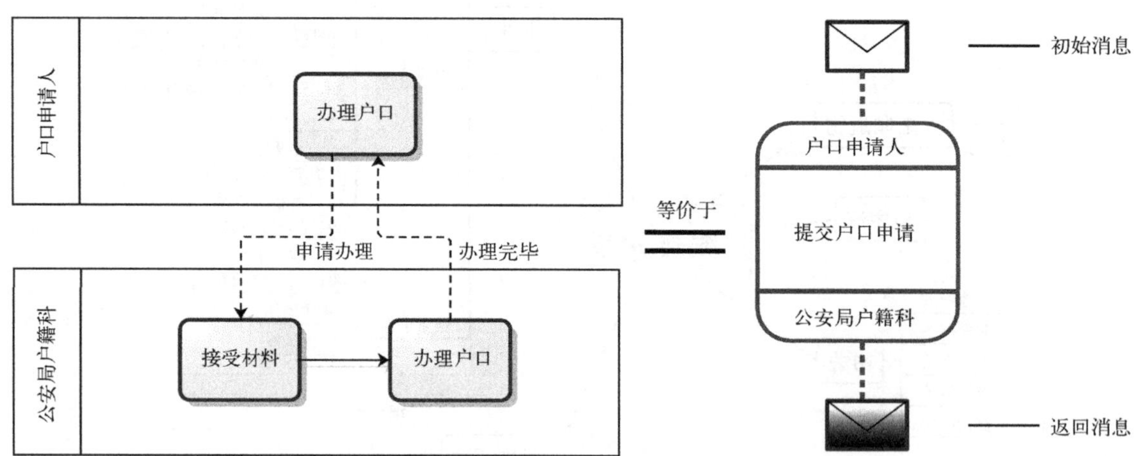

图7.70　使用编排任务表现参与者之间的两个消息传递

和流程编制模型里的任务一样，编排任务也具有内部循环和多实例的行为，如图7.71所示。

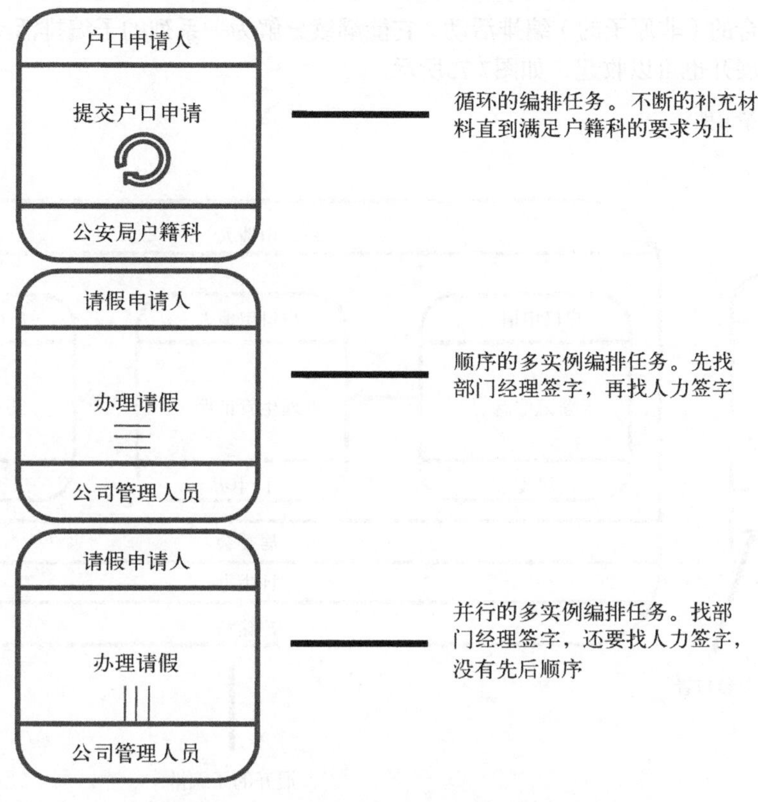

图7.71　编排任务的循环和多实例行为

编排任务支持表现多实例参与者，一方参与者请求一次，另一方参与者分多个实例（执行者）进行处理，如图7.72所示。

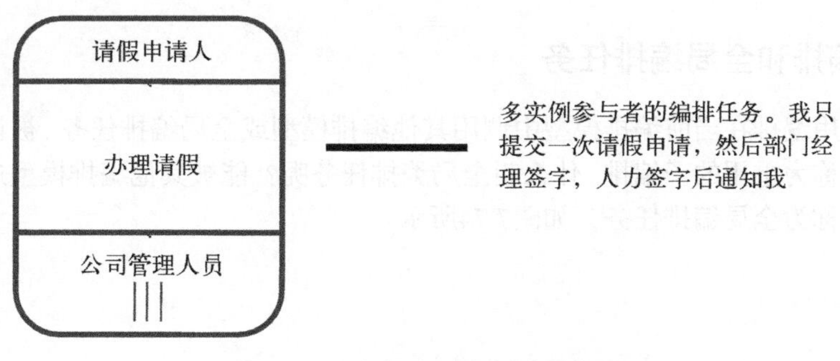

图7.72　多实例参与者的编排任务

7.4.2　子编排

子编排是复合的（非原子的）编排活动，它能继续分解为一系列的子编排活动。在编排模型里，子编排可以展开也可以收起，如图7.73所示。

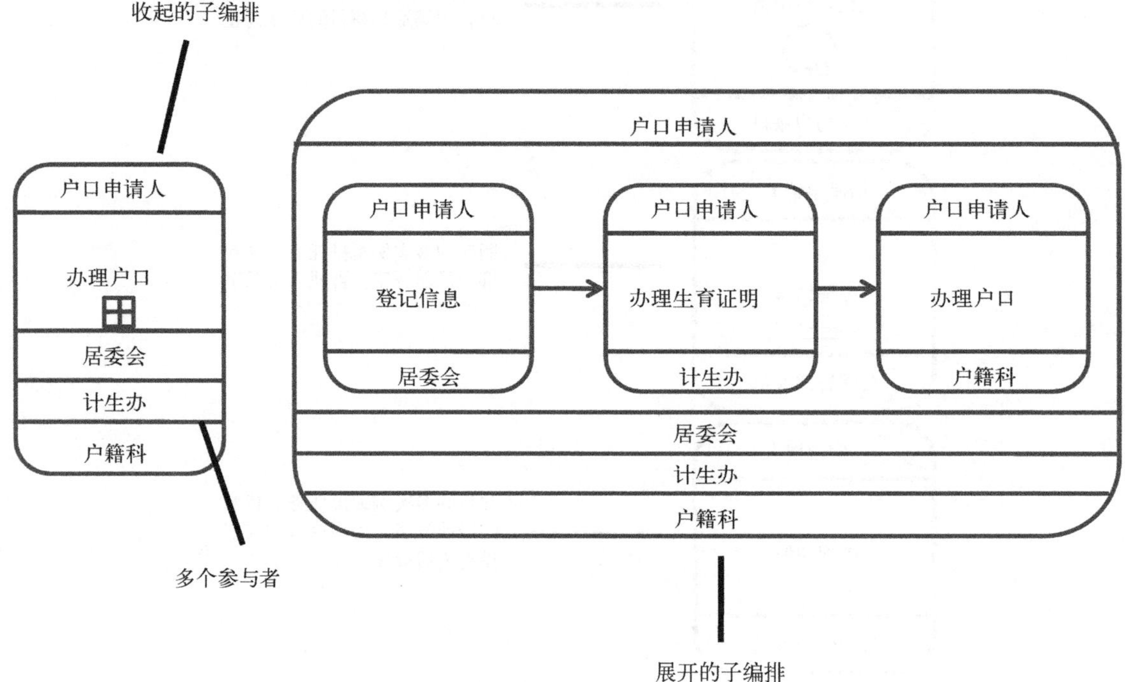

图7.73　子编排

子编排同样具有内部循环和多实例的行为，也支持表现多实例参与者。使用的标识和编排任务一致。

7.4.3　调用编排和全局编排任务

我们使用调用编排在当前编排模型中调用其他编排模型或全局编排任务。被调用的编排模型在当前模型中被称为重用的子编排。什么叫全局编排任务呢？能被其他编排模型通过调用编排调用的编排任务即称为全局编排任务，如图7.74所示。

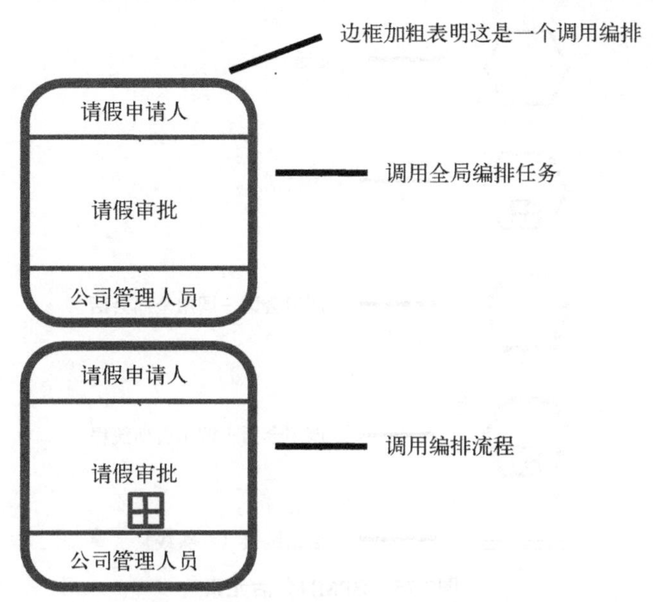

图7.74 调用编排可以调用全局编排任务也可以调用编排流程

7.5 BPMN 的会话元素

终于到了需要讨论的最后一种建模元素了。在具体讨论BPMN的会话元素之前，我们依旧回顾一下，什么是BPMN的会话视图？会话视图为协作模型提供了另外一种非正式的表现形式，与编排模型一样，它的目标同样在于表现参与者之间的关系，它将一系列相关的信息交互简化为一次会话。会话元素使用在协作模型里。

会话元素包括如下五种，如图7.75所示。

- 会话（Conversation）：原子元素，我们使用它来简化表现参与者之间一系列相关的交互；
- 子会话（Sub-Conversation）：复合元素，能继续分解成一系列的会话；
- 调用会话（Call Conversation）：我们使用调用会话在当前协作模型里调用其他会话流程或全局会话；
- 全局会话（Global Conversation）：所有协作模型可见，能够被其他流程调用的会话；
- 会话链接（Conversation Link）：链接会话与参与者/活动。

我们为什么要使用会话视图？它给我们解决了什么问题？依旧是看例子，这个例子还是和户口有关。话说某地区为了拉动房地产经济决定买房送户口，于是吸引来了一大批人们，这里也包括了我。我问售楼小姐，如何把户口迁移过来啊，麻烦吗？售楼小姐顺手递给我一张户口迁移说明，密密麻麻整整一页，我立刻就觉得这事麻烦无比。刚好，另外一个售楼小姐路过，说这挺简单的，然后给我看了一张图。于是，我立刻明白了整个户口迁移的大流程，如图7.76所示。

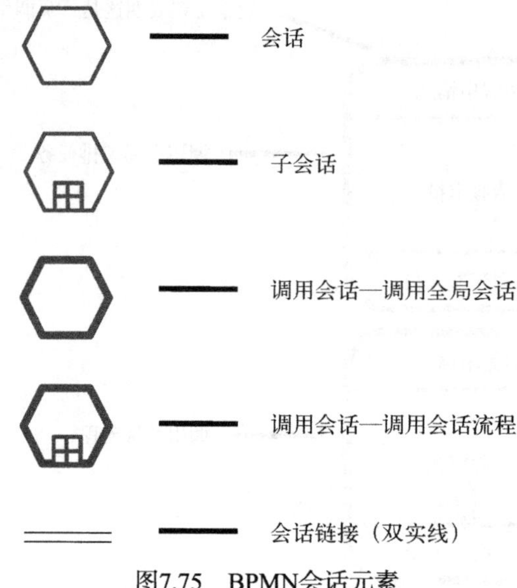

图7.75　BPMN会话元素

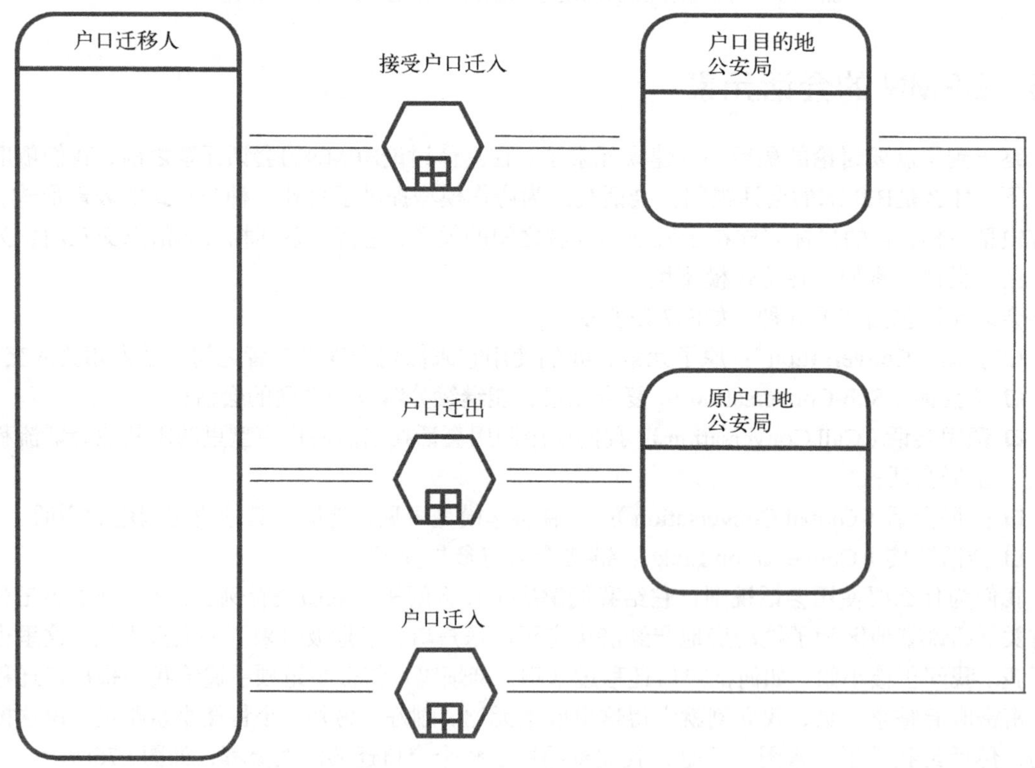

图7.76　户口迁移总流程

会话视图的第一个作用是化繁为简，通过将一系列的交互过程简化为一个会话元素，我们能够立刻清晰整个事情的办理流程，需要和哪些机构打交道，顺序是什么样的。

好了，接下来我需要知道如何具体与这些机构打交道，比如说我已经在原户口所在地将户口迁出，那么接下来需要找目的地公安机关将户口迁入，我该怎么做？如图7.77所示。

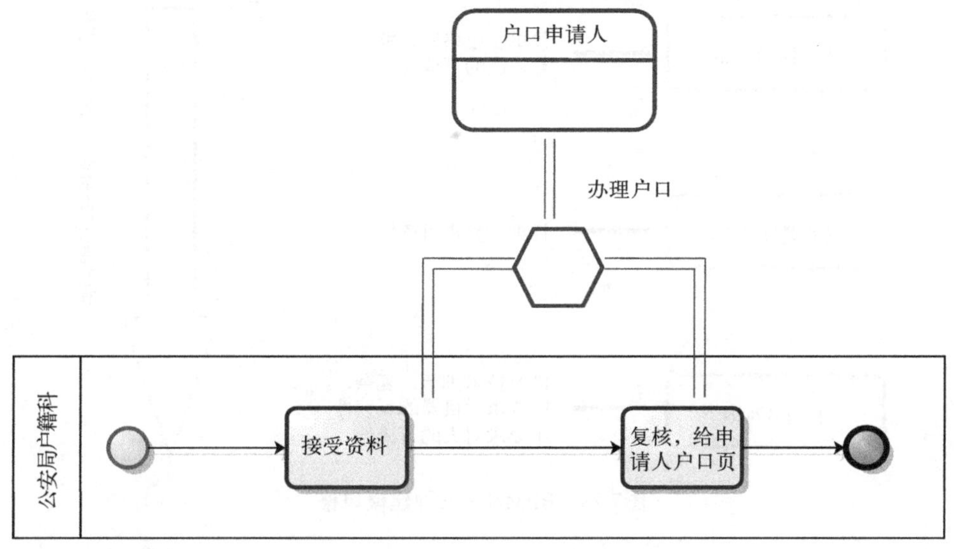

图7.77 办理户口迁入

会话视图的第二个作用是将流程中的消息交互分组，当流程中存在很多参与者并有交互时，通过交互分组，可以很容易分辨出某个参与者在整个流程执行过程中所担负的职责。从图7.77中很容易发现，只要提供所需资料然后等待复核拿户口页即可。上面这个例子也表明，会话元素可以直接使用在协作模型里，与其他元素混合使用。

7.6 使用 BPMN 建模

在前面的小节里，我们讨论了BPMN的三种流程模型以及这些流程模型所使用的建模元素，现在讨论如何使用这些元素进行建模。正如没有经验的程序员与有经验程序员之间的差别不在于对作为工具的语言语法的掌握，而是如何合理地使用该语言以解决实际问题；BPMN也是一样，它只是工具，了解其建模元素只是第一步，最重要的还是明白要解决的问题，并根据问题选择合适的元素和建模风格进行建模。

根据要解决的问题以及模型所面向的受众，我们将BPMN分为了三种建模风格，如图7.78所示。

- 描述性BPMN：面向的受众是企业外部的客户，此时建模的目的是将企业能够提供的服务以最简洁的方式展现给客户；

- 分析性BPMN：面向的受众是企业内部的分析人员，此时建模的目的是对企业内部的业务流程进行详细的分析，找出其中存在的问题，进行持续的改进；
- 执行BPMN：面向的受众是开发人员，此时建模的目的是对企业内部能够自动化的流程自动化，交由BPMS执行。

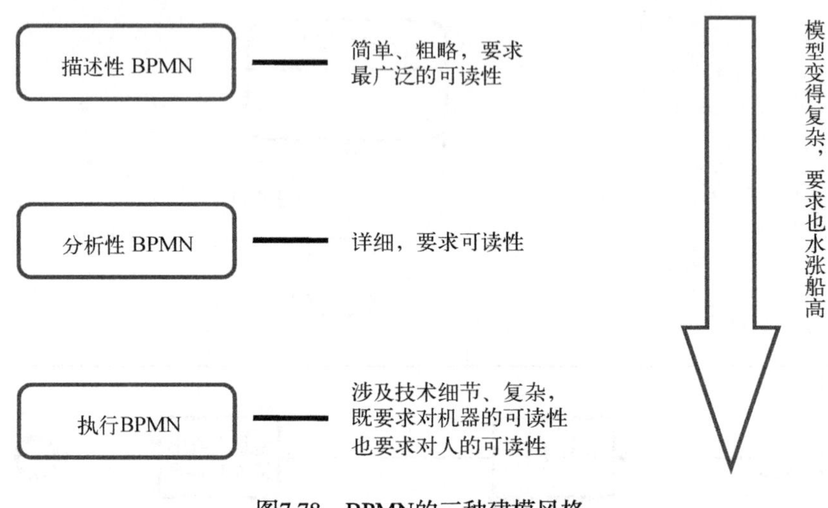

图7.78 BPMN的三种建模风格

7.6.1 描述性 BPMN

描述性BPMN的目的是将企业能够提供的服务以最简洁的方式展现给客户。现实生活中随处可见描述性BPMN，银行墙壁上挂着的业务办理流程，医院大厅的就诊流程，网上购物时购物流程的帮助页面，如图7.79和图7.80所示。

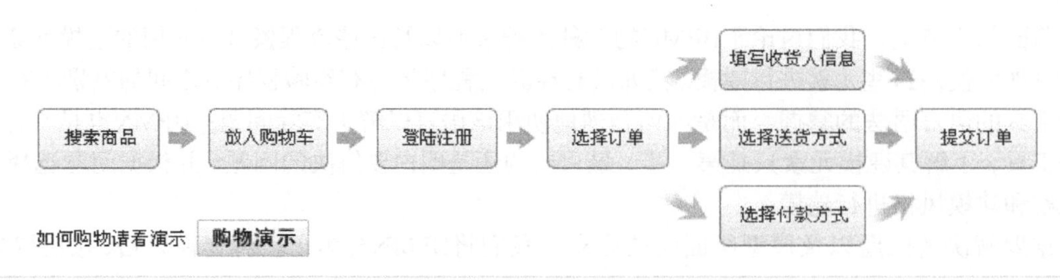

图7.79 当当的购物流程（图片来源：dangdang.com）

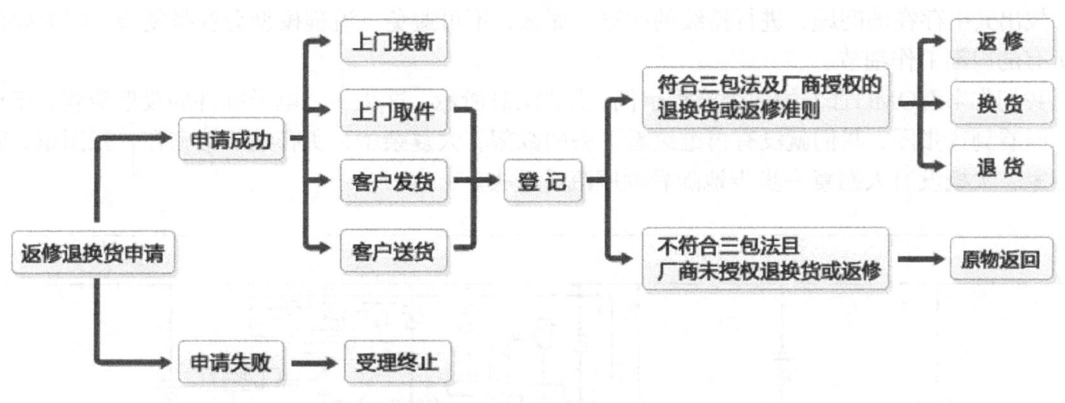

图7.80　京东的退换货流程（图片来源：360buy.com）

描述性BPMN的目的要求其必须简洁。客户不是专业的流程分析人员和开发人员，他们并不清楚各种BPMN元素的语义，所以一定要以最少、最常用的元素进行建模；同时，流程本身也要精简，刨除对客户无关的所有活动。这些活动只有两种类型：一种是客户要做的事情；一种是对流程状态和分支条件的必要说明。

除去以展现企业服务为目的的建模，以沟通为目的的流程建模也属于描述性BPMN。在日常工作中，我们经常需要手工绘制一些草图在团队之间进行沟通，这些草图不一定正式，但是一定得让大家都容易理解，即使违反一些BPMN的建模规则也没有关系，因为我们是要使用BPMN解决自己的问题，而是反过来被其约束。

编制模型和会话模型都属于描述性BPMN。进行描述性BPMN流程建模时，我们总结了以下规则：

- 使用最小子集的BPMN元素，进行流程编排建模时只使用基本元素；
- 精简流程元素，使用更少但含义丰富的任务节点；
- 当文字比图形元素更能清晰表达含义时，使用附注；
- 当任务/子流程有循环行为时，使用顺序流和排他网关，不使用任务/子流程自己的循环标识；
- 将复杂分裂/聚合逻辑写入单独的说明文件；
- 隐藏附注，仅在需要时显示。

除此之外，还有描述性BPMN、分析性BPMN和执行BPMN都需要遵循的如下规则：

- 按照时间线顺序组织模型（从左至右、从上至下）；
- 建立起统一的模型命名约定，例如任务名字格式为“动词 + 名词”；
- 使用网关时配对使用。

7.6.2　分析性 BPMN

分析性BPMN面向企业内部的分析/管理人员，目的是对企业内部的业务流程进行详细的分析，找出其中存在的问题，进行持续的改进。那么，不可避免，流程模型会变得复杂，因为要涉及所有的内部工作细节。

我们先来看OMG官方的一个流程示例，如图7.81所示。这是一个电子邮件的投票流程，仅仅第一眼看到这张图，我们就没有再继续看下去的欲望，太复杂了，所有细节堆砌在一张图里，除了专家，大概没有人愿意一步步地随着顺序流看下去。

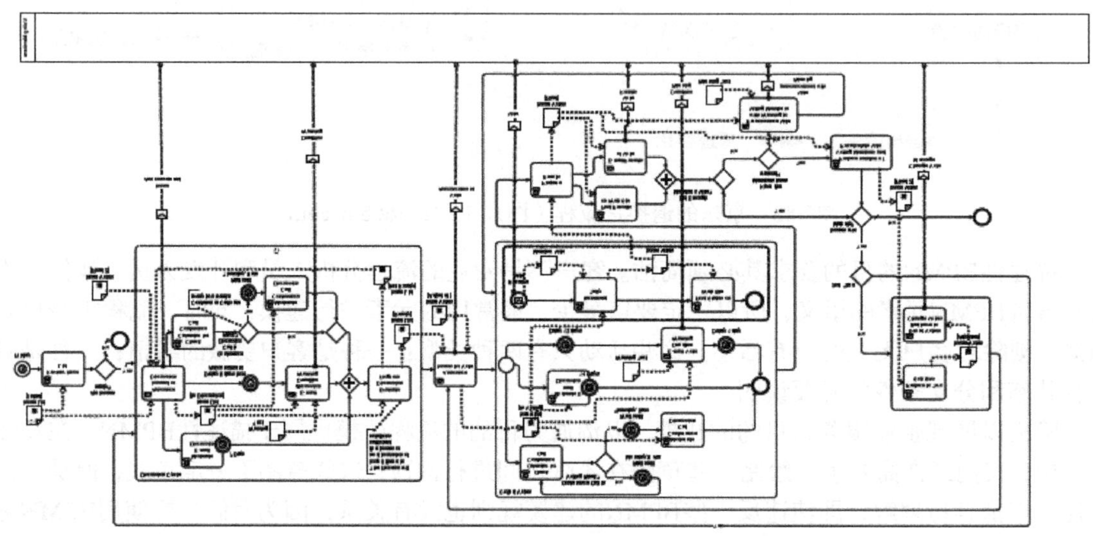

图7.81　来自于OMG网站的电子邮件投票流程模型

分析性BPMN的第一原则就是：利用子流程对流程进行正确的分解，如图7.82和图7.83所示。

在仓储出货子流程里，可能出现一种新的虚拟退换货需求（一般称为“中间状态的异常订单处理”），此时订单已经确认，但是发现缺货或其他不能发货的情况（对大部分B2C而言，很难实现全实库，而虚库发生缺货几乎是必然的，京东2012年的618促销就是一个例子）。无论顾客提出换货、忽略缺货还是愿意等都需要改单，涉及非常复杂的流程。此时有两种建模方式：一种是直接在仓储出货子流程里增加缺货处理的子流程，如图7.84所示；另外一种是在仓储出货子流程里忽略掉对缺货这种异常情况的处理，只关注乐观路径，在另一个单独流程图里建模缺货处理。我们的观点是尽量将复杂的异常处理流程从主流程中分离出去，单独建模，在单独的模型里说明其要处理的情况，保持主流程的可读性和简洁。

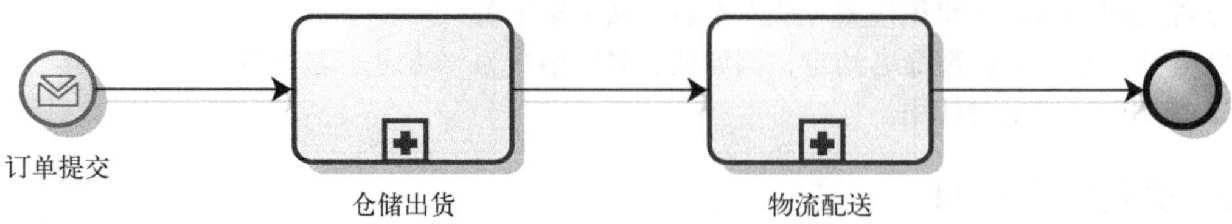

图7.82　使用子流程对订单处理流程进行分解

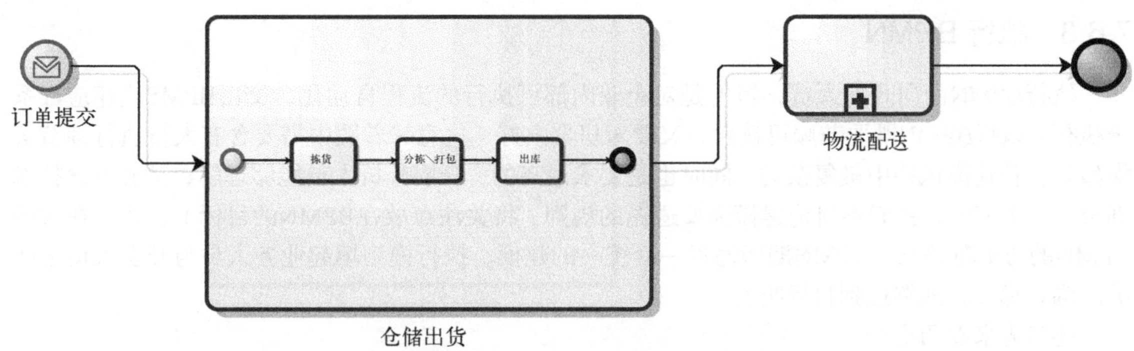

图7.83 仓储出货包括了货物出库和分拨货物到网点两个子流程

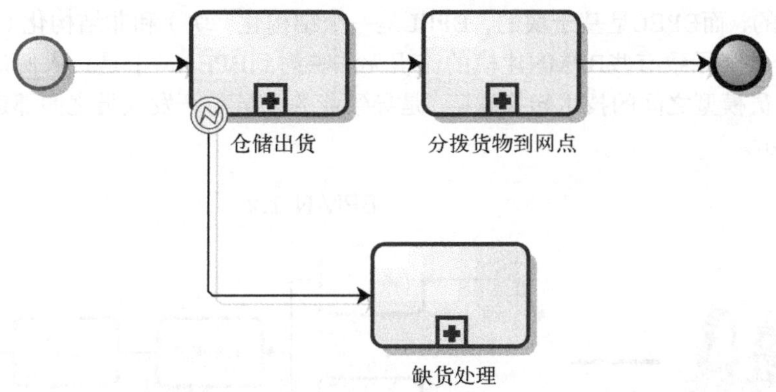

图7.84 直接在流程图里增加对缺货的异常处理

分析性BPMN的第二原则就是：流程模型单一职责，一个流程图只关注一种路径，复杂的异常路径单独建模。分析性BPMN仍旧需要将可读性放在首位。

进行分析性BPMN流程建模时，我们总结了以下规则：

- 利用子流程对流程进行正确的分解；
- 流程模型单一职责，一个流程图只关注一种路径，复杂的异常路径单独建模；
- 使用最小子集的BPMN元素，进行流程编排建模时只使用核心元素；
- 使用池/泳道分析清晰部门、角色的职责；
- 结束事件不仅仅标识流程的结束，还标识流程的状态，所以对不同的流程结束状态一定要使用分开的结束事件来建模（例如退货成功和退货申请失败尽管都表示流程结束，但是需要使用两个分开的结束事件）；
- 精简流程元素，使用附注，例如我们可以给任务附加定时事件进行限时，但更好的方式是使用附注直接说明；
- 隐藏细节，根据具体情况，采用链接、单独文件的方式具体说明；
- 使用颜色标识出模型的不同关注点。

7.6.3 执行 BPMN

执行BPMN面向开发人员，目的是对企业内部可执行的流程自动化，交由BPMS或相应IT系统执行。执行BPMN既要兼顾可读性，又要对机器友好（这意味着图中需要含有大量执行细节），模型是三种建模风格中最复杂的，同时也是要求最高的，既要分析人员能够理解，又要包含技术细节。在本节中，我们不讨论建模需要遵循的规则，将关注点放在BPMN的目标上。我们在讲述BPMN的历史时提到，BPMN期望通过一套统一的建模、执行模型填起业务人员与开发人员之间的鸿沟，那么它能够达到目标吗？

还是先来看历史。

在BPMN 2.0出现之前，业务人员使用BPMN 1.*x*进行流程建模，然后开发人员将BPMN模型转化为BPEL模型，增加技术细节，扔给IT系统执行。此时人们对这种做法颇有微词，原因是：BPMN是基于图的，而BPEL是基于块的，BPEL是一个结构化（块）和非结构化（控制链和事件）的混合体。这个缺陷导致有些BPMN建模的流程无法映射到BPEL。于是，人们认为这种业务人员模型与开发人员模型之间的技术转换缺陷，是导致业务人员与开发人员之间那道鸿沟的主要原因，如图7.85所示。

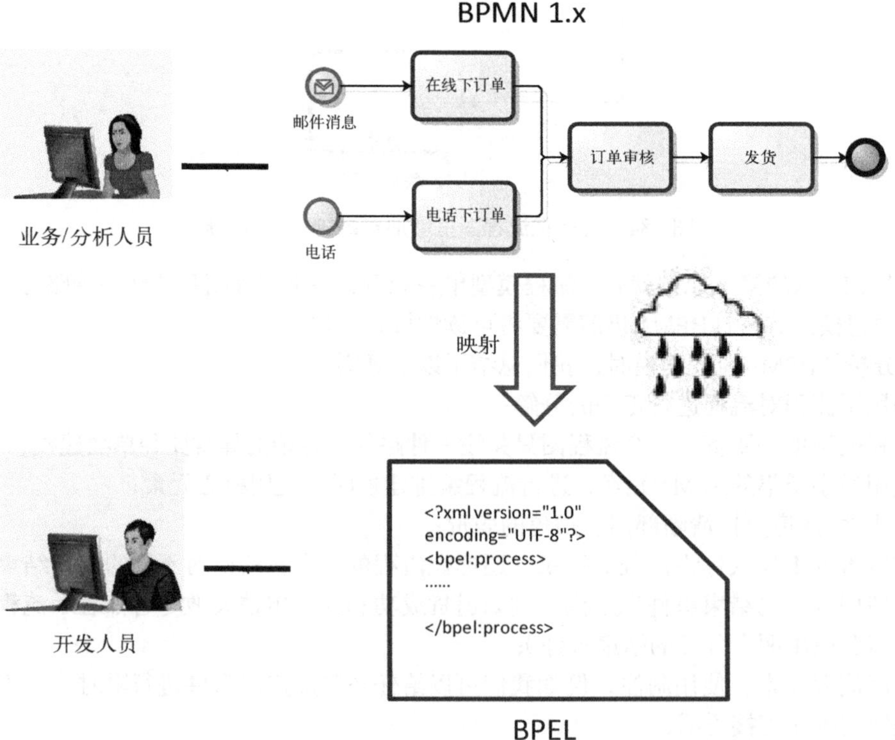

图7.85 人们认为BPMN到执行语言的映射是产生鸿沟的主要原因

于是，BPMN 2.0出现了。如图7.86所示。

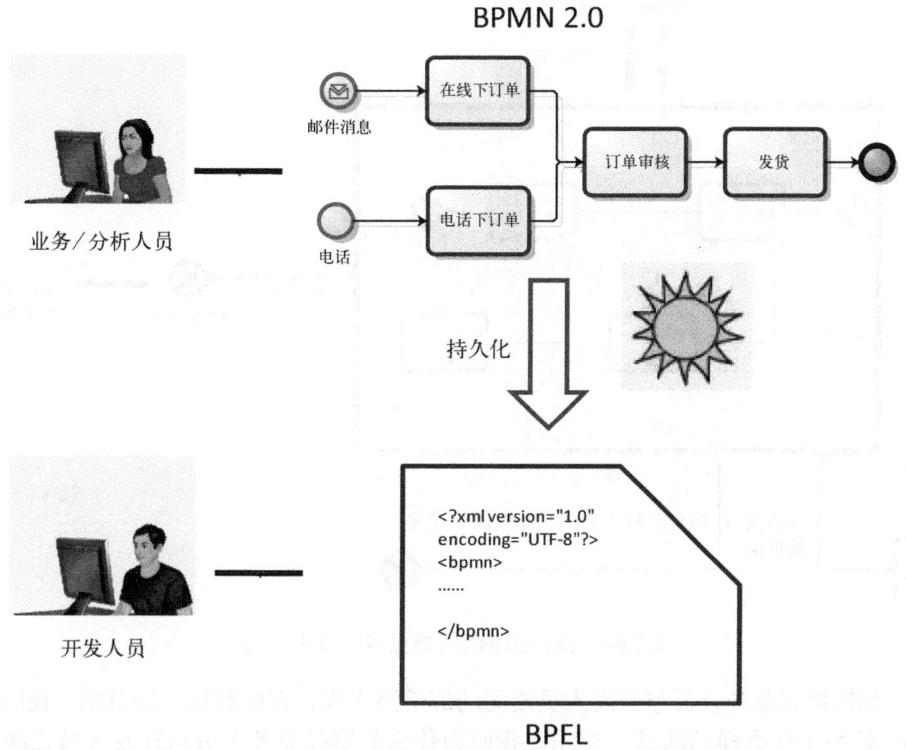

图7.86　人们认为统一分析与执行语言能够解决鸿沟的问题

BPMN 2.0解决问题了吗？

我们看一个简单的例子。网上购物流程里有很重要的一步就是转账，对业务分析人员来说，反映到流程图中这只是很简单的一步，用一个活动元素即可；但对开发人员来说，转账这项工作却包含着太多的技术细节，不仅需要考虑成功转账时的系统集成工作，更要考虑当异常发生时的补偿和回滚工作，相应的流程图也变得复杂。尽管我们使用的是同一套符号，但让业务人员去理解包含技术细节的模型还是困难的，更别提直接修改了，如图7.87所示。

问题就像是玻璃上的泥点，当我们擦去最大的那一个，第二大的就变成了最大的。所以我们的答案是，BPMN 2.0并没有解决业务人员与开发人员之间存在鸿沟的问题，原因就在于分析性BPMN与执行BPMN之间的差别：分析性BPMN尽量精简流程元素，使用附注、文档等其他进行解释说明，重视的是流程的可读性；而执行BPMN需要有技术细节，重视的是流程的可执行性，这导致模型的臃肿和对业务人员的不可读性。

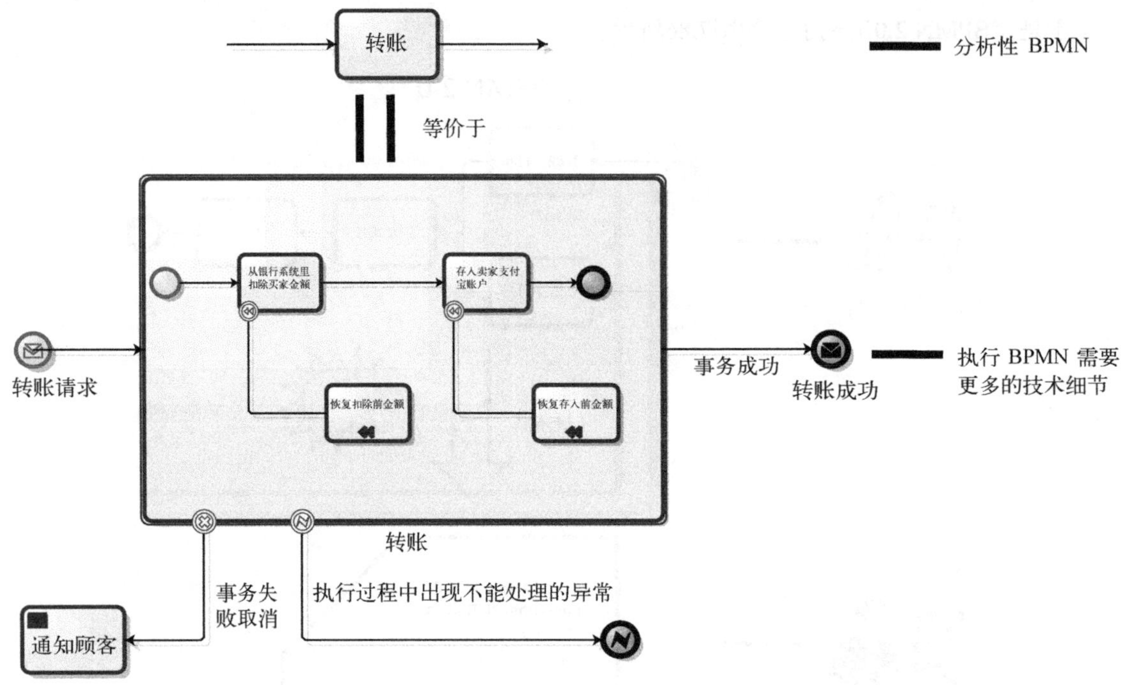

图7.87　执行BPMN需要更多的技术细节

那么，如何填起业务人员与开发人员之间的那道鸿沟呢？在回答这一问题前，我们需要明白这鸿沟到底是一个什么样的问题。首先，我们为什么要填起业务人员与开发人员之间的那道鸿沟？我们需要业务人员和开发人员协调一致。那么，我们为什么需要业务人员和开发人员协调一致呢？我们需要对市场压力做出尽可能快速、高效和可靠的反应，从而实现业务目标，抛开业务，谈论一切问题都毫无意义，我们需要业务人员进行分析后和开发人员一起实现流程的快速反应。

*所以，业务人员和开发人员之间的协调不是一个技术问题，而是一个业务问题。更进一步讲，是人的问题。*想想在我们日常开发中，有多少次业务人员告诉我们这个很重要那个也很重要，而当我们好不容易修改、测试、部署完毕时，新的需求又来了，在他们眼里很简单的一个需求却不知道需要多大的工作量，需要更改多少的代码，涉及多少张表的修改，做多少次的系统间集成测试；同样想想在我们日常的分析工作中，有多少次找这个领导找那个领导，做出的设计却总是不让领导满意，而开发部门总是慢半拍，总是不能按时完成，总是延期。

所以，正如本节一开始就提出的观点：BPMN只是个技术工具，工具只是工具，促进业务人员与开发人员之间的协调沟通，除了工具，还有公司文化、组织结构等等其他因素，这才是最重要的因素。当然，相比BPMN 1.*x*，BPMN 2.0向前迈出了一大步，它使业务人员和技术人员有了统一的建模语言，尽管他们各自都有自己的建模风格。

语言只是工具，BPMN也是一样，只是工具，了解其建模元素只是第一步，最重要的还是明白要解决的问题，并根据问题选择合适的元素和建模风格进行建模。

7.7 本章小结

本章首先简述了BPMN的历史，从中我们不难看到规范背后大公司和政治斗争的背影。接着讨论了BPMN的流程模型及其建模元素。BPMN的流程模型分为流程编制、编排和协作，建模元素分为流程编制元素、编排元素和会话元素，每种模型所使用的建模元素都有差异。流程编制模型使用流程编制元素；编排模型使用部分流程编制元素和编排元素；协作模型包含流程编制模型和编排模型，同时它具有会话视图，所以能够使用所有的BPMN元素。然后，我们讨论了BPMN的建模风格，BPMN只是工具，了解其建模元素只是第一步，最重要的还是明白要解决的问题，并根据问题选择合适的元素和建模风格进行建模。BPMN有三种建模风格：描述性BPMN、分析性BPMN和执行BPMN。在本章的最后，我们讨论了BPMN所想解决的问题：解决业务人员与开发人员之间的协调问题。实际上，业务人员和开发人员之间的协调不是技术问题，而是业务问题；更进一步，是人的问题。所以，公司文化、组织结构等其他因素才是解决这一问题最重要的因素。

第8章 深入BPM看实现

8.1 天上的BPM与地上的BPMS

第6章我们以BPM的生命周期为主线，介绍并分析了BPM生命周期内各个阶段所涉及的内容；第7章又学习BPM参谋长的战术理论及规范。在本章，我们将介绍BPM的产品，BPM产品一般称为BPMS，即BPM套件（Suites），也有称为BPM系统（System）的。业内著名的咨询公司Gartner使用BPM套件这个名称，来发布每年一度的BPMS魔力象限报告（参见8.1.3节）。

那么，BPMS与BPM是什么关系呢？BPMS就是BPM的部分或全部的IT技术实现。业务人员关注的是全面质量管理、价值链、六西格玛[①]、平衡计分卡、流程优化等BPM内容，而技术人员关注的是流程执行引擎、BPMN 2.0、BAM、流程建模、EAI、Web服务、规则引擎等BPMS内容，如图8.1所示。将BPM的内容直接或间接地映射为IT技术实现，或者说，用IT技术去实现BPM的部分或全部内容，这样实现出来的相关软件系统的集合即称为BPMS。

① 6σ管理将重点放在产生缺陷的根本原因上，认为质量是靠流程的优化，而不是通过严格地对最终产品的检验来实现的。

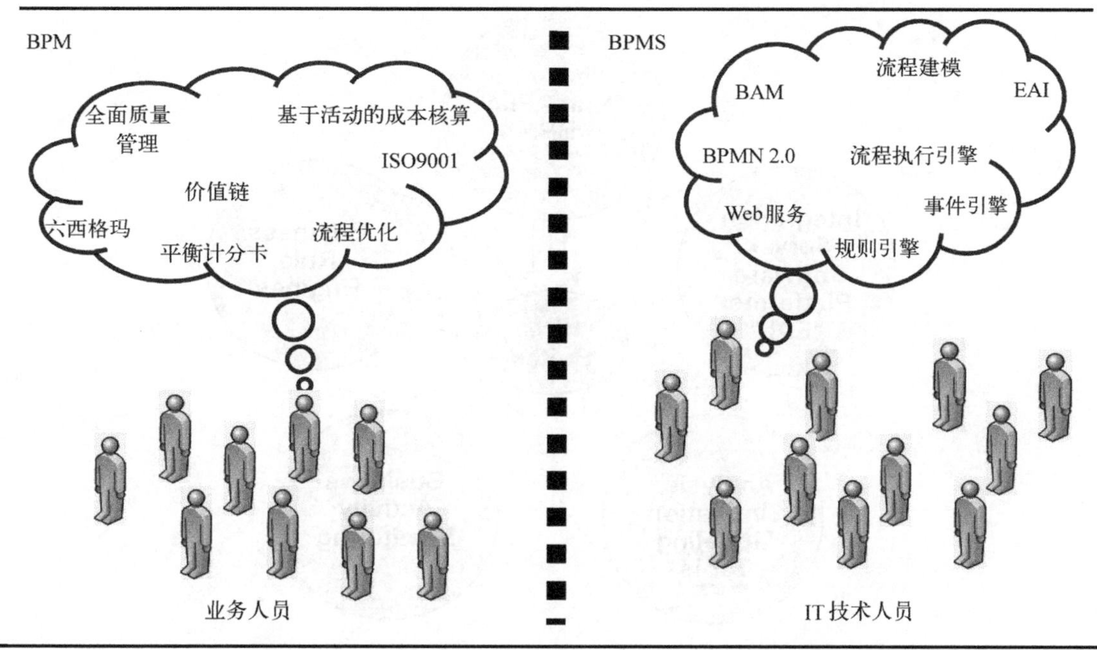

图8.1 业务人员眼中的BPM与IT技术人员眼中的BPMS

8.1.1 BPMS产品市场前景

由于BPM的盛行，BPMS的产品可谓是雨后春笋，层出不穷。从IBM、Oracle、SAP这样的超级软件巨头，到名不见经传的小软件公司，都在瓜分BPM这块大蛋糕。来自美国的调研机构WinterGreen在2009年发布了题为《世界范围内业务流程管理（BPM）市场：商机、策略、市场预测（2009年至2015年）》①的调研报告预计，涉及许可证、维护以及服务的BPM市场价值将从2008年的18亿美元增长到2015年的62亿美元。

8.1.2 BPMS产品分类

2004年5月，Gartner发布了一篇名称为“A BPM Taxonomy：Creating Clarity in a Confusing Market”（BPM分类学：在混乱的市场中创造清晰）的文档，对当前BPM市场内的产品进行了分类和定位，并提出了BPM Suite这个概念来诠释整个BPM产品的解决方案。此后，Gartner就开始发布每年一度的名称为“Magic Quadrant for Business Process Management Suites”（业务流程管理套件的魔力象限）的报告。在BPM分类学的文档中，Gartner将BPM套件分为5个类别，如图8.2所示。

① http://wintergreenresearch.com/reports/Business Process Management.htm。此报告需要花费3400美元才能买到。

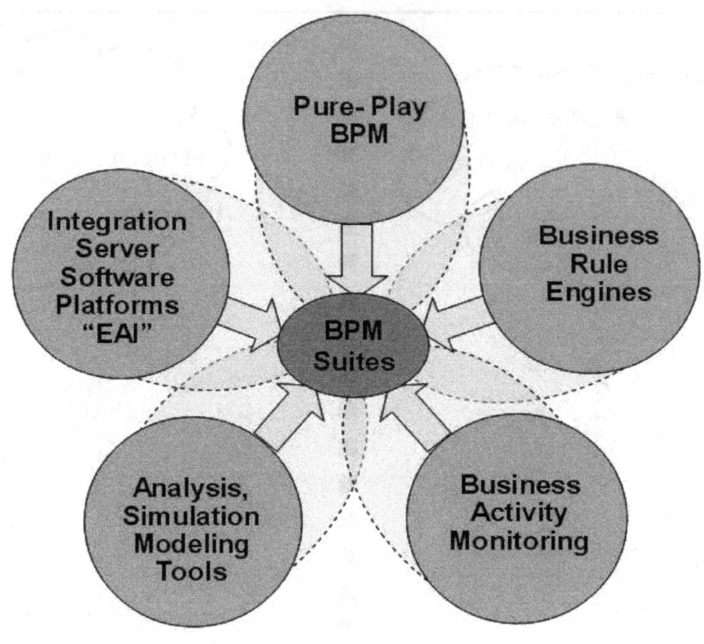

图8.2　Gartner BPM套件分类图

BPM套件产品的5个分类如下所示。

- Prue-Play BPM：由传统的工作流厂商发展而来，他们提供优秀的面向人工的BPM产品，这类BPM产品至少提供适当的整合能力。这类厂商包括当时的三个主流厂商：FileNet（被IBM收购）、Pegasystems、Global360，以及五个处于上升期的厂商：Appian、Lombardi（被IBM收购）、Savvion、Metastorm、Ultimus。
- Intergration Server Software Platforms "EAI"：指面向集成的BPM产品。这类产品的厂商有很多是通过收购一些Pure-Play BPM厂商，成为可提供全面解决方案的面向集成的BPM厂商。例如，TIBCO于2004年收购Staffware；BEA于2006年收购Fuego，之后BEA又被Oracle收购；IBM先收购FileNet，在2010年初又收购Lombardi。由这些收购事实可以看到，在面向集成的BPM产品中，人工流同样是很重要的组成。
- Analysis，Simulation，Modeling Tools：这类BPM产品侧重于提供分析、仿真和建模工具。当然，建模工具在如今的BPM产品中是不可或缺的。而在分析和仿真领域，一些BPM产品则有很大的差距。BPM的分析一般称之为BPA，这些产品一般处于BPM的最前端。在Gartner的研究报告中，也有专门针对于BPA的魔力象限报告。值得一提的是，在这个每年一度的报告中，来自于德国的IDS-Scheer公司一直连续多年处于第一的位置。
- Business Activity Monitoring：业务活动监控，6.4节专门对此讲解和分析过。严格来说，BAM和BPM是相辅相成的关系，但是现在很多人会误以为BAM是BPM的一部分或一个子集，其实这种认识是不对的。单独的BAM产品目前在市场上并不多，即便是IBM的Tivoli

也只是提供业务应用的监控，其实IBM的产品也叫BAM，不过是Business Application Management。其他很多的BPM厂商，也仅仅是在其BPM产品中提供面向流程的BAM功能。

- Business Rule Engines：这个比较奇怪，根本不能算是BPM产品的一个类别，因为业务规则引擎在BPM产品中都是不可或缺的。Gartner把它放在这个图中，可能是强调其重要性吧。

以上是Gartner在2004年的一个分类报告，应该说到今天为止，这个分类还是比较准确的。在2009年，SAP和Accenture（埃森哲）联合发布了一个“BPM Technology Taxonomy：A Guide Tour to the Application of BPM”的白皮书。此白皮书主要是对BPM的相关概念、涉及的技术给出了定义和描述。白皮书中将BPM技术类型分为了三个类别，如图8.3所示。

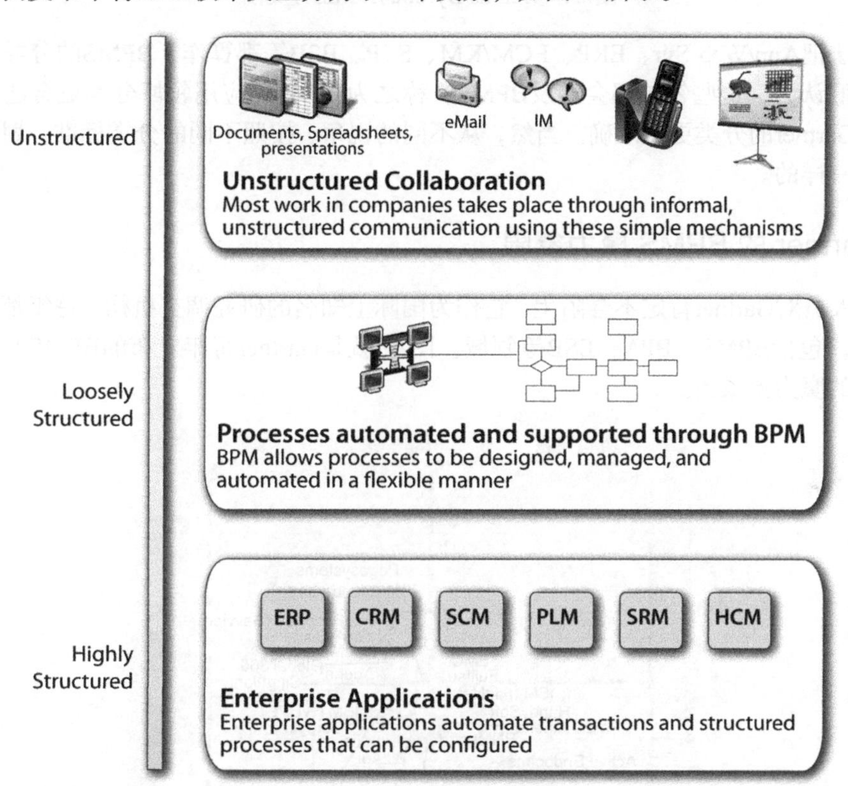

图8.3 流程和技术分类图①

针对这个白皮书，ebizQ社区的主席Dennis Byron在ebizq的站点上发表了一篇文章②，认为白皮书的标题命名为“BPM Technology Taxonomy”，但是并没有提供BPM的分类系统，而是提供了对BPM技术的调查和实践，以及调查比较了多个可选择的支持BPM的软件工具。在其文章中对BPM进行了分类，如图8.4所示。

① http://www.accenture.com/SiteCollectionDocuments/PDF/BPM WhitePaper.pdf。

② http://www.ebizq.net/topics/bpm/features/11506.html?page=1。

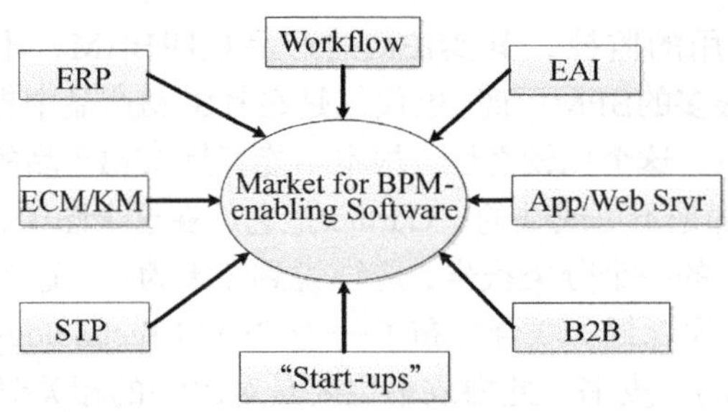

图8.4　Dennis Byron的BPMS分类图

这种方法把App/Web Svr、ERP、ECM/KM、STP、B2B等都算作了BPMS的分类，实在是有点牵强。我们认为，这些领域都会涉及BPMS，称之为BPMS的应用领域分类更合适一些。综合来说，还是Gartner的分类更为准确。当然，从不同的视角，按照不同的分类标准，划分出来的类别肯定是不一样的。

8.1.3　Gartner 的 BPMS 魔力象限

IT技术人员对Gartner肯定不会陌生，它作为国际上知名的研究调查机构，每年都会发布很多的调查报告，包括BPMS、BPA、ESB等领域。图8.5就是Gartner每年发布的BPMS产品厂商魔力象限报告中的魔力象限图。

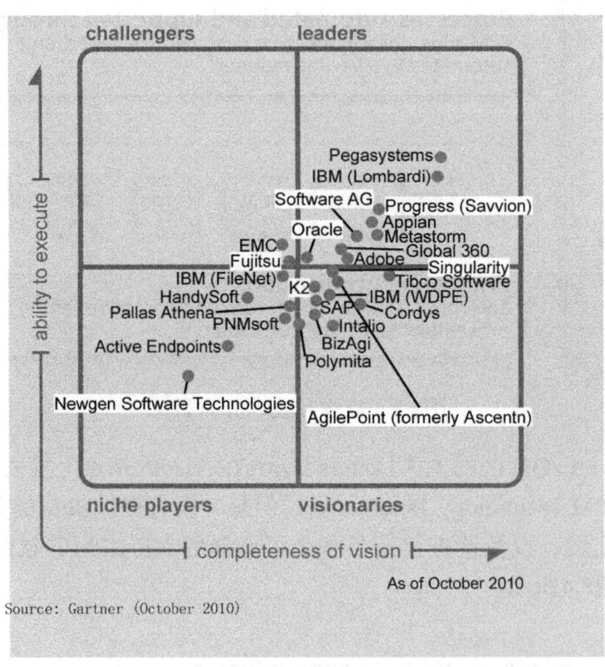

图8.5　Gartner 2010年发布的 BPMS的魔力象限图

在图中，Gartner把BPMS的产品厂商分在了如下四个象限中。

- 领导者（leaders）象限

- Pegasystems——SmartBPM Suite的整合能力强大，并且提供了许多功能，能够快速支持工作流程的模型建立，以及选择以不同的thin-client或是rich-client的使用者接口程序。
- IBM（Lombardi）（2010年3月被IBM收购）——提供渐进式的、以企业为导向的改良解决方案。Lombardi Teamwork 6在企业界以及IT界都有很好的风评。
- Progress（Savvion）——BusinessManager 7.0是一套相当成熟的BPM软件包，可以处理需要整合大量人员以及系统的工作流程。流程模型建立以及数据库工具能力强大，并且容易让企业使用者上手。
- Appian——Appian Enterprise提供设计及执行阶段的thin-client架构，以及公司在线服务的版本，也就是Appian Anywhere。另外一个强项则是广受好评的商业智能产品Analytics Everwhere，可供分析流程数据使用。
- Metastorm——这是Microsoft平台上的主要BPM配合厂商，这个产品支持许多需求，因此拥有较佳的扩充能力。内建的原则流程技术“简单又好用”，不过 Metastorm只支持外部的规则引擎，如Fair Isaac的Blaze Advisor或Microsoft的BizTalk Server企业规则引擎。
- Software AG——其BPMS WebMethods BPMS对那些需要以模型建构方式持续修改，以及强化企业流程的使用者，相当具有吸引力。这套产品也可以满足一些其他的IT需求，例如流程生命周期管控等。其在2009年收购了在BPA领域一直名列前茅的IDS公司，因此其WebMethods 产品将于IDS公司的ARIS产品做研发整合。
- Global 360——最有名的产品就是Microsoft平台的Process360，以组件的方式提供流程管理（其中包含Java server市场使用的组件），可供企业选购，而不用购买完整的软件包。
- Adobe——其产品侧重于将信息内容（不仅仅是文档）与人工交互及自动活动进行整合。
- Oracle——除了在数据库上的强大之外，它在其他领域也不可小觑。其Oracle BPM 11g已经具备很强的功能，强调流程统一、以用户为中心和社交功能。而在其收购了BEA之后，BEA的ALBPMS也成为其BPMS产品线中重要的组成。

- 挑战者（chanllengers）象限

- Fujitisu——Interstage BPM，包括流程建模、仿真、自动化、分析和优化。他们的BPM产品提出了创建敏捷BPM（Agile BPM）的理念：流程持续优化、协作和社会网络、可扩展的企业生态系统。还有一个特点是，可以导入ARIS的流程模型。
- EMC——EMC Documentum Process Suite 软件，广泛用于各种企业流程的分析、建模、组织和优化，涵盖人员、系统、内容和数据等流程。其BPM产品面向的领域主要是文档流程，与IBM的FileNet有着类似的应用领域。

- 有眼光、有远见（visionaries）象限

包含Tibco Software、Singularity、AgilePoint（formerly Ascentn）、K2、IBM（WPDE）、SAP、

Cordys、BizAgi、Intalio、Polymita等厂商。

- ❑ Tibco Software——Business Studio 2.0提供整合式的设置环境，可供企业流程分析师以及开发人员使用，并且也与一些重要的标准兼容。这个软件包提供了高度图形化的流程仿真工具，也能与Tibco中介软件整合。
- ❑ SAP——德国的第一大软件公司，其Netweaver BPM是以流程为中心的技术，填补了SAP业务过程建模、流程执行、流程运行监控的空白，同时结合IDS Scheer的ARIS for Netweaver实现了流程的优化管理。SAP BPM设计了3个不同的技术关注点来满足各种不同的需求环境和场景，分别是个人流程管理、mySAP应用组件流程管理、异构系统流程管理。
- ❑ Cordys——荷兰的一家软件公司，早期提出流程工厂（Cordys Process Factory）的概念，通过Process去Mashup互联网上的应用，其最经典的示例是与Google Apps、salesforce的集成，给人很震撼的感觉①。现在则强调通过Process构建云应用。我们建议你一定要去看一看。
- ❑ Intalio——美国的一家软件公司，号称是一个私有云公司。非常有意思的是，其现在的产品分为春、夏、秋、冬四个系列，这也算是开创了软件公司产品分类的先河了。作者曾经参加其在北京举行的一次产品推广的鸡尾酒会，它强调以开源为中心的解决方案。其BPM产品提供了整个BPM生命周期内的工具，包括建模、执行、仿真、监控、部署、分析等阶段的相关工具，支持BPMN 2.0的建模和执行。

● 擅长、有专长的（niche players）象限

包含IBM FileNet、HandySoft、Pallas Athena、PNMsoft、Active Endpoints、Newgen Software Technologies。

8.2 开源BPMS实现之Activiti

Activiti是jBPM的创建者Tom baeyens离开JBoss之后的另立山头之作，目前此开源项目由Alfresco和Apache基金会共同支持。其框架及代码也是在jBPM 4的基础之上开发的，但是完全脱离了jBPM 4，成为一个独立的BPMS项目。

Activiti的开发团队比jBPM的强大了许多，目前有18位核心开发者②，参与的公司包括了springsource、Alfresco和mule。Activiti开源项目的核心组件包括建模组件、运行时组件及管理组件。除此之外，还包括了与Spring的集成、与Mule的集成等功能。

8.2.1 Activiti组件介绍

如图8.6所示，Activiti项目由三种类型的组件组成，分别是：建模（Modeling）组件、运行

① http://www.cordysprocessfactory.com/sites/default/files/downloads/On-Demand_business_mashup_demo.htm。

② http://www.activiti.org/team.html。

时（Runtime）组件和管理（Management）组件。

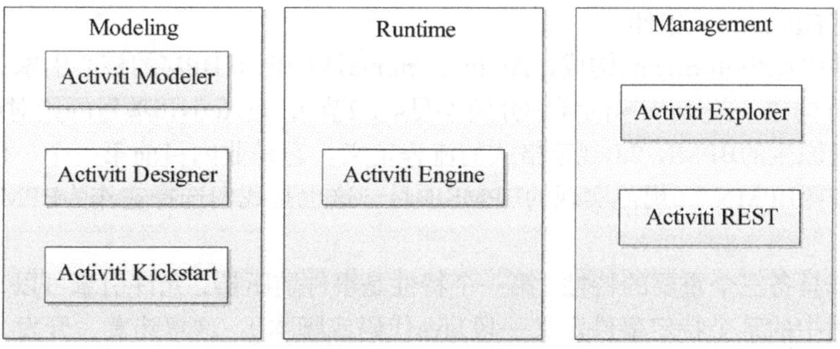

图8.6 Activiti组件图

1. 建模（Modeling）组件

建模组件包括建模器（Activiti Modeler）、设计器（Activiti Designer（Eclipse plugin））、快速启动（Activiti Kickstar）三个子组件。

- Activiti Modeler——建模器，是基于KIS BPM①流程解决方案定制的一个开源版本，它可以用来创建与BPMN 2.0规范相兼容的流程图，流程文件存储在数据库的模型库中。KIS BPM提供了一种基于Web环境管理Activiti项目的解决方案，可以基于它管理不同的Activiti服务器和部署。另外，Web建模器的面板可以使用面板编辑器进行全面定制。它还包含了一个Web的表单编辑器，用来设计Web表单。其流程建模器界面如图8.7所示。

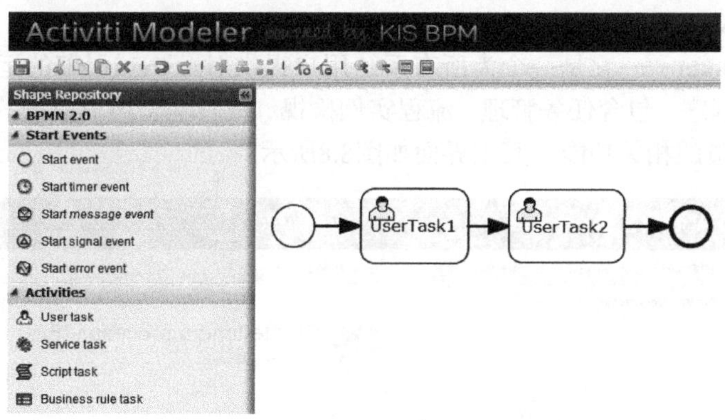

图8.7 Activit Modeler建模器界面

- Activiti Designer——Eclipse插件形式的设计器。此组件提供了Eclipse的插件，使得开发人员可以在Eclipse开发工具中进行流程的建模。建模功能上与Signavio相同。此设计器内含了对Activiti特定扩展的支持，使得我们可以使用流程和引擎的全部潜能。

① KIS BPM是一个m.html。

- Activiti Kickstart——快速启动支持，对Activiti的快速安装启动方面的支持组件。

2. 运行时（Runtime）组件

运行时组件由Activiti Engine构成，Activiti Engine是Activiti BPM的核心引擎，基于流程虚拟机（PVM）进行构建（关于PVM的详细介绍参见4.1.2节），是Activiti项目的绝对底层核心组件。它可以直接运行原生的BPMN 2.0规范格式的流程定义。它是业内目前第一个、也是唯一的从建模到执行完全按照BPMN 2.0规范实现的BPMS项目。这也是我们选择它作为BPMS开源产品介绍的最直接原因。

Activiti引擎具备三个重要的特性。第一个特性是事件监听器，允许引擎可以直接执行一个动作（即为流程图中的某个特定事件定义一段Java代码或脚本）。这意味着，开发人员可以利用特定的技术细节来装饰完善一个流程，而这个细节不会在流程图中显示。此特性提高了业务人员与技术人员之间的协作，业务人员不用再面对流程图中的技术问题。

第二个特性是定制活动。Activiti引擎实现了对BPMN的支持，有很多可直接使用的活动类型。但是业务人员仍旧有可能需要一些与已定义活动不匹配的活动类型。在这种情景下，开发人员可以采用Java代码编写一个定制活动，用来实现业务人员所描述的复杂行为。应该说这个功能非常好用，因为商业产品的活动类型都是定义好的，是一个封装的黑盒子，不可能提供定制功能。

第三个创新的特性是，它提供了对某些冗长的BPMN规范实现了快捷方式或捷径。例如采用比BPMN的XML格式更紧凑的XML描述格式。这种XML格式不是Activiti的专有扩展，它可以被转换为有效的BPMN XML。所以说，Activiti的流程定义，并不是百分百的BPMN的XML格式。

3. 管理（Management）组件

管理组件包括Activiti Explorer和Activiti REST。

- Activiti Explorer——它是一个为所有系统用户提供对Activiti引擎的运行时数据进行访问的Web应用程序。包含任务管理、流程实例检视、查看基于历史数据的统计分析而产生的报表及管理员的相关功能。其主界面如图8.8所示。

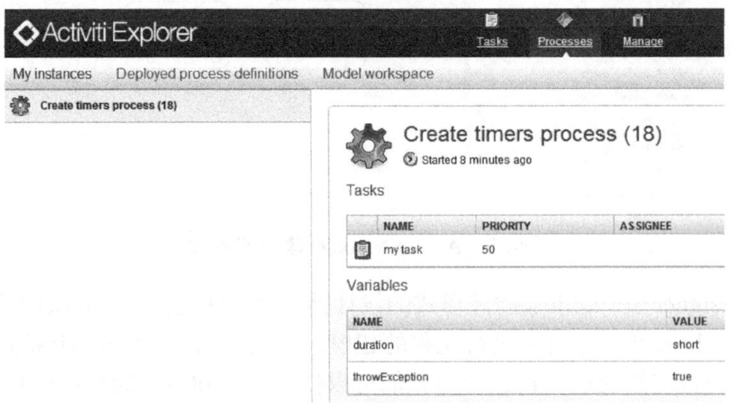

图8.8 Activiti Explorer界面效果图

如上图所示，在右上角包含任务（Tasks）、流程（Processes）和管理（Manage）三个视图功能。

任务（Tasks）视图，主要提供对任务的各种状态以不同的任务列表的方式进行展示并访问的功能，例如收件箱、我的任务、排队的任务、归档的任务等。

流程（Processes）视图，主要提供对流程定义及流程实例的访问功能，包含我的实例（My instances）、已部署的流程定义（Deployed process definitions）、建模工作台（Model workspace）三个子视图，其中Model workspace直接集成了KIS BPM，可以直接打开基于Web的建模器进行BPMN 2.0流程的建模。

管理（Manage）视图，主要提供对Activiti的数据库表、已部署的流程、组织结构等的管理。

Activiti REST，主要提供基于REST方式的相关接口。

8.2.2 Activiti 引擎及流程虚拟机对 BPMN 2.0 流程的执行过程

1. BPMN 2.0规范组成概述

BPMN 2.0规范以BPMN Core为核心，以基础结构（Infrastructure）、通用元素（Common Elements）、服务（Services）为基础，在内容上覆盖了端到端业务流程中的三个建模模型的相关规范，如图8.9所示。

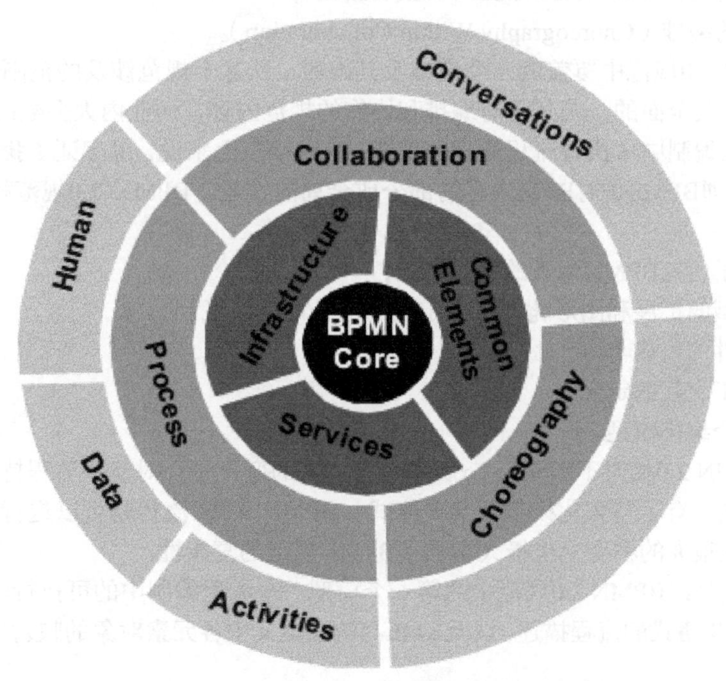

图8.9 BPMN核心内容及分层结构展现图

- ❑ 流程编制（Process Orchestration），包含：
  - ■ 私有不可执行业务流程（内部的）；
  - ■ 私有可执行业务流程（内部的）；
  - ■ 公开流程。
- ❑ 编排（Choreography），包含流程与/或编排，编排是流程的一种，但是在目标和行为上不同于标准的BPMN流程。编排关注的是合作伙伴之间的信息交互。关于编制与编排的具体区别，详见6.3.1节第4部分。编排包含的内容：
  - ■ 使用BPMN的公共元素，例如Sequence Flow、Artifacts；
  - ■ 编排活动；
  - ■ 事件；
  - ■ 网关。
- ❑ 协作（Collaborations），协作模型是为了保证BPMN编排建模的一致性、BPMN流程建模的一致性、BPMN完整的一致性。内容包含：
  - ■ 池与参与者（Pool and Participant）；
  - ■ 消息流（Message Flow）；
  - ■ 会话（Conversation）；
  - ■ 协作内的流程（Process Within Collaboration）；
  - ■ 协作内的编排（Choreography Within Collaboration）。

以上是BPMN 2.0规范中覆盖的三个模型及其内容。从这个规范涉及的范围来看，流程本身要素的覆盖还是比较全面的，尤其是对编排和协作的规范内容，而业内大多数的BPMS产品基本上只是实现了流程编制中可执行流程的相关功能。从这一点上来说，也印证了我们在本章的开头对BPMS的定义，即BPMS是对BPM内容的部分或全局的实现。BPMN 2.0规范相比于BPMN 1.2增加了以下内容：

- ❑ 正式定义了所有BPMN元素的执行场景；
- ❑ 为流程模型的扩展和图形化的扩展定义了一个可扩展机制；
- ❑ 精炼了事件的组成与协作；
- ❑ 扩展了人工交互的定义；
- ❑ 定义了一个编排模型。

我们认为BPMN 2.0相对于BPMN 1.*x*版本最有意义的变化是，对业务流程持久化模型及其交换格式做出了定义。有了持久化模型及交换格式，BPMN 2.0的流程就可以进行存储、交换、执行了。当然，这在很大的程度上也极大增加了BPMN规范的复杂性。

接下来，我们将以BPMN 2.0规范中的第一个模型——流程编制中的可执行流程——为中心，对BPMN元素、XML格式的流程描述，以及XML与流程定义中各元素对象的映射等内容进行分析。

2. 用BPMN 2.0的元素进行图形化流程建模

BPMN的流程编制元素已经在7.3节做了详细说明，这里就不再赘述了。图8.10是利用BPMN

2.0规范的流程元素对“预销售许可审批流程”进行建模的效果图。

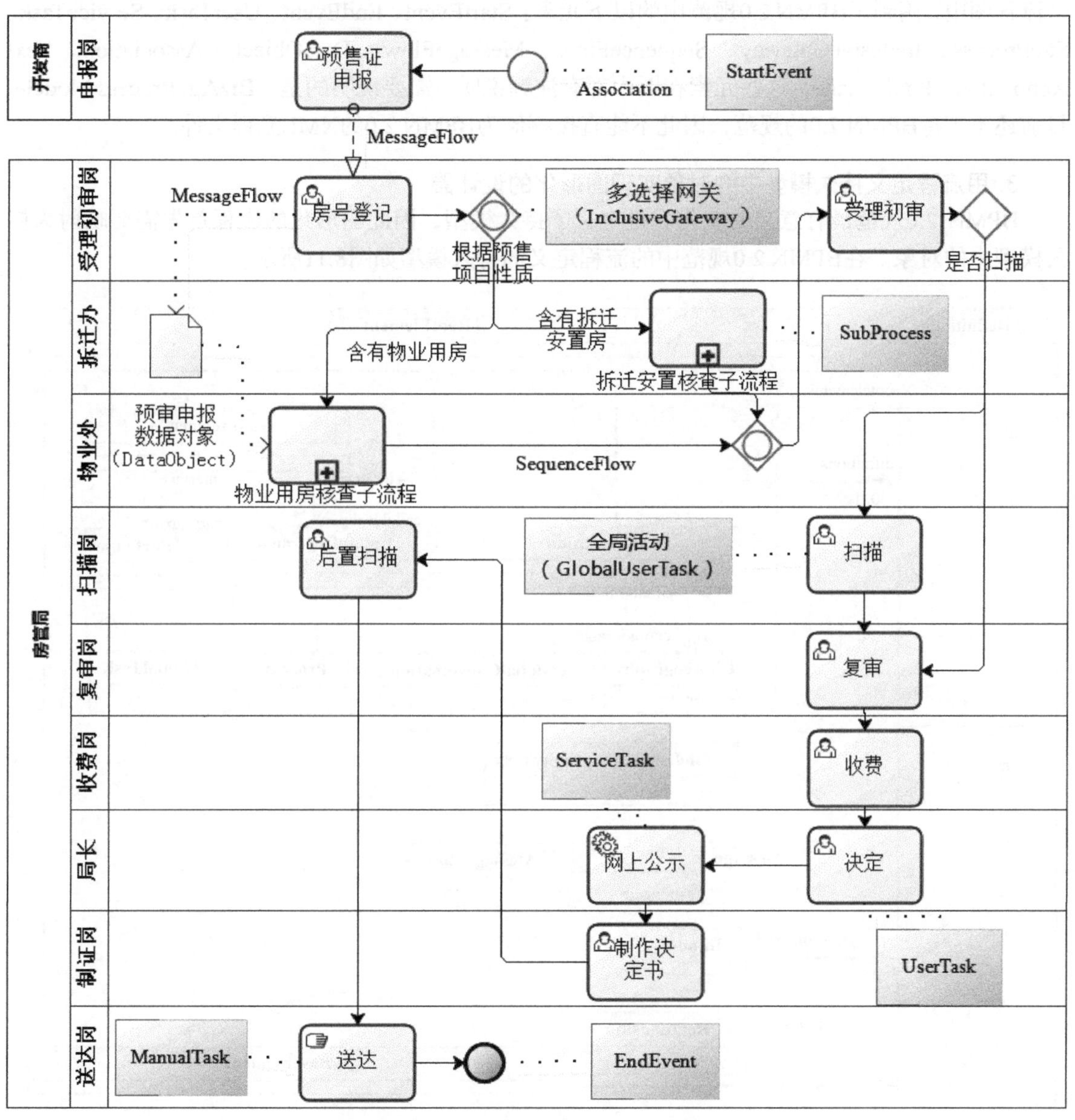

图8.10　预销售许可审批流程的BPMN 2.0流程建模效果图

上图是用BizAgi Process Modeler设计器，对预销售许可审批流程进行建模后的流程图。在整个流程图中，用到了BPMN 2.0规范中的以下元素：StartEvent、EndEvent、UserTask、ServiceTask、SubProcess、InclusiveGateway、SequenceFlow、MessageFlow、DataObject、Association、Text Annotation、Pool、Lane，这些元素在图中都有注释说明。需要说明的是，BizAgi Process Modeler目前还不支持BPMN 2.0的规范，因此不能直接存储为BPMN 2.0的XML流程文件。

3. 用流程定义持久模型中的对象实现图形化的设计器

BPMN 2.0规范最有意义的变化就是定义了持久模型，因此图形化的流程首先需要映射为持久模型中的对象。在BPMN 2.0规范中的流程定义的持久模型如图8.11所示。

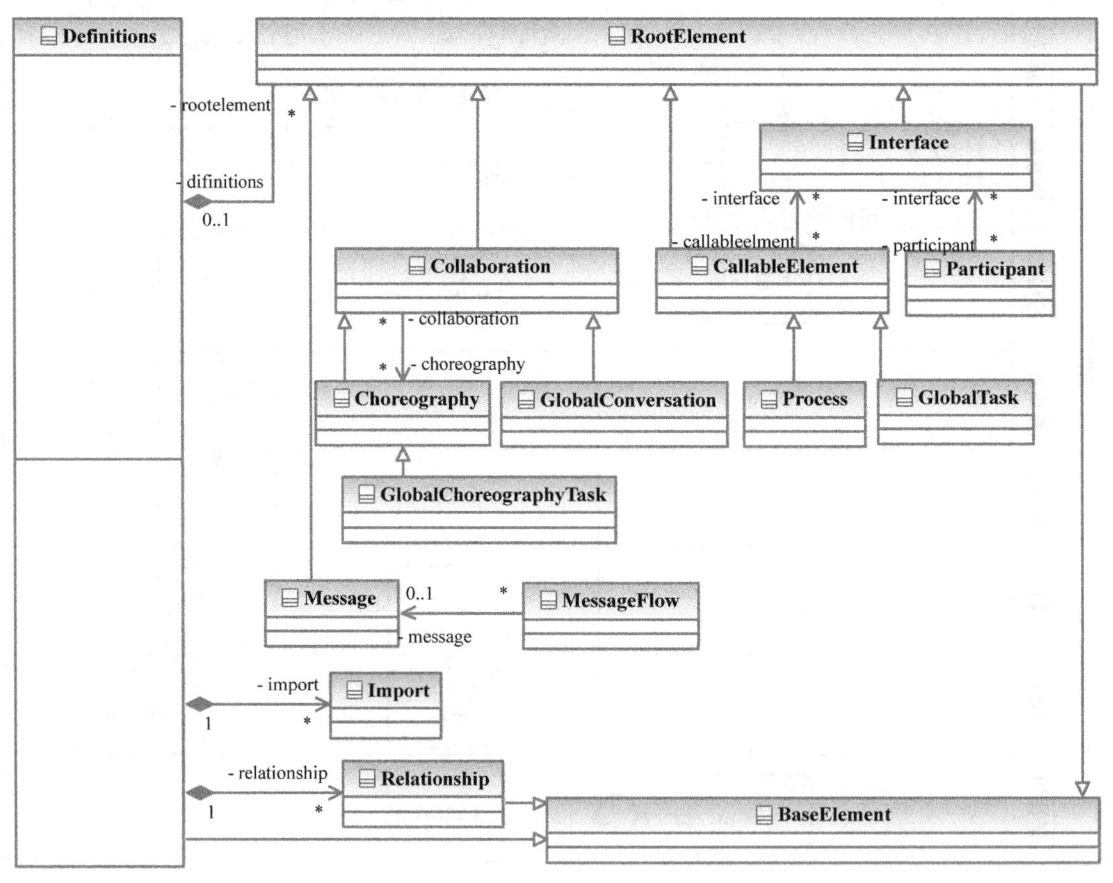

图8.11　BPMN 2.0 流程定义类图

BPMN 2.0的一个端到端的流程定义对应于Definitions对象，Definition对象由Process对象、GlobalTask对象、Choreography编排对象、Message消息对象组成。Activiti项目对BPMN 2.0流程定义类图的对应实现如图8.12所示。

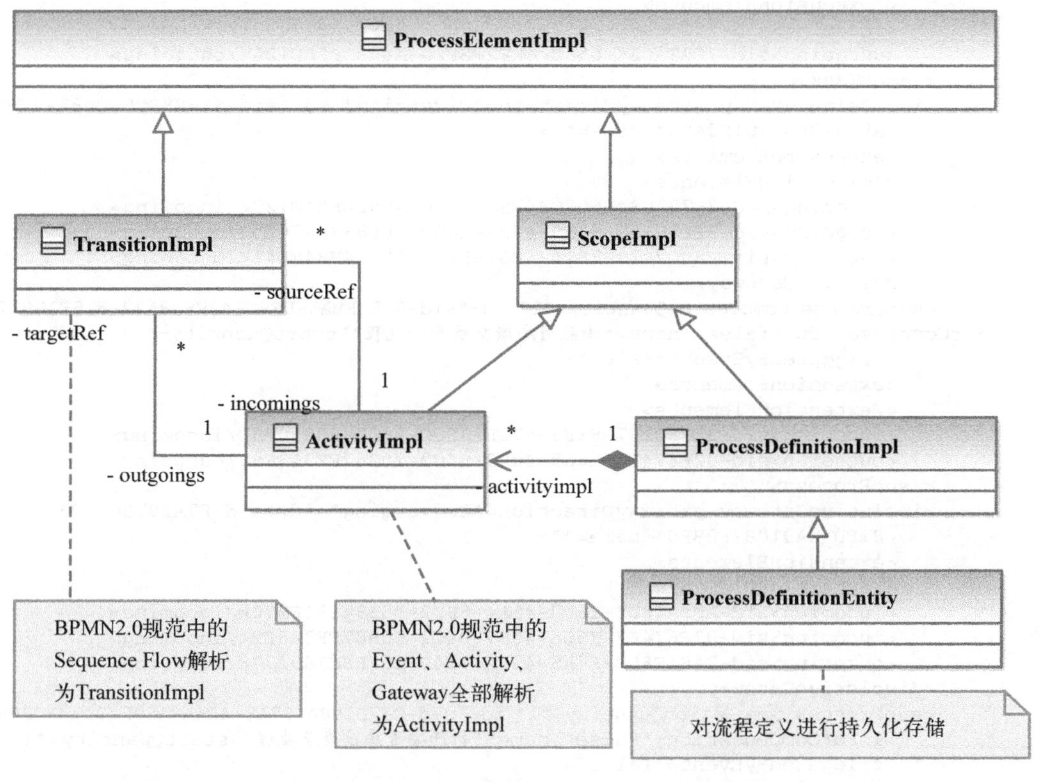

图8.12 Activiti 5.0.rc1 对BPMN 2.0规范的流程定义对象的实现类图

4. 将持久模型解析为XML进行存储

将上述第3步中的流程解析为XML格式（我们去掉了泳道及部分内容），如下：

```
<process id="sid-693eaa42-365b-499f-93c3-c564566131cc" isExecutable="false">
      <startEvent id="sid-B72469EF-187A-49CC-9D53-B7077592BC5F" name="">
         <extensionElements>
         </extensionElements>
         <outgoing>sid-251C39B0-4DDE-46E3-B598-59FCE347BCBF</outgoing>
      </startEvent>
      <userTask completionQuantity="1" id="sid-EA916858-429E-4F6F-91FF-B768FF91C90A"
          implementation="other" isForCompensation="false" name="预售许可申请"
          startQuantity="1">
         <extensionElements>
         </extensionElements>
         <incoming>sid-251C39B0-4DDE-46E3-B598-59FCE347BCBF</incoming>
         <outgoing>sid-78CD628E-E672-4EAC-905D-B8FE2AB27430</outgoing>
      </userTask>
      <userTask completionQuantity="1" id="sid-B545739C-D187-4928-A02D-EBBB5F8EC0F2"
          implementation="other" isForCompensation="false" name="房号登记"
          startQuantity="1">
         <extensionElements>
```

```
            </extensionElements>
            <incoming>sid-78CD628E-E672-4EAC-905D-B8FE2AB27430</incoming>
            <outgoing>sid-7F73AC84-658C-4FE2-BFF0-A69EDE8AD120</outgoing>
        </userTask>
        <inclusiveGateway gatewayDirection="Diverging" id="sid-3EB88BCE-D68A-4B87-
            A510-9EAC701F0402" name="">
            <extensionElements>
            </extensionElements>
            <incoming>sid-7F73AC84-658C-4FE2-BFF0-A69EDE8AD120</incoming>
            <outgoing>sid-3EF8D157-83E5-472E-A60C-988833895075</outgoing>
            <outgoing>sid-E88C7023-7814-4DB1-BE93-2F494F84ED41</outgoing>
        </inclusiveGateway>
        <subProcess completionQuantity="1" id="sid-9B52FBA3-0F9C-43F8-8A72-515E3091771C"
  isForCompensation="false" name="物业用房缴交核查子流程" startQuantity="1"
            triggeredByEvent="false">
            <extensionElements>
            </extensionElements>
            <incoming>sid-3EF8D157-83E5-472E-A60C-988833895075</incoming>
            <outgoing>sid-02F674FF-E6C8-4099-B4C2-20907FF3A3E9</outgoing>
        </subProcess>
        <inclusiveGateway gatewayDirection="Converging" id="sid-F7A2078C-9737-4ABC-
            81ED-2A910B7E0BE0" name="">
            <extensionElements>
            </extensionElements>
            <incoming>sid-AB9A48D2-1600-41A4-8BD2-75B9463CF290</incoming>
            <incoming>sid-02F674FF-E6C8-4099-B4C2-20907FF3A3E9</incoming>
            <outgoing>sid-2481E8DB-F7A5-439A-9C4B-15FE8C169277</outgoing>
        </inclusiveGateway>
        <subProcess completionQuantity="1" id="sid-C37D198A-97A8-4E4A-A505-0D773C2BBA3A"
            isForCompensation="false" name="拆迁安置房核查子流程" startQuantity="1"
            triggeredByEvent="false">
            <extensionElements>
            </extensionElements>
            <incoming>sid-E88C7023-7814-4DB1-BE93-2F494F84ED41</incoming>
            <outgoing>sid-AB9A48D2-1600-41A4-8BD2-75B9463CF290</outgoing>
        </subProcess>
        <userTask completionQuantity="1" id="sid-C8DBFA81-FA0E-492B-BFD2-C18EE0F32EA4"
            implementation="other" isForCompensation="false" name="受理初审" startQuantity="1">
            <extensionElements>
            </extensionElements>
            <incoming>sid-2481E8DB-F7A5-439A-9C4B-15FE8C169277</incoming>
            <outgoing>sid-861AD1EA-3469-475A-A601-9763A7491C31</outgoing>
        </userTask>
        <inclusiveGateway gatewayDirection="Diverging" id="sid-9E885526-AA82-4E79-
            9BC0-9ABA273C11E6" name="是否扫描">
            <extensionElements>
            </extensionElements>
            <incoming>sid-861AD1EA-3469-475A-A601-9763A7491C31</incoming>
            <outgoing>sid-8620081A-40A5-4C08-B83E-F6FF582717B7</outgoing>
            <outgoing>sid-E8A7A472-D148-46B1-B4E8-ADBCAEC47849</outgoing>
        </inclusiveGateway>
        <userTask completionQuantity="1" id="sid-CFF582F9-60D1-44D3-B524-FE77003AEB0F"
            implementation="other" isForCompensation="false" name="前置扫描"
            startQuantity="1">
            <extensionElements>
            </extensionElements>
            <incoming>sid-8620081A-40A5-4C08-B83E-F6FF582717B7</incoming>
```

```
    <outgoing>sid-8C775C19-80A9-4DD9-B962-742E6C66F278</outgoing>
</userTask>
<userTask completionQuantity="1" id="sid-0BDAFDED-F252-417D-BD95-3ADAB527630F"
    implementation="other" isForCompensation="false" name="复审" startQuantity="1">
    <extensionElements>
    </extensionElements>
    <incoming>sid-E8A7A472-D148-46B1-B4E8-ADBCAEC47849</incoming>
    <incoming>sid-8C775C19-80A9-4DD9-B962-742E6C66F278</incoming>
    <outgoing>sid-D73D7C60-B0FA-4BCF-89C2-4E37F9D0C862</outgoing>
</userTask>
<userTask completionQuantity="1" id="sid-9653ED8B-84C9-4984-87EB-5660148118DC"
    implementation="other" isForCompensation="false" name="收费"
    startQuantity="1">
    <extensionElements>
    </extensionElements>
    <incoming>sid-D73D7C60-B0FA-4BCF-89C2-4E37F9D0C862</incoming>
    <outgoing>sid-D55E0BD3-BCF3-448F-8CA5-66B0C3D4B916</outgoing>
</userTask>
<userTask completionQuantity="1" id="sid-5CDFE0A8-35F2-4DA0-BC74-495123AAD41F"
    implementation="other" isForCompensation="false" name="决定" startQuantity="1">
    <extensionElements>
    </extensionElements>
    <incoming>sid-D55E0BD3-BCF3-448F-8CA5-66B0C3D4B916</incoming>
    <outgoing>sid-F797451A-2026-474F-9904-6A41D4B33AE5</outgoing>
</userTask>
<serviceTask completionQuantity="1" id="sid-1F2AB25C-293A-497E-BA24-40C0BA17BD92"
    implementation="other" isForCompensation="false" name="网上公示" startQuantity="1">
    <extensionElements>
    </extensionElements>
    <incoming>sid-F797451A-2026-474F-9904-6A41D4B33AE5</incoming>
    <outgoing>sid-D7F030E4-EB27-42C5-8213-DF3126FACEE6</outgoing>
</serviceTask>
<userTask completionQuantity="1" id="sid-085FFE11-2F95-4618-A7A6-1D758AFDDEF4"
    implementation="other" isForCompensation="false" name="制作决定书"
    startQuantity="1">
    <extensionElements>
    </extensionElements>
    <incoming>sid-D7F030E4-EB27-42C5-8213-DF3126FACEE6</incoming>
    <outgoing>sid-765027E6-4756-4B1A-9257-B189CAE31E55</outgoing>
</userTask>
<userTask completionQuantity="1" id="sid-C186C6F8-51E8-47DB-B078-730FDE1825E5"
    implementation="other" isForCompensation="false" name="后置扫描"
    startQuantity="1">
    <extensionElements>
    </extensionElements>
    <incoming>sid-765027E6-4756-4B1A-9257-B189CAE31E55</incoming>
    <outgoing>sid-7404931F-2AA3-4A86-AA30-2EF7B5B0F5B3</outgoing>
</userTask>
<userTask completionQuantity="1" id="sid-B92C71B1-F9B6-4496-B57F-C5A18605DB6D"
    implementation="other" isForCompensation="false" name="送达" startQuantity="1">
    <extensionElements>
    </extensionElements>
    <incoming>sid-7404931F-2AA3-4A86-AA30-2EF7B5B0F5B3</incoming>
    <outgoing>sid-15014F99-CC30-4A2F-9642-527DD276C1DF</outgoing>
</userTask>
<endEvent id="sid-4CF69132-89F7-4871-B541-EF4F93F1FE15" name="">
    <extensionElements>
```

```
    </extensionElements>
    <incoming>sid-15014F99-CC30-4A2F-9642-527DD276C1DF</incoming>
</endEvent>
<sequenceFlow id="sid-251C39B0-4DDE-46E3-B598-59FCE347BCBF" name="" sourceRef=
    "sid-B72469EF-187A-49CC-9D53-B7077592BC5F" targetRef="sid-EA916858-429E-
    4F6F-91FF-B768FF91C90A"/>
<sequenceFlow id="sid-7F73AC84-658C-4FE2-BFF0-A69EDE8AD120" name="" sourceRef=
    "sid-B545739C-D187-4928-A02D-EBBB5F8EC0F2" targetRef="sid-3EB88BCE-D68A-
    4B87-A510-9EAC701F0402"/>
<sequenceFlow id="sid-3EF8D157-83E5-472E-A60C-988833895075" name="" sourceRef=
    "sid-3EB88BCE-D68A-4B87-A510-9EAC701F0402" targetRef="sid-9B52FBA3-0F9C-
    43F8-8A72-515E3091771C"/>
<sequenceFlow id="sid-AB9A48D2-1600-41A4-8BD2-75B9463CF290" name="" sourceRef=
    "sid-C37D198A-97A8-4E4A-A505-0D773C2BBA3A" targetRef="sid-F7A2078C-9737-
    4ABC-81ED-2A910B7E0BE0"/>
<sequenceFlow id="sid-2481E8DB-F7A5-439A-9C4B-15FE8C169277" name="" sourceRef=
    "sid-F7A2078C-9737-4ABC-81ED-2A910B7E0BE0" targetRef="sid-C8DBFA81-FA0E-
    492B-BFD2-C18EE0F32EA4"/>
<sequenceFlow id="sid-8620081A-40A5-4C08-B83E-F6FF582717B7" name="" sourceRef=
    "sid-9E885526-AA82-4E79-9BC0-9ABA273C11E6" targetRef="sid-CFF582F9-60D1-
    44D3-B524-FE77003AEB0F"/>
<sequenceFlow id="sid-E8A7A472-D148-46B1-B4E8-ADBCAEC47849" name="" sourceRef=
    "sid-9E885526-AA82-4E79-9BC0-9ABA273C11E6" targetRef="sid-0BDAFDED-F252-
    417D-BD95-3ADAB527630F"/>
<sequenceFlow id="sid-D73D7C60-B0FA-4BCF-89C2-4E37F9D0C862" name="" sourceRef=
    "sid-0BDAFDED-F252-417D-BD95-3ADAB527630F" targetRef="sid-9653ED8B-84C9-
    4984-87EB-5660148118DC"/>
<sequenceFlow id="sid-78CD628E-E672-4EAC-905D-B8FE2AB27430" isImmediate="false"
    name="" sourceRef="sid-EA916858-429E-4F6F-91FF-B768FF91C90A" targetRef=
    "sid-B545739C-D187-4928-A02D-EBBB5F8EC0F2"/>
<sequenceFlow id="sid-E88C7023-7814-4DB1-BE93-2F494F84ED41" name="" sourceRef=
    "sid-3EB88BCE-D68A-4B87-A510-9EAC701F0402" targetRef="sid-C37D198A-97A8-
    4E4A-A505-0D773C2BBA3A"/>
<sequenceFlow id="sid-02F674FF-E6C8-4099-B4C2-20907FF3A3E9" name="" sourceRef=
    "sid-9B52FBA3-0F9C-43F8-8A72-515E3091771C" targetRef="sid-F7A2078C-9737-
    4ABC-81ED-2A910B7E0BE0"/>
<sequenceFlow id="sid-861AD1EA-3469-475A-A601-9763A7491C31" name="" sourceRef=
    "sid-C8DBFA81-FA0E-492B-BFD2-C18EE0F32EA4" targetRef="sid-9E885526-AA82-
    4E79-9BC0-9ABA273C11E6"/>
<sequenceFlow id="sid-8C775C19-80A9-4DD9-B962-742E6C66F278" name="" sourceRef=
    "sid-CFF582F9-60D1-44D3-B524-FE77003AEB0F" targetRef="sid-0BDAFDED-F252-
    417D-BD95-3ADAB527630F"/>
<sequenceFlow id="sid-D55E0BD3-BCF3-448F-8CA5-66B0C3D4B916" name="" sourceRef=
    "sid-9653ED8B-84C9-4984-87EB-5660148118DC" targetRef="sid-5CDFE0A8-35F2-
    4DA0-BC74-495123AAD41F"/>
<sequenceFlow id="sid-F797451A-2026-474F-9904-6A41D4B33AE5" name="" sourceRef=
    "sid-5CDFE0A8-35F2-4DA0-BC74-495123AAD41F" targetRef="sid-1F2AB25C-293A-
    497E-BA24-40C0BA17BD92"/>
<sequenceFlow id="sid-D7F030E4-EB27-42C5-8213-DF3126FACEE6" name="" sourceRef=
    "sid-1F2AB25C-293A-497E-BA24-40C0BA17BD92" targetRef="sid-085FFE11-2F95-
    4618-A7A6-1D758AFDDEF4"/>
<sequenceFlow id="sid-765027E6-4756-4B1A-9257-B189CAE31E55" name="" sourceRef=
    "sid-085FFE11-2F95-4618-A7A6-1D758AFDDEF4" targetRef="sid-C186C6F8-51E8-
    47DB-B078-730FDE1825E5"/>
<sequenceFlow id="sid-7404931F-2AA3-4A86-AA30-2EF7B5B0F5B3" name="" sourceRef=
    "sid-C186C6F8-51E8-47DB-B078-730FDE1825E5" targetRef="sid-B92C71B1-F9B6-
    4496-B57F-C5A18605DB6D"/>
```

```
        <sequenceFlow id="sid-15014F99-CC30-4A2F-9642-527DD276C1DF" name="" sourceRef=
            "sid-B92C71B1-F9B6-4496-B57F-C5A18605DB6D" targetRef="sid-4CF69132-89F7-
            4871-B541-EF4F93F1FE15"/>
    </process>
    </definitions>
```

5. 加载XML并再次解析为流程定义对象

在上节里，BPMN 2.0流程的文本格式通过XML进行描述。在技术实现上可以将此XML直接存储为文件，或者通过数据库的大字段（例如Oracle 的Clob字段）存储到数据库中。当客户端请求对一个流程定义进行执行时，我们从文件系统或者数据库中加载XML格式的流程定义，并再次解析为流程定义对象。对应的流程定义对象已经在前面描述了。图8.13是Activiti项目从数据库中加载BPMN流程定义并解析的时序图。

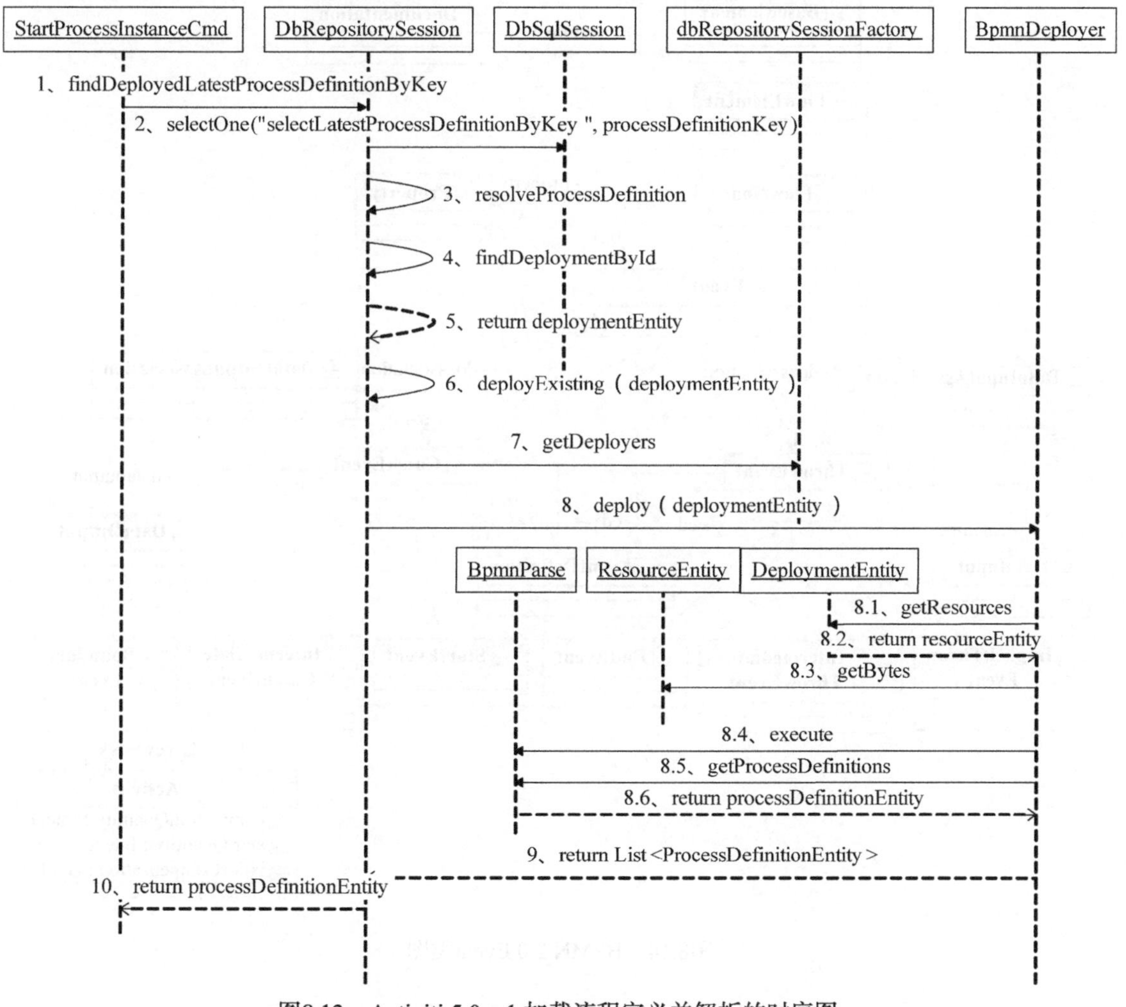

图8.13　Activiti 5.0.rc1 加载流程定义并解析的时序图

6. 将流程定义对象映射为运行期对象

在上节里，满足BPMN 2.0格式的XML流程定义已经解析为定义期对象，但是要执行流程定义需要将定义期对象映射为运行期对象，并为执行引擎提供准备。在一个BPMN 2.0的可执行流程中，基本的元素就是Event、Activities、Gateway和SequenceFlow。我们依次分析这4类元素，并给出这些元素在Activiti中的实现情况。

- 事件（Event）。如图8.14所示，这是BPMN 2.0规范中Event对象之间的关系图，图中使用最多的是StartEvent（用来建模开始节点，在Activiti项目中对应的实现是NoneStartEventActivity）、EndEvent（用来建模结束节点，在Activiti项目中对应的实现是NoneEndEventActivity）、IntermediateEvent（未实现）。

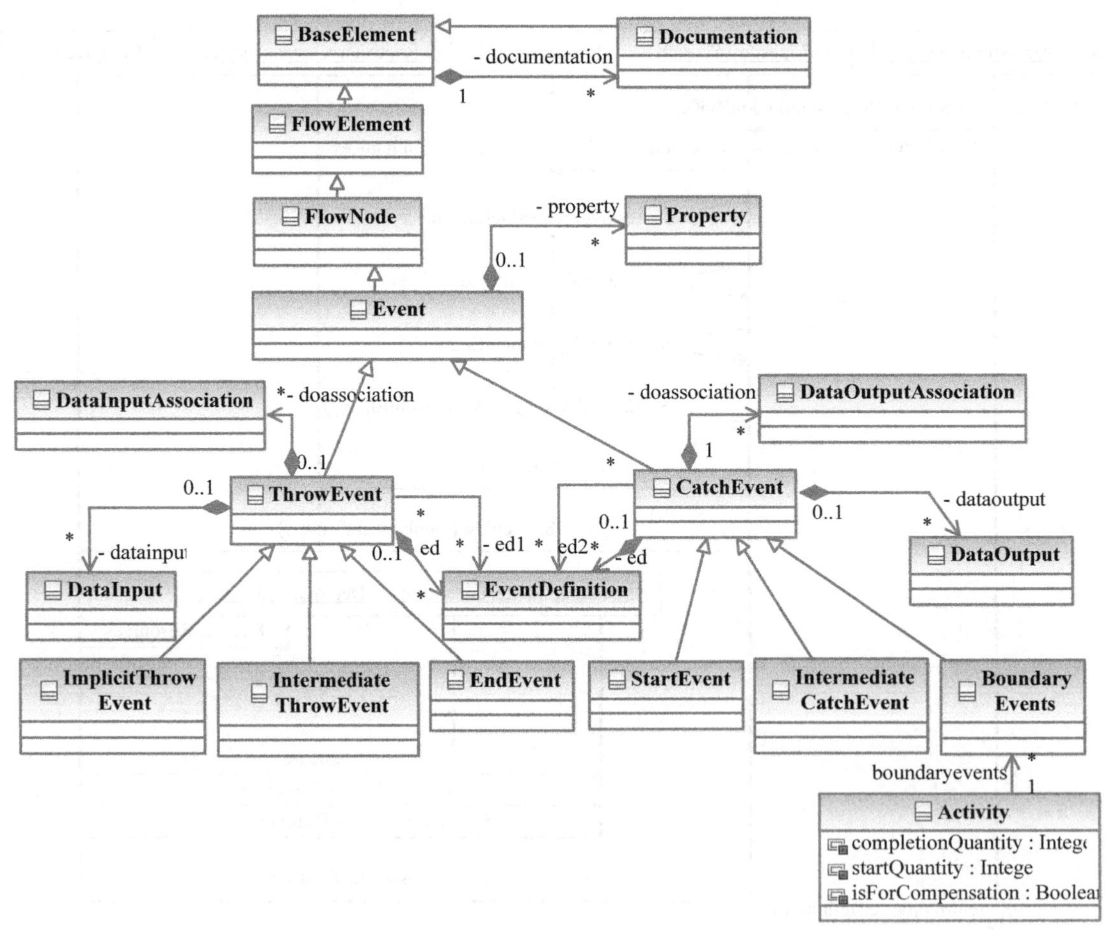

图8.14　BPMN 2.0 Event类图

图8.15是Activiti 5.0. rc1版本对StartEvent和EndEvent事件的实现类图。

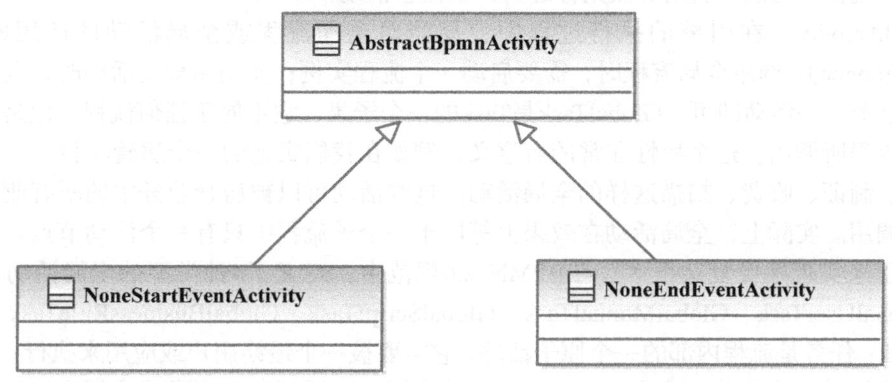

图8.15 Activiti 5.0.rc1版本对StartEvent与EndEvent的实现

- 活动（Activities）。如图8.16所示，Activity是活动基类，在Activity的基础上又派生出三个子活动类型，分别是：CallActivity、SubProcess、Task。

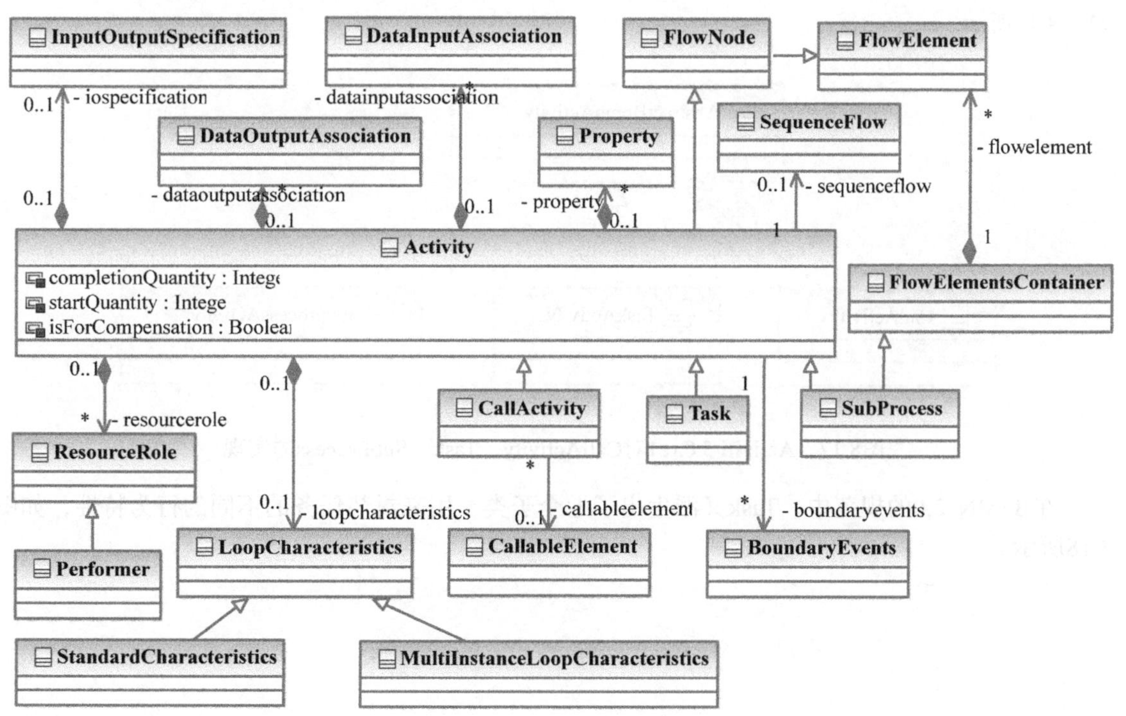

图8.16 BPMN 2.0 Activities类图

- SubProcess：子流程活动，充当对一个全局流程的引用节点，这个被引用的全局流程称之为子流程，而这个引用节点则称之为“子流程活动”。
- CallActivity：在引擎的执行过程中，充当对全局流程或全局活动的调用的包裹器（Wrapper）。调用全局流程时，需要启动一个流程实例；而调用全局活动时，则直接实例化这个全局活动即可。GlobalTask是Task的一个子集，它不属于任何流程，但是可以被任何流程所调用。这个特性非常的有意义，例如在我们实施的一个房管项目中，存在着打印、制证、收费、扫描这样的全局活动。这些活动可以被房管业务中的所有业务流程独立调用。实际上，全局活动在效果上等同于一个子流程中只有一个活动节点。如果用子流程来实现则要复杂很多。在BPMN 2.0规范中，定义了4种类型的全局活动，分别是GlobalUserTask、GlobalManualTask、GlobalScriptTask、GlobalBusinessRuleTask。
- Task：任务是流程内部的一个原子活动，它需要被一个最终用户或应用来执行。由最终用户执行时，就是人工活动[ManualTask（这个活动不需要BPM引擎或应用来执行，纯人工活动）、UserTask]；由应用执行时，就是自动活动（ServiceTask、ScriptTask、SendTask、ReceiveTask、BusinessRuleTask）。

在Activiti项目中实现了以上三个活动类型，分别是：CallActivity（在Activiti目前的代码中为CallActivityBehavior，我们认为Activiti中这个类的名称写错了）、SubProcessActivity、TaskActivity，如图8.17所示。

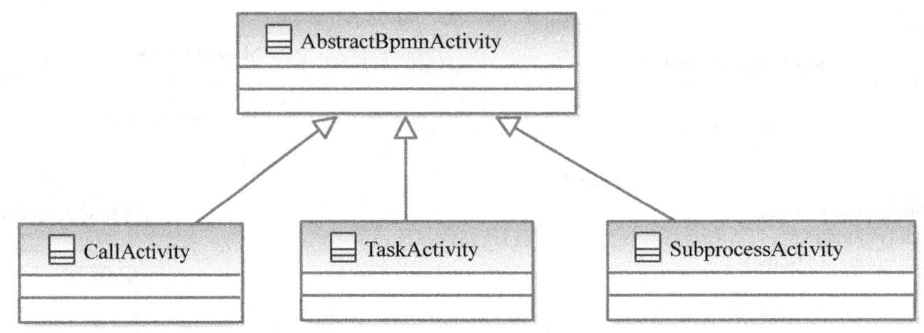

图8.17 Activiti 5.0.rc1对CallActivity、Task、SubProcess的实现

在BPMN 2.0的规范中，Task又派生出了七个子类，用来封装任务的不同的行为特性，如图8.18所示。

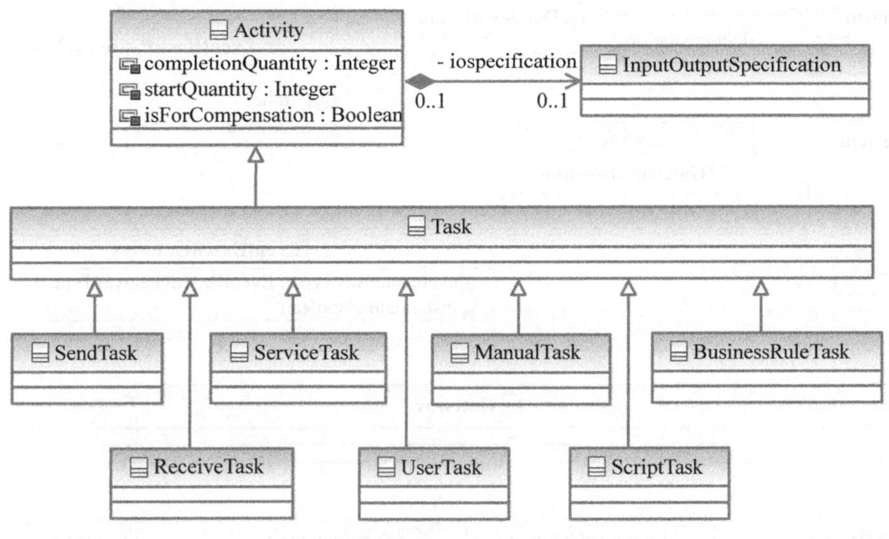

图8.18　BPMN Task类图

Task对象派生出了7个子类，Activiti对这些子类进行了部分实现，如图8.19所示。

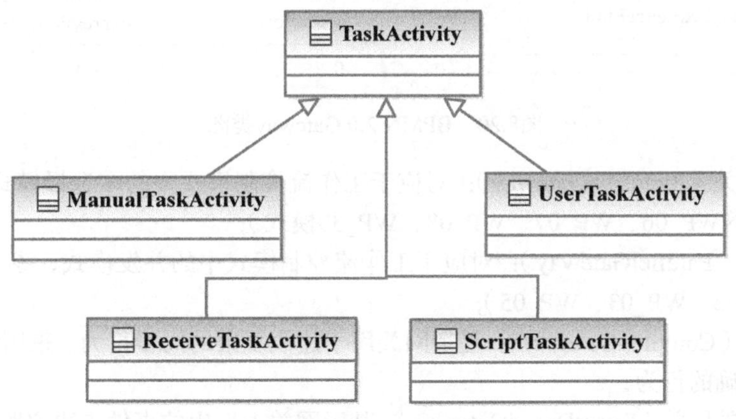

图8.19　Activiti 5.0.rc1对BPMN Task的对应实现

- 网关（GateWay）。在BPMN 2.0规范中，Gateway派生出了5个子类，如图8.20所示；
- 排他网关（ExclusiveGateway）：此模式有两个内部实现，一个是基于数据的没有内部指示器的排他网关（Data-Based Exclusive Decision without the Internal Indicator），另一个是基于数据的带内部指示器的排他网关（Data-Based Exclusive Decision with the Internal Indicator。此模式对应于工作流控制模式中的排他选择模式，参见本书附录A中的WP_04、WP_05模式）；

8

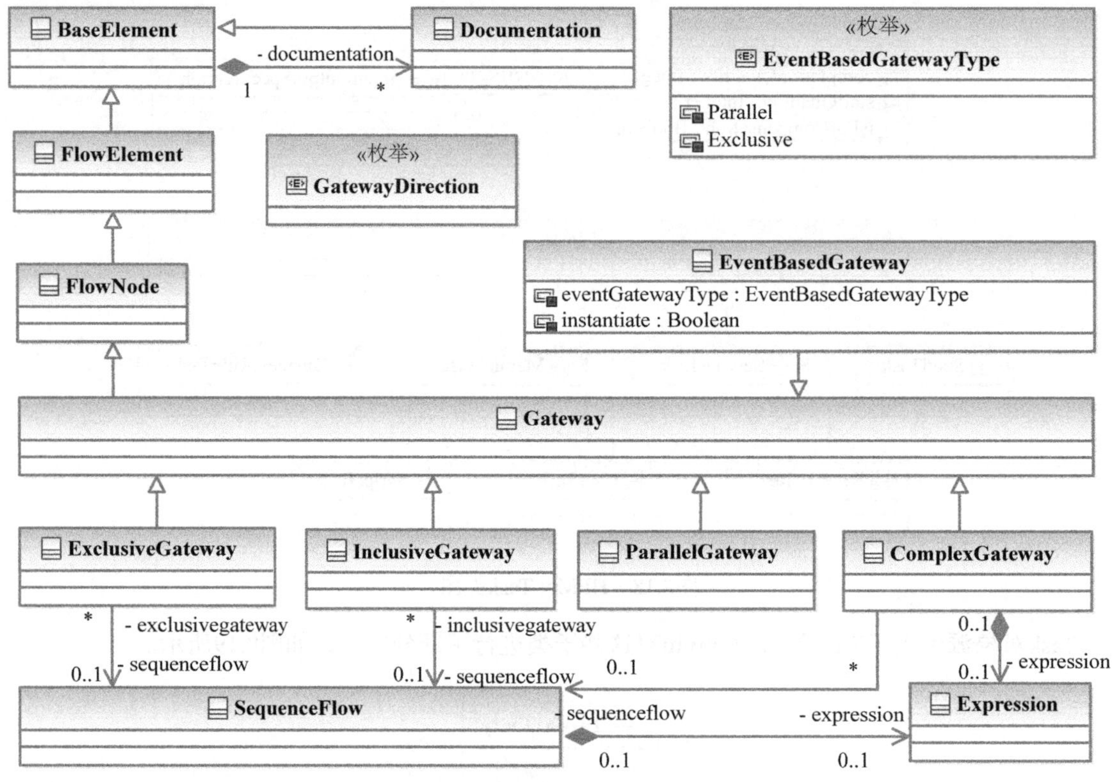

图8.20　BPMN 2.0 Gateway类图

- 多选择网关（InclusiveGateway）：对应于工作流控制模式中的多选择模式，参见第3章及附录A中的WP_06、WP_07、WP_08、WP_30模式）；
- 并行网关（ParallelGateway）：对应于工作流控制模式中的并发模式，参见第3章及附录A中的WP_02、WP_03、WP_05）；
- 复杂网关（ComplexGateway）：复杂网关用于建模复杂的同步行为。采用激活条件表达式来描述精确的行为；
- 基于事件的网关（EventBasedGateway）：基于网关上发生的事件来决定路由，决策后的路由模式有可能是排他模式、多选择模式、并行模式。

在Activiti项目中，对以上网关的实现，如图8.21所示。

Activiti 项目版本 5.0.rc1 仅实现了排他网关（ExclusiveGatewayActivity）和并行网关（ParallelGatewayActivity）。

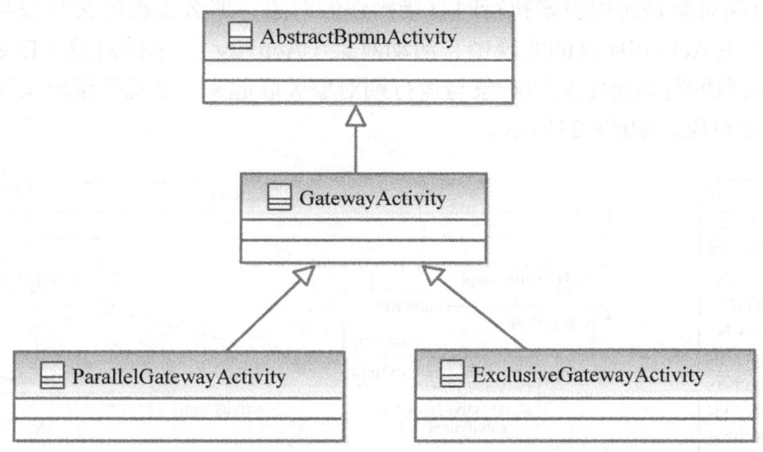

图8.21 Acitiviti 5.0.rc1对BPMN Gateway的部分实现

- 顺序流（Sequence Flow）。如图8.22所示，Sequence Flow将Event、Activity、Gateway、ChoreographyActivity连接在了一起，形成一个有向图。一个Sequence Flow就是流程图中一个带有向实心箭头的实线段，其两个端点分别连接了上述四种元素中的某一种。

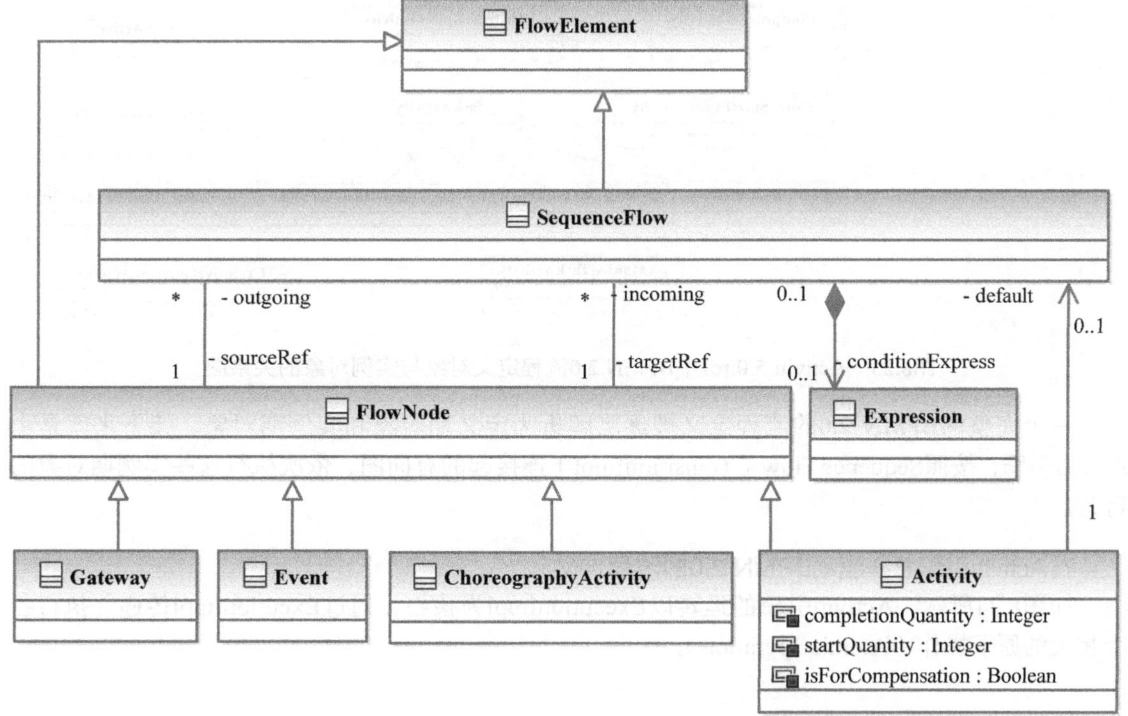

图8.22 BPMN 2.0 Sequence Flow类图

上述4种运行期对象是流程引擎执行时直接操作的对象，那么流程定义对象与流程实例对象是怎么映射的呢？在Activiti项目的实现中，活动对象（Activity）、事件对象（Event）、网关对象（Gateway）通过对象的行为将定义期对象与运行期对象关联起来，也就是说定义期对象具备的多个行为即是运行期对象。如图8.23所示。

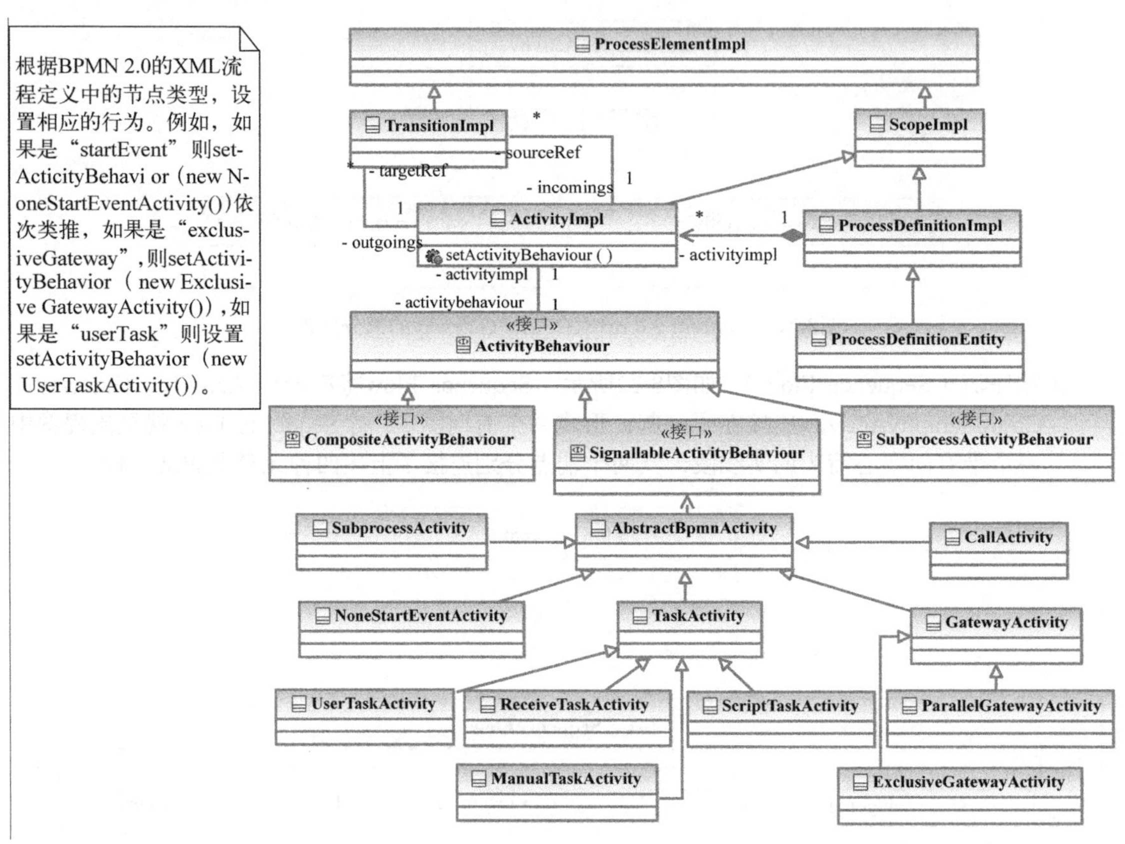

图8.23　Activiti 5.0.rc1中BPMN 2.0流程定义对象与实例对象的关系图

一个完整的BPMN 2.0的流程定义被逐层解析为定义期对象和实例期对象，接下来就是由Activti引擎，按照Sequence Flow（TransitionImpl）连接起的有向图，依次执行这些实例期对象的行为。

7. Activiti引擎怎样驱动BPMN 2.0的流程定义

如图8.24所示，Activiti引擎的运转以ExecutionImpl为核心，通过ExcutionImpl传递并执行各个相关的原子操作（AtomicOperation）。

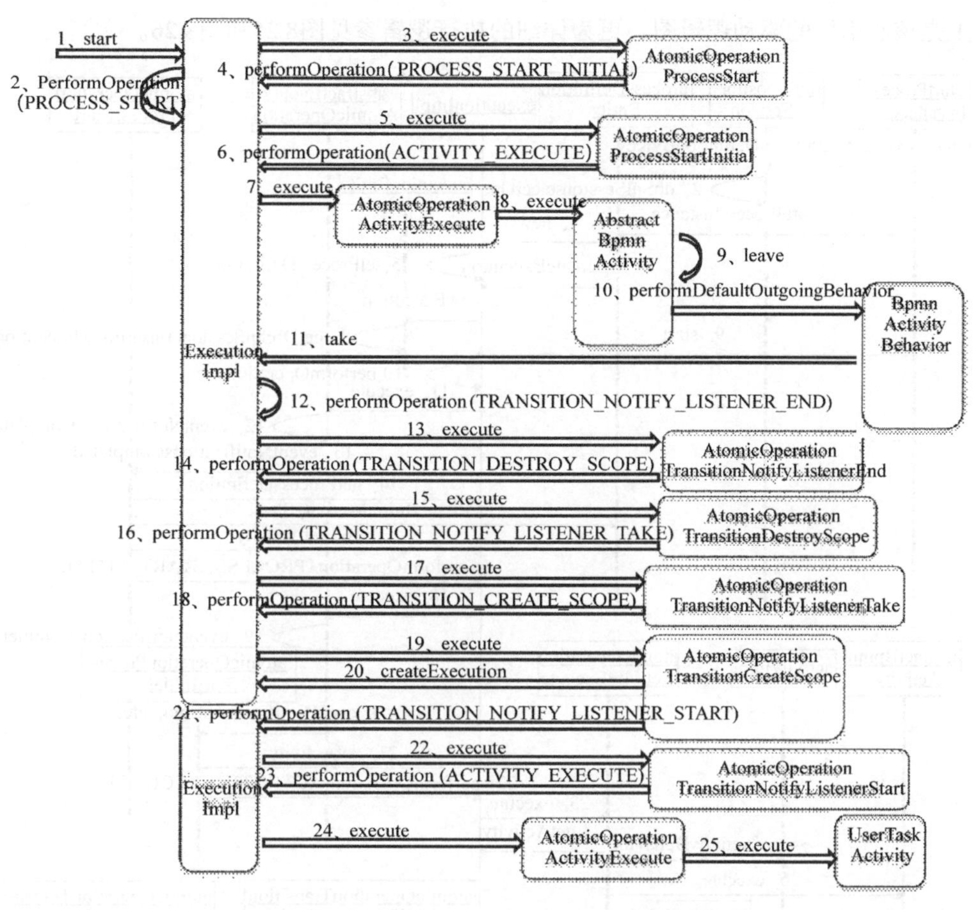

图8.24 Activiti 5.0.rc1核心引擎驱动逻辑图

- 1～6步：首先由流程启动和初始化（AtomicOperationProcessStart、AtomicOperationProcessInitial）；
- 7步：传递到活动执行（AtomicOperationActivityExecute）；
- 8步：执行抽象BPMN活动（AbstractBpmnActivity）的运行期行为；
- 9～11步：离开当前活动，并调用BPMN活动行为（BpmnActivityBehavior）执行器，取得并计算后继的转移路径，并调用ExecutionImpl的take方法向前执行一步；
- 13～19步：依次执行转移上的结束、销毁、拾取、创建等原子操作；
- 20步：创建新的执行实例（ExecutionImpl）；
- 21～23步：传递到转移启动（AtomicOperationTransitionNotifyListenerStart）的原子操作，取得转移的后继结点；
- 24步：执行这个后继结点（AtomicOperationActivityExecute）；
- 25步：根据后继结点的活动类型，取得相应的行为，如果是UserTaskActivity，则执行任务分配。

以上是核心引擎的驱动逻辑图，更为详细的执行逻辑参见图8.25和图8.26。

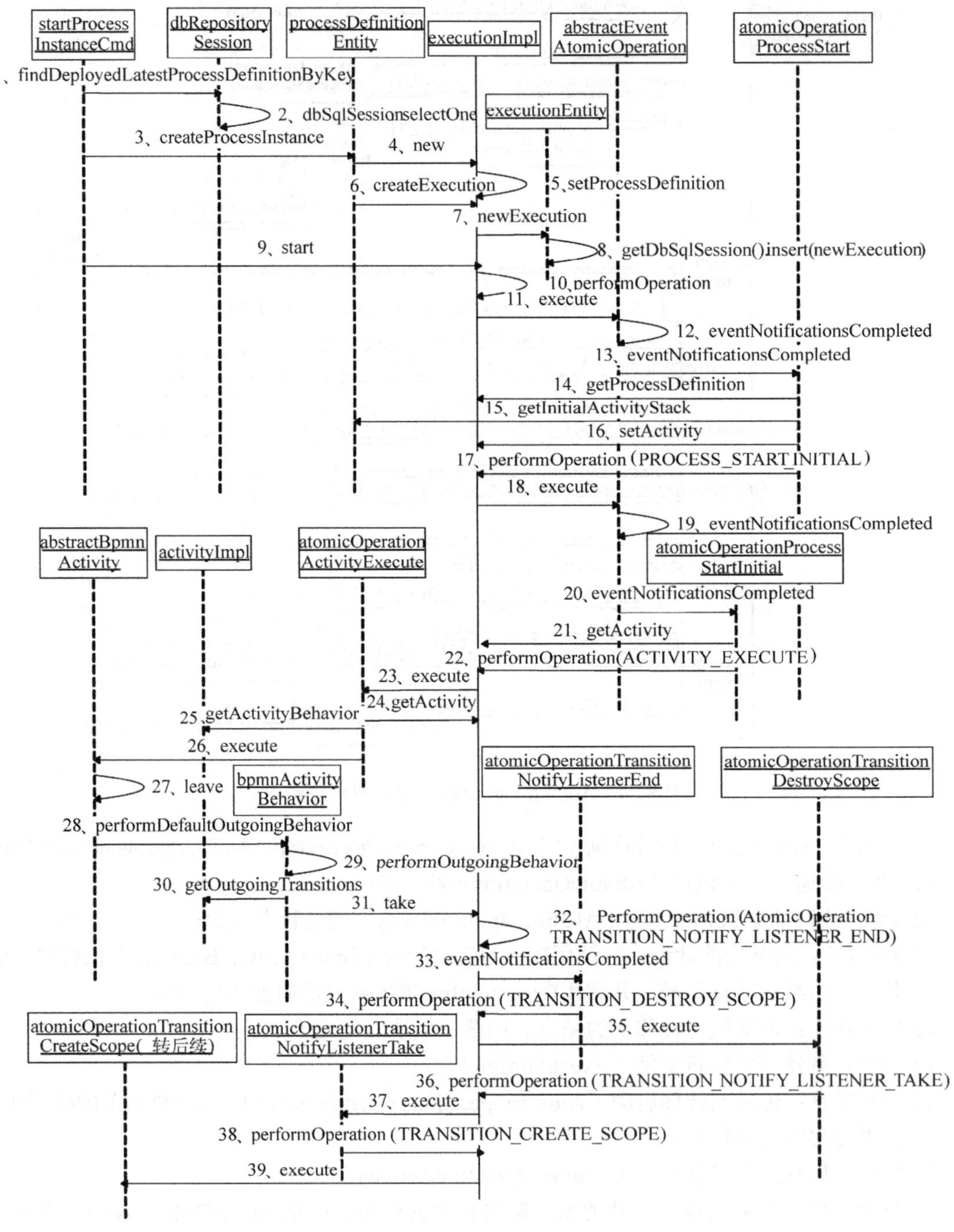

图8.25　Activiti 5.0.rc1流程启动时序图

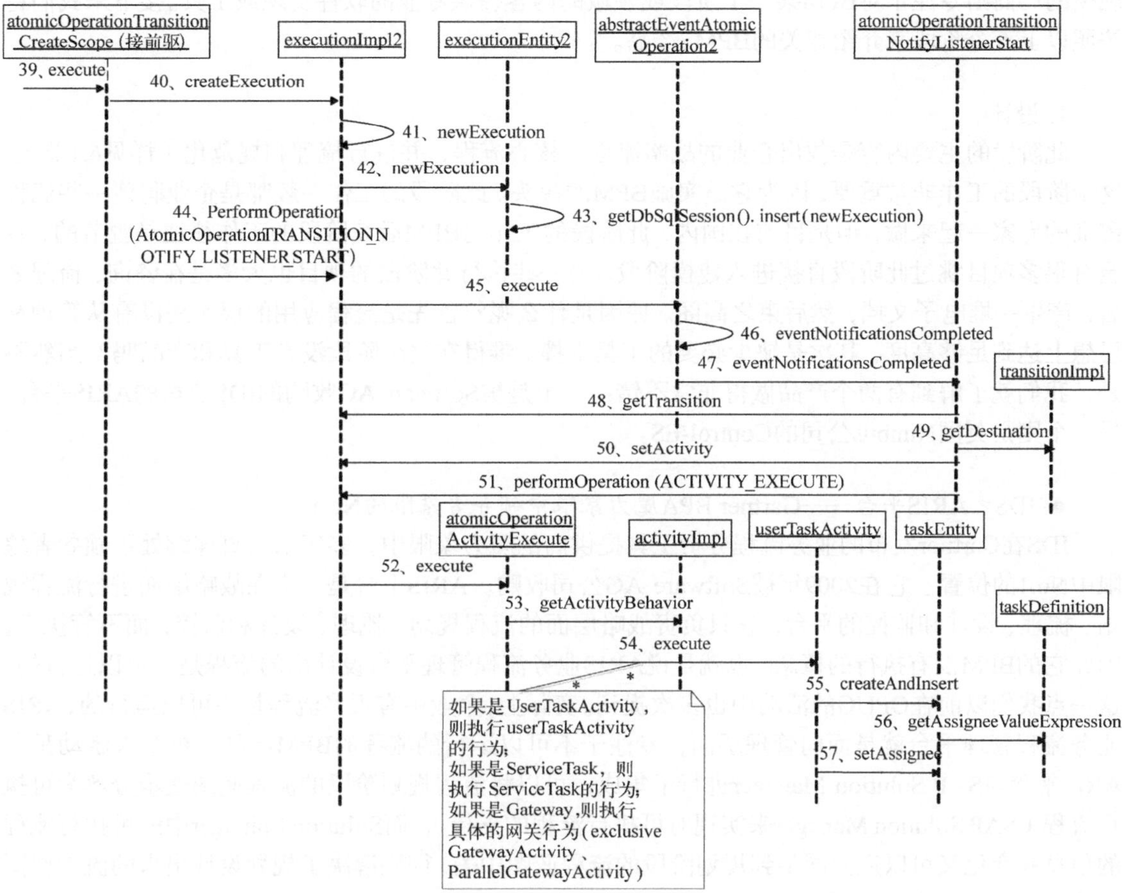

图8.26 Activiti 5.0.rc1流程启动时序图（续）

8.3 商业实现，我要选产品

8.3.1 BPM五阶段之BPMS产品讲解

我们在本章的开始对BPMS产品所做的定义是："用IT技术去实现BPM的部分或全部的内容，而实现出来的相关软件系统的集合，即称之为BPMS"。所以BPMS产品包含的内容应该就是，对BPM的整个生命周期内的各个阶段（包括设计、建模、执行、监控和优化）的内容提供IT技术支撑，就是软件实现。对于以上各个阶段的实现，各个厂商实现的也各有所长，一些大的厂商对各个阶段的内容都提供相关的工具，并实现相互的集成，这就是叫套（suits）的原因，而有的稍小规模的厂商则专注于对BPM某一个阶段或领域的内容提供专业的软件实现或工具。接下来我们将按照以上五个阶段来介绍相关的BPMS产品。

1. 设计

此阶段的主要内容是找出企业的战略流程、核心流程，并进行梳理和规范化（详见6.1节）。这个阶段的工作非常重要，因为它是实施BPM的源头。此阶段的工作一般都是企业聘请一些流程咨询的专家一起来做，但是目前在国内，此阶段的工作与BPM后续阶段的工作往往是脱节的，甚至有很多项目跳过此阶段直接进入建模阶段。另一些执行此阶段的项目也大多是在咨询、梳理之后，产生一堆电子文档，然后束之高阁。原因是什么呢？首先是流程应用的层次还没有从管理和思想上达到足够高度，其次是缺少必要的工具支撑。难得在这个阶段没有工具和产品吗？当然不是，我们就了解到有两个产品做得非常不错：一个是被Software AG收购的IDS公司的ARIS平台；另一个则是英国Nimbus公司的Control-ES。

- IDS之ARIS平台——Gartner BPA魔力象限中领导者象限的No.1

IDS在Gartner发布的业务流程分析工具提供商的魔力象限中，多年来一直连续处于领导者象限中No.1的位置。它在2009年被Software AG公司收购。ARIS平台是一个在战略层面进行流程规划、梳理、设计和监控的平台，它只负责战略层面的流程规划、梳理、设计和监控，而不管执行，因此它的BPM没有执行的概念，也就是说ARIS业务流程管理平台设计出的流程是不可以运行的，这一点我们以前在OPUG的活动中也多次提到。实际上，企业中有很多流程是不可以运行的，ARIS业务流程管理平台就是面向管理层面，专注于不可以运行的流程的BPM产品。更令人激动是，ARIS平台与SAP Solution Manager进行了集成，可以将流程规划阶段的流程蓝图逐步分解为可执行流程（SAP Solution Manager来实现对可执行流程的支持），而Solution Manager中的可执行流程的信息和变化又可以逆向同步到规划阶段的流程蓝图中去，彻底解决了规划设计出来的流程蓝图与执行流程两张皮的问题。

IDS Scheer 推出的ARIS平衡计分卡（ARIS BSC）解决方案提供了一系列工具，可为企业在不同的阶段实施 BSC 方法提供支持。这套解决方案是一个“战略管理系统”，可将业务流程战略制定的目标透明地呈现给企管高层。BSC工具可以降低这类系统的复杂性，缩短企业内部实施平衡记分卡系统的项目时间。ARIS 战略平台集成的工具可用来配置各种 BSC 引擎。这些引擎按 ARIS BSC 现有 ARIS 方法进行设计。大量分析程序实现了这种数据的评估和虚拟化，可以快速及时地查看进展状况（如从管理角度分析计划落实情况及结果）。这些复杂的系统可以通过基于 BSC 的 ARIS 业务优化功能进行管理和分析。员工采用 ARIS 业务发布器（ARIS Business Publisher）可以对各项平衡记分卡的最新状况进行有效交流。为保证始终掌握目标完成状态，ARIS流程绩效管理器可根据业务流程测评当前的绩效指标。

另一种制定业务流程战略的更深入的方法，是从成本或分析可用资源与既定目标之间的关系出发。流程成本核算可对流程进行经济分析。只有根据相关流程的资源耗用情况合理分配成本，才能制定正确的管理决策。利用基于流程成本分析的 ARIS 业务优化器（ARIS Business Optimizer for Process Cost Analysis）分析流程成本构成，可以透视企业内部发生的流程成本，从而建立企业内部各部门、单位等机构之间可行的基准，明确可提高产能的潜在环节。这是企业获取必要数据以监控流程改进是否实现了预期成本目标的唯一方法。

- Nimbus之Control-ES——Gartner眼中的BPM酷卖家

Gartner称Nimbus为BPM的酷卖家。在其2010年发布的BPA魔力象限中，Nimbus位列有眼光的象限。在我们从业BPM的这么多年中，这个产品足以令我们心潮澎湃。我们在2007年第一次接触到这个产品，一下子就有了怦然心动的感觉。为什么这样呢，因为它与ARIS平台一样，直接站在了战略的高度上，强调从战略到实现。让企业的战略通过BPM有效落地并执行，然后再将执行BPM逆向反馈到战略，形成双向互动。而其他的BPM产品，基本上与企业的战略是脱钩的。

Control-ES是一个通过将组织发展方向、职责和绩效指标由战略层面到实际业务层面逐级明确细分（层级式的BPM），帮助企业提高运营绩效表现的管理软件。其公司的创始人Ian Gotts曾作为国际上著名的咨询公司埃森哲的合伙人，在其从业10年后的1997年开始在管理软件领域创业。Ian认为，应该设计出一款能够将目标和职责与审核标准清晰、准确地从战略决策层传递到每一个工作层，从而帮助企业提高自身运营表现的智能性的绩效管理软件。也就是后来的Control-ES。

Nimbus的软件正可以通过一个基于网络的界面，以流程图的形势向管理者展示企业的整体蓝图，也可以让企业中的每个员工清晰地找到自己在企业中的角色、职责、任务，最终还可以通过系统将这些内容都连接起来，这就是Control-ES的奇妙之处。

2. 建模

建模是实施BPM项目的第二个阶段，但是目前绝大多数国内的BPM项目实施将此阶段做为了第一个阶段；即便是作为第二个阶段，也大多是与第一个阶段脱钩的。此处的建模，通常是指对可执行流程的建模，因此所有的BPMS产品都会提供建模工具，不然流程也就无法执行了。

在6.2节，我们讲到建模包括建模规范、模型交换、模型持久化三方面的内容。因此在产品和工具方面，可以分为支持BPMN规范的建模工具、支持BPEL建模规范的工具、支持XPDL规范的建模工具和其他私有格式的建模工具。

支持BPMN 2.0规范的建模工具目前较好的有BizAGi、Intalio，而其他如IBM、SAP、Oracle等厂商也都号称将全面支持BPMN 2.0规范，值得一提的是，以上这两个工具都是完全免费的。另外还有一个开源产品，就是jBPM的创建者Tom Baeyens新领导的Activiti项目，它对BPMN 2.0规范提供完整的支持。

支持BPEL规范的建模工具包括IBM Business Modeler、IBM WID、Microsoft、BEA ALBPMS、SAP Netweaver等。

对于支持XPDL规范的建模工具，早期的工作流厂商几乎都是从支持XPDL规范开始的，如今有80多家不同公司的产品使用XPDL来交换流程定义，包括IBM Lombardi、Oracle 9i Warehouse Builder 9.2、BEA AquaLogic Enterprise Repository and BPM Suite、Global 360 Business Optimzation Server (BOS)、Fujitsu Interstage BPM (i-Flow) 等①。

3. 执行

执行同样是BPM项目实施阶段中必不可少的阶段，执行阶段的产品分类与建模阶段的产品基本上是一致的，因为采用哪一种规范进行流程建模直接决定了怎样执行。对这一点，6.3节已经进行了充分的讲述，这里就不再赘述。

4. 监控

在所有的BPMS产品中都会提供相关的监控工具。早期的BPM监控，只是对执行的流程实例进行简单的查询、分析、统计等。所谓的监控，也只是可以查看当前流程实例运行到什么环节了，此环节的相关资源的使用情况。随着BAM和BI的盛行，流程监控也变得越来越复杂，以致于BAM在一定程度上已经超出了BPM的范畴（参见6.4节监控的内容）。目前在这一方面做得比较好的产品有Software AG 公司的WebMethods BAM、IBM公司的WebSphere Business Monitor、Oracle公司的Oracle BAM等。

5. 优化

流程优化是实施BPM的最后一个阶段，但是并没有在此阶段终止，因为它与其他四个阶段形成了一个闭环，所以优化阶段同时为BPM的第一个阶段提供输入（例如通过ESIA、PDCA等方法对流程进行改进，改进之后流程成为流程设计的输入）。优化必须在监控和分析的基础上进行，因此提供优化工具的BPM产品必然都有监控功能或工具。在这一方面，IBM的Lombardi表现得十分抢眼，其BI工具Congnos与Lombardi进行了深度集成，从BI和BAM两个结合点上提供强大的BPM优化功能。另外一些更高层的工具则提供KPI、BSC等功能，例如ARIS与Control-ES等产品。

8.3.2 IBM BPM v7.5

IBM的BPM产品系列经历了几次变化，从早期的FileNet产品，到WebShpere Process Server（简称WPS），再到2011年刚刚发布的Business Process Manager v7.5。应该说，在最新的Business Process Manager v7.5发布之后，IBM的整个BPM产品路线才真正清晰起来。IBM BPM v7.5实际上是整合了WPS及于2010年收购的Lombardi Edition，形成了最新的BPM产品。整个产品的架构如图8.27所示。

① http://www.wfmc.org/xpdl-implementations.html。

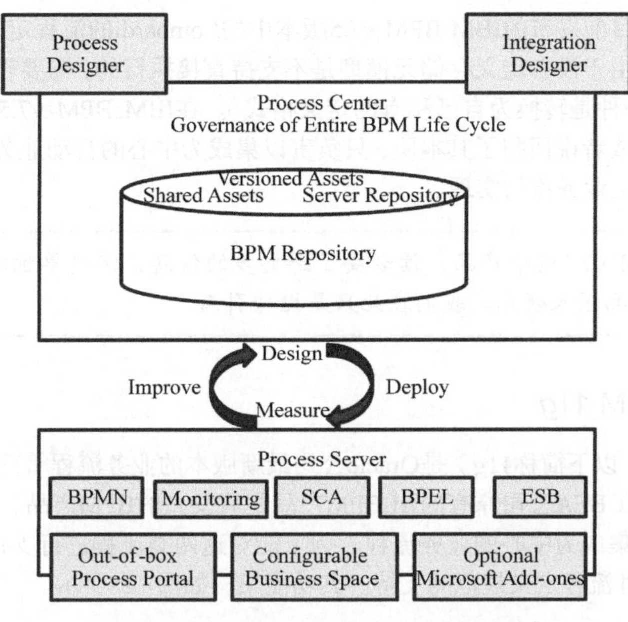

图8.27 IBM BPM v7.5高级版功能架构图[①]

IBM BPM v7.5高级版由以下4个重要的部分组成。

- 流程设计器（Process Designer）。它从Lombardi的Authoring Environment继承而来，其使用对象包括业务流程建模人员（一般是业务流程分析师）和IT开发人员。此设计器提供了多个图形化界面，可以对业务流程进行建模、实施、测试和优化。它产生的流程定义都存储在流程中心的BPM仓库中。
- 集成设计器（Integration Designer）。它继承于 WPS 的开发工具 WebSphere Integration Developer（WID），主要提供服务的开发与编制，其中服务的编制基于BPEL语言。通过此工具开发的服务、流程等同样存储于流程中心的服务仓库中。需要说明的是，在IBM收购Lombardi之前，业务流程的开发也是基于WID的，WID实际上充当了WPS的流程设计器及服务开发工具。
- 流程中心（Process Center）。在 IBM BPM 中，所有的流程、服务定义以及相关的 IT 资产全部保存在BPM仓库中。此流程中心为业务人员和IT开发人员提供了统一的共享平台。在此平台上，业务人员和 IT 开发人员可以通过流程设计器和集成设计器以高度交互的方式协作开发业务流程。另外，流程中心还提供了流程的仿真调试功能，使得IT开发人员可以对流程进行模拟测试。
- 流程服务器（Process Server）。它是IBM BPM的运行时环境，能够运行流程设计器和集成设计器中开发的各种业务流程应用程序。

① http://www.ibm.com/developerworks/cn/websphere/library/techarticles/1110_shangj_bpm/1110_shangj_bpm.html?ca=drs-。

需要说明的是，目前发布的IBM BPM v7.5版本中的Lombardi的流程定义仅支持BPMN 1.*x*版本，而BPMN 1.*x*规范由于没有定义存储元模型是不支持直接执行的，需要转换之后才能执行（一种是转换为BPEL，一种是转换为自己私有的定义格式）。在IBM BPM v7.5版本的产品中，对于WPS进行了重新定位或者说回归了其本质，只负责以集成为中心的自动业务流的编制，不再不伦不类地强行去负责人工业务流的实现。

注意　对于IBM BPM v7.5这个产品，读者要了解更多的信息，需要单独对Lombardi Edition和WPS这两个产品深入研究。我们在此只是抛砖引玉。

8.3.3　Oracle BPM 11*g*

Oracle BPM 11*g*（以下简称11*g*）是Oracle公司最新版本的业务流程管理套件。它是在收购了BEA公司之后，整合了BEA公司原有的ALBPM产品之后发布的BPM产品，既支持以人为中心的业务流程，又支持以集成为中心的业务流程。为了能对这两类流程进行支持，11*g*套件实现了对BPEL和BPMN 2.0两种流程定义规范的支持。其功能架构如图8.28所示。

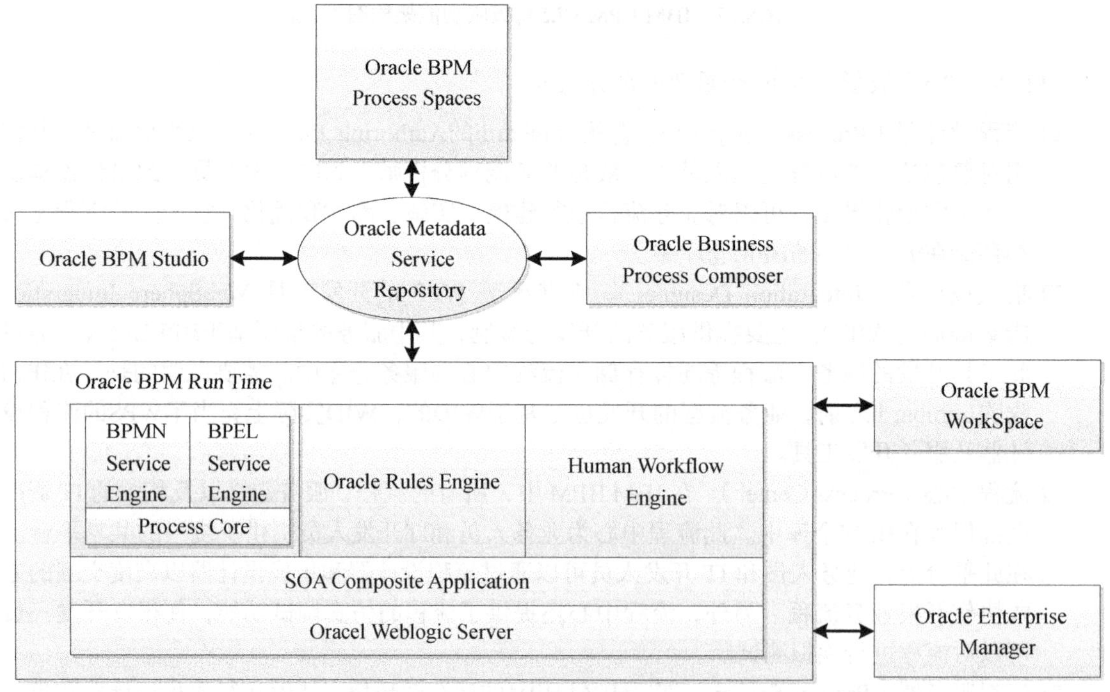

图8.28　Oracle BPM 11*g*功能架构图①

① http://docs.oracle.com/cd/E23943_01/user.1111/e15175/bpmug_intro_bpm_suite.htm。

11g直接架构在Oracle Service Bus之上，包括以下组件。

- Oracle BPM Run Time组件。统一流程引擎是11g的运行时支撑环境，包括对BPEL和BPMN 2.0两种流程定义的运行实现、人工工作流、业务规则的集成、服务中介这4个主要功能。由于11g直接支持BPMN 2.0规范，因此对于BPMN 2.0的流程定义可以直接执行，而无需像IBM BPM v7.5那样，必须将BPMN流程转换为BPEL或私有格式之后才可以执行。
- BPM Studio。BPM Studio主要提供对BPMN流程及BPEL流程的建模功能。此工具是基于Oracle Jdeveloper实现的，同样也提供了对流程的仿真测试功能。在BPM Studio中充分集成了Oracle SOA 11g和Oracle Application Development Framework（ADF）应用开发框架。ADF主要提供了对J2EE应用程序的开发支持，包括Business Service层、Model层、Controller层、View层。但是，由我们多年来的工作经验得知，这些东西又大又笨重，做些简单的业务应用开发还可以，对于复杂的业务应用那是自找麻烦。
- Process Composer。Process Composer提供了除BPM Studio之外的、基于Web的流程编排方式。它和BPM Studio共享Oracle Meta Data Service Repository（Oracle元数据服务仓库），以保证版本的统一；同时也使得业务维护人员在流程上线运行之后，能够通过Web浏览器对流程进行修改。
- Oracle Meta Data Service Repository。Oracle Meta Data Service Repository（Oracle元数据服务仓库）是用来存储流程及应用元数据的仓库。与IBM的流程中心的BPM仓库的功能类似。
- Oracle BPM Process Spaces。它是基于Oracle WebCenter PortalSpaces提供的一个协作工具，实际上就是门户产品。
- Oracle BPM WorkSpace。它主要提供了与终端用户的交互功能，包括任务交互、流程跟踪、标准仪表盘及可定制的仪表盘（可以对流程绩效、任务绩效、工作负载进行监控）功能。
- Oracle Enterprise Manager。一个基于Web的工具，为系统管理员提供了对业务应用和流程实例的管理功能。

8.4　本章小结

8

本章首先讲述了BPMS产品的市场前景、分类以及包含的内容，之后深度分析开源BPMS产品Activiti的组件功能及其核心引擎的执行过程。之所以选择Activiti是因为：(1) 这是jBPM的创建者Tom Baeyens在离开jBPM之后的另立山头之作，背后有Alfresco（其企业级的开源CMS项目是目前最优秀的开源CMS项目）和Apache基金会的强大支持；(2) Activiti直接采用BPMN 2.0作为建模和执行语言，通过对Activiti的分析，读者可以从实战项目上直接学习BPMN 2.0，了解满足BPMN 2.0规范的BPM产品应该怎样开发，这是最重要的原因；(3) 目前从其规划的功能点上来看，Activiti比jBPM更像是一个成熟的BPMS产品（而且还是免费开源的☺），例如其probe、explorer、cycle、rest等功能，还有与mule、spring、cxf的集成等功能。本章最后抛砖引玉，简单介绍了IBM和Oracle两个公司的BPM产品。

第三篇
战略落地之BPM治理篇

在本书前两篇中，我们一起沿着时间的脉络，介绍了流程管理思想及流程技术的发展史的前两个阶段——工作流阶段与BPM阶段。本篇我们学习第三个阶段。与前两篇一样，我们还是循着“业务及技术的发展路线图”来学习。

20世纪70~80年代，江南市房管局只有产权处，开始实施单机单用户版的MIS。
90年代，MIS的要求越来越高，业务上需要自动化的流程。

①由手工业务进入自动化业务

现状：20世纪90年代末到本世纪初，逐步成立了多个部门，业务量越来越多，各部门步建立了多个单一的MIS系统，业务依然只在部门内流转。
矛盾及需求：业务需要打破部门墙跨部门流转，但是存在的各个业务及信息孤岛，无法联通。

②要打破部门墙实现互联互通

本世纪10年代末，业务部门已经发展到17个，业务交互越来越复杂。BPM的实施也越来越复杂，BPM不能完全承载战略，投资回报率（ROI）不高。

③要填补战略与BPM间的鸿沟

本世纪10年代末期，IT治理技术、SOA治理技术快速发展BPM治理也逐步成熟。

③战略落地之BPM治理

90年代末期到本世纪初，EAI、消息中间件、SOA等新兴技术逐步成熟。EAI逐步被抛弃，BPM横空出世。

②BPM技术的横空出世

20世纪70年代中期，办公领域开始出现工作流技术。
90年代，工作流技术进入新的热潮。

①工作流技术的诞生

第三篇，我们在此

业务及技术的发展路线图

如上图所示，我们跟随时光穿梭机回到现在，即21世纪2000年代末。此时的江南房管局已经发展到具有将近20个部门的大局。在业务方面，各部门的业务交互越来越复杂。在21世纪初，江南市房管局为了打破部门墙，实现互联互通，花3年的时间实施了BPM项目，BPM项目的实施在一定的程度上，使得房管局内部实现了基本的互联互通。但是在整个局内，并没有形成从上至下的战略传承，导致上层的战略不能快速地传递到每个岗位，战略与BPM之间存在着一个阻隔二者连通的鸿沟。如何解决这个问题呢？答案就是引入BPM治理，BPM治理可以充当战略与BPM之间的桥梁。在第9章中，我们将一起学习探讨BPM治理的相关内容。

第9章 BPM治理填补战略与BPM之间的鸿沟

随着时间的推移，到2009年末，江南市房管局的BPM项目正式上线运行已满两年了。BPM项目的上线为各部门之间的互通扫清了技术上的障碍。但是，技术上无障碍就一定会互通吗？能做是一回事，而做不做又是另一回事，尤其是在行政部门。

接下来，我们按照问题的出现、问题的分析、问题的解决三个步骤来阐述本章的内容。

9.1 问题的出现：战略与 BPM 之间存在鸿沟

江南市房管局的BPM项目在三年的运行过程中，暴露出了以下问题：

(1) 战略并没有很好地逐级向下传达到每个岗位；

(2) BPM系统并不能将底层的执行分析结果反馈给高层管理者；

(3) 在执行宏观监管与更好地为社会公众服务两个方面，并没有取得很好的效果。BPM项目的上线，没有取得预望的高投资回报率（ROI）。对于政府来讲，投资花的是纳税人的钱，投资回报就是要回报纳税人，更好地为纳税人服务。

9.1.1 政府的四大战略

阐述本节的问题，首先要搞清楚政府的战略是什么。政府的战略就是全面正确地履行其基本职能。在十七届二中全会通过的《关于深化行政管理体制改革的意见》中对政府的四项基本职能进行了如下阐述。

- 经济调节：改善经济调节，更多地运用经济手段、法律手段并辅之以必要的行政手段调节经济活动，增强宏观调控的科学性、预见性和有效性，促进国民经济又好又快发展。

- 市场监管：严格市场监管，推进公平准入，规范市场执法，加强对涉及人民生命财产安全领域的监管。
- 社会管理：加强社会管理，强化政府促进就业和调节收入分配职能，完善社会保障体系，健全基层社会管理体制，维护社会稳定。
- 公共服务：更加注重公共服务，着力促进教育、卫生、文化等社会事业健康发展，建立健全公平公正、惠及全民、水平适度、可持续发展的公共服务体系，推进基本公共服务均等化。

对应于四项基本职能，四个战略分别是：改善经济调节、严格市场监管、加强社会管理、更加注重公共服务。

9.1.2 战略与BPM间出现了鸿沟

在上节，我们通过分析政府的四项基本职能，提出了政府的四大战略。这四大战略同样也是江南市房管局的战略，那么对于江南市房管局来讲，四个战略的实现依靠什么呢？有人说，当然是依靠人了。没错，具体来说是依靠局内所有的不同岗位上的人员的工作来实现。例如，高层领导负责决策工作、中层领导负责监管工作、执行层的经办人员负责办事。在信息化时代，用信息化软件支撑业务的运行是这个时代的显著特点。在本书中也多次讲到，企业运营的本质就是业务流程的运行，对于江南市房管局的业务运营，这种特性更为明显，其大多数业务的本质就是多环节审批，因此也就离不开BPM。更具体的说，就是离不开基于BPM的业务运营模式和BPM技术。

正是基于上面的分析，江南市房管局决定基于BPM实施“数字房管信息化系统”。经过两年的建设，“数字房管信息化系统”于2007年年底成功上线。到2009年年底，“数字房管信息化系统”在江南市房管局已经运行了两年，但是BPM项目的运行并没有使得四大战略被充分有效地执行。出现了什么问题呢？于是局领导请来了专业的战略咨询公司进行分析，经过深入地分析，咨询公司发现战略与BPM之间存在着上下两条鸿沟，如图9.1所示。

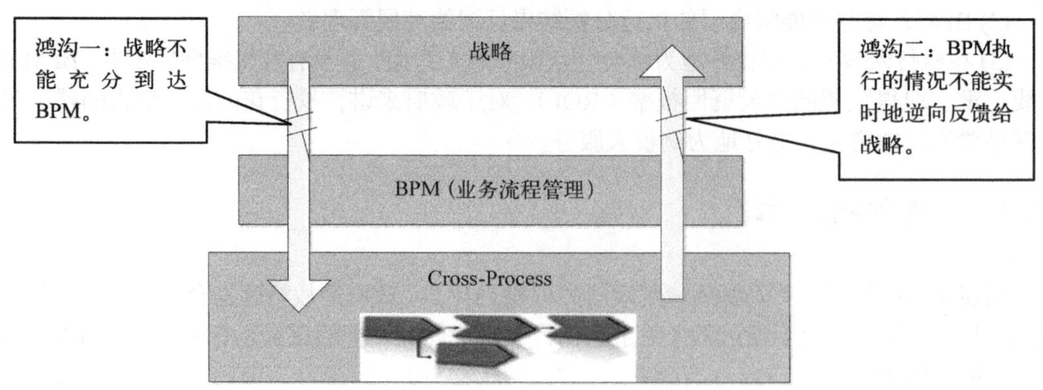

图9.1　战略与BPM之间的两条鸿沟

鸿沟一：战略不能充分到达BPM。四个战略中的“更加注重公众服务”作为政府的重要战略体现在多个方面，对于房管局，其服务对象统称为从业主体，包括房地产开发商、房地产中介、经纪机构、物业服务企业、银行等金融机构。怎样为这些从业主体提供更好地服务呢？很多做过政府项目的人可能会说，不就是那些事情么：一站式服务、一个窗口受理、一次性告知、一套资料内部传递、一次性收费、一个窗口发证、立等可取等。除此之外，还包括服务态度、硬件服务设施（例如叫号机、等待的座椅、饮水机）等。没错，说是这样说，但是要真正做到位，并不是实施了BPM项目就可以的。我们在这里不分析其原因，读者可以亲自调研一下，看看你所在城市的房屋管理部门有多少能全部做到；如果你有朋友是做房地产的，也可以问问他，如果他们要卖包含回迁房、配建保障房等的楼盘，要跑房管局几次，到几个窗口盖几个章，才能拿到预售证。鸿沟一的场景就类似于大脑的指令没有任何障碍地向下沿着神经网络传达给某个器官。

鸿沟二：BPM执行的情况不能实时地逆向反馈给战略。经济调节、市场监管和社会管理这三个基本职能属于高层和中层领导的职责，领导决策和监管都需要进行科学的分析。分析什么呢？对于房管局来讲，当然是分析房地产市场上的各种一线活动。例如，全市申请保障房的所有保障对象的数量；潜在的没有申请保障房的符合保障条件的家庭数量；这些家庭在全市各个区的分布情况，哪个区域最多；每个月商品房的交易量、价格的同比及环比；全市开发商及中介的信用情况、投诉比例等；二手房自助交易与通过中介交易的数量及比例等；局内所有岗位的每个月的业务量、所有核心流程的平均运行时间、所有业务实例中最费时间的审批环节等。这些一线活动的数据全部存在于基于BPM实施的核心业务信息化系统中。通过对这些海量数据进行分析，才能发现问题和规律，才能做出宏观决策。但是这些一线数据并不能实时地向上反馈给领导，因此也就造成了拍脑袋做决策的现状。鸿沟二的场景类似于某个器官的感觉可以无障碍地沿着神经网络向上反馈给大脑，例如手摸温度高的东西时感觉烫手，就是器官的神经末梢的感觉传达给大脑的。

9.2 问题的分析：出现鸿沟的原因

BPM项目并没有保证战略被有效地执行或实现，那么战略实现到底靠什么呢？或者说，战略与BPM间出现的两条鸿沟的原因是什么呢？我们首先用人的大脑、神经网络及身体器官这三者的关系来分析企业或组织内的战略、BPM及岗位三者的关系。

企业信息化系统中的BPM就像是人类的神经网络，不同的是人类的神经网络是天生具有的，而企业的神经网络却需要依赖BPMS系统来实现。基于BPM成功实施了信息化系统的企业或组织，战略就有了向各个岗位传递的路径，就像是大脑的指令可以沿着神经网络到达任何一个器官。有的读者可能会问，既然这样，那么实施了BPM的企业或组织，战略不就可以传达到各个岗位了吗？各个岗位也可以向上逆向给战略进行反馈呀？这样的说法正确吗？当然是不正确的，原因呢？且看接下来的分析。

9.2.1　第一个原因：战略太抽象，没有清楚地描述战略

正常人的大脑发出的指令都是清晰的、明确的、具体的；而企业的大脑，也就是企业的战略管理部门，制定的战略却不一定是清晰的、明确的、具体的。9.1.1节提到的四个战略就是典型的抽象战略，它实际上可以称为使命宣言。怎样被执行？怎样证明实现了战略？这么抽象而宏观的战略没有任何分解，怎么可能被有效地执行呢。以“更加注重公众服务”这个战略为例，把它分解为一站式服务、一个窗口受理、一次性告知、一套资料内部传递、一次性收费、一个窗口发证、立等可取等服务细项，才能具备可执行性。没有分解之前，“更加注重公共服务”完全是抽象的，无法通过BPM系统传递到各个岗位，这就是出现鸿沟的第一个原因。那么有没有专业的描述方法和工具来对这四个战略进行具体、系统而全面的描述呢？答案当然是肯定的。在9.3.1节，我们将介绍这个方法和工具。

9.2.2　第二个原因：没有有效地对“执行”进行治理

人的大脑、神经网络与各个器官，三者浑然一体，对于正常人来讲，大脑对行为是有详细的管理准则的，而且大脑可以独自做出决策。在这个管理准则的框架内，各个器官执行指令时的规范、实际经验、指导原则、分工及各种决策，都可以由大脑快速做出。而企业的战略管理部门、基于BPM的信息系统与各个岗位上的人却不是浑然一体的，对企业战略执行的各个管理准则，都必须由战略管理部门提前制定出，如果没有详细的管理准则，那么战略的执行就无法被有效地管理。

对于实施了BPM项目的企业或组织，执行路径是有了，可是缺少像人类的大脑中的各种管理准则。这些由规范、实践经验、指导原则、分工与决策组成的管理准则正是BPM治理所覆盖的内容。

我们同样用“更加注重公众服务”这个战略为例来分析。例如在预销售许可审批流程中，为了减少从业人员跑腿的次数，达到一个窗口受理的目标，需要用BPMS流程串接物业处、拆迁办、住保办三个部门，技术上是实现了。但是某个部门说，我们不能直接用流程取得结果，这涉及出了事情谁负责的问题。因此，就出现了部门之间扯皮或踢皮球的现象，那么此时谁应该对整个预销售审批流程负责呢？或者说谁负责做最终决策？决策的依据是什么？如果对于战略在执行过程中各种各样的问题没有制定管理的准则，导致战略遇到阻碍而不能被执行，那么本质上还是战略与BPM之间存在鸿沟，这是出现鸿沟的第二个原因。怎么解决这个问题呢？解决办法将在9.3.2节及9.3.3节介绍。

9.2.3　第三个原因：没有衡量战略的具体标准

大脑有自己的衡量标准，某个器官执行指令的好坏，大脑可以根据衡量标准及细则清楚地判断。企业战略同样如此，如果没有衡量标准和细则，则BPM中各个流程上的岗位的执行效果也就

无从衡量，战略实现与否，正确与否也就无法衡量了。

在江南市房管局，基于BPM实施的数字房管信息化系统虽然成功上线并运行了两年，但是对于四大战略与BPM项目的关系，以及怎么基于BPM来衡量战略是否被有效地执行，都没有给出任何的衡量标准。我们继续以“更加注重公共服务”这个战略为例来分析，针对这个战略，应该设定什么样的衡量标准?

“更加注重公共服务”是一个顶级战略，对于预售申报受理窗口的工作人员来讲，怎样才叫更加注重公共服务呢？难道就是给来办理预售证的从业人员一个微笑？微笑是必要的，但是不能说微笑了就是更加注重公共服务了。对应开发商的从业人员来讲，他更注重的是他办理预售证总共需要跑多少个部门、盖多少个章、交几次件以及他最终拿到预售证需要等待多少天。把这些从业人员关注的所有内容都作为衡量指标，并且为每个衡量指标都制定一个目标值，只有全部或绝大部分都达到了目标值才能说明房管局确实是更加注重公共服务了。

综上分析，没有具体的衡量战略的标准，战略执行的效果就得不到衡量，也就无法向上反馈给战略，这是出现鸿沟的第三个原因。怎么解决这个问题呢？我们将在9.3.4节讲述。

9.2.4 小结

我们分析了战略与BPM间出现鸿沟的三个原因，或者说三种场景。如果用人的某个器官执行大脑通过神经网络下达的指令来类比某个战略的执行，那么三种场景将做如下的演变：

(1) 如果大脑没有给出指令的清晰明确的描述与分解准则，则器官就无从执行指令；

(2) 如果大脑的管理准则出现了问题，就无法有效地管理各个器官的指令执行；

(3) 如果大脑的衡量准则出了问题，就无法判断执行效果。

除了以上3种场景，其实还有第4个场景，这就是神经网络相关的场景。我们知道，器官是通过神经网络来接收大脑下达的指令的。如果神经网络出现了问题，例如神经坏死或外科手术时进行局部麻醉，指令就无法通过神经网络传递给器官，器官被切开了一个口子甚至是切除，大脑也同样不会有感觉。这就是说神经网络是异常重要的，它是执行传递或执行的路径。它在企业或组织中就对应于BPMS系统。

根据对以上四个场景的分析，我们可以推导出战略被有效执行的四个充分条件，即：

(1) 对战略有清晰明确的描述与分解准则，并按照此准则对战略进行描述与分解；

(2) 对战略有管理执行准则，并按照此准则去管理与执行战略；

(3) 对战略建立传递与反馈路径，并保证这个路径上下畅通无阻；

(4) 对战略有细致的衡量准则，并利用这些衡量准则对战略进行衡量，然后改进或调整战略。

其中第3条是通过实施BPMS系统来满足的，而第1、2、4条则是通过实施BPM治理来满足的。江南市房管局通过实施基于BPMS的信息化系统满足了第3个充分条件，但是要实现四大战略必须也满足其他三个充分条件。接下来，我们来看怎样满足其他三个充分条件。

9.3　问题的解决：用 BPM 治理填补战略与 BPM 间的鸿沟

在9.2节，我们分析了战略与BPM间出现鸿沟的三个原因：没有详细地描述与分解战略、没有对“执行战略”进行治理、没有衡量战略。要填补鸿沟就需要开展以下三个方面的工作，即详细地描述与分解战略、对“执行战略”进行治理、制定衡量战略的各种指标。上世纪90年代后期，在管理领域，以上三个方面的工作就有了相关的理论方法、工具和实践，分别是著名的平衡记分卡、战略中心型组织及战略地图。战略地图负责描述战略，战略中心型组织负责管理与执行战略，平衡计分卡负责对战略进行分解与衡量。三者的关系如图9.2所示。

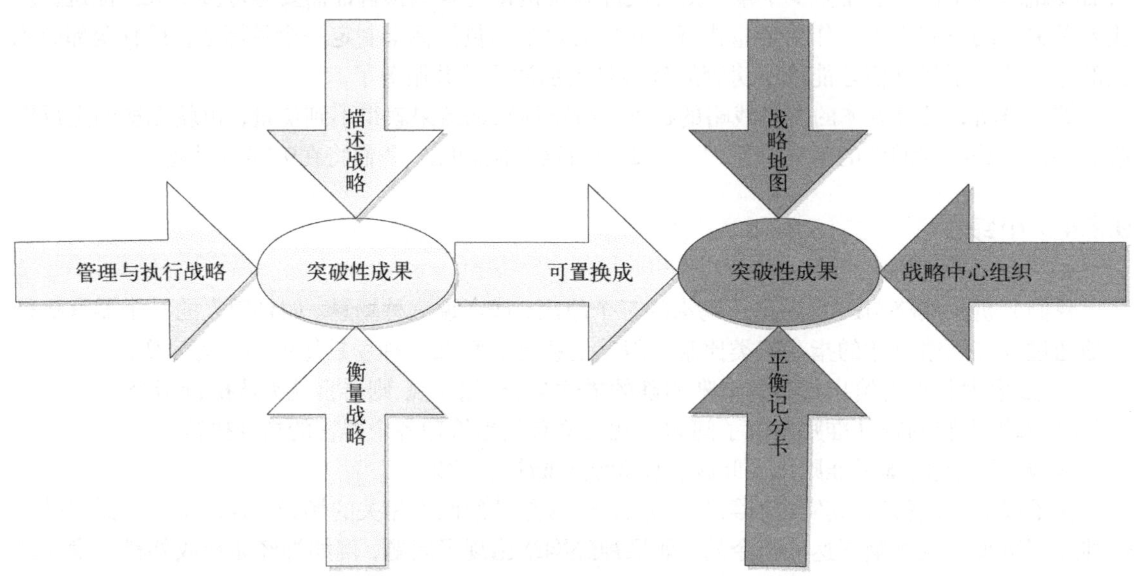

图9.2　平衡计分卡、战略中心型组织、战略地图三者之间的关系

平衡记分卡被提出的早期，它解决的是对战略的衡量问题，并且创造性地提出了“你不能衡量的，就无法管理”；近些年来，平衡计分卡还被当作了重要的战略制定（或者叫战略分解）工具。战略中心型组织解决的是战略管理与执行的问题。战略地图解决的是战略的描述问题，并再次创造性地提出“你不能描述的，就无法管理”。

在大多数的企业，最大的问题不是没有战略，而是战略无法被有效执行，即战略制定与战略执行之间存在着鸿沟。而平衡记分卡的出现，被认为是弥合这个鸿沟的重要里程碑。为什么这样说呢？这要从平衡计分卡的作用进行分析。它的本质作用就是把战略分解为很多个有相互因果关系的包含了指标、目标、指标值及行动方案的“卡”，其中每个卡，都从财务、客户、内部流程及学习与成长4个层面，制定指标、目标、指标值及行动方案。如图9.3所示。

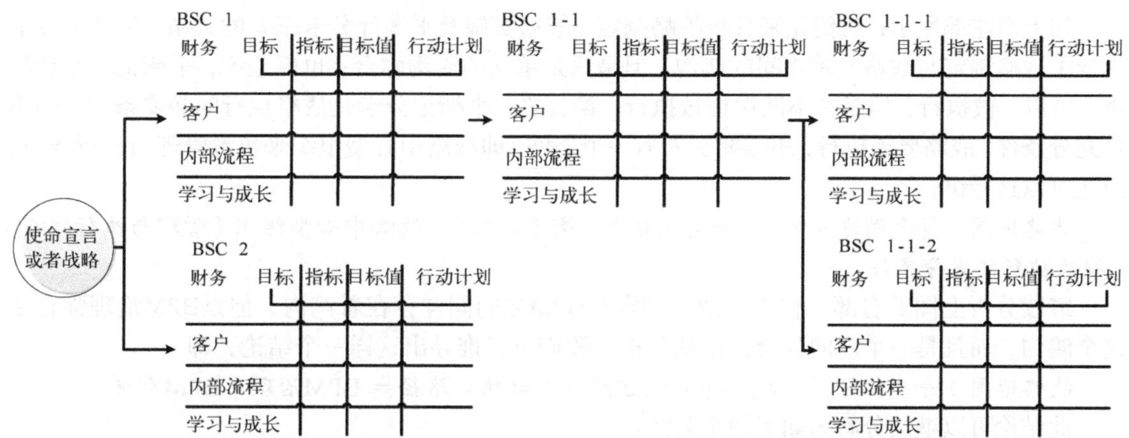

图9.3　化战略为行动，基于平衡记分卡的战略分解示意图

从图中可以看出，某个企业或者组织的战略被分解为了多个平衡记分卡，其中BSC1、BSC1-1、BSC1-1-1、BSC1-1-2这四个记分卡的因果关系的链接路径为：BSC1—BSC1-1—BSC1-1-1/BSC1-1-2，这条路径就可以对应于这个企业或组织内部的端到端的流程分解路径。我们可以回想一下流程的六要素，其中最基本的组成就包含“活动”及“活动之间的作用”，这里的卡与卡之间（或者说指标之间）的因果关系不正是对应着“活动之间的作用”吗？你现在是否已经对战略与BPM之间的关系有些眉目了？

在前文我们讲到，平衡记分卡弥合了战略制定与战略执行的鸿沟；同时，BPMS为战略执行提供了路径。那么战略、平衡计分卡、战略执行、BPM这四者之间到底是什么关系呢？如图9.4所示。

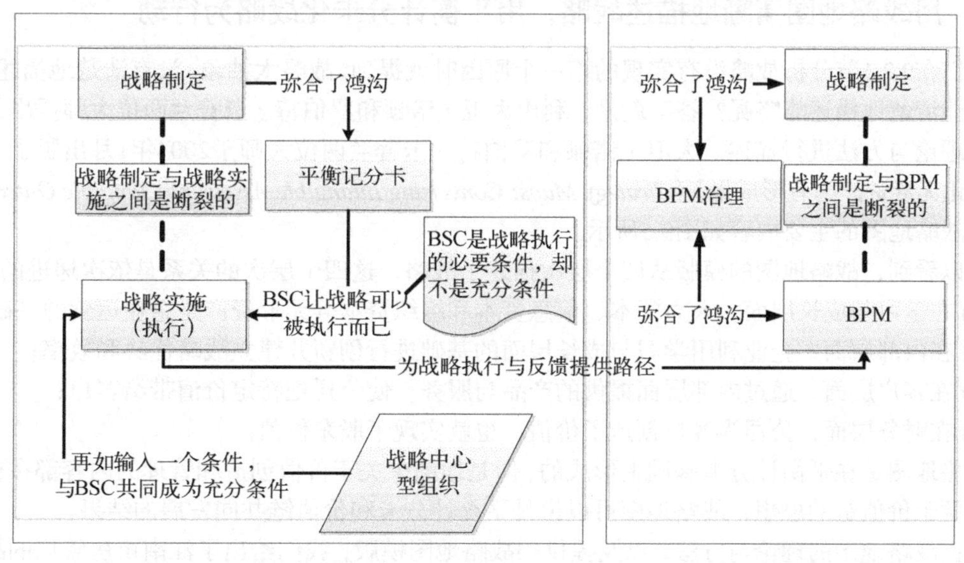

图9.4　战略制定、战略执行、平衡记分卡、BPM治理、BPM之间的关系

9

如上图左部所示，我们先来分析战略制定、战略实施及平衡记分卡三者的关系。平衡记分卡弥合了战略制定与战略实施之间的鸿沟，但是只是单向的鸿沟弥合；也就是说，平衡记分卡让战略“可以”被执行，但是并不能保证被执行；换言之，平衡记分卡是战略执行的必要条件，却不是充分条件。战略要被执行，还需要引入另一个条件，即战略中心型组织来负责管理与执行战略，因此可以这样讲，

战略地图（负责描述战略）+平衡记分卡（衡量战略）+战略中心型组织（管理与执行战略）=战略执行的充分条件

继续分析上图的右部。首先，战略制定与BPM之间同样存在着鸿沟，但是BPM治理弥合了这个鸿沟，而且是一个双向弥合。由此分析，我们可以推导出这样一个结论，即

战略地图＋平衡记分卡＋战略中心型组织＋战略执行路径＝ BPM治理＋BPM系统

此结论可以继续分解为如下两个公式：

战略地图＋平衡记分卡＋战略中心型组织＝BPM治理

和

战略执行路径＝BPM系统

战略地图、平衡记分卡和战略中心型组织从理论与方法层面指导我们怎样让战略实施落地，而BPM治理则是从具体的执行层面指导我们怎样让战略实施落地。

构建BPM系统，就是构建企业战略执行的神经网络，没有BPM和BPMS，就没有战略执行的路径，这个战略执行的必要条件我们已经在前两篇中完成了，现在需要继续完成其他几个充分条件，以保障战略被充分有效地执行。接下来的本质工作就是：用战略地图＋平衡记分卡＋战略中心型组织作为理论与方法，去指导BPM治理，并实现BPM治理框架。

9.3.1 用战略地图清晰地描述战略，用平衡计分卡化战略为行动

我们在9.2.1节分析战略没有实现的第一个原因时就提到，战略太抽象，没有清楚地描述战略。怎样才能清楚地描述战略呢？答案就是：利用大卫·诺顿和罗伯特·卡普兰两位大师提出的战略地图的理论与方法进行描述。大卫·诺顿和罗伯特·卡普兰两位大师于2004年1月出版了《战略地图：化无形资产为有形成果》（*Strategy Maps: Converting Intangible Assets into Tangible Outcomes*）一书。战略地图的主要内容如图9.5所示。

可以看到，战略地图的模版从四个层次描述了战略，这四个层次的关系是依次递进的：

(1) 在学习与成长层面，人力资本、信息资本和组织资本等无形资产是企业运营的基础；

(2) 在内部层面，企业利用学习与成长层面的基础进行创新并建立战略优势和效率；

(3) 在客户层面，通过内部层面提供的产品与服务，使公司把特定价值带给客户；

(4) 在财务层面，公司为客户创造了价值，也就实现了股东价值。

战略地图是在平衡计分卡基础上形成的，但是地图中关于价值创造和管理的内容都在很大程度上来源于价值链的思想，战略地图可以说是平衡计分卡和价值链共同发展的结果。

根据战略地图的理论与方法，以及提供的战略地图模版，我们给出了江南市房管局的战略地图，如图9.6所示。

财务层面
生产率战略
增长战略
长期股东价值
改善成本结构
提高资产利用率
增加收入机会
提高客户价值

客户层面
客户价值主张
价格 质量 可用性 选择 功能 服务 伙伴关系 品牌
产品/服务特征
关系
形象

内部层面
运营管理流程
· 供应
· 生产
· 分销
· 风险管理
客户管理流程
· 选择
· 获得
· 保持
· 增长
创新流程
· 机会识别
· R&D组合
· 设计/开发
· 上市
法规和社会流程
· 环境
· 安全和监控
· 招聘
· 社区

学习与成长层面
人力资本
信息资本
组织资本
文化 领导力 协调一致 团队工作

图9.5 企业战略地图模版

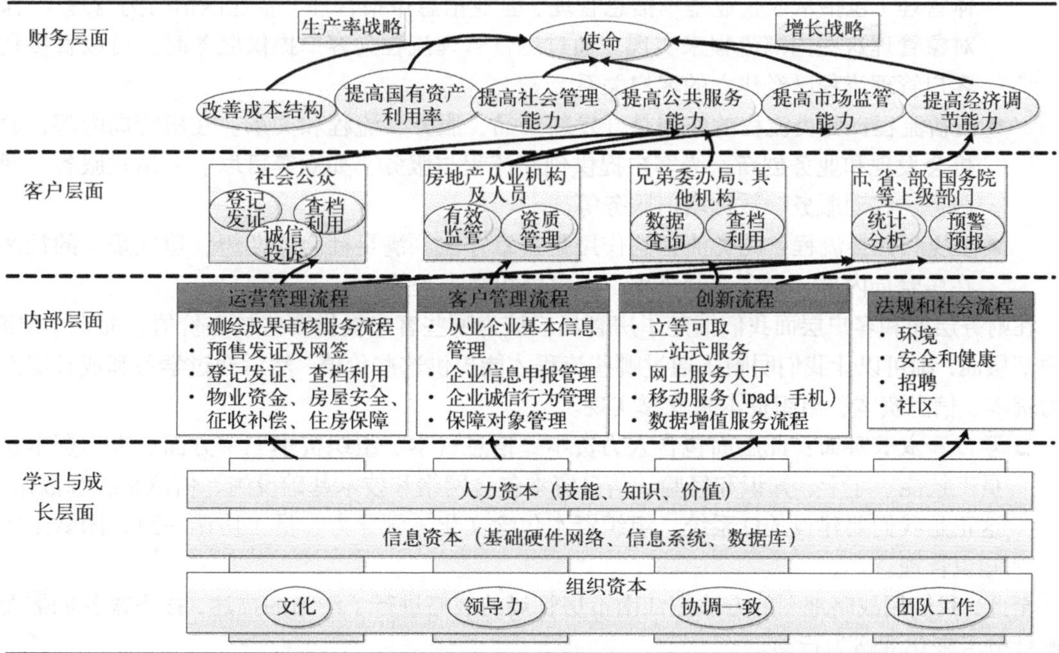

图9.6 房管局的战略地图

我们根据上图，从四个层面来分析房管局的战略地图。

- ❑ *财务层面*：在本层面，目标与企业的区别是，不存在长期股东价值这样的概念。政府机构就是要为纳税人和社会公众提供更好的服务和监管。除了改善成本结构、提高国有资产利用率这样的公共战略目标外，提高社会管理能力、提高公共服务能力、提高市场监管能力、提高经济调节能力是房管局的四个核心价值能力，也是前文提到的四大战略，这四个能力是房管局的长期使命。
- ❑ *客户层面*：对于房管局，其客户包含四类对象：(1) 社会公众；(2) 房地产从业机构及人员；(3) 兄弟委办局及其他机构；(4) 市、省、部、国务院等上级部门。对于社会公众，主要为其提供登记发证、查档利用、诚信投诉等核心价值；对于房地产从业机构及人员，主要为其提供监管、资质管理、办理发证等核心价值；对于兄弟委办局及其他机构，主要为其提供数据查询共享、查档利用等核心价值；对于市、省、部、国务院等上级机构，主要为其提供统计分析、预警预报、宏观决策等核心价值。
- ❑ *内部层面*
  - ■ *运营管理流程*：运营管理流程的作用是生成并向客户提供产品和服务。房管局主要为社会公众、房地产从业机构及人员提供，测绘成果审核备案、预售发证及网签、登记发证及查档利用、物业资金使用、房屋安全鉴定、征收补偿、住房保障管理等内部流程，通过这些内部运营流程直接为客户服务。
  - ■ 客户管理流程：客户管理流程的作用是建立并利用客户关系。建立客户依赖于从业主体管理（包括从业企业基本信息管理、企业信息申报管理、企业诚信行为管理）、保障对象管理这些内部流程来实现。通过运营管理流程为客户提供服务时，可以直接利用客户管理流程已经建立的客户关系。
  - ■ 创新流程：此类流程的作用是开发新产品、服务、流程和关系。在房管局内部，通过机会发现和业务创新，为客户提供创新流程与服务，如立等可取、一站式服务、网上服务、移动服务、数据增值服务等。
  - ■ 法规和社会流程：此类流程的作用是遵章守法，满足社会的期望，建立繁荣的社区。在房管局内部，包含法制流程、人事处招聘流程等。

在财务层面和客户层面我们清楚了房管局应该为哪些客户提供哪些核心价值，而在本层面，即内部层面，则可以让我们明晰了通过哪些流程才能提供这些价值，然后通过学习和成长层面的人力资本、信息资本、组织资本来支撑实现。

- ❑ *学习和成长层面*：此层面包含人力资本、信息资本、组织资本三个方面。人力资本包含员工技能、才干、知识和经验。信息资本包含网络和技术基础设施、信息系统和数据库，这正是我们要建设的IT系统。组织资本包含文化、领导力、员工协调一致、团队工作和知识管理。

至此，我们用战略地图的方法把江南市房管局的战略进行了清晰的描述，接下来我们需要用平衡计分卡来化战略为行动。

在管理领域的早期，战略制定之后，首先就是对战略进行分解。在这方面，平衡计分卡无出其右。在大卫·诺顿和罗伯特·卡普兰两位大师发明平衡计分卡的早期，它被用作绩效管理工具，之后两位大师将它逐步升级到了战略管理工具。它负责把战略分解为各个岗位的行动或任务，因此可以说它是化战略为行动的利器，关于这方面的详细内容可参见两位大师的《平衡计分卡：化战略为行动》一书。

从20世纪初至90年代，企业的业绩评价基本上都是只有财务指标的，因此战略实现与否也同样看财务指标。但是进入90年代以后，企业的高级管理者意识到单纯的财务指标太单一了，无法全面覆盖企业绩效的全部内容。在这个大背景下，从1990年开始，罗伯特·卡普兰和大卫·诺顿在总结了十几家绩效管理处于领先地位的公司的基础上，向全世界开始推广平衡计分卡的理论与方法。平衡记分卡的核心内容就是从财务、客户、内部流程、学习与成长四个互为关联的维度，来平衡定位和考核企业各个层次的绩效水平。接下来我们就利用平衡计分卡将江南市房管局的使命或者说战略分解为具体的目标，针对每个目标提出战略行动方案，最终实现化战略为行动，如图9.7所示。

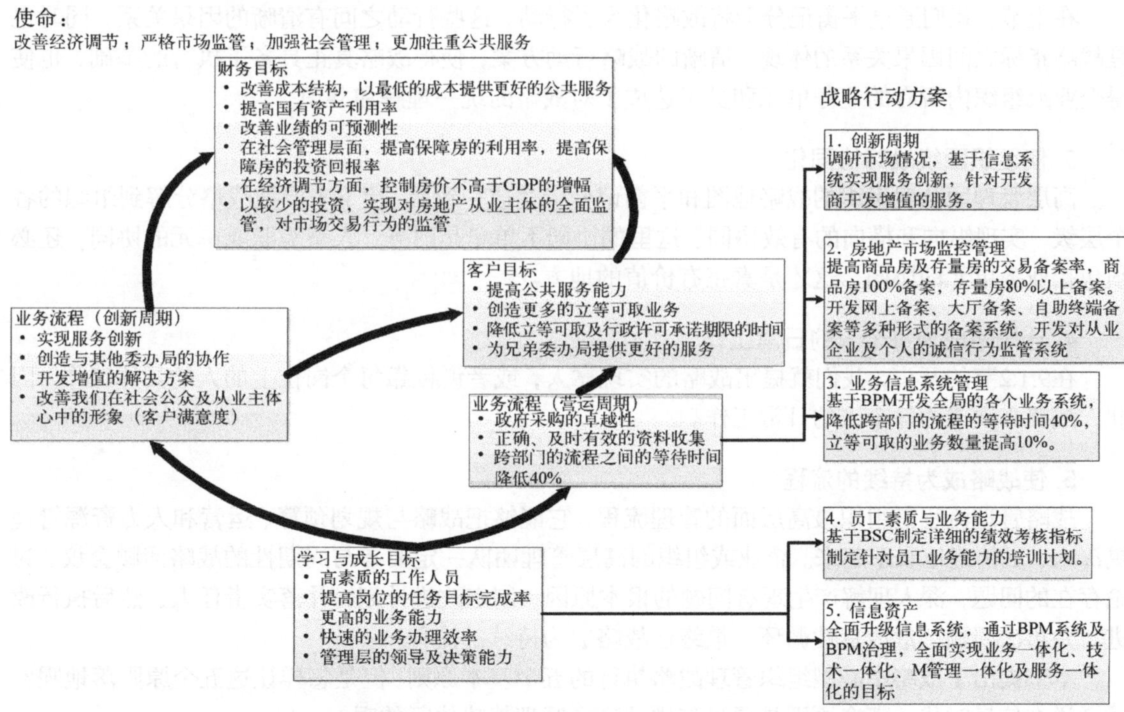

图9.7 化战略为行动–江南市房管局的记分卡及战略行动方案

我们首先采用平衡计分卡的方法，将江南市房管局的使命按照财务目标、客户目标、业务流程目标及学习与成长目标四个层面进行分解。财务目标和客户目标依赖于内部业务流程的实现，为了实现内部业务流程的目标，制定具体的战略行动方案。

9

9.3.2 战略中心型组织及其管理战略执行的五原则

战略地图清楚描述了战略，那么怎么管理与执行战略呢？对此，大卫·诺顿和罗伯特·卡普兰两位大师经过多年的研究与总结，出版了《战略中心型组织》一书，提出用战略中心型组织来解决战略管理与执行的问题。

在该一书中，两位大师给出了“战略中心型组织”用以管理战略执行的五个基本原则。

1. 高层领导推动变革

任何企业或组织引进平衡计分卡的目的都是为了改善整个企业或组织的战略执行情况，没有高层领导的亲自参与和支持是很难成功的。因此要想战略能被很好地执行，最关键的问题是如何使企业或组织中所有的中高层管理者充分认识和体会到建立战略中心型组织的重大意义和价值，从而获得他们的支持。

2. 把战略转化为可操作的行动

在上节，我们通过平衡记分卡将战略化为了行动，这些行动之间有清晰的因果关系，同时也是战略指标之间因果关系的体现。清晰的战略行动方案，使得战略真正具备了执行的基础，也使得企业或组织内所有的业务单元和员工达成了对战略的统一理解和共识。

3. 使组织围绕战略协同化

高层管理团队就组织的战略地图和平衡记分卡达成一致后，接下来要把战略分解到组织的各个层级，实现纵向和横向的有效协同。这里的协同不单单是财务、人事等职能单元的协同，还必须包括业务单元的协同，这才是真正有价值的地方。

4. 让战略成为每个人的日常工作

在9.1.2节的开头，我们就提出战略的实现靠人，或者说依靠每个岗位上的人的具体工作。因此，战略必须成为每个人的日常工作。

5. 使战略成为持续的流程

战略管理流程是组织最高层面的管理流程，它能够把战略与规划预算、运营和人力资源管理更深入、更精确地联系起来。企业或组织的高层管理团队一定要参与周期性的战略回顾会议，讨论存在的问题，深入理解产生现有问题的根本原因，制定改进计划，并落实责任人，然后执行改进，并再次回顾，形成良性循环，最终让战略成为持续的流程。

本节提出了战略中心型组织管理战略执行的五个基本原则，但是怎样让这五个原则落地呢？或者说在信息时代，五个原则是通过怎样的途径管理战略执行的呢？

9.3.3 用平衡计分卡持续地衡量战略并改进

我们在9.3.1节讲到，平衡记分卡是一种战略分解工具，同时也是一种战略衡量工具。或者说，其初衷就是一种衡量工具，但是为了衡量战略，又不得已制定了分解战略的相关方法及实践模版。

那么怎样衡量战略是否被有效地执行了呢？有人说，要建立关键绩效指标体系（KPI），通过它来衡量企业的战略；也有人会说，要衡量企业的财务情况，只要企业赚钱了就是实现了战略。以上两种情况确实是业内早期的衡量方法，但是早已被实践证明是非常片面或短视的方法。为了解决这种片面的衡量方法，大卫·诺顿和罗伯特·卡普兰于上世纪90年代初，首先提出了平衡计分卡（BSC）理论及方法。它的出现，使得领导者拥有了全面的统筹战略、人员、流程和执行四个关键因素的管理工具，被《哈佛商业评论》誉为近75年（哈佛商业评论1922年创刊，到1997年是75周年）来最重要的管理工具及方法。平衡计分卡为了衡量战略，从学习与成长、内部流程、客户、财务四个维度对战略图描述的战略进行充分的分解与细化，因此它不但是战略衡量工具，也可以称之为战略分解工具。

有了详细分解后的各个战略指标，对比这些指标的现状与目标值，即可对战略实现与否做出衡量与判断。没有达到目标值的战略指标，通过客户、内部流程、学习与成长几个层面进行相关的改进，然后继续执行并再次衡量，形成一个持续的流程，直至战略指标的目标值被完全实现。

9.3.4 用 BPM 治理实现战略地图、战略中心型组织、平衡记分卡的落地

在前三个小节，我们针对于鸿沟出现的三个原因给出了三个解决办法，这些实际上是理论指导，那么怎么才能让理论指导落地呢？答案就是引入BPM治理。

1. BPM治理介绍

可能很多读者会有疑惑，BPM本身就是业务流程管理，怎么又冒出个BPM治理呀？治理与管理仅有一字只差，它们两者的区别是什么呢？

关于治理，IT界有IT治理、SOA治理等概念，如果你还不了解可以去查阅相关的资料。BPTrends的执行编辑与创建者Paul Harmon是这样定义治理的："治理，是一种管理的机制，指一些目标、原则、组织结构图，这些定义了谁能做出什么决策，这个机制中还包括一些政策和规则，用来定义或约束经理人们能做什么。"

我们的理解则是：治理是对怎样进行管理的一种指导，是用来指导管理的。就像督察是专门"管"警察的这类概念。治理更强调过程，既然是过程，就会形成流程。因此治理本身也存在着治理流程。

9

什么叫BPM治理，BPM治理要做什么

BPM治理专门在BPM实施与执行的各个阶段给以指导和控制，全程掌控BPM的实施与执行。具体内容包括：为什么要实施BPM，怎样实施BPM（实施组织、授权责任链、制度、标准规范、实施BPM流程的流程、实施策略及方法、最佳领导实践、对治理流程及治理组织的绩效度量框架等），怎样保障实施BPM是有效的并且与企业战略对齐。

关于BPM治理要做什么，Roger Tregear（澳洲Leonardo咨询的咨询总监）于2009年12月在

BPTrends上的月度专栏上发表了一篇题为“Practical Governance”的文章①，其中总结了BPM治理的五要素，包括度量（measurement）、所有权（ownership）、当责（accountability）、控制（control）、支持（support）。读者可以给出的链接地址下载英文版，浏览这五个方面的内容。

2. Enjourney的BPM治理框架介绍

BPM治理现在还处于初期研究阶段，但是近几年已经取得了很多的研究成果。这些成果都是由国外的一些研究机构或组织取得的，国内在这一领域基本上还是空白，虽然也有一些国内的流程咨询公司拿这个概念忽悠，本质上还是挂羊头卖狗肉。在这些研究成果中，BPM治理框架是取得的重要成果之一，Braganza, A、Lambert, R、Korhonen、Barrors等人都提出了流程治理框架，其中以Enjourney公司于2010年推出的BPM治理框架较为全面，如图9.8所示。

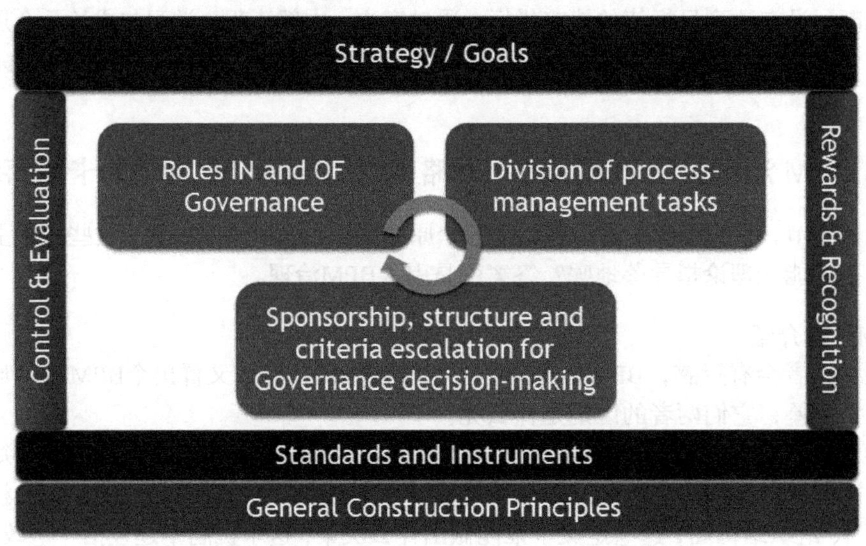

图9.8 BPM治理框架（资料来源：Enjourney，2010）

在这个BPM治理框架中，包含了如下7个方面。

- 战略和目标（Strategy/Goals）：简而言之，流程治理的目标就是引导、操纵组织中的流程管理，也就是对应于战略地图及平衡记分卡对战略的描述与分解。
- 治理内部的角色及治理的职责（Roles IN and OF Governance）：治理过程中的角色包括流程治理决策制定组或委员会、流程精英中心、流程的原始利益相关者及发起人、流程管理者/协调者/拥有者、流程办公室经理、工程项目经理、流程设计经理、流程分析师、流程架构师、变革推动者、流程引入小组等。流程治理本身的职责则包括：日常协作、驱动改进、调整和集成决策制定、标准化和控制、绩效评估、指导和咨询、传达通信等。

① http://www.bptrends.com/publicationfiles/SEVEN%2012-09-COL-Practical%20Process-Practical%20Governance-Tregear%20rt-final.pdf。

- 流程管理任务的划分（Division of process-management tasks）：主要包括三方面任务——流程管理任务、流程改进相关的任务、日常协作任务。
- 治理决策的制定（Sponsorship, structure and criteria escalation for Governance decision-making）：主要是指对治理决策权的预定义，也包括流程优先级的设定。在其中涉及流程发起者、流程治理模型的结构和条件规则。
- 标准规范和工具（Standards and Instruments）：包括工具、方法、理论、流程架构、度量、文档等。对于不同的阶段目标和预定义的治理职责和角色，需要定义、评审和使用不同的规范和工具。例如流程管理的支持工具BPMS、流程架构工具、度量工具、方法及理论等。
- 控制和评估（Control and Evaluation）：主要指的是结构化的效率评估系统，包括对流程及流程治理所取得效果的评估。同样，必须以阶段目标和流程治理的职责及角色为基础，进行度量指标的设定。
- 鉴别和奖励（Recognition and Rewards）：鉴别和奖励机制是对流程治理中涉及的角色的一套奖惩体系。

以上是Enjourney公司提出的BPM治理框架的7个方面，实际上是实施BPM治理的7个工作或步骤。除此之外，关于BPM治理的实施，国外也有相关的研究者给出过建议，Roger Tregear在其标题为“Practical Governance”的文章中给出了实施BPM治理的10个步骤和7宗罪[①]。

3. 战略三工具与BPM治理框架的结合

在9.3节的起始，我们曾经给出了战略地图+战略中心型组织+平衡记分卡=BPM治理这样的公式，并且在之后的9.3.1节~9.3.3节中，分别系统地学习了战略地图、战略中心型组织、平衡记分卡三个战略方法和工具。那么这三者给出的方法和工具，怎样与BPM相结合并实现基于流程的战略落地呢？答案就是BPM治理。BPM治理架起了战略与BPM之间的桥梁，使得战略与BPM之间可以实时交互，如图9.9所示。

从图中可以看到，BPM治理在战略和BPM之间起到了承上启下的作用。它负责将战略传递给BPM，将BPM的执行结果反馈给战略。记得在9.3.1节讲到的平衡计分卡的作用吗？它负责将战略转化为可执行的行动。注意这里的修饰语“可执行”，这就说明平衡计分卡仅仅是保证了战略可执行，但是并不保证战略肯定“被执行”，BPM治理则通过战略与目标、定义治理角色与职责、流程管理任务的划分、治理决策的制定、标准规范和工具、控制和评估、鉴别和奖励等方面的工作保证战略“被执行”。

对于企业和组织，战略部门制定的企业战略就是大脑打算发出的指令，这些指令怎样清晰地逐级向下传达到各个岗位呢？各个岗位的执行结果又怎样逆向向上传递给战略部门呢？BPM系统就是这个传递路径，没有成功实施BPM系统的企业和组织，连传递战略的路径都没有。但是有了传递路径，还需要有在传递的规则、角色与职责、治理决策的制定、标准规范与工具、控制和评估、鉴别与奖励等方面开展相关的工作，才能使得战略真正被有效地执行。

9

① http://www.bptrends.com/publicationfiles/SEVEN%2012-09-COL-Practical%20Process-Practical%20Governance-Tregear%20rt-final.pdf。

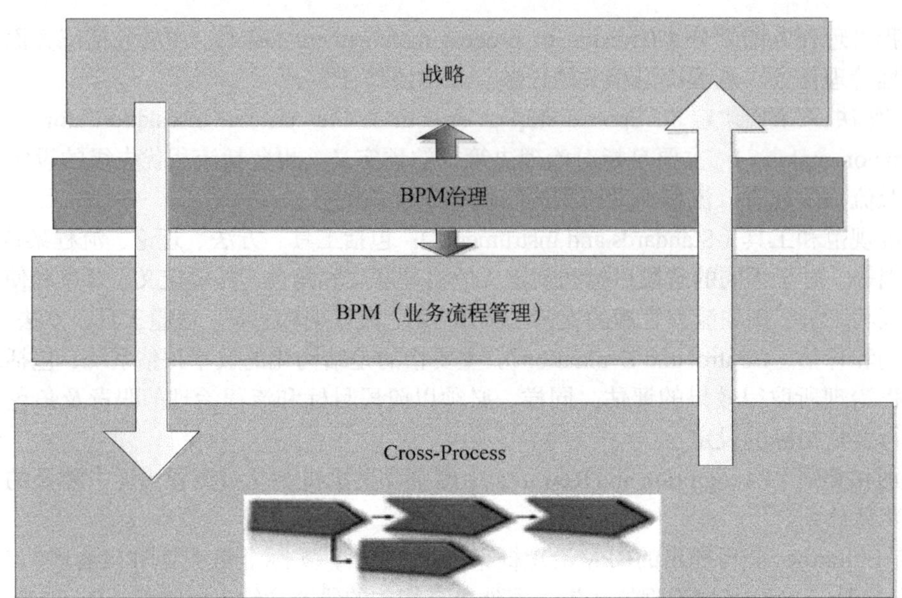

图9.9　BPM治理架起了战略与BPM之间的桥梁

遵循Enjourney给出的流程治理框架，我们给出一个针对江南市房管局的BPM治理框架，并将这个治理框架与战略地图、战略中心型组织和平衡计分卡做个简单的对应。

(1) 与战略地图的对应

- 战略和目标。在Enjourney的BPM治理框架中，第一个重要的组成部分就是战略和目标，这也正是战略地图所关注的内容。用战略地图清晰地描述战略，用平衡计分卡化战略为行动。在这部分，需要将战略目标沿着BPM自上而下逐级分解到BPM流程中的各个岗位上去。

(2) 与战略中心型组织的对应

- 治理中的角色及治理本身的职责。战略中心型组织给出了管理和执行战略的五个基本原则，其中第一个原则就是“高层领导推动变革”。为了遵循这个原则，我们在此给出详细的治理角色和治理职责。

战略阶段

- 治理角色
  - 流程治理决策制定组，负责所有治理决策的制定，由流程利益相关单位的一把手、首席流程官及流程变革推动者组成。这个决策制定组正是“高层领导推动变革”这一原则的落地实现。
  - 流程利益相关者及发起人，流程利益相关者包括局内的业务单位及从业主体。
  - 流程拥有者，为每个流程都设定其拥有者。在这里区分为部门内的流程及跨部门的端到端的流程。部门内的流程，其拥有者为业务部门的一把手。跨部门的端到端的流程，则由主管此端到端流程涉及的这些业务部门的副局长负责。这也符合房管局一般由多个副局长各自主管多个业务部门的现状。如果某个端到端的流程涉及的部门跨多个副局长主管时，则这个端到端的流程的所有者设定为主管业务的常务副局长或者局长。流程拥有者的设定正是战略中心型组织中的“高层领导推动变革”这一原则的具体实现。

- 治理职责
  - 评估房管局当前的治理能力和成熟度。
  - 确认流转治理和管理的合适的层级，通过对本局目前的流程进行分析，初步判定流程处于“筒仓式”阶段（见2.5.2节），通过本项目的实施，要进入第三阶段，即协调阶段。
  - 制定具体的流程战略并形成流程战略路线图。

需求梳理及评估阶段

- 治理角色

在本阶段的治理角色由流程分析师、首席流程官、流程拥有者、流程利益相关者及发起人、流程决策制定组等角色组成。

- 治理职责
  - 流程标准、指导原则、领导实践；
  - 对流程及流程组织的绩效度量框架；
  - 流程治理组织、角色和职责；
  - 治理流程和机制；
  - 治理相关工具。

设计、建模阶段

- 治理角色
  - 本阶段的主要角色包括首席流程官、流程精英中心、流程设计经理、流程架构师、流程拥有者。
- 治理职责
  - 负责对流程架构、端到端的流程进行设计建模。

执行阶段

- 治理角色
  - 本阶段的主要角色包括，首席流程官、流程决策制定组、控制评估组。
- 治理职责

负责具体执行治理流程，对BPM实施过程中的标准、规范等进行严格的指导和检查。

监控及优化阶段

- 治理角色
  - 本阶段的主要角色包括首席流程官、流程控制评估组、流程鉴定和奖励组、变革推动者、流程所有者。

- 治理职责
  - 负责对系统中所有运行的流程进行监控及评估，并根据监控结果对流程进行变更优化。对流程实施的整体绩效进行评估，包括流程绩效、组织绩效、战略绩效、治理角色绩效等，根据评估结果进行相应的奖励。

● 流程管理任务的划分

战略中心型组织的第二个原则是“把战略转化为可操作的行动”，遵循此原则，把可操作的行动转化为流程管理任务。流程管理任务包含改进相关的任务和日常协作任务。

改进相关的任务：主要是指对流程改进相关的工作，负责理解组织的战略，定义变化的路径、划分流程的优先级等。这些任务主要由首席流程官、流程拥有者、变革推动者三个角色负责，流程利益相关者协助。日常协作任务：主要是指流程目录管理、流程执行监控、流程执行控制、流程相关的维护等。这些任务主要由流程拥有者、流程管理员负责。

流程管理任务由人执行，因此将战略转化为可操作的行动进而转化为流程管理任务，就等同于将战略转化为人的任务，这正遵循了战略中心型组织的第四个原则“让战略成为每个人的日常工作”。

战略中心型组织的第三个原则“使组织围绕战略协同化”，这正是BPM的本职工作。将战略分解为流程管理任务之后，这些管理任务由BPM负责协同，管理任务由组织中的各个人去执行，从而真正实现了“使组织围绕战略协同化”这一原则。

● 治理决策的制定

在治理框架的本部分内容中，最重要的是给出一个清晰的治理决策的架构，这个架构是一个层级式的，有着明确的分工和协作。结合房管局的特点，给出江南市房管局的治理决策架构，如图9.10所示。流程治理决策架构的制定，同样也是“高层领导推动变革”的原则的实现。

● 标准规范和工具

本部分内容包含了流程实施方法、流程建模规范、流程实施规范、流程变更规范、控制和评估规范等，这些内容不一一罗列。对于工具，则要求统一遵循本项目约束的建模工具、开发平台、集成工具、监控工具。

(3) 与用平衡记分卡的对应

在9.3.3节，我们讲到平衡记分卡是战略衡量工具，要衡量就需要制定各种衡量标准，并用这些标准去评估分解后的战略任务。而BPM治理框架的控制和评估部分同样也关注于各种度量指标及基于这些度量指标的评估。

● 控制和评估

本部分工作主要的产出物是各种度量指标，包括对端到端的流程绩效的评估指标，对组织的评估指标、对每阶段治理的职责及治理中的各个角色的评估指标等。所有的度量都应该与组织的期望或者说战略目标一致。此项工作是“让战略成为持续的流程”这一原则的具体实现。

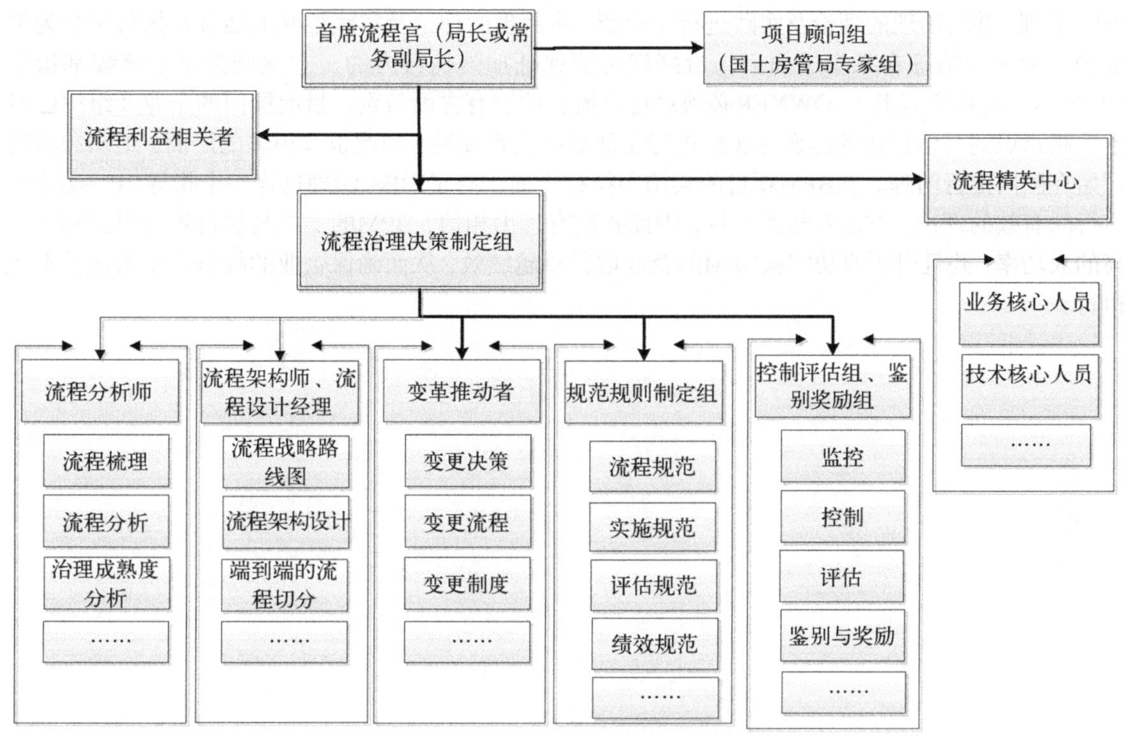

图9.10　江南市房管局的流程治理决策架构

● *鉴别和奖励*

依据控制和评估的工作中所输出的各个评估指标，对具体的目标进行鉴别，并根据鉴别的结果给予相应的奖励。控制和评估组负责制定标准，鉴别和奖励组负责实施。

由上可以看出，BPM治理框架对于战略地图、战略中心型组织、平衡记分卡有完整的对应策略，也印证了“战略地图+战略中心型组织+平衡记分卡=BPM治理”这个公式。

9.4　本章小结：让战略真正落地并有效执行

信息化建设已经成为了现代企业和组织的一个重要工作内容，信息化产业的规模也超过了传统的工业产业的规模。但是，国内的信息化建设项目也大多因为领导层的变化出现建了废、废了再建的现象。那么信息化建设怎样才能取得更高的成功率与投资回报率呢？或者说怎样能让战略被有效地执行呢？这就需要对信息化建设的过程本身进行良好的掌控，包括度量、授权、规范、策略、规则、实践指导等，这些内容正是BPM治理所关注的内容。

本章首先引出企业或组织的战略制定及战略实施间的鸿沟，然后按照问题的出现、问题的分析、问题的解决三个层面，对鸿沟出现的原因及解决方法进行了分析，得出了战略地图 + 平衡记分卡 + 战略中心型组织 + 战略执行路径 = BPM治理 + BPM这一重要结论。根据这一结论引出了

BPM治理，并对治理的理论及实践进行了介绍，将治理的理论及实践很好地结合并执行是最为关键的。而流程治理在某个层面上，恰好就是能保证加强执行力的，它强调为每个流程都指定OWNER（流程所有者），OWNER必须对自己流程的所有方面负责。目前国内的企业及组织已经越来越意识到对信息化的建设与实施进行全面掌控的重要性，因此也有很多的厂商、组织和机构开始在国内推行治理。在BPM项目的实施与执行方面，有了BPM 治理这样一个指导BPM实施与执行的有效的理论、方法及相关工具，因此我们有理由相信，BPM的实施与执行将会得到越来越高的成功率，并且引领成功实施BPM的企业取得卓越绩效，从而确保企业的战略真正落地并有效执行。

第四篇
高级应用篇

基于三个永恒之道的项目实战

在本书的前三个篇章即第一篇到第三篇中，我们按照流程的发展顺序，自下而上依次学习了工作流、业务流程管理及BPM治理相关的理论、规范、模式及最佳实践，这是一个养兵的过程，所谓养兵千日，用兵一时。当然，对于流程知识及技术的学习，会使大家终身受益，这可不是用兵一时了，应该是“用兵一世”。在本篇，作者将带领大家把前三个阶段的学习内容，融会贯通，按照相反的顺序，即自上而下的方式，分别应用BPM治理、BPM、WFM的相关理念和技术来全面设计实施一个BPM项目。

本书对流程相关知识的学习与讲解是自下而上的，这符合我们大多数人对事物的学习及掌握规律，而且很多事物的发展也是自下而上的，例如人的职位是由低到高发展，人的知识和经验也是由少到多，能力也是由低到高等等。但是当我们去做某个事情时，就要自上而下了，因为只有站在山顶才能俯瞰全山的风貌，才能以宏观的视角来审视、把握全局。在建设大型的信息化项目时，这一点更为重要，必须自上而下，站在全局的高度来管理、建设整个项目。这一点，作者深有感触，如果没有这样的高度，不是自上而下，那项目的建设会发生严重的问题。可能很多人不以为然，有人会说，我们做项目就是一拨人扑上去做需求调研，调研完毕就设计、开发、上线。很多项目虽然要求架构设计、概要设计，但是大多数都执行的不好，用文档应付一下了事。还有一种情况是，虽然项目管理团队认识到自上而下做项目的重要性了，但是架构设计只能站在纯IT的角度去做，不能很清楚地把握整个企业的价值链、战略地图、企业架构、业务架构，同样也会造成大型信息化项目的偏离，甚至是失败。

接下来就请读者，跟随作者一起按照自上而下的方式，来建设江南市房管局的大型信息化项目，我们称之为“江南市房管局智慧房管信息系统”，整个建设过程如下图所示。

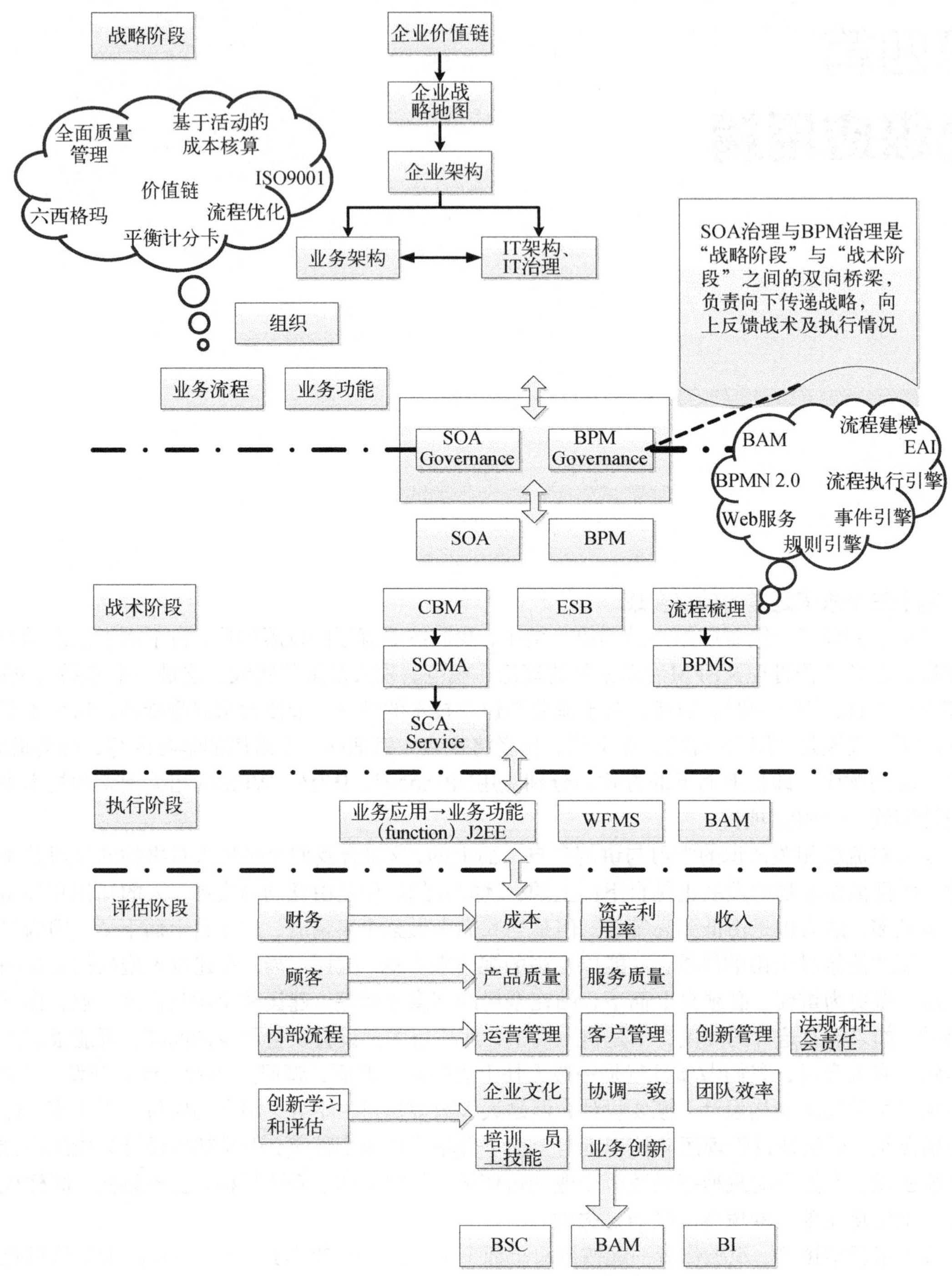

基于PG-BPM-WFM技术，自上而下建设信息化的过程

从图可以看出，整个建设过程分为四个大的阶段和一个桥梁。

- 战略阶段

在此阶段，首先从企业价值链分析开始，到企业战略地图的绘制，到企业架构的设计。企业架构中包含业务架构和IT架构的设计。企业价值链、企业战略地图、企业架构，都是管理领域里重点关注的内容。企业管理领域的发展、管理思想与IT领域是密切相关的，包括IT架构及IT治理。

- 桥梁

有了战略，怎样将战略清晰地向下传达给战术及执行，战术及执行怎样向上反馈给战略以调整战略，这些都依赖于战略与战术之间的桥梁。这个桥梁就是SOA治理及BPM治理。

- 战术阶段

在此阶段是贯彻战略阶段制定的各种战略、策略，并将策略落实为战术，制定正确的、有效的方式、方法去实施战略。包括基于CBM（组件化业务模型）、SOMA方法论、流程梳理这些战术策略去对企业的IT架构进行建模，并最终通过相关的产品套件及工具（BPMS、ESB）去实施。

- 执行阶段

此阶段是具体实现阶段，将战略、战术阶段的相关内容，在此阶段进行进一步的分解并落地，例如BPM流程在此阶段会进一步分解为细粒度的WORKFLOW，并通过WFMS系统来实现细粒度的工作流功能。而业务应用、业务功能也会以一个个function的形式进行开发实现，部分function会根据交互需要再次封装为Service对外来提供。对业务系统的执行情况，则通过BAM进行监控。

- 评估阶段

此阶段主要通过四个方面的指标，即财务、客户、内部流程、学习与成长，对整个企业战略、企业架构、IT项目做出全面的评估。采用BSC方法及工具对四个构面的指标进行评估，利用BAM工具对执行情况进行实施评估，利用BI工具对执行过的历史数据进行深入挖掘，进而对业务进行创新和改进。通过这些评估，找出问题，然后重新回到战略阶段，进行价值链调整、战略调整，企业架构调整（当然这些调整一般都是微调），调整之后进行后续的战术及执行改进，然后再评估改进效果，从而达到一个良性循环。

以上是对大型信息化项目的建设过程的一个总体概述，接下来我们一起进入第10章，按照这个过程逐步推进本项目的实战。

第10章
江南市房管局的BPM项目实战

在本篇的内容概述中，我们简单提到了“江南市房管局智慧房管信息系统”的建设过程和方法，本章将遵循这一建设过程和方法，正式进入本项目的实战。整个实战过程分为如图10.1所示的四个阶段。

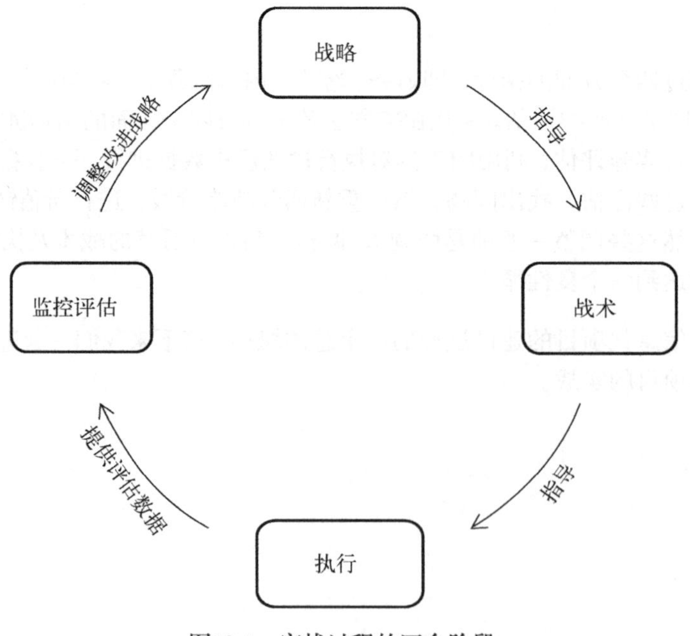

图10.1　实战过程的四个阶段

由图可知，江南市房管局的整体战略在战略阶段进行分解，并通过战术来贯彻执行，战略指导战术；在战术阶段全面引入BPM及SOA；在执行阶段负责具体任务的执行，并将执行阶段的实例数据提供给监控评估工具；在监控评估阶段对执行数据进行分析评估，并推导出战术及战略的问题及效果，如果发现战略有偏差，则对战略进行调整改进。通过以上四个阶段的工作，形成一个完整、良性循环的闭环，持续地支撑房管局的运营。接下来，我们开始第一个阶段——战略阶段的工作。

10.1 战略阶段——BPM治理架起战略与BPM之间的桥梁

战略阶段的工作按照描述战略、管理与执行战略、衡量战略三步走的方法，利用战略地图、战略中心型组织及平衡计分卡，对江南市房管局的四大战略进行逐级分解，化战略为行动，通过BPM治理，将战略中心型组织的五大原则落地，最终实现战略落地。因此在战略阶段应用流程技术的永恒之道是：**引入BPM治理，填补战略与BPM间的鸿沟**。怎么填补呢？当然是架桥，在战略与BPM之间的架起沟通的桥梁。如果不架起这个桥梁，战略就不能指导战术，战术与执行的结果也不能向上反馈给战略，出现图10.2所示的断裂的环。

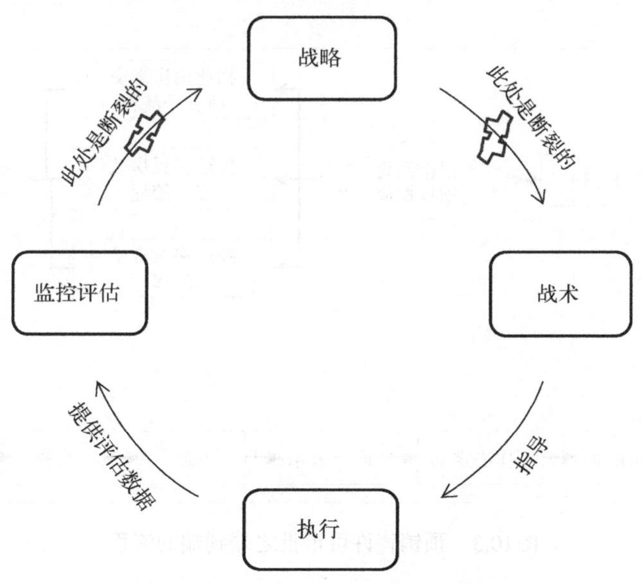

图10.2　战略与其他三个阶段的断环

引入BPM治理的核心工作就是制定治理框架，通过全面的BPM治理框架，为BPM的实施与执行保驾护航，实际上也是为战略实施保驾护航。通过在战略与BPM之间架起桥梁，使得战略可以有效地向下传达至最底层，最底层的执行情况可以被实时有效地向上反馈给战略层，并被充分地评估与监控。

对于BPM治理怎么去做或者说实施BPM治理的步骤在9.3.4节已经给出，此处不再赘述。

10.2 战术阶段——构建端到端的流程体系，让 BPM 与 SOA 联姻，带领房管局进入大一统时代

在战略阶段，通过流程治理框架的制定，为BPM的实施与执行提供了基础保障。解决了战略层面的事情，接下来就是战术层面的事情了。在战术阶段应用流程技术的永恒之道是：构建端到端的流程体系，并采用服务化、组件化技术，将BPM与SOA联姻。

对于这个永恒之道，可以拆解为三个阶段的工作：(1) 构建端到端的流程体系；(2) 服务的获得：由CBM到SOMA，实现业务组件到服务组件的转换；(3) BPM与SOA联姻。

10.2.1 自上而下构建端到端的流程体系

端到端的流程承载了房管局的整个流程战略。本项目的流程战略目标是让局内的所有流程进入协调阶段（详见1.5.4节），即打破部门墙，使得所有的业务流程能够协调一致。在这个流程战略目标的指引下，结合局内的两大核心业务——商品房和保障房，初步构建以下两个端到端的流程：商品房预销售许可审批之端到端的流程；保障房准入条件审批之端到端的流程。如图10.3和图10.4所示。

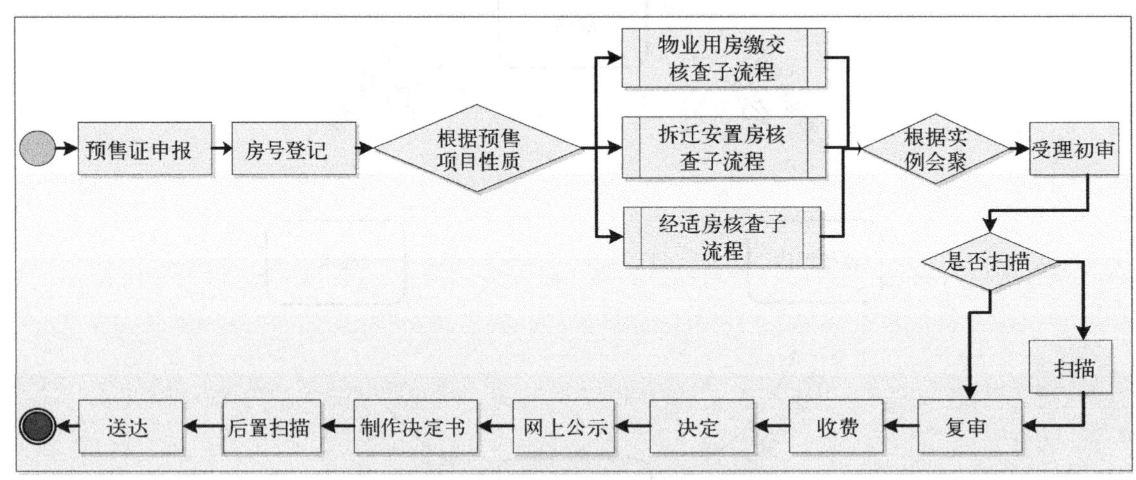

图10.3 预销售许可审批之端到端的流程

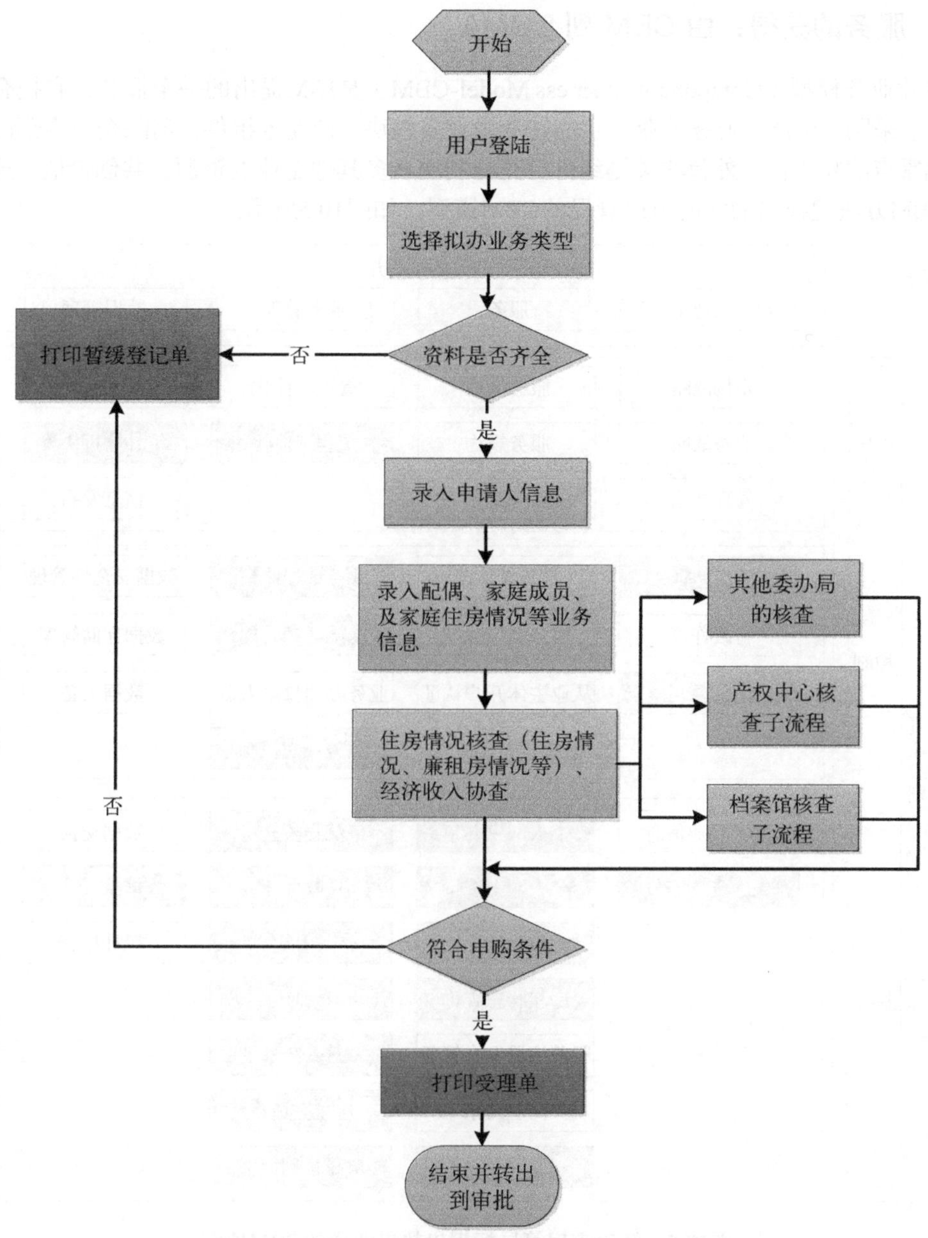

图10.4 保障房准入条件审批之端到端的流程

这两个图分别是商品房预销售许可审批及保障房准入条件审批两大端到端的流程。当然，整个项目肯定不止这两个端到端的流程，随着业务的深入，还会构建出其他的端到端流程体系。这些端到端的流程，真正承载了房管局的业务战略和流程战略。

10.2.2　服务的获得：由CBM到SOMA

组件化业务模型（Component Business Model-CBM）是IBM提出的一个概念，它把企业的产品、销售、采购、生产、财务等业务功能转变为业务模块，即业务组件。消除企业内部的冗余功能，明确重点战略组件，外包非关键组件，充分利用众多其他企业的资源，共创价值。这里是我们使用CBM方法建模出的江南市房管局的CBM模型，如图10.5所示。

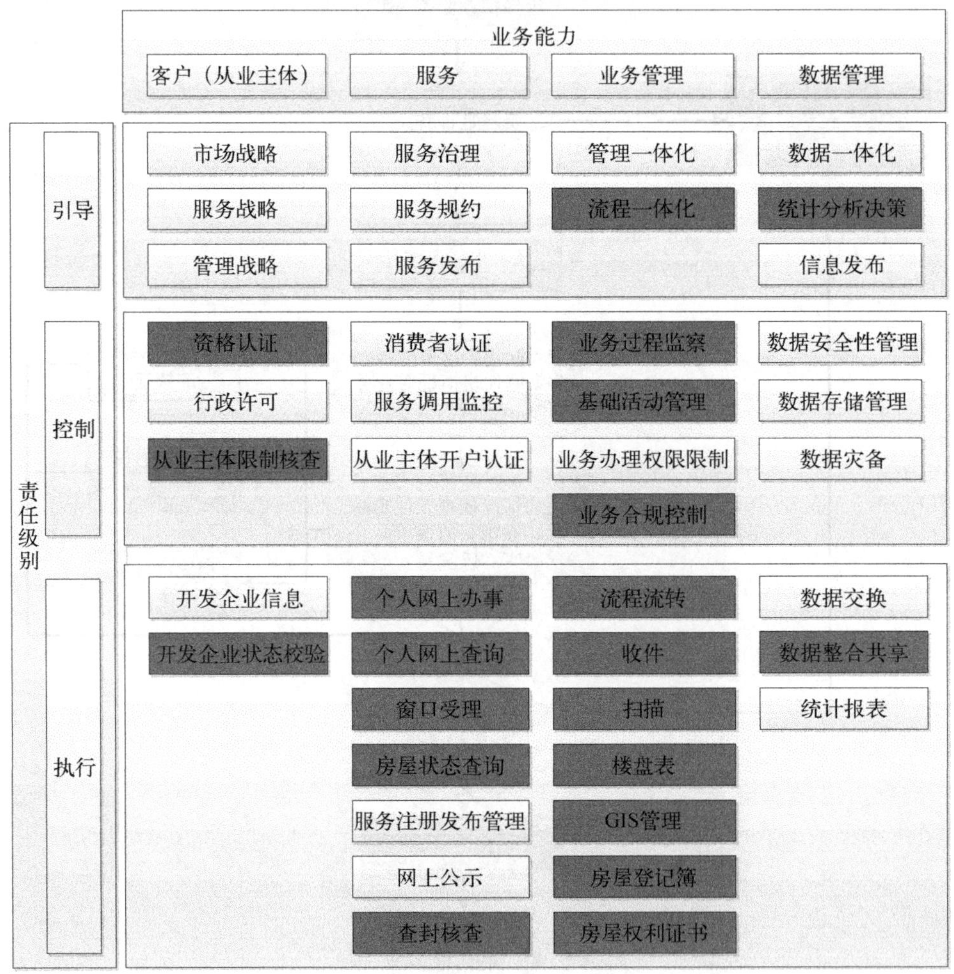

图10.5　江南市房管局标识出热点业务的CBM地图

SOMA方法同样是IBM提出的，用于 SOA 设计和构造以支持目标业务流程的分析和设计方法。SOMA通过服务、组件和流的标识、规范和实现来完成此任务。它的目的就是将业务服务转换为SOA服务。

在上节，我们已经构建出了端到端的业务流程，这些端到端的业务流程是由BPMS推动的。

在IT系统中，BPMS需要与业务组件做紧密集合，其中业务组件是通过CBM建模而来，而BPMS与业务组件的结合则由SOA中的服务来是实现，这些服务又是通过SOMA提供的建模与架构方法获得。那么CBM与SOMA是什么样的关系呢？

从用户使用软件系统这样一个角度来分析，可以这样认为：即BPMS推动的是业务组件的流转，BPMS中端到端的流程中的每个活动一般都关联着某个业务组件。在图10.6左侧的CBM模型中，我们可以看到一个业务组件是通过业务用途、活动、资源、治理、业务服务五个维度进行描述的。为了实现业务用途，每个组件都要执行一系列相互独立的活动。每个活动都有可能调用单独的“业务服务”来完成这个组件的业务用途。这些“业务服务”将会作为SOMA的重要输入，或者说是SOMA的候选服务的重要来源。除了活动维度外，还有“业务服务”维度：像单独一个企业一样，每个业务组件都可以提供和接收业务服务。此处的“业务服务”做为业务组件与其它业务组件之间交互的通道，同样也是SOMA的候选服务的重要来源。

在实际的工作过程中，需要将CBM模型确立的业务组件转换为SOA服务，具体表现为SCA服务、Web服务以及其它形式的服务。具体的转换方法及步骤如下图所示。

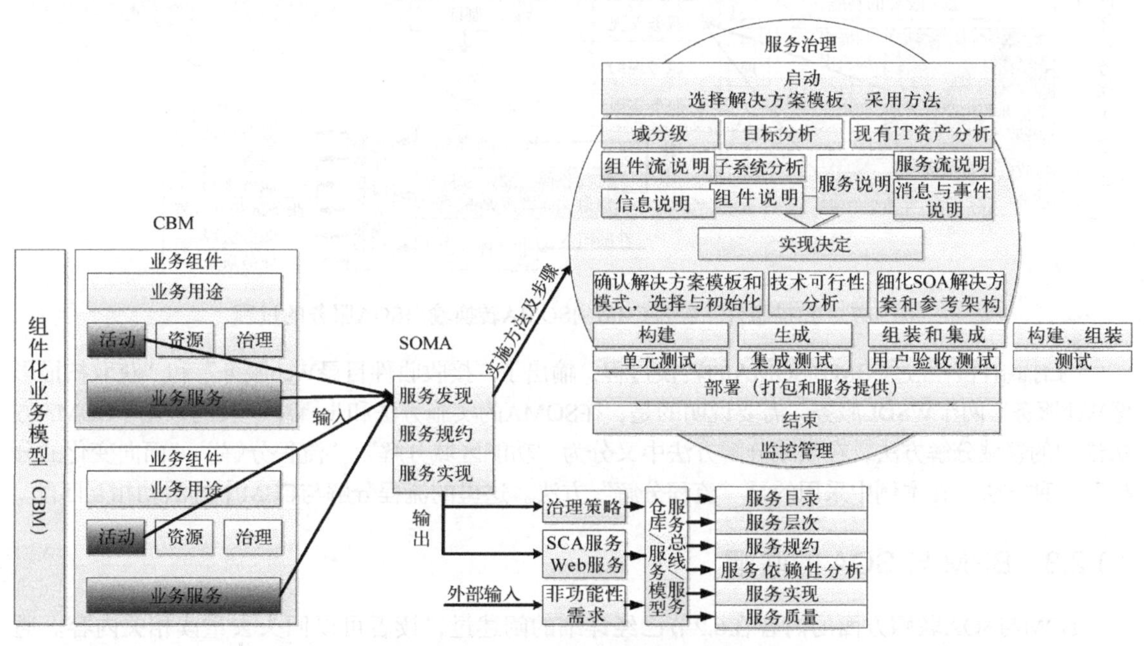

图10.6 CBM到SOMA的映射

可以看到，CBM输出了多个业务组件，每个业务组件可能包含一个或多个活动及业务服务。这些活动或业务服务作为SOMA的第一个阶段“服务发现”的输入，经过SOMA的相关过程方法（主要是“域分解”方法），把CBM输入的组件（如“扫描组件”、“收费组件”、“制证组件”等）通过流程分解和组件分析的方法，最终输出需要公开的SCA服务、Web服务或其他形式的服务。这些服务与治理策略和非功能性需求一起作为服务模型的输入，最终形成“智慧房管信息系统”

的服务架构与模型。图10.7给出了一个从CBM输出的“扫描组件”，经过SOMA方法及过程，最终输出两个SOA服务（“接收收件目录服务”和“获取影像文件服务”）的过程。

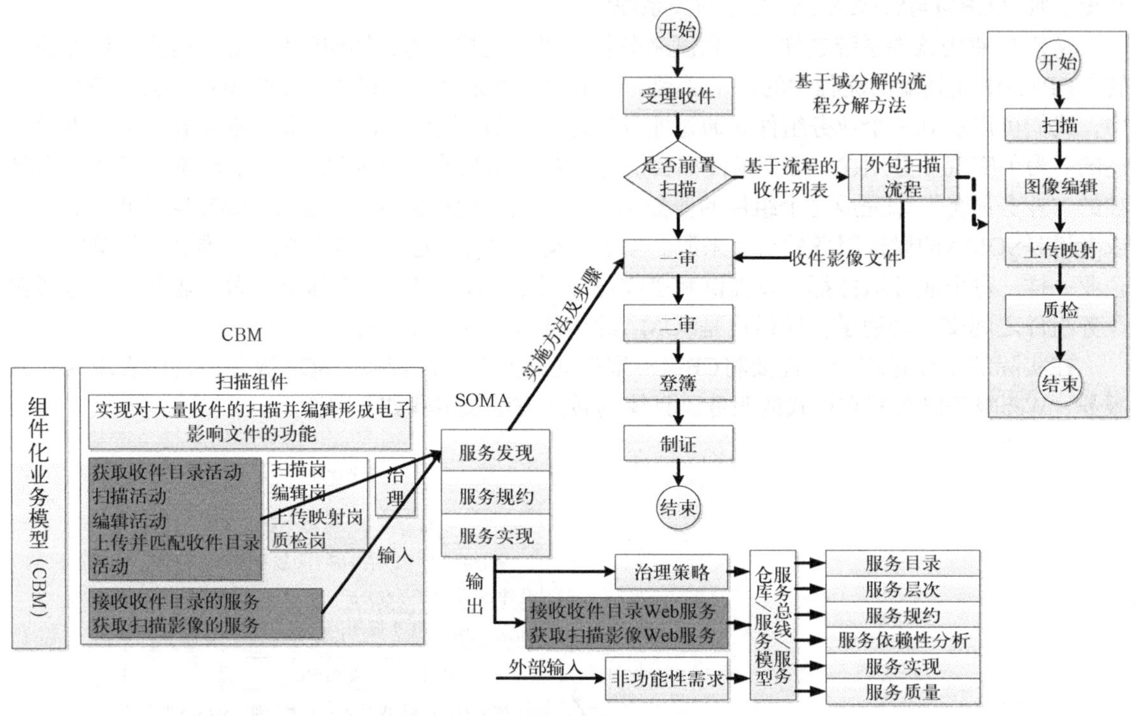

图10.7 “扫描组件”经过CBM到SOMA转换输出SOA服务的过程

“扫描组件”经过CBM到SOMA的转换过程，输出了“接收收件目录Web服务”和“获取扫描影像Web服务”两个WSDL服务。需要说明的是，在SOMA的实施方法和步骤中，我们采用了SOMA方法论中的领域分解方法，在领域分解方法中又分为“功能区域分解”、“流程分解”、“面向变化的分析”三种方法，在本例中采用的是“流程分解”方法。这里的流程分解与CBM中的活动相互匹配。

10.2.3　BPM 与 SOA 的联姻

BPM与SOA联姻方面的内容在6.2节已经详细的阐述过，读者可以回头去重读相关内容。通过BPM与SOA的联姻，企业或组织内所有的端到端的流程与企业内的所有的信息化系统（包括SCM、ERP、OA、EMS等）实现互联互通。在这里，BPM中的所有流程是神经网络，而SOA中的服务则是指令信息，服务在企业或组织内的各个部门之间或者说各个部门的信息化系统之间的流通，就像是指令信息顺着神经网络在全身的流通。

在战略和战术两个阶段，中高层的工作已经全部完成。至此，战斗的号角已经吹响，接下来就是执行层的具体工作了。执行阶段的工作，将交给本书第一篇的主角“工作流”来负责。

10.3 执行阶段——应用工作流模式响应业务流程的灵活变化

10.3.1 战术与执行的交互落地为 BPMS、WFMS、ESB、FUNCTION 的交互

我们在前面多次讲到BPM负责战术，工作流负责执行，那么战术与执行是怎样实现协调一致与上下互通的呢？它们二者的互联互通不是通过咨询顾问实现的，是通过协调一致的IT系统实现的，整个交互实现如图10.8所示。

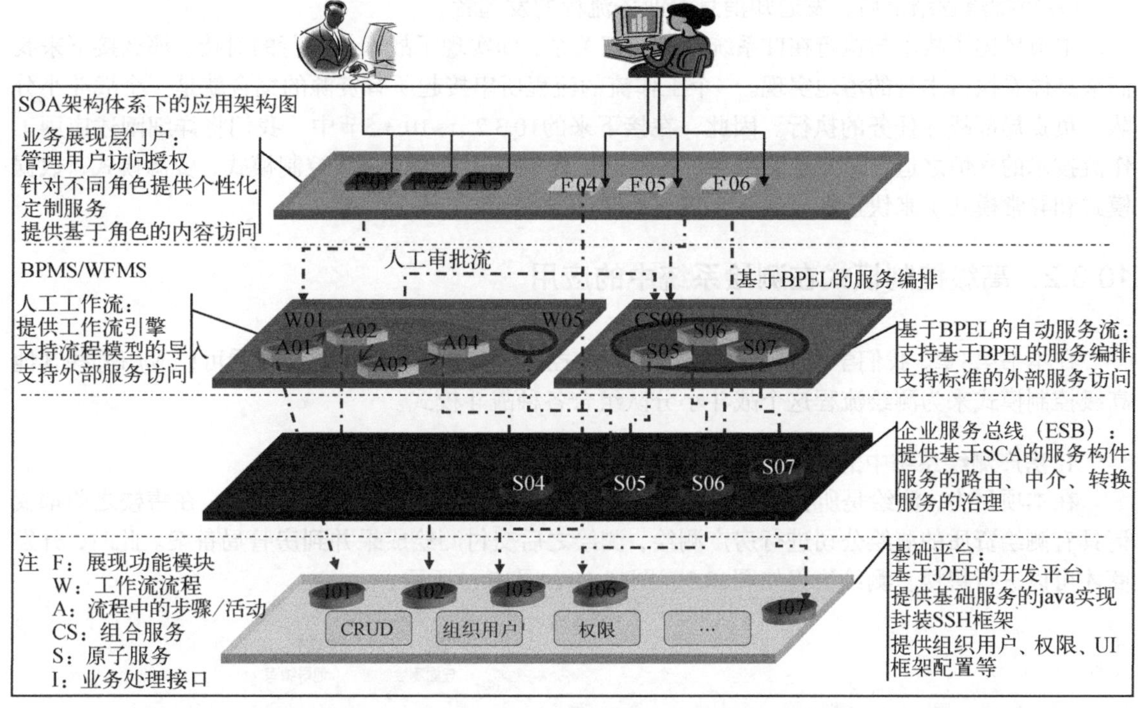

图10.8 BPMS、WFMS、ESB、FUNCTION的交互关系图

可以看到，战术与执行的交互在IT系统中最终演变为BPMS、WFMS、ESB、FUNCTION的交互，结合在战术阶段构建的商品房预销售许可审批的端到端流程，可以分解为如下的调用序列：

(1) 预售相关业务用户通过B/S浏览器中展现的业务表单使用某个功能模块（FUNCTION的使用）；

(2) 预售业务表单中的某个下拉框调用企业服务总线中的数据字典原子服务取得枚举数据（ESB中的服务调用）；

(3) 预售表单通过Action直接调用平台中的业务数据处理接口进行表单数据的保存操作；

(4) 数据保存成功后，调用BPMS引擎接口，启动人工审批流（例如启动预售许可证审批流程）；

(5) 预售证审批流程的某个业务环节直接调用企业服务总线中的某个原子服务，例如楼盘表展示服务、调用行政许可期限计时的服务、查询公示服务（ESB中的服务调用）；

(6) 业务流程实例的某个业务环节触发Web服务事件（例如触发入库操作）；

(7) 业务流程实例的某个业务环节，例如预受理环节调用BPMS引擎编制成的房屋核查组合服务；

(8) BPMS引擎将物业用房核查服务、拆迁安置房核查服务、经适房核查服务三个原子服务编排为组合服务，每个核查服务本身又是一个WFMS中的流程；

(9) 审批流程结束后，发通知消息给业务流程的发起者。

本节描述了战术与执行在IT系统中的交互关系，即实现了战术与执行的对接，那么接下来我们来具体看执行本身的落地实现。一个工作流的流程所串接起所有资源的集合就是一个战斗小分队，负责局部战斗任务的执行。因此，在接下来的10.3.2节~10.3.5节中，我们将详细阐述应用工作流技术的永恒之道，即大量采用各种各样的工作流模式（包括高级控制模式、资源模式、数据模式和异常模式）来快速解决战斗，完成战斗任务。

10.3.2　高级控制模式在测绘系统中的应用

在本书第3章，我们学习并应用过5个简单的控制模式，接下来让我们看看可以应用哪些其他高级控制模式来为测绘流程这个战斗小分队组合各种战斗模式。

1. 房产测绘系统中的工作流场景

在本项目中，测绘是所有业务的源头，接着才是开发商买地、盖楼、售楼。在售楼之前都要请具有测绘资质的测绘公司进行房产测绘，测绘之后交付测绘成果并到房管局备案。此时，开发商才可以进行售楼。测绘流程如图10.9、图10.10、图10.11所示。

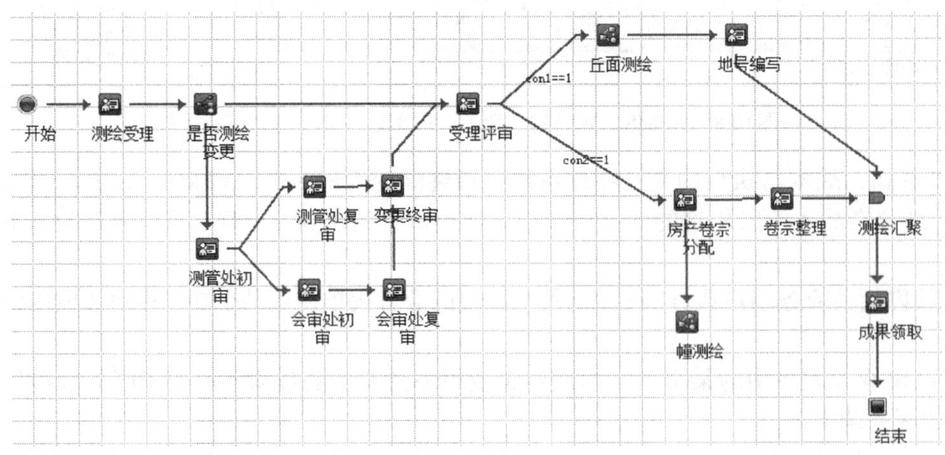

图10.9　房产测绘主流程

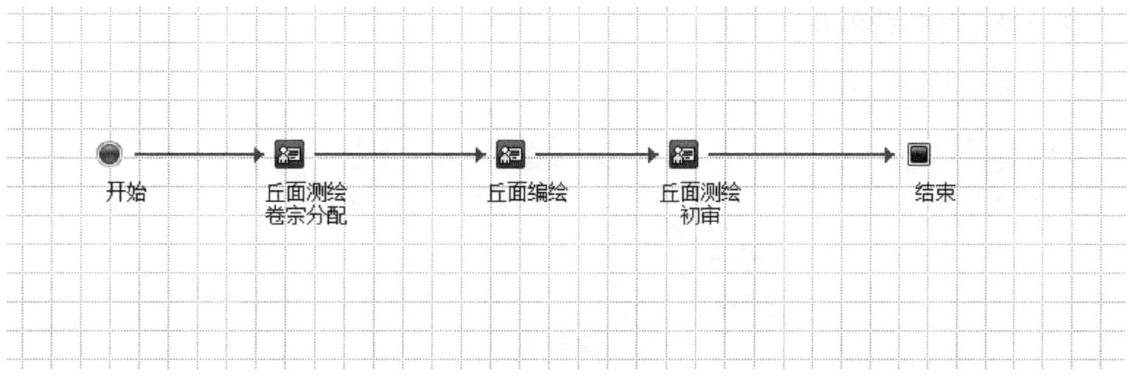

图10.10 丘面测绘流程

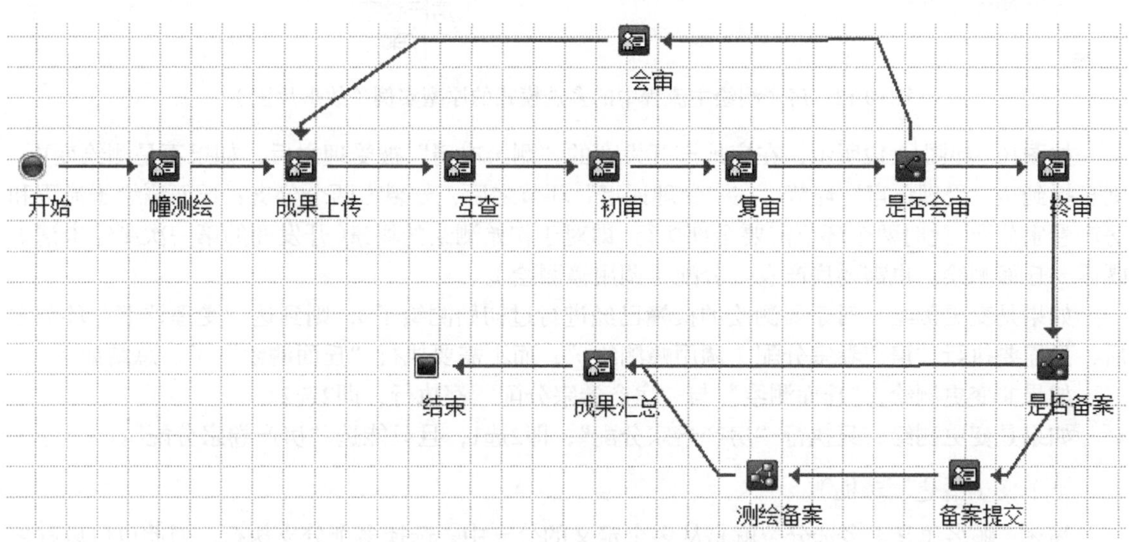

图10.11 房产幢测绘流程

在整个房产测绘的流程中，涉及了如下控制模式：串行模式、排他选择模式、简单合并模式、并发分裂模式、并发汇聚模式（同步模式）、多选分裂模式、多选汇聚模式（结构化同步合并模式）、子流程模式、异步多实例模式、静态/动态会审模式、动态加签模式、全部会签模式、部分会签模式、驳回模式、外部触发模式、任务收回模式、取消流程模式、强制完成任务模式。在本书第3章的简单模式中已经对前5个模式进行了相关的讲述。接下来，我们一起分析其他高级模式的应用。

与第3章相同，我们继续按照原型实例（故事片段）、上下文（描述、动机）、问题的本质、解决方案及技术实现、约束及可能存在的问题、规范中的实现、与其他模式的关系七个方面来分析每个模式的应用。

2. 多选分裂模式的应用

原型实例（故事片段）

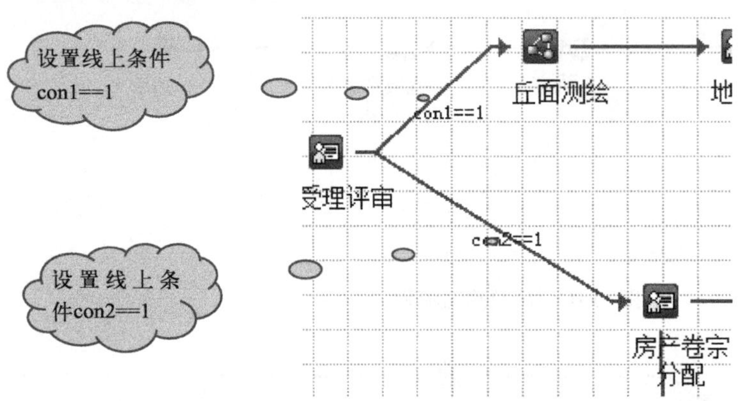

图10.12 房产测绘主流程中的多选模式的原型实例（故事片段）

如图10.9和图10.12所示，在房地产开发商的“测绘申请”被受理之后，如果不是测绘变更，则直接到达“受理评审”环节，在“受理评审”环节之后，分裂为两个分支：丘面测绘子流程和房产卷宗分配。此时两个环节需要全部执行。即对于初始测绘的场景（开发商的第一次测绘申请），既需要丘面测绘，也需要房产卷宗分配（调用幢测绘）。

如果是变更测绘（对于要测绘的楼幢已经进行过初始测绘了），则到达“受理评审”环节之后，只需要执行“房产卷宗分配（调用幢测绘）”，而不需要执行“丘面测绘”了。总结如下：

如果非变更测绘，“丘面测绘”与“房产卷宗分配”都执行，即2选2。

如果是变更测绘，只执行“房产卷宗分配”，即2选1，且只能选“房产卷宗分配”。

上下文（描述、动机）

描述：顾名思义，多选分裂就是从多个定义的分支中，选择多个分支执行。因此也可以称之为M选N，此处的$1 \leqslant N \leqslant M$，当N=1时，其实就是单选模式（排他选择模式），当N＝M时，就是并发分裂模式。因此单选模式与并发分裂模式，可以看作是M选N的两个边界条件下的特例模式。

问题的本质

此模式的本质与单选模式的本质区别是，匹配后的结果是多个（即在运行期有多个分支上的求值表达式的评估值为true，而单选模式的本质是，在运行期，只能有一个分支执行）。

解决方案及技术实现

解决方案

多选分裂模式的解决方案，同样分为显式和隐式两种。显式的方案与排他选择模式一样，需要一个网关节点OR-Split，这个网关节点称之为“多选分裂网关”或者“多选择网关”。如图10.13所示。

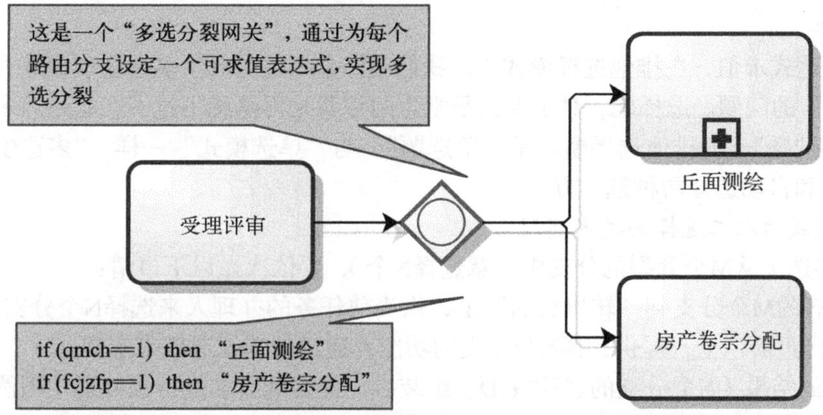

图10.13 多选分裂模式的显式实现方案

在OR-Split网关上，需要定义条件表达式。要触发哪个活动，则使其对应的求值表达式的评估结果为true，例如在“受理评审”分裂出的“丘面测绘”、“房产卷宗分配”中，运行某次房产测绘实例时，需要同时执行“丘面测绘”与“房产卷宗分配”。技术实现上只需将工作流变量qmch和fcjzfp分别设置为1即可：set qmch=1；set fcjzfp=1；

而图10.14给出的是另一种方案：隐式的实现。也就是在当前节点分裂出的所有转移线（M个）上设置执行条件，如“受理评审—丘面测绘”的转移线上，设置“qmch==1”这样的求值表达式；在“受理评审—房产卷宗分配”这条转移线上，设置“fcjzfp==1”这样的求值表达式。

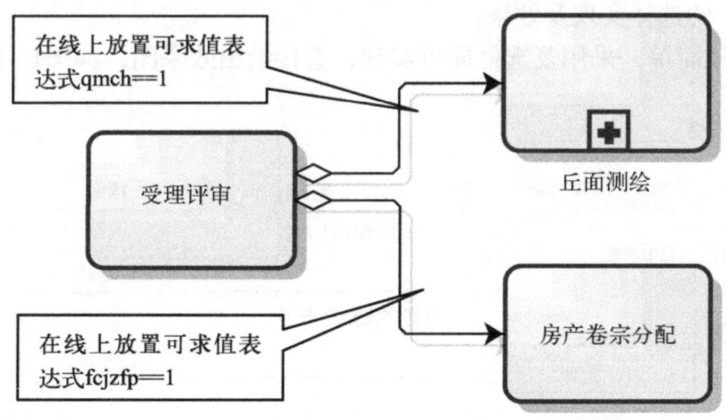

图10.14 多选分裂模式的隐式实现方案

技术实现

- 定义期
  - 显式方案：需要在设计器中提供OR-Split节点，并且在OR-Split节点上输入求值表达式并存储到XML中。

■ 隐式方案：在分裂线上定义求值表达式，并持久存储到XML中。

❑ 运行期

呵呵，又见表达式求值，在排他选择模式中，我们已经介绍过。对于多选分裂模式，本质同样也是一个“选择”的问题。选择题，对于曾经是学生的你我是再熟悉不过了，此处的多选分裂模式就是一个“多选题”，而排他选择模式是“单选题”。与“单选模式”一样，“多选模式”同样也分为人工选择和自动选择两种选择方式。

❑ 多选分裂模式的人工选择的技术实现

对于人工多选（从M个分裂的分支中任意选择N个），要依次做以下事情：

(1) 返回所有的M个分支到“转出页面”上，供当前任务的办理人来选择N个分支；

(2) 在“转出页面”上，提供选择N个分支的功能，通过勾选复选框来实现；

(3) 将选择的结果（N个分支的名称或ID）组装后，提交到后端进行预处理（当然此处还会有每个分支的环节办理人，因此将结果构造为一个JSON串更为合适）；

(4) 后端的预处理程序，首先解析这N个分支及其每个分支上的求值表达式，并依次设定每个分支上的求值表达式中的变量，以使得评估值为true；

(5) 调用引擎的commit方法，进行提交，并驱动到下一环节，引擎根据求值表达式的评估结果，去执行结果为true的分支。

■ M个分支的取得算法：

参考第3章的图3.7，调用某个活动的getOutgoingTransitions方法，取得某个活动的outgoingTransitions集合，即可返回给“转出页面”（当然有的WFMS/BPMS产品是返回outgoingTransition的端点，即toActivity的集合给“转出页面”）。

■ “转出页面”的选择实现及效果：

此功能点比较简单，采用复选框即可实现，直接给出效果图，如图10.15所示。

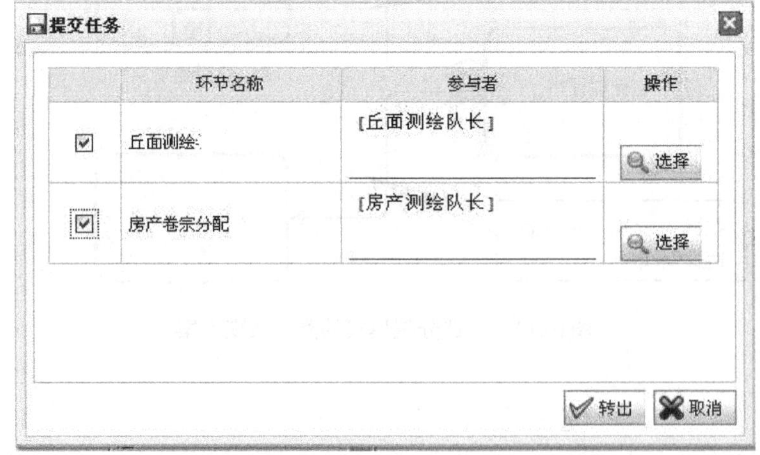

图10.15 多选分裂模式的转出页面实现

■ 组装被选择的分支：

将被选择的集合（choosedOutgoingTransitions或者choosedActivities）提交给预处理程序。技术上可以在页面上通过JavaScript封装为JSON串，后端的预处理程序再解析为对象的集合。

■ 根据求值表达式设置变量：

预处理程序对此集合进行循环，取得线上的求值表达式，并分解出变量及值。假设“转出页面”提交的是“丘面测绘”和“房产卷宗分配”，则set qmch=1，set fcjzfp=1。

■ 引擎进行转移：

引擎可以基于有限状态机进行状态转移，或者基于TOKEN机制进行place（库所）的转移。

□ 多选分裂模式的自动选择的技术实现

(1) 将业务变量决策值传递给工作流引擎；需要注意的是，此处的业务变量有多个，并且每个变量必须与它自己对应的转移分支上的变量名称一致，只有这样才能在值范围内进行求值表达式的评估；

(2) 如果需要弹出转出页面（如图10.15），则根据变量决策值和求值表达式进行评估，将评估结果为true的转移（outgoingTransition）或活动（activity）的集合返回给“转出页面”（如图10.15）；如果不需要弹出“转出页面”则直接跳到第4步；

(3) 转出页面（如图10.15）上选择分支的复选框灰显为只读，不可选择了，并且显示已经根据业务变量值计算出的转移分支或活动对应的复选框为选中状态；

(4) 调用引擎的commit方法，进行提交，并驱动到下一环节，引擎根据业务变量和求值表达式的评估结果，执行结果为true的N个分支。

约束及可能存在的问题

■ 收回的约束

收回某一个分支时，需要考虑对当前分支的变量进行清空，因为汇聚时会根据变量的值进行汇聚。因此，收回时有2个场景：(1) 如果其他的分支已经执行完毕，此时收回，涉及一个自动提交一步的功能；(2) 如果还有未执行完的分支，则只需要清空当前被收回的分支对应的变量。

■ 驳回的约束

参看驳回模式。

规范中的实现

XPDL 2.1中的实现

```
<Activities>
  <Activity Id="1" Name="受理评审"/>
  <Activity Id="2" Name="Inclusive Gateway">
    <Route GatewayType="OR" />
  </Activity>
```

10

```
    <Activity Id="3" Name="丘面测绘">
      <BlockActivity ActivitySetId="3" />
    </Activity>
    <Activity Id="4" Name="房产卷宗分配"/>
  </Activities>
  <Transitions>
    <Transition Id="1to2" From="1" To="2" Name="">
      <Condition />
    </Transition>
    <Transition Id="2to3" From="2" To="3" Name="">
      <Condition Type="CONDITION">
        <Expression>a==1</Expression>
      </Condition>
    </Transition>
    <Transition Id="2to4" From="2" To="4" Name="">
      <Condition Type="CONDITION">
        <Expression>b==1</Expression>
      </Condition>
    </Transition>
  </Transitions>
```

BPEL 2.0规范中的实现

需要说明的是，BPEL 2.0规范中并没有直接对多选分裂模式的支持，在WebSphere Process Server 6.0（以下简称WPS 6.0）中采用ParallelActivities与transition condition相结合的方式来支持多选模式。在WPS 6.0中的实现如图10.16所示。

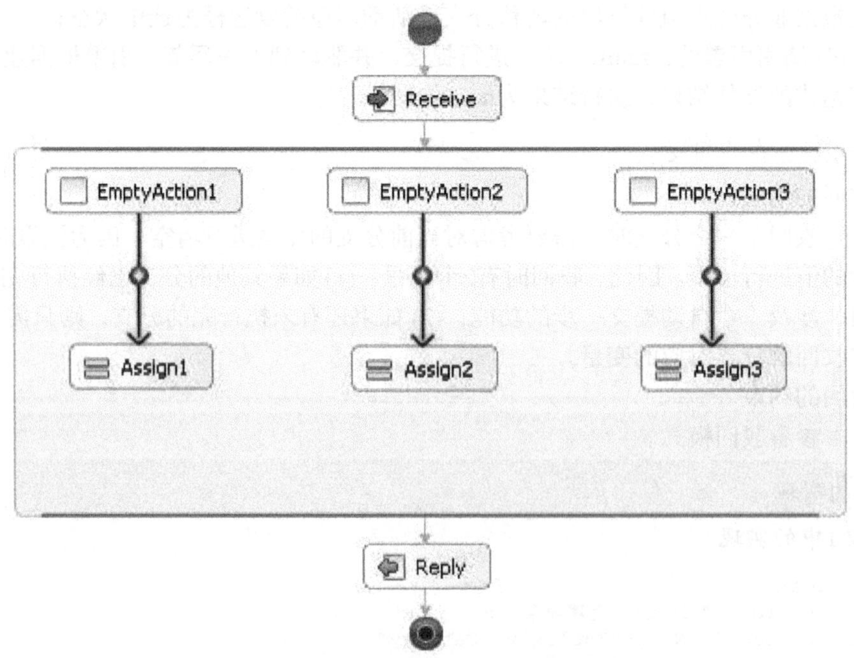

图10.16　WPS 6.0中的多选分裂模式的结构图

```
<bpws:process xmlns:bpws="http://schemas.xmlsoap.org/ws/2004/03/business-
    process/" xmlns:ns="http://control-flow/multi-choiceArtifacts"
xmlns:ns0="http://control-flow/multi-choiceInterface"
xmlns:wpc="http://www.ibm.com/xmlns/prod/websphere/business-
    process/6.0.0/">
<bpws:variables>
    <bpws:variable name="Input" type="xsd:string" wpc:id="2"/>
    <bpws:variable name="copy1" type="xsd:string" wpc:id="7"/>
    <bpws:variable name="copy2" type="xsd:string" wpc:id="8"/>
    <bpws:variable name="copy3" type="xsd:string" wpc:id="9"/>
    <bpws:variable name="cond1" type="xsd:string" wpc:id="10"/>
    <bpws:variable name="cond2" type="xsd:string" wpc:id="11"/>
    <bpws:variable name="cond3" type="xsd:string" wpc:id="12"/>
    <bpws:variable name="output" type="xsd:string" wpc:id="13"/>
  </bpws:variables>
<bpws:sequence name="HiddenSequence" wpc:id="1073741827">
    <bpws:receive createInstance="yes" name="Receive"
operation="operation1" partnerLink="Multichoice" portType="ns0:Multi-
    choice" wpc:displayName="Receive" wpc:id="4">
      <wpc:output>
        <wpc:parameter name="input1" variable="Input"/>
      </wpc:output>
    </bpws:receive>
    <bpws:flow name="ParallelActivities"
wpc:displayName="ParallelActivities" wpc:id="14">
      <bpws:links>
        <bpws:link name="Link1" wpc:id="21"/>
        <bpws:link name="Link2" wpc:id="22"/>
        <bpws:link name="Link3" wpc:id="23"/>
      </bpws:links>
      <bpws:empty name="EmptyAction1" wpc:displayName="EmptyAction1"
          wpc:id="15">
        <bpws:sources>
          <bpws:source linkName="Link1">
            <bpws:transitionCondition><![CDATA[boolean __result__3;
{// text equal to (ignore case)
 __result__3 = Input.equalsIgnoreCase(cond1);
}
return __result__3;
          </bpws:source>
</bpws:sources>
      </bpws:empty>
      <bpws:empty name="EmptyAction2" wpc:displayName="EmptyAction2"
          wpc:id="16">
        <bpws:sources>
          <bpws:source linkName="Link2">
            <bpws:transitionCondition><![CDATA[boolean __result__3;
{// text equal to (ignore case)
 __result__3 = Input.equalsIgnoreCase(cond2);
}
return __result__3;
          </bpws:source>
        </bpws:sources>
      </bpws:empty>
```

```
        <bpws:empty name="EmptyAction3" wpc:displayName="EmptyAction3"
            wpc:id="17">
          <bpws:sources>
            <bpws:source linkName="Link3">
              <bpws:transitionCondition><![CDATA[boolean __result__3;
{// text equal to (ignore case)
 __result__3 = Input.equalsIgnoreCase(cond3);
}
return __result__3;
            </bpws:source>
          </bpws:sources>
        </bpws:empty>
      </bpws:flow>
      <bpws:reply name="Reply" operation="operation1"
partnerLink="Multichoice" portType="ns0:Multi-choice"
wpc:displayName="Reply" wpc:id="5">
        <wpc:input>
          <wpc:parameter name="output1" variable="output"/>
        </wpc:input>
      </bpws:reply>
    </bpws:sequence>
</bpws:process>
```

如上所示，如果input的输入值与某个转移线上的condition相等，则返回此转移线（见粗体部分）。

BPMN 2.0规范中的实现

在BPMN 2.0规范中，对于多选分裂模式存在两种建模方式，一种是采用如图10.17所示的多选分裂网关（Inclusive Gateway），另一种是采用如图10.18所示的有条件箭头。

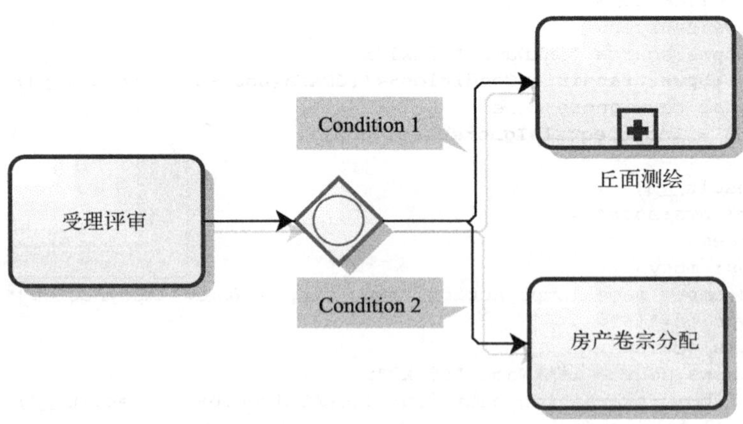

图10.17　BPMN 2.0规范中的多选分裂图（采用Inclusive Gateway）

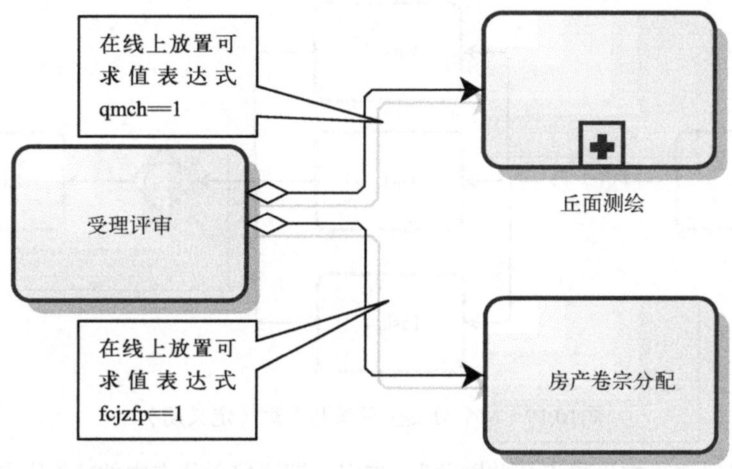

图10.18 BPMN 2.0规范中的多选裂图（采用有条件的箭头）

图10.17和图10.18所示是多选分裂模式的两种不同的建模方式（或者说是图形表现方式）。虽然建模采用的方式不同，但是具体实现是一样的，如下：

```
<userTask id="1"  name="受理评审"/>
<sequenceFlow  sourceRef="1"  targetRef="2"/>
<inclusiveGateway  id="2"  gatewayDirection="diverging"/>
<sequenceFlow  sourceRef="2"  targetRef="3">
    <conditionExpression>qmch==1</conditionExpression>
</sequenceFlow>
<sequenceFlow  sourceRef="2"  targetRef="4">
    <conditionExpression>fcjzfp==1</conditionExpression>
</sequenceFlow>
<task id="3"  name="丘面测绘"/>
<task id="4"  name="房产卷宗分配"/>
```

如上，在BPMN 2.0规范中，以上两种方案都需要在线上设置可求值的条件表达式，那些被求值为true的转移线被执行，同时为被执行的线生成一个Token，最终在汇聚网关上等待达到的Token数量。

与其他模式的关系

多选分裂模式一般与多选汇聚模式（结构化同步合并模式）配对使用，分为以下几种配对的情况。

(1) 定义期全部汇聚。定义期分裂为M个分支，这M个分支也都汇聚到“M选N汇聚网关”，如图10.19所示。

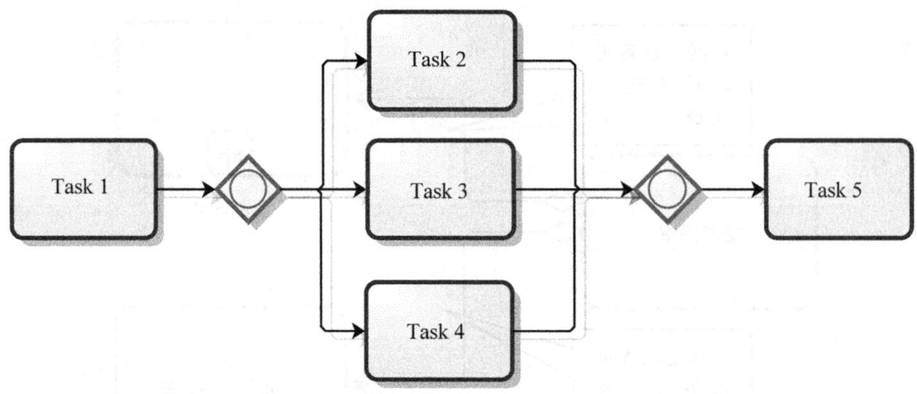

图10.19 M个分支全部参与汇聚（定义期）

(2) 部分汇聚到“结构化同步合并网关”。在定义期，M个分支中的N个分支汇聚到“结构化同步合并网关”，如图10.20所示。

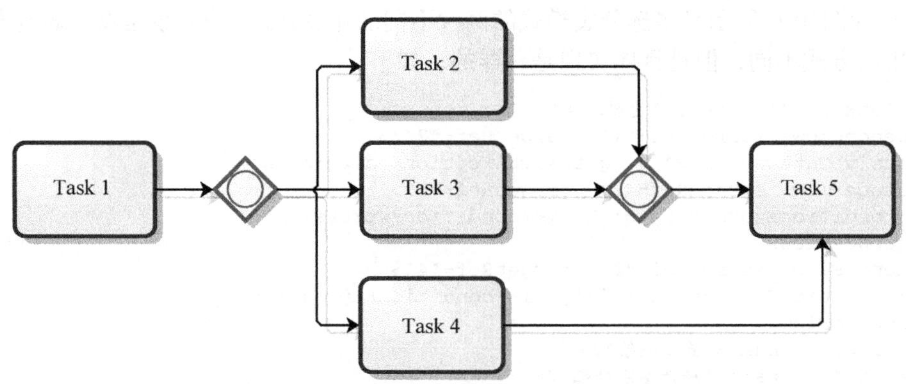

图10.20 M中的N个分支参与汇聚（定义期）

(3) 不与“多选汇聚模式”配对使用，直接汇聚到结束节点，如图10.21所示。

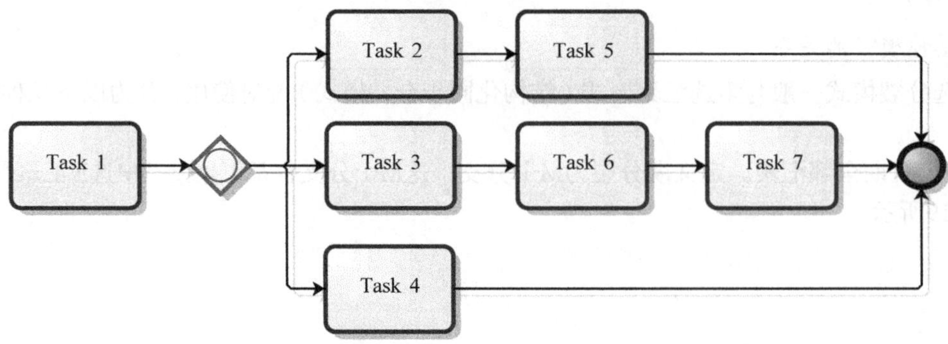

图10.21 M个分支汇聚到结束节点（定义期）

(4) 都不汇聚，各自结束，如图10.22所示。

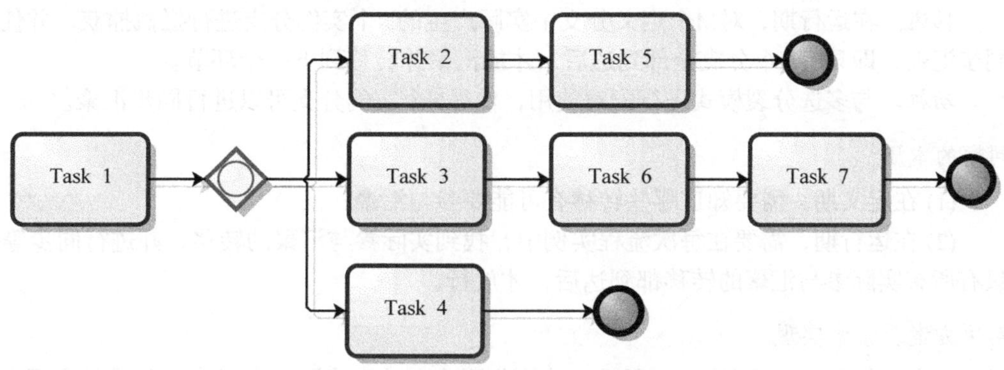

图10.22　M个分支各自结束（定义期）

需要说明的是，在BPMN、XPDL等规范中，M选N汇聚模式（结构化同步合并模式）指的都是第一种情况（图10.19），在这种情况下，M指的是定义期分支的个数，而N指的是运行期执行的分支个数。这也说明，规范并不是万能的，在项目实践中，实际情况往往要复杂得多。读者一定要认真区别好。

3. 多选汇聚模式的应用

原型实例（故事片段）

在本节第1小节的房产测绘系统的工作流场景中，给出了房产测绘的主流程，其中包含了M选N汇聚模式。如图10.23所示，“地号编写”分支与“卷宗整理”分支通过一个汇聚网关汇聚，“地号编写”与“卷宗整理”两个环节所对应的分支，可能只有1个分支执行，也可能两个都执行。

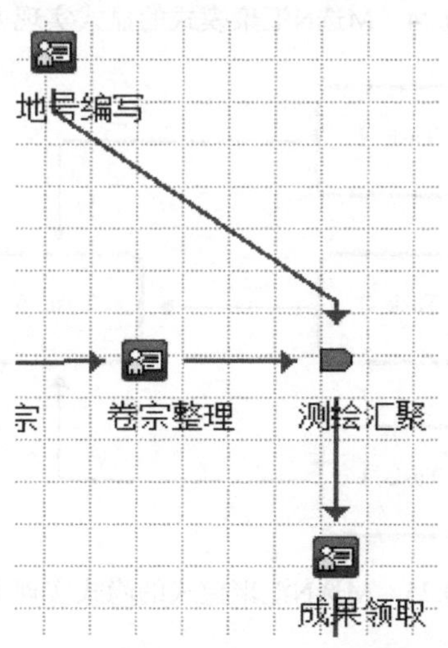

图10.23　房产测绘主流程之M选N汇聚片段

10

上下文（描述、动机）

描述。在运行期，对M个定义分支中实际产生的N个实例分支进行拦截捕获，并使它们同步汇聚，即只有N个分支全部到达后，才能汇聚并转移到下一个环节。

动机。与多选分裂模式进行配对使用，使得N个实例分支可以进行同步汇聚。

问题的本质

(1) 在定义期，需要知道哪些转移有可能要参与汇聚；

(2) 在运行期，需要在每次流程实例中，找到实际参与汇聚的转移，并进行同步等待，只有所有实际参与汇聚的转移都到达后，才放行。

解决方案及技术实现

解决方案。如图10.24和图10.25所示，结构化同步合并模式同样有显式与隐式的实现方案之分。在显式方案中，需要一个OR-Join网关，BPMN规范中称之为InclusiveGateway。

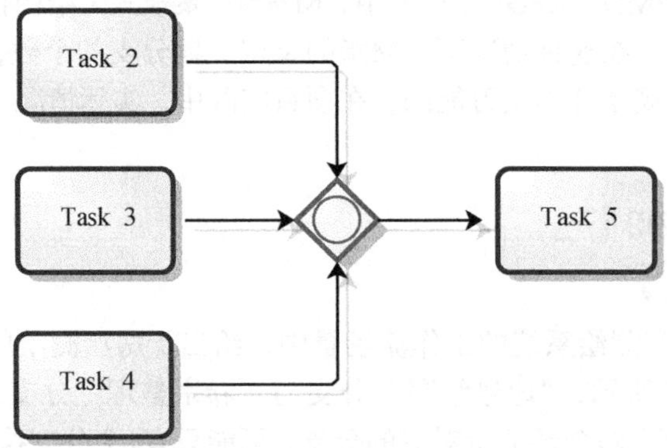

图10.24　M选N汇聚模式的显式实现方案

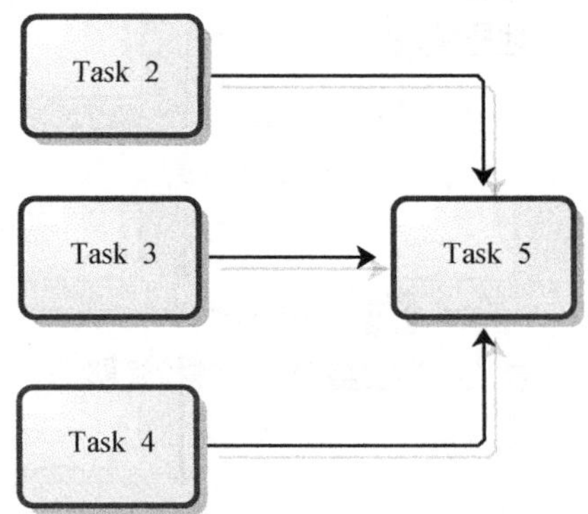

图10.25　M选N汇聚模式的隐式实现方案

技术实现

结构化同步模式的技术实现

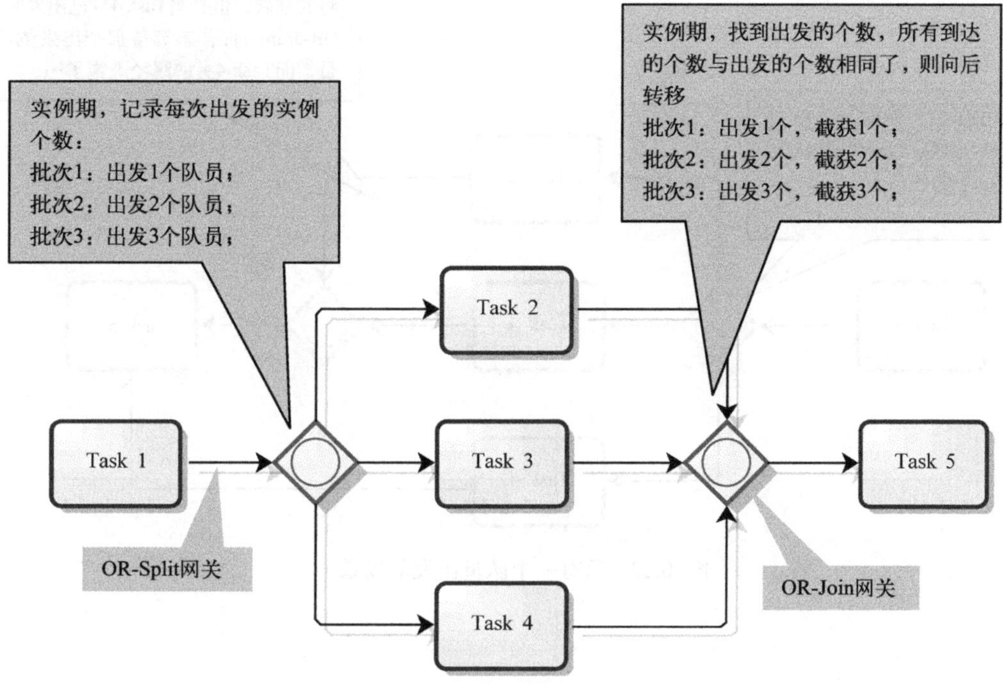

图10.26 结构化同步合并模式的技术实现

如图10.26所示，出发几个，截获几个。OR-Join网关并不关心具体是那个实例（Task 2、Task 3、Task 4）到达，只要到达的个数与出发的个数一致了，就可以将本网关的状态设置为完成，并驱动到下一环节（Task 5）。本模式的本质就是一夫当关，万夫莫开。因为不管你出发几个，只有此华山一条路，你来几个，我截获几个，只要你告诉我每次出发几个就足够了。

如果采用Token机制，则要为每个实际出发的分支创建一个子Token，并与父Token建立父子关系。OR-Join网关，每次都查询父Token产生的子Token的个数，产生几个则捕获几个。

读者可以思考一下，此技术实现是不是能够满足结构化同步合并的所有场景需求？

非结构化M选N汇聚模式的场景

在非结构化的多选汇聚模式中，只记录实例的个数（或者根据父子Token的关系及个数）就不能满足需求了。为什么呢？很简单呀，因为已经不是华山一条路了，出现了两条甚至更多的路，此时在一个路卡上拦截，就必须知道拦谁了。如果你还是一根筋的，听说出发了3个，就在这一直等待3个全出现，就算等到天荒地老也没戏，因为第三个通过别的路上华山了。如图10.27~图10.29所示。

10

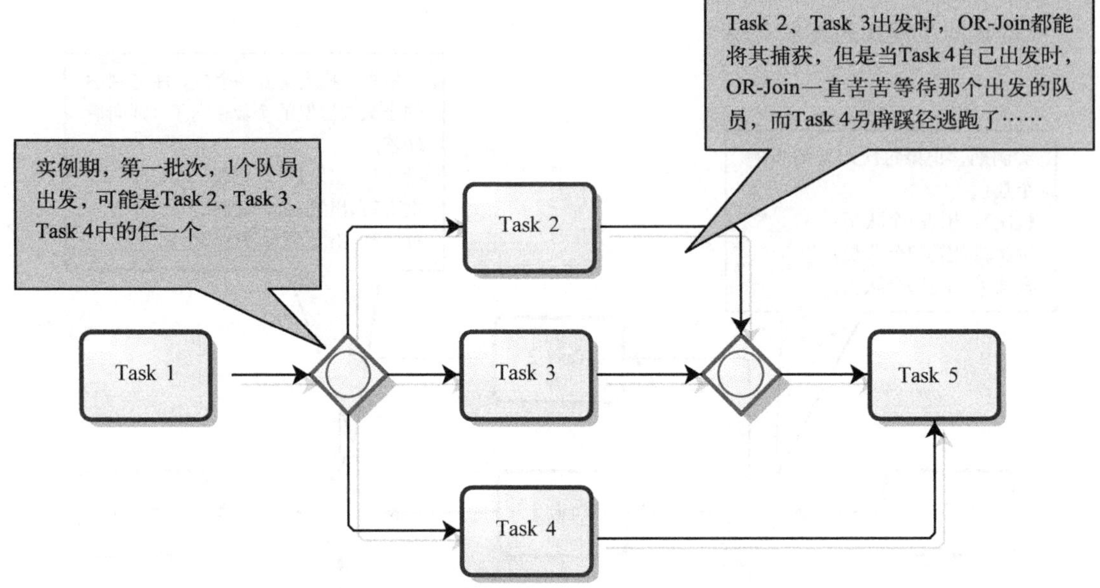

图10.27　只有一个队员出发的场景

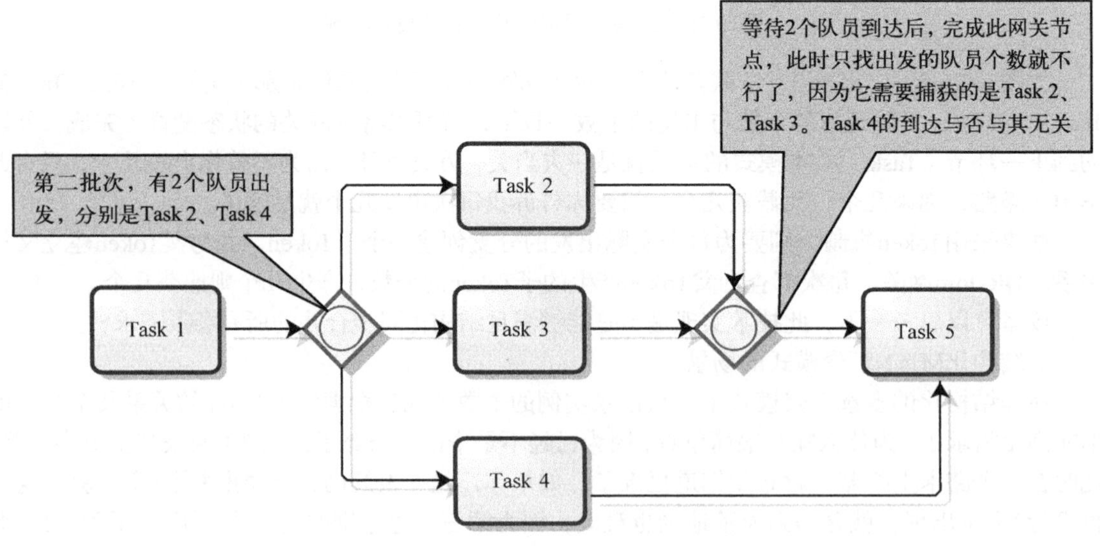

图10.28　有2个队员出发的场景

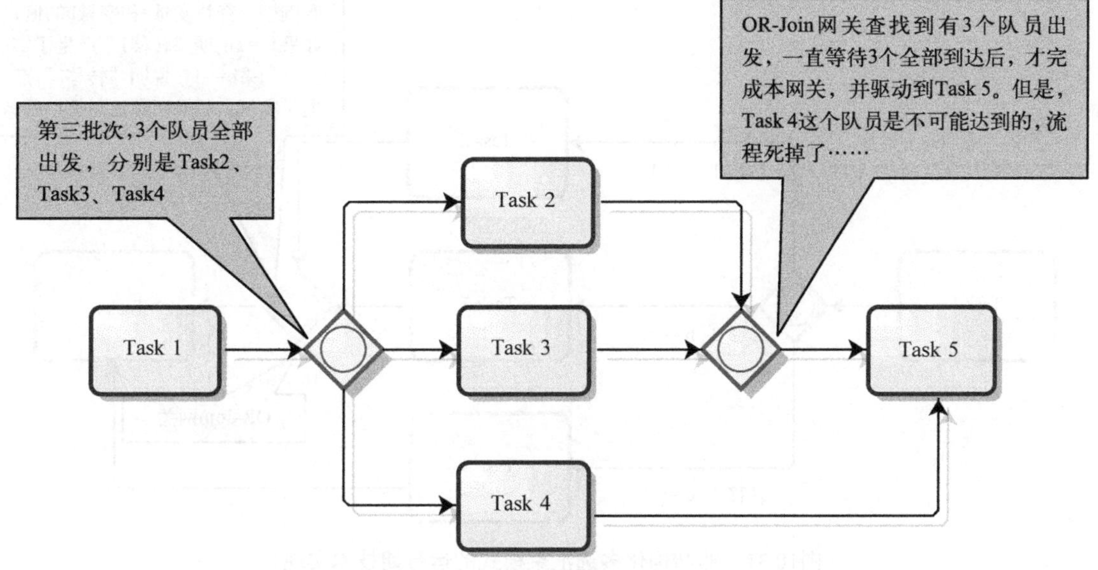

图10.29 3个队员全部出发的场景

非结构化多选汇聚模式的技术实现

定义期

定义期实现的是要拦截谁，或者说，谁要参与汇聚（转移1和转移2），通过在OR-Join网关上关联存储每个转移的唯一标识符（身份证）实现。如图10.30所示。

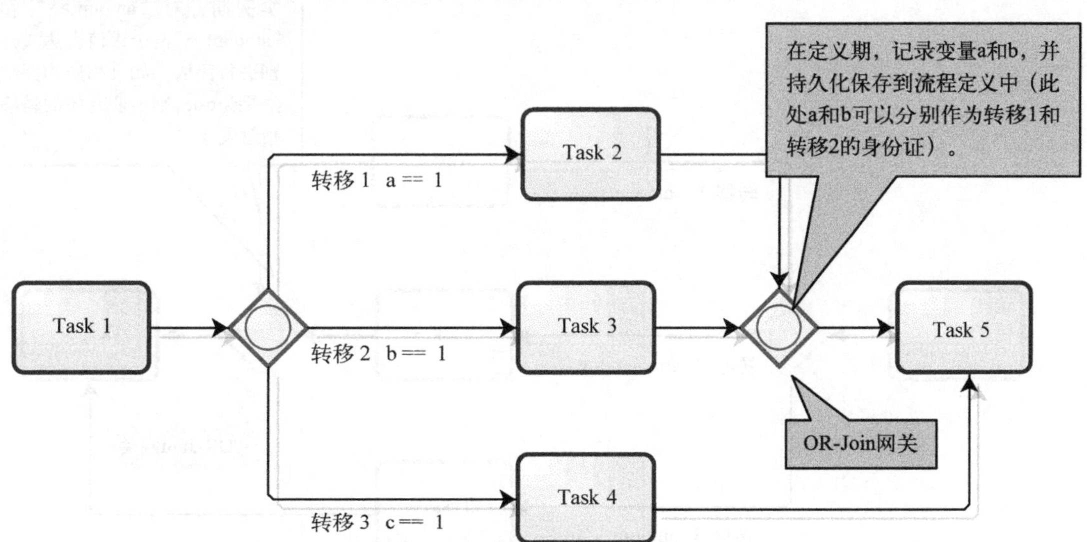

图10.30 非结构化多选汇聚模式的定义期技术实现

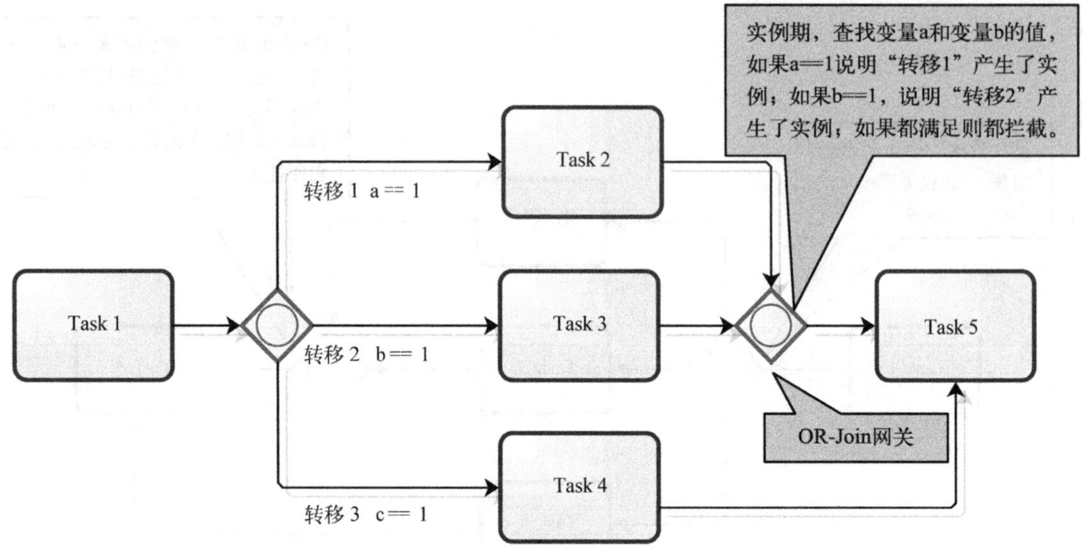

图10.31　非结构化多选汇聚模式的运行期技术实现1

在多选分裂模式的技术实现中，我们通过在每条转移上定义求值表达式（例如a==1，b==1，c==1）来实现多选的分裂。在汇聚模式中，正好利用每个转移的求值表达式中的变量作为每个转移的唯一标识符，如果采用相同的变量，如图10.32所示，则将整个求值表达式作为转移的唯一标识符。

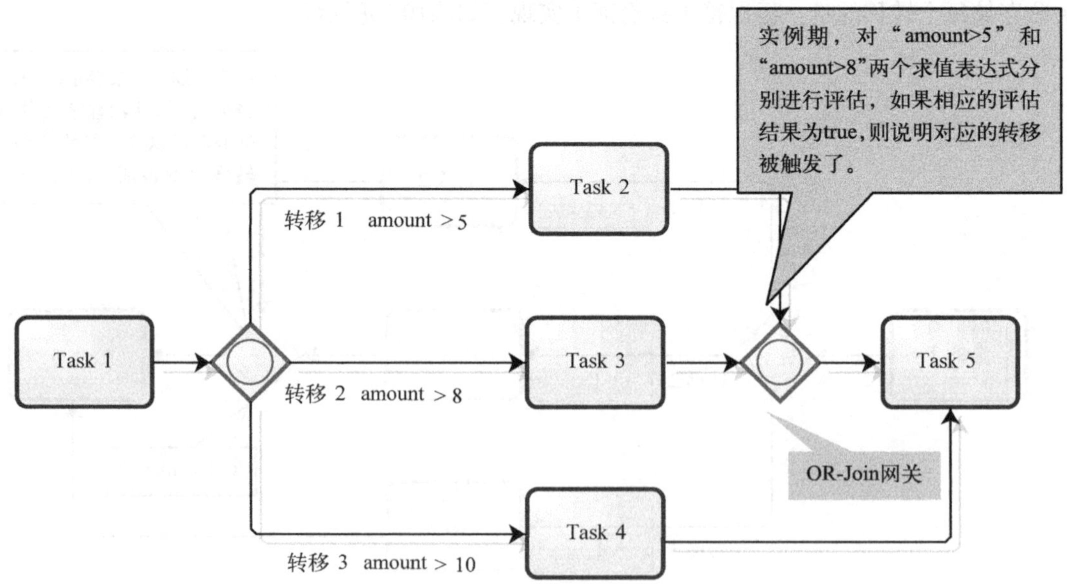

图10.32　非结构化多选汇聚模式的运行期技术实现2

如图10.31和图10.32所示，OR-Join网关根据每个转移的唯一标识符（或者说身份证），找到当前转移的求值表达式并进行求值，如果当前转移对应的求值结果为true，则说明对应的转移产生了实例，OR-Join网关将所有结果为true的转移个数进行累加，即求得“N-out-of-M Join”中的N值，此时，等待N个分支全部到达后（判断incomingTransition的状态为完成），设置自身的状态为完成，并驱动到后继转移。相关示意代码如下：

```
String joinCondition = instActivity.getActivityDefinition().getJoinCondition();
StringTokenizer strToken = new StringTokenizer(joinCondition, ",");
while (strToken.hasMoreTokens()) {
    String expression = strToken.nextToken();
    String varName = getVarNameFromExpression(expression);
    Object varValue = getVarValueFromDB(varName);
    if (evaluate(expression,varValue)){
        sizeOfLeave+=1;
    }
}
int sizeOfReach = 0;
for (InstTransition incomingTransition : incomingTransitions) {
    if (incomingTransition.getState() == InstTransitionInfo.ACTIVATE) {
        sizeOfReach += 1;
    }
}
if (sizeOfLeave <= sizeOfReach){
    //设置OR-Join网关的状态为完成
}
......
```

约束及可能存在的问题

驳回时存在很多的约束，详见后述的驳回模式。

规范中的实现

XPDL 2.1

```
<Activities>
        <Activity Id="7e79727f-70bf-4f3c-8543-bcc0a900eabb" Name="地号编写">
          <Implementation>
            <Task />
          </Implementation>
        </Activity>
        <Activity Id="78465429-1577-4947-b278-7cd9822adc2b" Name="卷宗整理">
          <Implementation>
            <Task />
          </Implementation>
        </Activity>
        <Activity Id="e351130e-4d6f-44aa-869b-2ac3c1842d14" Name="成果领取">
          <Implementation>
            <Task />
          </Implementation>
        </Activity>
        <Activity Id="de38bb03-4c28-41cf-8c10-bdd7ea62f065" Name="测绘汇聚">
          <Route GatewayType="OR" />
        </Activity>
      </Activities>
```

```
<Transitions>
  <Transition Id="4de0264c-e812-46b7-a1c4-f8b4e6360544"
  From="7e79727f-70bf-4f3c-8543-bcc0a900eabb"
  To="de38bb03-4c28-41cf-8c10-bdd7ea62f065" Name="">
    <Condition Type="CONDITION">
      <Expression></Expression>
    </Condition>
  </Transition>
  <Transition Id="fbc482da-3903-4bd5-8017-8a15d0b3ddd8"
  From="78465429-1577-4947-b278-7cd9822adc2b"
  To="de38bb03-4c28-41cf-8c10-bdd7ea62f065" Name="">
    <Condition Type="CONDITION">
      <Expression></Expression>
    </Condition>
  </Transition>
  <Transition Id="61ec85e6-61b3-403e-b9c0-de6ae38ed222"
  From="de38bb03-4c28-41cf-8c10-bdd7ea62f065"
  To="e351130e-4d6f-44aa-869b-2ac3c1842d14" Name="">
    <Condition Type="CONDITION">
      <Expression />
    </Condition>
  </Transition>
</Transitions>
```

BPEL 2.0规范中的实现

与多选分裂模式相对应，在BPEL 2.0中同样不直接支持此模式。IBM的WPS 6.0中，利用对多选分裂模式的支持方式，只要在运行期计算某个流程实例的满足condition的转移实例的个数就可以实现对多选汇聚模式的支持，即只要到达reply节点实例的活动个数与运行期选择的个数一致，就可以汇聚并向下执行，并不需要具体知道哪个被选择。

BPMN 2.0规范中的实现

在BPMN 2.0规范中，对于多选汇聚模式只有一种建模和实现方式，即采用多选汇聚网关来实现M选N汇聚模式中的N个分支的汇聚，如图10.33所示。

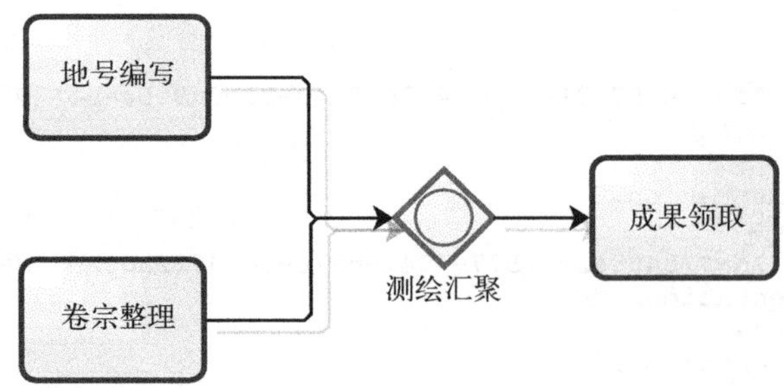

图10.33　M选N汇聚模式的BPMN实现（显式实现）

```
<userTask id="1"  name="地号编写"/>
<userTask id="2"  name="卷宗整理"/>
<sequenceFlow  sourceRef="1"  targetRef="2"/>
<inclusiveGateway  id="2"  gatewayDirection="diverging"/>
<sequenceFlow  sourceRef="2"  targetRef="3">
```

```
    <conditionExpression>a==1</conditionExpression>
</sequenceFlow>
<sequenceFlow  sourceRef="2"  targetRef="4">
    <conditionExpression>b==1</conditionExpression>
</sequenceFlow>
<task id="3"  name="丘面测绘"/>
<task id="4"  name="房产卷宗分配"/>
```

与其他模式的关系

与M选N分裂模式配对使用。

4. 子流程模式（可重用子流程、同步子流程）的应用

原型实例（故事片段）

在房产测绘主流程中，“受理评审”环节转出之后，流转到“丘面测绘”环节，此环节是一个同步子流程，即只有“丘面测绘”这个子流程执行完毕之后，主流程才会继续向下执行，如果子流程没有执行完，则测绘主流程会一直等待子流程，因此称之为“同步子流程模式”，如图10.34所示。

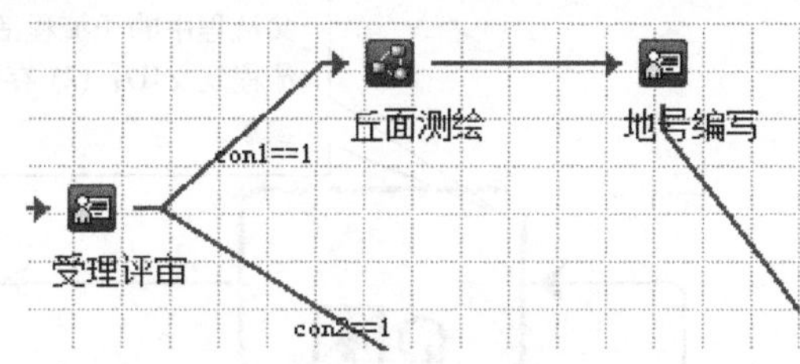

图10.34　同步子流程模式

与同步子流程模式相反，“房产卷宗分配”环节执行完毕后，会转出到“幢测绘”子流程，但是主流程并不等待“幢测绘”这个子流程的执行，而是会继续向下执行。也就是说“幢测绘”这个子流程与主流程是异步执行的，如图10.35所示。

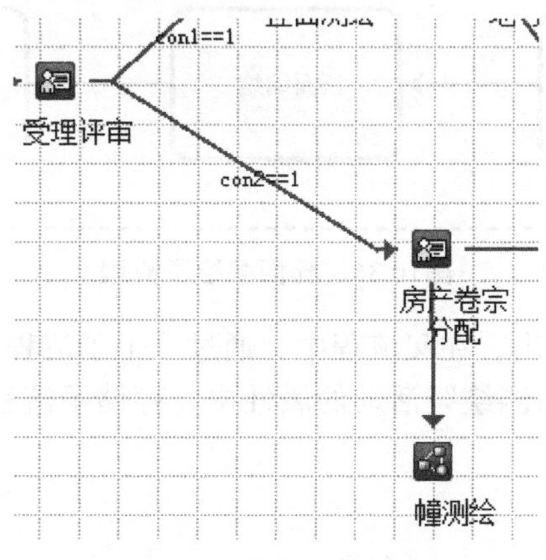

图10.35　异步子流程模式

上下文（描述、动机）

为了解决流程的复杂性、流程的重用性、流程的循环性等目标而专门建模出的流程。这些流程可以被嵌套调用，也可以独立启动（当然独立启动时，就不是子流程实例了）。

问题的本质

子流程的本质就是，当前的子流程实例是被别的流程触发启动并创建的。在父流程中，此子流程只表现为一个环节。而子流程内部是由一到多个环节组成的。

解决方案及技术实现

按照BPMN 1.2的规范，子流程的解决方案有三种：嵌入式子流程（Embedded Sub-Process）、可重用性子流程（Reusable Sub-Process）、引用子流程（Reference Sub-Process）。在BPMN 2.0规范中，Resuable Sub-Process被Call Activity取代；Embedded Sub-Process由Sub-Process代替。在业内大多数的流程产品，实现的都是Resuable Sub-Process，因此本书主要给出可重用子流程的解决方案，如图10.36所示。

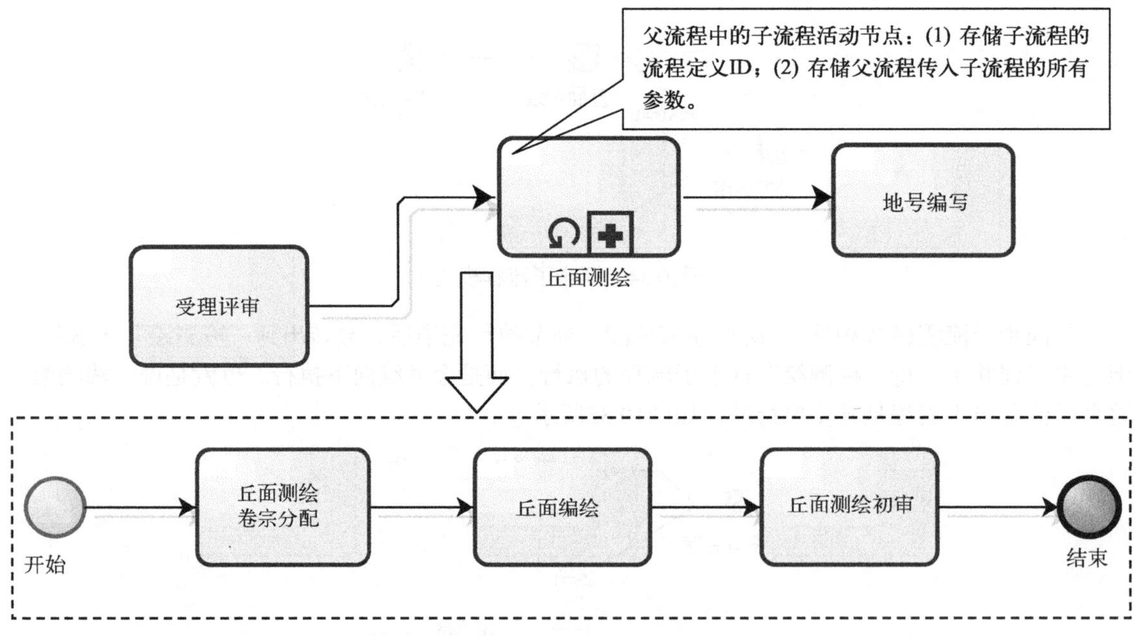

图10.36 丘面测绘子流程

解决方案。从图中可以看出，在父流程中，通过一个子流程类型的节点，将“丘面测绘”活动标识为子流程。在“丘面测绘”活动的属性中，存储子流程“丘面测绘子流程”的流程定义ID作为引用。

技术实现

定义期

在定义期，通过把设计器提供的子流程活动拖曳到面板中，实现父子流程的建模。在父流程的子流程节点中存储子流程的流程定义ID。国内很多流程设计器一般都提供选择框，如图10.37所示。

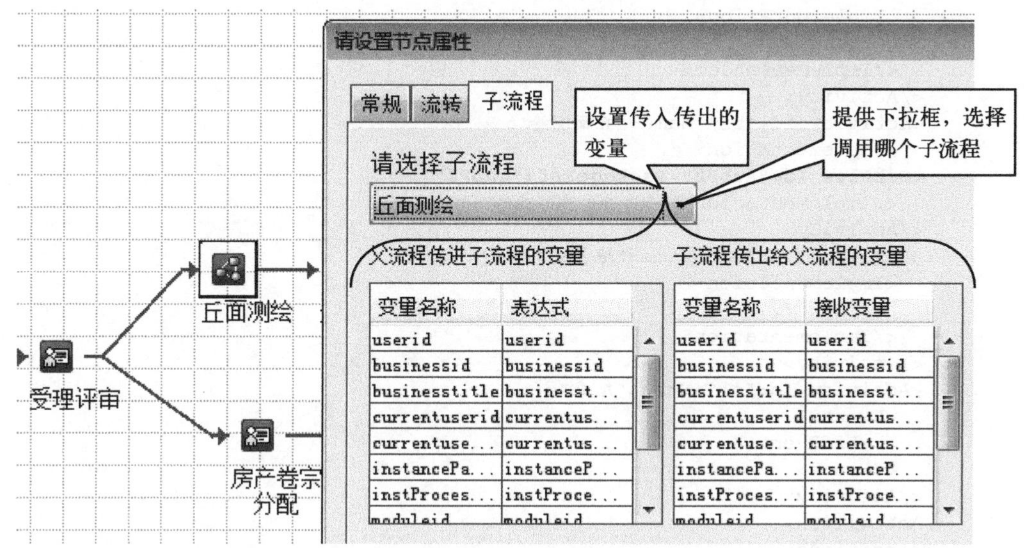

图10.37　可重用子流程的定义期设置

通过下拉框选择可调用的子流程名称，同时设置父流程需要传入子流程的变量和子流程传出给父流程的变量。

运行期

运行期的技术实现按照以下步骤进行：

(1) 创建子流程活动的实例，由子流程活动实例负责创建子流程实例；

(2) 将当前父流程实例的上下文实例（用来封装父子流程交互的变量），传入子流程实例；

(3) 如果子流程的第一个环节的参与者为外部指派，则需要将外部指派的办理人也传入子流程实例。

约束及可能存在的问题

子流程实例驳回到父流程的问题，参见驳回模式。

规范中的实现

XPDL 2.1规范中的实现

```
<WorkflowProcess Id="p1" Name="Process 1">
    <Activities>
      <Activity Id="s1" Name="开始">
        <Event>
          <StartEvent Trigger="None" />
        </Event>
      </Activity>
      <Activity Id="t1" Name="受理评审">
        <Implementation>
          <Task />
        </Implementation>
      </Activity>
      <Activity Id="t2" Name="丘面测绘">
        <Implementation>
      <SubFlow Id="subP2" PackageRef="subP2"/>
        </Implementation>
      </Activity>
      <Activity Id="t3" Name="地号编写">
        <Implementation>
          <Task />
        </Implementation>
      </Activity>
      <Activity Id="e1" Name="结束">
        <Event>
          <EndEvent />
        </Event>
      </Activity>
    </Activities>
    <Transitions>
      <Transition Id="tran1" From="s1" To="t1" Name="">
        <Condition />
      </Transition>
      <Transition Id="tran2" From="t1" To="t2" Name="">
        <Condition />
      </Transition>
      <Transition Id="tran3" From="t2" To="t3" Name="">
        <Condition />
      </Transition>
      <Transition Id="tran4" From="t3" To="e1" Name="">
        <Condition />
      </Transition>
    </Transitions>
  </WorkflowProcess>
```

BPEL 2.0规范中的实现

BPEL 2.0规范并没有直接给出subflow的语义规范，在IBM的WPS 6.0中，对subflow进行了扩展，给出了相关语义规范。我们在此不在赘述。

BPMN 2.0规范中的实现

在BPMN 2.0中，子流程分为：Event Sub process（Ad-hoc SubProcess、Non Ad-hoc Sub Process）、Sub Process（Ad-hoc Sub Process、Transaction Sub-Processes、CallActivity）。BPMN 1.2中的Embedded Sub Process对应于BPMN 2.0中Sub Process；BPMN 1.2中的Reusabled Sub Process 对应于BPMN 2.0

中的CallActivity。

```
<process id="p1" isExecutable="false">
      <startEvent id="s1" name="开始">
         <outgoing>s1-t1</outgoing>
      </startEvent>
      <task completionQuantity="1" id="t1" isForCompensation="false" name="丘面测绘
          卷宗分配" startQuantity="1">
         <incoming>s1-t1</incoming>
         <outgoing>t1-t2</outgoing>
      </task>
      <task completionQuantity="1" id="t2" isForCompensation="false" name="丘面编绘"
          startQuantity="1">
         <incoming>t1-t2</incoming>
         <outgoing>t2-t3</outgoing>
      </task>
      <task completionQuantity="1" id="t3" isForCompensation="false" name="丘面测绘
          初审" startQuantity="1">
         <incoming>t2-t3</incoming>
         <outgoing>t3-e1</outgoing>
      </task>
      <endEvent id="e1" name="结束">
         <incoming>t3-e1</incoming>
      </endEvent>
      <sequenceFlow id="s1-t1" name="" sourceRef="s1" targetRef="t1"/>
      <sequenceFlow id="t1-t2" name="" sourceRef="t1" targetRef="t2"/>
      <sequenceFlow id="t2-t3" name="" sourceRef="t2" targetRef="t3"/>
      <sequenceFlow id="t3-e1" name="" sourceRef="t3" targetRef="e1"/>
   </process>
   <process id="p2" isExecutable="false">
      <startEvent id="s2" name="开始">
         <outgoing>s2-subT1</outgoing>
      </startEvent>
      <task completionQuantity="1" id="subT1" isForCompensation="false" name="受理评
          审" startQuantity="1">
         <incoming>s2-subT1</incoming>
         <outgoing>subT1-callA1</outgoing>
      </task>
      <callActivity calledElement="p1" completionQuantity="1" id="callA1"
          isForCompensation="false" name="丘面测绘" startQuantity="1">
         <incoming>subT1-callA1</incoming>
         <outgoing>callA1-subT2</outgoing>
      </callActivity>
      <task completionQuantity="1" id="subT2" isForCompensation="false" name="地号编
          写" startQuantity="1">
         <incoming>callA1-subT2</incoming>
         <outgoing>subT2-subE1</outgoing>
      </task>
      <endEvent id="subE1" name="结束">
         <incoming>subT2-subE1</incoming>
      </endEvent>
      <sequenceFlow id="s2-subT1" name="" sourceRef="s2" targetRef="subT1"/>
      <sequenceFlow id="subT1-callA1" name="" sourceRef="subT1" targetRef="callA1"/>
      <sequenceFlow id="callA1-subT2" name="" sourceRef="callA1" targetRef="subT2"/>
```

```
    <sequenceFlow id="subT2-subE1" name="" sourceRef="subT2" targetRef="subE1"/>
</process>
```

与其他模式的关系

子流程模式比较特殊，在工作流管理联盟中并没有单独定义子流程模式，因为一个完整的流程可能会用到很多工作流模式，而这个完整的流程可以作为一个子流程被其他的流程所触发调用，以实现“可重用流程”、“引用流程”、“事件流程”的应用场景。

此模式与循环模式、多实例模式联系较为紧密。因为子流程可以被循环调用，也可以在一次调用中生成多个子流程实例。

5. 循环模式（结构化循环模式）的应用

原型实例（故事片段）

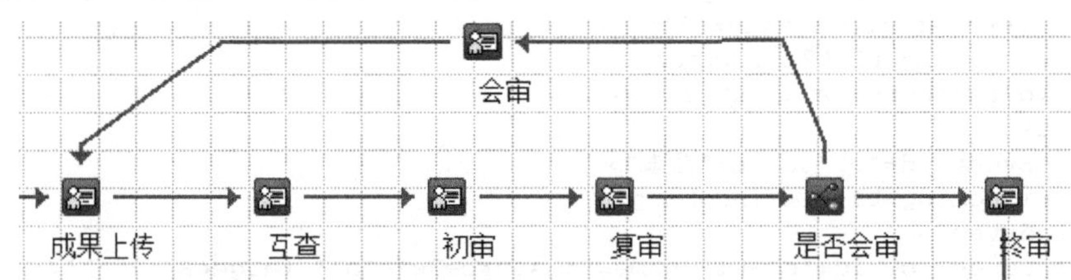

图10.38　结构化循环模式的原型实例（故事片段）

上下文（描述、动机）

描述。在某些业务流程场景中，需要重复多次执行已经执行过的一个或多个环节，这些需要被重复多次执行的环节形成一个闭环。如图10.38所示，测绘成果被“复审”之后，如果碰到疑难测绘成果，则需要发起“会审”，会审完毕后，由成果上传人依据会审意见对测绘成果重新进行修订，修订后再次进行“成果上传”。因此“成果上传→互查→初审→复审→会审”就形成了一个可以循环执行的闭环。需要说明的是，此模式对应于WPI官方中的Structured Loop，即结构化的循环模式，在WPI官方中还有Arbitrary Circles（任意循环）模式和Recursion（递归）模式，与本模式都归类为迭代模式，感兴趣的读者参见本书附录I。

动机。解决需要多次重复执行的业务流程应用。

问题的本质

本质上就是计算机语言的do…while循环的工作流实现。

解决方案及技术实现

解决方案。结构化循环模式的解决方案的关键点是要引入一个“XOR Split”网关，并且“XOR Split”网关的一个outgoing分支，指向“XOR Split”网关的所有前驱环节中的某个环节，从而形成可循环的闭环，如图10.39所示。

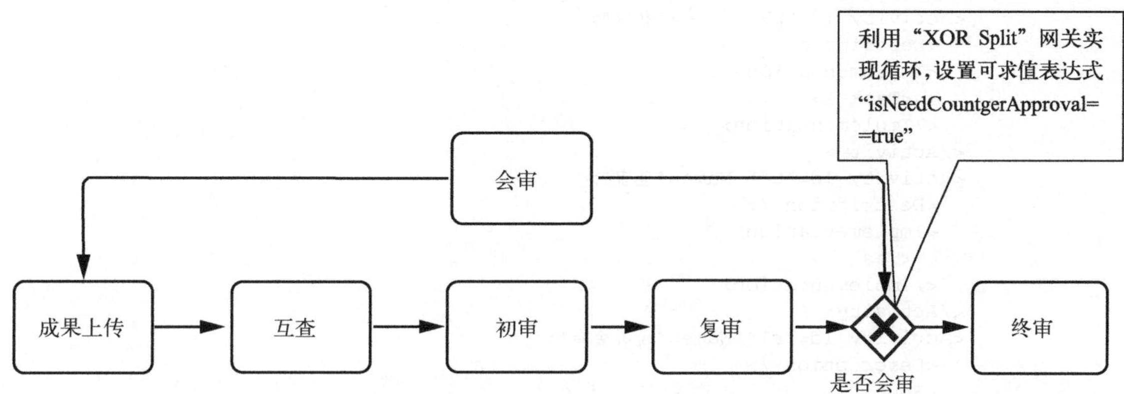

图10.39 结构化循环模式的解决方案

技术实现。3.3.3节中，我们知道，“XOR Split”网关有“人工选择”与“自动选择”两种实现。因此，“结构化循环模式”同样也有“人工循环”与“自动循环”两种实现，且具体的技术实现与“单选模式”的技术实现完全相同，此处就不在赘述。

约束及可能存在的问题

在自动循环的技术实现中，注意可能会出现“死循环”的情况，因此在对“XOR Split”网关上的可求值表达式进行设置时，一定要在最后一次循环时，使得可求值表达式不满足条件，以跳出循环。如图10.39所示，变量“isNeedCounterApproval”最后的值必须为false。

规范中的实现

XPDL 2.1

```
<WorkflowProcess Id="p1" Name="Process 1">
      <Activities>
        <Activity Id="s1" Name="开始">
          <Description />
          <Event>
            <StartEvent Trigger="None" />
          </Event>
        </Activity>
        <Activity Id="t1" Name="成果上传">
          <Description />
          <Implementation>
            <Task />
          </Implementation>
        </Activity>
        <Activity Id="t2" Name="互查">
          <Description />
          <Implementation>
            <Task />
```

```
      </Implementation>
    </Activity>
    <Activity Id="t3" Name="初审">
      <Description />
      <Implementation>
        <Task />
      </Implementation>
    </Activity>
    <Activity Id="t4" Name="复审">
      <Description />
      <Implementation>
        <Task />
      </Implementation>
    </Activity>
    <Activity Id="r1" Name="是否会审">
      <Description />
      <Route />
    </Activity>
    <Activity Id="t5" Name="终审">
      <Description />
      <Implementation>
        <Task />
      </Implementation>
    </Activity>
    <Activity Id="t6" Name="会审">
      <Description />
      <Implementation>
        <Task />
      </Implementation>
    </Activity>
    <Activity Id="e1" Name="结束">
      <Description />
      <Event>
        <EndEvent />
      </Event>
    </Activity>
  </Activities>
  <Transitions>
    <Transition Id="tran1" From="s1" To="t1">
      <Condition />
    </Transition>
    <Transition Id="tran2" From="t1" To="t2">
      <Condition />
    </Transition>
    <Transition Id="tran3" From="t2" To="t3">
      <Condition />
    </Transition>
    <Transition Id="tran4" From="t3" To="t4">
      <Condition />
    </Transition>
    <Transition Id="tran5" From="t4" To="r1">
      <Condition />
    </Transition>
    <Transition Id="tran6" From="r1" To="t5">
```

```
            <Condition Type="CONDITION">
              <Expression>isNeedCounterApproval==false</Expression>
            </Condition>
          </Transition>
          <Transition Id="tran7" From="r1" To="t6">
            <Condition Type="CONDITION">
              <Expression>isNeedCounterApproval==true</Expression>
            </Condition>
          </Transition>
          <Transition Id="tran8" From="t6" To="t1">
            <Condition />
          </Transition>
          <Transition Id="tran9" From="t5" To="e1">
            <Condition />
          </Transition>
        </Transitions>
        <ExtendedAttributes />
      </WorkflowProcess>
```

在XPDL 2.1规范中，并不需要为结构化循环模式做特定的支持，只要支持“单选模式”即可支持“结构化循环模式”。

BPEL 2.0规范中的实现

BPEL 2.0规范为活动的循环执行提供了三种方式：<while>活动、<repeatUntil>活动、forEach活动。实现本模式的是<repeatUntil>活动，它与<while>活动的区别是：<repeatUntil>活动中的<condition>是后置的，所以其内部的活动至少被执行一次；而<while>活动中的<condition>是前置的，因此其内部的活动有可能一次也不执行。

BPMN 2.0规范中的实现

```
<process id="p1" isExecutable="false">
      <startEvent id="s1" name="开始">
         <outgoing>s1-t1</outgoing>
      </startEvent>
      <task completionQuantity="1" id="t1" isForCompensation="false" name="成果上传"
         startQuantity="1">
         <incoming>s1-t1</incoming>
         <incoming>t5-t1</incoming>
         <outgoing>t1-t2</outgoing>
      </task>
      <task completionQuantity="1" id="t2" isForCompensation="false" name="互查"
         startQuantity="1">
         <incoming>t1-t2</incoming>
         <outgoing>t2-t3</outgoing>
      </task>
      <task completionQuantity="1" id="t3" isForCompensation="false" name="初审"
         startQuantity="1">
         <incoming>t2-t3</incoming>
         <outgoing>t3-t4</outgoing>
      </task>
      <task completionQuantity="1" id="t4" isForCompensation="false" name="复审"
         startQuantity="1">
         <incoming>t3-t4</incoming>
```

```
            <outgoing>t4-gateway1</outgoing>
        </task>
        <exclusiveGateway gatewayDirection="Diverging" id="gateway1" name="是否会审">
            <incoming>t4-gateway1</incoming>
            <outgoing>gateway1-t5</outgoing>
            <outgoing>gateway1-t6</outgoing>
        </exclusiveGateway>
<task completionQuantity="1" id="t5" isForCompensation="false" name="会审"
    startQuantity="1">
            <incoming>gateway1-t5</incoming>
            <outgoing>t5-t1</outgoing>
        </task>
        <task completionQuantity="1" id="t6" isForCompensation="false" name="终审"
            startQuantity="1">
            <incoming>gateway1-t6</incoming>
            <outgoing>t6-e1</outgoing>
        </task>
        <endEvent id="e1" name="">
            <incoming>t6-e1</incoming>
        </endEvent>
        <sequenceFlow id="s1-t1" name="" sourceRef="s1" targetRef="t1"/>
        <sequenceFlow id="t1-t2" name="" sourceRef="t1" targetRef="t2"/>
        <sequenceFlow id="t2-t3" name="" sourceRef="t2" targetRef="t3"/>
        <sequenceFlow id="t3-t4" name="" sourceRef="t3" targetRef="t4"/>
        <sequenceFlow id="t4-gateway1" name="" sourceRef="t4" targetRef="gateway1"/>
        <sequenceFlow id="gateway1-t5" name="" sourceRef="gateway1" targetRef="t5">
            <conditionExpression id="condition1"
xsi:type="tFormalExpression">isNeedCounterApproval==true</conditionExpression>
        </sequenceFlow>
        <sequenceFlow id="gateway1-t6" name="" sourceRef="gateway1" targetRef="t6">
            <conditionExpression id="condition2"
xsi:type="tFormalExpression">isNeedCounterApproval==false</conditionExpression>
        </sequenceFlow>
        <sequenceFlow id="t5-t1" name="" sourceRef="t5" targetRef="t1"/>
        <sequenceFlow id="t6-e1" name="" sourceRef="t6" targetRef="e1"/>
    </process>
```

如上所示，在BPMN 2.0规范中，本质上也是采用“单选模式”实现了“结构化循环模式”。

与其他模式的关系

此处的循环模式本质上是结构化循环模式，结构化循环模式的特点是，只有一个入口和出口。在WPI中，循环模式还包括任意循环（WCP_10）和递归（WCP_22），参加本书附录的控制模式。

循环模式必须以“单选模式”为基础实现。

6. 驳回模式（串行、单选、并发、多选、子流程、循环）的应用

到此为止，我们总共讲述了9种控制模式，每一种控制模式的应用中都有可能存在业务环节被驳回的场景，因为流程从图形上可以描述为：通过有向弧连接的一系列节点的集合。正常执行时，有向弧是向前的，当有向弧向后指向已经执行过的节点时，就形成了驳回模式。从业务上来讲，流程流转到某个业务环节，此业务环节的办理人不同意，需要返回给当前业务环节的任一个前驱环节时，称为“驳回模式”。注意此处的“任一个前驱环节”，如图10.40所示。

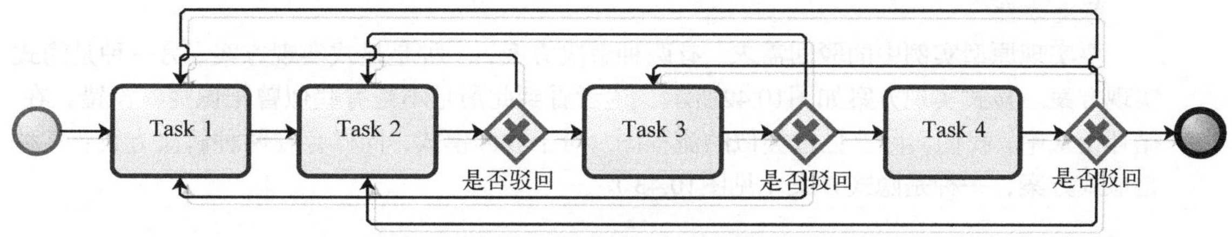

图10.40 驳回模式示意场景

从理论上讲，流程中第一个环节（Task 1）之后的任何一个环节（Task 2到Task 4）都有可能存在“通过”和“不通过”两种可能性，因此在建模时必须在每一个可能被驳回的环节（Task 2、Task 3、Task 4）之后都添加一个“XOR Split”网关以实现这两种可能性。

说明 虽然理论上这些环节都存在被驳回的场景，但是在实际的业务中，往往会有业务规则的约束，例如Task4在业务上是不允许驳回到前边的任一个环节的，或者只允许驳回到Task3，而不允许驳回到Task2和Task1节点。

以上9种模式中都有可能存在驳回的场景，因此我们将按照“串行”、“单选”、“并发”、“多选”、“子流程”、“循环”6大分类来讲述驳回模式。每个分类只讲述“原型实例”、“解决方案及技术实现”、“约束及可能存在的问题”三个方面。由于驳回模式是一个复合模式（即并不是原始的控制模式，是由原始的控制模式进行组合实现的），通过单选分裂模式实现，因此在各个规范中，并没有把驳回作为一个显式的模式。因而对于驳回不描述其规范实现。

串行的驳回

原型实例（故事片段）

如图10.41所示，这是一个非常简单的串行流程，从“丘面测绘卷宗分配”一直到“丘面测绘初审”三个环节是应用串行模式连接在一起的。我们通过这个原型实例，来探讨在串行流程中驳回模式的实现，假设“丘面测绘初审”环节要驳回到“丘面编绘”或者“丘面测绘卷宗分配”这两个环节，那么应该怎样实现呢？

图10.41 丘面测绘流程

解决方案及技术实现

解决方案

要实现原型实例中的驳回需求，有两种解决方案，一种是显式实现方案、另一种是隐式实现方案。显式实现方案如图10.42所示，读者看到此图是不是有些似曾相识呢？没错，在循环模式中，我们实际上见过类似的流程图。对于驳回模式，同样存在两种解决方案：一种是显式方案，一种是隐式方案（见图10.43）。

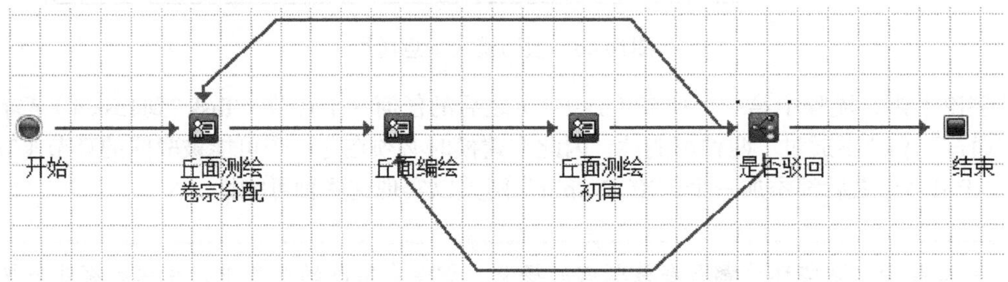

图10.42　串行驳回模式的显式实现方案

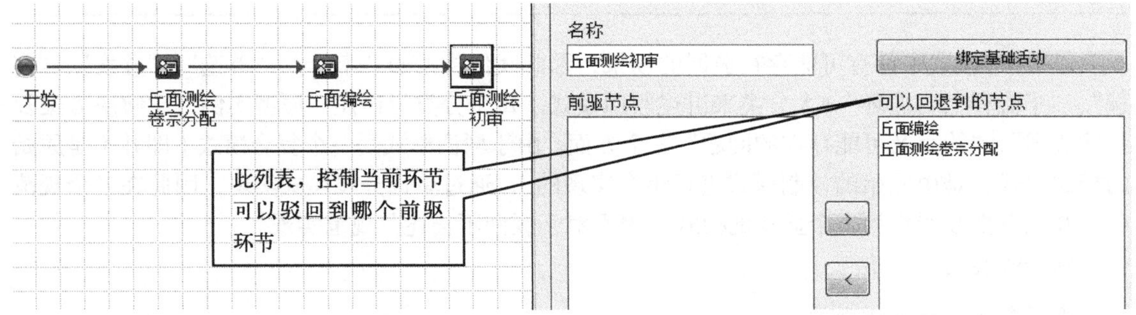

图10.43　串行驳回模式的隐式实现方案

从上图可以看到，“丘面测绘卷宗分配”之后的“丘面编绘”、“丘面测绘初审”两个环节都有可能发生驳回，但是每个环节之后并没有设置“XOR Split”网关来实现驳回，而是通过在每个环节的属性框中设置一个“可以回退到的节点”列表来实现当前环节的驳回功能。例如在“丘面测绘初审”环节，允许驳回到“丘面编绘”与“丘面测绘卷宗分配”两个环节，如果有不允许驳回的环节，则将该环节移入左侧列表框即可。

在隐式的实现方案中，不用显式地画出“驳回转移线”和XOR Split网关，因此整个流程图看着清爽了很多。

技术实现

对于显式实现方案的技术实现，与循环模式完全相同，在此不在赘述。

隐式实现方案的技术实现同样分为定义期与运行期。

定义期

在每个环节的属性上，实现如图10.43所示的“前驱节点”与“可以回退到的节点”两个列表框，通过与两个按钮来左右移动环节。默认情况下，“可以回退到的节点”列表框中，会循环迭代出当前环节的所有前驱环节，不能回退的环节，通过按钮移入左侧的列表框。

运行期

- 驳回页面的技术实现：对于“丘面测绘初审”环节，驳回时有两个选择：一个是驳回到“丘面编绘”环节，一个是驳回到“丘面测绘卷宗分配”环节。既然是两个选择，那么需要在运行期提供选择这两个环节的界面，供驳回人选择具体驳回到哪个环节。如图10.44所示。

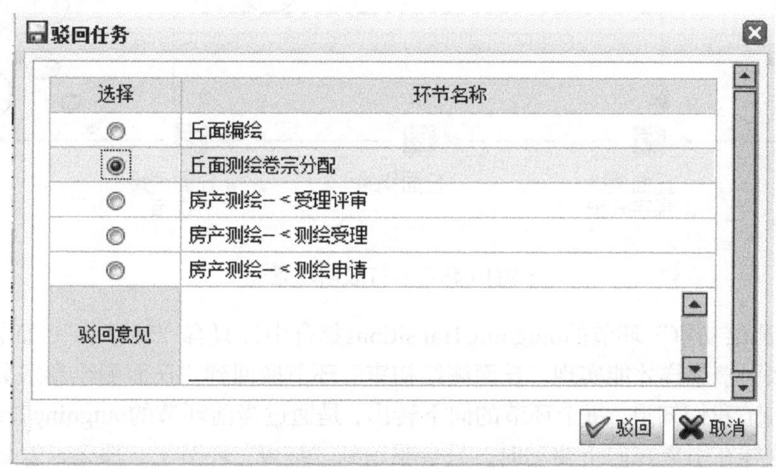

图10.44 驳回页面示意图

如上图所示，在技术实现上：

(1) 首先需要取得定义期“丘面测绘初审”环节的“可以回退到的节点”列表框中定义的节点集合。

(2) 在运行期，取得“丘面测绘初审”环节的前驱环节中，即在执行时间上早于当前环节的“环节实例”的集合。

(3) 对(1)和(2)中的两个集合做交集，过滤出当前环节“丘面测绘初审”环节，实际可以驳回的“环节实例”列表项，并为每个实例环节对应一个复选框框，以实现单选功能。

请思考 从表象上来看，只需要做第一步，即取得“丘面测绘初审”环节的“可以回退到的节点”列表框中定义的节点集合就可以了，为什么还要做第(2)步与第(3)步呢？我们将在循环模式的驳回中给出答案。

- 驳回过程（当前环节转移到目标环节）的技术实现

上一节实现了对驳回环节的选择，在驳回人具体选择了某一个驳回环节之后，例如“丘面测绘卷宗分配”，怎样让“丘面测绘初审”环节转移到“丘面测绘卷宗分配”环节，而不是转移到“结束”环节呢？如图10.45所示。

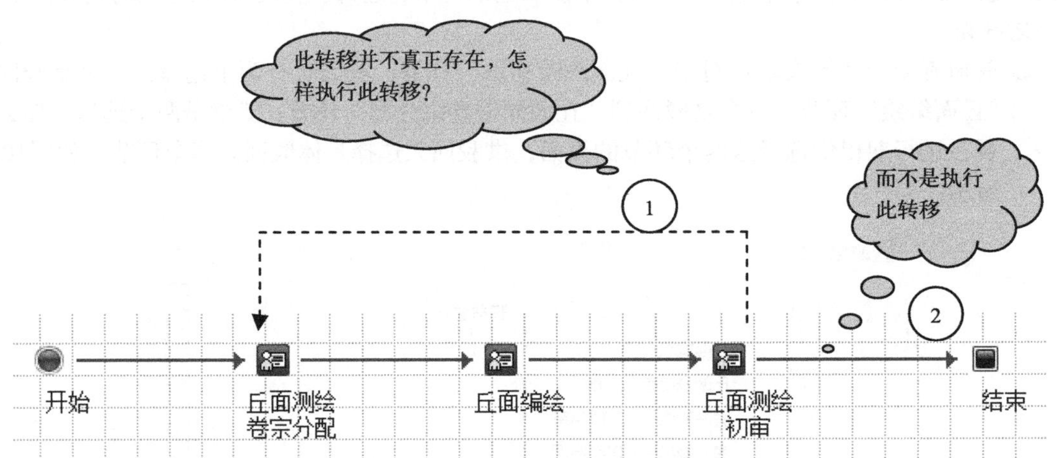

图10.45　串行驳回场景

“丘面测绘初审”环节的outgoingTransitions集合中，只有“转移②”，而没有“转移①”对象，那么引擎怎样才能实现“丘面测绘初审”环节驳回到“丘面测绘卷宗分配”环节呢？在本书3.2.2节我们知道，每个环节的向下转出，是通过当前环节的outgoingTransitions集合来实现的，这样在引擎在向下驱动时，只会驱动到“结束”环节了。那么，怎么解决这个矛盾呢？为解决此矛盾，在执行“驳回方法”之初，首先在“丘面测绘初审”和“丘面测绘卷宗分配”两个环节之间创建一个动态的转移，放入一个dynamicBackwardTransitions集合中，并持久化存储到实例表中，在完成“丘面测绘初审”环节实例之后，按照优先级，先取得dynamicBackwardTransitions集合中的转移，如果此集合不为空，则优先执行此集合中的转移，而不执行outgoingTransitions集合中的转移了。只有当dynamicBackwardTransitions集合为空时，才执行outgoingTransitions集合中的转移。

约束及可能存在的问题

对于串行模式，驳回本身实现起来很简单，但是如果要求实现业务数据的驳回补偿，问题就会复杂很多。例如在“丘面编绘”环节对当前测绘业务实例的某些业务数据字段进行了新增及更新，比如进行了丘面数据与幢数据的关联，而在“丘面测绘初审”环节驳回到“丘面测绘卷宗分配”环节时，需要将业务数据恢复到没有进行“丘面编绘”的状态。由于工作流的事务是长事务，每个人工环节参与都是一个完整的短事务，即数据已经提交到数据库，因此此时采用数据库的事务机制进行回滚是不可能的。此时就必须引入业务补偿的概念，详见5.6.4节。

并发模式的驳回

原型实例（故事片段）

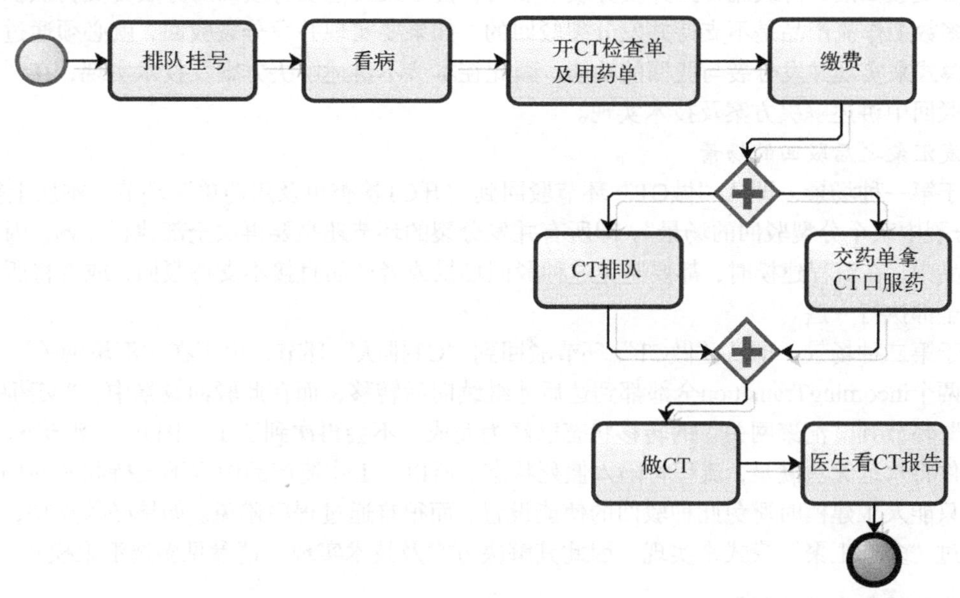

图10.46　并发分裂与并发汇聚场景

并发分裂中驳回

如图10.46所示，如果在“交药单拿CT口服药”环节，发现药房没有CT口服液了（当然此种可能性极小），此时就需要将“交药单拿CT口服药”环节驳回到“开CT检查单及用药单”环节，由医生重新开药。医生重新开药后，流程又转移到“缴费”环节。“缴费”转出之后，由于是并发分裂模式（并发分裂网关的特性就是所有分支要同时执行），因此还将再次执行“CT排队”与“交药单拿CT口服药”两个环节，但是在实际场景中，CT排队是按号排队的，不需要再次排队，因此只要执行“交药单拿CT口服药”这个环节就可以了。这就产生了重复，直接采用并发分裂网关就无法满足业务需求了。

并发汇聚之后驳回

并发汇聚之后的驳回包括两种场景：一种是从并发汇聚节点之后的环节（例如“做CT环节”环节）驳回到并发分裂发起环节（例如“缴费”环节）或并发分裂发起环节之前的环节；另一种是从并发汇聚节点之后的环节（例如“做CT”环节）驳回到某个并发分裂的分支环节上（例如“CT排队”）。

解决方案及技术实现

并发分裂中的某个分裂驳回的场景

并行分裂的驳回与串行驳回的区别是：驳回之后，再次流转到并发分裂环节时，并不需要再次执行所有的并发分裂的后续环节了，只需要执行被驳回的那个后续环节（本例中为“交药单拿CT口服药”）就可以了。不过，遗憾的是，此要求在这种流程建模中是无法实现的。由于单个并发分裂分支驳回后，再次流转到并发分裂节点时，会导致其他没有驳回的分裂分支再次执行，因此，大多数工作流产品是不支持并发分裂驳回的。如果要实现并发分裂驳回，就必须通过“多选分裂”模式来实现并发分裂与驳回的功能。因此在本节不讲述解决方案及技术实现，在“多选模式”的驳回中讲述解决方案及技术实现。

并发汇聚之后驳回的场景

对于第一种场景，即从“做CT”环节驳回到“开CT检查单及用药单”环节，本质上等同于“并发分裂中某个分裂驳回的场景”，即所有并发分裂的环节还是要再次全部执行一遍。因此在一般的产品中，在流程建模时，都要避免这种驳回场景或者产品直接不支持驳回，或者将所有并发分支再全部执行一遍。

对于第二种场景，即从“做CT”环节驳回到“CT排队”环节，由于在“汇聚网关”上要同步等待两个incomingTransition全部都到达后才继续向后转移，而在此驳回场景中，“交药单拿CT口服药”环节到“汇聚网关”的转移状态已经为完成，不会再次到达了，因此，“汇聚网关”的汇聚条件将永远无法满足，流程将陷入僵死状态。所以，工作流产品中也不支持此驳回场景，而且一般只能人工建模时避免此种驳回的使能设置，而很难通过程序避免。如果必须支持，则同样需要通过“多选汇聚”模式来实现。因此其解决方案及技术实现，请参见多选汇聚模式。

约束及可能存在的问题

同解决方案及技术实现。

单选模式的驳回

原型实例（故事片段）

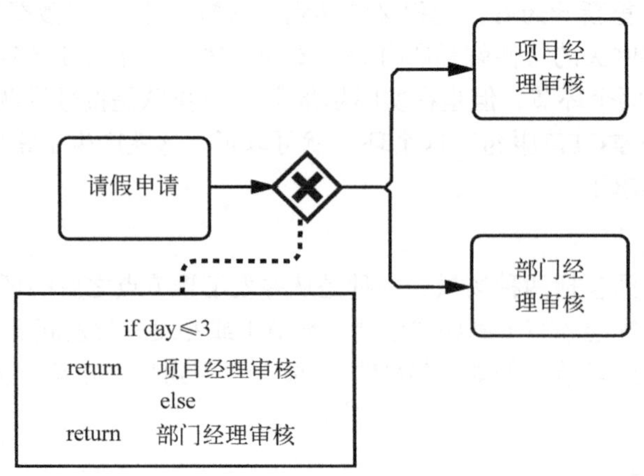

图10.47 请假流程中的排他选择原型实例（故事片段）

如图10.47所示，“项目经理审核”环节不同意，驳回到“请假申请”环节。

解决方案及技术实现

单选模式的驳回与串行模式的驳回，在解决方案及技术实现上基本相同，唯一的区别是：在人工单选或自动单选的场景中，可能会根据业务的实际需求，对工作流变量days的值进行记忆或不记忆。

约束及可能存在的问题

同解决方案及技术实现。

多选模式的驳回

原型实例（故事片段）

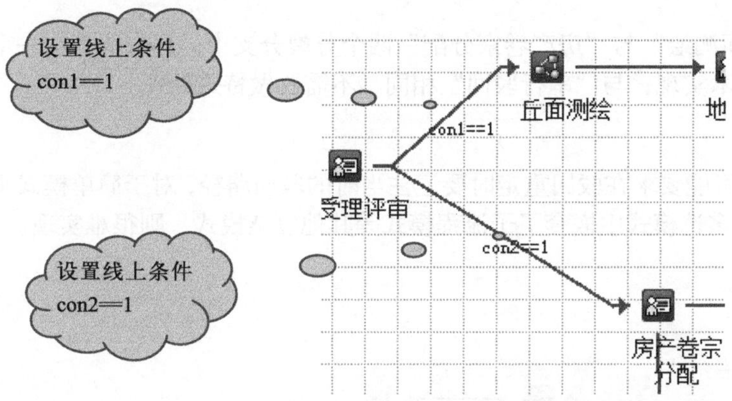

图10.48 房产测绘主流程中的多选模式的片段

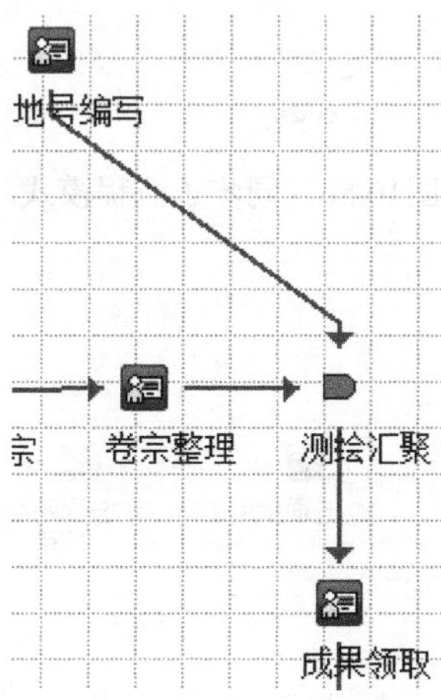

图10.49 房产测绘主流程之M选N汇聚片段

解决方案及技术实现

如图10.48所示，“房产卷宗分配”环节驳回到“受理评审”环节，在本节第2种模式“多选分裂模式”中，我们知道，“丘面测绘”与“房产卷宗分配”两个分支环节有以下几种执行可能。

(1) 两个都执行，即“丘面测绘”与“房产卷宗分配”都执行，此时本质是就是“并发分裂模式”。在此种场景下，又可以细分为以下几种场景：

(a) 如果“房产卷宗分配”环节驳回到“受理评审”环节，而“丘面测绘”继续向下流转，在解决方案和技术实现上与“串行驳回”完全相同，并不需要做特殊的处理。

(b)“房产卷宗分配”与“丘面测绘”两个环节都要驳回到“受理评审”环节，此时驳回的方案与技术实现与“串行驳回”同样相同。但是由于两个分裂环节都要驳回到“受理评审”环节，因此对于此环节的办理人可能就会收到2条待办任务，因此可以根据实际的业务需要，将2条待办任务合并为一条待办。

(2) 二选一执行，即“丘面测绘”与“房产卷宗分配”两个分裂分支中，只选取其中一个执行。此种场景的解决方案与技术实现，与“串行驳回”相同，不需要做特殊处理。

约束及可能存在的问题

在某些业务场景中，可能要求在驳回重走时要记住当时的驳回路径，对于简单模式来讲比较容易实现，但是如果多选模式中嵌套了子流程模式等其他复杂模式，则很难实现。

子流程模式的驳回

原型实例（故事片段）

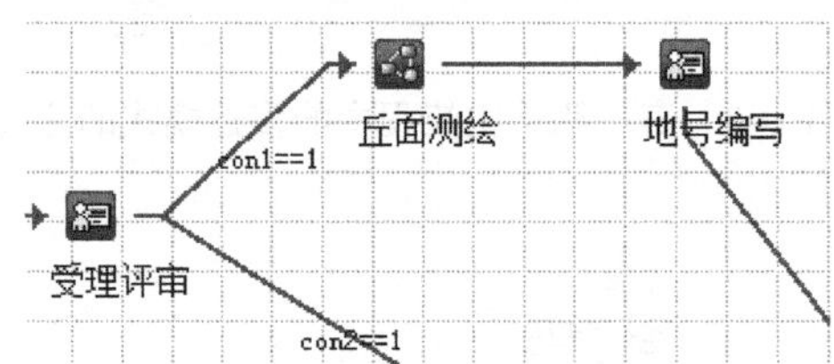

图10.50 同步子流程模式

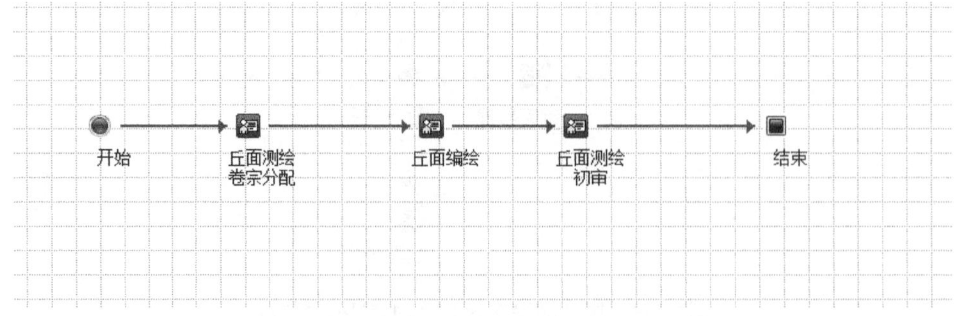

图10.51 丘面测绘流程

如图10.50和图10.51所示，在丘面测绘子流程的任何一个环节（例如“丘面测绘初审”环节），都可能会要求驳回到房产测绘父流程中的某个环节（例如“受理评审”环节）。

解决方案及技术实现

对于子流程驳回父流程，又可以分为父流程仅启动了一个子流程实例和父流程启动了多个子流程实例两种场景。因此，解决方案及技术实现可以分为：单子流程实例时驳回到父流程和多子流程实例时驳回到父流程。

单子流程实例时驳回到父流程场景

解决方案及技术实现分为两个步骤。

(1) 驳回页面的解决方案及技术实现

如图10.52所示，在驳回页面上，先列出当前子流程“丘面测绘流程”中“丘面测绘初审”环节可驳回到的环节，紧接着，同样列出“丘面测绘初审”环节可以驳回到“房产测绘父流程”中的那些环节，以实现由子流程驳回到父流程的选择。

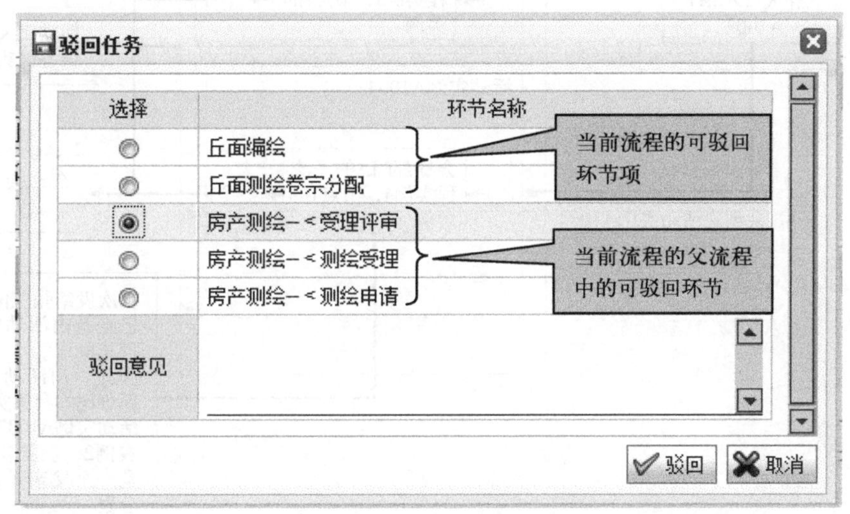

图10.52 子流程驳回到父流程页面示意图

(2) 驳回过程的技术实现

由于是父流程只启动了一个子流程实例，因此驳回过程的技术实现相对简单很多，如下：

(a) 将当前子流程实例的状态设置为完成；

(b) 取得当前子流程实例的父流程实例，并将当前子流程的执行上下文传入父流程实例；

(c) 为驳回页面上（如图10.52）选择的目标环节（如本例中的“受理评审”环节）创建新的活动实例，并取得其旧活动实例的属性数据（例如分配策略、参与人等）赋值给当前新创建的活动实例；

(d) 执行任务分配，完成本次驳回。

多子流程实例时驳回到父流程场景

对于多子流程实例的驳回，最典型的应用场景就是会签子流程场景了，分析如图10.53所示。

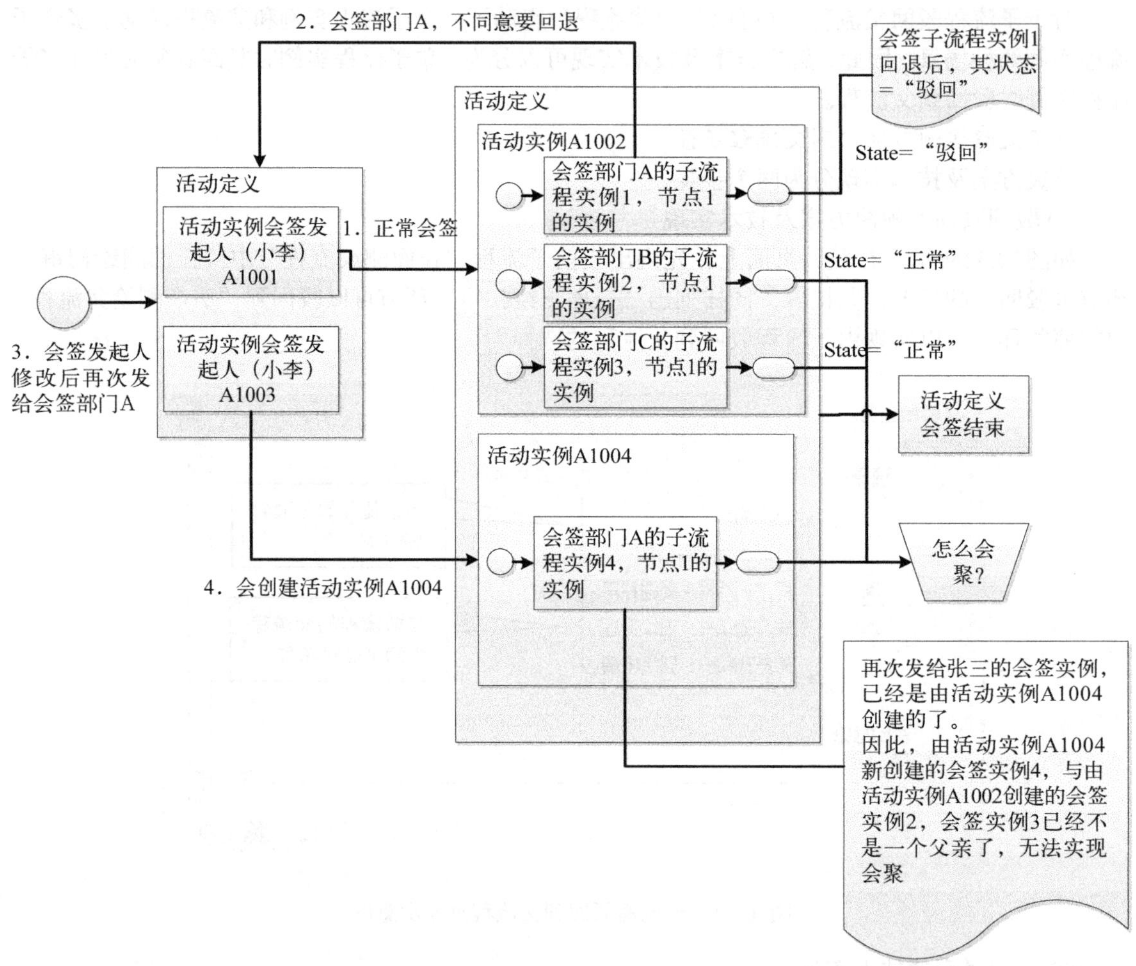

图10.53 多子流程实例时的驳回场景分析

通过分析可以看到，多子流程实例时，如果其中一个子流程实例驳回，最关键的问题在于，驳回执行完毕再次执行到子流程节点时，又产生了新的活动实例，新的活动实例负责创建子流程实例，几个子流程实例不是同一个活动实例创建的，因此在全部会签模式下，流程就无法继续向下执行了。那么，怎么解决这个矛盾点呢？

为此引入一个堂兄弟的概念。全部会签时，要求所有的会签实例全部都要执行完毕才能向后转移，而在没有驳回的场景中，一般是通过对父亲（即活动实例）的所有儿子（即任务实例或子流程实例）进行循环迭代，来判断是否全部执行完毕的。由于驳回的出现，导致了会签实例出现了堂兄弟（即不是同一个活动实例父亲创建的）会签实例。因此，我们在判断所有会签实例时，要找的同一个活动定义（ActivityDefinition）的所有活动实例，再通过活动实例找到其所有的任务实例，这些任务实例全部放入一个大的集合中（即包括所有的亲兄弟任务实例与堂兄弟任务实例），对此集合进行迭代循环即可实现全部会签模式的判断。

(a) 将当前要驳回的子流程实例的状态设置为“驳回等待汇聚”状态，而不是像单子流程实例的驳回时设置为完成状态，以避免其他的“亲兄弟子流程实例”执行完毕后，直接回到父流程实例；

(b) 执行子流程驳回到父流程的方法，与单子流程实例的解决方案及技术实现相同；

(c) 流程再次流转到当前子流程时，创建了新的子流程活动实例，新的子流程活动实例负责创建了新的子流程实例；

(d) 其他子流程实例执行结束时，都要判断自己的“亲兄弟子流程实例”是否都已经执行完毕，会发现驳回的那个“亲兄弟子流程实例”的状态为“驳回等待汇聚”状态，因此这些没有被驳回的子流程实例，一直要等待那个被驳回的子流程实例的状态为完成；

(e) 新创建的堂兄弟子流程实例，在执行完毕时将自己的状态值设为完成，并将当时被驳回的那个子流程实例的状态由“驳回等待汇聚”状态改为“完成”状态，并判断其他所有“堂兄弟子流程实例”的状态：如果有没有完成的，则一直等待；若都完成后，则说明全部亲兄弟及堂兄弟子流程实例都已经完成，开始汇聚并回到父流程实例。

约束及可能存在的问题

无。

循环模式的驳回

原型实例（故事片段）

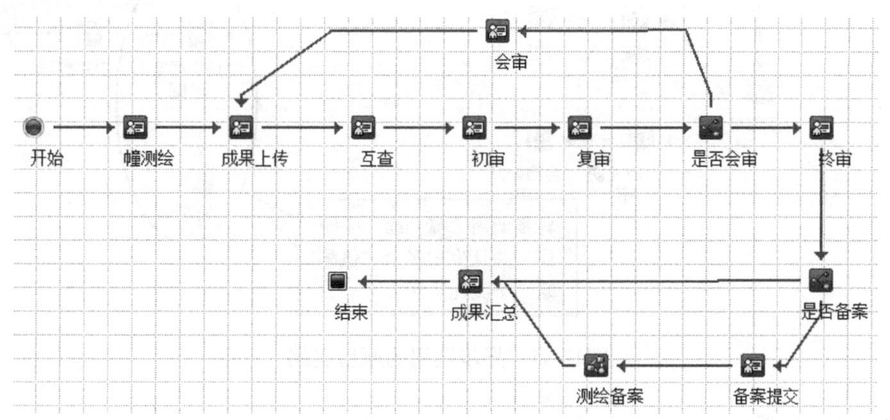

图10.54 房产幢测绘流程

10

如图10.54所示，“初审”环节驳回到“幢测绘”环节。此驳回场景，是在一个循环内发生的，详见循环模式。

解决方案及技术实现

与串行驳回相同。

约束及可能存在的问题

在串行驳回的解决方案及技术实现中，隐式的驳回实现方案需要在定义期定义一个“可以回退到的节点”列表（如图10.43所示），但是在循环模式中，“初审环节”的所有前驱节点会根据有向弧逆向取到“复审”环节。而复审环节其实是在“初审环节”之后的，从业务语义上讲一般不允许“初审”驳回到“复审”的情况出现。还记得“串行驳回”中提出的那个思考问题吗？就是因为循环的存在，因此取得那个思考问题中的第二个集合，并且与第一个集合做交集运算。

7. 异步调用模式（异步单实例和异步多实例）的应用

原型实例（故事片段）

如图10.55所示，在测绘主流程中，“房产卷宗分配”环节有两个转出分支，一个是“卷宗整理”，一个是“幢测绘”。其中“幢测绘”这个环节对应的是一个子流程，且这个子流程是被异步调用的。

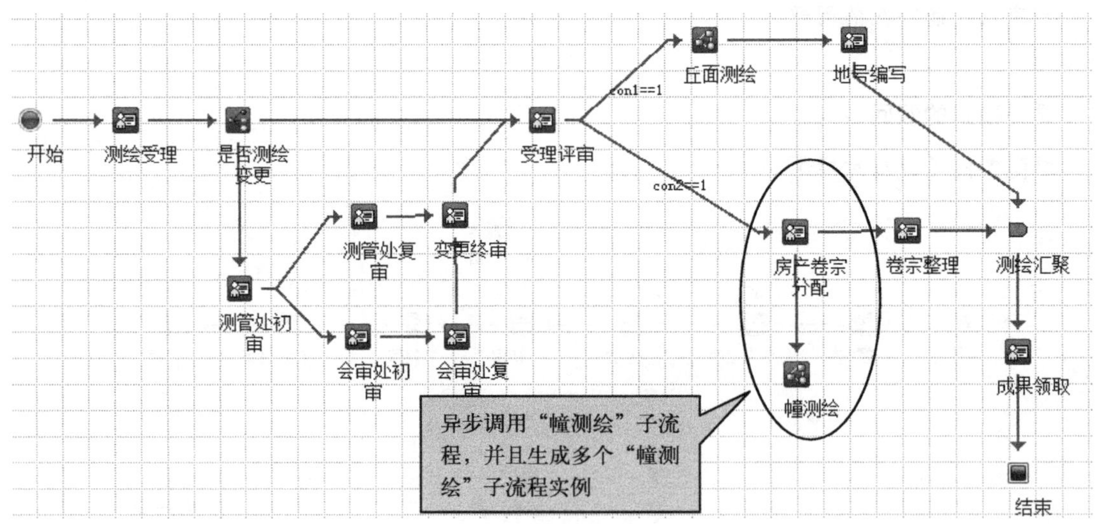

图10.55　异步调用的原型实例

上下文（描述、动机）

描述。对某个活动或子流程进行调用，调用后，主流程并不等待那个活动或子流程返回结果，此为异步调用模式。

动机。为了解决对某活动或子流程进行调用，而不需要等待其结果的流程建模问题。其实，这种场景，在OA的传阅中最为常见。

问题的本质

异步调用模式的本质与并发有点类似，或者说只进行了并发分裂，而分裂出的这个分支不需要进行汇聚。因此从并发的角度来看，也是提高了流程的效率。

解决方案及技术实现

解决方案

对于异步调用，可以是多个实例，也可以是单个实例。如果是多个实例，则直接对应于WPI所定义的异步多实例模式（WCP 12）。对于异步调用的活动或者子流程，可以采用如图10.56所示的建模方案，“幢测绘”环节不再连接任何活动，即无outgoingTransition。同时在环节属性上标识为多个实例。

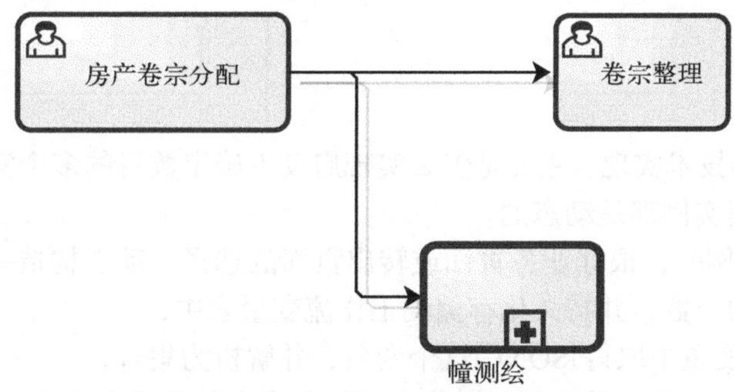

图10.56　异步调用模式

技术实现

定义期。要实现异步多实例模式，需要定义“异步”属性和“多实例”属性。例如可以给ActivityInfo对象加入一个invokeType属性，当invokeType=sync时为同步调用，invokeType=async时为异步调用。当然如果不加入invokeType属性，也可以根据当前ActivityInfo的outgoingTransitions集合来判断，如果集合为空，说明是异步调用。

对于“多实例”属性的实现，在WPI的WCP12模式中，实例的个数是在定义期确定的，即在定义期给定一个固定的值；在WCP14模式中，实例的个数可以在运行期动态设定。在大多数场景中，这个多实例要求数目是不固定的，而且是在运行期才能确定的，因此我们直接给出WCP14模式的实现。为此，可以在定义期内置一个工作流变量，例如以JSON串的形式存储一个对象集合，每个对象中存储参与人、幢ID等属性，如下所示。

```
{
    "tasks":
            [
                {
                    "activityId":"1",
                    "activityName":"幢测绘",
                    "activityType":"2",
                    "tip":"需要做处理...",
                    "participants":[
                        {
                            "subBizId":"1",
                            "participantId":"1",
                            "participantName":"张三",
                            "participantType":"user"
                        },
                        {
                            "subBizId":"2",
                            "participantId":"2",
                            "participantName":"李四",
                            "participantType":"user"
                        }
                    ]
                }
            ]
}
```

运行期。运行期的技术实现，主要是怎么实现启动不确定数目的多个实例，也就是说每个业务实例所启动的子流程实例都是动态的。

(1) 启动子流程实例时，根据业务页面或转出页面的选择，动态构造一个JSON串，此JSON串的集合个数就是幢的个数，并持久化存储到工作流变量表中；

(2) 引擎从工作流变量中取得JSON串这个变量，并解析为集合；

(3) 对集合进行循环迭代，并在每个迭代中实例化多个任务或启动多个子流程实例。

约束及可能存在的问题

必须抽象出一个可以复用的JSON串的元数据，以满足根据不同条件实例化多个任务实例或子流程实例的需求。例如在OA的多部门联合会签中，一般都是将在运行期动态选择的部门id、部门名称等构造为多个独立的JSON对象，以JSON串的形式赋值给工作流变量。

规范中的实现

XPDL 2.1规范中的实现

```
<WorkflowProcess Id="main1" Name="Process 1">
    <Activities>
      <Activity Id="s1" Name="开始">
        <Description />
        <Event>
          <StartEvent Trigger="None" />
        </Event>
      </Activity>
      <Activity Id="t1" Name="房产卷宗分配">
```

```
          <Description />
          <Implementation>
            <Task>
              <TaskUser />
            </Task>
          </Implementation>
        </Activity>
        <Activity Id="t2" Name="卷宗整理">
          <Description />
          <Implementation>
            <Task>
              <TaskUser />
            </Task>
          </Implementation>
        </Activity>
        <Activity Id="t3" Name="幢测绘">
          <Description />
          <Implementation>
            <SubFlow Id="subflow1" PackageRef="subflow1" />
          </Implementation>
          <Performers />
          <Documentation />
          <ExtendedAttributes />
          <Loop LoopType="MultiInstance">
            <LoopMultiInstance LoopCounter="0" MI_Ordering="Parallel"
MI_FlowCondition="None">
              <MI_Condition />
            </LoopMultiInstance>
          </Loop>
        </Activity>
         <Activity Id="e1" Name="结束">
          <Description />
          <Event>
            <EndEvent />
          </Event>
        </Activity>
      </Activities>
      <Transitions>
        <Transition Id="s1-t1" From="s1" To="t1">
          <Condition />
        </Transition>
        <Transition Id="t1-t2" From="t1" To="t2">
          <Condition />
        </Transition>
        <Transition Id="t1-t3" From="t1" To="t3">
          <Condition />
        </Transition>
        <Transition Id="t2-e1" From="t2" To="e1">
          <Condition />
        </Transition>
      </Transitions>
    </WorkflowProcess>
```

10

BPEL 2.0规范中的实现

在WPS 6.0中，通过在<while loop>循环中内置<invoke>节点来实现对此模式的支持。对于在定义期确定数目的多实例模式（WCP13），则通过在BPEL 2.0规范的<forEach>结构中嵌入<invoke>节点来实现。BPEL 2.0规范中对在运行期才能确定实例个数的多实例模式（WCP14）并没有相关的语义，WPS 6.0的产品中也无法扩展支持。

BPMN 2.0规范中的实现

```
<process id="p1" isExecutable="false">
      <startEvent id="s1" name="">
         <outgoing>seq1</outgoing>
      </startEvent>
      <task completionQuantity="1" id="t1" isForCompensation="false" name="房产卷宗
分配" startQuantity="1">
         <incoming>seq1</incoming>
         <outgoing>seq2</outgoing>
         <outgoing>seq3</outgoing>
      </task>
      <callActivity completionQuantity="1" id="t2" isForCompensation="false" name="
          幢测绘" startQuantity="1">
         <incoming>seq2</incoming>
         <multiInstanceLoopCharacteristics behavior="None" id="sid-a455bb23-2b0a-
             45fb-a159-e270ae1a778e" isSequential="false" noneBehaviorEventRef=
             "sid-ee0353c4-5156-477f-9bd3-3e650684a7b2">
              <loopCardinality id="sid-29b5fc43-f5de-4540-988b-1f28faee0432">5
                  </loopCardinality>
          </multiInstanceLoopCharacteristics>
      </callActivity>
      <task completionQuantity="1" id="t3" isForCompensation="false" name="卷宗整理"
          startQuantity="1">
         <incoming>seq3</incoming>
         <outgoing>seq4</outgoing>
      </task>
      <endEvent id="e1" name="">
         <incoming>seq4</incoming>
      </endEvent>
      <sequenceFlow id="seq1" name="" sourceRef="s1" targetRef="t1"/>
      <sequenceFlow id="seq2" name="" sourceRef="t1" targetRef="t2"/>
      <sequenceFlow id="seq3" name="" sourceRef="t1" targetRef="t3"/>
      <sequenceFlow id="seq4" name="" sourceRef="t3" targetRef="e1"/>
   </process>
```

需要说明的是，在BPMN 2.0的最新规范中，并没有对异步多实例（WCP12）模式给出显式的说明，因此从定义上来看，我们给出了如图10.56所示的建模方式，从导出的xml定义来看是可以实现异步的，因为“幢测绘”活动之后没有outgoingTransition了。

与其他模式的关系

此模式一般多与子流程组合使用，即“异步多子流程实例模式”。

8. 触发模式（持久化/瞬态触发模式）的应用

首先需要说明的是，在工作流模式的控制模式中，触发模式指的是任务实例的触发，又分为持久触发和瞬态触发。

原型实例

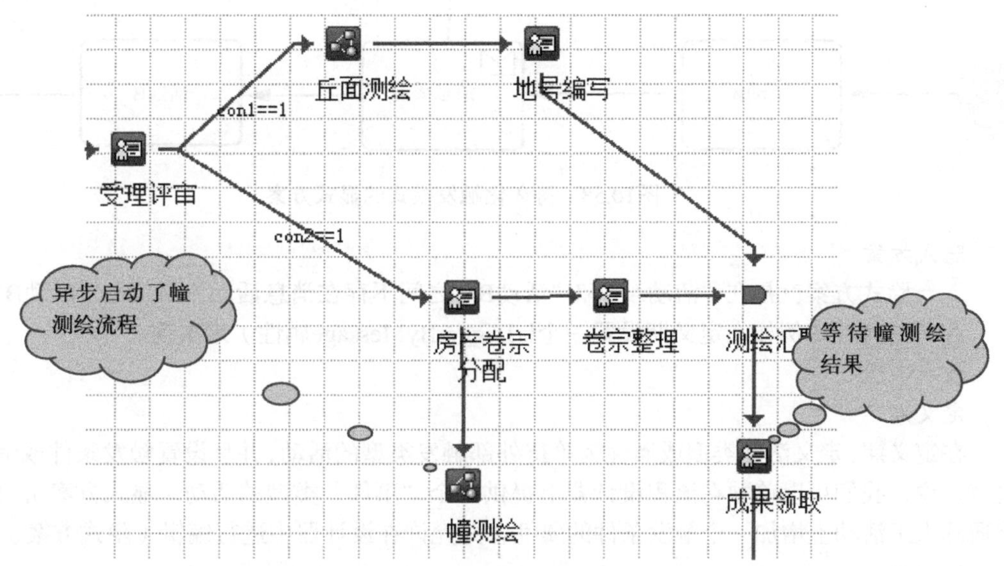

图10.57 房产测绘流程中的持久触发模式场景图

如图10.57所示，这是“房产测绘”主流程中的一个局部片段，在“房产卷宗分配”环节，通过事件异步启动了多个“幢测绘”的子流程进行幢测绘的工作。子流程启动之后，“房产测绘”主流程将继续向下执行，但是执行到“成果领取”环节时需要等待“幢测绘”流程的测绘结果，只有所有的测绘结果全部汇总完毕后，才能进行“成果领取”的工作。

上下文（描述、动机）

描述。持久触发模式和瞬态触发模式都是指，在流程在运行的过程中，当前流转实例中的某个活动实例能够接收来自外部环境（例如业务系统）的事件或消息，如果外部的事件或消息与当前活动所期望的结果一致，则触发相关动作。

动机。触发模式的动机很简单，就是为了解决需要根据外部条件来触发当前活动对应的动作的业务场景。

解决方案及技术实现

解决方案。对于触发模式的解决方案同样分为两种：一种为显式解决方案，一种为隐式解决方案。

显式方案

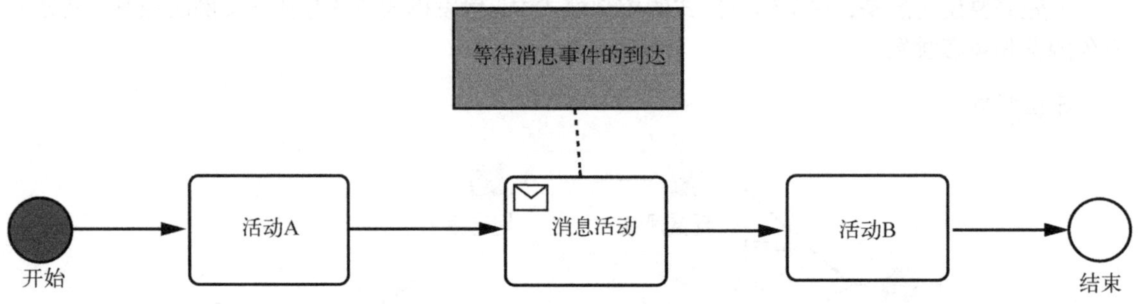

图10.58　持久化触发模式的显式方案

隐式方案

隐式方案就是在“活动A”和“活动B”之间不存在消息活动，而是在“活动B”上设置相关的属性（例如在定义期设置一个isTriggerByMessage属性）来实现。

技术实现

定义期

在定义期，定义活动类型或属性为等待外部触发类型的活动，并且设置触发条件或消息事件。也就是说，我们可以单独在流程设计器上提供一个“事件”类型的活动（显式方案），也可以在普通的人工活动上增加一个触发条件的属性，并允许在设计器中进行编辑（隐式方案）。

运行期

(1) 设置触发或者等待状态，以阻塞流程的执行。由前面章节可知，流程是由活动组成的，流程的执行实际上就是活动实例的推进。活动按照类型的不同，又可分为人工活动、自动活动等。人工活动的执行还包括了任务实例的执行。要实现触发模式，必须在运行期阻塞流程的执行，包括阻塞活动实例的执行和任务实例的执行。因此，对于基于有限状态机的引擎实现，一般通过设定一个等待状态，来达到阻塞流程执行的目的。例如state=WAITINGFOREXTERNALSINGAL。

(2) 监听来自于外部的消息或事件，并评估消息的内容。当前的活动实例和任务实例处于等待状态，同时利用监听器技术（可以采用MDB或Spring中的Listener或着守护线程），监听JMS队列上的消息，消息对象中包含了流程模版、流程实例及变量的名称和值；监听到消息后，对消息中的内容进行评估，如果评估结果满足期望值，则执行特定的动作。

可能存在的问题或约束

触发模式不仅仅适用于任务的创建，同样适用于自动任务、路由任务等。例如在XPDL中，定义了基于Message Event的排他选择模式，如图10.59所示。

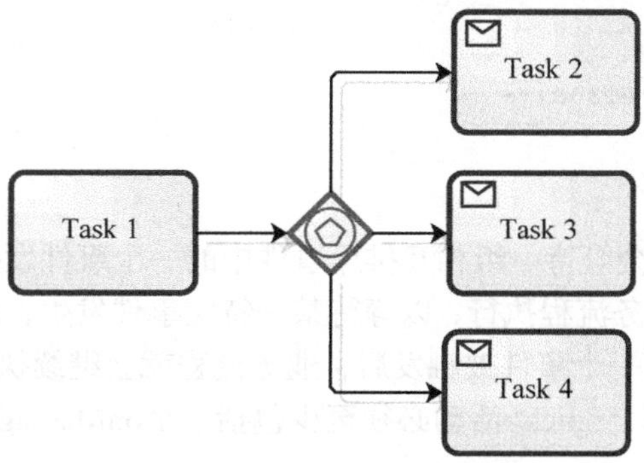

图10.59 基于Message Event的排他选择模式

规范中的实现

XPDL 2.1规范中的实现

在XPDL中采用Event机制实现触发模式；在XPDL 2.1规范中，有三种类型的事件活动：Start、Intermediate、End。其中Start活动对应于流程的开始活动，而End对应于流程的结束活动，Intermediate（中介）活动则用来实现所有事件类型的活动。需要说明的是，在BPMN规范中， Intermediate类型的事件又细分为了10种，XPDL 2.1支持这10种类型。XPDL 2.1规范基本上是为支持BPMN 1.1而发布的，目的是将BPMN 2.1做为BPMN 1.1的文件存储格式。（因为BPMN 1.1没有定义存储元模型，悲剧的是， BPMN 2.0之后自己定义了持久化存储格式，结果XPDL 2.1就悲催了……）

BPEL 2.0规范中的实现

在BPEL规范中，采用<pick>/<onMessage>来实现此模式，如下：

```
<pick createInstance="no" name="check-acceptance">
      <target linkName="reply-to-pick"/>
      <onMessage partner="customer"
           portType="lns:loanApprovalPT"
           operation="obtain"
           container="acceptanceRequest">
        <correlations>
          <correlation set="loanIdentifier"/>
        </correlations>
        <switch name="check-final-amount">
          <case condition="bpws:getContainerData('acceptanceRequest', 'amount') <=
               bpws:getContainerData('request', 'amount')">
            <reply name="grant-reply"
                 partner="customer"
                 portType="lns:loanApprovalPT"
                 operation="obtain"
                 container="approvalInfo"/>
          </case>
          <otherwise>
            <throw name="grant-failure" faultName="lns:loanProcessFault"/>
          </otherwise>
```

```
        </switch>
      </onMessage>
      <onAlarm for="'PT30S'">
        <empty/>
      </onAlarm>
  </pick>
```

如上所示，<pick>活动会等待一组相互排斥事件中的一个事件发生，然后执行与发生的事件相关联的活动。它会阻塞业务流程执行，以等待某一特定事件发生，比如接收一个合适的消息或超时警报响起。当其中任何一个事件被触发后，业务流程就会继续执行，pick也随即完成，不会再等待其他事件的发生。每个<pick>活动必须至少包括一个onMessage事件。

BPMN 2.0中的实现

在BPMN中，采用<receiveTask>来实现触发模式。下面是BPMN 2.0的Schema中关于receiveTask元素的定义：

```
XSD Schema:
<xsd:element name="receiveTask" type="tReceiveTask"
substitutionGroup="flowElement"/>
<xsd:complexType name="tReceiveTask">
<xsd:complexContent>
<xsd:extension base="tTask">
    <xsd:attribute name="implementation" type="tImplementation"
default="##WebService"/>
    <xsd:attribute name="instantiate" type="xsd:boolean" default="false"/>
    <xsd:attribute name="messageRef" type="xsd:QName" use="optional"/>
    <xsd:attribute name="operationRef" type="xsd:QName" use="optional"/>
</xsd:extension>
</xsd:complexContent>
</xsd:complexType>
XML Sample:
<receiveTask completionQuantity="1" name="String" default="ID_1"
isForCompensation="false" messageRef="xml:lang" operationRef="xml:lang"
instantiate="false" implementation="##WebService" id="ID_1" startQuantity="1" >
<documentation textFormat="text/plain" id="ID_2">text</documentation>
<extensionElements/>
<auditing/>
<monitoring/>
<categoryValueRef>xml:lang</categoryValueRef>
<incoming>xml:lang</incoming>
<outgoing>xml:lang</outgoing>
<ioSpecification id="ID_7"/>
<property name="String" itemSubjectRef="xml:lang" id="ID_21"/>
<dataInputAssociation id="ID_25"/>
<dataOutputAssociation id="ID_35"/>
<performer name="String" id="ID_45"/>
<multiInstanceLoopCharacteristics>
<complexBehaviorDefinition id="ID_63">
<condition evaluatesToTypeRef="xml:lang" language="http://www.altova.com"
id="ID_65">
<documentation textFormat="text/plain" id="ID_66">text</documentation>
<extensionElements/>
```

```
</condition>
<event name="String" id="ID_67">
<messageEventDefinition messageRef="xml:lang" id="ID_93">
<documentation textFormat="text/plain" id="ID_94">text</documentation>
<extensionElements/>
        <operationRef>xml:lang</operationRef>
</messageEventDefinition>
<eventDefinitionRef>xml:lang</eventDefinitionRef>
</event>
</complexBehaviorDefinition>
<completionCondition id="ID_95">
<documentation textFormat="text/plain" id="ID_96">text</documentation>
<extensionElements/>
</completionCondition>
</multiInstanceLoopCharacteristics>
</receiveTask>
```

如上所示，通过定义<receiveTask>元素，在其内部定义< messageEventDefinition >元素，来接收外部的消息事件。当流程执行遇到一个receive task时，将会进入等待状态。直到MessageEvent触发，满足receiveTask的期望值后，流程继续执行。

与其他模式的关系

与各种事件模式紧密相关。

9. 会签模式（多实例模式）的应用

原型实例（故事片段）

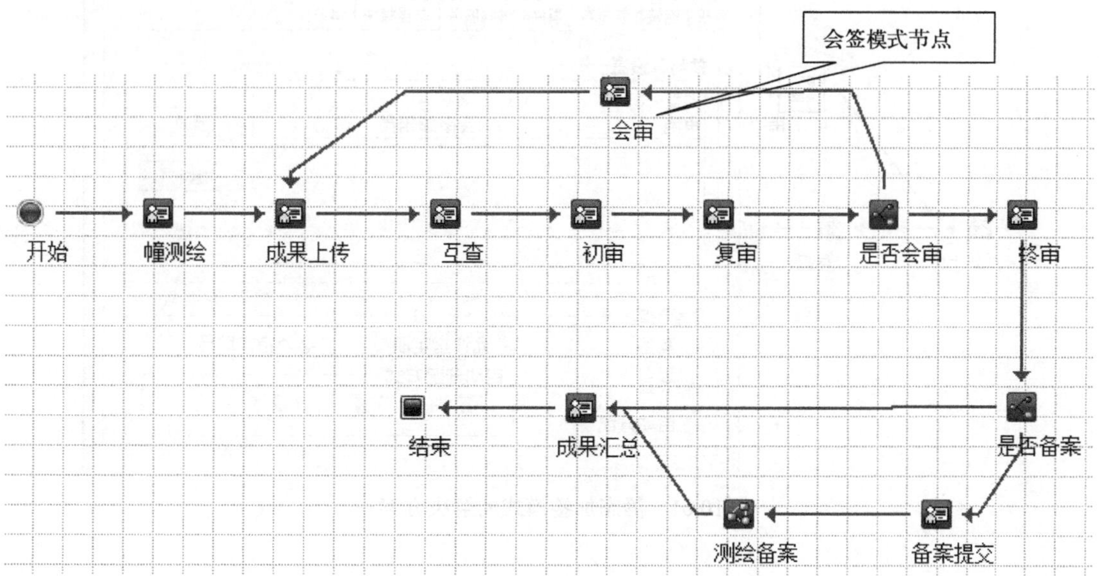

图10.60 幢测绘流程中的会签模式原型实例

10

如图10.60所示，幢测绘流程中的“会审”环节需要采用会签模式，会签模式按照会签数量的变化情况又可以分为“静态会签模式”、“动态会签模式”、“加签模式”；按照所有实例的完成情况，又可以分为“全部会签模式”、“部分会签模式”。因此对于会签模式，都将以幢测绘流程中的“会审”为原型实例进行讲解。

静态会签模式（设计期确定数目的同步多实例模式）

上下文（描述、动机）

描述。静态会签又称为“设计期确定数目的同步多实例模式”，即在流程建模期（设计期）为某个需要创建多个任务实例并且同时办理的活动，设定具体的数目或具体的任务参与人，以实现静态会签模式。

动机。为解决某个活动需要创建多个任务实例，并且这些任务实例可以进行同时办理。

问题的本质

本质就是根据设计期确定的数目，为某个活动同时生成这些数目的任务实例。

解决方案及技术实现

解决方案。如图10.61所示，为“会审”环节的参与者设定为一个角色（会审编辑员），并且将分配策略设置为“会签”，即可实现静态会签模式（即设计期确定数目的同步多实例模式）。另一种实现是，为“会审”环节直接设置固定数目的具体办理人，如图10.62所示。

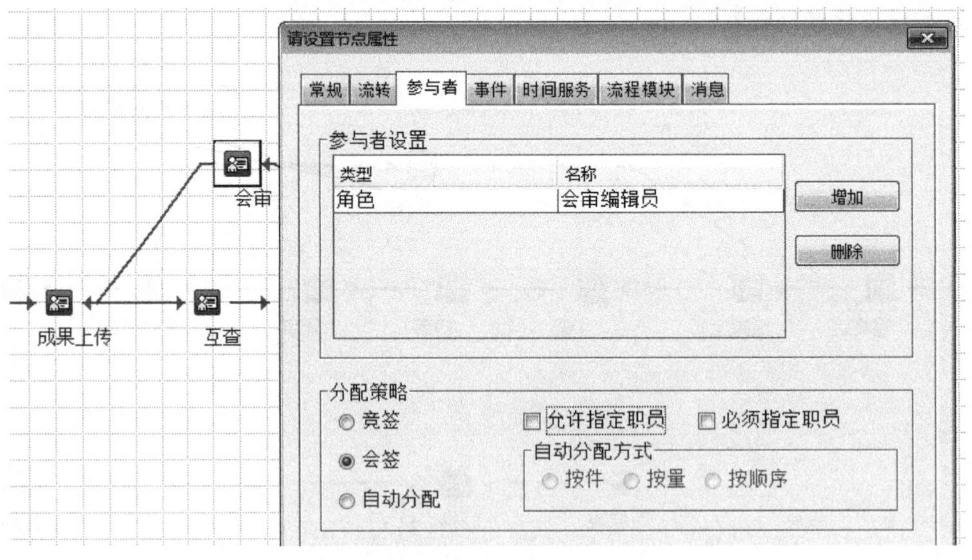

图10.61　静态加签模式的解决方案一

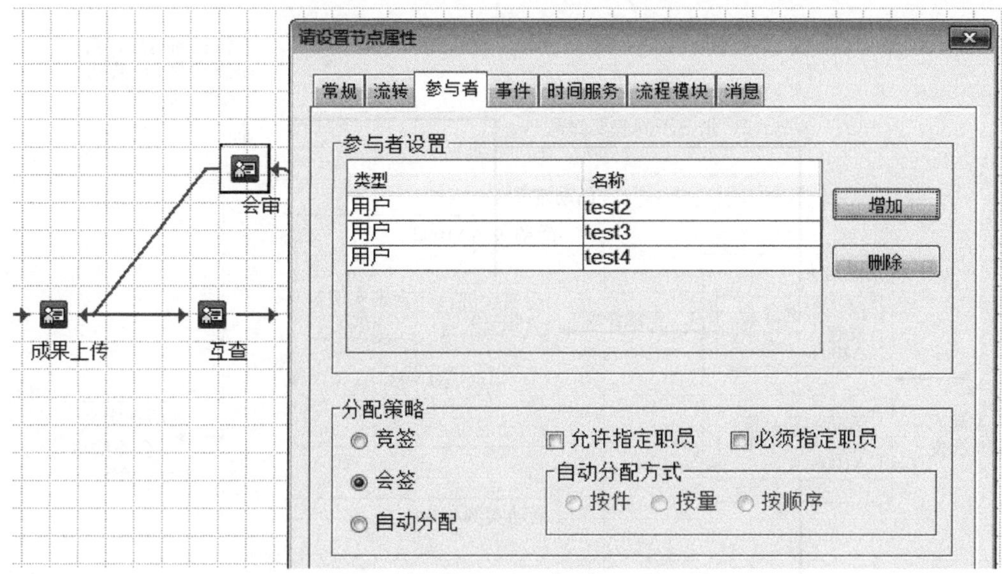

图10.62　静态加签模式的解决方案二

在图中，为“会审”环节设定三个会审人“test 2”、“test 3”、“test 4”，此处在设计期确定了实例的个数为3。

技术实现

定义期

(1) 提供参与者设置界面，可以从资源树中选择角色或具体的用户；

(2) 将选中的角色或者多个具体用户存入XML流程定义中。

运行期

(1) 在运行期，读取XML流程定义并解析为对象，然后计算出当前节点的具体参与者集合；

(2) 如果采用方案一，则取得角色“会审编辑员”中的所有用户集合，然后对这个集合进行循环迭代，并为每个用户生成一个任务项；

(3) 如果采用方案二，则直接从XML流程定义中解析出三个参与者的集合，进行循环迭代，并为每个用户生成一个任务项。

约束及可能存在的问题

静态会签模式在驳回时同样会存在多子流程实例驳回时的问题，即产生了“堂兄弟任务实例”，如图10.63所示。

10

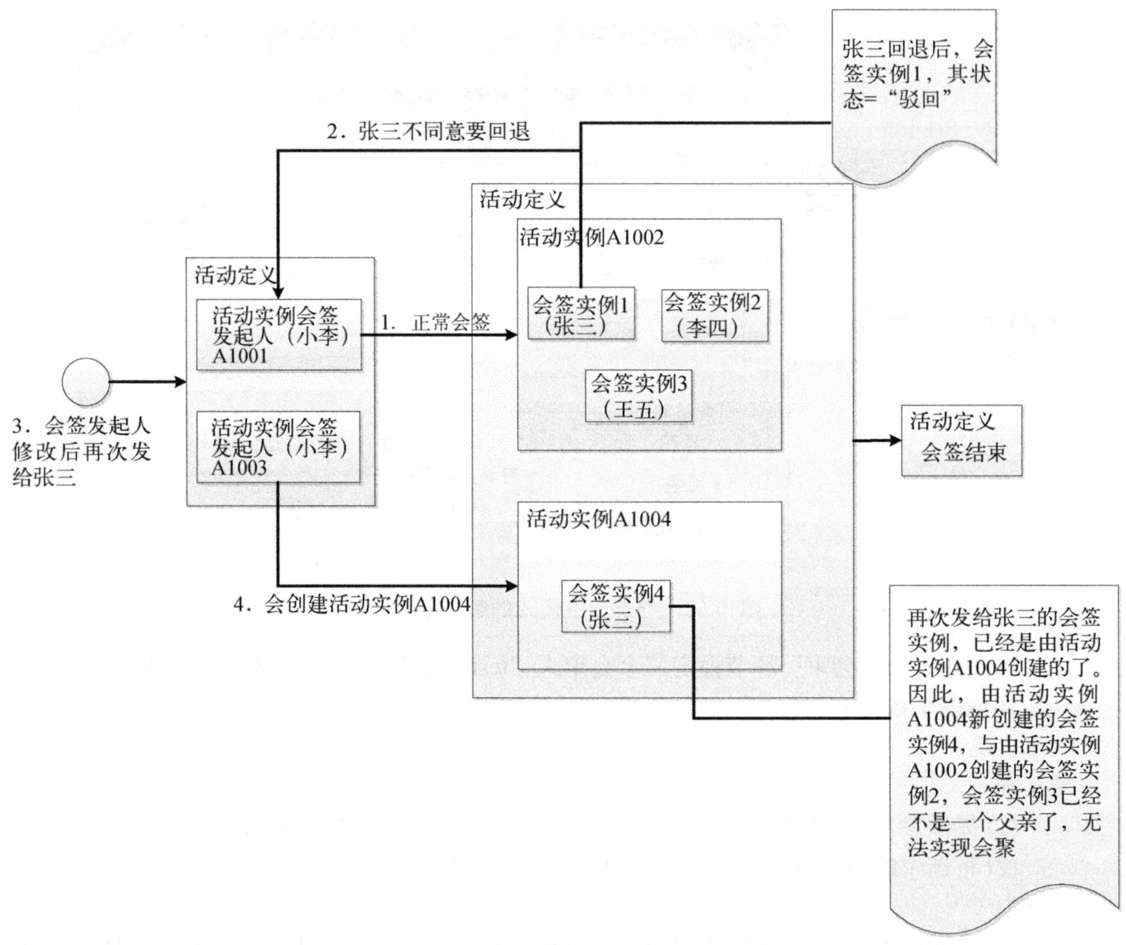

图10.63 静态会签模式的驳回分析

关于静态会签模式的驳回，请参见"驳回模式"中关于多子流程实例驳回时的相关说分析（图10.53），原理是相同的。

规范中的实现

XPDL 2.1规范中的实现

```
<Activity Id="f4a4656e-ecb3-4a2c-ab88-7f1ea523687e" Name="会审"
CompletionQuantity="3">
  <Description />
  <Implementation>
    <Task>
      <TaskUser />
    </Task>
  </Implementation>
```

```
    <Performers />
    <Documentation />
    <ExtendedAttributes />
    <Loop LoopType="MultiInstance">
      <LoopMultiInstance LoopCounter="0" MI_Ordering="Parallel">
        <MI_Condition />
      </LoopMultiInstance>
    </Loop>
</Activity>
```

BPEL 2.0规范中的实现

在BPEL规范中，最常见的是采用while节点或ForEach节点来实现，示例代码如下：

```
<processA>
<while cond="C1">
<invoke processB ... >
</invoke>
</while>
</process>
Listing 9
<processB>
<receive processA ...
createInstance="yes">
</receive>
</process>
```

BPMN 2.0规范中的实现

```
<task completionQuantity="1" id="sid-0E8150D0-514E-4E86-86A6-83B8936E561F"
isForCompensation="false" name="会审" startQuantity="1">
         <incoming>sid-C05C88D7-0411-4D7D-BDB5-BDBF392A5BFA</incoming>
         <outgoing>sid-86CB5C20-8629-4D8C-B9C3-4C0C268D91F3</outgoing>
         <multiInstanceLoopCharacteristics behavior="All"
id="sid-7657cdb5-9771-4a21-869a-08e812b1a437" isSequential="false">
            <loopCardinality
id="sid-d4dcccbe-b667-4756-8ce0-3710fd4e7bae">3</loopCardinality>
         </multiInstanceLoopCharacteristics>
      </task>
```

如上所示，在BPMN 2.0规范中是通过<loopCardinality>3</loopCardinality>属性与isSequential="false"属性，来实现“设计期确定数目的同步多实例模式”。

动态会签模式（运行时确定数目的同步多实例模式）

上下文（描述、动机）

描述。创建任务实例的数目在运行时决定，且多个实例是同步生成的，所有实例全部执行完毕，才继续向下流转去初始化下一个活动，此模式即为“动态会签模式”或者也称为“设计期确定数目的同步多实例模式”。

动机。为了解决只有在运行时才能确定数目的多实例模式的流程建模需求。

问题的本质

动态会签模式的本质就是，将某个活动的任务实例的创建决定权交给了运行时的上一个环节的参与人，在本例中就是“复审”环节的参与人，由他在运行时来动态地决定“会审”环节的参与人，选中几个参与人，即创建几个任务实例。

解决方案及技术实现

解决方案。如图10.64所示，“会审”环节的参与者指定为“会审编辑员”角色，分配策略为“会签”。与“静态会签模式”的区别是，“允许指定职员”复选框被选中了，通过这个复选框说明“会审”环节的实际参与者，是在运行时由上一环节的办理人从“会审编辑员”角色中动态地选择具体办理人来会审的。因此，具体选择几个人都是在运行时确定数目的。

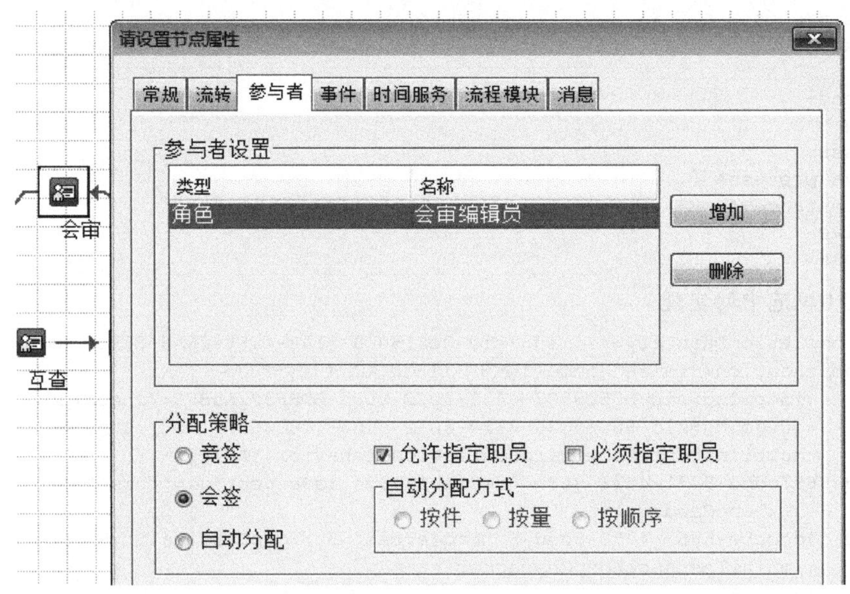

图10.64　动态会签模式的解决方案

技术实现

定义期

(1) 提供参与者设置界面，可以从资源树中选择角色或其他组织集合作为运行期的选择范围；

(2) 将选中的角色或者其他组织集合存入XML流程定义中；

(3) 设置分配策略为“会签”，并持久化存入XML流程定义中；

(4) 将“允许指定职员”复选框设置为选中状态，并持久化出入XML流程定义中。

运行期

(1) 在运行期读取XML流程定义并解析为对象，然后计算出当前节点的具体参与者候选范围；

(2) 取得角色“会审编辑员”中所有用户的集合，并作为候选范围构造为一棵选择树；

(3) 生成运行时的参与者选择界面，从候选资源树中选择几个具体的参与者为本次会审参与者，并提交流程；

(4) 将页面上动态选择的参与者组装为JSON串，并赋值给工作流变量participantsJson，存入工作流实例变量表；

(5) 引擎开始给“会审”环节生成任务实例时，从工作流实例变量中取得participantsJson的值，并解析为JSON对象集合，对这个集合进行循环迭代，并创建任务实例。

约束及可能存在的问题

见驳回模式。

规范中的实现

XPDL 2.1规范中的实现

```
<Activity Id="a5966444-adae-4cd3-9d43-a1224b47b0bc" Name="会审">
  <Description />
  <Implementation>
    <Task />
  </Implementation>
  <Performers />
  <Documentation />
  <ExtendedAttributes />
  <Loop LoopType="MultiInstance">
    <LoopMultiInstance LoopCounter="0" MI_Ordering="Parallel"
MI_FlowCondition="Complex">
      <MI_Condition />
      <ComplexMI_FlowCondition>userids</ComplexMI_FlowCondition>
    </LoopMultiInstance>
  </Loop>
</Activity>
```

XPDL规范是不直接支持此模式的，但是可以间接地将FlowCondition的类型定义为Complex，并指向一个复杂的可变条件表达式，通过这个可变条件表达式实现数目的传递。

BPEL 2.0规范中的实现

没有显式的支持。

BPMN 2.0规范中的实现

BPMN 2.0规范是支持此模式的，将多实例活动（MI Activity）的输入数据集合（Loop data input）中数据项（Input data item）的数量来作为会签实例的数目。

```
<task completionQuantity="1" id="sid-0E8150D0-514E-4E86-86A6-83B8936E561F"
isForCompensation="false" name="会审" startQuantity="1">
         <incoming>sid-C05C88D7-0411-4D7D-BDB5-BDBF392A5BFA</incoming>
         <outgoing>sid-86CB5C20-8629-4D8C-B9C3-4C0C268D91F3</outgoing>
         <multiInstanceLoopCharacteristics behavior="All"
id="sid-7657cdb5-9771-4a21-869a-08e812b1a437" isSequential="false">
            <loopCardinality
id="sid-d4dcccbe-b667-4756-8ce0-3710fd4e7bae"></loopCardinality>
```

10

```
        <loopDataInputRef> </loopDataInputRef>
    </multiInstanceLoopCharacteristics>
</task>
```

加签模式（运行时不确定数目的同步多实例化模式）

由活动实例先创建N实例，创建后可以再次创建（即增加）任务实例的个数

原型实例（故事片段）

如图10.64所示，如果已经创建了会审环节的多个任务实例（不管是静态会签还是动态会签模式），此时某个会审人发现还需要另外的一个人参与到当前实例中进行会审，这就需要用到加签模式。

上下文（描述、动机）

描述。在某个活动（例如本原型中的“会审”）的多个任务实例已经创建之后，还需要给这个活动（“会审”）继续创建新的任务实例，在所有的任务实例都完成之前都可以创建新的任务实例。此模式称为“加签模式”或者“运行时不确定数目的同步多实例模式”。

动机。为了解决某个活动在已经创建多个任务实例的前提下还要临时增加任务实例的流程建模需求。需要说明的是，在某些工作流产品中也都提供了类似的功能，例如在IBM的WPS 7.0之后的版本中也提供了此功能，称之为ad-hoc任务（临时任务）。

问题的本质

在讲述这个模式之前，所有工作流模式都是一次性创建任务实例的。本模式的本质是，在第一次创建完多个任务实例之后，一直到这些任务实例全部完成之前，都可以再次创建新的任务实例。在OA中，一般都被称为加签。

解决方案及技术实现

解决方案。与动态会签模式不同的是，本模式需要工作流引擎将任务实例的创建接口公开给客户端，客户端通过调用此接口来实现新增任务实例的创建。

技术实现

定义期

此模式的定义期技术实现与动态会签模式相同。

运行期

(1) 加签功能前端页面的实现如图10.65所示。

图10.65 加签模式的前端页面

(2) 后端加签接口的技术实现

```
void appendTask(String instActivityId,Collection userIds){
//根据活动实例id，取得活动实例对象；
foreach(String userId:userIds){
    //生成新任务；
}
}
```

约束及可能存在的问题

无

规范中的实现

BPMN 2.0

BPMN 2.0规范不支持此模式。

BPEL 2.1

规范本身并不支持，但是IBM在WPS 7.0版本之后，提供了两种方式来实现临时任务的产生：

(1) 基于人工任务模版，并通过对public API的调用来实现；

(2) 运行时用户直接在Business Space的人工任务widget中通过图形化界面动态产生。

XPDL 2.1

XPDL 2.1规范也不支持此模式。

与其他模式的关系

以上解决方案（即技术实现）不单单适用于同步多实例模式的加签，也适用于异步多实例模式的加签。

部分会签模式（同步多实例模式的部分完成）

原型实例（故事片段）

在图10.60所示的幢测绘的“会审”环节，如果采用动态会签模式，当复审人为“会审”

环节选定了5个人进行会审，但是只要有4个人会审完毕后，即可以向下流转到“成果上传”环节。

上下文（描述、动机）

描述。在讲述静态会签、动态会签、加签三种模式时，都提到有一个约束，即只有所有的任务实例全部完成后才能转移到下一个环节并给其初始化任务实例。而本模式是要求只要有一部分的任务实例完成了，就可以转移到下一个环节并给其初始化任务实例；即一个活动初始创建了M个任务实例，但是只要N（N<M）个完成，就继续向下流转到下一个活动。

动机。解决多实例模式中的多个实例只要有部分完成就可以向下转移的流程建模需求。

问题的本质

此模式的本质就是，对于多实例模式中的多个任务实例，业务上只要求部分实例完成就可以向下转移。这里的部分实例既可以通过固定的整数也可以通过百分比来限定。最多的场景就是投票机制了，例如三分之二的票数才能当选等等。

解决方案及技术实现

此模式一般都是结合静态会签模式与动态会签模式来使用的。因此这里只需要解决这个百分比就可以了。

定义期

在活动属性界面上提供一个可输入百分比或完成数目的输入框。

运行期

每一个任务实例完成时，都要统计已经完成的当前活动实例的任务实例的个数，并与所有产生的任务实例进行百分比运算，如果运算后的结果达到了建模要求（例如80%），则任务实例完成，并转移到下一个活动。例如在本例中，“会审”环节产生了5个任务实例，当第4个任务实例完成时，即4/5=80%，满足了会签百分比要求，因此第4个任务实例完成后，同时也将活动实例的状态值改为完成，并转移到“成果上传”环节。

约束及可能存在的问题

对于在达到会签百分比之后还未执行的任务实例，一般有两种处理方式：一种是允许其继续执行，但是其执行不会影响流程的运行，此处理方式即WCP34（详见附录）；另一种处理方式是将这些还未执行的任务实例全部取消，使其不能再运行。

规范中的实现

BPMN 2.0

理论上，BPMN 2.0规范是支持此模式的，通过多实例活动（MI Activity）的inputDataItem、loopDataInput等属性设置来实现，但是并没有明确的做法。因此只是理论上的支持而已。

BPEL 2.1

不支持此模式。

XPDL 2.1

XPDL 2.1规范也是在理论上支持，可以将MI Ordering属性设置为Parallel，将MI Flow Condition 属性设置为Complex，同时指定一个条件表达式，当满足个数（N）的实例完成时，将条件表达式的值设置为true。但是，这同样也只是理论，具体怎样来设置这个条件表达式并不明确。

与其他模式的关系

可以与任意其他的结构化模式进行组合使用。

10. 收回模式（取消任务模式、取消多实例任务模式）的应用

原型实例（故事片段）

如图10.66所示，当“初审”环节的处理人处理完毕，转出给“复审”环节的办理人后，发现有个业务数据填错了，此时他要收回已经发给“复审”环节的任务项。

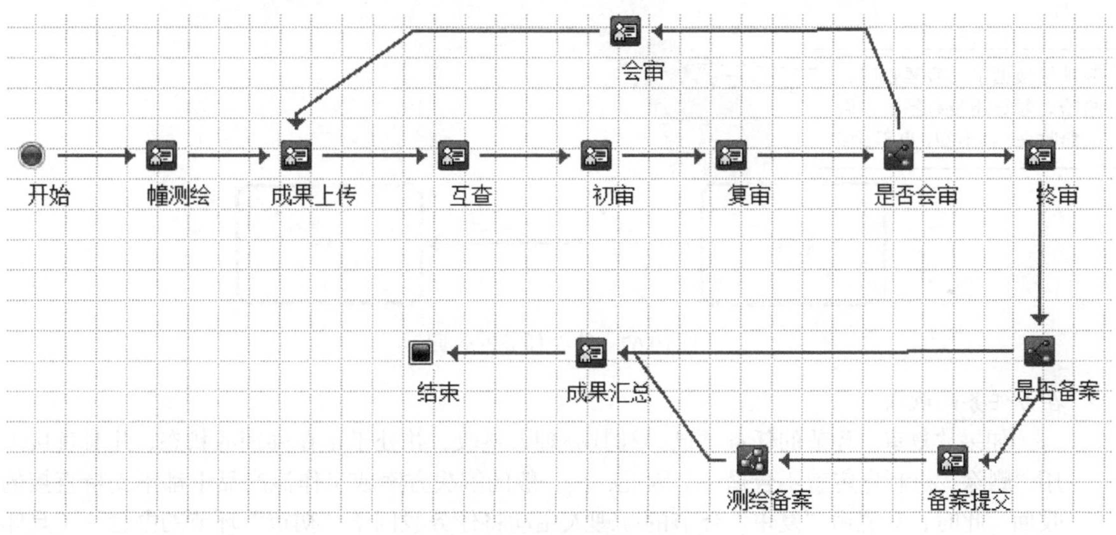

图10.66 幢测绘流程实例

上下文（描述、动机）

描述。一个已经初始化并成功创建的任务，在被其办理人签收或者办理之前，被取消了或者被上一环节的办理人收回了，称之为为“收回”模式。

动机。解决人犯错的问题。正常来讲，转出给下一环节的任务应该是正确的，但是人总会犯错，因此要给改正的机会。这个错误包括两种情况：一种是发错人了，本来应该给张三的任务，结果发给了李四；另一种是业务本身的处理发生了错误。因此这两种情况，都需要收回模式来解决问题。

10

问题的本质

删除当前流程实例下需要被收回的那个任务项及其相关的关联数据，并恢复“收回”操作对应的当前环节的状态为待办状态。

解决方案及技术实现

收回模式存在两种业务场景：一种是需要被收回的任务还没有被其办理人签收或办理（一般称之为待办），此场景称之为“待办任务的收回”；另一种是需要被收回的任务正在被其办理人办理（处于“在办”状态），称之为“在办任务的收回”。针对这两种场景，存在两种不同的解决方案及技术实现。

待办任务的收回

如图10.67所示，由于“复审”环节的任务项还没有被其办理人签收，因此此时直接采用“删除”机制，即删除“复审”环节的任务实例、活动实例及“初审—复审”的转移实例，同时将“初审”环节的任务实例及活动实例的状态改为“在办”状态。

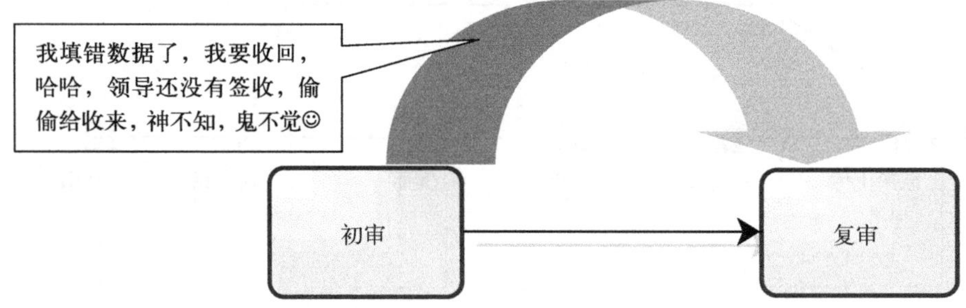

图10.67　待办任务的收回

在办任务的收回

如果“复审”环节的任务项已经被其办理人签收，并处于正在办理的状态，此时直接采用“删除”机制肯定就不合适了。因此，在一般的解决方案或工作流产品中都不支持直接的收回。此时，只能由“复审”环节的办理人主动将任务驳回给“初审”环节的办理人（具体的解决方案及技术实现，参见驳回模式）。

约束及可能存在的问题

收回模式的最大的复杂性在于与其他模式组合在一起时的处理。“收回模式”采用删除机制来处理只在很简单的场景中可行，在很多复杂场景下，是不能简单地采用删除机制的，例如以下场景：

(1)“复审”环节有多个办理人，以“会签”的方式来参与，此场景实际上就是WPI的WCP_26模式了，即“取消多实例任务模式”；

(2) 并发分裂与并发汇聚模式下的收回；

(3) 多选分裂与多选汇聚模式下的收回；

(4) 发起子流程实例的收回、多子流程实例的收回。

在以上这些场景中，要考虑每个场景的各种技术实现细节，慎用删除机制。例如“取消多实例任务模式”，其解决方案及技术实现如下：

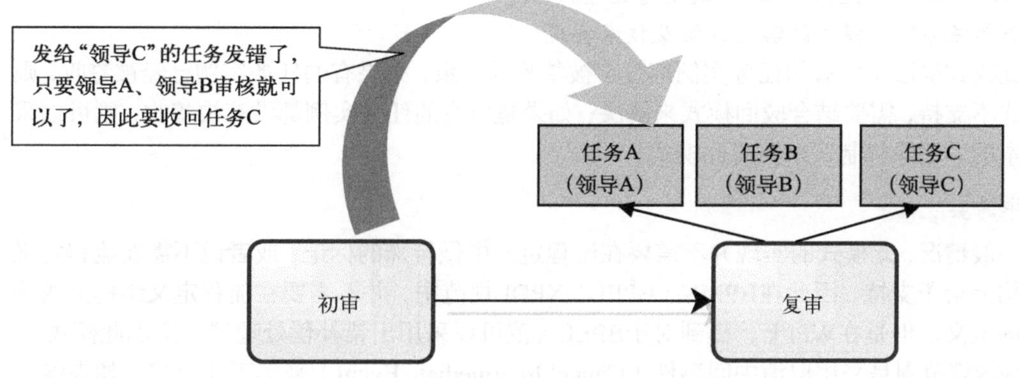

图10.68 取消部分任务实例模式

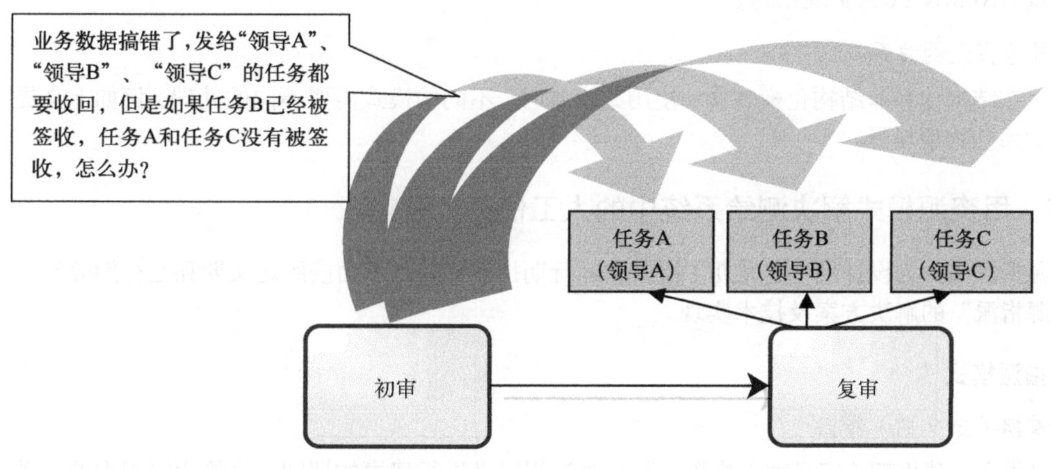

图10.69 取消全部任务实例模式

如图10.68和图10.69所示，在多实例任务的取消模式中，又分为取消部分任务实例和取消全部任务实例两种场景。

取消部分任务实例模式的解决方案及技术实现

(1) 首先要给“初审”环节的办理人一个收回界面，供其选择收回那个任务。

(2) 其次根据其选择的具体任务名称（“任务A”），进行相关处理：

(a) 解除任务 A 实例与“复审”活动实例的关系；

(b) 删除任务 A 的实例；

10

(c) 不能再像单实例任务那样删除“复审”环节的活动实例了；

(d) 而“初审—复审”环节的转移实例也不能删除了；

(e) 任务 B、任务 C 的状态不受任何影响。

(3) 初审环节的任务实例不做任何处理。

取消全部任务实例模式的解决方案及技术实现

此模式受限于所有的任务实例都没有被签收的约束，如果有的任务实例已经被签收，则此模式不支持，需要结合驳回模式来解决；如果是所有的任务实例都没有被签收，则可以采用基本的“删除机制”来实现此模式。

规范中的实现

一般情况，此模式的实现并不需要在流程定义中做特殊的标记，或者说不需要流程定义在结构上给予支持，因此在BPMN、BPEL、XPDL规范中，并不需要在流程定义结构上给予显式的定义。但是在WPI上，提到对于BPEL规范可以采用出错补偿处理器来实现此模式。而BPMN规范则是采用取消中间事件（Cancel Intermediate Event）来实现此模式，如果涉及子流程，还需要结合使用取消结束事件（Cancel End Event）。XPDL 2.1规范中对取消模式的实现与BPMN 2.0的实现相同。

与其他模式的关系

在结构化和非结构化模式中，使用此模式时，不同的模式需要不同的处理，例如上文提到的那些约束场景。

10.3.3　用资源模式解决测绘系统中的人工任务分配需求

资源指派又分为设计期（定义期）指派和运行期指派，因此下面按照定义期和运行期分别给出“资源指派”的解决方案及技术实现。

1. 指派模式

建模期（定义期）指派

顾名思义，建模期（定义期）指派，即在对流程定义进行建模的期间，直接为流程中的活动指派参与者资源集合。

原型实例（故事片段）

如图10.70所示，在整个幢测绘流程中，各个不同的环节可能都要求不同的组织机构实体来参与办理，例如“幢测绘”环节的办理人为“测绘队长”，“成果上传”环节的办理人为具体的测绘队员。

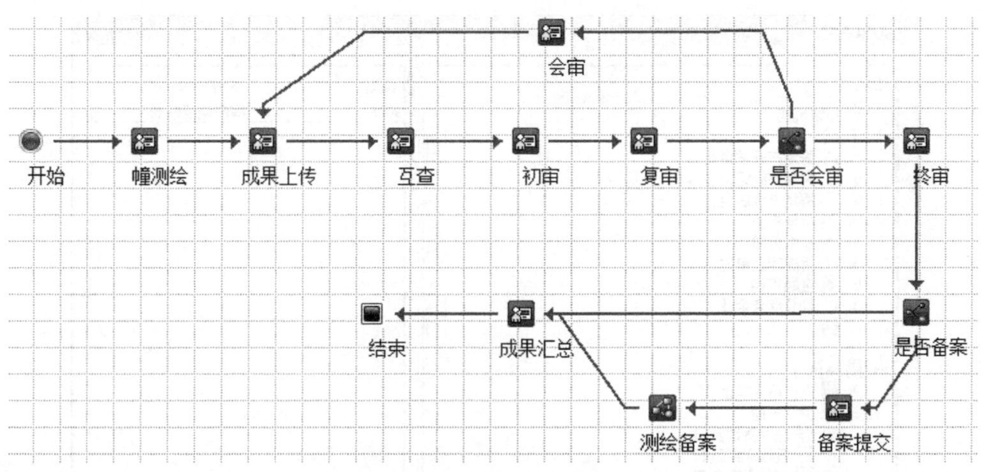

图10.70 幢测绘流程原型实例

上下文（描述、动机）

描述。在建模期，为流程中的活动指派组织机构模型中的一个或多个组织实体作为参与者，统称为定义期指派。

动机。不同的资源分类（即组织实体集合的分类）动机都不同，因此具体的动机在各个组织实体的场景中描述。

解决方案及技术实现

在已经连接到企业的组织结构库的前提下，从组织机构模型库中选择一个或多个组织实体作为某个活动的参与者，如图10.71所示。

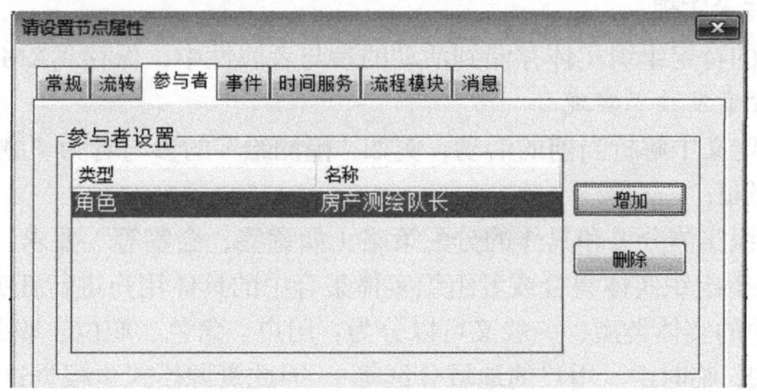

图10.71 设置环节参与者

点击上图中的“增加”按钮：

10

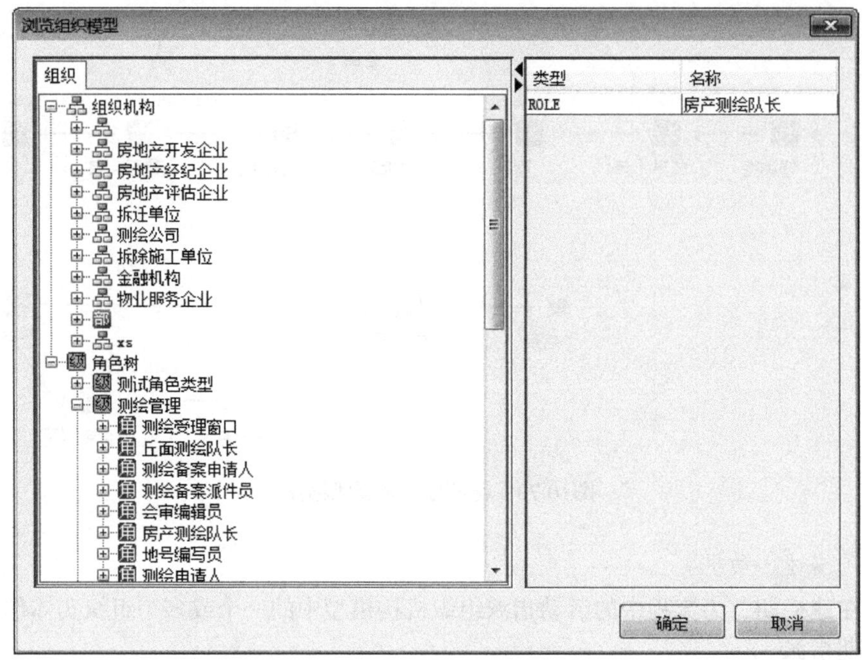

图10.72　从组织机构中选择参与者

图10.71和图10.72是资源指派的定义期实现界面，具体的实现过程如下。

定义期解决方案及技术实现

(1) 需要连接到组织机构库，取得所有可用的组织机构资源，以树形列表的方式展现到界面上供流程定义的建模人员使用。如3.4.3节的图3.27所示，组织机构的存储来源不同，需要采用不同的技术实现。

(2) 将选定的特定组织实体存储到活动的参与者属性中，保存到XML流程定义。

运行期的解决方案及技术实现

(1) 从流程定义中解析当前的活动，例如“幢测绘”的参与者为“测绘队长”，并取得其在组织机构中的id；

(2) 根据组织实体分类和具体的分配策略（如竟签、会签等）要求，调用组织机构提供的API接口，取得组织实体集合或者组织实体集合中的具体用户进行任务分配。

按照组织机构中的实体类型，一般又可以分为：用户、角色、职位、职务、部门以及其他用户集合的形式（例如，临时组、用户的地域分区等）。因此资源模式也根据这些组织实体的划分，分为了直接分配模式、基于角色的分配模式、基于历史的分配、基于职务的分配等。接下来将按照资源的分类（即组织机构实体的分类）来介绍各个模式。

参与者来自用户（直接分配模式）

上下文（描述、动机）

描述。为某个活动直接分配具体的用户作为参与者，称之为“直接分配模式”。例如在“幢测绘”流程中，“成果上传”环节的参与人为具体的测绘队员。

动机。直接将某个特定的人作为某个活动的参与者。解决了在运行期需要动态分配资源甚至分配不到资源的问题，快速、高效。

解决方案及技术实现

此模式的解决方案及技术实现与建模期指派的通用解决方案及技术实现相同，不需要做特殊处理。

约束及可能存在的问题

此模式的优点是快速、高效。可以直接为活动分配特定的参与者，避免了在运行期需要计算的问题，因此不会产生计算不到结果的场景（例如在某个角色中找不到任何用户）。

缺点是：

(1) 如果某个特定的用户离职或调职了，根据业务情况不能再作为某个活动的参与者了，此时就必须重新修改流程定义并发布新的版本；

(2) 如果是离职的情况，对于其已经办理完的任务，在做“工作移交”时需要做特殊的处理，才能让接替其任务的另一个人能够查到离职人已经办理过的任务。

基于以上问题，此模式目前一般都不采用了，多是采用基于角色或其他组织实体的分配模式。

规范中的实现

XPDL 2.1

```
<Participant Id="ebe3dd21-95bf-43c6-8e37-0f0fb8dda0bb" Name="张三">
  <ParticipantType Type="RESOURCE" />
  <Description />
</Participant>
<Activity Id="2bdc356c-773f-4ef5-b057-65b6a101b670" Name="成果上传">
  <Description />
  <Implementation>
    <Task />
  </Implementation>
  <Performers>
    <Performer>ebe3dd21-95bf-43c6-8e37-0f0fb8dda0bb</Performer>
  </Performers>
  <Documentation />
  <ExtendedAttributes />
</Activity>
```

BPMN 2.1

```
<userTask completionQuantity="1" id="sid-6D52284A-FC85-472F-99D2-F29201561964"
implementation="humanTaskWebService"
 isForCompensation="false" name="幢测绘" startQuantity="1">
```

10

```
    <incoming>sid-D8B89BB8-1CEF-425D-B606-346169CC7F0C</incoming>
    <performer id="sid-0c4972b0-860f-4daa-a526-400c3dd669a9" resourceRef="">
      <resourceAssignmentExpression id="sid-7531ab62-f29b-4352-bc0f-ec04936f29c0">
        <formalExpression id="sid-be62dc99-027c-4559-aea3-75fbbbd08fed"/>
      </resourceAssignmentExpression>
    </performer>
</userTask>
```

BPEL4People、HumanTask

需要说明的是，BPEL规范是一个服务编制规范，主要适用于自动任务。为了支持人工任务，OASIS又发布了BPEL4People与HumanTask规范。因此在资源模式中，规范的实现指的是针对BPEL4People、HumanTask规范的实现。

与其他模式的关系

当为某个活动分配多个直接的用户时，此模式可以与“顺序模式”、“会签模式”、“竞争模式”组合使用。

参与者来自角色（基于角色的分配）

上下文（描述、动机）

描述。与“直接分配模式”的区别是，某个活动的参与者设定为是一个角色。其实从组织结构中的实体来分析，这里的角色可以看作是一个广义上的“角色”，即某些用户的集合；而不是侠义上的，即某些具备对某些资源有相同权限的用户集合。既然是广义上的，则这个集合可以是支持职位（岗位）、部门、临时组、用户的地域分区等任何组织机构支持的集合。

动机。为了解决将任务的实际分配动作延迟到运行期，只有需要真正的资源去办理此任务时，才来决定实际的资源。同时也解决了人员变动时，不用对流程定义重新建模的问题。

解决方案及技术实现

定义期的解决方案与技术实现，与建模期指派的通用解决方案及技术实现相同。

在运行期，要结合分配策略来决定具体的计算实现，最基本分配策略有三种：顺序模式、竞争模式、会签模式。

顺序模式。即角色中的多个用户是按照特定的顺序来参与某个活动的，其技术实现如下：

(1) 从流程定义中解析出角色名称、ID及分配策略；

(2) 调用组织机构提供的API接口，取得角色中的第一个用户（按照特定的顺序）；

(3) 给角色中的第一个用户初始化任务项。

竞争模式。即角色中的多个用户以竞争的方式来参与某个活动，最终只能有一个用户参与活动，谁先竞争到谁就办理。其解决方案及技术实现如图10.73所示。

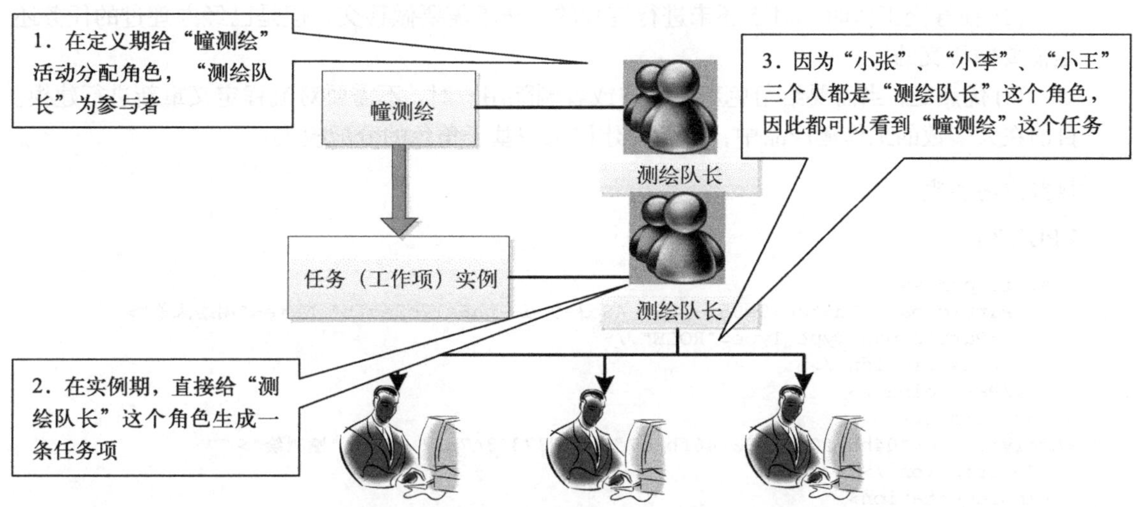

图10.73 基于角色的分配模式之竞争分配策略的解决方案及技术实现

会签模式。角色中的所有用户都同时参与某个任务，没有前后顺序之分。其解决方案及技术实现如下图10.74所示。

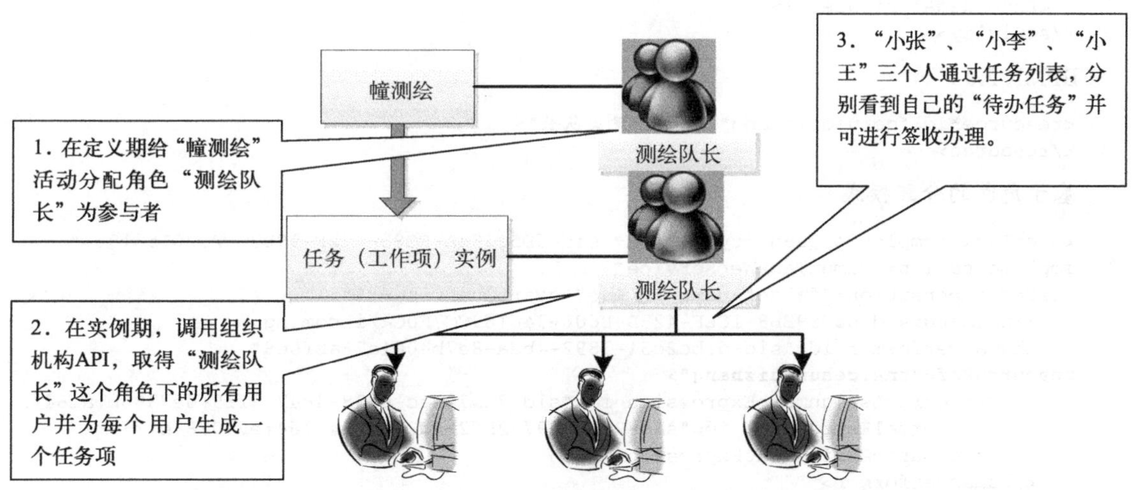

图10.74 基于角色的分配模式之会签分配策略的解决方案及技术实现

约束及可能存在的问题

(1) 如果角色中没有任何用户，在顺序模式及会签模式下会抛出异常；在竞争模式下，任务初始化时不会抛出异常，但是如果没有人工干预，此时流程将会死掉，因为流程中的这个活动处于无人推动的状态。

(2) 在移交工作时，对于还未进行签收的工作不需要做移交，但是已经办理过的任务还是需要做移交的。

(3) 优点是，当需要给角色新增用户或者删除用户时，不需要对流程定义重新进行建模。目前在大多数的工作流产品中，都优先建议采用基于角色的分配模式。

规范中的实现

XPDL 2.1

```
<Participants>
    <Participant Id="e079e06f-7577-4853-9bd0-ba6a17c2ecfb" Name="测绘队长">
      <ParticipantType Type="ROLE" />
      <Description />
    </Participant>
</Participants>
<Activity Id="04bd1f04-d402-46fb-a7d5-19d3737347d7" Name="幢测绘">
  <Description />
  <Implementation>
    <Task />
  </Implementation>
  <Performers>
    <Performer>e079e06f-7577-4853-9bd0-ba6a17c2ecfb</Performer>
  </Performers>
  <Documentation />
  <ExtendedAttributes />
</Activity>
```

BPMN 2.0

```
<resource id="cehuiduizhang" name="测绘队长">
</resource>
```

基于角色的分配模式

```
<userTask completionQuantity="1" id="sid-6D52284A-FC85-472F-99D2-F29201561964"
implementation="humanTaskWebService"
 isForCompensation="false" name="幢测绘" startQuantity="1">
   <incoming>sid-D8B89BB8-1CEF-425D-B606-346169CC7F0C</incoming>
   <humanPerformer id="sid-dfbe2c51-3892-4bda-8e7b-001a76abf0c9"
resourceRef="tns:cehuiduizhang">
      <resourceAssignmentExpression id="sid-7ca7eaac-0f38-4847-9ff9-0e7386b7a164">
         <formalExpression id="sid-97eee097-25f2-4d2f-9574-7641e740283b"/>
      </resourceAssignmentExpression>
   </humanPerformer>
</userTask>
```

基于角色的分配模式下的竞争分配策略

```
<userTask completionQuantity="1" id="sid-6D52284A-FC85-472F-99D2-F29201561964"
implementation="humanTaskWebService"
isForCompensation="false" name="幢测绘" startQuantity="1">
   <incoming>sid-D8B89BB8-1CEF-425D-B606-346169CC7F0C</incoming>
   <potentialOwner id="sid-839ecfcd-7d20-43b1-ae0f-7da008b43a10" resourceRef="">
      <resourceAssignmentExpression id="sid-83449ef0-f967-4fda-bf78-a2281d6f245b">
```

```
        <formalExpression id="sid-0274936c-c42f-49b5-a54b-c72121c6e780"/>
      </resourceAssignmentExpression>
    </potentialOwner>
</userTask>
```

参与者同前驱环节

顾名思义，这指的是在流程中某个环节的办理人，与当前流程中当前环节的某个前驱环节的办理人是同一个人的情况。其与WIP中的“保持熟悉”[①]模式本质相同。

原型实例（故事片段）

如图10.75所示，“备案提交”环节的办理人要求与“成果上传”环节的办理人是同一个人，此业务场景即为“基于历史的分配模式”。

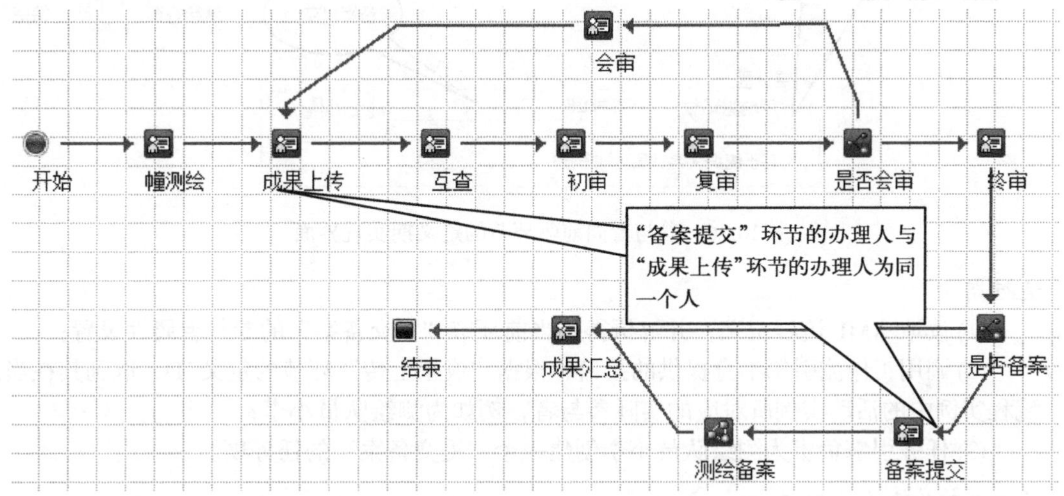

图10.75 幢测绘流程中的基于历史分配的模式

上下文（描述、动机）

描述。流程定义中某个活动的参与者来自于当前流程定义中的、执行时间早于当前活动的某个活动中的参与者。或者说，当前活动的参与者与其所有前驱活动中的某个参与者相同。

动机。解决在某些业务流程中，一个人需要参与一个流程定义中多个活动的业务需求。

解决方案及技术实现

定义期

在给“备案提交”环节设定参与者时，提供一个属性设置页面，可以将“备案提交”环节的参与者来源标记为“成果上传”，如图10.76所示。

① “保持熟悉”的英文为Retain familiar，这个翻译很纠结呀，没有更好的词只好用直译了☺，直接用Same with Previous Task多准确啊，也不用偶纠结了☺。

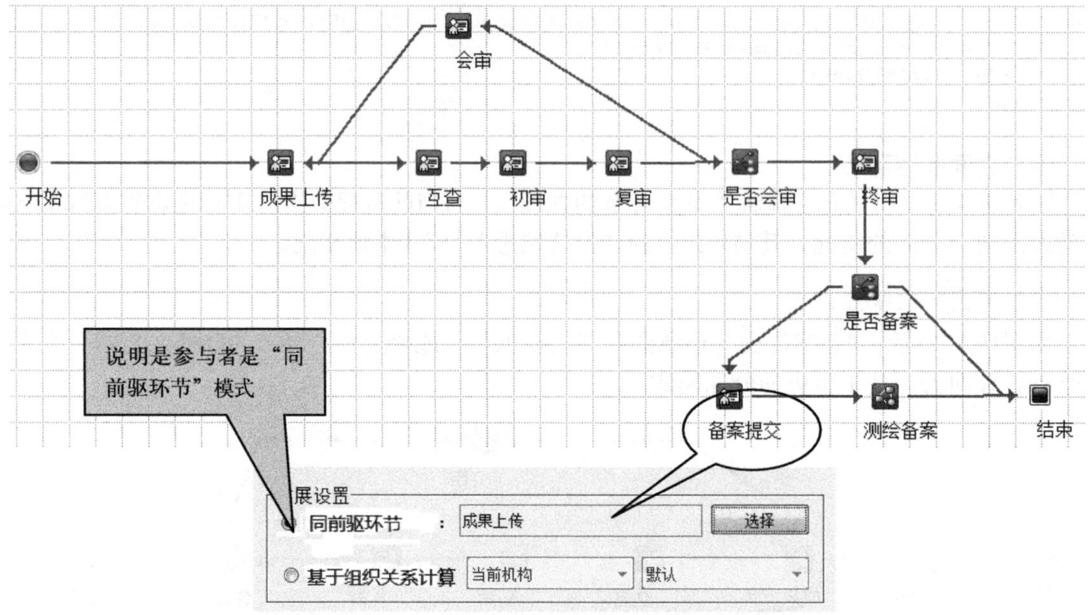

图10.76　参与者同前驱环节的定义期实现界面

运行期

(1) 读取 XML 流程定义，并解析得到当前环节“提交备案”的参与者属性设置；

(2) 调用工作流引擎本身提供的接口，根据“成果上传”环节的定义 ID，取到其在当前流程实例中的活动实例所对应的实际参与者，例如为测绘队员小李；

(3) 任务引擎负责为测绘队员小李创建一个“提交备案”的任务项。

约束及可能存在的问题

其实此模式的运行期技术实现与驳回模式类似，都是先找到活动实例，再找到活动实例对应的参与者，从而满足参与者来自于历史的流程建模需求。

规范中的实现

在三个规范中都不支持此模式。Oracle BPEL通过ora:getPreviousTaskApprover()方法来支持此模式。

与其他模式的关系

无。

参与者来自于组织关系运算

原型实例（故事片段）

如图10.77所示，“初审”环节的参与者要求是“互查”环节的参与者的领导，“互查”环节的参与者可能是测绘一队的队员，也可能是测绘二队的队员。如果是测绘一队的队员，则“初审”环节的参与者就是测绘一队的队长小刘；而如果是测绘二队的队员，则“初审”环节的参与者就应该是队长小李。

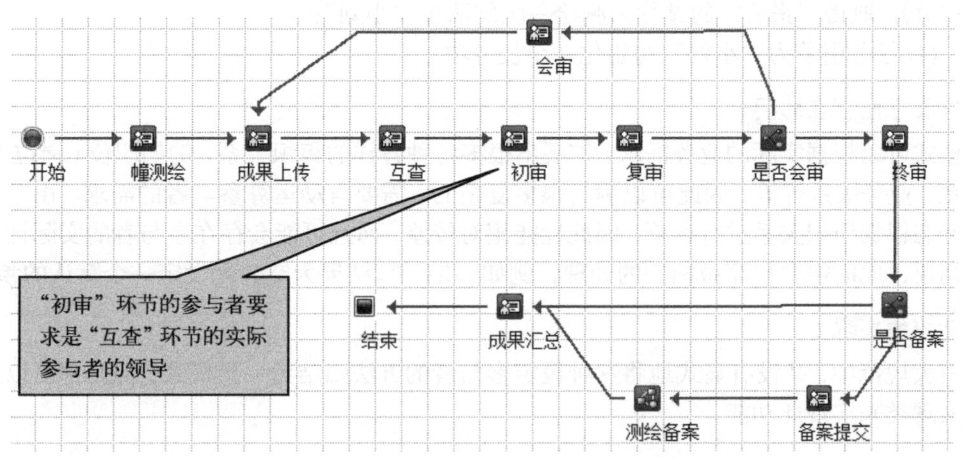

图10.77 幢测绘流程中的动态指派模式

上下文（描述、动机）

描述。根据上一环节的实际参与者及业务要求的组织机构关系来计算当前环节的参与者。

动机。为了解决参与者需要根据特定条件进行动态计算的业务需求。

解决方案与技术实现

从描述来看，此模式需要2个输入：(1) 上一环节的实际参与者；(2) 当前环节要求的用来计算的组织机构关系（例如，“初审”环节的“领导”）。因此其解决方案及技术实现如下。

定义期

(1) 需要上一环节的参与者采用“运行期指派”模式来定义；

(2) 在当前环节的“参与者”属性设置页面中，提供各种组织机构关系的选择设置功能，并为当前环节选定一个特定的组织机构关系，持久化存储到流程定义中，如图10.78所示。

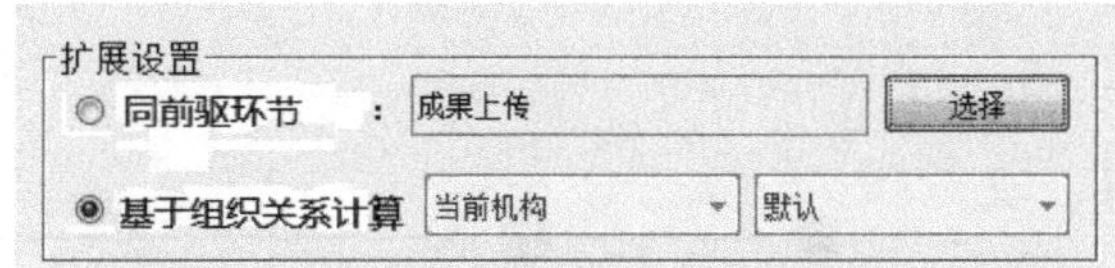

图10.78 参与者来自于基于组织关系运算结果

运行期

(1) 从流程定义中，解析出“初审”环节的参与者设置，即“基于组织关系计算”属性为true，且组织关系名称为“领导”；

(2) 调用任务引擎，取得“初审”环节的上一环节“互查”的实际参与者，例如为测绘一队的队员“张三”，并取得其用户ID；

(3) 调用组织机构提供的相关组织关系的API（如本例中的领导，getLeaderOfUser(String userId)），取得“张三”的领导为测绘一队的队长“小刘”；

(4) 任务引擎为“小刘”初始化一个任务项。

约束及可能存在的问题

此模式可以根据实际的业务需求，扩展出很多各种各样的组织关系，例如职位（岗位）关系、职务关系、业务关系等等，因此可以满足很多复杂的、需要自动运算参与者的需求。由于需要在运行期动态根据组织关系进行运算，因此性能相对较差，而且可能会存在参与者的实际计算结构为空的情况，此时需要程序做相关的处理，例如如果计算结果为空，则设定一个默认的参与者。

规范中的实现

在三大规范中，并没有显式地将这种设定参与者的方法归结为一类模式，但是都可以通过指定外部实现类来实现此功能。

运行期指派（延迟指派）

运行期指派实际上对应于WIP中的延迟指派模式，即将任务的分配时机推迟到运行期。在运行期通过人为指派或者由计算机根据各种业务规则进行一系列的运算之后确定某个资源作为某个活动的参与者，可以统称为“运行期指派模式”或者叫“延迟指派模式”。

原型实例（故事片段）

如图10.79所示，测绘队长在“幢测绘”环节转出时，需要动态地将需要测绘的幢分配给相关的测绘队员，每个测绘队员负责测绘一幢。测绘队员测绘完毕，将测绘成果上传，因此对于“成果上传”环节，其参与者是由上一环节在运行期来指派确定的。

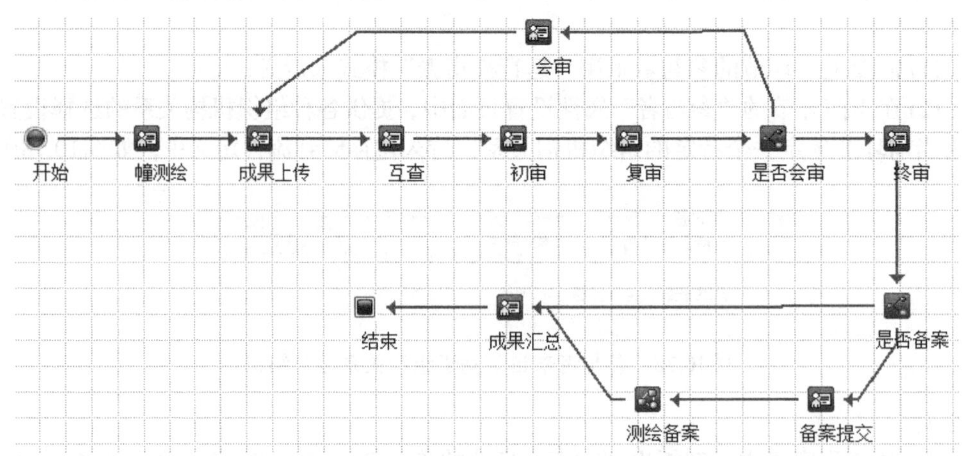

图10.79 幢测绘流程中的运行期指派（延迟指派）模式

上下文（描述、动机）

描述。在运行期来指定某个活动的实际参与者，统称为运行期指派或延迟指派。

动机。为了解决在定义期无法确定某个活动的具体参与者的问题。

解决方案及技术实现

从解决方案及技术实现上来讲，分为两个大的方面：(1) 定义期指派范围的确定；(2) 运行期指派最终用户。

定义期指派范围的确定

既然是指派，一般都需要有一个指派范围。例如，当客户需要解决一个售后的安装问题时，需要部门经理从售后部指派一个售后工程师去解决，此处的“售后部”就是一个指派范围。为某个活动确定一个指派范围，有如下好处：

(1) 可以缩小选择的范围，提供工作效率；

(2) 尽可能避免了指派错人的问题，例如需要售后工程师，结果指派了一个销售工程师去；

(3) 软件实现上提高了软件的性能，显示小范围的数据总比显示大范围的数据性能要好。

解决方案及技术实现

(1) 给当前活动的参与者属性设置页面，提供一个设定指派范围的功能，并将此指派范围持久化存储到流程定义中；

(2) 标识当前活动的参与者属性为“运行期指派（延迟指派）”并持久存储到流程定义。

运行期指派最终用户

(1) 解析流程定义，取得当前活动的实际参与者属性设置（延迟指派==true）及设定的指派范围；

(2) 为运行期用户提供一个可从指派范围中选定某个特定用户的页面；

(3) 将用户选择的具体参与者封装为具体的对象，传递给后端工作流引擎中的任务引擎；

(4) 任务引擎负责为这个特定的参与者初始化任务项。

约束及可能存在的问题

从某个定义好的组织范围内，选择一个特定的用户作为某个环节（例如本例中的“成果上传”环节）的参与者，引擎会将任务（“成果上传”）分配给选定的用户。因此任务和具体的人就直接硬性绑定了，如果这个特定的人请假必须由管理员进行委派，如果这个人离职则必须由当事人进行移交工作，不然其他人是看不到此人所有的在办任务、已办任务的。因此在许多的工作流产品中都提供了委派或移交功能。

规范中的实现

BPMN 2.0

在BPMN 2.0中定义了Resource Role对象，它支持通过表达式来分配参与者（Expression Assignment），同时还支持参数化的资源分配（Parameterized Resource Assignment）。也就是说，

通过这些属性，是可以在运行期动态地取得参数的值来实现运行期指派的分配策略。但是对于选择范围的定义并不支持。

BPEL 2.1

在BPEL规范中是不直接支持此模式的，但是基于BPEL规范的产品一般都自己实现了此模式，例如Oracle BPEL及IBM的WPS都提供了对此模式的直接支持。Oracle BPEL通过将参与者设置为一个XPATH表达式来支持此模式。

XPDL 2.1

不支持。

与其他模式的关系

运行期指派模式按照指派的方式又可分为人工指派和自动指派（即自动分配）。

2. 自动分配模式

自动分配模式是资源模式中最常见的一种模式，顾名思义就是由程序在运行期自动地为某个活动分配参与者。按照自动分配策略又可以细分为：轮转法（循环分配法）、基于能力法、基于历史法。

定义期实现

(1) 首先需要为当前活动设定应用此模式的资源范围并持久存储到流程定义中，不能在整个组织机构中去轮转或者随机指派，因此必须要限定一个资源范围；

(2) 在需要应用此模式的活动的参与者属性上，标识为自动分配模式中的某个具体的分配法并持久化存储到流程定义中。

轮转法（循环分配法）

技术人员应该很熟悉这个算法，它在负载均衡中经常用到，称之为round-robin。在运行期的解决方案及技术实现如下。

运行期实现

(1) 解析流程定义中，当前环节的参与者属性设置，得到资源范围及具体的自动分配算法（如“轮转法”）；

(2) 在这个特定的资源范围内，进行轮转，即扫描当前资源范围内的所有用户，假设当前资源范围中有3个用户员工甲、员工乙、员工丙，则每次分配任务时，在这三个用户中进行循环，如图10.80所示。

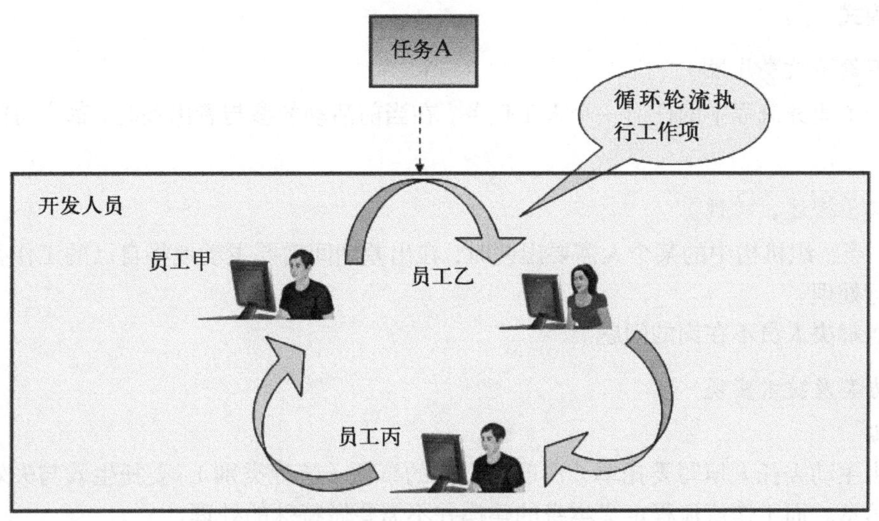

图10.80 循环分配法

基于能力法

基于能力法要求组织机构提供相关的实现，例如在丘面测绘流程中的“丘面编绘”活动，要求参与者必须具备3年的GIS及CAD等专业的绘图经验。在这种需求下，就必须为组织机构中的人设置并存储这些能力属性。

定义期实现

(1) 在流程定义建模期，为当前活动的参与者属性设置为自动分配模式中的具体某个分配策略，并且选定系统组织机构已经支持的能力模型。

运行期实现

(1) 解析流程定义并获得当前活动的参与者属性，如“资源范围”、“基于能力分配”，与具体的能力模型，如“3年绘图经验”；

(2) 调用组织机构的相关API，从限定的资源范围内（如测绘大队）查找符合“3年绘图经验”的人，并为其初始化任务项。

基于历史法

基于历史法其实是一种概括的说法，又可以细分为基于完成类似任务用时最短、完成类似任务出错最少、当前待办任务数最少等等。这些方法的解决方案及技术实现都基本类似，因此就不在描述。

3. 重新分配策略（折回模式）

重新分配策略指的是，某个任务已经有初始的执行人了，但是由于各种各样的原因（例如出差、休假、离职等），初始的执行人不能办理此任务，因此需要对此任务进行重新分配。

委托模式

原型实例（故事片段）

对于一个业务流程中的任何一个人工任务，在当前活动的参与者出差时，都有可能需要用到委托模式。

上下文（描述、动机）

描述。当组织机构中的某个人需要出差时，在出差期间需要主动地将自己的工作委托给其他的同事进行处理。

动机。解决人员不在岗的问题。

解决方案及技术实现

定义期

需要由主动委托人填写委托单，注明要委托的事项（流程类别）、委托生效与失效时间、被委托人等信息。而工作流流程定义本身的建模并不需要做特殊的处理。

运行期

运行期的解决方案有两种：一种是在任务初始化时，先到委托记录表中查询当前活动已经确定的参与者，是否存在委托记录，如果存在委托记录，则为被委托人生成任务项，并记录原始的委托人；另一种是在任务初始化期并不处理委托事项，而是由任务引擎提供的任务列表获取API，在为某个人查询其待办任务列表时去关联查询委托记录表，看是否有委托给其的任务项。

约束及可能存在的问题

(1) 多人竞争任务是不需要委托的，因为参与竞争的某个人出差了，还有其他人来办理。

(2) 任务初始化期的委托解决方案在性能上比较差，因为初始化任何一个任务项都需要进行委托记录的查询。

(3) 基于任务列表查询的委托解决方案，本质上是单独提供一个委托任务列表，这样在性能上有很好的保证；缺点是，对于业务用户会存在两个任务列表的情况。

规范中的实现

BPMN 2.0

BPMN 2.0不支持此模式。

BPEL 2.1、WS-HumanTask V1.0

在WS-HumanTask V1.0版本的规范中，采用delegation与potentialDelegatees来实现任务的委托功能。其XML Schema的定义如下：

```
<xsd:complexType name="tDelegation">
    <xsd:complexContent>
      <xsd:extension base="tExtensibleElements">
        <xsd:sequence>
          <xsd:element name="from" type="tFrom" minOccurs="0" />
        </xsd:sequence>
```

```
      <xsd:attribute name="potentialDelegatees"
        type="tPotentialDelegatees" use="required" />
    </xsd:extension>
  </xsd:complexContent>
</xsd:complexType>
<xsd:simpleType name="tPotentialDelegatees">
  <xsd:restriction base="xsd:string">
    <xsd:enumeration value="anybody" />
    <xsd:enumeration value="nobody" />
    <xsd:enumeration value="potentialOwners" />
    <xsd:enumeration value="other" />
  </xsd:restriction>
</xsd:simpleType>
```

XPDL 2.1

不支持。

与其他模式的关系

任何资源模式中都会存在委托的可能性，因此对于资源模式中某个任务的实际办理人出现出差、调职等情况时，均需要采用委托模式来解决问题。

移交模式

原型实例（故事片段）

对于一个业务流程中的任何一个人工任务，在当前活动的参与者出差而没有填写委托申请单或者其离职、调职时，都有可能需要用到移交模式。

上下文（描述、动机）

描述。某人将属于自己的且正在执行的任务项移交给其他的人来执行。移交模式与委托模式的区别是，委托是在做事前（即任务初始化之前）委托，而移交模式是属于事后（即任务初始化之后）委托或者叫移交。

动机。为了解决由于各种各样的原因，没有进行事前委托，而又必须移交任务项给他人的业务流程问题。

解决方案及技术实现

在WIP中，移交模式分为有状态移交（即记录任务状态到数据库）及无状态移交（不记录任务状态）。实际上我们认为，无状态移交没有多大的应用意义。

移交模式是一个运行期的模式，因此无需在定义期做任何实现，其解决方案及技术实现如下：

(1) 在任务列表框（即在办任务列表）中，提供对某个工作项进行移交的功能按钮；

(2) 选中某个任务项，点击“移交”按钮后，提供一个组织机构的树形列表页面，可以选择移交目标用户；

(3) 点击确定，执行移交动作时，给当前任务项的ReallocationToUserId字段赋值为移交目标用户的id；并将任务项的创建类型（createType）属性标识为“Reallocation”；

(4) 在查询任务列表的功能中，要关联查询委托或移交给自己的任务项，一起显示给用户。

约束及可能存在的问题

无

规范中的实现

BPMN 2.0

在规范中没有显式提及。

WS-HumanTask V1.0

```
<htd:reassignment>
  <htd:documentation>
    Reassign task to Alan if amount is
    greater than or equal 10000.
  </htd:documentation>
  <htd:potentialOwners>
    <htd:from>
      <htd:literal>
       <htd:organizationalEntity>
          <htd:users>
            <htd:user>Alan</htd:user>
          </htd:users>
        </htd:organizationalEntity>
      </htd:literal>
    </htd:from>
  </htd:potentialOwners>
</htd:reassignment>
```

XPDL 2.1

不支持。

与其他模式的关系

在其他资源模式中都可以使用此模式。或者说移交模式是一个很独立的模式，与其他模式没有关系。

10.3.4 用数据模式解决测绘系统中的数据交互需求

1. 业务与流程之间的数据交互需求

如图10.81所示，这是在10.3.2节中讲到的房产测绘流程，接下来，我们将以这个流程为例，讲述怎样应用各种数据模式来满足数据交互与传递的需求。

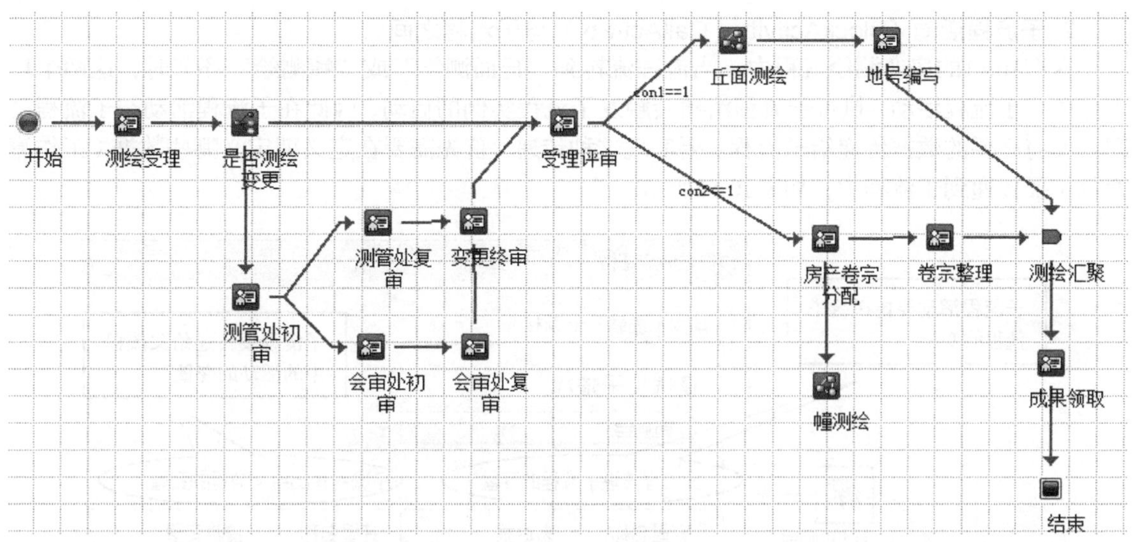

图10.81　房产测绘主流程

在图10.81的房产测绘流程中，测绘受理人员打开测绘受理单，填写完测绘受理的相关数据后进行保存，在保存的过程中，后端接口调用启动工作流实例的接口。而“测绘受理”转出给后续环节时碰到了一个单选网关（即排他选择网关），这个网关上的可求值表达式为："biangengcehui==1"，而biangengcehui就是一个int型的工作流相关变量，它的赋值是由业务系统进行的。但是业务系统赋值完毕后需要将这个值（biangengcehui=1或biangengcehui=0）传递给工作流引擎，那么系统就必须提供一种数据传递模式，能够将业务的值传递给工作流引擎。在一般的工作流产品中，都提供如下的接口：

```
int startProcessByUserId(String templateName,String userId,Map  initialParamsMap);
```

此处的initialParamsMap用来存放业务系统要传递给工作流引擎的变量。在产生实例后，例如在提交任务时（commitTask方法），一般还提供另一种解决方案，即工作流提供一种设置工作流变量的接口，如下：

```
void setProcessInstanceVariable(String processInstanceId,String variantName,Object
varValue,String varType);
void setActivityInstanceVariable(String activityInstanceId,String
variantName,Object varValue,String varType);
```

对于本例中的房产测绘流程，业务数据的传递过程如下：

```
int biangengcehui=0;
biangengcehui=1;
Map initialParams = new HashMap();
initialParams.put("biangengcehui","1");
int processInstanceId = startProcessByUserId("房产测绘流程","10001",initialParams);
```

2. 子流程活动（BlockActivity、CallActivity）与子流程之间

在图10.81的房产测绘流程中，当流程流转到“丘面测绘”或“幢测绘”环节时，这两个环节是两个子流程活动，执行子流程活动会触发子流程实例的启动，因此在子流程活动与子流程之间需要将必要的数据传递给子流程。要实现这种传递，首先需要在定义期定义哪些数据（工作流变量）要传递到子流程中，如图10.82所示。

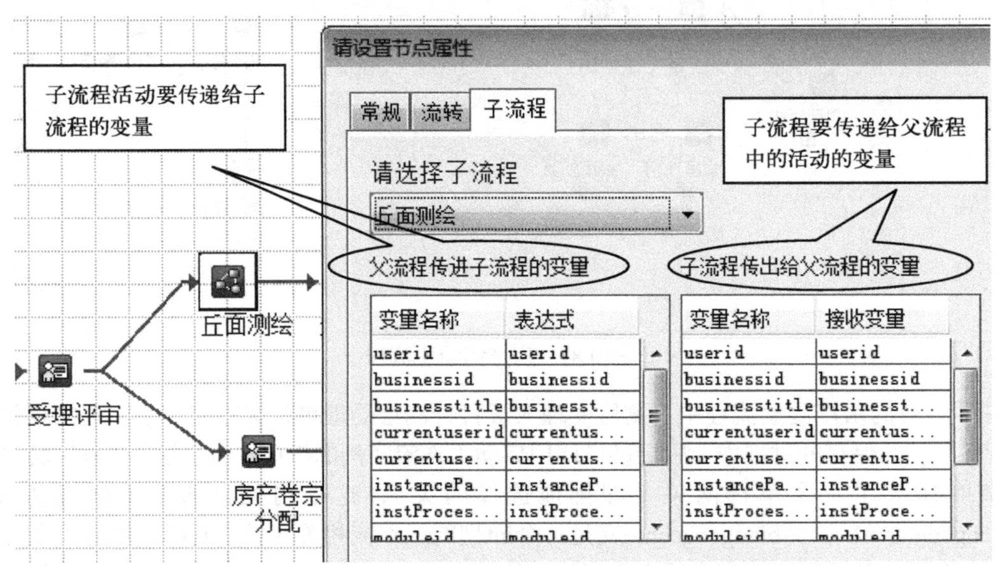

图10.82　子流程活动与子流程之间的数据传递之定义期设置

在运行期流入子流程时，根据上图中定义的变量，从当前活动实例的上下文中取得这些变量的值，然后传入子流程的上下文实例中。流程子流程实例时，从子流程实例的上下文中取得最新的变量值，传入父流程实例的上下文中。

3. 基于数据的路由与基于数据的触发

工作流要实现更多的自动化，就必须依赖于数据进行自动判断，例如基于数据的自动路由（详见在3.3.3节中的单选分裂模式）。除了基于数据的自动路由以外，还有基于数据的触发。

10.3.5　用异常模式解决测绘系统中的业务补偿需求

1. 测绘流程的执行过程之详解

- 原型实例（故事片段）

如图10.83所示，这是房产测绘的主流程，我们以此为原型，来剖析工作流的执行的整个过程，看看业务和工作流在整个过程中到底做了哪些事情。

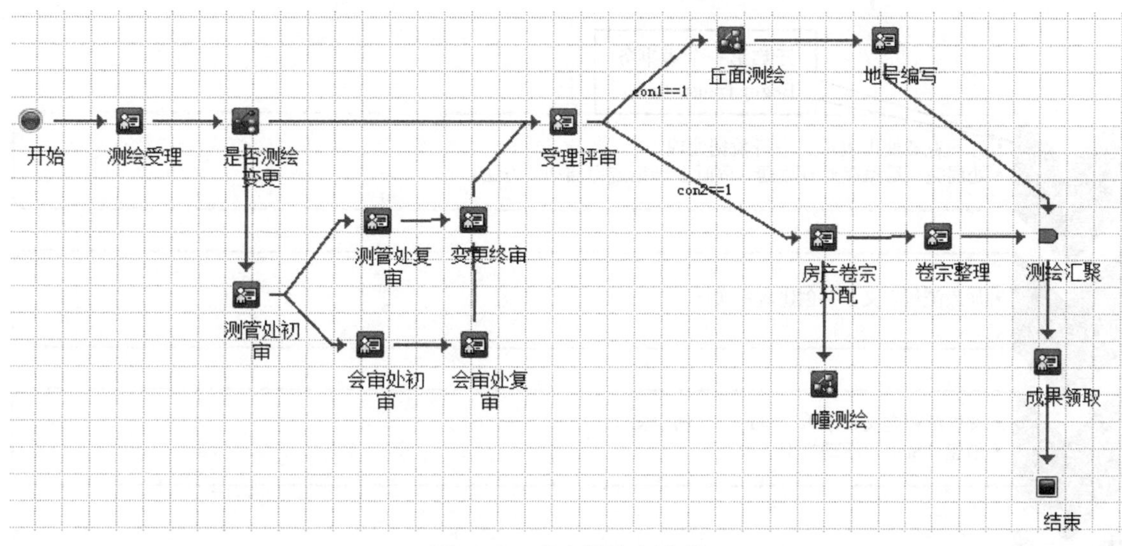

图10.83 房产测绘主流程

- 执行过程详解

(1) 保存受理单并启动流程实例的过程

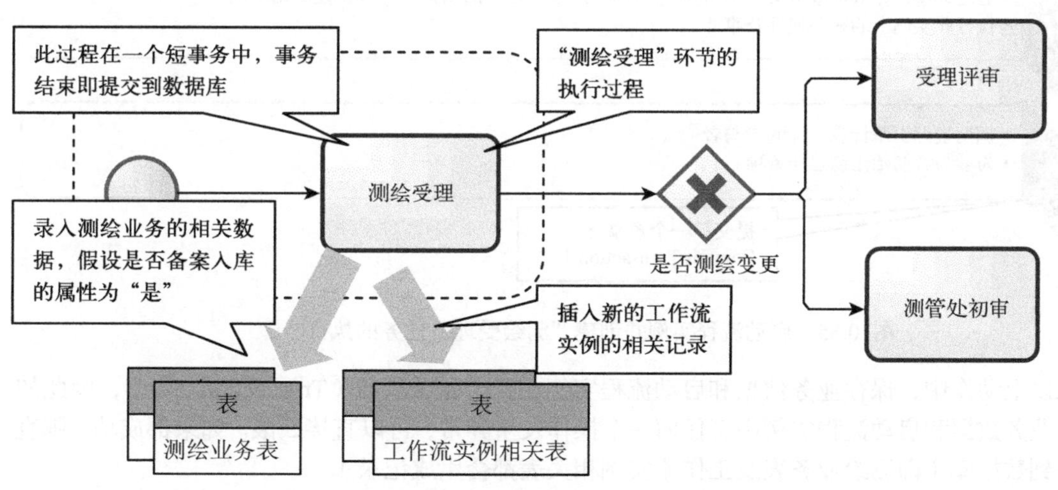

图10.84 启动流程实例并创建"测绘受理"的过程

如图10.84所示，测绘受理人员在受理窗口接收开发商的受理请求及相关资料后，打开测绘受理单，进行受理相关数据的录入工作，收件、勾选每个收件记录并保存到数据库。保存后后端程序依次完成图10.85所示的动作。

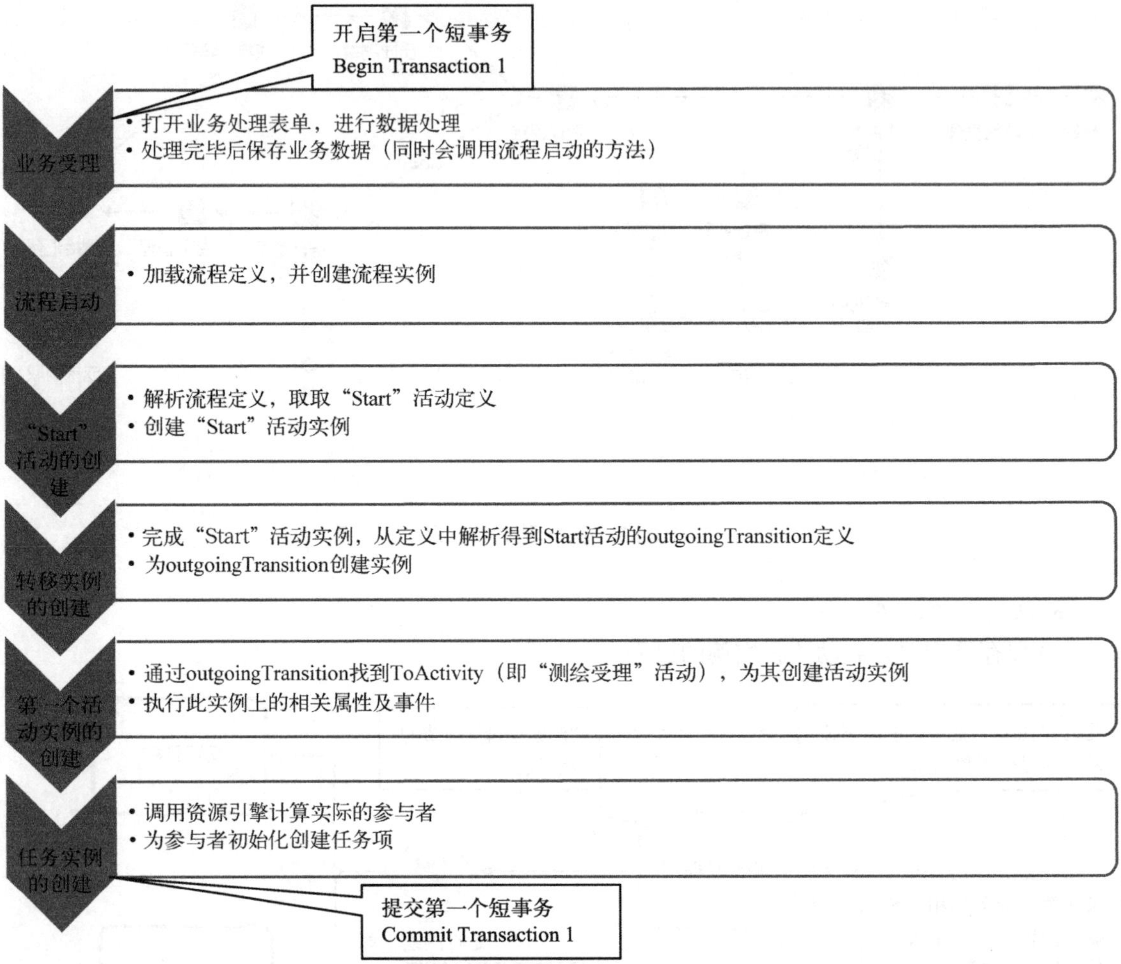

开启第一个短事务
Begin Transaction 1

业务受理
• 打开业务处理表单，进行数据处理
• 处理完毕后保存业务数据（同时会调用流程启动的方法）

流程启动
• 加载流程定义，并创建流程实例

“Start”活动的创建
• 解析流程定义，取取“Start”活动定义
• 创建“Start”活动实例

转移实例的创建
• 完成“Start”活动实例，从定义中解析得到Start活动的outgoingTransition定义
• 为outgoingTransition创建实例

第一个活动实例的创建
• 通过outgoingTransition找到ToActivity（即“测绘受理”活动），为其创建活动实例
• 执行此实例上的相关属性及事件

任务实例的创建
• 调用资源引擎计算实际的参与者
• 为参与者初始化创建任务项

提交第一个短事务
Commit Transaction 1

图10.85　启动流程实例并创建“测绘受理”任务的执行步骤

在以上动作中，保存业务数据和启动流程实例在一个原子事务（Transaction 1）中，因此如果保存业务数据和启动流程实例中有任何一个操作发生异常，可以直接回滚。如果都成功，则直接提交到数据库（即测绘业务表及工作流实例相关表都会生成记录）。

(2)“测绘受理”转出到“受理评审”的过程

如图10.86所示，测绘受理人做完相关的测绘业务数据的处理后，通过转出页面，将任务转出给“受理评审”环节，转出的实现过程如图10.87所示。

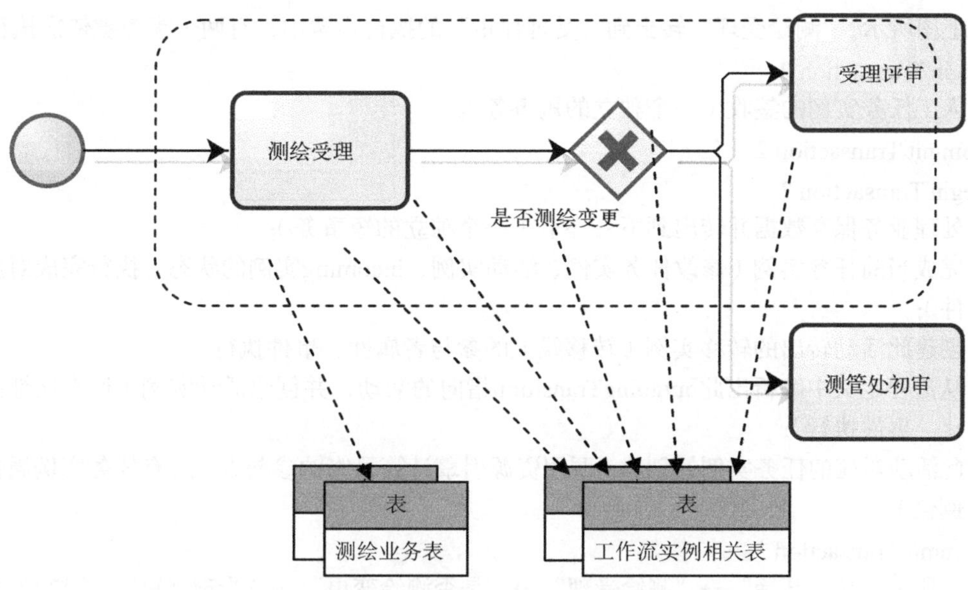

图10.86 “测绘受理”转出到“受理评审”的过程

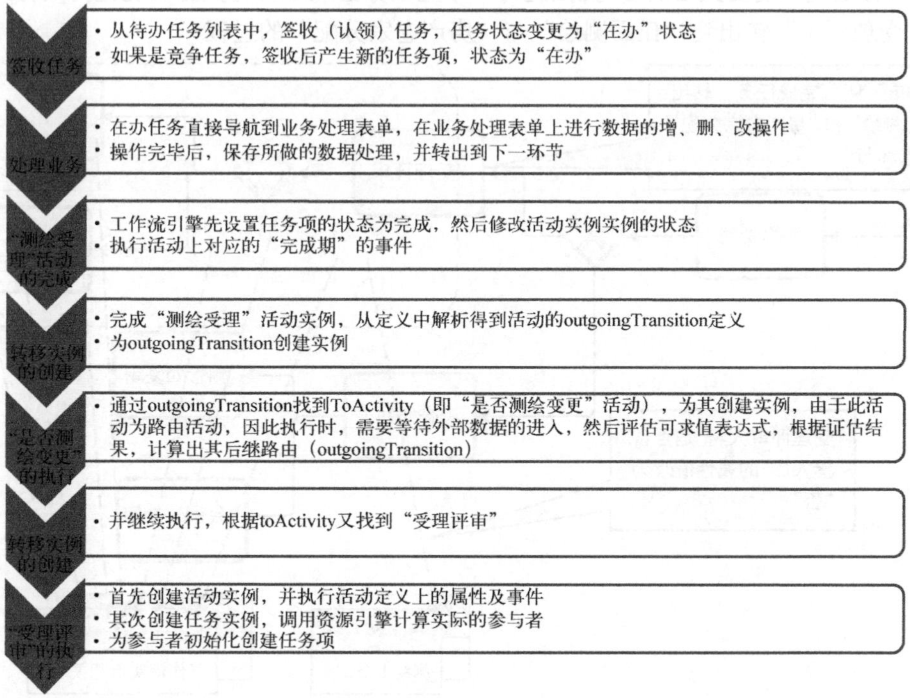

签收任务
- 从待办任务列表中，签收（认领）任务，任务状态变更为“在办”状态
- 如果是竞争任务，签收后产生新的任务项，状态为“在办”

处理业务
- 在办任务直接导航到业务处理表单，在业务处理表单上进行数据的增、删、改操作
- 操作完毕后，保存所做的数据处理，并转出到下一环节

“测绘受理”活动的完成
- 工作流引擎先设置任务项的状态为完成，然后修改活动实例实例的状态
- 执行活动上对应的“完成期”的事件

转移实例的创建
- 完成“测绘受理”活动实例，从定义中解析得到活动的outgoingTransition定义
- 为outgoingTransition创建实例

“是否测绘变更”的执行
- 通过outgoingTransition找到ToActivity（即“是否测绘变更”活动），为其创建实例，由于此活动为路由活动，因此执行时，需要等待外部数据的进入，然后评估可求值表达式，根据证估结果，计算出其后继路由（outgoingTransition）

转移实例的创建
- 并继续执行，根据toActivity又找到“受理评审”

“受理评审”的执行
- 首先创建活动实例，并执行活动定义上的属性及事件
- 其次创建任务实例，调用资源引擎计算实际的参与者
- 为参与者初始化创建任务项

图10.87 “测绘受理”转出到“受理评审”的执行步骤

如上图所示，“测绘受理”转出到“受理评审”的执行步骤中，有两个事务被依次执行：

Begin Transaction 2

a) 人工任务实例的签收（一个独立的短事务）。

Commit Transaction 2

Begin Transaction 3

a) 处理业务保存数据并转出到下一环节（一个独立的短事务）；

b) 完成当前任务实例（修改任务实例、活动实例、incoming实例的状态、执行完成对应的事件）；

c) 创建此活动转出的转移实例（转移线上的参与者属性、事件执行）；

d) 从流程定义中解析出此outgoingTransition指向的活动，并创建活动实例（所有属性的实例化、事件执行）；

e) 此活动对应的任务实例的创建（调用资源引擎计算最终的参与者、所有任务实例属性的实例化）。

Commit Transaction 3

如上所示，从“开始”→“测绘受理”→“是否测绘变更”→“受理评审”，系统经过了3个独立的事务，完成了从“测绘受理”到“受理评审”的业务驱动。在这个过程中，当前短事务和下一个短事务之间都需要人工的参与，因此每一个短事务必须及时将数据的变化持久化到数据库。

(3)“受理评审”转出到“丘面测绘”与“房产卷宗分配”的过程

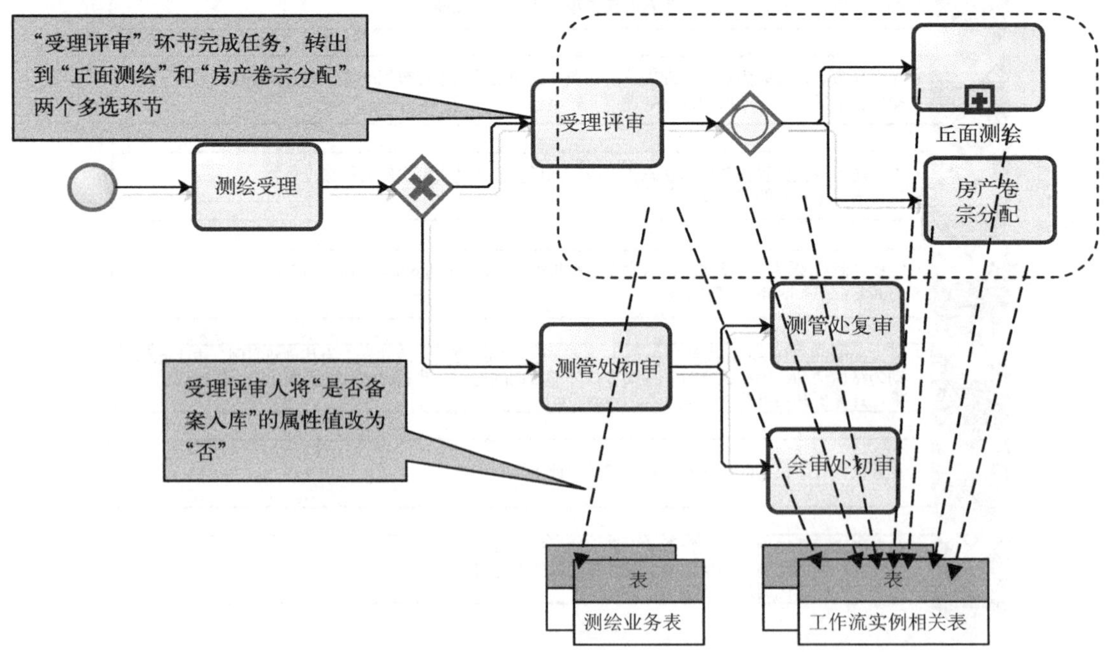

图10.88 “受理评审”环节转出到“丘面测绘”与“房产卷宗分配”两个环节

如图10.88所示，“受理评审”环节转出到“丘面测绘”与“房产卷宗分配”两个环节的操作过程如下：

a)“受理评审”环节的办理人，在本环节将业务表单中的一个“是否备案入库”的属性由上环节的“是”改为了“否”，并保存到数据库，然后转出到“丘面测绘”与“房产卷宗分配”两个多选性质的环节。

b)“房产卷宗”分配环节的测绘队长发现业务有问题，无法进行幢测绘，则驳回到“测绘受理”环节。

2. 测绘流程驳回时补偿行为的具体实现

- 驳回前的事务分析

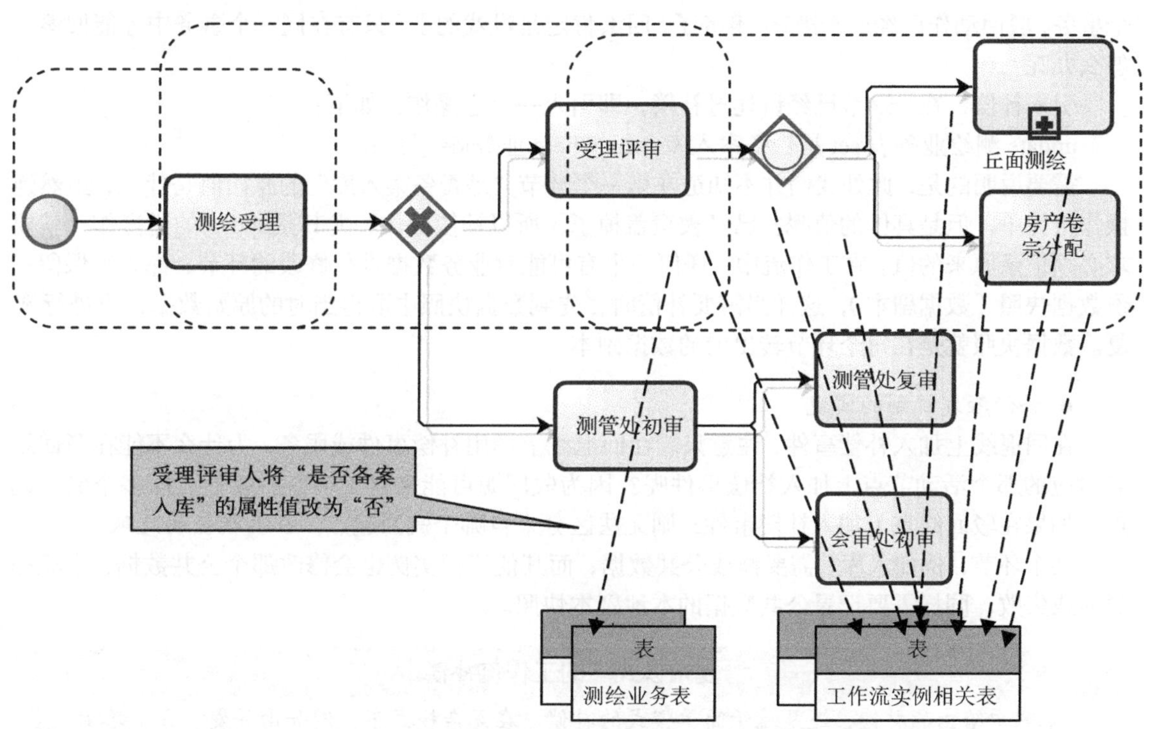

图10.89 “房产卷宗分配”环节驳回到“测绘受理”环节时的事务边界示意

如图10.89所示，从“测绘受理”环节执行到“房产卷宗分配”环节，总共经过了以下6个独立完整的事务。

a) Transaction_1：保存测绘受理数据（“是否备案入库”字段的值为“是”）并启动流程实例；

b) Transaction_2：测绘受理转出到受理评审；

c) Transaction_3：受理评审人签收任务；

10

d) Transaction_4：受理评审人修改测绘数据（将“是否备案入库”由“是”改为了“否”），填写评审意见并保存所做修改及评审意见；

e) Transaction_5：受理评审人转出到“丘面测绘”与“房产卷宗分配”环节；

f) Transaction_6：房产卷宗分配环节的办理人，签收任务。

在到达第6步时，房产卷宗分配环节的办理人测绘队长发现测绘受理的数据存在问题，不能进行幢测绘，于是驳回到第一个环节“测绘受理”，此时开启第7个事务。前6个事务，已经全部成功完成，并提交到数据库了。此时要实现业务上的补偿需求，需要如下步骤：

- 补偿操作的具体实现

由上节我们知道，在第4个事务Transaction_4中，“是否备案入库”由“是”改为了“否”，那么驳回到“测绘受理”时，必须将“是否备案入库”的值恢复为“是”。但是由于中间经过了6个事务，驳回动作已经属于第7个事务了，回滚肯定是没戏的了（只有在同一个事务中才能回滚）。怎么办呢？

引入补偿，在3.6.4节已经讲述过补偿，即引入一个逆操作，如下：

update 测绘业务表 set 是否备案入库=true where 业务id=‘1’；

需要说明的是，此处我们并不知道在第一个环节“是否备案入库”的原始值是什么，虽然逆操作很简单，但是具体的值呢？已经被覆盖掉了。所以补偿操作，尤其是update的逆操作，就要求必须记录原来的值。在工作流中，任何一个有可能对业务数据进行修改的环节，都必须保留一份数据快照（数据副本），这样当需要补偿时，先到数据快照中取得当时的原始数据，再进行恢复。数据快照就是在每个环节转出前的数据副本。

- 补偿触发机制的实现

在回退线上加入补偿事件，注意只能在回退线上调用补偿事件或服务。为什么不能在驳回终点对应的那个活动节点上加入补偿事件呢？因为驳回源可能来自于多个后续节点即多个驳回起点，如果在驳回终点上加入补偿事件，则无法区分来自哪个驳回起点。公共数据的处理

某个环节，例如入库，需要修改公共数据，而其他流程实例也会修改那个公共数据，本流程驳回或失败，同样需要记录公共数据的本地副本快照。

复杂模式下的工作流补偿

本列中给出的补偿，还是属于简单模式的补偿。在复杂模式下，例如由并发、分支路由、多选分裂、多选汇聚、多子流程实例等模式组成的流程中，业务补偿是一个极其复杂的工作，复杂到目前几乎没有任何工作流产品可以完整支持。复杂在什么地方呢？在这些复杂模式组成的流程中，可能会涉及多个活动的补偿，由于补偿必须按照流程正常向前执行的逆方向进行，因此存在补偿路径的计算问题，流程正常流过的路径的逆路径即为补偿路径，这个补偿路径就是最大的困难点。因为工作流是一个基于图的语言，而它的执行结果更是一个动态的有向图，对这个由很多复杂模式组成的动态的有向图进行逆向，是非常困难的事情。在很多学院派研究中，发表过很多这方面的论文，但基本上都是华而不实的理论而已，基本上很难应用到实际产品中。

提示 需要说明的是，在此执行阶段会大量的应用到本书第3章和第6章中的大量经典模式和技术，那两章中的实际案例全部都是来自于智慧房管信息系统中的真实应用场景。读者如果在以后的项目中遇到相关的场景，可以回到第3章和第6章进行仔细研读。

10.4 监控评估阶段——基于 BSC 的战略评估

我们在9.3节知道，BSC（Balanced Scorecard，平衡记分卡）从财务、客户、内部流程、学习与成长4个构面来评估企业的整体战略。本节也将按照这4个层面进行评估。需要说明的是，本节主要给出的是方法和示例，具体的评估指标需要经过反复的调研、分析和讨论才能确定。由于这部分内容涉及一定的保密，因此我们不详细给出具体的指标体系。

10.4.1 财务评估

财务评估对于企业来讲分为利润与成本，但是房管局是政府机构，非营利的，财务结果并不是其首要目标，因此要从房管局的完成使命这个角度来分析。我们在9.1.1节明确了房管局的四大战略，称之为四大使命更为合适：一、改善经济调节；二、严格市场监管；三、加强社会管理；四、更加注重公共服务。从财务构面对房管局的战略进行评估，主要考察以上四大使命的实现。四个使命的评估应该以客户中心，因此本构面实际上称之为“使命评估”更为合适，如图10.90所示。

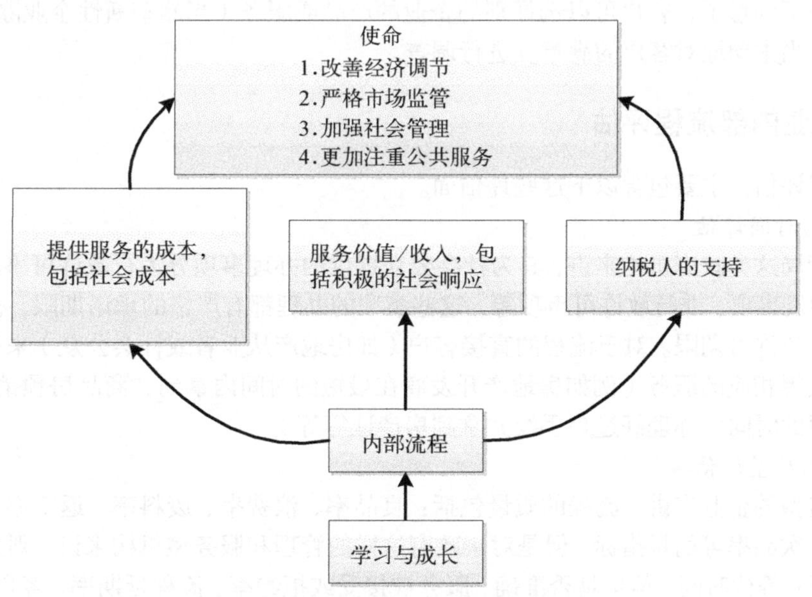

图10.90 以顾客为中心的使命评估构面

在具体执行过程中，需要把以上每个使命分解为可量化的KPI来进行评估，不然很难得到真实的评估结果。例如对于提供服务的成本，信息化投入成本就是一个可以量化的指标。宏观调控能力可以根据保障房的保有量、商品房的环比、同比上涨幅度来衡量。公共服务能力可以量化为服务形式的多样化及数量，例如网上办事的业务数量、立等可取的业务数量、老百姓办理业务的等待时间、办理一个业务的跑局次数与跑窗口个数等。市场监管能力则可以量化为一房多卖的发生率、违规售楼率、开发商携款潜逃率等等。

10.4.2　客户评估

房管局的直接服务客户分为房地产从业机构与从业人员、社会公众、兄弟委办局、上级机构（包括市政府、住建厅、住建部）四大类对象。除此之外，实际上还包含纳税人这个间接客户，因为政府的资本都是来自于纳税人的。

按照BSC的理论，对于客户的衡量指标包括以下五个方面：

- ❑ 市场份额
- ❑ 客户保持率
- ❑ 客户获得率
- ❑ 客户满意度
- ❑ 客户获利率

这是对于企业的顾客评估指标，而对于政府机构和非营利组织来讲，只有客户满意度指标是适用的。对于政府机构来讲，即便是客户不满意也必须到政府来办事，这是最大的问题。如果企业让他的客户不满意了，客户可以选择别的企业的产品或服务（当然垄断性企业除外），所以对于政府机构应当主动地对客户的满意度进行调查。

10.4.3　企业内部流程评估

内部流程评估，主要包含以下这些评估面。

❑ 流程的时间评估

对于房管局这类政府机构来讲，其为社会公众提供的办理事项分为行政许可事项、行政强制事项、行政触发事项、非行政许可事项等，这些事项的办理都有严格的承诺期限，行政许可流程更有明确的行政许可期限。对于流程的直接客户（如房地产从业者或社会公众）来讲，他要在最短的时间内获得相应的服务（例如房地产开发商在最短的时间内拿到“商品房预销售许可证”，老百姓在最短的时间内办理好过户手续并拿到房产证等等）。

❑ 流程的质量评估

对于制造型的企业来讲，流程的质量包括：良品率、浪费率、废料率、返工率、退货率、每百万个产品的次品率等衡量指标。但是对于政府这样的管理和服务型机构来讲，则主要是以下这些不同的指标：等待时间、信息是否准确、服务被接受或拒绝率、流程延期率、客户跑现场次数、客户跑窗口个数等。

❑ 流程的成本评估

传统的成本评估是基于单个任务或部门的，但是在实施了以BPM为中心的信息系统后，整个成本评估应该以端到端的流程为中心，即不能是某个流程片段。在本项目实战中，房管局的流程成本主要包含以下方面：人员成本、外包活动成本、信息维护成本、权证成本（例如纸质的房产证、预售许可证、他项权证等等）、仪器成本（例如扫描仪、打印机等）、基础设施及网络成本（各种服务器、网络设备、机房、电力设备等）、信息系统开发成本等。这些成本根据其生命周期，都应该均摊到端到端的流程上。

❑ 流程创造的价值评估

流程输出了好的产品或服务，就是流程创造的价值。对于房管局，其客户在最短的时间内获得相应的服务，客户就会满意，这就是流程创造的价值。市场监管方面，防止了一房多卖、开发商捂盘、开发商卷款潜逃等等，也是流程创造的价值。宏观调控方面，让房价比较稳定（同比、环比的涨幅）也是流程创造的价值。

10.4.4 学习和成长评估

财务（使命）、客户和内部流程层面的目标确定了企业或机构为获得突破性业绩必须在哪些方面表现突出。而学习和成长层面的目标为其他三个层面宏大目标的实现提供了基础框架，是前面三个层面获得卓越成果的驱动因素。

在图9.6房管局的战略地图中，学习和成长层面包含人力资本、信息资本和组织资本。

● 人力资本方面的评估

对于任何企业和机构，员工都是最重要的因素，因为卓越的绩效都离不开员工的贡献。而这些贡献依赖于员工的知识、技能和经验。衡量员工的指标主要分为三个方面：员工满意度、员工保持率、员工生产率。

● 信息资本方面的评估

现代企业和组织的一个最大特点就是严重依赖于信息系统来实现企业的战略，当然这对于我们IT从业者来讲是非常乐见的。信息系统确实能够为企业或组织的战略实现带来巨大的价值，因此对于信息资本所包含的信息系统、网络、数据库等，都应该有明确的评估指标。

● 组织资本方面的评估

组织资本包括文化、领导力、协调一致和团队四个方面的内容。关于这方面的评估，已经不单单是信息系统的事情了，需要综合考虑整个企业或组织内部在管理和运作等各个方面的能力。

第五篇

流程技术之未来展望

最近几年，IT领域里最火的莫过于云概念及其技术了。天上那朵五彩的云飘飘忽忽来到了人间，于是到处都是云，你云，我也云，人间的一切都入云了。“云”虽然发起于IT领域，但是其很快就在各个领域普降甘霖。现在到处都是云，你不云，你就out了。君不见，连卖房子的开发商都在忽悠云住宅、云社区了嘛。

随着云计算技术的发展越来越成熟，高可用的云基础设施也越来越多，如何把平台放入云中真正化“云”为“雨”，浇灌到企业的业务，是未来所有企业或组织的管理者必须考虑的事情。云本来是飘在天上的，现在它来到了人间。好吧，你云，我也云。咱们的流程也“云”一把☺。在云中的流程中，我们将一起来学习云中的BPM，一起了解BPM私有云引擎的设计及基于REST的API设计。

第11章 云中的流程

由于全球经济一体化的发展，现代企业和政府的信息资源越来越表现出异构、分布（全球性的地域分布）、松散耦合的特点，以苹果公司为例，设计在美国，屏幕制造在韩国，整机组装在中国。信息共享、资源整合、流程整合已成为当前众多企业和政府的共同需求，而随着云计算相关技术IaaS、PaaS的日益成熟，BPM Cloud的研究已成为当前众多组织和厂商的共同方向。处于Gartner BPMS Magic Quadrant①报告中四个象限的厂商，如Pegasystems、IBM、Oracle、Appian、Fujitsu、Cordys等都陆续推出了BPM Cloud的相关产品。本章基于这个大背景，也赶一赶BPM Cloud这个时髦。我们将就两方面对BPM Cloud进行学习与讲解：BPM私有云引擎的设计和基于REST的流程API设计。

11.1 BPM 私有云引擎的设计

11.1.1 云计算概述

云计算是一个模型，这个模型可以使我们方便地按需访问一个可配置的计算资源（例如网络、服务器、存储设备、应用程序以及服务）的共享池，这些计算资源通过最小化的管理成本或与服务提供商的最小化交互，就可以被迅速提供并发布。云模型由五个基本特征（按需自助服务、广泛的网络访问、资源池化、快速的可伸缩性、可度量的服务）、三个服务模型和四个发布模型

---

① Magic Quadrant for Business Process Management Suites. Gartner RAS Core Research Note G00205212, Jim Sinur, Janelle B. Hill, 18 October 2010。

组成[①]。以上是美国国家标准及技术研究所（NIST）的信息技术实验室发布的关于云计算的定义，这个定义也被认为是目前最权威的定义。我国目前也正在制定关于云计算的定义及相关标准。

11.1.2 云分类及云的服务模式

按照NIST的定义，云被分为了四个发布模型（即四个分类）：私有云、社区云、公共云、混合云。云的服务模型分为三种：软件即服务（SaaS，Cloud Software as a Service）、平台即服务（PaaS，Cloud Platform as a Service）、基础设施即服务（IaaS，Cloud Infrastructure as a Service）。

本章重点研究私有云中的BPM，因此首先要清楚什么是私有云、其使用者及特性。

- ❑ 私有云：按照部署方式分：一种是部署在组织内部的云，也就是部署在组织的防火墙内的云；另一种是托管在云服务商的云内，但是只供组织或行业自己使用的云（这种场景就是部署在组织的防火墙外了）。
- ❑ 私有云的使用者：包括集团企业或者部门机构、作为业务合作伙伴的其他企业、原始资料提供商、经销商、生产链实体，以及该集团企业的下属公司等。
- ❑ 私有云的特性：由于是部署在企业的防火墙内或者是私有的VPN网络内，因此其安全性、合规性、可控性更高，也更加容易集成现有应用，降低运营成本。而这也正是不少企业打算架构私有云体系的最主要原因。

11.1.3 研究现状

1. 云计算的研究现状

2003年，美国国家科学基金（NSF）投资830万美元支持由美国七所顶尖院校提出的“网格虚拟化和云计算VGrADS”项目，由此正式启动了云计算的研发工作。基于此项目的后续开源产品有现在著名的云计算开源软件Eucalyptus（此软件在美国已经被广泛应用）、美国航空航天局（NASA）的云计算系统Nebula。亚马逊公司的云计算也采用了相同的技术（其客户端软件EC2可以直接连入Eucalyptus的服务器）[②]。

如图11.1所示，按照云的服务模式，在IaaS模式下，有两个研究领域：一个是虚拟化研究领域，另一个是基于虚拟化提供云基础设施服务的研究领域。在第一个领域中，尤以Xen、KVM和VMvare最为知名，其中Xen、KVM是开源方案，而VMvare是商业方案。当然除此以外还有微软的Hyper-V、甲骨文的Oracle VM、Oracle VirtualBox等商业产品。在第二个领域中，则有Eucalyptus、

① The NIST Definition of Cloud Computing.Version 15, 10-7-09, Authors: Peter Mell and Tim Grance, http://www.nist.gov/itl/cloud/upload/cloud-def-v15.pdf。

② 云计算技术简述。戴元顺，美国田纳西大学。

OpenStack[①]、Amazon Elastic Compute Cloud[②]、Hadoop[③]等研究。

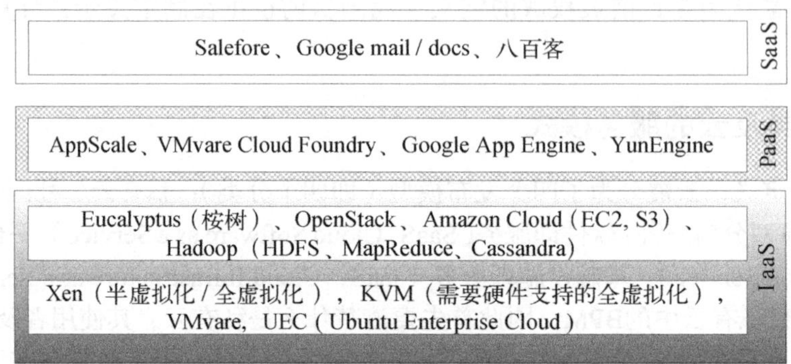

图11.1　云计算的研究现状堆栈图

在PaaS模式下，Salesforce公司的Force.com是业内第一个PaaS平台，PaaS的概念也由该公司提出。八百客的800App是国内第一个PaaS平台；Google的App Engine以及微软的Azure也都是典型的PaaS平台。AppScale则是Google App Engine的开源实现。而在虚拟化领域一直领先的VMvare也推出了Cloud Fundry，来推动PaaS的应用。值得一提的是，国内的人云科技也推出了YunEngine开源项目，它是一个Java PaaS平台，现在正处于公测阶段。

在SaaS模式下，Salesforce公司的CRM应用，是世界上最成功的商业SaaS应用。而国内的八百客的在线CRM也同样是很成功的SaaS应用。除此之外还有Google的gmail、google docs等应用。

在高校领域，清华大学与Google和EMC等合作共同研究云计算。北京大学的虚拟化/云计算小组，广州大学、厦门大学等各高效纷纷进入云计算的研究领域。

国内企业的云计算研究，包括中国移动的“大云”计划及相关平台，已聚焦软件和应用层面进行了持续一段时期的试验；上海电信推出被称为“国内首个电信级云服务”的e云，目前主要是向客户提供云存储服务；中国联通从2009年下半年开始建设“互联云”项目，一些城市的联通IDC以“云”方式互联起来，同样地，目前主要向客户提供云存储、计算资源服务；上海申银万国证券公司投资1.5亿元建立的企业云计算中心（私有云）。

2. BPM Cloud的研究现状

在BPM Cloud领域，目前主要是国外的BPM厂商在进行相关的研究，并陆续推出了相关的BPM Cloud产品。包括Pegasystems公司的Pega Cloud for BPM、IBM公司的Blueworks Live、Oracle公司的BPM 11gR1、Appian公司的Cloud BPM、Fujitsu的Interstage。Cordys公司的Process Factory

① OpenStack是一个美国国家航空航天局和Rackspace合作研发的云端运算软件，以Apache许可证授权，并且是一个自由软件和开放源代码项目。网址：http://www.openstack.org/。

② Amazon Elastic Compute Cloud 亚马逊弹性计算云是亚马逊公司推出的商用IaaS云。其IaaS云包括：弹性计算云EC2、简单存储服务S3、简单数据库服务Simple DB 等。http://aws.amazon.com/ec2/。

③ Hadoop是最知名的云计算开源系统，它模仿实现了Google云计算的主要技术。Hadoop是Apache开源组织的一个分布式计算框架，它包括Hadoop Common、HDFS、MapReduce等子项目。http://hadoop.apache.org/。

及Process Boardroom是较早在公共云中提供的BPM托管服务。

11.1.4 私有云中的BPMS概述

我们在前面讲述了云计算的基本概念、云分类、服务模式及研究现状，接下来就开始对私有云中的BPMS做个基本的了解，包括我们为什么要将BPMS引入云中，有什么好处，为我们设计BPM私有云引擎奠定一下基础知识。

1. 为什么要将BPMS要入云

在BPMS的传统方案中，企业内所有需要使用BPMS的IT系统，都必须按照case by case的方式购买并集成WFMS（Workflow Manage Sysetem）或BPMS系统。虽然BPM强调对端到端的业务流程的管理，但现状是，企业内的各个业务系统既需要互相协作，同时每个业务系统自身也需要工作流流程。对于业务子系统内部的流程，我们一般称之为工作流流程，而跨子系统的端到端流程，则称为BPM流程。

2. BPMS入云的好处

随着企业内的业务系统开始向云（尤其是私有云）中迁移，提供基于私有云的BPMS成为必要。在私有云中，可提供基于云的流程建模、流程执行、流程监控分析、流程管理及业务调用。而基于SOA的BPM应用在云中会具备天然的优势，可以通过BPM对云中的服务进行编制或编排，以满足企业内各业务协作的需要。而更有趣的是，通过在云服务提供商处托管BPM私有云，企业和其供应链上的厂商可以更好地协作与共享了，例如在云中，企业和它的供应商或客户，可以真正意义上地共用一个流程定义了，而不是通过BPEL中的Partner Port进行跨流程定义的交互。因此在私有云内的建模、执行、与监控，达到了真正的共享与协作。

3. 私有云引擎的设计要点

要在私有云内搭建BPMS，最关键的是要实现隔离与交互（包括组织的隔离与交互、数据的隔离与交互、管理的隔离与交互），除此之外，还包括资源调度的设计、海量数据处理的设计及云端API的设计。在此基础之上实现基于WEB的建模与监控，基于WEB的调用与执行（采用REST架构即REST API）。私有云的基础设施（IaaS）及BPMS运行需要的云环境（PaaS）则分别由Eucalyptus①、UEC②和AppScale③提供。

---

① Eucalyptus（Elastic Utility Computing Architecture for Linking Your Programs To Useful Systems），是一种开源的软件基础结构，用来通过计算集群或工作站群实现弹性的、实用的云计算。它最初是美国加利福尼亚大学 Santa Barbara 计算机科学学院的一个研究项目，现在已经商业化，发展成为了 Eucalyptus Systems Inc。http://www.eucalyptus.com/。

② UEC（Ubuntu Enterprise Cloud）是一个由 Ubuntu 提出的新的开源计划，旨在进一步简化基于 Eucalyptus 的云基础设施的部署、配置和使用。http://www.ubuntu.com/business/cloud/overview。

③ AppScale, 是 Google App Engine API 的一种开源实现，来自于位于圣塔巴巴拉的加州大学的 RACELab。它是一种云计算平台，可简化 Google App Engine 应用程序在 IaaS 云上的执行。http://code.google.com/p/appscale/。

11.1.5 BPM私有云引擎的设计

在上节的最后，我们知道了BPM私有云引擎（BPM Engine in private Cloud）的设计要点，本节我们基于这些设计要点给出详细的设计原理，即资源调度的设计原理、组织内的隔离与交互设计原理、海量数据处理的设计原理、及云端API设计原理。

1. 资源调度的设计原理

资源调度需要考虑资源的实时使用情况，因此要求对云环境内的各种基础设施进行实时监控和管理。资源调度包括IaaS及PaaS两个层面，首先是IaaS层面的资源调度，在本实现中由Eucalyptus与UEC共同提供。Eucalyptus的调度原理如图11.2所示。

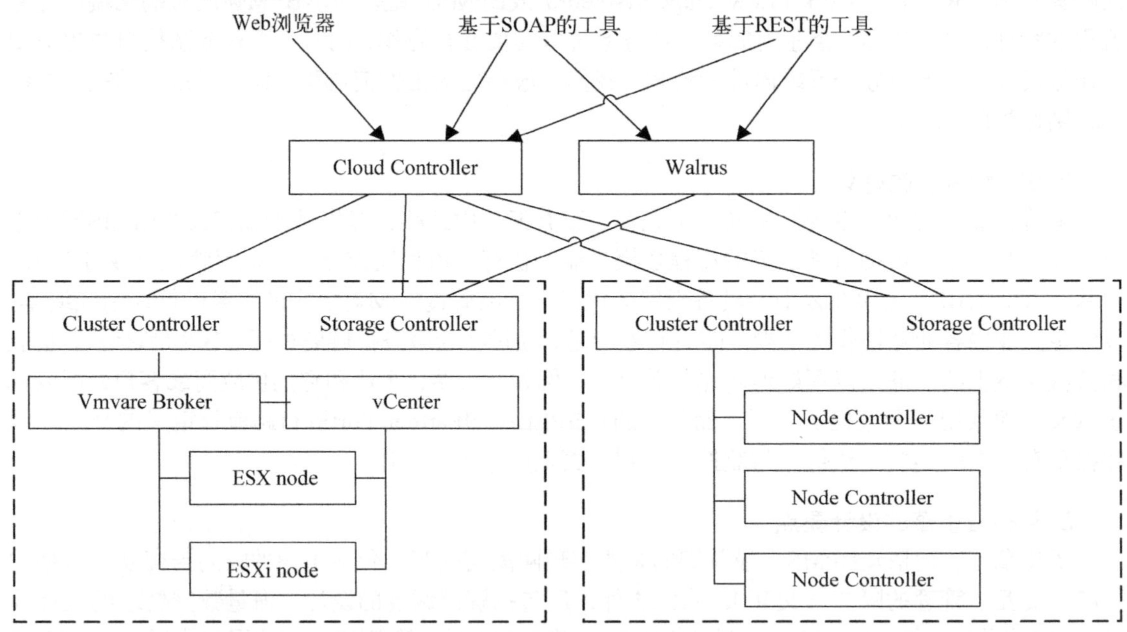

图11.2 Eucalyptus资源调度图①

可以看到，Eucalyptus由5大组件，互相作用，根据资源的实时使用情况进行动态调度，5大组件的作用如下。

- Cloud Controller（CLC）。CLC是管理员、开发人员、项目管理人员、终端用户进入Eucalyptus云的入口。它负责查询节点管理器，收集资源的信息和使用情况，制定高端的调度决策，并通过发送请求给Cluster Controller实现调度决策。CLC同时也是管理平台的接口，负责管理所有的虚拟资源包括服务器、存储和网络。

① Eucalyptus® Cloud Computing Platform Administrator's Guide. P16. Enterprise Edition 2.0. http://www.eucalyptus.com/sites/default/files/docs/EucalyptusEE2.0.AdminGuide.v2.0.4.a.MASTER.pdf。

- ❑ Cluster Controller（CC）。CC运行在集群内的前端机器上，它负责收集集群内虚拟机的信息，并调度虚拟机在特定的节点上执行。接收来自CLC的请求，并根据虚拟机的实时使用情况，将请求分发到某个特定的Node Controller上。
- ❑ Node Controller（NC）。NC运行在每个虚拟机上，负责管理每个虚拟机的实例及其生命周期，接收来自CC的请求。同时管理镜像实例（包括内核、根文件系统、虚拟磁盘镜像）的拷贝。它负责查询控制主机操作系统及相应的管理程序（包括Xen、KVM或VMWare）。
- ❑ Walrus（W）。Walrus允许用户存储被组织为大量对象的持久化数据。允许某个用户通过put、get、delete等REST操作来创建、删除数据。
- ❑ Storage Controller（SC）。SC实现了Amazon 的 S3 接口。SC 与 Walrus 联合工作，用于存储和访问虚拟机映像、内核映像、RAM 磁盘映像和用户数据。在Eucalyptus 2.0企业版中，还引入了对SAN存储网络的支持。

PaaS层的资源调度由AppScale实现，其原理及具体实现在11.1.7节的第1小节讲述。

2. 组织内的隔离与交互设计原理

云计算最关键的特性就是要支持多租户。在公共云中，租户指的是各个不同的企业和用户；而在私有云中，租户是企业内部的各个部门及其部门内的业务系统或者是企业内的分公司、供应链上的合作伙伴等。多租户技术面临的关键技术是数据隔离（包括组织内的部门用户数据、流程数据）和客户自服务（包括个性定制及管理隔离）。

BPM私有云引擎的关键功能是在私有云中提供工作流引擎和BPM引擎的服务。工作流引擎为每个租户提供工作流的服务，这些工作流在定义期和运行期都是互相隔离的。而BPM 引擎强调的是管理端到端的业务流程，需要在多个租户之间的工作流上进行交互。因此组织内的隔离与交互是实现BPM私有云引擎的关键技术。

数据隔离是指多个租户在使用一个系统时，租户的业务数据是相互隔离存储的，不同租户的业务数据不会相互干扰。对多租户的数据管理有三种方式：给每个租户创建单独的数据库；多个租户的数据存入同一个数据库，使用不同的Schema来区分；多个租户不仅存入同一个数据库，并且使用同一个Schema，也就是说将数据保存在一个表通过租户的识别码来区分。考虑的BPM的共享、交互需求及产品特性，本设计采用最后一种方式，即通过租户的识别码来区分。

由于是私有云，因此在组织内部，整个大组织有一个顶级的识别码作为整个私有云的根识别码。组织内的各个租户的识别码都是根识别码的儿子或孙子。根据识别码的关系，即可实现组织和流程的共享与交互。

自服务包括两个角度，一个是面向云管理员，一个是面向最终用户。基于数据隔离原理，为云管理员提供隔离的权限机制，不同租户的云管理员对自己的应用进行配置，并同样采用隔离保存。BPM私有云引擎提供的云建模器，首先实现隔离的权限校验，云管理员使用云建模器进行流程的建模，并给流程分配相关的资源（例如组织资源，此时由于组织本身已经实现了隔离，因此选取资源时，可以根据需求从当前租户下的组织实体中进行选择，也可以根据共享要求，通过租户识别码之间的关联与授权，实现对组织内其它租户的组织实体进行选择）。

3. 海量数据（大数据）处理的设计原理

海量数据，也称为大数据（Big Data）。美国《外交》杂志在其2013年5~6月的期刊中刊登了英国《经济学家》杂志数据编辑肯尼思·内尔·丘吉尔与牛津大学互联网研究院互联网管理与法规教授维克托·梅耶–舍恩伯格合写的一篇题目为《大数据的兴起》的文章。文章的核心观点是，世界迎来大数据时代，它将改变人类的思考方式。随着云时代的来临，大数据也吸引了越来越多的关注。"大数据"热潮最近的一次推力来自于2011年10月McKinsey&Company发布的报告"大数据：创新、竞争和生产力的下一个前沿"（Big Data：Next Frontier of Innovation, Competition, Productive）。云计算最擅长的就是大数据的处理。

在本设计方案中，采用AppScale作为PaaS的实现，来支撑BPM私有云引擎。而AppScale通过一个Database master和多个Database slaves来实现海量数据的处理。Database master是对数据库的主要接口。它提供了对 MySQL、Cassandra、Voldemort、MongoDB、HBase 和 HyperTable 各种可用数据库实现的访问。主库Database master和从库Database slaves通过HDFS实现数据的复制。从而提供了分布式的、可伸缩的容错数据管理能力。

4. 云端API（REST-based API）设计原理

自从Fielding博士在其博士论文中提出REST（表述性状态转移）架构风格以来，各研究机构和厂商都开始支持这种轻量级的Web架构风格，并纷纷提供了基于REST的API。如图11.3所示。

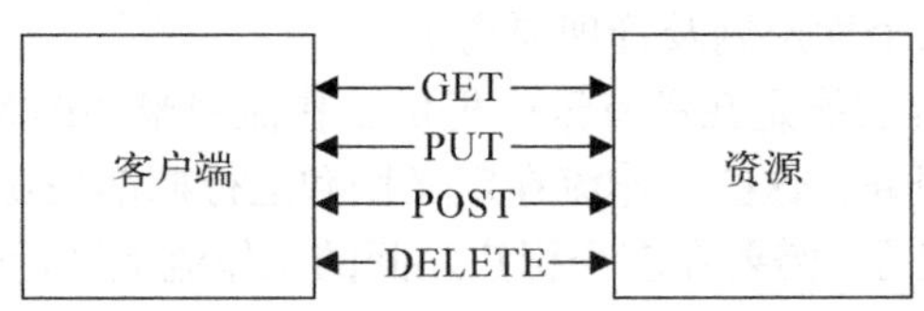

图11.3　面向资源的REST服务访问

REST架构风格将一切都看作为资源，客户端通过GET/PUT/POST/DELETE四种操作，实现与资源的交互。因此在BPM私有云引擎的设计中，将遵循此原理来设计BPM引擎的API，并提供基于REST的API。

11.1.6　系统结构

根据上节对BPM私有云引擎的设计原理的分析，下面给出其整体结构图，如图11.4所示。

从图中看到，整个BPM私有云引擎的架构由三大部分组成：基础设施即服务层、平台即服务层、云管理及业务支持层。

- 基础设施层：由UEC（Ubuntu企业云）及Eucalyptus共同组成。
- 平台即服务层：AppScale提供BPMS所需的软件应用环境，在AppScale之上，开发构建BPM套件。BPM套件由BPM云建模组件、BPM云管理及监控组件、BPM云API组件、BPM云企业服务总线集成组件、BPM云执行引擎、BPM云UI组件六个组件组成。六个组件必须基于"组织内的隔离与交互"这个底层机制，来实现BPM云引擎的多租户的隔离与交互要求。

- 云管理及业务支持层：本层包含2个部分，一个是云管理，主要实现云服务的生命周期管理、SLA监控、安全管理、负载均衡、及云服务的注册与发布。另一个是业务支持，包括多租户管理、自服务管理、计费、度量、验证等功能。

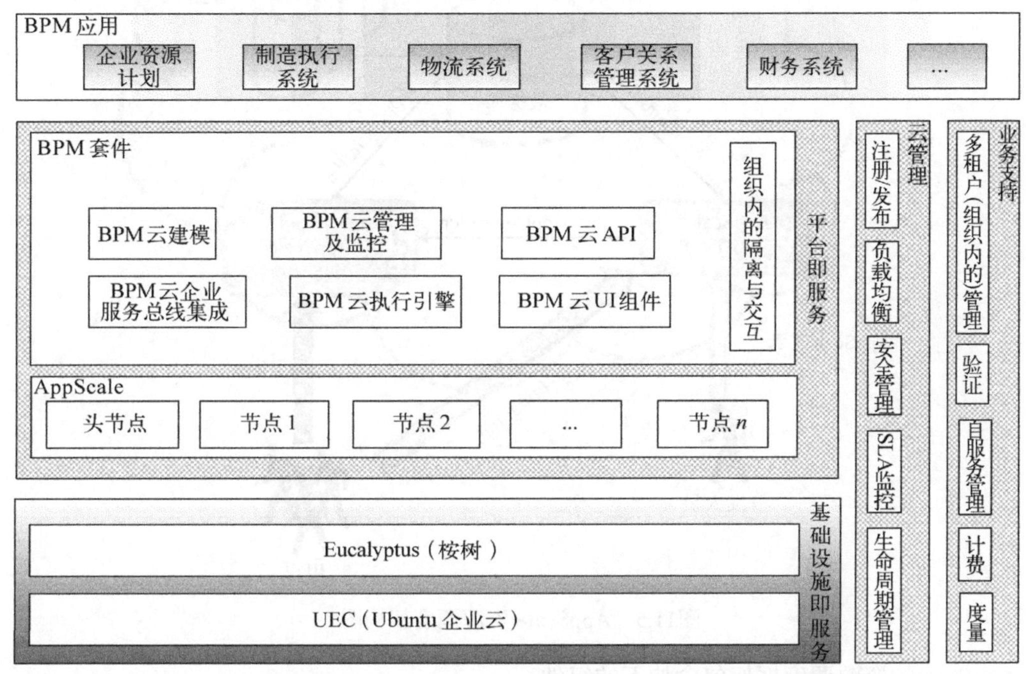

图11.4 系统结构图

11.1.7 系统实现方案

我们在上节介绍了BPM私有云引擎的整体系统结构图，其中基础设施层由UEC（Ubuntu企业云）及Eucalyptus共同组成，这不是本章的重点。我们重点来看平台即服务层的实现方案。本层是BPM私有云引擎的核心，因为BPM私有云引擎直接运行在本层之上，具体实现采用AppScale实现。

AppScale是加州大学圣塔芭芭拉学院在参加研究下一代编程系统时研发的一个可扩展的、分布式的和故障容错的云操作系统。AppScale作为云计算组织结构中PaaS层的云平台，它负责管理、执行虚拟化（如Xen、KVM等）或没有虚拟化且通过云计算架构（如Amazon、Eucalyptus等）构建起来的集群资源。AppScale实现了“开源”的Google App Engine提供的 API，算是一个Goolge App Engine的API集。

1. 基于AppScale的PaaS层的资源调度的实现方案

首先来看AppScale的运行期组件架构图，此架构图也是其响应外部访问的资源调度架构图，如图11.5所示。

11

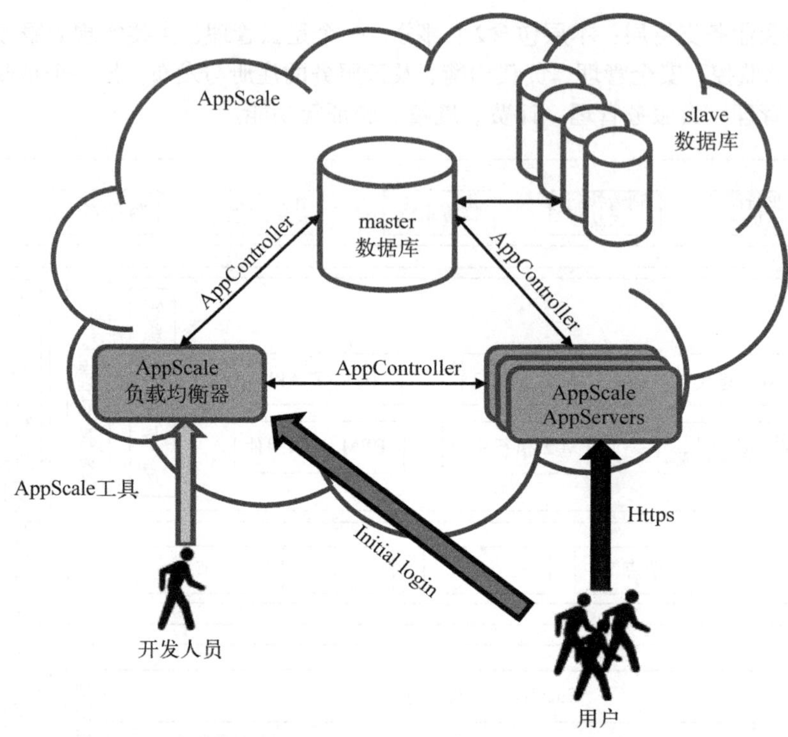

图11.5　AppScale 资源调度架构图[①]

AppScale的资源调度框架包含如下的组件。

- 负载均衡器。分发来自用户的初始请求。在用户成功登录后，负载均衡器就会将请求路由给适当的AppServer，以便为该应用程序实际处理请求。
- 应用服务器。用来执行AppEngine应用程序的一个主要组件。每个AppServer一次只可执行一个应用程序。为了托管多个应用程序，可以添加多个AppServer。
- master数据库。对数据仓库的主要接口，提供对各种可用数据仓库实现的访问。
- slave数据库。一个或多个slave数据库提供了分布式的、可伸缩的容错数据管理能力。

以上这四个核心的组件通过AppController（见上图中的带双向箭头的连接线）与其他组件通信，AppController控制在部署环境内所有AppScale实例的设置、初始化和拆除。此外，它还负责AppEngine应用程序的部署和身份验证。整个实现过程如下：

(1) 用户的登录或访问请求，首先由AppController转发至负载均衡器；

(2) 负载均衡器根据具体的负载均衡算法计算出具体的负责响应此请求的应用服务器（AppServer），并将此请求转发至这个应用服务器；

---

① “面向虚拟基础设施的云服务，第2部分：Platform as a Service (PaaS)和AppScale”, Prabhakar Chaganti, CTO, Ylastic, LLC。http://www.ibm.com/developerworks/cn/opensource/os-cloud-virtual2/。

(3) 应用服务器在进行了相关的逻辑处理之后，将请求转为对数据仓库的访问请求（此请求通用由AppController转发），请求最终到达主数据节点（master数据库）；

(4) master数据库与多个从数据节点（slave数据库）关联，实现分布式的、可伸缩的大数据量存储与访问。

2. 组织内的隔离与交互实现方案

图11.6是组织隔离设计方案的ER图，组织的各个表中都有一个租户识别码，从而实现了组织内的用户的隔离，不同的租户对各自的组织数据进行维护。流程数据中关联各个租户识别码，实现流程的隔离。包括流程定义数据及流程实例数据。

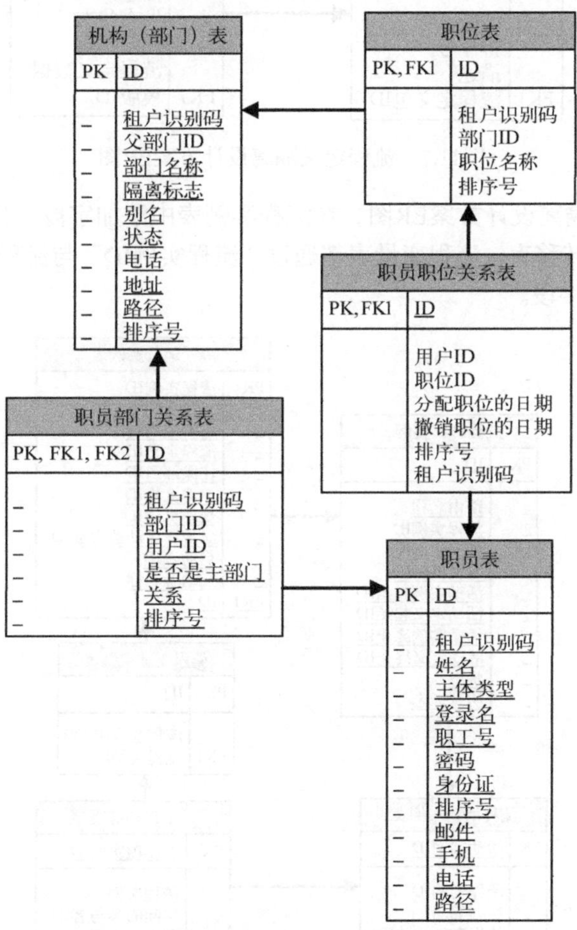

图11.6 组织的隔离设计方案的ER图

图11.7是流程定义隔离设计方案ER图，流程定义都从属于流程模版，而流程模版从属于流程定义包。在流程定义包表中，通过“租户识别码”字段，实现不同租户的流程定义的隔离。此“租户识别码”关联到组织表中的租户识别码。

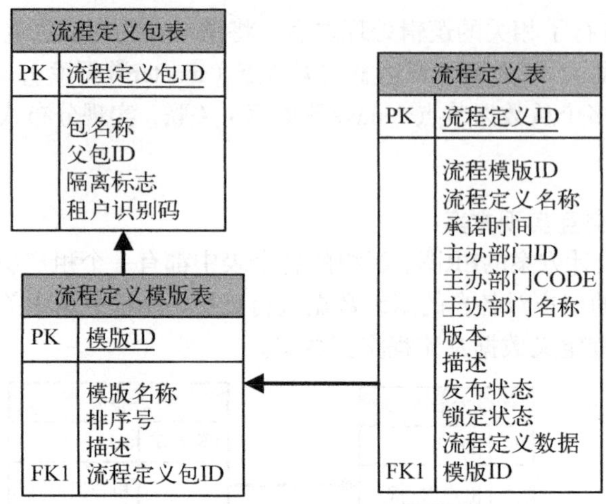

图11.7　流程定义隔离设计方案ER图

图11.8是流程实例隔离设计方案ER图，在流程实例表中添加字段“租户识别码”，活动实例表，工作任务表，流程转移表，流程变量表都通过“流程实例ID”与流程实例表进行关联。因此不需要添加租户识别码字段。

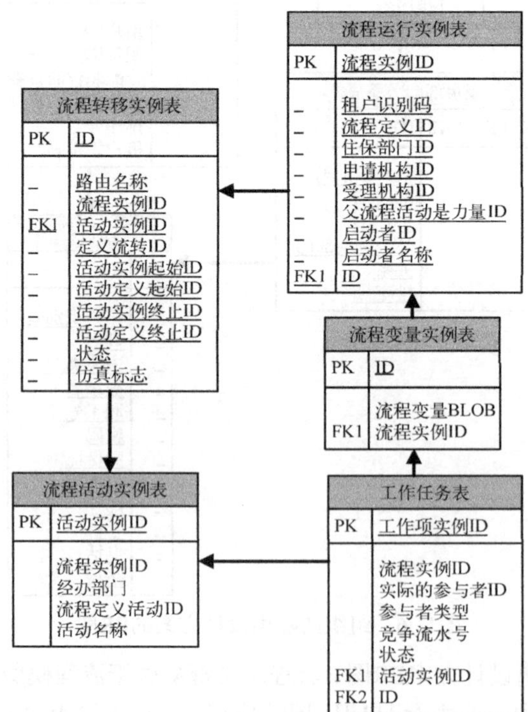

图11.8　流程实例隔离设计方案ER图

3. 海量数据（大数据）处理的实现方案

我们在本节的第1部分已经清楚了对于数据层面采用主从数据节点的方式，即一个主数据节点与多个从数据节点间进行同步复制，以实现对于大数据的分布式存储。具体实现如图11.9所示。

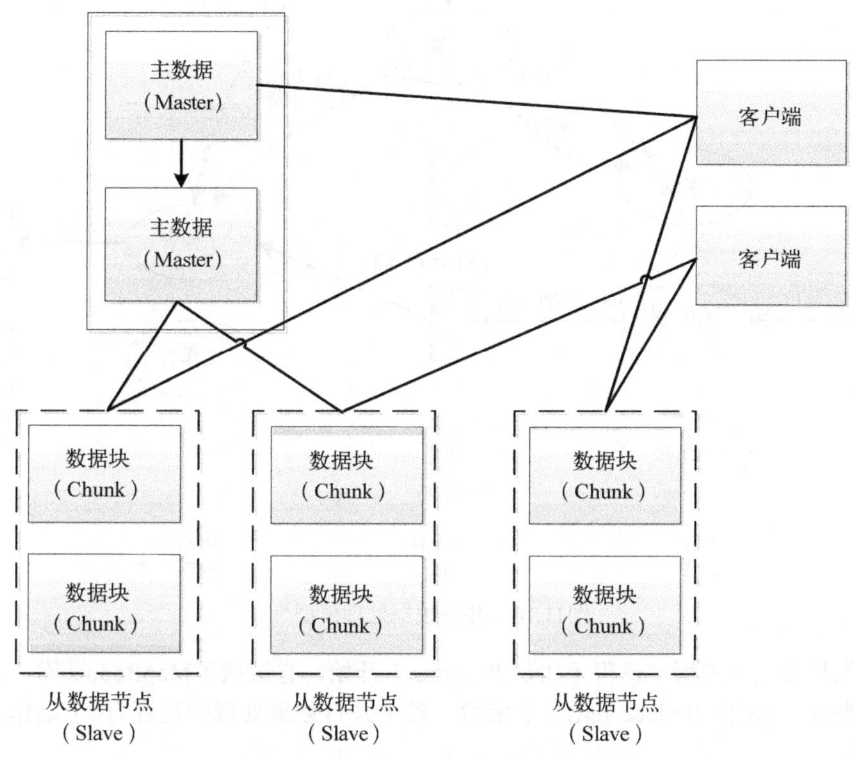

图11.9　主从数据节点的分布式存储实现

这是一个主从数据节点上数据复制的实现过程。主数据节点（Master节点）主要存储与数据文件相关的元数据，而不是数据块。元数据包括一个能将64位标签映射到数据块的位置及其组成文件的表格、数据块副本位置和哪个进程正在读写特定的数据块等。从数据节点（Slave节点）上存储真正的数据文件，数据文件以分割为每个默认大小为64 MB的数据块的方式存储，每个数据块有唯一一个64位标签，并且每个都会在整个分布式系统被复制多次，默认为3次。通过主从数据节点的分布式实现了对大数据的分布式存储，接下来我们给出对于这种分布式的数据的并行访问的实现，如图11.10所示。

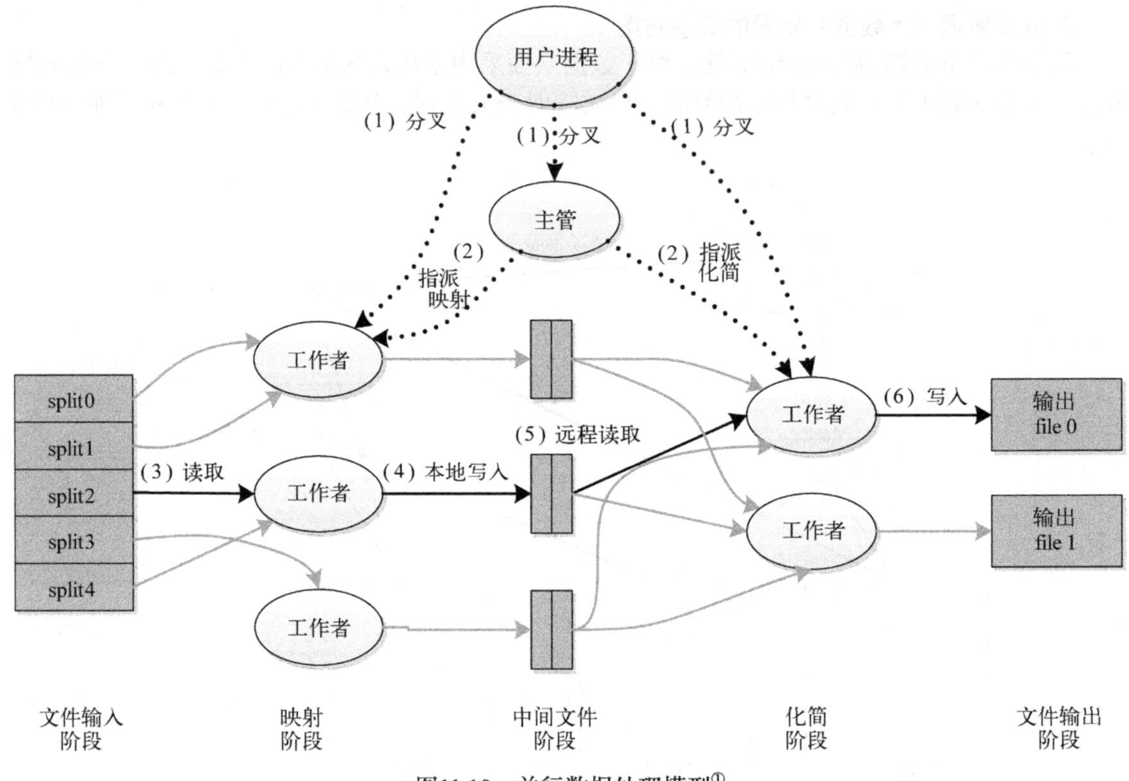

图11.10 并行数据处理模型①

访问首先从最上方的用户进程（User Program）开始，它链接了MapReduce库，实现了最基本的Map（映射）函数和Reduce（化简）函数。整个并行数据处理的过程有6个动作，被划分为如下5个阶段。

- 文件输入阶段（Input files）

(1) 分叉（fork）动作：MapReduce库先把用户进程的输入文件划分为M份（如图11.10左方所示分成了split0~4，共5份），然后使用分叉（fork）功能将用户进程拷贝到集群内其他机器上。此后用户进程处于等待状态。

(2) 指派映射作业及化简作业（assign map及assign reduce）的工作者动作：用户程序的副本中有一个称为主管（master），其余称为工作者（worker）。主管负责调度，为空闲的工作者分配作业（Map作业或者Reduce作业），worker的数量可以由用户指定。

- 映射阶段（Map phase）

(3) 读取（Read）分片数据动作：被分配了Map作业的工作者，开始读取对应分片的输入数

① http://baike.baidu.com/view/2902.htm。

据，Map作业数量是由M决定的，和split一一对应；Map作业从输入数据中抽取出键值对，每一个键值对都作为参数传递给Map函数，Map函数产生的中间键值对被缓存在内存中。

- 中间文件阶段（Intermediate files/on local disks）

(4) 本地写入（local write）动作：缓存的中间键值对会被定期写入本地磁盘，而且被分为R个区，R的大小是由用户定义的，将来每个区会对应一个Reduce作业；这些中间键值对的位置会被通报给master，它负责将信息转发给Reduce worker（化简工作者）。

- 化简阶段（reduce）

(5) 远程读（remote read）动作：master通知分配了Reduce作业的worker负责的分区位置（肯定不止一个地方，每个Map作业产生的中间键值对都可能映射到所有R个分区），当Reduce worker把所有负责的中间键值对都读过来后，先对它们进行排序，使得相同键的键值对聚集在一起。因为不同的键可能会映射到同一个分区也就是同一个Reduce作业，所以排序是必须的。

- 文件输出阶段（Output files）

(6) 写（Write）动作：Reduce worker遍历排序后的中间键值对，对于每个唯一的键都将键与关联的值传递给Reduce函数，Reduce函数产生的输出会添加到这个分区的输出文件中。

当所有的Map和Reduce作业都完成了，master唤醒等待的用户进程，MapReduce函数调用返回用户进程的代码。所有执行完毕后，MapReduce输出放在了R个分区的输出文件中（分别对应一个Reduce作业）。用户通常并不需要合并这R个文件，而是将其作为输入交给另一个MapReduce程序处理。整个过程中，输入数据是来自底层Hadoop分布式文件系统（HDFS）的，中间数据是放在本地文件系统的，最终输出数据是写入底层Hadoop分布式文件系统（HDFS）的。

对于大数据，除了Hadoop分布式文件系统外，AppScale同样支持目前主流的、专门处理大数据的数据库实现，如Cassandra、MongoDB、HBase等，具体实现请读者自行查阅相关的资料。

通过Hadoop分布式文件系统及MapReduce并行数据处理的编程模型，解决了BPM私有云引擎对于海量数据（大数据）的处理要求。

4. 云端API（REST-based API）的设计实现

如图11.11所示，流程主要是由活动、转移及变量组成。流程本身、活动、转移、变量都发布为WEB资源。在定义期和实例期，流程的REST API如下：

- ❑ GET/process：列出所有的已部署的流程；
- ❑ GET/process/name：得到某个名称的流程定义；
- ❑ POST/process/name：启动一个新的流程实例；
- ❑ GET/process/name/instance：取得某个流程实例；
- ❑ DELETE/process/name/instance：删除某个流程实例。

活动及工作项的REST API如下：

- ❑ GET/activity：取得所有的活动实例；
- ❑ GET/activity/name/instance：取得某个活动实例；

❑ POST/workitem/name/instance：完成某个工作项。

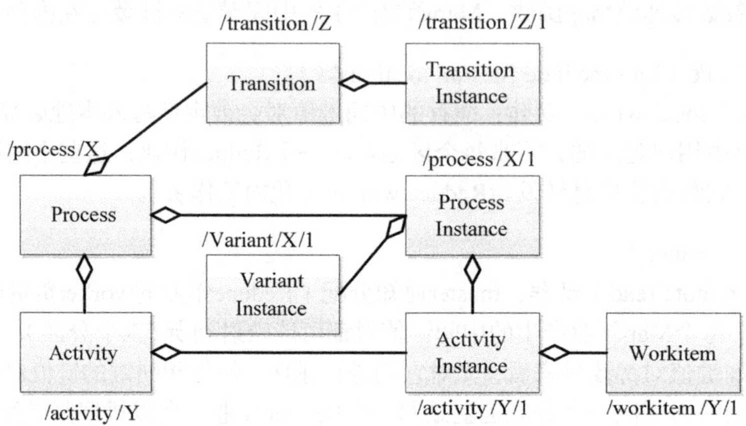

图11.11　BPM私有云引擎中的REST设计

关于云端API的设计，11.2节将基于一个网购纸尿裤的案例，给出更为详细的设计。

5. BPM私有云引擎的调度算法

图11.12是基于AppScale的BPM私有云引擎的调度算法：

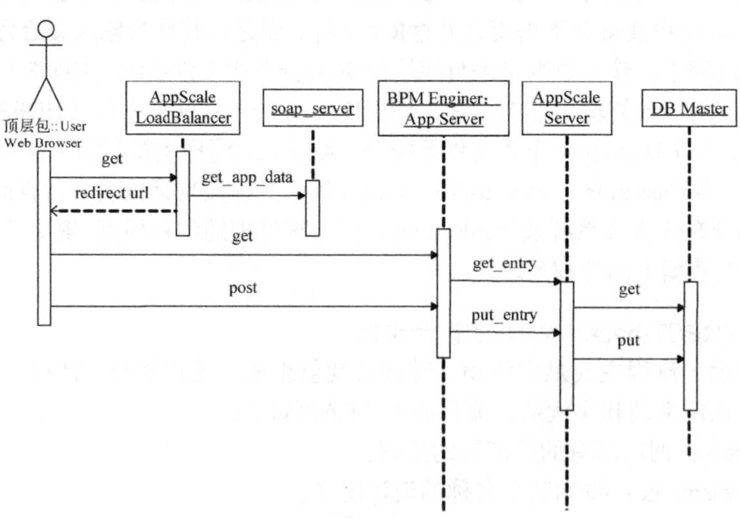

图11.12　BPM私有云引擎的调度算法

(1) 用户通过浏览器发出get请求（例如取得某个流程定义），此请求被转发到AppScale LoadBalancer负载均衡器上；

(2) AppSacle LoadBalancer负载均衡器，向soap_server发出get_app_data的请求，并返回一个可用的appserver的url给调用者；

(3) 浏览器向由负载均衡器分配的App Server上的BPM引擎发出get请求；

(4) App Server向AppScale Server发出get_entry请求；

(5) AppScale Server向DB master发出get请求，以准备处理相关的数据（此例中返回某个流程定义）；

(6) 浏览器向最终返回的BPM引擎，发出POST请求，例如启动一个流程实例；

(7) POST请求，在BPM引擎上执行，并产生流程实例数据，此流程实例数据又通过AppScale Server的转发，最终持久化到DB master中，DB master会根据自己的机制同步到DB slave上。

6. BPM私有云的关键问题及解决方法

● 云标准问题

到目前为止，还没有统一的云计算标准，怎样保证业务可以在不同的云间进行无缝迁移，是一个重要的问题。针对这个问题，IEEE（电气与电子工程师学会）已经推出了两个新的标准开发项目：第一个是IEEE P2301——云可移植性和互操作性设计指南草案；第二个是IEEE P2302——云间互操作性与联合标准草案。我国的相关机构也正在开始制定相关的云计算标准。

● 云性能的问题

网络延迟是公有云环境中较为明显的问题，如果将私有云托管到云服务提供商处，同样也会面临网络延迟的问题。而包括Eucalyptus在内的云计算平台，并没有将降低网络延时作为功能模块整合进云平台中。对于此问题，Juniper Networks公司提出了称为“层云”的一种全新的网络结构。简单地说，“层云”就是把网络中的各个交换层次打散，在每一个计算节点之间都建立出最直接的一对一通路，两个交换节点之间直接连接，并不通过第三个节点，所有的交换节点都处在同一层面上，不同的应用在这些交换节点中被软件划分出自己的路线[①]。

● 云安全的问题

如何保证数据的安全，如何保证数据不被未授权的第三方访问，是所有的云计算厂商面临的共同难题。在本实现中，我们采用在数据本身上添加隔离字段（租户识别码）的方式，实现了数据的隔离，从而保证了数据不会被未经授权的第三方访问。而在传输方面则采用SSL安全套接字，实现数据的安全传输。

11.2　基于 REST 的流程 API 设计案例

11.2.1　一个关于网购纸尿裤的故事

这是一个关于订单的故事。四个月前，我在某刚刚上市的网上书城框框网购买了一包纸尿裤，因为尺寸不对，我选择了退货，由此开始了我糟糕的用户体验：首先是快递公司取回了纸尿裤却

① http://www.juniper.net/cn/zh/company/press-center/press-releases/2009/pr_2009_08_03-11_00.html。

没有还款给我；接下来的两个月里，我不得不一次又一次地向框框的客服投诉，客服很客气，她让我说出我的订单号然后说需要帮我查一查，两分钟后，她说需要和快递公司联系，稍后再打给我；随后的客服都很客气，但无一例外的，她们都不清楚我订单的处理情况，甚至很惊讶："快递公司还没有给你办吗？"终于，我失去了耐心。我说："难道你们框框就只负责卖东西吗？送货外包了你们就不需要负责了吗？究竟是谁在处理我的订单？谁是责任人你们不知道吗？整个流程的处理状态你们清楚吗？"客服支支吾吾半天道："我们这就和快递公司联系。"

框框的问题出在什么地方？顾客找不到这个订单的直接负责人，只能和客服打电话，而框框自己也失去该订单的状态了，于是只能再打快递公司的客服，这样问题透过组织结构层层传递下来，执行力可想而知。那为什么顾客找不到订单的直接负责人呢？因为顾客失去对自己订单的可视化了，不知道订单现在处于一种什么样的状态，正处于哪一个步骤，谁是这个步骤的责任人，网站上没有，自然无从得知。想想我们的迭代和show case，也正是一种对顾客的可视化手段。

在下面的章节中，我们将一起来应用rest的架构风格逐步搭建一个端到端的流程管理系统，看看如何解决这个问题：看在上帝的份上，让我看看我的订单。为什么使用REST？因为在下面的故事中，我们将会有大量的系统集成工作。为什么集成要用REST？因为REST的实质是充分利用HTTP协议，将其作为一种应用协议，而不仅仅是传输协议，这样在Web上做集成时能够最大程度上地达成一致，形成大家都能接受的约定，减少集成的工作量。另外，不可忽视的一点是，我们更多的是做数据的mashup，这很适合REST的应用特点。不能使用Web Service吗？当然可以，只是我们这里使用REST而已。

11.2.2 第一个需求，我想随时随地查看我的订单

好吧，很自然，这需要我们的程序支持移动设备。

似乎就在昨天，我们还在如图11.13所示，一边开发程序，我们一边打开firebug进行调试，一边诅咒IE的不得好死，那时我们的关注点集中在前端，集中在如何使各个浏览器的行为和样式保持一致。而服务器端则是经典的MVC框架，直接将渲染好的HTML文档扔回客户端。

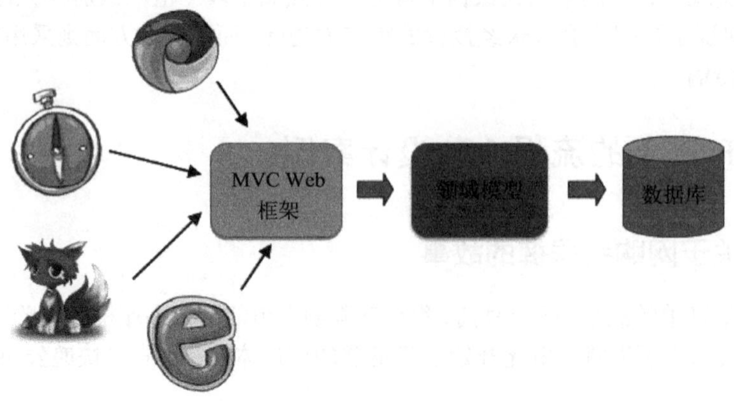

图11.13 昨天我们这样开发程序

然而到了今天，一切都发生了变化，我们开发的程序成了图11.14的样子。随着IE向标准的靠拢，HTML5似乎有一统客户端之势，然而，移动互联网的兴起让我们编写程序重新变得复杂，昨天我只需要支持浏览器，现在则需要支持各种手机平台上的原生应用。自然，和昨天存在大量的JavaScript和CSS框架来抹平不同浏览器之间的差别一样，现在我们也有了PhoneGap和Titanium来抹平不同平台之间的差别。尽管目前这些跨平台工具还存在用户体验不理想的问题，但最重要的变化来自两个方面：一是客户端重新变胖；二是服务器端由返回渲染完成的页面退化为返回数据，具体表现就是对客户端暴露出API。

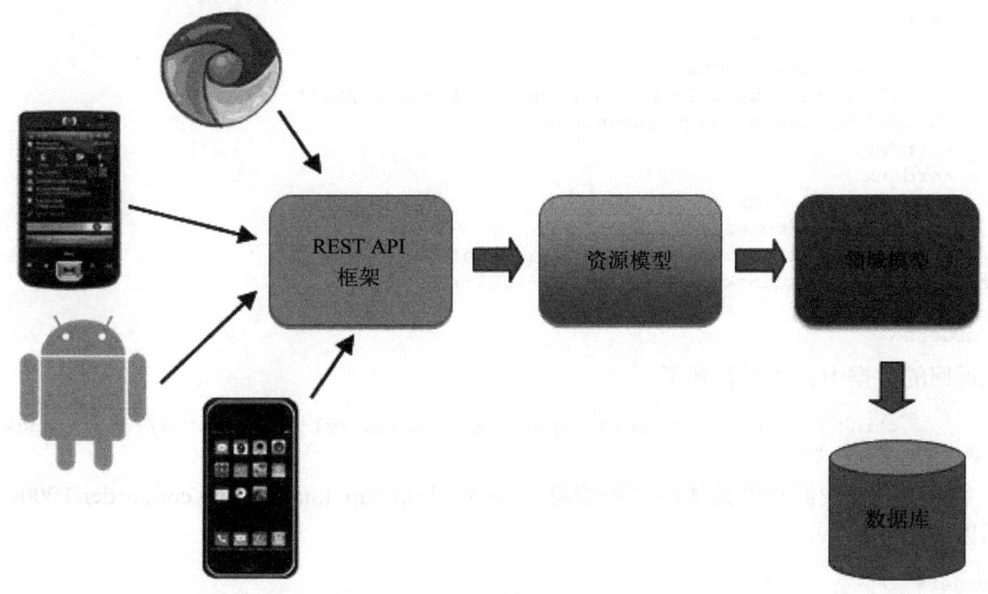

图11.14 今天我们这样开发程序

对移动设备的支持使得我可以在写代码、吃饭、睡觉，甚至坐马桶时随时查看我的订单（当然前提是你得有这些设备），而本文后续的架构变化也会围绕着图11.12逐渐演进。至于明天HTML5是否会最终代替原生应用，我觉得不会，不仅仅是技术原因（对设备硬件的使用），更重要的是商业原因，替代后的苹果会变得和现在的微软/诺基亚一样尴尬。那么也许是后天？

REST的架构风格

好吧，既然是REST的API设计，我们来看看REST的架构风格。RESTful 架构遵从以下几个原则。

- 请求是客户–服务器式的，并很自然地使用一种基于拉的交互风格。
- 请求是无状态的。每个从客户端到服务器端的请求都必须包含理解此请求所需的全部信息，而且不能利用服务器上所存储的上下文。
- 客户端和服务器都遵从统一的接口。所有的资源都可通过Web的普通接口进行访问——HTTP及HTTP方法：GET、POST、PUT和DELETE。

11

- 客户端通过URI与命名的资源进行交互。
- 将HTTP状态码作为系统的状态码。

REST的实质是充分利用HTTP协议，形成大家都能接受的约定。

看个例子，我们以订单列表作为整个应用的调用入口，首先会GET：http://api.kuangkuang.com/orders，服务器返回以下的数据：

```
<orders>
    <link rel="list" media-type="application/xml"
url="http://api.kuangkuang.com/orders"/>
    <order>
        <id>1000</id>
        <state>draft</state>
        <link rel="detail" media-type="application/xml"
url="http://api.kuangkuang.com/order/1000"/>
    </order>
    <order>
        <id>1001</id>
        <state>completed</state>
        <link rel="detail" media-type="application/xml"
url="http://api.kuangkuang.com/order/1001"/>
    </order>
</orders>
```

在返回的数据中，我们看到了：

```
        <link rel="detail" media-type="application/xml" url="http://api.kuangkuang.
com/order/1001"/>
```

这个链接引导我们查看具体的订单信息，GET：http://api.kuangkuang.com/order/1000，服务器返回以下的数据：

```
<order>
    <link rel="detail" media-type="application/xml" url="http://api.kuangkuang.com/
        order/1000"/>
    <content>
        <id>1000</id>
        <state>draft</state>
        <cost>88.0</cost>
        <link rel="edit" media-type="application/xml" url="http://api.kuangkuang.
            com/order/1000"/>
        <link rel="delete" media-type="application/xml" url="http://api.kuangkuang.
            com/order/1000"/>
    </content>
</order>
```

这里我们看到了两个链接：

```
<link rel="edit" media-type="application/xml"
url="http://api.kuangkuang.com/order/1000"/>
<link rel="delete" media-type="application/xml"
url="http://api.kuangkuang.com/order/1000"/>
```

它们告诉我们可以对这个处于草拟状态的订单进行修改和删除。我们GET另外一个已完成的订单看看：http://api.kuangkuang.com/order/1001，返回数据：

```
<order>
    <link rel="detail" media-type="application/xml" url="http://api.kuangkuang.com/
        order/1001"/>
    <content>
        <id>1001</id>
        <state>completed</state>
        <cost>66.0</cost>
    </content>
</order>
```

没有更多的链接，这意味着我们只能对该订单进行查看。

在这些交互中，最重要的是服务器端返回数据本身已包含了对其他资源访问和对现在资源操作的线索。这样的好处在于客户端只需要一个入口地址，其他所有的操作地址全部由服务器端确定，这使得客户端与服务器端解耦，客户端不必再硬编码入URI，能够各自独立地进化，服务器端负责数据、权限以及交互URI的确定，客户端重新回归展现数据的单一职责。

11.2.3 第二个需求，实现一个简单的流程

在上面的例子里，我们看到了订单的CRUD操作，但这并不是实际生活中的真实情况，整个订单的生命周期如图11.15所示。

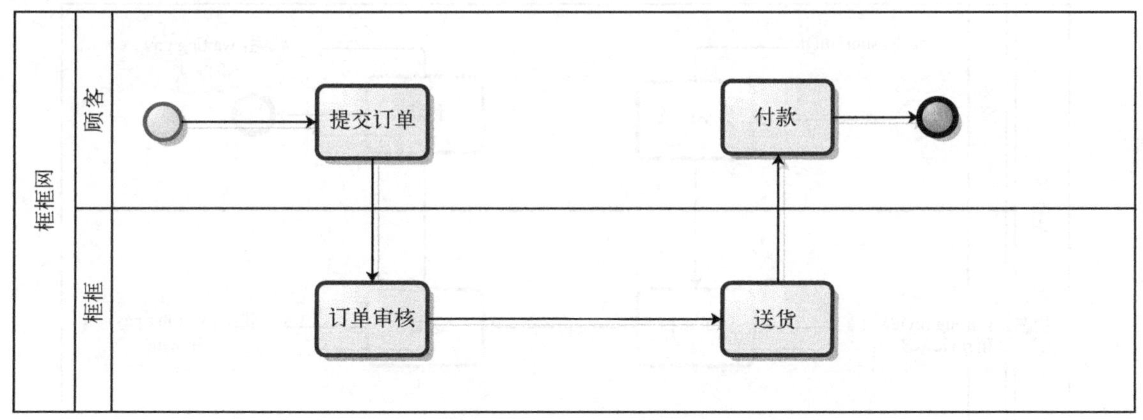

图11.15 订单的完整流程

在实现这个流程时，我们分为两步：第一步对订单进行资源建模，如图11.16所示；第二步通过工作流对订单进行流程的生命周期管理，如图11.17所示。

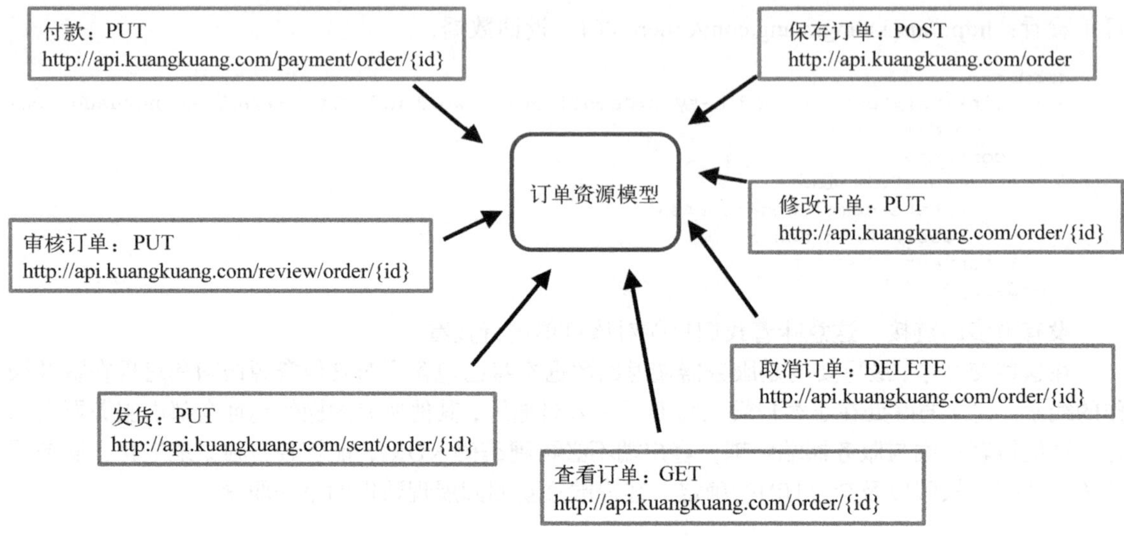

图11.16　订单的资源模型

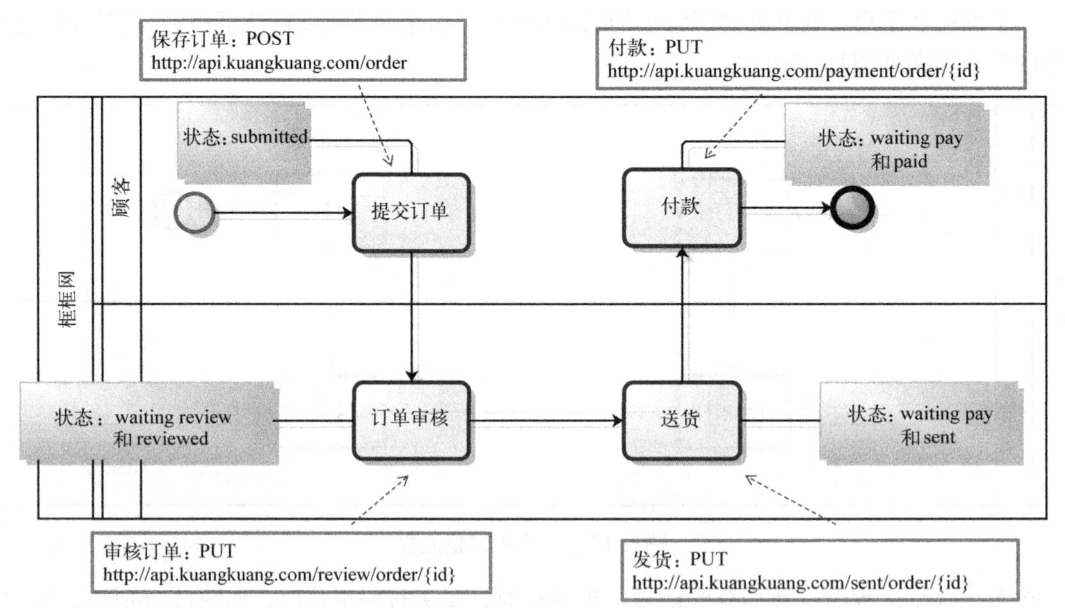

图11.17　使用工作流管理订单的生命周期

工作流的职责在于管理订单的生命周期，在其生命周期的不同阶段，我们会有不同的参与者，对订单不同的操作权限。我们的系统架构演变成图11.18的样子。

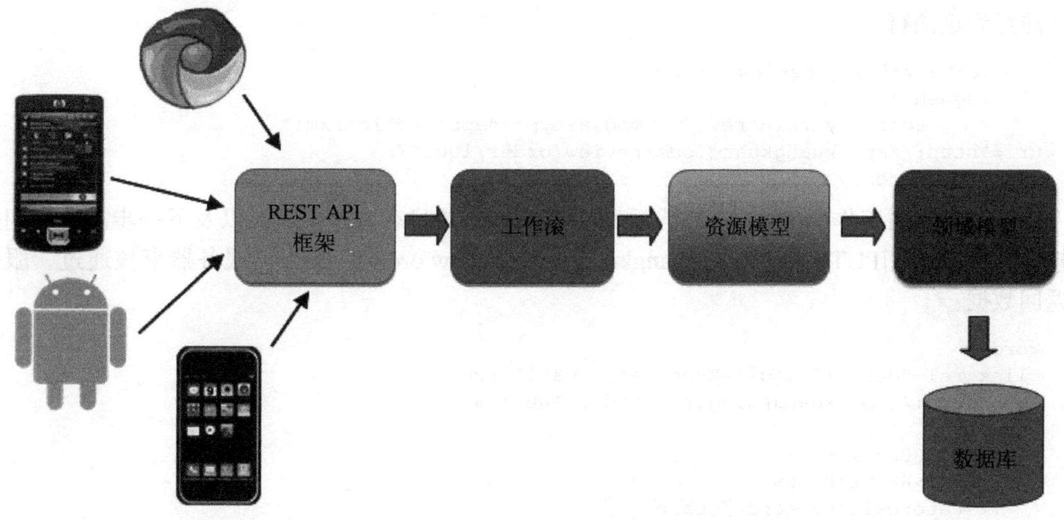

图11.18　使用工作流管理资源模型的生命周期

看例子，这次将我们视角转移到框框网这边，看看框框如何处理我们已提交的订单。我们使用GET：http://api.kuangkuang.com/orders?status=waiting-review来获取所有需要审核的订单，服务器返回以下的数据：

```
<orders>
    <link rel="list" media-type="application/xml"
url="http://api.kuangkuang.com/orders"/>
    <order>
        <id>1000</id>
        <state>waiting review</state>
        <link rel="detail" media-type="application/xml"
url="http://api.kuangkuang.com/order/1000"/>
    </order>
</orders>
```

我们查看具体的订单信息，GET：http://api.kuangkuang.com/order/1000，服务器判断出我们是框框网员工具有审核订单的权限，于是返回以下的数据：

```
<order>
<link rel="detail" media-type="application/xml"
url="http://api.kuangkuang.com/order/1000"/>
<content>
    <id>1000</id>
    <cost>88.0</cost>
    <state>waiting review</state>
    <squence>
        <activity rel="review" media-type="application/xml"
url="http://api.kuangkuang.com/review/order/1000"/>
    </squence>
</content>
</order>
```

注意到这两行：

```
   <state>waiting review</state>
    <squence>
        <activity rel="review" media-type="application/xml"
url="http://api.kuangkuang.com/review/order/1000"/>
    </squence>
```

这段信息是由工作流加入的，它告诉我们当前订单的状态为等待审核以及下一步需要我们来审核。那么，我们PUT：http://api.kuangkuang.com/review/order/1000告诉服务器审核通过，服务器返回数据：

```
<order>
<link rel="detail" media-type="application/xml"
url="http://api.kuangkuang.com/order/1000"/>
<content>
    <id>1000</id>
    <cost>88.0</cost>
    <state>waiting send</state>
    <squence>
        <activity rel="send" media-type="application/xml"
url="http://api.kuangkuang.com/sent/order/1000"/>
    </squence>
</content>
</order>
```

同样，工作流加入了这两行数据：

```
<state>waiting send</state>
    <squence>
        <activity rel="send" media-type="application/xml"
url="http://api.kuangkuang.com/sent/order/1000"/>
    </squence>
```

告诉我们当前订单状态为等待送货，而下一步需要我们来完成这一步。此时，如果顾客来查看自己的订单会得到什么数据呢？服务器会判断出当前请求的用户是顾客，那么：

```
<order>
<link rel="detail" media-type="application/xml"
url="http://api.kuangkuang.com/order/1000"/>
<content>
    <id>1000</id>
    <cost>88.0</cost>
    <state>waiting send</state>
</content>
</order>
```

顾客能够看到自己的订单正处于等待送货状态，而不会有下一步的动作。很好，框框网订单处理速度很快，而这正是网购的主要竞争力之一。

等等，如果订单审核不通过呢，继续看流程，如图11.19所示。

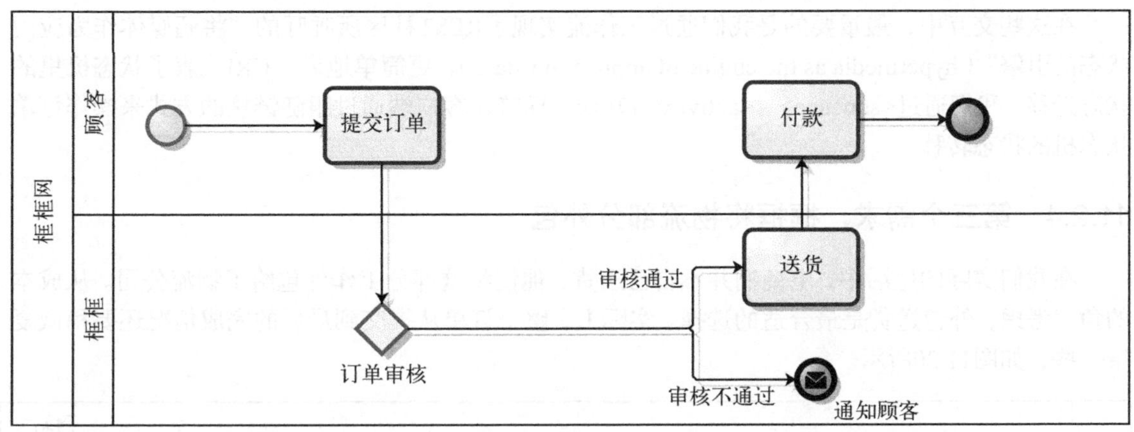

图11.19 增加一个网关

作为框框网的员工，我们GET：http://api.kuangkuang.com/order/1000，服务器判断出我们是框框网员工，返回以下的数据：

```
<order>
<link rel="detail" media-type="application/xml"
url="http://api.kuangkuang.com/order/1000"/>
<content>
    <id>1000</id>
    <cost>88.0</cost>
    <state>waiting review</state>
    <squence>
        <xor rel="review" media-type="application/xml"
url="http://api.kuangkuang.com/review/order/1000">
            <choice>pass</choice>
            <choice>reject</choice>
        </xor>
    </squence>
</content>
</order>
```

注意到这两行：

```
<squence>
        <xor rel="review" media-type="application/xml"
url="http://api.kuangkuang.com/review/order/1000">
            <choice>pass</choice>
            <choice>reject</choice>
        </xor>
</squence>
```

系统告诉我们这是一个排他网关，我们需要作出选择，在客户端与服务器端就media-type达成一致的情况下（即客户端能够充分理解服务器端返回的数据格式，这个数据格式被标准化），我们的代码不需要作出任何的修改，pass和reject作为工作流变量被put到服务器，由工作流引擎进行处理，同样不会影响到订单的资源建模。

11

在这些交互中，最重要的是我们通过工作流实现了REST社区所呼吁的“将超媒体作为应用状态的引擎”（hypermedia as the engine of application state）。更简单地说，URI代表了状态机里的状态迁移。我们通过<squence>、<activity>和<xor>标签让客户端通过跟随链接的方式来操作订单状态机的状态转移。

11.2.4　第三个需求，框框将物流部分外包

在我们实际的生活中，电商们并不自己送货，他们将这部分工作外包给了物流公司。从成本的角度考虑，外包送货是最合适的选择。实际上，整个订单从提交到最后的完成情况还要稍微复杂一些，如图11.20所示。

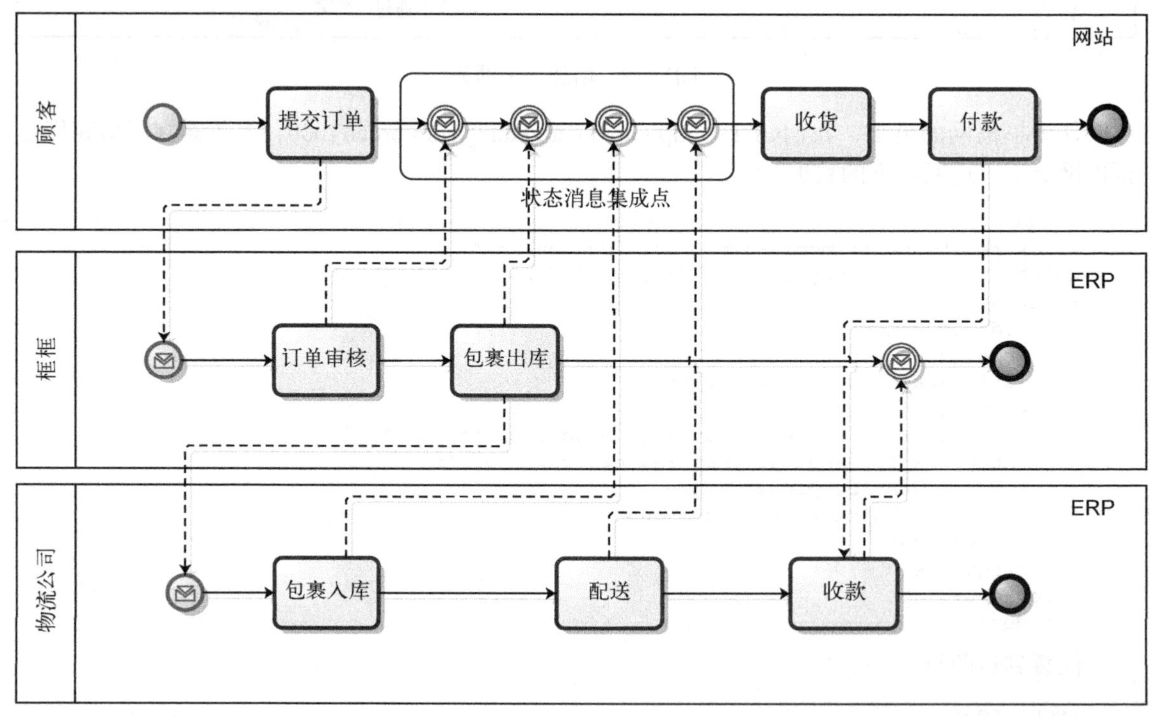

图11.20　订单从提交到完成的整个流程

从图中可以看出，这个流程跨越了两家公司，同时涉及了三个系统的集成，这三个系统分别是：框框网的前台网站，框框网的后台负责仓储、进出货和物流的ERP系统，以及外包物流公司的ERP系统。三个系统各自有自己的处理流程，整个订单的端到端处理流程由这三个系统的三个流程共同完成：当我们在框框网提交订单时，一个消息被发送到框框的后台ERP系统，这个消息触发一个货物的出库流程，当货物打包完毕出库时，一个消息被发送到物流公司的ERP系统，同时触发物流公司的包裹配送流程，当我们给物流公司的配送员付款完毕时，对顾客来说框框的购物流程已经结束。然而整个流程依旧还要继续，配送员回到公司完款，一个消息被发送回框框的

后台ERP，物流公司的包裹配送流程结束，框框网的这个订单这才处理完成。

本节开始提到的那个糟糕的退货故事，问题就出在订单交由物流公司进行货物配送时，顾客以及框框失去了对配送流程的可视化，物流公司的处理情况在我们的流程中成为黑盒了。如何解决这部分的问题呢？有两种处理方法：一是在框框网订单处理流程中加入捕获事件，正如图11.21所示的，当框框后台ERP和物流公司ERP对订单进行处理时，每到一个任务节点就给框框网的订单处理流程发送消息，由此给我们标示出订单的实时状态。

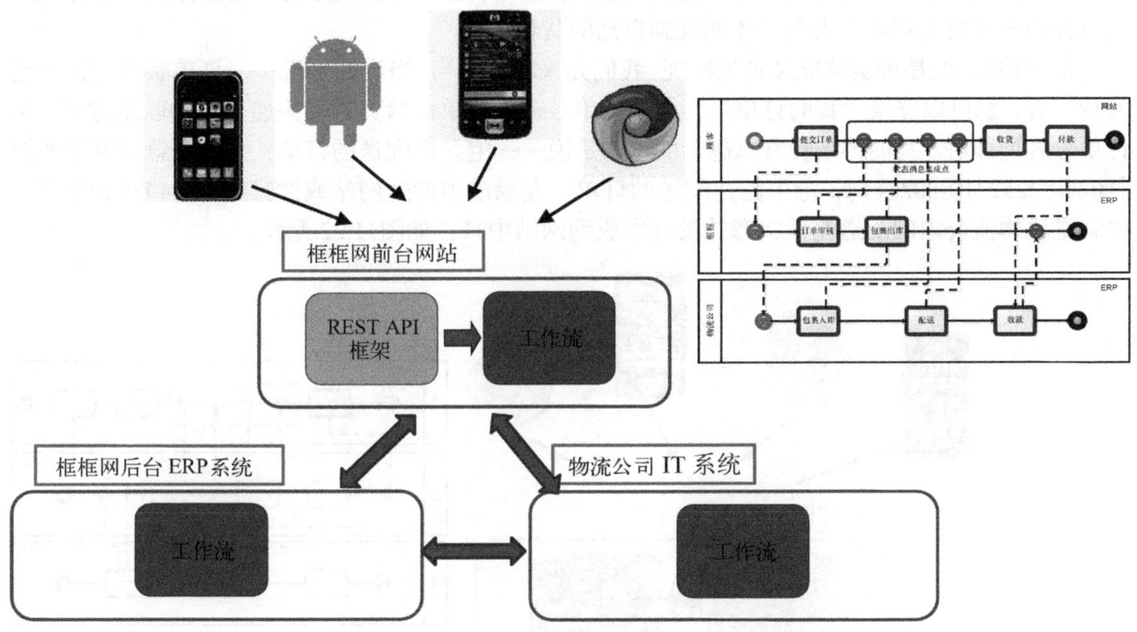

图11.21　通过系统集成传递订单实时处理消息

现在，我们来看看自己的订单会得到什么数据，GET http://api.kuangkuang.com/order/1000，框框网前台网站返回数据：

```
<order>
<link rel="detail" media-type="application/xml"
url="http://api.kuangkuang.com/order/1000"/>
<content>
    <id>1000</id>
    <cost>88.0</cost>
    <state>waiting send</state>
    <history>
        <activity rel="submit" time="2011-6-28 14:00" participant="ronghao"/>
        <activity rel="review" time="2011-6-28 14:30" participant="xinpeng"/>
        <activity rel="delivery package" time="2011-6-28 15:00" participant="haorong"/>
        <activity rel="warehouse" time="2011-6-28 17:00" participant="pengxin"/>
    </history>
</content>
</order>
```

订单状态为等待物流公司送货，注意到这段数据：

```
<history>
    <activity rel="submit" time="2011-6-28 14:00" participant="ronghao"/>
    <activity rel="review" time="2011-6-28 14:30" participant="xinpeng"/>
    <activity rel="delivery package" time="2011-6-28 15:00" participant="haorong"/>
    <activity rel="warehouse" time="2011-6-28 17:00" participant="pengxin"/>
</history>
```

工作流加入了订单处理的历史信息。从这段信息可以看出货物入库的时间已经是下午5点了，所以我们至少要等到第二天上午才能收到自己的货物了。

很不错吧，但是现实情况又是怎样呢。我们先来看看当当，当当如是说——订单状态变为“已发货”后，您可以登录“我的订单”，点击订单号进入订单详情页查看快递公司的联系方式，用订单号查询即可。我们再来看看卓越，卓越如是说——宅急送配送的订单：登录宅急送网站或拨打020-82252310-802查询；港中能达配送的订单：登录港中能达网站或拨打020-86443920查询。也就是说物流公司的配送流程状态并没有集成到网站中来，如图11.22所示。

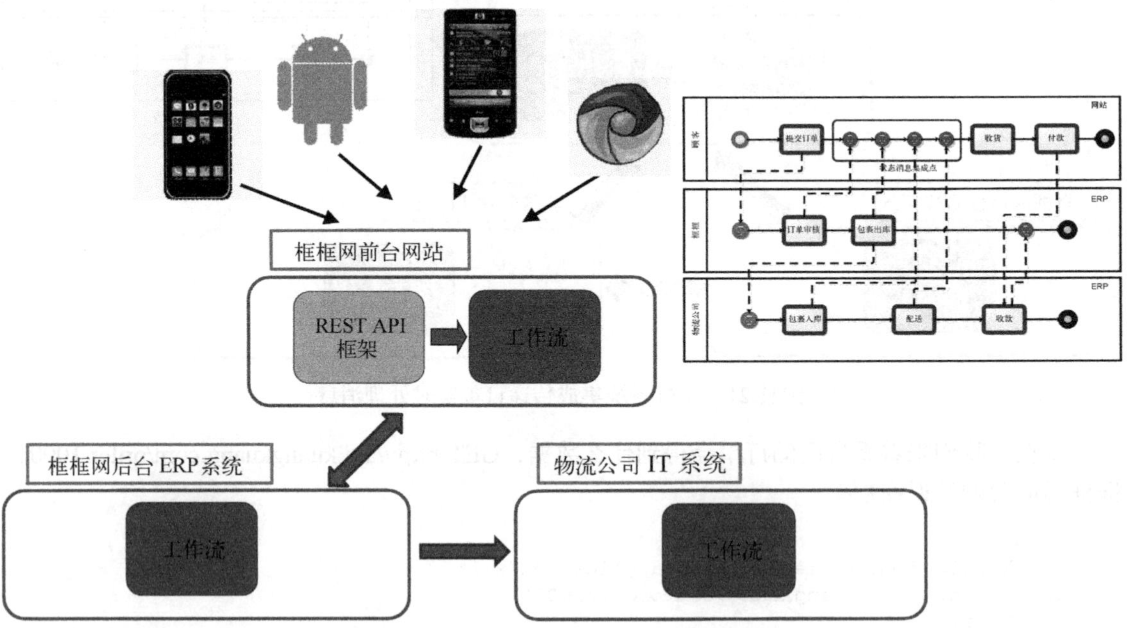

图11.22 网站与物流公司系统没有集成

为什么没有集成呢？第一是物流公司的客户往往不止框框一家，第二是框框也不会把鸡蛋放在一家物流公司的篮子里，这些给系统集成带来了难度，我们会突然发现有大量的系统需要集成，而系统间的集成之间存在太多的集成点、调试以及约定，这些都需要大量的工作和成本，系统们被紧紧的耦合在一起。

既然第一种实现方式使得我们即时查看订单状态成本太大，那我们看看第二种方法：使用一个统一的流程管理系统来管理整个端到端的流程，如图11.23所示。

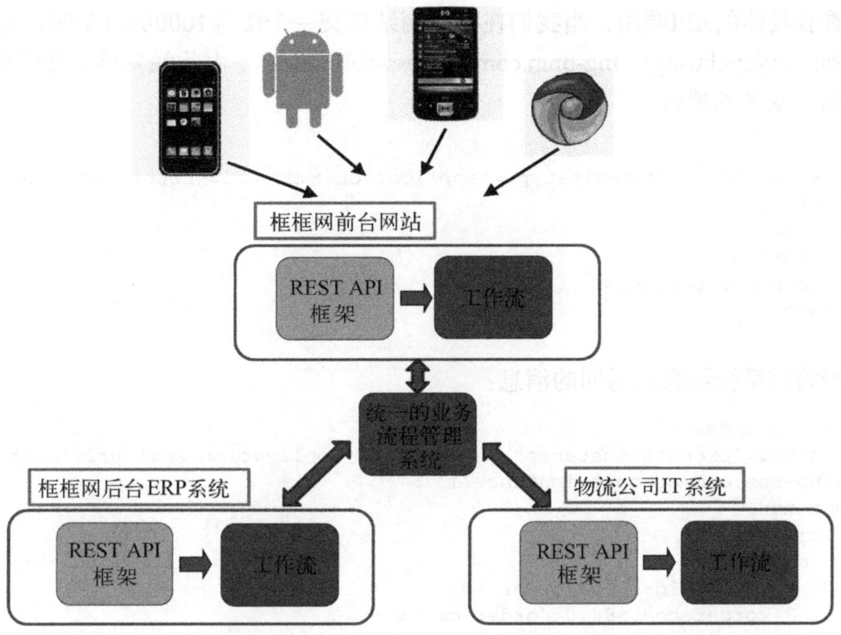

图11.23　使用统一的业务流程管理系统管理端到端流程

业务流程管理系统的职责有两个：一是由其管理起各个系统间的集成工作，这样避免了各个系统间的大量耦合；二是由其跟踪订单状态，完成订单在整个流程中的可视化。如图11.24所示。

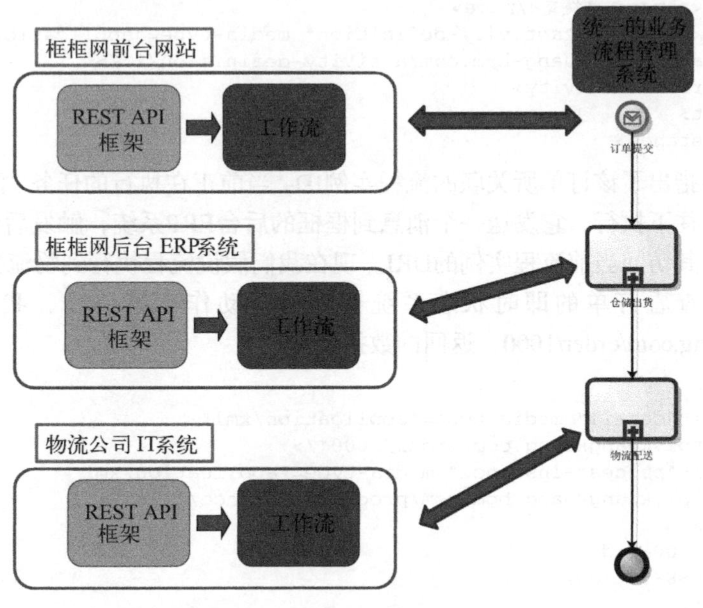

图11.24　框框订单的端到端流程

我们来看看具体的API调用，当我们在框框网站提交一个ID为1000的订单时，框框网站会发送一个消息到http://api.kuangkuang-bpm.com/process-definition/1，由此触发整个的流程，启动一个新的流程实例。发送的消息：

```
<order>
    <link rel="detail" media-type="application/xml" url="http://api.kuangkuang.com/
order/1000"/>
    <content>
        <id>1000</id>
        <cost>88.0</cost>
    </content>
</order>
```

业务流程管理系统给我们返回的消息：

```
<process-instance>
    <link rel="process-instance" media-type="application/xml" url="http://api.
kuangkuang-bpm.com/process-instance/1"/>
    <content>
        <id>1</id>
        <data>
            <order-id>1000</order-id>
            <order-cost>88.0</order-cost>
        </data>
        <definition>
            <link rel="process-definition" media-type="application/xml"
url="http://api.kuangkuang-bpm.com/process-definition/1"/>
        </definition>
        <current-activity>
            <name>订单提交</name>
            <link rel="activity-definition" media-type="application/xml"
url="http://api.kuangkuang-bpm.com/activity-definition/1"/>
        </current-activity>
    </content>
</process-instance>
```

返回的消息中指出了该订单所关联的流程实例ID，当前正在执行的任务。流程系统创建流程实例后接下来继续往下执行，它发送一个消息到框框的后台ERP系统，触发后台ERP系统对订单的处理，同时告诉其访问当前流程实例的URI。现在我们假设流程执行到物流公司的配送任务，我们在框框网站查看订单的即时状态系统会有哪些动作。第一步，我们同样是GET：http://api.kuangkuang.com/order/1000，返回的数据：

```
<order>
    <link rel="detail" media-type="application/xml"
url="http://api.kuangkuang.com/order/1000"/>
    <link rel="process-instance" media-type="application/xml"
url="http://api.kuangkuang-bpm.com/process-instance/1"/>
    <content>
        <id>1000</id>
        <cost>88.0</cost>
    </content>
</order>
```

返回的消息中多了一个访问流程实例的URI，那么我们的客户端程序继续GET：http://api.kuangkuang-bpm.com/process-instance/1，返回的数据：

```
<process-instance>
    <link rel="process-instance" media-type="application/xml"
url="http://api.kuangkuang-bpm.com/process-instance/1"/>
    <content>
        <id>1</id>
        <data>
            <order-id>1000</order-id>
            <order-cost>88.0</order-cost>
        </data>
        <definition>
            <link rel="process-definition" media-type="application/xml"
url="http://api.kuangkuang-bpm.com/process-definition/1"/>
        </definition>
        <current-activity>
            <name>物流配送</name>
            <type>sub-process</type>
            <link rel="detail" media-type="application/xml"
url="http://api.zjs-erp.com/order/2000"/>
            <link rel="activity-definition" media-type="application/xml"
url="http://api.kuangkuang-bpm.com/activity-definition/3"/>
        </current-activity>
        <history>
            <activity name="提交订单" type="start" time="2011-6-29 14:00"
participant="ronghao"/>
            <activity name="仓储出货" type="sub-process" time="2011-6-29 15:30">
                <link rel="detail" media-type="application/xml"
url="http://api.kuangkuang-erp.com/order/1000"/>
            </activity>
        </history>
    </content>
</process-instance>
```

我们看到当前正在执行的任务是物流配送，这是一个子流程任务，想具体了解这个子流程执行的情况，我们的客户端程序继续GET：http://api.zjs-erp.com/order/2000，啊哈，框框将配送任务外包给了宅急送啊。

```
<order>
    <link rel="detail" media-type="application/xml"
url="http://api.zjs-erp.com/order/2000"/>
    <link rel="process-instance" media-type="application/xml"
url="http://api.kuangkuang-bpm.com/process-instance/1"/>
    <content>
        <id>2000</id>
        <cost>88.0</cost>
        <current-activity>
            <name>配送</name>
        </current-activity>
        <history>
            <activity name="接受包裹配送单" time="2011-6-29 15:40" participant="ronghao"/>
            <activity name="包裹入库" time="2011-6-29 15:45" participant="xinpeng"/>
        </history>
    </content>
</order>
```

好了，有了这三段数据，我们就可以清楚地看到订单所经过的各个环节以及当前的状态。从中可以看到两点：一是我们通过kuangkuang-bpm.com所提供的流程服务将各个系统进行了数据和流程的集成；二是各个被集成的系统需要实现REST的API，以供我们的客户端程序进行数据的mashup。

故事完了吗？还没有，京东618活动简报：收获订单40多万份，订购金额超2亿，已经发货一个多亿，尚有十几万份订单积压，大约三日左右可以处理完毕。不足之处：流量多次超过4G，服务器运行缓慢；图书备货量严重不足。与服务器相比，我更加关心如何及时将这几十万份订单处理完毕，以及库存如何应对促销而产生的水平震荡（图书备货量严重不足，无法预测哪些书籍畅销哪些滞销，由此带来的订单迟迟无货），这显然不是一家物流公司可以完成的，需要多家物流公司一起消化这些订单。那么，问题来了。当我们mashup数据时，如何对这些物流公司返回的不同的数据格式进行处理？为每家公司实现一个适配器？NO！作为行业的老大，作为一家一流的企业，我们得制定标准。这时就需要标准化media type了，建立行业标准，企业级REST等于自定义、创造和标准化media type。

第二个问题，kuangkuang-bpm.com算是云服务吗？是的，目前算作框框私有云，对自己和业务伙伴提供流程服务。

11.2.5　最后一个需求，框框要开放平台

最后一个需求有些跑题，但是那帮人现在都在搞什么开放平台，框框自然也是要跟风一下的。那么，开放平台都开放了个啥？

第一是用户的开放。这个通过网站实现，如图11.25所示。我们增加了百货、品牌频道，吸引商家入驻，带来的好处是：这些入驻的商家能够分享我们的网站用户，品牌的用户能够被吸引到我们的网站上，开心、人人、新浪微博、腾讯微博的账号能够直接登录我们网站，我们网站的产品、评价也能分享到这些SNS网站里。

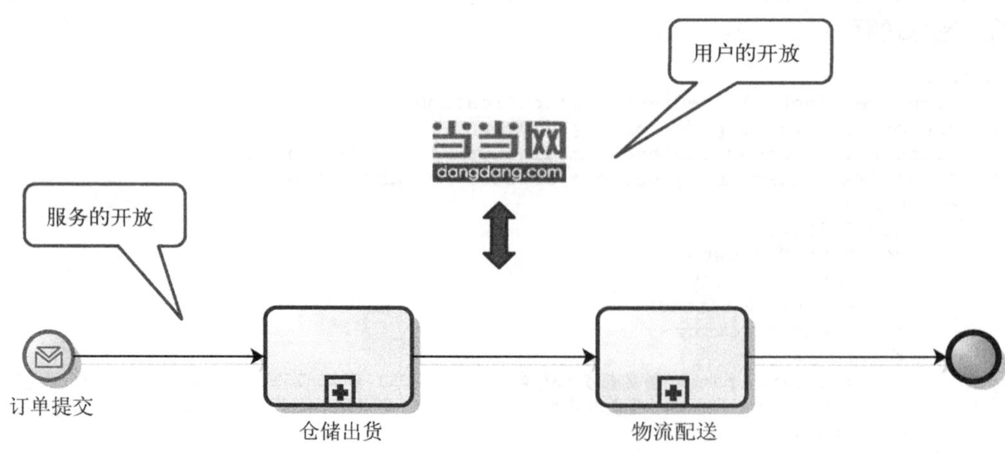

图11.25　框框的开放平台

第二是服务的开放。这个通过流程实现，如图11.26所示。我们能给商家提供仓储、物流、投诉等一系列的服务。不使用我们的网站，自己有网站，怎么办？没关系，只要数据格式满足我们定义的media type就行。

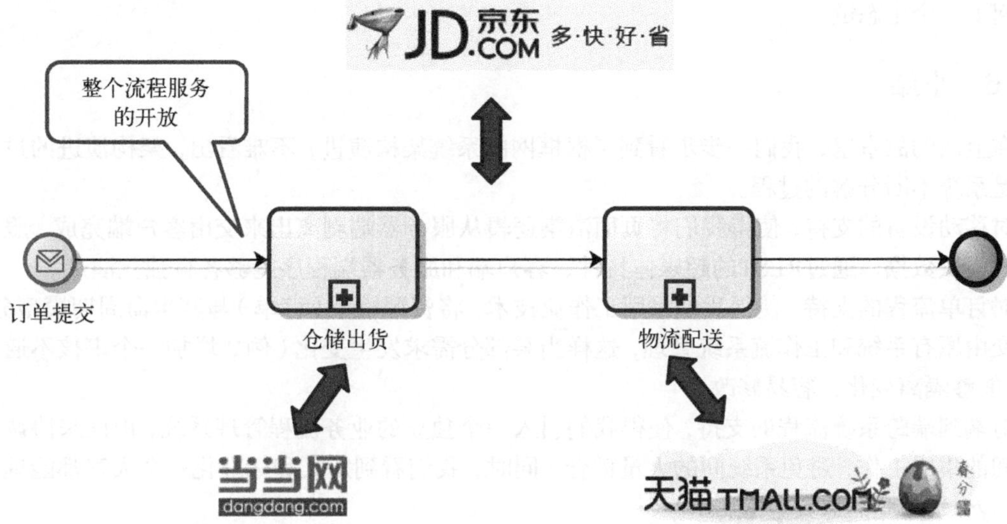

图11.26　流程服务的开放

这算完了吗？不算！小马哥说，要开放就全面开放。我们将仓储环节和物流配送环节也开放出来，允许任何服务提供商使用我们的流程服务，如图11.27所示。。

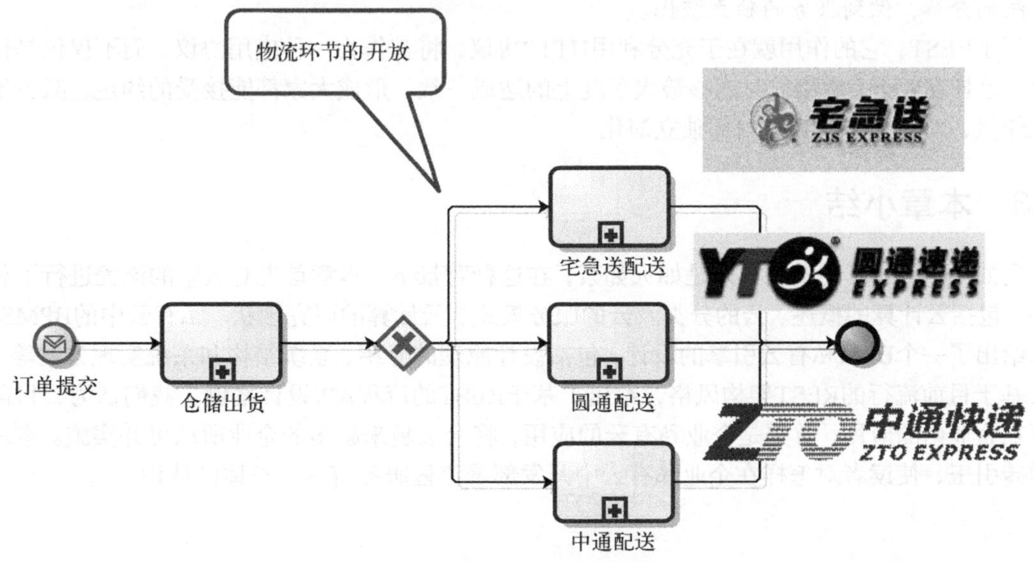

图11.27　物流环节的开放

所以，真正的开放是整个流程服务各个环节的开放，不仅仅对流程消费者，也对流程服务提供商，我们在其中起一个协调的作用。由此，我们将kuangkuang-bpm.com服务开放出来变成了一个公有云服务，后来，我们惊讶地发现，kuangkuang-bpm.com比kuangkuang.com更赚钱，因为它建立起了一个生态链。

11.2.6　小结

在上面的故事里，我们一步步看到了框框网的系统架构演进，不难看出，架构演进的过程实际上是系统不断分解的过程。

对移动设备的支持，使得我们将页面渲染逻辑从服务器端剥离出来交由客户端完成，服务器只负责提供数据。通过REST的超媒体特性，客户端和服务器端程序能够各自独立演进。

对订单流程的支持，使得我们采用工作流技术，将资源模型（订单）与其生命周期模型分离，分别交由原有系统和工作流系统管理，这样当某部分需求发生变化（例如增加一个审核不通过步骤），能够隔离变化，容易修改。

对端到端跨系统流程的支持，使得我们引入一个独立的业务流程管理系统，由此来协调各个系统间的集成工作，避免系统间的大量耦合。同时，我们看到定义和标准化一个大家都能理解的media type是如此的重要。

对开放平台的支持，使得我们将业务流程管理系统开放出来，作为公有云服务平台，同时流程中的各个环节能够开放出来，作为服务/应用接入和接出的接口，真正做到松耦合，由此看到开放平台的实质是流程服务的开放。

优秀的架构创建应用程序的生态环境，而非单一的项目。随着系统的演进，我们需要不断进行系统的分解，做到服务的独立演化。

至于REST，它的作用就在于充分利用HTTP协议，将其作为一种应用协议，而不仅仅是传输协议，这样在Web上做集成时能够最大程度上的达成一致，形成大家都能接受的约定，减少集成的工作量，对外接口一致，内部独立演化。

11.3　本章小结

现如今，云计算的发展可谓是如火如荼，在这种背景下，本章首先对云中的流程进行了相关介绍，包括云计算的概述、云的分类及云的服务模式、云计算的研究现状、私有云中的BPMS等。然后给出了一个BPM私有云引擎的设计，包括设计原理的介绍、系统结构和系统实现方案等。最后又基于目前流行的REST架构风格，给出了基于REST的流程API设计案例。我们认为，目前云计算在企业内的应用，首先是企业私有云的应用，将会被越来越多的企业所认可并实施。本章算是抛砖引玉，使读者对怎样在企业私有云中开发部署流程服务有一个整体的认识。

后 记 一

本书的写作可谓大费周章。

我在写作本书期间，曾因项目在杭州常驻达一年半之久，而近一年的时间也是到处出差，几乎是天南海北到处飞，因而写书的时间基本上是在周末，甚至很多时候还是在飞机上、机场咖啡馆里撰稿。经常出差、加班，导致本书的出版延期达两年之久，在此要向一直关注此书出版的各位读者说声抱歉。在本书的写作过程中，图灵公司的责任编辑也换过好几位，在此真诚地感谢现任图灵公司副总经理傅志红老师，是她牺牲了很多个人的假期对本书进行编辑核稿。

工作虽然忙碌，但也对写书起了非常大的作用。作为项目最高负责人，我带领项目组在用户现场开发建设房管行业的一个超大型业务系统，在这个超大型项目中所遇到的问题、获得的经验，以及带来的思考，都为本书提供了难得的素材。

由于这是一本正式出版物，完全有别于自己写一篇随心所欲的博客，因此我反复查阅推敲了书中的所有知识点，生怕因为传达了错误的知识点或结论而误人子弟。我自己非常痛恨那些不负责任的所谓作者，把出书当做出名、挣钱的机会。这在IT界尤甚，看看那些“编著”的书就知道了，他们的心思不是用在“著”书，而是“编”书！当然，并不是所有“编著”的书都不好，其中不乏优秀作品，但是至少与国外的大多数“著”书形成了鲜明的对比。当然，由于作者的经验及水平有限，本书中也难免有错误或纰漏之处，希望读者发现时能够反馈给我们，图灵社区会在本书页面给出勘误列表。

本书全部编辑核稿完成之际，正值我儿子VV的三周岁生日。在此真心地感谢我的夫人葛娅和儿子，感谢夫人对我的理解与支持，没有她的支持，就不会有本书。我也很亏欠儿子，3周岁了，我基本上没怎么陪伴他，带他玩。

值得欣慰的是，这本书终于完稿了，不久将与读者见面。希望本书的内容能帮助读者，让读者能真正领悟到流程的永恒之道。

辛鹏

2013年6月18日

后 记 二

这是一本写了四年的书，写它的时候儿子还没有出生，写完的时候儿子已经三岁了。

太多的感慨，总结起来又似乎只有一句话，那就是无知者无畏。

还记得是2009年的一个下午，在北京OpenParty上刚刚做完一个关于流程管理的分享，辛总找到了我，说正在写一本关于工作流和BPM的书，问我愿不愿意参加。想都没想，我说，没有问题。我的信心来自于之前在辛总手下做了三年的工作流产品经理，通读过全部的jBPM和OSWorkflow源代码，在社区发表了很多有影响力的工作流技术文章，我甚至乐观地估计这本书半年就能够搞定。

事实证明，我错了。

在写工作流模式的时候，我碰到的首要问题是，为什么要有这个模式？这个模式是解决什么管理问题的？这问题让我如鲠在喉，之前在实现工作流产品时更多考虑的是如何实现这个模式，至于这个模式是解决什么业务问题的，不知道！这样，在写完第一版工作流模式后，我不得不暂停下来，开始补课。我阅读的第一本书是法约尔的《工业管理与一般管理》，由此而一发不可收，一口气阅读了将近30本管理书籍，不读倒罢了，越读越是冷汗直流，一个字都写不出来了！我对自己说，当初答应写这本书，当真是无知者无畏啊。不过，读书总是有益的，这个过程促成了第1章的流程管理思想的历史。

后来再写到jBPM对BPMN的支持时，因为对BPMN规范只是了解基本部分，于是把规范打印出来，在公交车上一张一张地看（谢谢930，因为没有座位，所以不得不看书），这就有了原先没有计划的第7章。而之前计划的工作流应用之供应链管理一章，则在看完森尼尔·乔普瑞的《供应链管理》后，不得不放弃了。

断断续续的不停阅读，断断续续的不断修改（整书大的思路修改就有三次），断断续续的就是四年。首先最要感谢的人是我的妻子，无数个周末，坐在电脑桌前，没有太多时间陪她，包括在她怀孕的时候，谢谢你的支持，老婆！然后是我的儿子，希望这本书能够成为你三岁特别的礼物。

还要感谢辛总，尽管在讨论这本书的实现思路的时候，我们有时候会争得面红耳赤，但没有你，这一切都不复存在，真的谢谢你给我一次这么美妙的机会。谢谢图灵公司，容忍我们延期这么久，谢谢傅志红老师，特别地负责，牺牲了自己很多的休息时间，我记得我第一本书的责任编辑也是你，真好。

希望这本书不会让大家失望。

无知者无畏，期待下一次。

荣浩

2013年10月5日

欢迎加入

图灵社区 iTuring.cn

——最前沿的IT类电子书发售平台

电子出版的时代已经来临。在许多出版界同行还在犹豫彷徨的时候，图灵社区已经采取实际行动拥抱这个出版业巨变。作为国内第一家发售电子图书的IT类出版商，图灵社区目前为读者提供两种DRM-free的阅读体验：在线阅读和PDF。

相比纸质书，电子书具有许多明显的优势。它不仅发布快，更新容易，而且尽可能采用了彩色图片（即使有的书纸质版是黑白印刷的）。读者还可以方便地进行搜索、剪贴、复制和打印。

图灵社区进一步把传统出版流程与电子书出版业务紧密结合，目前已实现作译者网上交稿、编辑网上审稿、按章发布的电子出版模式。这种新的出版模式，我们称之为“敏捷出版”，它可以让读者以较快的速度了解到国外最新技术图书的内容，弥补以往翻译版技术书“出版即过时”的缺憾。同时，敏捷出版使得作、译、编、读的交流更为方便，可以提前消灭书稿中的错误，最大程度地保证图书出版的质量。

优惠提示：现在购买电子书，读者将获赠书款20%的社区银子，可用于兑换纸质样书。

——最方便的开放出版平台

图灵社区向读者开放在线写作功能，协助你实现自出版和开源出版的梦想。利用“合集”功能，你就能联合二三好友共同创作一部技术参考书，以免费或收费的形式提供给读者。（收费形式须经过图灵社区立项评审。）这极大地降低了出版的门槛。只要你有写作的意愿，图灵社区就能帮助你实现这个梦想。成熟的书稿，有机会入选出版计划，同时出版纸质书。

图灵社区引进出版的外文图书，都将在立项后马上在社区公布。如果你有意翻译哪本图书，欢迎你来社区申请。只要你通过试译的考验，即可签约成为图灵的译者。当然，要想成功地完成一本书的翻译工作，是需要有坚强的毅力的。

——最直接的读者交流平台

在图灵社区，你可以十分方便地写作文章、提交勘误、发表评论，以各种方式与作译者、编辑人员和其他读者进行交流互动。提交勘误还能够获赠社区银子。

你可以积极参与社区经常开展的访谈、乐译、评选等多种活动，赢取积分和银子，积累个人声望。

TURING
图灵教育
站在巨人的肩上
Standing on the Shoulders of Giants

TURING
图灵教育
站在巨人的肩上
Standing on the Shoulders of Giants